十大元帅

中国人民解放军

十大统帅鲜为人知的历史

陈冠任◎编著

中共党史出版社

图书在版编目（CIP）数据

中国人民解放军十大元帅 / 陈冠任编著. -- 北京：中共党史出版社，2016.5(2020.11 重印)
ISBN 978-7-5098-3454-1

Ⅰ.①中… Ⅱ.①陈… Ⅲ.①中国人民解放军-元帅-列传 Ⅳ.①K825.2

中国版本图书馆 CIP 数据核字(2015)第 288109 号

出版发行：中共党史出版社
责任编辑：韩冬梅
复　　审：潘　鹏
终　　审：吴　江
社　　址：北京市海淀区芙蓉里南街 6 号院 1 号楼
邮　　编：100080
网　　址：www.dscbs.com
经　　销：新华书店
印　　刷：香河县闻泰印刷包装有限公司
开　　本：170mm×240mm　1/16
字　　数：500 千字
印　　张：34.75
印　　数：23001—28500 册
版　　次：2016 年 5 月第 1 版
印　　次：2020 年 11 月第 4 次印刷

ISBN　978-7-5098-3454-1
定　　价：81.00 元

内容简介

朱德、彭德怀、刘伯承、贺龙、陈毅、罗荣桓、徐向前、聂荣臻、叶剑英、林彪是1955年授衔的中华人民共和国元帅，是毛泽东之下中国人民解放军十位统帅级别的领军人物。

十大元帅是中国人民解放军的杰出领导人。他们勇冠三军，征战沙场，可在百万军中取敌上将之首；他们运筹帷幄，足智多谋，可在千里之外对敌人摧枯拉朽。他们胸有雄兵百万，气吞万里如虎，在抗击外寇和民族解放的斗争中，功勋赫赫；在和平年代，他们致力国防建设，为人民解放军的发展和强大呕心沥血，为人铭记。

有人说，如果少了十大元帅，中国革命的光辉进程一定会顿失光泽，黯然失色不少。

正是有了他们，中国革命的历史才如此波澜壮阔，解放军才所向无敌，威震四海。

十大元帅，是战无不胜、攻无不克的大军统领。

本书在广泛挖掘史料的基础上，以众当事人的回忆、口述及其他史料来记述十大元帅鲜为人知的历史，解析他们魅力无穷的人生和个性，还原他们在历史舞台上的所作所为，尽量做到不因人废事，也不因事废人，告诉读者十个客观、真实的共和国元帅。

这是一本深入了解和研究十大元帅生平和学习中国人民解放军历史的较好的通俗历史读物，值得大家去阅读。

目///录
CONTENT

★ 第一章 红军之父——朱德

★ 第二章 “猛帅”——彭德怀

★ 第三章 独眼军神——刘伯承

★ 第四章 “胡子”——贺龙

★ 第五章 儒帅——陈毅

★ 第六章 “老实人”——罗荣桓

★ 第七章 战帅——徐向前

★ 第八章 “福帅”——聂荣臻

★ 第九章 “智帅”——叶剑英

★ 第十章 “红与黑”——林彪

第一章

红军之父——朱德

1."朱元璋的谶语"

1886 年 12 月 1 日,朱德出生于四川省仪陇县城东七八十里的马鞍场琳琅寨下李家湾一个佃农家庭。

朱德祖籍是广东客家,清初"湖广填四川"时从广东韶关迁移到四川仪陇县,到朱德时已是第七代。在琳琅寨下,朱家一直以农耕维生,并且保持客家风俗,甚至说着广东话。朱德的祖父八九十岁还耕田种地;父亲朱世林也是终年劳动。朱德自幼过继给无儿无女的伯父。

朱德相貌酷似母亲,受母亲的影响最大。朱母出生一个受人轻视的流浪艺人之家,比一般妇女高大、强壮,嫁到朱家后,像男子汉一样下地,日夜干活。朱德要出生时,她还在烧饭,没等饭烧好,朱德就呱呱落地。朱德从母亲那里得到一个强健的体魄,从小就跟着母亲参加劳动,养成了勤劳和俭仆的好习惯。他当了"大官"后,仍然生活简朴,平易近人,酷似一位"老农"。

朱德出生的李家湾有一个神奇不老的传说。

据说明代朱元璋称帝后,带着谋士刘伯温等人到民间私访。一日,他们路过李家湾仓屋的西面轿顶山时,在垭口小店停轿歇息。吃罢饭菜,朱元璋便和刘伯温对弈。结果,刘伯温输了。朱元璋喊道:"拿银子来!"

刘伯温在腰间钱袋摸索老半天,也没把钱拿出来,便笑着对朱元璋说:"你身为天子,还看重我这十两银子么?"

朱元璋说:"我,从小就很穷。你出身富豪,有的是银子。"

刘伯温笑着说:"我富是富一些,但和你在一起,总是吃亏。"

"为富不仁要遭报。"朱元璋不松口说,"你要知道,富人是靠穷人的血汗富起来的。但是,你不能太富,太富就过分了,穷人要整你的。"

刘伯温只好把钱袋里的十两银子摸了出来,给了朱元璋。朱元璋收了银子，抬头望了望远处的轿顶山，指指前面说："这里是东边贵，西边富。"说完哈哈大笑。

朱元璋等人走后，店里的歇客见他们谈吐不凡，便问店老板："他们在店里说了什么？"店老板说："他指着前面的山说东边贵，西边富。"事后，众人才知道这一行人就是皇帝朱元璋他们。于是，这一带就有了一个传说，轿顶山不但要出富人，而且要出贵人。

但是，几百年过去，这里毫无动静。

清初"湖广填川"移民开始后，广东韶关的朱、丁等几姓人家陆续迁来，在轿顶山一带定居，丁家住在西边，若干年后变成了拥有千亩良田的大富豪；朱家在东边，仍然是租种丁家的田地。再过若干年后，朱德成为了滇军旅长。再过若干年，富甲一方的丁家为富不仁，又被穷人革了命。于是，当地人又提起了朱元璋"东边贵、西边富"的谶语。

朱德参加革命，成为红军总司令后，国民党军阀对他恨之入骨。四川军阀杨森认为只要破坏了朱家的阳宅，再捣毁其阴宅，朱德和他的革命事业就会垮台，先后派部将李家钰三次挖了朱家九行祖坟。1935年农历腊月初八，在仪陇县县长乐九成陪同下，国民党四川省党部和省政府又派来两个视察员，视察朱家祖坟，然后谎称要移葬朱德生父朱世林骨骸。但同行的阴阳先生看了地形说："这是一个卧虎地形，挖了的话就等于放虎归山，朱德还要大大发迹。"这吓得视察员马上把头缩了回去，故而不敢移葬。这样，朱家这座坟墓才幸免一劫，得以完整保留下来，成为朱家祖坟中唯一保存完好的坟墓。1994 年 12 月 31 日，南充市人民政府将此墓公布为市级文物保护单位。

2. 会打仗的护国军将领

对于朱德的早期经历，陈毅于 1948 年有一个很好的概括："二十多年来，总司令一直和毛主席在一起，领导我们的党和军队同反革命作斗争，没有一天离开过党和军队，没有一天离开过老百姓。不仅二十多年是如此，从历史上算起来，总司令是最早的同盟会会员，参加辛亥革命，参加讨袁战争，以后参加党，参加北伐。总司令和毛主席、董必武同志等是我党最老的党员。1921 年、1922 年即参加党的同志，现在已不很多了。大革命失败后，总司令坚决地和工人农民站在一起，带着队伍继续上山干革命。从此，总司令就和毛主席亲密地合作，从无间断。”①

（1）

1892 年夏，朱德六岁的时候，进入药铺垭私塾读书，后改读于地主丁家私塾。朱德成绩很好，先生时时夸奖他，但他的父亲和伯父都没有钱，靠着三叔做点生意出些钱才勉强读下去。1905 年，朱德参加科举，在 1000 多名考生中考在前 20 名里，之后考了县考考府考，谁知考了一年清政府废除科举，办新学了，朱德只好进入南充县官立高等小学堂，半年后转入顺庆府官立中学堂，又读了一年，家里筹了四五块大洋让他去成都报考学校。

这时四川高等师范学校、武备学校都在招生。武备学校是训练军官的，朱德一考就考上了，可家里不准去，朱德就没去。后来他回忆说：“如果去了就搞成杨森这样的人了。我们在顺庆读书时候杨森也在。不过不在一个学校。”随后，朱德考入高等师范学校体育专修科。

朱德念了一年，1908 年，便回乡与人在仪陇县兴办高等小学校。除朱德外，还有日本留学回来的张四维、李绍沆、刘寿川和一个拔贡田玉如五人，田玉如当校长，朱德当庶务又当监学，还当教员教体操。

这时正是新旧教育激烈冲突的时期。从前是秀才举人管理书院，现在官家要办新式学校，他们要交出权力，哪里愿意，便纠集一些顽固绅士都反对朱德他们，甚至写打油诗毁谤他们的新学校：

“十二学生五教员，口尽义务心要钱，

未知此事如何了，但看朱张刘李田。”

朱德说：“过去是一个很下层的人，农民的儿子，现在当了县里最高学府的教员，已成为很上层的人了。……我当了教员，因为不是什么世家大族，又没什么学问，就下台了，就是不能再做下去了。”② 于是，朱

---

①陈毅：《向朱总司令学习》，转引自《回忆朱德》，中央文献出版社 1992 年版，第 28 页。

②中共中央文献研究室第二编研部编：《朱德自述》，国际文化出版公司 2009 年版，第 3 页。

德便下决心,去当兵行伍。

（2）

去哪里当兵呢?

这时由于清政府腐败,知识分子都认为国家要亡了,法国占领了安南,俄国侵占了中东路,在保路运动中有人说铁路修通到云南,“最危险的就是东三省和云南”,朱德认为“东三省太远,就去云南”。1908 年 12 月初,他向家人说明打算去当兵,全家人反对,这对养父来说更是致命的打击。朱德只住了一晚,第二天起程去了成都,家里无一人送别。后来,朱德回忆自己这个决定说:“决心是怎样下的呢?问题就死非救国不可。”①

朱德从成都和同学绕道一起去云南。没有钱坐车,只好走路,从成都到嘉定、叙府、昭通、东川,再到昆明上千里路全是步行。到了昆明后,朱德先在新军中找事情做,什么事都没找到,随后去了一个连当司书录事,干了两个月,步兵标标统(相当于团长)罗佩金推荐他考入了云南陆军讲武堂。

朱德先在普通科学习,第二年转入正科,他学习的是步兵。这时讲武堂荡漾着一股救国和革命气氛,朱德秘密参加了同盟会,与范石生等同学为一个小组。

辛亥革命爆发前夕,1911 年 8 月,朱德从讲武堂毕业,被分派到军营。因为学生学步、骑、炮的都有,部队长官怕他们革命,把地位拿去,纷纷不敢要,结果每团只要了九个毕业生。朱德被派到云南新军第十九镇第三十七协第七十四标第二营左队。协长(相当于旅长)是著名的将领蔡锷。

蔡锷,是湖南宝庆人,年长朱德 4 岁,是朱德在云南陆军讲武堂的教官。朱德以见习资格当副目(相当于副班长),没当几天就改当司务长。因为是同盟会员,任务是运动李经羲制台的卫队和这一个团。李经羲卫队多是四川人,朱德有熟人,可以随便来往。结果,当司务长才一

---

①《朱德自述》,第 5 页。

个月,他就把士兵运动到手上了。

10 月 10 日,辛亥革命爆发,武汉被革命军攻下。风声鹤唳,大清统治摇摇欲坠,云南起义渐趋成熟了。

10 月 30 日(农历九月初九),云南的革命党要举行起义了。李经羲见状就要捕人,先把团长罗佩金调走,他知道蔡锷靠不住,只有团长丁锦还靠得住,便在总督衙门修筑防御工事,调了机关枪连准备坚守。计划泄露后, 起义本来准备晚十一点发动, 但不到九点, 北教场先干起来,一个营要干,两个营徘徊,要干又不要干,忽然有人点火烧了团部,团长跑了,全团乱起来了。

蔡锷在南教场指挥。北教场一动,制台打电话下令增援,蔡锷回答:"就来增援!"随即,宣布率部独立反正,把旧连、排长赶走。朱德与连长职位对换。因为连长平时人还不坏, 便当司务长, 原司务长朱德当连长。

两个团起义后便开始进城。骑兵团接到命令堵城门口,来到城门却不知道要堵什么, 朱德等人率领部队开到城下, 骑兵团的人喊着问:"干什么? "

"打野操的——不要打枪! "起义军喊道。

结果,他们派几个人下来询问。起义军干脆说:"反正了!不要打!"骑兵团长拖着一部分人便跑, 其余的官兵跟着起义军进了城。这时天还没有亮,四面城墙都被起义军占领了,开始围攻府衙门。因为朱德事先已与卫队通好,有联系,他带队去攻打制台府。结果,朱德带人一冲,卫队就交了枪。

次日晚上,起义军炮打五华山,把驻守的师长钟麟同打死,很多军官被捉起来,只是不见制台李经羲。第二天晚上,李经羲也被抓住。因为他平常对蔡锷还比较好, 蔡锷下令把他送到和安南交界的地方,放他走人了。

震撼全国的云南重九起义就这样胜利了。之后,朱德当排长了。

随后,为了增援武汉,包围云南,滇军变成八个营两个梯团出发援助四川。部队到达自流井的时候,朱德升任连长。不久,受命开拔回云南,到达云南时已经是 1912 年四五月了。

回了云南,朱德训练新兵两个月,去讲武堂当学生队长。第二年,朱德回到原来的团升任营长。1914 年开始,朱德率部在蒙自、个旧一带边境剿匪,由营长升任团副、团长,用他自己的话说:"做了两年长期的游击战"。

（3）

辛亥革命虽然推翻了清朝政府，但不久就由袁世凯窃取了胜利果实。袁世凯上台后，解散国会，准备恢复帝制，于是很多革命党人跑到云南、贵州。蔡锷也从北京逃回昆明，反对袁世凯称帝，领导第二次云南起义，发起护国战争。

这时，蔡锷为军长，朱德是第三支队长，下带两个团。1915 年 12 月，朱德率部赴昆明。

蔡锷宣布反袁护国后，袁世凯派征滇军总司令张敬尧打先锋。张敬尧很骄傲，满以为自己可以一战而胜云南，出师前给袁世凯上奏折，请求他把败将一一处死。结果，他号称的十万大军打到云南，护国军六个团硬是抵住张敬尧大军的猛攻，苦战死打。在纳溪战役中，朱德率部浴血奋战四十多天，采取以少胜多、速战速决的战术，打得北洋军溃不成军。

滇军在这次战役中开始出名，朱德的名字也因此威震敌胆，滇军中流传说“四大金刚，朱德第一”。

每当一条战线要垮的时候，朱德一赶到，官兵就守住。一次，朱德带了炮、步兵两个新兵连，与敌人作战。敌人多次发起猛攻，朱德等人抵敌不住，渐渐退到山顶上，眼看就要被活捉，结果“嘭——”打出一发炮弹，冲上来的敌兵又被打退了。

张敬尧的队伍会打仗，气焰很盛，但还是被朱德打垮了。

由于会打仗，朱德在滇军中威望很高。有时友军挺不住就要败北了，指挥官立即派朱德支援，只要朱德一到，绣有“朱”字的红旗往阵地或者山顶上一插，敌军就望旗动摇，简直是闻风丧胆；而友军一见“朱”字大旗，则军心复振，士气大振，战局由此转败为胜。

在昆明作战后，朱德奉命率部前往四川助战。

四川是朱德的老家，他作战更是有一套的。

朱德的兵力少，在与敌人作战中，每次只能抽出一二连来冲锋，一次他用两个团竟然打垮了敌人四个旅。不久，泸州、叙府一带流传着民谣说：

“黄拒盖，廖毛瑟；金朱支队惹不得。”

“黄拒盖”，指的是护国军黄永忠支队，他们用的是老式拒盖枪。“廖毛瑟”，指是的护国军廖月江支队，用的是毛瑟枪。“金朱支队”指的是金汉鼎支队和朱德支队，战斗力最强，能征惯战，是惹不得的精悍劲旅。

一次，朱德率部在棉花山坡上与敌人作战，被强敌围困，就是下不了火线。他们坚守四五十日，最后，艰难地撤下来，然后赶一天路，跑到了永宁河的山地隐蔽起来。对面就是扬子江，隔了三四天，他率部反攻，一个夜袭，还是把敌人打败了。四川的地形多是盆地，小山坡、树木、田地交叠错综，还有不少的沟沟渠渠。朱德巧妙地利用这种地形，带着官兵爬进沟去不出来，敌人的大炮也打不着，于是他们到田里去，装做村民在捉鱼，暗中把稻田的水放干，等到夜里，他们又冲了出来。

这样，朱德率部在山地里守了两个多月。

因为护国运动在全国各地展开，袁世凯不得不下令撤销帝制，不久被活活气死，护国运动就此结束。朱德率部驻扎在四川泸州，1917 年 7 月出任滇军第 7 师第 13 混成旅旅长。

（4）

1920 年，朱德随滇军退回云南。不久，军阀唐继尧打回老家，把朱德在云南的家没收。在一个连护送下，朱德逃回重庆。第二年春，朱德随入川滇军返回昆明，把云南都督唐继尧驱逐，担任了云南陆军宪兵司令官。

1922 年 1 月，朱德调任云南省警务处处长兼省会警察厅长。3 月，唐继尧纠集旧部再次打回云南，朱德再次被迫逃离昆明，辗转回到重庆。7 月，厌倦军阀们打来斗去的朱德来到北京，与挚友孙炳文会面，筹办出国事宜。

孙炳文是《民报》的主笔。他告诉朱德说，北大教授李大钊去年组织了一个新党——中国共产党。这个党与国民党不同，代表工人阶级利益，是为贫苦大众谋利益。朱德听了，当即表示要去见李大钊，加入中国共产党。

但是，当他们赶到李大钊家时，李大钊已到南方去了。孙炳文说：“我们可以到上海找另一位中共领导人陈独秀。”

于是，他们又赶去上海。

这时，朱德的另一位好友金汉鼎也来到了上海。金汉鼎对朱德说：“孙中山先生最近从广州来到了上海，很想见一见滇军将领。”朱德与孙炳文、金汉鼎在法租界一幢寓所，找到了仰慕已久的孙中山。

孙中山刚在广东被军阀陈炯明赶出来，打算借助滇军的力量讨伐陈炯明,夺回广州,重建共和政府。滇军部队已开到了广西境内,他叫朱德到广西回滇军去。朱德说:“我要出国去。”

孙中山便建议他去美国,说:“美国是新国家。”

经过孙炳文的介绍,朱德认为学习马克思主义是自己的唯一出路,坚持去德国,看看欧洲的情形。

结果,金汉鼎拿了孙中山给的钱去广西打陈炯明去了,朱德则继续准备出国。

有意思的是,1928 年,蒋介石派金汉鼎任湘赣两省“剿匪”副总指挥。金汉鼎多次率部与朱德指挥的红军对阵，但他对老朋友的部队则实施了“明打暗助”的策略,对蒋介石敷衍塞责,后终因“剿共”不力被蒋介石降为旅长，不久又被解除握有兵权的旅长职务，调任中央军事参议院高级参议员。

新中国成立后,朱德不忘旧情,邀金汉鼎进京相会,一起回顾青年时代情同手足的戎马生涯，同时也批评了他追随蒋介石“剿共”的错误。不久,金汉鼎被任命为政务院参事、北京市政协委员。

(5)

1922 年 8 月下旬,朱德和孙炳文来到靠近公共租界的闸北区,费尽周折,终于找到中国共产党的另一位创始人陈独秀。

谈话中,朱德向陈独秀介绍了自己报考云南陆军讲武堂、在滇军担任旅长以及参加护国战争、护法战争的经历，明确表示自己到上海就是为了寻找中国共产党、要求加入中国共产党。但是,陈独秀说:“要参加共产党的话，必须以工人的事业为自己的事业，并且准备为它献出生命。像你这样的旧军队的高级将领，需要长时间的学习和真诚的申请,要以工人阶级的世界观为自己的世界观。”

朱德说:“尽管我是一名军阀部队的军官，但我的部队是纪律严明的,是不骚扰百姓的,我愿意加入共产党。”

然而,陈独秀对朱德的愿望没作任何正面鼓励,只是问道:“共产党与国民党是有区别的,你知道区别在哪里么?”

朱德回答说:“如果为了个人的享受,我就不会来找共产党了,我可以回到军阀部队去,成就个人的功名利禄。但我正因为要抛弃这些,为国家和民族的利益而奋斗,所以,才选择共产党!”

陈独秀又拿出几本书给朱德,说:“这是一些马克思主义的著作,你还是先拿回去学习一下，一定要学好了学懂了——你读过《共产党宣言》吗？”

“没有。”

“那么,马克思的《资本论》呢？”陈独秀又问。

朱德说:“也没有。”

“你对马克思主义一无所知啊！”陈独秀说。

朱德急切地说:“我可以学，尽快补上这一课，做一名真正的共产党！”

但是,他还是被书生气十足的陈独秀拒之门外。

在陈独秀这里碰壁后，朱德在孙炳文的鼓动之下还是决定到欧洲去学习马克思主义,寻求拯救中国的真理。

9 月初,他们乘坐法国安吉尔斯号邮轮离开上海吴淞口,驶入烟波浩渺的大洋。经过 40 多天的航行,到达了巴黎。在巴黎停留期间,朱德和孙炳文找到了中国共产党旅欧支部负责人周恩来和张申府。在他们两人的介绍下,朱德加入了中国共产党。以后,他按照党的指示仍以国民党党员身份进行公开的社会活动。但是,朱德说:“从那以后,党就是生命,一切依附于党。”

就这样,朱德走上了新的革命旅程,开始了自己更加辉煌的人生。

3. 南昌起义余部的最高领导人

1926 年夏,朱德从欧洲回国,党组织派他前往川军杨森部工作,策划北伐。

几个月后,他按照党的指示离开四川,到达江西南昌,准备创办军官教育团,为我们党培养自己的军事干部。

这时，驻在江西的是北伐军第五路军，总指挥朱培德兼任江西省长,下辖第 3 军、第 9 军和第 6 军。其中,第 3 军和第 9 军都是滇军部队，朱德利用自己在滇军的老关系以第 3 军为基础创办军官学校。经过一个月的筹备，学校办起来了，定名为国民革命军第 3 军军官教育团,名义上隶属第 3 军,实际上接受中共中央军委领导。

1927年4月,蒋介石叛变革命,朱培德开始"清党"分共,共产党员比较多的第3军炮兵团被调出了城外,军官教育团党代表魏瑾钧被捕(后投降),然后朱培德又以"礼送出境"名义将朱德逐出南昌城外。

7月21日,朱德秘密返回南昌城,进行南昌起义的准备工作。接着,中共临时中央常委、起义前敌委员会书记周恩来到达南昌,住在朱德的花园角四号寓所。随后,刘伯承、恽代英、彭湃、林伯渠、吴玉章、聂荣臻、徐特立等人也陆续到达南昌,起义的领导人基本上到齐了。

军官教育团虽然枪支不多,1、2营每两个人有一支枪,3营每连只有十支左右枪,但枪都掌握在中共党员、共青团员和进步青年手里,是起义的重要力量。7月31日晚,朱德部署好军官教育团的战斗任务后,以请客为名,将敌第23团团长卢泽明,第24团团长萧胡子和一个姓蒋的副团长,邀请到大士院32号南昌市市长李尚庸住宅聚餐。

饭后,朱德好几人又一起打麻将。在他们吆五喝六的时候,朱德的警卫员悄悄塞给团长卢泽明的随身卫士一些钱,打发其上街买东西,又把几人的枪拿到别处藏起来。晚上9时,朱德借故退席。他走后,埋伏在院外的十多名战士冲进室内,把这几名团长、副团长逮捕起来,为起义清除了主要障碍。

8月1日凌晨两点钟,振奋人心的战斗打响了,起义军按照预定的计划向敌人发起了进攻。枪炮声、手榴弹爆炸声密布全城。起义十分顺利,仅四个多钟头就解决了战斗。

太阳在东方升起的时候,枪声稀疏下来,起义军鲜红的旗帜高高地插在起义军总指挥部——江西大旅社的屋顶上。

起义的部队,除第20军全部和第11军、第4军各一部及教育团留队人员外,南昌城还有部分警士、两个保安团和一个消防队,在朱德兼任市公安局长时受到教育没有散掉,保持了完整的建制,并入了起义军序列。

南昌起义打响了反对国民党反动派的第一枪。随后,朱德被任命为第9军副军长。该军两千多人,主要由教育团组建而成,还有不少南昌市的瓷器工人和铁路工人。8月3日,起义军主动撤离南昌城。在朱德亲自率领下,第9军同友军一道踏上了进军广东的南征之途。

9月23、24日,起义军占领潮汕。国民党第八路军副总指挥黄绍竑亲率三个师扑来。朱德率领起义军在三河坝和敌人激战三天三夜,仗打得十分艰苦,但非常出色,给进攻之敌钱大钧部两个多师以很大杀伤。但是汕头方面的起义军主力却遭到挫败。朱德获悉汕头兵败的消息后，便率部主动转移到饶平。这时，师和团的建制还存在，约两千人。之后，加上从湖汕撤下来的零散部队和人员，部队共有两千五六百人，即南昌起义部队只剩下朱德率领的这一部分部队了。

这时，敌人大军压境，麇集于潮仙和三河坝地区的敌军有五个多师，约四万人，其势汹汹。起义部队刚从各方面会合起来，在突然遭到失败的打击之下，组织上和思想上都相当混乱。朱德与周恩来等人领导的起义军总部已失去联系，成为部队的最高领导人。

这些部队绝大部分都不是朱德的老部队，领导起来有困难，但在此一发千钧之际，朱德认为起义军主力虽然失败了，但八一起义这面旗帜绝对不能丢，武装斗争的道路一定要走下去。军阀部队已经云集周围，随时可能扑来，朱德决定尽快离开这里，甩开敌人重兵，于是在饶平略事整顿后，率部立刻出发，经平和、永定、象洞向西北转移。一路急行军，排除沿途反动地方武装的堵截，10 月 16 日到达闽赣交界的武平。

朱德率部向西北转移的行动，很快被敌人发觉。钱大钧部的一个师，紧紧尾追，10 月 17 日追至武平城，逼着起义军不得不打了一个退却战。朱德指挥部队打退敌人两个团的进攻，然后命令总部警卫排排长粟裕率领全排占领武平城西门外的山坡，掩护大部队转移。敌人进入武平城后，追出西门，遭到粟裕警卫排的阻击，马上就逃回城里了。

起义军从武平城向西北走十多里，到了石径岭附近，这里悬岩峭壁，地势十分险要，只有一个隘口可以通过，却已经被反动民团占据了。正在官兵们着急的时候，朱德突然出现在队伍前面。他下令部队疏散隐蔽后，带领几个警卫员从长满灌木的悬崖陡壁攀登而上，出其不意地出现在敌人侧后，发起进攻，敌人惊恐万状，纷纷逃跑，给起义军打开了一条前进的道路。当战士们喜悦地通过由朱德亲自杀开的这条血路时，只见他威武地站在一块断壁上，手里掂着驳壳枪，正指挥后续部队通过隘口。

在朱德的指挥下，经过武平和石径岭战斗，起义军疾速进入赣南山区，摆脱了重重追兵。

这时蒋介石、汪精卫都已经公开叛变了革命，乌云笼罩着天空，全国一片白色恐怖，反革命势力无比猖獗。朱德率领这支南昌起义保存下来的部队在赣南山区边打边走，向信丰以西的大庾岭山区挺进。在孤立无援和长途跋涉中，部队困难愈来愈多，情况也愈来愈严重。部队虽然摆脱了重兵追击，但一路上经常遇到地主武装、反动民团及土匪的袭击，特别是三南地区地主土围子和炮楼很多，不断造成威胁和损耗。为了防备地主民团的袭击和追踪,他们有意避开大道和城镇,专在山谷小道上穿行,在山林中宿营。这时已是10月份了,山区的气温低,寒冷、饥饿纠缠着起义军,痢疾、疟疾等流行病折磨着他们。更重要的是,全国革命处于低潮,起义军主力在潮汕遭到失败,这支部队孤立无援,究竟走向何处,革命的前程究竟如何,武装斗争的道路是否还能坚持下去,这些问题,急切地摆在每个起义战士面前。

严酷的斗争现实，无情地考验着每一个人。那些经不起这种考验的,有的不辞而别,有的甚至叛变,有开小差,还有开大差的,有人带一个班、一个排走,有的带一个连公开离队,自寻出路。队伍愈走愈少,到达信丰一带时只剩下七八百人,部队面临着瓦解的危险。

但是,朱德总是满怀信心。他走在队伍的前面,与基层军官和士兵一路行军，一路讲革命道理，指明革命的光明前程，提高官兵们的觉悟,坚定大家的革命意志。在旧军队里,官兵上下之间等级森严,生活待遇悬殊,朱德身为军长,过着和士兵一样的简朴生活,和士兵一样吃大锅饭、穿灰色粗布军装。行军时,他有马不骑,和士兵一样肩上扛着步枪,背着背包,有时还搀扶着伤员、病号。他的一言一行,深深地感动着大家,对稳定军心起了很大的作用。这时在师、团级政工干部,只剩下第73团指导员陈毅。他与朱德在杨森部队时就认识。陈毅挺身而出,积极协助朱德带领部队,在十分困难的条件下坚持工作。

在向西转移的路上,一些官兵破坏群众纪律,甚至敲诈勒索、抢劫财物的事件时有发生，多数人对此十分气愤和不满，但由于原建制多已失去组织领导作用，有的军官怕坏分子从背后打黑枪，便睁一只眼闭一只眼，不敢过问，使得这些违犯政策和纪律的行为未能及时制止和处理。当部队进入信丰城时,破坏纪律的行为更严重地暴露出来。县城里商店、酒楼、当铺和钱庄比较多,部队一进城,少数坏家伙就钻进酒楼大吃大喝,吃完把嘴一抹就走;有的还闯进当铺,把手榴弹往柜台上一放,故意把导火索掏出来:“老板,称称有多重,当几个钱零花。”这些恶劣行径,简直和军阀队伍一样,影响极坏。陈毅发现后,当机立断,下令号兵吹紧急集合号，并叫传令兵下达发生敌情和转移出发的命令,集合队伍后,他带这队伍一口气跑出信丰县城20多里远,到了一个山坳里的平地上,才停止下来。

于是,朱德和陈毅举行了具有重要意义的信丰全体军人大会。

在会上,陈毅宣布了革命纪律,斥责了三个破坏团结、煽动逃跑、抢劫勒索、严重损害军誉的最坏的家伙,当场宣布执行革命纪律。此举大长了革命的正气,刹住了破坏纪律的歪风。

这是陈毅第一次和部队全体人员见面。大家都被他这种领导魄力所震动。

接着,朱德宣布,今后这支队伍就由他和陈毅来领导。然后,他大义凛然地说:“愿意继续革命的跟我走,不愿革命的可以回家,不勉强。”但是,他还是恳切地挽留大家说:“无论如何不要走,我是不走的。”

朱德以远见卓识发表讲话,鲜明地回答了大家心坎里郁结的诸多问题。他拿俄国革命胜利所走的曲折道路作比喻:“1905 年的俄国革命失败了,留下来的‘渣渣’就是十月革命的骨干,我们这一次就等于俄国的 1905 年,我们只要留得一点人,在将来的革命中间就要起很大的作用。过去那个搞法不行,我们现在‘伸伸展展’来搞一下。”

他预见性地指出:“蒋桂战争一定要爆发的,蒋冯战争也是一定要爆发的。军阀不争地盘是不可能的,要个地盘就要打仗,现任新军阀也不可能不打。他们一打,那个时候我们就可以发展了。”

这些铿锵有力的话语,精辟地剖析当前的政治形势,向官兵展示了革命必然要继续向前发展的光明前景,令人信服,感人至深。陈毅对之作了极高的评价:“朱德同志的这次讲话,是讲了两条政治纲领,我们对部队进行宣传教育,就是依据这个纲领作些发挥工作。”

随后,部队进行了整编,组成七个步兵连,另有一个迫击炮连,一个重机关枪连,共九个连,合组成一个团。为了缩小目标,便于隐蔽,取用“国民革命军第五纵队”番号,朱德为司令,对外化名王楷,陈毅为指导员,王尔琢为参谋长。

这次全体军人大会后,朱德和陈毅真正成了这支部队的领袖,部队也度过了最艰难的阶段,走上了新的发展道路。

随后在长途转战中,朱德利用与滇军范石生的老关系,使范接受“部队编制、组织不动,要走随时走”等原则后达成协议,部队改番号为第 16 军 47 师 104 团,朱德为 47 师副师长兼 104 团团长,然后从范石生那里取得一批现洋和军用物资,解决了部队的弹药、冬衣、被服等困难。1928 年 1 月初,蒋介石获悉这支起义军隐藏在范石生部,指令方鼎英率部消灭朱德,并令范石生解除起义军的武装,逮捕朱德。范石生立即秘密通知朱德,朱德和陈毅率领部队连夜出发,快速地向湘南开进。

1928 年 1 月下旬,朱德和陈毅率领起义军在湖南宜章县一带打出红旗，举行轰轰烈烈的湘南起义。然后，率部继续向井冈山挺进，5 月初与毛泽东领导秋收起义的部队会合，毛泽东与朱德在龙江书院见面，决定组建红 4 军，朱德为军长，毛泽东为党代表。哈里森·索尔茨伯里在《长征——前所未闻的故事》一书中说："土地革命两大主流汇合了，这次会见是中国历史上最重要的事件之一。自从在酃县第一次会见的一刹那起，这两个人的全部生活便浑然成为一体，好像同一身体上的两只臂膀。多少年来，国民党和外国报纸把他们说成'赤匪匪首朱毛'，而称红军为'朱毛军'。"

4."农民式的质朴"："伙夫"、"老头"

在井冈山会师后，朱德和毛泽东开始创建中国第一个农村革命根据地，很快形成以井冈山为中心的红色洪流，推动中国革命急剧地向前发展。有人后来说，"中国共产主义运动的历史进程，如果没有它的两个天才'朱、毛'，是无法想象的。许多中国人实际上都把他们看作是一个人。毛泽东是这一斗争的冷静的政治头脑，朱德是它热烈的心，以行动赋予了它的生命。共产党所以能够对红军保持严密的控制，朱德对'文职'领导的忠诚和服从，是原因之一。从朱毛以下直到各级指挥员和政治委员没有发生军政势力之间的斗争。朱毛的联合不是相互竞争的，而是相辅相成的。"①

在一般人想象中，朱德这位指挥红军打了大大小小几百次仗的红军将领，一定是一个威武庄严、凡人不好接近的大人物。然而，朱德，在人们眼中常常是一位"伙夫"，由此也引出不少的故事。

---

①尼姆·韦尔斯：《红色中国内幕》，转引自武原：《外国人眼中的毛泽东》，华岳文艺出版社 1989 年版，第 54 页。

（1）

1929 年 8 月，朱德率领红军，来到了广东丰顺县马图镇。当地老百姓受反动派蒙蔽，对红军很惧怕，纷纷躲在家里不出来。有些战士对此很想不通。朱德耐心教育战士们说："老乡越怕我们，我们越要接近他们，多为他们做好事，慢慢他们就会明白了。"于是，自己动手为老乡扫院子、劈柴、喂猪、挑水……态度十分和气。

红军和反动派说的完全不一样。几天后，老乡们消除了惧怕心理，走出来欢迎红军，于是马图镇就像过年一样热闹。朱德说："大家要继续为群众做好事。"自己每天都把房东的水缸挑得满满的。

有人向房东介绍说："担水的老兵，就是红军的领头人。"

房东很吃惊，接着镇上传颂开了红军的领头人给老乡做好事。这在国民党军队中从来没有过的，老乡们更加拥护红军了。

（2）

在进军瑞金的时候，一次朱德在路上休息时，帮着一个老贫农打了一阵谷场。他边打谷边和老人拉家常。老汉只觉得这位老红军会干庄稼活，说话随和，也没想到去问他的姓名。后来，红军开群众大会时，老汉突然发现台上讲话的人好面熟："啊！那不是给我打过禾谷的那个人吗？"

可他又想这样大的一个"官"，怎么会给我们老百姓干活呢？揉着眼睛又细瞅了一阵，越看越像，"不错，是他！"于是问旁边的人："台上讲话的是谁？"

"你还不知道，他是朱军长呀！"

老汉一听，愣了："他就是朱军长！我得去谢谢他。"

（3）

一次，红军打下遂川县城后召开"穷人翻身大会"。在大会上，战士们把没收土豪的财物、衣服等分给县城附近的贫苦农民。大会开完后，朱德在路上遇到一个晚到的贫农老汉。这位老汉穿着一件破烂的军衣，由于天冷浑身打哆嗦。东西已经分完了，朱德二话不说，脱下自己的棉衣就给老头披上，说："大伯，这件棉袄就算分给你了吧。"

老头见朱德身上只剩下两件贴身军衣，说什么也不肯要。朱德说："你就穿上吧，我家里还有一件呢！"老汉推不脱，只好含着感激的热泪把棉袄穿上了。

过了几天，红军又在城里开斗争土豪劣绅的大会。老头穿着朱德送给他的灰棉袄赶来参加大会了。

他抬头一看，见台上讲话的那位中年人好像是前几天送棉袄给他的红军，激动地挤上前去，踮起脚尖，往台上看了看，说了几声："是，是！"接着又往前挤去，朝台上看了看，又说了几声："是，是！"站在他身旁的一个赤卫队员奇怪地问他："大伯，你口口声声说'是！是！'——'是'什么呀？"

老头高兴地说："是台上讲话的红军送给我棉袄的。"

赤卫队员瞅瞅他穿的灰棉袄，又笑着问："大伯，你知道台上讲话的红军是谁呀？"

这一问，可把老头问住了，自己前几天忘了问他的姓名，焦急地说："你快说，台上讲话的是谁？"

赤卫队员跷起大拇指，自豪地说："他就是咱们红 4 军军长朱德。"

老头子听了又惊又喜，连忙伸出两个大拇指，激动地说："呵！原来他就是朱军长，怪不得这样温和，这样体贴穷人！"

(4)

1929 年冬，朱德率领部分红 4 军战士在古城宿营。

朱德住在一家土墙矮屋里。矮屋里还住着一位聋婆婆。她本姓龙，因为家人被白匪杀害，耳朵气聋了，村里人便叫她聋婆婆。她和一个八九岁的孙女桂香相依为命。朱德和她们说了一会儿话，走进厨房，见两口缸里一点水也没有，便拿起水桶，悄悄地到后面小溪边挑了两担水，倒在水缸里，然后又挑了一担水放在厨房，才回到隔壁小屋，在油灯下写东西。

聋婆婆去做饭时，见厨房水缸、水桶都装满了水，又感激又高兴。她回身取出几个鸡蛋，用红布包上，带着孙女，要去感谢那位给她挑水的红军。可是，那位红军叫什么名字呢？不知道。她看到的红军都是青年小伙子，数刚才到自己家的年岁大。说话又和气，心想他大概是个伙夫吧！于是来到红军的厨房里，问一个年轻的炊事员："小同志，你们那个老伙夫在这里吗？”

小炊事员诧异地说：“我们这里都是小伙子，哪里有什么老伙夫？”

聋婆婆耳聋听不清话，只是焦急地在屋里来回找，可谁也不知她要找哪一个老伙夫。正巧这时朱德笑盈盈地走进厨房来，聋婆婆的孙女一个箭步扑了过去，喊了声“老伯伯！”聋婆婆回头一看，不正是自己要找的“老伙夫”么？忙把红布包着的鸡蛋塞到他手里，说：“老同志，小沟里没有什么好吃的，几个蛋，请收下！”

朱德关切地在她耳边说：“老婆婆，我已经吃过了，你老人家自己留着吃吧！”说着把鸡蛋放在厨房的菜板上，含笑走了。

这时聋婆婆生气了，对红军小炊事员说：“你们这个老伙夫看不起我这个老婆子……”正说着，聋婆婆的孙女已经打听出了“老伙夫”是谁，在她耳边大声叫着：“奶奶，奶奶！那个伯伯不是伙夫，他是朱军长！”

聋婆婆一听，又惊又喜，问小炊事员：“他真的就是从井冈山下来的朱军长？”

小炊事员肯定地点点头。聋婆婆一听替她担水的是朱军长，说：“呵！难怪他这样爱护穷人！”

（5）

朱德的故事像长了翅膀，在各地流传着。人们一见到红军就想到朱德；说起朱德，就对红军就更加信任，更加疼爱。一次，朱德带着一支红军驻扎在湘赣边境的“三坪”（上坪、中坪、球坪）一带活动，和警卫员住在中坪村尹菊英婆婆家里。

一个傍晚，朱德和尹婆婆以及她的孙女坐着谈话时，突然闯进两个身穿农民服装的民团密探。朱德拿起那件又潮湿又破旧的棉袄，装着捉起虱子。一个又矮又胖的探子打量着朱德，看他不像个当官的，倒像个伙夫，于是皮笑肉不笑地说：“老伙夫，你一定认得朱德吧！他在什么地方，你说出来，要多少光洋就给多少。”说着从口袋开始掏银元，又问尹婆婆：“老婆子，你要想多享几天清福，你就说出朱德在什么地方，也奖给你这个……”

尹婆婆正害怕朱德被认出来，却见朱德不慌不忙地站起来，装作耳朵不灵便的样子，问那探子：“你们是问朱军长吗？啊！他住在球坪，这里走下去，一二里就是。”

两个探子听了暗暗高兴，但怕这“伙夫”说谎，再问尹婆婆：“老婆子，朱德住在球坪？”尹婆婆连忙点头称是。小孙女阿宝也帮腔说：“是！我看见了，日落山头时，我还看见他骑着一匹大马走进球坪村哩。”

两个探子一听，拔腿跑出门，带着躲在门外的一群民团，大声喊着：“快跑！快跑！不要让朱德跑掉！”直向球坪奔去。

这时，朱德对警卫员说：“通知各连到后山上集合，准备战斗。”

然后，他拉着阿宝、扶着尹婆婆也上了后山。

当民团正在球坪搜查朱德闹得鸡飞狗跳的时候，红军兵分两路把他们团团围住，战斗一响，敌人被打得东逃西窜，乱成一团。当他们喊着“饶命”投降时，还弄不清楚这是怎么搞的，民团探子咕噜着说：“我们到处抓朱德，追来追去连个影子也没追着，怎么忽地一下从地下冒出来这么多朱德兵？”

这时，朱德一听爽朗地笑了起来。探子吃惊地看着他：“啊，原来他就是朱德啊！”

5. 罕见的发脾气

朱德的老部下萧克说：“凡是接触过朱德的人，都能体会到他的宽厚，他善于团结同志，待人和气，不结怨，不记仇。”[1]然而，在长征途中，朱德却罕见地发过一次脾气，使当事人终身难忘。

1935 年 3 月下旬，在毛泽东的指挥下，红军根据朱德总司令电令，东渡赤水河，掉头向南直指乌江，主力乘虚南渡乌江，把敌人甩在乌江北岸。干部团长陈赓奉命担任守护乌江浮桥的任务。

陈赓接到的命令是：待殿后主力五军团过江后即可拆桥。后来，他得知红五军团已从另一渡口过江，又接到中央军委一位参谋的口头命令，就把浮桥拆了。陈赓到达宿营地后，立即向中央军委汇报情况。

---

①萧克：《朱德之德》，《回忆朱德》，第 55 页。

朱德、周恩来、刘伯承都在场。他们听说陈赓拆了浮桥，十分焦急，当场对其进行严厉批评。朱德罕见地发了脾气，很恼火地说："岂有此理，为什么下这样的命令！五军团过江了，可罗炳辉同志率领的九军团还在后面，还没有过江呀！怎么能拆桥呢？"

陈赓表示接受批评，并请示如何补救。朱德命令他："马上返回江边，重新架桥。"

陈赓要走时，朱德说："浮桥架好后，交给九军团，如果等到明天早晨七时九军团还不来，你们再拆桥。"

陈赓当场保证："天亮以前一定重新把浮桥架好。"

陈赓返回干部团后顾不得吃饭，由政委宋任穷带领3营和工兵连急行军40里，再次返回乌江边。经过一夜突击，他们终于在天亮前又把浮桥架起来了，等候红九军团的到来。早晨七点，红九军团还没有来，宋任穷才按原定计划，下令把浮桥拆掉，又开始急行军追赶大部队。

原来，红九军团奉命在乌江北岸伪装主力活动，诱敌北进，掩护主力南渡乌江，所以未能赶来渡江。因作战频繁等原因，他们一度与中央军委失去了联系。后来，红九军团几经转战，在云南会泽、巧家一带渡过金沙江，与红军主力大部队会合。

后来，宋任穷回忆此事说："我从来没有见过总司令发脾气，这次发怒是我见到的唯一的一次。在当时的情况下，一支负有特殊任务的部队离开大部队单独行动，突然中断了联系，在没有得到这支部队已经过江的确切消息时，听说我们拆了过江的浮桥，爱兵如子的总司令忧心如焚，指示我们重新架桥后务必坚持到形势允许的最后时刻。此时此地，此事此举，可见胸怀全局的总司令虑事之精细，爱护官兵之心切。由此，也更增加了我对总司令的敬仰之情。"

6. 毛泽东为什么说"临大节而不辱"？

全国解放后，一次毛泽东和陈毅谈到长征途中同张国焘错误路线作斗争时说：总司令当时是"临大节而不辱"。

这是怎么一回事呢？

1935 年 6 月,红一方面军翻越夹金山,来到了懋功,同红四方面军先头部队胜利会师。这时中央红军只有三万多人,张国焘仗着有十几万人马,看不起中央红军,主张向青海、西藏地区退却,并要求改组党中央,企图篡夺党和红军的领导权。

中央政治局在毛儿盖召开会议,决定把红一、四方面军混合编成左右两路,继续北上。右路军由党中央、毛泽东率领,左路军由朱德、张国焘、刘伯承率领分别北上,两路军在班佑会合。

但是,张国焘借故嘎曲河涨水停留在黄河上游的,迟迟不过河,之后还反而折回阿坝。在阿坝,张国焘公开提出反对党中央、毛泽东、周恩来等口号,攻击中央北上抗日的方针是"机会主义"、"退却逃跑"。在张国焘分裂党、分裂红军的时候,朱德和刘伯承坚定地站在毛泽东和党中央一边。张国焘对他们进行残酷的斗争和迫害,不让朱德参加会议,不给看电报,但是,朱德还是毫不让步。于是,张国焘策划召开四川省委扩大会议。

这次会议实际上是斗争朱德。会议在离总司令部半里路远的一个屋子里开的。朱德来到会场,一进门就见屋内气氛紧张,便和刘伯承紧挨着坐下来。会议主持人宣布开会后,就指责说:党中央丢了根据地,损失了红军,执行的是退却逃跑路线。接着,就有人批斗朱德了。朱德来时带了一本书,不管他们怎么斗,一言不发,埋头看他的书。主持会议的人最后强硬要求朱德表态,承认中央的路线是错误的,并发表声明反对毛泽东和党中央北上抗日的决定。朱德于是开始讲话了,严肃地说:"中央北上抗日的决定,我是赞成的,拥护的,我是举了手的,我不能写文章反对我亲自参加作出的决定。如果硬要我发表声明,那我就再声明一下,我是坚决拥护党中央、毛主席作出北上抗日的英明决定的!"

他话音一落,会议吵得更凶了,好几个人指着朱德继续批斗。这时刘伯承实在看不下去了,说道:"你们不是开党的会议吗,又不是审案子,怎么能这样对待朱总司令!"这又引起一阵叫嚷:"好!你把我们党的会议说成是审案子!"斗争矛头又转向了刘伯承。

最后,批斗的人实在没办法了,就冲着朱德高声嚷着:"既然你拥护北上,那你现在就走,快走!"要把朱德逼走。朱德看穿了张国焘的阴谋,认为要采取灵活的斗争策略,等待时机,争取和教育更多的同志,于是说:"我是赞成中央北上抗日决定的,但你们坚持南下,那我就只好跟你们去。"

这一番话更是让支持张国焘的人不满，有人暴跳起来说："你既赞成北上，现在又说跟我们南下，你是两面派，骑墙派！"

有的干脆说："这样的人，不要让他当总司令了！"

但是，他们谁也没有这个权力来罢免朱德的红军总司令职务，瞎闹一场后，对朱德无可奈何，只好宣布会议结束。

在回住地的路上，朱德与刘伯承边走边说："不管怎么斗，我们还是要跟毛主席革命嘛，事情总会搞清楚的。"

但是，张国焘还是没有罢休，继续使用险恶、卑鄙的手段迫害朱德。

不久，红一方面军红五军团的一个排在执行任务时碰上了敌人，打了一仗，缴获了一批梭镖和物资。在回阿坝的路上，天下起了大雨。当他们要过一条小河沟时，碰上张国焘手下红四方面军的一个连长，他蛮不讲理地要夺走红五军团这个排缴获的战利品。本来，战士们对张国焘反对毛主席、斗朱总司令就憋了一肚子气，见那连长蛮横无理，当然不答应，有的说："缴获的梭镖和物资，是要交公的，为什么要给你？"问得那个连长哑口无言。

为了挑起事端，这个连长立即下令部下一哄而上，硬是把红五军团这个排缴获的梭镖和物资抢走了。

战士们十分生气，回到阿坝后，向朱德报告了这件事。

朱德听完汇报后，沉思了片刻，对战士们说："尽管张国焘搞分裂，而且又斗争了我，党中央、毛主席会正确处理这些问题的，但是，我们对下面的同志，仍然要讲团结，要顾大局，不然的话，就会上张国焘的当。"

在朱德的劝解下，战士们采取了息事宁人的态度，不再追究了。

谁知第二天一早，在张国焘的布置下，一些人用担架抬上昨天抢梭镖和物资的那个连长，把他摆在朱德和张国焘住的两间房子中间，大声嚷道："五军团的人打了我们的干部，请朱总司令出来验伤！"

张国焘气势汹汹地从屋里走了出来，面色阴森，双手背在后面走来走去。他本来指使部下抢了梭镖和物资，现在反而诬告别人打了人，还要朱德出来验伤、处理，这明明是给朱德出难题。面对突如其来的事件，朱德很冷静。他走出屋子后，慢慢地走到担架旁边，耐心地对那位连长说："同志，我们是革命队伍，都是党的干部，你被人打了，你就说打了，没有打，你就说没打，你现在讲一讲嘛。"

这位连长终究是革命队伍中的一员，朱德这么一问，他躺在担架上，用被子蒙上头，一句话也不讲。张国焘见状，便垂着头，尴尬地走回了自己的屋子。

张国焘整朱德的阴谋再一次没有得逞。

但是,这样的事情还是没有结束。

一次,红五军团一个营在阿坝西北 20 多里的地方执行警戒任务。张国焘突然无中生有地对朱德说:“这个营不听指挥,要叛变。”

然后,他逼着朱德表态派人去缴这个营的械,妄图把叛变的罪名嫁祸于朱德。朱德严肃地对张国焘说:“你说这个营不听指挥,要叛变,有什么根据,有什么事实?”

张国焘被问得无言对答。

朱德见状,便更严厉地说:“没有事实,没有根据,怎么能说这个‘不听指挥’,那个‘要叛变’呢?你们这样搞,不是有意在制造分裂,破坏团结吗!”

张国焘只好不做声了。

可是,他还是不甘心,继续唆使一些人对朱德进行寻衅,甚至越来越过分。一天清晨,太阳刚刚出来,突然好几个伤员来到了总司令部的马栏,硬要把朱德的牲口拉走。他们嘴里不断地唠叨说:“我们是病号,我们负了伤,我们要骑马。”

朱德的饲养员当然不干,说:“这是总司令的马,你们不是不知道,为什么要牵走!”

一个伤员说:“管它是谁的马,我挂了彩,走不动,我就要骑。”

于是,双方都拉着缰绳,像拔河似的,你来我往。不知咋的,这个伤员突然一下子就倒在地上,大声喊叫起来:“总司令的马夫打伤兵啊!”其他几个伤员立即边喊边往医院跑。

不一会儿,他们叫来了十几个伤员。这时朱德的警卫员也闻讯赶过来了。几个伤员又要去马栏拉马,警卫员把他们阻止了。于是,十几个人坐在马栏门口,坐到太阳快下山了还不走。大家看到这种情况,只好去报告朱德。

朱德听后,说:“他们要拉,就让他们拉走吧,把那匹骡子给我留下就行了。”

战士们出来后,对朱德的做法想不通,想出一个办法:去找张国焘!于是,一个警卫员走到张国焘的门口,大声地说:“报告张总政委,有几个伤员硬要把总司令的牲口牵走,劝了一天了,他们还是不走,怎么办?”

张国焘听后装模作样地说:“哦,有这等事!”接着无可奈何地对他的警卫员说:“你去告诉他们,就说我说的,叫他们不要胡闹,要他们回去。”

张国焘的警卫员来到马栏,传了张国焘的话,这十几个伤员二话没说,便走人了。

张国焘在阿坝闹了十几天后,继续带着队伍过草地南下。这时,毛泽东率领的中央红军和红十五军团在陕北会师, 并取得直罗镇战役胜利。朱德看完党中央发来的电报十分高兴,对张国焘说:“这个好消息应当向部队全体同志传达。”

但是,张国焘不干。朱德于是自己向部队传达这个重大喜讯。大家欢欣鼓舞。张国焘见状,惊慌失措,对朱德的迫害再次升级。

在去松岗的路上,张国焘把朱德和刘伯承调开,把朱德安排到前线部队,让朱德和军部行军、宿营。

朱德离开总司令部,这实际上是撤了总司令的职。

一天早晨,朱德在看书,军部领导都到伙房吃饭去了。谁知他的勤务员去打饭时,伙房说:“没有饭了。”

结果,到吃中午饭时,对方又说没有饭了。

太阳快下山了,朱德仍在看书。可警卫员等人都饿得忍耐不住了,去请示他:“怎么办?”

朱德给红九军团军团长罗炳辉写了一封信。罗炳辉派人送来一袋面粉,警卫员等人才用洗脸盆煮了,让朱德和大家一起吃。

左路军一到松岗,张国焘就迫不及待地开会,宣布成立伪中央,自己担任主席。

在左路军过完草地,顺大金川南下,攻克绥靖县后,朱德到了前敌指挥部,生活上才得到总指挥徐向前等人的关照。

随后,左路军第二次过夹金山雪山,经宝兴、天全到达芦山,驻扎在陈家窝。此时正是隆冬腊月,国民党重军向红军发起几路围攻,张国焘极力鼓动部队“打到成都吃大米”, 与敌军在飞仙关对峙激战,红军损失很大。张国焘被迫引军重翻夹金山,再经懋功、小金川、大金川,翻越挡岭大雪山,撤向道孚、炉霍、甘孜,企图向青海、西藏方向逃跑。

在这期间,贺龙等人领导的红二方面军经过长途转战,历尽艰辛,也来到了甘孜。朱德获悉红二方面军来了很高兴,亲自骑着马到 60 里外去迎接贺龙、任弼时等人。两军会合后, 贺龙等人都同意朱德的意见,拥护党中央和毛泽东北上抗日的决定。这时,红四方面军广大干部也认识到南下是错误的，纷纷要求北上抗日。张国焘的路线行不通了，不得已宣布取消伪中央，同意北上。于是，左路军由甘孜出发进行北上。走了 20 多天草地，部队再次到达了阿坝。然而，张国焘等人对朱德的迫害还没有停止。

离开阿坝后，第一天宿营时，朱德与其他领导人的十几匹马都拴在一个马棚里。第二天早上，部队出发时，马夫却发现马棚的墙上打了个大洞，别的马都在，唯独朱德的马被偷走了。后来，军部领导拨给朱德一匹马。

走了几天，又来到嘎曲河。部队一到就过河，晚上在河北宿营。次日天还未见亮，前卫部队走了，张国焘又不赶上来。当晚，军部领导说："部队明天拂晓前出发，留下一个营给总司令担任警戒。"

第二天一早，警卫排长潘开文派人去找部队联系，寻找半天，这个营的影子也没看见。四周是茫茫草原。

下午，朱德把身边三四十人都组织起来，研究碰到敌情的对付办法，并作了相应的部署。

夜幕降临后，下起小雨，外面伸手不见五指，大家挤在一个帐篷里，十几匹马拴在外面拉帐篷绳子的钉子上。凌晨三四点钟，大家正在睡觉，敌人来了，割断缰绳，放跑了四五匹马。哨兵发现了，当即开枪，大家惊醒过来，马上离开帐篷，团团地把朱德围起来，准备战斗。

谁知敌兵并没有采取什么行动。

大家等到天蒙蒙亮，敌兵居然撤走了。潘开文出来一看，只见远处有四五匹马在游动，于是派骑兵追击，把几匹马找了回来。

这时后面的部队还未上来。朱德坚持要等后面部队到来后一起北上。但是，大家已经没有粮食。战士们从草原上捉来了一些野牛羊，管理员想杀几头改善一下生活，但朱德不同意说："后头大部队更困难，要留给后面来的同志吃。"

后来，几头羊死了，管理员又提出煮给大家吃，朱德还是不同意，要管理员把肉割成一块块，挂在一些小柳树枝上晾干，留给后面的部队吃，而他和战士们则只熬一些骨头汤喝着充饥。

等到第三天晚上，张国焘才带队伍来到嘎曲河南岸。在黑夜中，虽然可以隔河看到他们，但张国焘就是不过河来，在河南岸扎下了营。

张国焘过嘎曲河后的第二天，朱德随他们又出发了，走了四五天草地到了班佑，接着又出腊子口，到了岷江边上的一个小镇哈达铺。总司令部和直属机关休整了十几天，部队仍继续往前走。在这十几天中，朱德和张国焘又进行了一场较量。

这时党中央和毛泽东从陕北给朱德和张国焘发来了电报，并派一支部队来接应他们。战士们得知这个消息后，想到红一、二、四方面军就要会师了都感到非常高兴。朱德找张国焘研究行军路线和如何与派来接应的部队会合等问题，整整商议了两天两夜还是没有结果。陈昌浩也从前敌指挥部赶过来参加商谈。张国焘对敌人的力量估计过高，极力宣扬逃跑主义，主张进宁夏入青海。朱德坚决与他进行斗争，指出张国焘的主张是违背党中央、毛泽东关于北上抗日的方针的，是错误的，要他丢掉自己的主张，跟党中央、毛泽东北上。并且，他十分严肃地说："现在的形势是，敌人集结在我们和党中央、毛主席之间这块地区，如果我们迅速北上，与来接应的中央红军会合在一起，力量就会增大，就能更快地消灭敌人；要是我们不去，就会使来接应我们的兄弟部队遭到危险。因此，我们必须迅速行动，只有继续北上，与中央红军会师，才是唯一正确的出路。"

但是，张国焘还是坚持自己的主张。朱德接着又与他谈了一个晚上，还是没有结果。

第三天一大早，张国焘突然宣布辞职，带着他的警卫和骑兵等渡过岷江，住在对岸的红军供给部里。朱德回到自己的屋里，坚定地说："张国焘说他辞职了，他不干，我干！"于是找来作战参谋，挂起地图，向前线部队发出继续向北行动的命令，并且决定总司令部第二天一早就出发北上。总司令部的人员都十分激动，兴高采烈地收拾东西，作好出发前的准备。

可是，就在这天黄昏的时候，张国焘从岷江对岸派人送来通知，说他要立即召开西北局会议。为了团结和挽救张国焘，朱德只好同意参加会议。

结果，这次岷州会议，开了一夜，吵得十分激烈。张国焘仍端出那一套反对北上、向西北逃跑的主张。朱德对他进行批驳。参加会议的多数人都拥护党中央、毛泽东北上抗日的决定，支持朱德。张国焘见形势不妙，又要了一个手腕，在会议结束时一本正经地说："啊，这是党的会议，党的组织原则是民主集中制，是少数服从多数，既然你们大家都赞成北上，那我就放弃我的意见嘛。"

一夜的紧张斗争暂时宣告结束。当朱德等人来到岷江边时，东方已开始发白。

朱德回到哈达铺后正准备出发，张国焘却带着他的警卫部队和骑兵直奔前敌指挥部的所在地漳县。张国焘一到那里，又急忙召开干部会议。这时前敌指挥部的干部都不知道开过岷州会议，更不知会议的决议是北上。张国焘又欺骗前方部队的干部，煽动部队西进，企图推翻岷州会议的决议。然后，他又向所有北上的部队发了电报，要求他们立即停止北上，回头西进。

这时，朱德已带总司令部出发北上走了一天，宿营时，突然收到张国焘要队伍停止北上而南下西进的电报。朱德十分着急，马上向前方的部队发出急电，要求部队就地停止一切行动待命。但是，机要通讯员拿到电稿去电台发报时，电台却不发，说张国焘总政委已有命令，没有他签字的电报一律无效，不准发出。

在场的西北局组织部长傅钟对朱德说："我送去。"

傅钟去电台后，对电台政委说："朱总司令是中央军委的主席，总司令部是在军委的领导之下，总政委也要执行军委主席的命令。我是西北局组织部长，如果你不把这份电报发出去，就是违抗军令，我可以立即枪毙你。"后来经过多次做工作，电台才发出这份电报。

电报发出后，朱德他们又继续前进，一天走了一百四五十里地。到了前敌指挥部后，朱德立即发电报向党中央和毛泽东报告张国焘的反党活动，并连夜在前敌指挥部召开会议。

这次会议又开了一夜。朱德与张国焘再次进行了面对面的斗争，向参加会议的全体同志，揭露张国焘耍两面派的做法。大家都一致拥护党中央和毛泽东的决定，支持朱德的意见，表示要迅速北上。

第二天早上，左路各部，在朱德的率领下，迎着灿烂的朝阳向东挺进，终于在1936年10月10日，与党中央、毛泽东派来迎接的部队在甘肃的会宁会师。

在这个期间，朱德受到了张国焘各种刁难甚至侮辱人格的做法，但是，他泰然处之，正如陈毅所说的："总司令的度量很大，在我们党内是有名的，在我们军队同志中，也是很少能相比拟的。正如俗话所说：'宰相肚里好撑船'。总司令就有这种浩如海洋的度量。"①然而，面对张国焘的分裂主义，他却进行了原则性的斗争，毫不让步。在与张国焘的斗

---

①陈毅：《向朱总司令学习》。

争中，朱德表现了威武不屈的革命精神，既坚持了高度的无产阶级党性原则，又采取了灵活的斗争艺术，一再挫败了张国焘对党的猖狂进攻，维护了党中央、毛泽东的统一领导，维护了党和红军的团结。

7. 朱德是凶神恶煞吗？

1937 年 7 月全国抗战开始后，朱德就任国民革命军第八路军总指挥(不久改为第十八集团军总司令)，率部奔赴抗日前线。

朱德率领八路军部队与日军浴血奋战，狠狠打击了侵略者。美国进步记者海伦·福斯特见过一幅图画，后来说："在一幅流传很广的图画上，朱德是一位挥舞大刀、身先士卒的勇猛斗士。"日军对朱德恨之入骨，常常编造谎言，歪曲污蔑他的个人形象。日军在一幅宣传画上把朱德描绘成一个头上长角的凶神恶煞。

这让不少没见过朱德的人很惶惑：这位八路军总司令到底是什么样子？是传说中的猛张飞、李逵，还是神话中的凶神恶煞？

首先，《大公报》记者带着这样的疑问，见到了朱德，并对他进行了一次采访。后来这位记者这样报道朱德：

> 今天将军穿了一套青布中山装，戴着一顶旧军帽，黑褐的面色，嘴巴周围有着浓浓的新生出来的黑髭。他朴实如农民，慈和如老妪，但在炯炯目光内射出坚定的光线时，则又严肃如钢铁。虽然穿着军服，可是他在举止上完全是工农无产者姿态：简朴、诚实、有决断。他的声音很低，很沉重，他的句子很短、很简洁。这伟大的脸膛上，不时地发出真挚的笑。

接着，一位中央社记者采访朱德，这样报道他：

> 下午，我们去总指挥的办公室，一个穿士兵衣服，戴眼镜，满脸胡子的人站在门口，我们几个人都没有十分注意而跨进了门。可是他们参谋长立刻过来向我们介绍，这位是朱德指挥，刚从前线回来。这时我们的内心真是无限的惭愧。可是这

实在也难怪，他没有领章，没有符号，更没有一般高级长官的派头，额上既不刻着字，你说对一个不相识的人，如何分别出谁是长官，谁是士兵？他开始和我们说话，同样，没有什么寒暄和客套，说着他所要说的话、很缓慢而很有力，态度是沉着而刚劲，言语间很少含有理论，好像每一句话的出发点，都根据事实上的体会或经验。虽仅有一天的晤谈，他那起初给我的平凡形象，已经给不平凡的谈话，特殊的风度完全冲破了。的确是的，世界上有许多不平凡的人，常常在一种平凡的外表下隐藏着。透过硝烟战火的朱德形象是一个侵略者害怕而人民热爱的形象。

后来，海伦·福斯特去了延安，也见到了朱德。他说：

但就我所见，他本人与这幅图画上的形象完全相反。朱德是一个慈祥、和蔼、说话沉着、言行恭谦的人。他不会为自己树碑立传的，因为他将自己的人格完全融入了自己的工作之中。

一瞥之中，朱德身材适中，健壮结实。……在我的印象中，朱德是全中国少有的心地善良的人物，是一个人道主义者。他是一位少见的军人——战争在他看来并非一种建功立业而是一种结束苦难的手段。毫无疑问，他是一位宽容大量、感情丰富的人。作为一位头发灰白、年过半百的老战士，他在真刀真枪的战火中度过了半世生。

这就是朱德，一位朴实、真挚而又英勇善战的八路军总司令。

8. 与国民党谈判

1940年春，国民党内部的消极抗战和投降倾向日趋严重，党中央决定尽一切可能争取其继续抗战，并决定朱德亲赴洛阳，与国民党第一战区司令长官卫立煌谈判。

这时反共老手胡宗南、朱怀冰等正在洛阳。大家对朱德的安全十分担心，朱德却说："只要国民党不公开投降日本，我们就要以斗争求团结，又团结又斗争。"他顿了顿说："至于我个人的安危，没啥了不起，一切以统一战线、抗日救国为重嘛！"

临行前，毛泽东等人一再交待八路军总部，无论是闯日军封锁线，还是过国民党统治区，在任何情况下，都要保证朱德的绝对安全。护送朱德出太行的任务，交给了红3连。全连共产党员一致向党组织作出庄严保证："哪怕战斗到最后一个人，也不能让朱总司令受任何损伤。"

一天清晨，3连到达了朱德在武乡的住地。

这时，朱德已一切准备就绪，笑眯眯地对大伙儿说："好啊，你们来了。咱们就出发。"

上路后，每到一个新的宿营地，朱德总是关心野外警戒的战士吃得饱不饱，穿的是否能御寒，有没有热水洗脚，有时还帮炊事员支炉灶，安排生活。通过封锁线时，他亲自用望远镜观察敌碉堡的动静，充满信心地说："鬼子们再刁，也是侵略别国领土，他们人地两生。我们有老百姓相助，就是刀山剑林也能穿过去。"

一个深夜，远方传来几声犬吠声。"快走，快走！"前面传来命令，要通过公路封锁线了，紧急而低沉的口令在护送部队中一个接一个地传下去。虽是寒冷的春夜，但在急行军中，每个人都汗流浃背。为了抓紧时间赶路，尽快脱离日军警戒区。部队刚刚过了邯(郸)长(治)公路，鬼子一个汽车队就开过来了。朱德下令："直插田间，由便道行军！"带路的老乡领着队伍，神不知鬼不觉绕过敌军流动哨巡逻区。

当他们到达八路军新1旅驻地——壶关县的郭家坨时，朱德和同行的冀察战地党政分会副主任王葆真先生进行了划界谈判，确定以距郭家坨五华里的大井村为界，界北为八路军防地，界南为国民党防地，双方不越界，界上不驻兵，消除磨擦，团结抗战。这一划界对揭露国民党顽固派、团结友军起了很好的作用。

5月初，他们到达了河南济源县王屋山上。一天拂晓，朱德漫步山野，遥望滚滚的黄河，耳闻日寇隆隆的炮声，面对祖国的大好河山，惨遭敌人任意践踏，心潮起伏，感慨万千，奋笔疾书，写下了著名的《出太行》：

群峰壁立太行头，
天险黄河一望收。
两岸烽烟红似火，
此行当可慰同仇。

下了太行山，渡过黄河天险，一行人到达了古城洛阳。朱德受到国民党第一战区司令长官卫立煌热情款待。在欢迎会上，朱德致词，强调国共两党和全国军队团结的重要性，说："全国人民需要这种团结。只有日寇、汪精卫、汉奸、投降分子和'磨擦专家'害怕这种团结。这种团结必须建立在进步的基础上，只有这样，才能克服困难，争取抗战的最后胜利。"

以卫立煌为首的国民党第一战区的要员们，听了朱德以抗日救国为重的演讲，多数人表示赞同。但随后就有吹冷风、唱怪调的人。他们看到朱德和卫立煌一谈就是一整天，很投机，就讲起卫立煌"近朱者赤"的闲话。

这次谈判取得了一定成果。朱德与卫立煌协商解决了晋东南国共两方军队以漳河为界的驻防区；允许八路军在中条山保留一条运输线，第一战区继续给八路军发放军饷等。

5 月中旬，朱德等人离开洛阳，路经西安，稍事休整。然后动身返回延安。

这一次，与朱德同行的，增加了茅盾夫妇和张仲实等人，一共 40 多人。经过黄陵时，朱德提议拜谒一番。车队停在桥山脚下，大家拾级而上，来到黄陵前。入口处有一牌坊，上书"轩辕黄帝陵"五个大字，有卫兵守卫。卫兵见一大群人前来，连忙阻拦，说："奉上级命令，此乃国防重地，不准参观。"

护卫部队派人找他们的上级交涉，对方听说是八路军朱总司令谒陵，立即转变了态度，并且陪朱德等人一同登上陵墓，还进行介绍。

陵墓古朴雄伟，迎面一个巨大的土塚，塚前有一个平台，台前立一大石碑，上面刻有祭文。陵墓周围的山坡上古柏森森，直插蓝天。朱德等人在陵前合影留念。

就这样，朱德返回了延安。

9. 朱德"毫发无损"的历险记

一位记者曾经这样记述朱德："在延安时到处走动，全无护卫，而且从不带武器，战士们视他为神明，农民们说他是千里眼，能够看透远处的东西；他又是道教魔法大师，不但能够在敌人面前放起烟幕遁走，甚至可以在空中腾云驾雾，致使那些欲置他于死地而后快的敌手胆战心惊，畏之如虎。奇怪的是，朱德仿佛总是暗暗受到神灵的佑护，所以他往往能够绝处逢生，化腐朽为神奇。”①

朱德一生身经百战，多次经历险境，然而不仅大难不死，而且身无片伤，堪称奇迹。

（1）

1916 年，在泸州时，朱德率部与敌军发生恶战。在激战中，他的衣服帽子被打烂，马也被打死了，但他本人却没有受伤。后来，朱德谈起此事自己也说：“我一次没有带过伤，是怪事情，而且每次总在子弹射程范围以内呢。”

又一次，朱德带领部队转移到水宁河的山地里，敌人围着。敌人有炮，朱德手下只有一个团，最后打得只剩下六个连。部队攻下山寨一间小房子后，打算休息一会儿，朱德坐在角落，“砰——”突然一发炮弹打来，一声巨响之后，房中的人都被炸死了，朱德只溅了一身泥，安然无恙。

这时敌兵十几个营已经围上来了，朱德眼看无法逃脱。谁知敌人的大炮还是响个不停，炮弹一发发飞过来，结果逐渐围上来的敌兵竟然被自己的大炮给打垮，退了下去。

朱德再次脱险了。

（2）

1930 年 1 月，红军为了保存实力，从永新城撤出，上了七溪岭。敌人向七溪岭发起猛攻。朱德见敌人攻势凶猛，在望月亭手提机关枪，一跃而起，冒着雨点一样的子弹冲向敌人。经过一场激战，红军取得了胜利。战后，大家发现朱德的军帽被子弹打了两个窟窿。可朱德乐哈哈地说：“有窟窿的帽子，戴在头上正好透点热气呢！”

---

①晓亮、文军：《十大元帅之谜》，河南人民出版社 1993 年版，第 42 页。

(3)

1935 年 1 月，长征在土城时，朱德到彭雪枫部队里开会，部署第二天的战斗任务，回途经过一道山岭，正走着，前面出现敌情，黑压压一片敌军。

这时，朱德身边只有一个排，战士们三次反冲锋，都被敌军打下来，打到天黑，敌人还是控制了制高点。

半夜时分，朱德困在山坳里，敌人冲到面前，子弹在他头上炸出火花，火光照亮了他的脸，弹片却没损伤他的毫毛。

朱德决心做最后一次冲击。谁知敌人由于遭受挫折，都退了下来。

(4)

1938 年 2 月 25 日，朱德带领八路军总部的少数人员，在安泽以东的古县镇，突然与从东面进攻临汾的日军遭遇。交战时，日军司令官不知与多少八路军遭遇，停下来打了一天，不敢前进一步。第二天，他派出的侦察人员获知与他们作战的并不是八路军大部队，而是朱德和随行的少数警卫部队。

日军司令官一听说是朱德，并且只有少数人员跟随，先是吃了一惊，继而狂喜，急忙问道："朱德现在哪里？"

"报告司令官，确确实实的消息，朱德正在古县指挥作战。"

日军司令官趴到地图前，找到"古县"两个字，便大声吼道："立即派飞机，把古县炸平。"

不久，十几架贴着膏药旗的日本轰炸机，满载炸弹，飞到了沁县西南的古县镇上空，轮番轰炸。随着"轰轰"的爆炸声，古县顿时变成了一片火海，人畜无存。随后，日军华北司令部向外宣布：八路军总司令朱德和他的司令部已被消灭，大日本皇军占领华北指日可待。

这个消息震动了国内外，太行山的军民很着急，甚至武汉的许多爱国人士纷纷向八路军办事处打听虚实。正当大家为朱德的安危担忧的时候，却传来了进攻临汾的日军被八路军堵截在半路上前进不得的消息。有人立即转忧为喜，说："这说明朱总司令并没有遇难，还在指挥作战，他没有死！"

朱德确实没有死,那么他是如何转危为安的呢?

原来山西省东南部有两个叫古县的地方,一个在沁县,一个在安泽县。日军司令官从地图上看到的是沁县西南的古县镇,急如星火地命令飞机去轰炸。他做梦也没想到,就在这个古县镇被炸成一片火海的时候,朱德正在安泽县的古县指挥着战斗,以极少的兵力阻击着强大的敌军。

从此之后,朱德便成了一位“刀枪不入”战无不胜的神话人物,令民众见之胆壮,令敌人闻之丧魂失魄。

10. 开垦南泥湾的倡导者和决策者

1940 年 5 月,朱德从前线回到延安后,由于日军和国民党顽固派加紧对陕甘宁边区的包围和封锁,陕甘宁边区正遇到抗战以来最为严重的经济困难。这引起了朱德的严重关注。

为了解决吃饭问题,1939 年 2 月 2 日,党中央在延安召开了生产动员大会,毛泽东发出了“自己动手”的号召。延安军民在住地周围的山坡、路旁、河滩等空地开荒种菜,养鸡、养鸭、养兔,但由于规模小,效益并不明显,无法从根本上解决经济困难的问题。

朱德当年在德国留学时学过西方经济学,之后又学过苏联经济学,面对边区的经济困难,开始想办法。他认为部队屯田是解决眼前生活困难的最好办法,于是向毛泽东和党中央提出在不妨碍部队作战和训练的前提下,实行军垦屯田的政策。

可到哪里去进行屯田呢?朱德把目光投向了延安周边。

南泥湾位于延安城东南 40 多公里处,是一片荒山野岭,方圆几十里荒无人烟,荆棘遍地,野兽成群,被老百姓称为“烂泥湾”,有人还说那里有吃人的妖怪。

六七月份,朱德来到了南泥湾实地勘察。他与警卫人员在树丛、草莽中艰难地探路往前行走,边考察边寻找可以开垦的地方。

在山坡下休息时,朱德给警卫战士讲起了三国时期曹操屯田的故事,大家听得都入了神。说着说着,不远处飘出一缕淡蓝色的炊烟,朱德一按大腿站起身:“有人家!走,访访去!”

他们走到一间破茅屋前，一个身材瘦小的老汉惊慌地站起来，打量这些不速之客。朱德客气地问："老哥，你好啊？这地方是啥位置？"

老汉答道："南泥湾。"

朱德拉着老汉一起坐到一块大石头上，问道："你贵姓，就你一个人在这里过？好像附近都没人？"

老汉说："我姓唐，住在这里几十年了。这地方一直没人，兵荒马乱的，我孤身一人，只有野兽做伴。"

"听口音你是四川人喽！"朱德说，"我们应该是老乡！我家在川北，也有几十年没有回去！"

唐老汉一听是四川老乡，也很高兴："我是当年随父亲从四川逃难过来，现在就我一个人。长官进我的破屋子里坐吧。"

朱德忙说："不用了，老乡哥。请问这里能打粮吗？"

"怎么不能！这里地肥得很哟！只是没一户人家……"

随后，朱德请老汉当向导，一起勘查南泥湾的山林野谷、沟壑池潭。走着走着，朱德一不小心被野蒿绊倒，滑入山谷。这吓了众人一跳，警卫员好不容易在谷底找到了朱德，只见他两手被树枝戳伤，脸也被野蒿划出了血痕。唐老汉担心地问："老乡，怎么样？"

朱德一笑："这一跤可是跌得好哟！你们都来看……"大家顺着他的手看去，眼前一片开阔地。朱德顺手拔起一棵野蒿，带起了一大坨松软泥土，黑油油的，他又抓了一把土，凑到鼻前闻了闻，攥在手里捏了捏，兴奋地说："好土！好土！开荒种粮完全可以！"

大家再往里走，便是大片大片的灌木丛，长着尖刺的酸枣、沙棘，无法迈步，大家只好用砍刀开路。一些低洼地带，因常年受雨水浸泡，已成了沼泽，在日光照射下向上翻着气泡。朱德用木棍探了探深浅，高兴地说："这里的污泥并不深，可以改造成水田。看来，我们不久就能吃上陕北的白米饭！"

这一次踏勘有了重大收获，大家都激动不已。

朱德勘察之后，陕甘宁边区政府建设厅工作的农林生物学专家乐天宇也来到了南泥湾考察，在槐树庄、金盆湾一带收集了植物标本2000余件，写出了《陕甘宁边区森林考察报告》，详细阐述了边区森林资源和可垦荒地的情况，提出开垦南泥湾，以增产粮食的建议。朱德看了报告后，派人面见乐天宇，专门了解南泥湾的详细情况。

随后，乐天宇三次陪同朱德去南泥湾视察，在多次调研后，一个开发南泥湾的总体计划在朱德胸中形成。然后，他把南泥湾考察的情况和准备调部队进行屯垦的打算向毛泽东作了详细汇报。毛泽东听了很高兴,称赞说:“这件事你朱老总抓得好,抓得好哇!”

朱德于是提议调第120师359旅去进行军垦,毛泽东表示同意,并且说:“光有359旅不够,我看延安的中央机关、军委机关、学校和留守部队,都要抽人进去,还可以动员逃难到边区的外地农民也进去,在那里开荒种地,安家落户。”

1941年3月,359旅遵照毛泽东“一把镢头一支枪,生产自给保卫党中央”的指示,在旅长王震的指挥下,分批从绥德警备区开赴南泥湾,开始了“背枪上战场,荷锄到田庄”的大生产运动。

11. 指挥攻打石家庄

1947年10月,朱德和彭德怀联名发表《中国人民解放军宣言》,号召全国人民协同解放军“打倒蒋介石,解放全中国”。11月,他亲自筹划、指挥石家庄(石门)战役。

这是解放战争开始后我军第一次攻打大城市。

战役开始前,朱德亲临前线,风尘仆仆地来到了华北军区野战军司令部。他听取司令员杨得志汇报情况后,和大家一起分析敌情,审问俘虏,研究战役部署。为了深入了解情况,他还深入基层和干部战士交谈,同工兵、炮兵部队研究技术问题,讲形势、讲任务、讲战术、讲纪律。在旅以上干部会上,朱德针对有些部队不太重视战术技术的问题,特别强调“石门战役打的是攻坚技术,是勇敢加技术”。

为了及时指导部队作战,朱德提出要住在司令部。可是,敌机不断狂轰滥炸,杨得志和政委罗瑞卿商量,考虑到朱总司令的安全,劝他到冀中分区所在地河间县去住。

朱德摇头不肯,说:“你们不都在这里吗?未必飞机就来找我朱德。”

杨得志说:“你到河间,我们会随时向你报告的。”

朱德不情愿地离开了司令部,去了河间,可心里时刻关注着战役的发展。杨得志每天用电话向他报告情况。他听得很认真,并不时提出一些意见。

战斗打响后，部队很快扫除敌外围据点。在突破外市沟时，朱德亲自打电话给杨得志。就在他们讲话期间，敌第二道市沟又被我军突破，杨得志立即把这个最新消息报告朱德。朱德兴奋地说："打得好呀！我祝贺你们！按你们的计划打下去，告诉大家，后边的同志可是都望着你们哪！"

战斗刚结束，朱德通过华北军区司令员聂荣臻转来了嘉奖全军的电报，高度评价解放石家庄"是很大的胜利，也是夺取大城市之创例"。随后，他来到石家庄，听取杨得志等人的汇报，又去找基层干部战士座谈，总结城市攻坚术，形成了连续爆破、坑道作业、堑壕作业、集中兵力火力、突破一点、穿插分割等一整套攻坚战术，并很快推广到全国各个战场。

朱德还写作了一首《攻克石门》的诗：

石门封锁太行山，勇士掀开指顾间。
尽灭全师收重镇，不教胡马返秦关。
攻坚战术开新面，久困人民动笑颜。
我党英雄真辈出，从兹不虑鬓毛斑。

在华北期间，毛泽东专门给华北军区来电时指出："要注意朱总司令的安全和健康。"朱德闻讯后，也回电问候毛泽东："请主席保重。"①

12."农业还是要搞多种经营"

1949年9月，在全国政协第一届全体会议上，朱德当选为中央人民政府副主席。之后长期担任全国人大委员长职务。尽管年事已高，他仍然忘我地工作。

---

①朱敏：《回忆我的父亲朱德委员长》，中国少年儿童出版社1979年版，第37页。

解放后,朱德喜欢去江西,多次去过江西,每次来都要到井冈山、瑞金这些曾经战斗过的地方,问候老区的乡亲,看看这里的生产。

朱总司令在视察这些地方时对恢复和发展江西省的农业生产作了许多宝贵指示。

1962 年的一天,朱德又来到了井冈山。

他到井冈山各地转了转后,特地来到了井冈山垦殖场。看了垦殖场的生产情况,朱德认为该场办得很好,说:“江西国营垦殖场的办场方针是正确的。在山区办垦殖场很好,农、林、牧、副、渔、工,综合利用,全面发展,为加速山区的开发和建设,缩小工农差别、城乡差别,走出了一条好路子。”然后,鼓励说:“井冈山是光荣的山,革命的山,是天下第一山,你们在这里办场,一定要继承革命传统,把垦殖场办好,改变山区面貌,为井冈山争光,为毛主席争光!”

井冈山垦殖场山清水秀,竹木繁茂,朱德说:“井冈山区竹木多,资源丰富,要充分利用。但是,可千万别大手大脚,浪费资源。要搞好农业、林业,也要搞好多种经营;要发展工业,也要搞好手工业。”谈到发展手工业生产时,他又说:“要充分利用小材小料,多生产些人民生活的必需品,如箩筐、扁担、斧头柄、刀把、拐杖之类的小商品,既发展了生产,又繁荣了市场,满足了人民生活的需要。”

离开井冈山后,朱德又风尘仆仆来到了江西省国营蚕桑场。

他对蚕桑场又种粮又养蚕,农业、副业、工业全面发展很感兴趣,高兴地说:“农业还是要搞多种经营。不搞粮食不行,光搞粮食也不行,要综合利用,全面发展。”说着,他指着脚下的红壤说:“江西的红壤多得很,要加强改良红壤的研究,红壤土改造好了,可以种麦子,种豆子,种花生,栽桑树,甚至可以栽果树,发展多种经营,潜力大得很呢!”

其中,朱德在延安大生产时就提出了“农业生产要发展多种经营”的思想。当时,他号召大家要开荒种西瓜、烤烟等经济作物。后来,部队用自己种的烤烟加工生产了不少香烟,谁知销路却不好,朱德亲自给各解放区写信,推销延安生产的纸烟。

“农业生产要发展多种经营”,对于促进生产起了很大的作用。1981 年 6 月,党中央《关于建国以来党的若干历史问题的决议》中特别指出:“朱德同志提出了要注意发展手工业和农业多种经营的观点。”对朱德的这个思想进行了肯定。

13. 与林彪的几次较量

朱德一生宽容大度，有着宽大的胸怀，但坚持原则，敢于斗争。他和张国焘反党分裂主义的斗争是一个突出的典范。和林彪，他也有过不少的斗争。

（1）

1943 年 8 月 18 日，延安《解放日报》军事副刊上登载了朱德总司令的一篇文章《军事教育必须从实际出发》。

这篇文章是军委总参谋部雷英夫根据朱德的指示起草，经过朱德修改后发表的。文章说："军事教育和其他事情一样，必须从实际出发，采取实事求是的态度，不然不仅于事无补，有时反有害于事。"接着，提出我军有旺盛的士气，但还应该和掌握良好的技术结合起来，"如果我们能够进一步掌握技术，把旺盛的士气同掌握技术结合起来，那么，我军的士气必会更加高涨，作战能力和信心必然会更加提高，给敌人的杀伤必然会更大，自已的损失则会更少。"

朱德的这个观点毫无疑问是正确的。

但林彪看后，不同意。

在一次高级干部会上，林彪攻击说朱德这是单纯军事观点，违背了我军政治建军的原则。

回到王家坪后，林彪又把雷英夫叫去训了一顿，说帮总司令写的这篇文章犯有原则错误。雷英夫很紧张，立即向朱德和参谋长叶剑英作了汇报，并作了自我批评。

朱德听了，一笑置之。叫他不要紧张，不要害怕，并说："在党内军内，谁有不同意见，都可以说，没有关系。真理是驳不倒的，谁手里有真理，历史自有公论，群众的眼睛是亮的。"

朱德的这种态度使雷英夫由衷地拜服。

但是，朱德没有放弃原则性的斗争。1945 年 4 月 25 日，朱德在党的七大会上作《论解放区战场》军事报告，对林彪的谬论进行了批判。报告指出："过去我们军队中，有不尊重体力和技术的倾向，似乎以为军队只要有了政治觉悟就够了，这是很错误的……我们有了政治觉悟再加上体力好，技术好，就可以打更大的仗，更少伤亡。”

（2）

1959年9月，林彪在中央军委召开的一次师以上干部会议上，利用批判彭德怀的机会，诬蔑攻击朱德。

在主席台上，他指着朱总说：“你这个总司令，从来没有当过一天总司令。不要看你没有本事、一天到晚笑嘻嘻的，实际上你很不老实，有野心，总想当领袖。”①

到会的人大为震惊。

但是，朱德泰然处之，不仅没有发火，反而笑着对林彪说：“那就请你批评好了。”

（3）

在“文化大革命”中，朱德遭到打击，一时之间，社会上把1928年毛泽东与朱德的井冈山会师，说成是毛泽东与林彪会师，“朱德的扁担”也变成了“林彪的扁担”。朱德不置辩解，听之任之。

一次，朱德的儿媳赵力平询问他：“和毛主席在井冈山会师的，到底是谁？”

朱德听出了她的意思，没有正面回答，只是严肃地说：“历史就是历史，谁也篡改不了。你们要相信毛泽东的革命路线一定会胜利。我跟毛主席几十年了。有一条经验是：按照毛主席指引的方向走，我们党才有今天……相信毛主席，就会有真理。”②

1969年10月，林彪发出所谓的“第一个号令”，调动全军进入紧急战备状态。康克清困惑地问朱德：“真的要打仗了吗？”

朱德回答说：“醉翁之意不在酒。战争不是凭空想象的，不是小孩子打架。现在看不到战争的预兆和迹象。”

---

①雷英夫：《雄怀胜似海洋宽》，转引自《回忆朱德》，第258页。

②朱敏：《回忆我的父亲朱德委员长》，第32页。

这时,朱德已经接到通知要"疏散"到广东去。他对康克清说:"你得跟我一起走啊。"

康克清为难地说:"按理说我应该跟你一起走,可是全国妇联的军代表不点头,我要走也走不了。"

朱德沉思片刻,果断地说:"那我只好打电话给恩来,请他去跟他们说说。"

就是这样,康克清随朱德"疏散"去广东。他们坐了三个多小时飞机,到达广州白云机场时,接待他们的人硬是不许进广州市,要他们直接去从化。

到了从化,他们还规定朱德夫妇不得访问附近的工厂、农村,散步不准超过"桥头警戒线"。康克清对这些规定很反感,说:"我在北京是自由民,想到哪里都可以随便去,困在这里算什么。"

朱德宽慰她说:"那些为非作歹的人不会长久的,你就安心陪着我吧。"

这时候时刻萦绕在朱德心头的,还是工农业生产。在从化的日子里,他时常自言自语地说:"我只要看到工人在生产,庄稼长得好,我心里就踏实。现在,'文化大革命'已破坏了生产,这如何得了!"

(4)

1970 年夏,因全国人大常委会开会,朱德终于回到了北京,行动上有了一些自由,便不顾年迈,到首钢和郊区农村视察,并对生产第一线的干部说:"别听有些人'革命'口号喊得比谁都响,可是实际上是他们在破坏革命,破坏生产。不劳动,不生产,能行吗?粮食、钢材不会从天上掉下来。没有粮食,让他们去喝西北风!"

1971 年,九一三事件后,朱德立即写信给毛泽东,对林彪等人的阴谋表示极大的愤慨,并且表示:"一定坚决地站在毛泽东一边,和全党全国人民一道批臭这个无耻的叛徒。"①

---

①朱敏:《回忆我的父亲朱德委员长》,第 32 页。

14. 历史是最公正的

(1)

“文化大革命”开始后，朱德时常一人独坐默想，很少说话。一次，他突然问康克清：“戚本禹怎么成了中央文革小组的成员？”

康克清也不知道，摇了摇头。

1967 年 1 月一个傍晚，戚本禹奉江青之命，开会布置揪斗朱德。一伙人闯进了朱德的住地。正巧朱德不在家，那伙人就在门前、墙上贴满了“朱德是黑司令”、“朱德是大军阀”等标语。

不久，北京街头也出现“打倒朱德”的标语，造反派还成立了“揪朱联络站”，大有乌云压城之势。

朱德获悉这些情况后，坦然地说：“历史终归是历史。历史是最公正的。”

就在朱德受到冲击后的一个星期，中央军委召开碰头会。会上，毛泽东提出：“朱老总在国内外影响很大，还是要保的。”

结果，戚本禹等人才有所收敛。

若干年后，戚本禹刑满释放，给康克清寄来了道歉信，对自己当时的行为深表悔恨。康克清说：“虽然朱老总已经作古，但即使是在这件事情上，也证明了历史是最公正的。”

(2)

1969 年 4 月，党的九大在北京举行。朱德正患气管炎，喘得厉害，但仍抱病参加会议。林彪一伙在会上多次对朱德进行围攻，逼他检讨。

一次，朱德开会后回到家，问康克清：“认识不认识吴法宪、邱会作？”

康克清说：“不认识。”

朱德说：“你总该认识李作鹏吧？

康克清想了想，问道："不就是过去在你警卫班里的那个李作鹏吧？"

朱德"嗯"了一声，不再说话。康克清觉得他突然提起这几个人必有原因，就问他是什么意思。朱德叹了一口气，心情沉重地说："这几个人，都左得不可收拾啦。"

(3)

1974年，康克清参加首都体育馆召开的"批林批孔大会"。在会上，江青点郭沫若的名，矛头对着周恩来。回到家后，康克清把自己的所见、所闻、所想告诉了朱德。

朱德听完后，没有马上说话，似乎在思考什么。康克清着急地看着他，想得到一些答案。半晌，他才胸有成竹地说："你不要着急，军队的大多数是好的，地方干部大多数是好的，群众也是好的。'文化大革命'以来，军队里虽然出了几个败类，但从整个军队来说，他们是拉不走的。干部中有少数人被拉了过去，但广大干部是不会跟他们跑的。江青的本事有多大，你不知道吗？去问问工人、农民、战士和知识分子，谁愿回到那种半封建半殖民地的社会中去？"

经他这么一分析，康克清如释重负。

15."朱毛不可分"

对于朱德和毛泽东的关系，有一句众所周知的话："朱毛不可分"。这句话，朱德说过，毛泽东也说过，在中国革命和建设进程中，两人的关系就是没有分开过。

在中央军委工作过的雷英夫说：

> 关于朱总司令"朱毛不可分"这句话是在什么时候讲的？他这个思想是在什么时候形成的？在我们党内说法不一。有的说是在井冈山上讲的，有的说是在遵义会议上讲的。由于我

1938 年才参军入党，没有参加长征，对党内军内错综复杂的斗争，特别是对这场惊心动魄斗争的具体情况不了解，对朱总司令所讲的这句著名的话更是弄不清楚。为了学习，我带着崇敬的心情，大胆地请教总司令。1943 年春天，在王家坪朱总司令的窑洞里，他告诉我："朱毛不可分"的话，我是说过的，而且不止一次，在大会上，小会上和个别谈话中都说过。那时，一、四方面军会合，一方面军经过长途跋涉，艰苦奋战，只剩下万把人，四方面军则有七、八万人。张国焘就利用四方面军人多枪多的优势，向党中央闹独立性，搞分裂。……在多方的压力下，张国焘最后不得不遵照党中央的指示北上，实行三大红军主力的大会合。

后来，毛主席高度赞扬了朱总司令同张国焘反党分裂主义斗争中的丰功伟绩，说他"度量大如海，意志坚如钢"。①

对于"朱毛"之说，朱德的夫人康克清也说过：

回忆长征，最难忘怀的是和张国焘分裂主义的斗争。我们一方面军经历千难万险，在川康边境的懋功与四方面军汇合，大家高兴得跳啊，唱啊，以至热泪盈眶，像亲人久别重逢。岂知张国焘心怀叵测，在过草地前，他就煽动部队说前面有大河没法过，要部队折回西康。朱老总和刘伯承参谋长都不同意他的主张。当时党中央多次致电张国焘，敦促他北上抗日，可是他拒不受命。一计未成，他又公开策划反对党中央北上抗日的方针，妄图将另立中央带领部队南下的阴谋强加于人。他一再逼迫朱老总发表反对党中央北上的宣言。朱老总斩钉截铁地说："我赞成中央北上抗日的方针，手只能举一次。""中国工农红

①雷英夫：《雄怀胜似海洋宽》，见《回忆朱德》，第 254—255 页。

军在党中央统一领导下，是个整体，我们这个‘朱毛’，全国、全世界都知道。要我这个‘朱’去反‘毛’，我办不到……”张国焘恼羞成怒，就诡计多端地搞小动作，进行挑衅……”

对于毛泽东，朱德不止一次对身边的人说：“主席、总理、我，我们是互相了解的。”并且他还说：“只要有毛泽东在，就什么都不怕。”①

毛泽东对朱德确实很了解，也很信任，甚至在一些生活小节上都处处维护朱德的威望。

20 世纪 50 年代，中南海经常在周末晚上举办舞会，让中央领导人放松放松紧张的心情。举行舞会时，7 时半朱德、康克清准时来跳舞，8 时半刘少奇、王光美来跳舞。9 时左右江青来跳舞。毛泽东到得最晚，一般是 10 时左右。毛泽东一到，舞会也就到达高潮。

一次，舞曲奏响，毛泽东、刘少奇等翩翩起舞。朱德从舞场斜对面向江青走来，想请江青跳一支舞。不料，江青看到朱德从对面走来想和她跳舞，马上站起来，转身同一个卫士跳上了舞。

有人看到这个情景，急忙推一位女舞伴迎上去，与朱德跳舞。

原来，她嫌朱老总跳得不好。朱德有些不高兴。

偏偏这一幕，让毛泽东看见了，舞曲一停，他就离开了。江青发现毛泽东走人了，知道自己错了，紧跟其后，毛泽东批评了江青。

朱德的女儿朱敏说：“我父亲对……毛主席的崇敬与信赖，真是几十年如一日。……父亲始终坚定地站在毛泽东一边。”而毛泽东“对他的最亲密的战友朱德委员长，始终非常尊重，十分关心”。这就是朱毛之间的真实关系。

然而，在“文化大革命”中，“朱毛”关系受到了挑衅。

1966 年 5 月，康生在一些高级干部中有意地散布说，朱德是空头总司令，组织上入了党，思想上还没能入党，甚至还说：“我劝朱德的诗不要写了，那种诗是在厕所中写的。”②

---

①朱敏：《回忆我的父亲朱德委员长》，第 33 页。

②《十大元帅之谜》（上），第 55 页。

不久,江青也对戚本禹说:“过去讲朱毛、朱毛,那是假的,真的是朱反毛,朱德是大野心家。”

“文化大革命”爆发后,朱德多次受到冲击。毛泽东多次说“朱毛不可分”的话保护朱德。在一次会上,毛泽东针对社会上说朱德是“黑司令”的说法,当着许多人的面问朱德:“你究竟是黑司令还是红司令?”

朱德回答说:“人家说是黑司令。”

毛泽东说:“这就很奇怪。你当司令,我当党代表,你是黑司令,我是什么?我开始说你是红司令,中间说你是红司令,现在还说你是红司令。”①

但是,林彪等人还是组织成立了“批朱联络站”,准备在北京工人体育馆召开“万人批朱大会”,扬言要把朱德拉到现场进行批斗。毛泽东得知后指出:“朱德同志是红司令,如果要开批判会,我就出席作陪。”

于是,“万人批朱大会”夭折了。

但是,康克清还是不得不去接受群众的批判,说她是“走资派”,“十七年执行的是修正主义路线”,对此,作为参加革命多年的老同志,她也是有口难辩,思想上很难接受;回到家里忧心忡忡地对朱德说:“现在,你成了黑司令,我成了走资派,往后还不知要成什么样呢。”

朱德却充满信心地回答说:“只要主席在,恩来在,就没有关系,他们最了解我。你也不要怕,走资派多了也好,都成了走资派,就都不是走资派了。形势不会总这样下去的。”

1968 年 10 月,在党的扩大的八届十二中全会上,吴法宪秉呈林彪的旨意,在小组会上当着朱德的面,侮辱朱德说:“朱总司令,你在井冈山上怎样反对毛主席的,讲给我们听一听,教育我们。你当一辈子总司令,实际指挥打仗的都是毛主席。因而你是个黑司令,不是红司令。”

一次,萧华来到朱德家里,说起林彪等人篡改历史的事情,朱德沉默了一下,摘下老花眼镜,深沉地说:“在井冈山的时候,他林彪才是一个营长哟,怎么能说井冈山会师是他林彪和毛主席会师呢!历史就是历史,他们胡闹不行的。长征时,李作鹏是个小机要员,邱会作呢?是个担担子的挑夫……后来官做大了,与我不来往了,见了我连理都不理

---

①朱敏:《回忆我的父亲朱德委员长》,第 35 页。

了！他们的架子大得很了，连我都不认识了！……”

说到这儿，朱德不屑地摇摇头，表示对他们的蔑视。接着，他语重心长地勉励萧华：“我们要相信党，相信毛主席！这几年，不过是历史的一个插曲。革命总是要经历曲折反复的，总是要向前发展的。这些年，你被关着，外面有许多情况你都不了解呀，所以要抓紧学习呀，多看些书，特别要多看些有关哲学方面的书籍。”

这时他见萧华凝望着他桌上的书，想了一想，关切地问道：“萧华，你的家里现在还有书籍吗？”

“我的家给那些人抄了三次，一掠而空，什么都抄完了，抄走了。”

朱德站起来，走到一边，打开书橱，执意要送一些书给萧华。萧华没有推辞，从书橱中选取了一本马恩列斯和毛泽东的哲学著作选集。朱德语重心长地说：“凡是违背唯物辩证法的东西，别看他眼前时兴得很，但从长远的观点来看，最后在历史上总是站不住脚的。要好好地学，它是我们识别真假马列的武器。”

朱德说的没错。

在党的九届一中全会上，林彪等人谋划不选朱德进中央政治局，这个阴谋被毛泽东发现后说：“朱毛是联在一起的。”坚持把朱德选进了中央政治局。

1973 年年底，87 岁的朱德接到参加中央军委会议的通知。12 月 21 日，当朱德来到毛泽东住所时，毛泽东起身相迎，并且拉着他的手，关切地问：“老总啊，你好吗？”

朱德望着多年未见的毛泽东，激动地点点头。

毛泽东又说：“你是红司令啊！人家讲你是黑司令，我是批他们的，我说是红司令。”

与会的人看到两人亲密无间的情景，欣慰地笑了起来。

事实也确实是如此。

在 20 世纪六七十年代，朱德虽然年事已高，并多次受到林彪等人的冲击，但一直担任全国人大委员长，并且一直是中央政治局委员。这与毛泽东对他的了解和信任大有关系。

16. 朱德的家庭

（1）

朱德一生有过多次婚姻。

19 岁时，朱德在仪陇老家与一刘姓姑娘结婚。这个婚姻是典型的媒妁之言。随着他走出家乡，这桩婚姻就逐渐疏远了。朱德在自述中也仅仅是一句话提及。他的第二位夫人是肖菊芳，他们是在云南昆明认识。

这是一个偶遇的故事。

那一年，朱德从成都到昆明参加讲武堂考试，没有钱，步行得 70 多天，结果，在路上生病休克了。肖家救了他。

肖父在昆明搞了个货栈，有个女儿叫肖菊芳，是个师范生。朱德在肖家养病时，肖家父母觉得他勤劳朴实，便把还在师范学校上学的女儿肖菊芳介绍给他。两人就这么在一起了。朱德后来说：两人“是半自由结合的”。结婚后，他们生了一个男孩，起名叫朱琦。谁知生产后，肖菊芳得了病，几个月后就病故了。

朱琦出生时，朱德发现他右耳际有一根细细的“拴马柱”，于是取名“保柱”。保柱还小，朱德常年军旅生涯，带着孩子很不方便，朋友又介绍四川泸州人陈玉珍与他结婚。

陈玉珍是进步学生，婚后一直带着朱琦。朱琦由她带到十六七岁。但是，朱德参加南昌起义后，就与她断了联系。

1928 年 2 月，朱德率领工农革命军攻下湖南耒阳古城，认识了女党员伍若兰。

伍若兰出生于县城南九眼塘姓伍的知识分子家庭，上过衡阳女子三师，1926 年加入中国共产党，是当地有名的女秀才。随着交往增多，朱德喜欢上了这位热情火辣的女子，在当地地下党负责人邓宗海、刘泰等人撮合下，朱德与伍若兰很快就结了婚。

1929 年 1 月，为了粉碎敌人的第三次“围剿”，朱德和毛泽东率领红 4 军离开了井冈山。一天，红军长途行军后，朱德等人在一个小庙里休息,不料被跟踪而来的敌刘士毅部包围。

情况非常危急。伍若兰望着朱德,坚定地说:"我和警卫班的同志掩护你突围!"

"快走吧!"朱德说。

伍若兰说:"你快走,你是一军之长,必须尽快突围出去!"

伍若兰把朱德推出庙门外。正在这时,敌连长带领十多个敌兵端枪向小庙冲来,大声喊:"站住,举起手来,快投降吧!"

伍若兰一看情况万分紧急,一把夺过朱德的手枪。十多支枪口对准朱德夫妇。敌连长冲到跟前,挥动手枪指着朱德,气势汹汹地问道:"你是什么人?"

伍若兰镇静地回答:"他是我们的伙夫!"

敌人一看朱德满脸黑胡须,身披破棉衣,赤脚穿着草鞋,打着烂得褪了色的绑腿,真像个伙夫,便撇开他,把枪口对准伍若兰,问道:"你是谁?"

伍若兰说:"我是朱德的太太!"

"妈的!朱德呢?"

伍若兰向左边一指说:"朱德在那边房子里。"

敌人抢功心切,马上押着伍若兰,到左边房子去找朱德。朱德转身就走,没多远碰上警卫班。朱德要来一把手提机枪,且战且退,敌人追赶了 20 余里,6 名警卫战士为了掩护他而光荣牺牲。敌人还是穷追不舍,朱德和 3 个警卫员占领一座小山头,向敌人猛打一阵子机枪,又调头跑了 15 里,钻进一片山林,才逃出险境。

但是,敌连长押着伍若兰去捉朱德时,连一个人影儿也没见到,上当受骗,大怒,把她押送到赣州后被杀害。

朱德得知伍若兰英勇就义后难过地流泪了,从此以后就喜欢上了像伍若兰一样纯洁的兰花,一生酷爱兰花。1961 年 3 月 3 日,朱德在广州游览越秀公园时,写过这样一首诗,表达了对兰花的钟爱之情:

越秀公园花木林,
百花齐放各争春。
唯有兰花香正好,
一时名贵五羊城。

伍若兰牺牲后,1929 年,朱德与康克清相恋结婚。

康克清是江西万安人，比朱德小 20 多岁，一生充满传奇色彩。她 14 岁就参加革命，在本乡从事妇女工作。次年入团。1927 年，担任乡妇女协会常任秘书。大革命失败后，1928 年 9 月，她和近百名赤卫队员参加红军，上了井冈山。

在延安的时候，康克清在抗大学习，时常和朱德等人一起打篮球。

朱德喜欢打篮球，也打得很漂亮，常到女生队打篮球赛。本来他和康克清是分在两个队里。开赛后，双方争夺激烈，康克清看到球传到了朱德手中，就大喊一声："老总，把球传给我！"朱德看也不看，就把球扔给了康克清，让对方得了分。这下与朱德一队的男队队员很不满意，埋怨起来："总司令，你怎么把球传给了康克清？她不是和我们一边的。"

"啊，我忘了，上了她的当，下回注意！"朱德有些不好意思地回答。

可下一次，只要球在他手里，康克清再大喊一声"把球传给我！"他又把球飞速传了过来。晚年康克清在回忆录中写道："我们相互间的爱情是在结婚以后逐渐发展起来的……几十年后回顾，可算是俗话说的'美满姻缘'了。"

(2)

朱德只有一个儿子，叫朱琦。

1937 年，朱琦在四川泸州被国民党部队抓了壮丁，幸好没有暴露是朱德的儿子的身份。后来，在周恩来的努力下，组织上找到了朱琦，将他送到西安八路军办事处。

1938 年，朱琦到了延安，进入中央党校学习。

不久，朱德就把他送到抗战前方去。有人劝朱德说："你就这么一个儿子，还送到前方去吗？"

"我的儿子不当兵谁当兵啊，到前方打日本鬼子去吧！"朱德回答。

结果，在战斗中，朱琦腿脚负伤，成了"甲等残废"，只好又回到了延安，被分配到抗大七分校的校部当队列科科长。这时他也不小了。康克清找到抗大七分校校长彭绍辉，让他给朱琦找个对象。彭绍辉给他物色了一个姑娘，叫赵力平，不久两人结了婚。

1948 年，随着解放战争的胜利推进，朱琦和赵力平参加了由邓颖超当团长、黄华当副团长的土改工作团，赴河北阜平县搞土改。他们跟百姓同吃同住。8 月土改工作快结束时，邓颖超说："咱们工作快结束了，你们回去看看总司令吧。"

两人在西柏坡见到了朱德。

刚坐定，朱德便问道："土改工作结束后，你们有什么打算？"

"还没想好呢。"朱琦如实地回答。

朱德说："现在整个抗日战争胜利了，国家需要建设，部队好多同志需要转下来。"

赵力平说："没意见，我们到哪都可以。正好银行招生，我到银行去吧。"

随后，她考上石家庄人民银行。

朱琦说："我想去铁路。"

朱德说："那好，你去铁路吧，到铁路不能当官，从工人学起。"

不久，朱琦去了石家庄铁路局当工人。因为父亲说要从头学，已是团级干部的他先当练习生，学习技术，后来当火车司炉。他的腿有残疾，三年后由司炉转为副司机，又由副司机升为司机，学会了开火车。

全国解放后，妻子赵力平调到天津市中心妇产医院当院长了，朱琦不久也被调往天津铁路局，当了干部。

但是，他还是常常作为司机驾驶机车奔驰在铁路线上。

到了夏季，中央高层领导人常到北戴河工作和避暑。在北京与北戴河的往返中，火车常常会在天津铁路局换车头，朱琦经常去开车。一次，他从北戴河开车回到天津，突然接到通知："朱琦同志，首长请你立即到车厢里去一趟。"

因为乘车首长的身份是保密的，朱琦也不知他是何人，来不及收拾，匆匆赶到列车上的会客室。他开的是蒸汽机车，烧的是煤，手上、脸上和身上都是黑黑的。会客室的门开了，朱德走了进来。朱琦这才知道，他今天拉的首长原来是父亲。朱德见到全身黑糊糊的朱琦，心里也明白了，笑着说道："呵，没想到，今天坐上你开的车了。"

朱琦在"文革"中也受到了很大的牵连。因为朱德还是中央政治局委员，又得到了周恩来等人不时地保护，造反派不敢对朱德太放肆。他们整不着朱德，就拿朱琦撒气。

1969 年 6 月，朱琦被送到山西榆次"五七"干校学习。年底，他从山西回来后，又被下放到天津附近一个叫汉沟的小车站改造，当仓库保管员，一直干到1972 年，才给重新安排工作。恢复工作后，朱琦患了心脏病，于 1974 年 6 月 10 日突然去世，没有留下一句话。

朱琦去世后，大家怕朱德白发人送黑发人，经受不住这个打击，只告诉说："朱琦突然犯病了，在医院抢救。"

朱德很担心儿子的病情，一个星期都没睡好觉，总是问情况怎么样，还需要什么药，得到的答复也总是“还在抢救”。6 月 20 日，朱琦去世后 10 天了，赵力平带着孩子回到北京。康克清才告诉他：“抢救无效，朱琦走了，追悼会都办好了，孩子们想回来看看。”

朱德看着儿媳，喉结动了几下，好像要说什么，但一时没有说出声。坐在旁边的康克清轻轻地拍了拍赵力平，示意她别再哭了。朱德说：“你们开始不告诉我，这不对，我就这么一个儿子，这么年轻就走了，很可惜。他上过中央党校，受过高等教育，走得这么早，太可惜了。”

朱琦病故后，铁道部政治部主任对康克清说：“你看朱琦病逝了，可是力平一个人在天津，把她调到你们身边，对你们本身也是个照顾，对力平也是个安慰。”

康克清没说话，但朱德说：“力平在天津工作这么多年了，有群众基础，工作也不错，调到北京的新单位也不好参加工作，还是在天津好吧。”

1996 年，赵力平离休后才调到北京。朱德的秘书抱不平说：“总司令太正统了，从来不为孩子说句话。”

17.“革命到底”

1976 年 1 月 8 日，周恩来总理不幸逝世的噩耗传来，朱德悲痛万分，热泪一滴滴顺着脸颊往下流，嘴里不断念叨说：“恩来，你在哪里？”

那些天，他吃不好，睡不好。

随后，他不顾年迈，怀着沉痛的心情，拄着手杖，向周恩来遗体告别，行庄严的军礼，久久不忍离去。

这时，朱德的健康情况也不太好了。可他总是对人说：“总理不在了，毛主席身体也不太好，我应该更多地做些工作。”主动要求增加工作，带病开会，看文件，会见外宾，找人谈话。3 月 6 日，他还亲自为自己书写了一个条幅：“革命到底”，挂在家里。

6 月 21 日，朱德带病会见来访的澳大利亚总理马尔科姆·弗雷泽。

但是，这次会见的时间突然发生变动，朱德在有空调的房间等得太久，感冒了。

25 日下午，朱德突感不适，医生会诊后，认为他应立即住院治疗。但朱德坚持按照日程安排，在第二天接待外宾后再去医院。后来，经医生和家人的劝说，他才住进了医院。

朱德这次住进医院后，病情发展很快。7 月 1 日，病情变得十分严重，他说话都感到很困难了。医生要求朱德要绝对安静。但是，一清早，他就把秘书叫去说："今天是七一，报纸发表社论了吧？拿来读读吧。"

念完报纸，他又提出要给他念文件。秘书为了让他安静地休息一会儿，只好含着热泪，悄悄都躲到别的房间去了。朱德断断续续地发出轻微的声音："我还能做事……要工作……革命到底。"

这使得每个在场的人无不感动，泪流满面。

7 月 2 日，朱德的病情更加严重，很长时间说不出话，下午病情又稍有好转，恰好正在上大学的侄孙女看望他。朱德见到她，示意要她靠近自己一些，对她说："我们的大学生来了……要做无产阶级……"

然而，这成为了他对后代们最后的嘱托。

7 月 6 日下午 3 点零 1 分，朱德心脏停止了跳动，溘然去世，享年 90 岁。去世前，他还不住地说："我还能做事……要工作……革命到底。"

"革命到底"，是朱德一生的写照，也是他最后的话语。朱德生前曾对孩子们说过："假如我不在了，我没有任何财产，房子是国家的，还有这个桌子，全部交给国家，你们要不上。但是我有一部分书是自己买的，还有一部分是国家发的，你们可以看，可以拿去学习。我的会客室有一个主席像，这个你们可以拿走。"康克清病逝以后，中央管理局把她和朱德用过的家具全部拿走了。朱德没给子孙留下什么遗产，只有"革命到底"的话语。1986 年，在朱德同志 100 周年诞辰纪念会上，党的总书记胡耀邦说："1975 年初，在朱德同志 89 岁高龄时，还亲笔写下'革命到底'的条幅，表示他为共产主义事业奋斗终身的坚强决心。这也是老一辈无产阶级革命家对后来者的殷切期待。"①

①《回忆朱德》，第 20 页。

第二章

“猛帅”——彭德怀

1. 被恶社会“逼上梁山”

(1)

1898 年 10 月 24 日，彭德怀出生于湖南湘潭县石潭乡乌石寨一个贫苦农民家庭。

8 岁时，彭德怀的母亲就病死了。他的父亲患病在床，伯祖父 80 岁，祖母年过 70，三个弟弟无人照管。在母亲死后，4 岁的四弟不到一个月就饿死了。这样可怜的生活，在彭德怀幼时的心灵中刻下了深刻的印痕。

10 岁时，彭家一切生计全断。

正月初一过大年，别人家鞭炮连天，彭家却无一粒米下锅。无奈之下，彭德怀只好领着二弟挨家挨户乞讨。他们走到一个地主家门前时，地主高兴地喊道：“你们是招财童子吗？”

彭德怀回答：“不是，我们是叫化子。”

地主的脸“唰”地一下便拉沉了。二弟连忙说：“是的，我们是招财童子，恭喜老爷发财。”

地主笑了，给了二弟一碗米饭。

由于不说好话，彭德怀一天都没饭吃，到了黄昏，快要饿昏了，还没讨到两升米。二弟问他：“为什么不说是招财童子？”

彭德怀回答：“我不想说好听的让他们高兴。”

第二天，年迈的祖母又要他们去讨饭。彭德怀说什么也不去，说：“我不去，讨饭受人欺侮。”

祖母说：“不去怎么办，一家人就活活饿死吗？”

彭德怀说：“我再也不拿打狗棍了，我去砍柴卖。”

祖母没办法，只好自己带着两个孙子出门乞讨去了。望着祖母远去的背影，彭德怀伤心极了，后来他在回忆录中写道：“寒风凛冽，雪花横飘，年过 70 的老太婆，白发苍苍，一双小脚，带着两个孙孙，拄臂棒子，一步一扭的走出去。我看了，真如利刀刺心那样难过。”

彭德怀对这个贫富不均的社会发自内心地憎恶，受欺侮的生活激起了他的反抗。正是从这时起，他性格中便埋下了倔强和执拗种子。

为了生存下去，彭德怀开始替人家放牛，13 岁去煤窑做童工。

(2)

1913 年这一年，湘潭发生大灾荒，地主拼命逼租逼债，弄得湘潭一带哀声载道，饿殍遍地。为了活命，当地人自动组织起来闹粜，吃大户。而家藏万石粮的豪绅大户不仅颗粒不给，而且对饥民进行残酷镇压。一次，数百名饥饿的群众一起到囤粮的地主陈满钻子家闹粜。陈满钻子装穷拒粜。彭德怀再也忍不住心头的怒火，爬上屋顶推倒瓦片，露出了白花花的米仓，于是饥民推倒三间瓦房，冲了进去。陈满钻子不得不同意粜谷。

事后，有人告发彭德怀聚众闹粜，当地官府要捉拿他。就这样，15 岁的彭德怀不得不逃走，被赶出了家乡，逃到洞庭湖边做堤工。

在这里，彭德怀挑土兼当伙夫，每天燃尽五炷香为炊事时间，另外五炷香为挑土时间。他挑着沉重的土担子，跋涉在泥水中，压得年纪轻轻就双肩宽阔而背微驼。然而，他还是吃不饱，穿不暖。

1916 年春节前，堤工们要求年关预发工钱，彭德怀参加了，结果被堤工局驱逐，彭德怀靠卖苦力维生的机会都没有了。这时湘军在长沙招兵，走投无路的他愤而从军，在湘军第 2 师 3 旅 6 团 1 营 1 连当了一名二等兵。

(3)

在部队，彭德怀任劳任怨，作战勇敢，终于得到营长袁植和连长周磐的赏识，第三年升为班长。

彭德怀当了兵，不像其他旧军人那样，以欺压百姓为乐，而是同情百姓的困苦，为穷人说话。他与同连的黄公略、李灿三人志同道合，结为挚友。三人相约“以救国救民为宗旨”，秘密组织救贫会。

不久，彭德怀被周磐送去团训练队学习。毕业后，1920 年初夏，彭德怀随部参加湘军驱逐北洋军阀、湖南督军张敬尧的战斗，在战斗中升为排长。

1921年夏，湘军参加“援鄂自治”战争，结果被打败，退回湖南。彭德怀随6团开赴湖南南县。随后，彭德怀代理连长，驻防在华容县注滋口。

没过多久，一位当地人找到彭德怀，诉说税务局兼堤工局局长欧盛钦仗势欺人，强占他的湖田，要求彭德怀做主帮他要回来。彭德怀经过打听，获悉欧盛钦系当地恶霸，他不仅霸地还霸水，封河湖，无恶不作。经救贫会讨论，彭德怀秘密派人杀了欧盛钦，然后贴出匿名布告，宣布欧盛钦的几大罪状。

此举震动一时。

欧盛钦有个老兄在湘军总司令赵恒惕处当少将高级参议，暗中派人追查凶手。三个月后，彭德怀杀人之事被人告发。6团团长袁植派人把彭德怀绑捆起来，押送长沙督军署，准备把彭德怀治罪。

在去长沙的路上，押送士兵得知彭德怀杀恶霸的事情后，对他很同情，放松了对彭德怀的看管。彭德怀暗中抖落绳索，在快到长沙的捞刀河边拔腿逃跑，士兵朝天放了几枪，也不追赶，这样彭德怀潜逃回了老家。

23岁的彭德怀再次失了业。

第二年春，他来到广东，在旧友鲁广厚独立营当连长，但是，没干上两个月，他弃职回家种地。

7月，湖南陆军讲武堂招生。团长袁植因为彭德怀在战斗中曾经救过他的命，派黄公略通知彭德怀改名投考讲武堂。8月，彭德怀改原名彭得华为现名，考入湖南陆军讲武堂。

读了一年之后，彭德怀毕业，继续回到6团，任1营1连连长。

1924年，彭德怀代理1营营长。从此，他再也没有脱离军旅生涯。

(4)

彭德怀一家很穷苦，按理说，他本人后来有钱了，完全可以会让家人过上富裕的好日子。

但彭德怀不是这样。

他在湘军当团长的时候，月薪200大洋，但为了保持家庭生活不超过当地农民太多，每月只给家里很少一点钱。家中两个弟弟一直住在他离家时的茅草房。到了1927年冬,该团经济委员会瞒着他,给他弟弟寄去400元，加上他在1925年当营长时回家为父亲办丧事留下的400元,弟弟才盖起小瓦房。

2. 逼得师长辞了职

1926年5月,彭德怀正式出任湘军1营营长,时年28岁。

7月，湘军第2师改编为国民革命军第8独立第1师,6团改编为1团,彭德怀继续在1营当营长,随部参加北伐战争,进军湖北。

在围攻武昌的战斗中,彭德怀结识了独立第1师政治部秘书长、中共党员段德昌,并成为好友。在段德昌的引导下,彭德怀阅读了《共产党宣言》、《资本论大纲》等马列主义著作和进步书刊。通过学习,彭德怀逐渐认为自己在湘军苦干了10年,不惜性命打了无数的仗,只是迎来一个又一个军阀，只有马列主义才能救中国，才是达到民族解放的道路。

1927年1月,彭德怀在各连成立士兵委员会,以救贫会章程作为士兵委员会的章程。这时革命形势急转直下,4月,蒋介石叛变革命,接着长沙爆发马日事变。彭德怀向师长周磐建议攻击叛军,但均遭到拒绝。

6月上旬,彭德怀率部袭击城陵矶对岸的四川军阀杨森部,随后又参加唐生智第四集团军讨伐蒋介石作战。讨伐作战失败后,8月,彭德怀随1师退回湖南南县驻防,并与中共南华安特委取得了联系。

在大革命风云变幻的时候,1团团长长期请假不归,官兵们意见很大,纷纷跑到师长周磐那里告状。10月初,周磐下令由彭德怀接任团长。

彭德怀提着一只小皮箱来到团部就职后，第一件事就是宣布了两条命令:一、军官今后一律不准拿鞭子,不准打骂士兵;二、取消各连连、排长的小厨房,和士兵一块吃饭。然后,他又用自己多年的积蓄给全团士兵买了一批蚊帐,两人一顶,抵御蚊虫。彭德怀的做法得到了全团官兵的拥护。

一天，中共南华安特委书记张匡找彭德怀联系工作，告诉彭德怀说:“段德昌参加秋收暴动负了伤,躲在家里养伤。”

彭德怀认为他在家里很危险，立即对张匡说："你要老段改个名，到我这里 2 连长李灿家来住。我让团里伍军医给他治疗，这样伤可能好得快些。"

接着，张匡又介绍了一个叫邓萍的中共地下党员，要彭德怀在部队安插一个位置。彭德怀答应了，随后把邓萍安排在团部当文书。

随即，段德昌来到了彭德怀这里养伤。

1928 年 4 月，在段德昌介绍下，彭德怀加入了中国共产党；随后，李灿等人也相继入党。不久，彭德怀、邓萍、张荣生(原救贫会成员)三人成立了党支部，彭为支部书记。

这时，黄公略从黄埔军校毕业后，彭德怀安排他担任了随营学校副校长。去年 1 月，黄公略由师长周磐保送到黄埔军校高级班学习，在年底的广州暴动后，黄公略加入了中国共产党。他来到 1 团时，还带来中共党员黄纯一、贺国中，彭德怀也录用了他们。

6 月中旬，彭德怀所在 1 师已于 1 月改编为独立 5 师，奉命开驻平江县进行"清乡"，镇压大革命"赤潮"。平江县是毛泽东领导秋收起义的地方，也是湖南农民革命运动的中心地区。彭德怀和 1 营及团部驻在平江县城内，2 营驻在城南约 50 里的思村。到达平江县后，彭德怀推荐黄公略到第 3 团 3 营担任营长，其营部驻在平江县城长寿街。

在湖南省政府的强令下，彭德怀不得不率部去"清乡"。到了曾经农民运动火热的地方，官兵们看到反动派屠杀工农群众的罪行，更加深了对革命的同情。

他们冲天放枪，甚至把子弹丢在地上……怒火在暗暗地燃烧。

这时彭德怀、黄公略等人和湖南省委特派员滕代远策划的兵变正在加速酝酿。然而，兵变的具体日期还没确定下来，意外就发生了。7 月 18 日，中共南华安特委人员在长沙活动时被"清乡"特务抓获。特务从他身上发现有独立 5 师颁发的通行证。师长周磐正好在长沙，湖南"清乡"总司令刘硎把这份通行证直接送到周磐手上。随即，周磐认出桩是黄公略的手迹，也就是说，黄公略与中共南华特委的联系被周磐发现了。

这个消息立即传到了平江县城。彭德怀闻讯，马上警觉地派人去电报局查询与长沙方面的来往电报，结果获悉省"清乡"总司令刘硎给副师长李慧根拍来的电报："逮捕黄石、黄纯一、贺国中三人，就地枪决。"

黄石就是黄公略的化名。

情况十分紧急。彭德怀立即电话通知了黄公略。

当晚，彭德怀和滕代远等人开会商量如何应对事变。会上，彭德怀主张立即起义，并且说：“决心起义，一点也不能犹豫！犹豫就是失败！”滕代远赞同他的主张，于是议决于 7 月 22 日起事。

这时，黄公略也把各连连长请来开会，告诉连长们说：“有紧急任务，要去剿匪。12 点煮饭，1 点出发。出发前，把士兵的草鞋钱都发了。”

第二天上午，黄公略带着 3 营开到了叫嘉义的地方。士兵们洗澡，打牌，好像没有一点事。这时上面来了一个人，对贺国中的堂兄、3 营的军需官贺新平说：“你们这个部队危险，上面对伙食费原则上不发。”

贺新平回答说：“不发就扯旗帜，反罢！”

“扯什么旗帜？”来人问。

“跟共产党合伙罢。”贺新平说。

对方说：“那你到士兵里面去做工作，说不发饷了，要解散部队，不准排、连长晓得。”

贺新平立即把班长们喊来商量，问班长们：“你们发饷么？”

“3 个月没发饷了。”班长们说。

贺新平煽动说：“来人了，说我们这个队伍要解散！”

班长们听说要解散部队，纷纷要贺新平想办法。贺新平说：“你们回去，背起枪弹，马上集合，名义叫闹饷。”

随即，在黄公略的指挥下，3 营行动起来了，缴了附近的挨户团的枪，将阻挠起义的团长刘继仁的侄子、11 连刘连长和挨户团主任就地枪决。20 日晚上，3 团团长刘继仁听说侄子被杀，立即调兵来攻打。黄公略得讯，在地方党组织的支持下，带着部队从北乡往平江开去。半夜，刘继仁给彭德怀打电话说：“黄石在今日黄昏杀死了我侄子 11 连长，领导全营闹饷哗变。”

彭德怀大吃一惊：“他人在哪呢？”

“已经逃往南山浏、平交界处了。”

彭德怀的心放了下来。得知黄公略未按计划先行起义后，他立刻召开会议，部署起义，以对黄公略进行策应。

23 日上午 11 时，彭德怀来到第 1 营驻地，在天岳书院操场召开起义誓师大会。彭德怀宣布起义后，下达命令：“3 连打西门，2 连攻击县政府和保安队部，1 连配合行动，向平江县城挺进！”

起义部队迅捷行动，发起密集的火力攻击，不到两个小时，城内的挨户团、警察队全被缴械。部队缴获 1000 余枪支，逮捕了伪县长和一批反动首恶分子，释放被关押的 800 多名共产党员和革命群众。在独立 5

师师部的副师长和参谋长闻讯，吓得越墙逃跑。因为两人平日无大劣迹，彭德怀没有命人去追赶。

24 日上午，在彭德怀的主持下，召开党和士兵委员会联席会议，决定成立中国工农红军第 5 军。经过选举，彭德怀任军长兼 13 师师长，滕代远任军党代表，邓萍任参谋长，全军下辖 13、14 两个师，原 1、2、3 营改为 1、4、7 团。1 团团长为雷振辉，4 团团长为陈鹏飞，7 团团长为黄纯一，贺国中为 7 团副团长。李灿、黄公略、黄纯一兼团党代表。随营学校改编为师特务排。

下午，起义部队在月池塘召开群众大会。参加会议的人山人海，达到五万人以上。彭德怀代表起义军宣告成立红 5 军，将反动县长执行死刑。

彭德怀领导的平江起义是继南昌起义、秋收起义、广州起义之后又一次较大的武装起义。起义的消息震惊了长沙和全国。湖南省主席鲁涤平闻讯大骂师长周磐。可周磐的师部都已被彭德怀遣散了，只好向鲁涤平提出辞呈，挂冠而去。

起义后，彭德怀开展游击战，开辟了湘鄂赣根据地。由于敌军"围剿"，同年 11 月，彭德怀率领主力奔向井冈山。经过辗转苦战，于 12 月 11 日到达宁冈地区，与毛泽东、朱德率领的红 4 军胜利会合。从此，他在毛泽东统率下指挥千军万马，纵横驰骋于中国革命更广大的战场了。

3. 二打长沙

红 5 军与红 4 军会师不久，1929 年初，湘赣两省军阀纠集 18 个团的重兵，向井冈山发起新一轮"会剿"。

敌强我弱，形势很严重，毛泽东决定以红 5 军少数兵力，约一个团，留守井冈山，吸引两省"会剿"敌军，自己率红 4 军主力挥师赣南，开辟新的革命根据地。

红 5 军独守井冈山，这个任务十分艰险。因此，红 5 军军委多数人不同意担当此任，主张迅速北返，扩大湘、鄂、赣根据地。这是毛泽东的一个重大战略抉择，为了革命的大局，彭德怀力排众议，说服大家，毅然决定挑起这副千斤重担。

红 4 军离开井冈山才三天，敌军就四面八方以泰山压顶之势向井冈山进行合围。经三天三夜的激战，彭德怀率部大量消灭敌人有生力量后，进行突围。经辗转苦战，红 5 军只剩下 300 余人。但是，他仍然积极寻找战机，主动出击敌人，配合红 4 军在赣南作战、发展根据地。

在红 4 军和红 5 军的配合下，红色根据地继续扩大。彭德怀率领的部队也迅速发展。

1930 年 6 月，红 5 军与红 8 军在湖北大冶合编，组成红三军团，下辖第 3、5 军和第 8 军，彭德怀任总指挥兼前委书记，滕代远为政委，邓萍任参谋长。红三军团成立不久，李立三为首的党中央发出了攻打全国大城市的命令，要求各路红军“会师武汉、饮马长江”。

红三军团的将领黄克诚得知党中央的要求后，给彭德怀写了一封信，说：以红军现时的力量，是不能搞城市暴动的，否则，只能做无益的牺牲。彭德怀收到信后，经过再三考虑，决定听取他的意见，放弃打武汉，转攻敌人兵力比较薄弱的长沙，由此拉开了两打长沙的序幕。

1930 年 6 月下旬，红三军团突然以风驰电掣般的速度，先后攻占湖北的咸宁、蒲圻，接着，占领离武昌只有 50 公里的鄂城、嘉鱼，然后，放言要攻打武昌。

此时，湖北黄梅、广济等地的游击队正在武汉东西两侧活动，湘鄂西的红 4、6 军也在石首、公安、松茨运动，大有东下武汉之势。鄂豫皖边区的红 1 军红 1 师已逼近武汉以北的平汉路。各路红军兵马齐头并进，逼近武汉。

武汉岌岌可危，似乎旦夕就要陷入红军强攻之中。

在南京的蒋介石急令驻守湖南岳州的钱大钧率领两个师星夜船运回武昌。彭德怀见钱大钧星夜运兵，岳州兵力空虚，高兴地说：“老蒋中了我们的调虎离山之计，马上夺取岳州。”

红三军团连夜挥师西进，一举攻占岳州城。这一战不仅缴获大批的武器，而且还缴获了四门野炮和几门山炮。

彭德怀占领了岳州，停泊在长江上的外国军舰却不甘心，一个劲地向城内打炮。他们欺负红军没有重火力，边开炮，边哇哇大喊，气焰十分的嚣张。

红三军团缴获了几门大炮，战士们眼看外国军舰的炮弹一发发打过来，而眼前的几门大炮，却没人会用，一个个气得咬牙切齿。这时彭德怀正在和人谈话，听见城内炮声隆隆，问道：“这是怎么回事？”

“长江上的外国军舰向我们打炮,我们有炮有炮弹,可就是不知道怎么打,正在干受气呢。”有人回答。

彭德怀忙问:“在哪?”

“在城西厢。”

“走!去看看。”

彭德怀冒着猛烈的炮火,直奔野炮所在地而去。

这时战士们找来了一位稍懂一点炮的干部。他叫武亭,朝鲜族,正在琢磨着如何打炮。彭德怀喊道:“来来,我们俩上。”两人迅速调好了炮位。一艘美国军舰逆水而上,对着红军边打炮边开过来,正进入射程。彭德怀和武亭两人协调做出几个动作,打出了一发炮弹。“轰——”,敌舰顿时懵了:“红军怎么有了大炮?!”

正在他们疑惑之时,十多发炮弹连连射来,一发击中了美舰,燃起了熊熊大火,战士们齐声欢呼:“总指挥,打得好!”

彭德怀抹了一下脸上的汗水,拱拱手,说:“打得不好,这玩意儿生疏了。”

谁也想不到彭德怀不仅会指挥打仗,还会打炮!本来在红三军团他就是一个传奇的人物,这次战士们对他的传说更加神了,纷纷说:“彭总指挥是天兵天将,凡是打仗的事都知道。”

其实,彭德怀哪是什么天兵天将呢?!原来他当年在湖南讲武堂学的,正是炮科,打炮是他的拿手好戏。

攻下岳州后,彭德怀决定出其不意进攻长沙城。

这时由于彭德怀攻占了岳州,前去武汉救援的钱大钧只好率部急急往回赶,向岳州反扑。一去一回,弄得手下官兵疲惫不堪,埋怨得要死。而驻守长沙的何键正率手下在湘桂边界与桂系李宗仁的部队在混战,长沙城守备力量薄弱。7 月 22 日,红三军团忽然弃钱大钧要猛攻岳州城,返回平江县,然后准备直奔长沙。

在平江县的时候,彭德怀在天岳书院门前召开了纪念平江起义两周年大会。平江、浏阳、修水、铜鼓等县的游击队、赤卫队和农民已经又像当年那样行动起来。他们组织担架队、运输队、慰问队,从四面纷纷赶过来,誓师协助红军攻打长沙城。

长沙守军获知彭德怀准备要打长沙,急电何键回省“坐镇压敌”。何键正和李宗仁手下的“小诸葛”白崇禧打得难分难解,一听后院长沙有危险,顾不上许多,撇下战事就往长沙赶。

他本人还没到长沙,手下的得力大将 15 师师长危宿钟已率两个旅分两路杀向了平江“先发制人”。彭德怀在平江悄悄布成了一个“口袋阵”,专等他来钻。狡猾的危宿钟进到晋坑一带,似乎发现了什么,忽然驻兵不前。彭德怀冷冷一笑:“这个危宿钟不钻口袋,我就先打长沙城。”于是,红 8 军从正面,红 5 军从左翼,沿着通长沙的大路,直逼晋坑,瞄向长沙城。

红 8 军先头部队与危宿钟先遣团首先接火,打起来了,红 8 军主力迅速占领有利地形;红 5 军主力插入敌后,从左后包抄,切断其后路。停滞不前的危宿钟才睡一夜觉,醒过来,两个师的兵力全被彭德怀逼在了一条狭窄地带内。正当他准备突围时,红三军团两个军已合力从前后发起了猛攻,很快,危宿钟的一个整团被歼灭,余部向金井方向奔窜。

第二日,红军经反复冲杀,突破敌防线,夺占了长沙门户——金井。红三军团攻占金井后,何键惊慌失措,急调四个营沿浏阳河构筑工事,分段固守;可是,他还是不放心,又星夜从湘桂激战前线撤兵,驰援长沙。为稳住长沙的局势,何键又出示布告曰:“市民住户不要惊慌,本人决与长沙共存亡。”借此稳定人心。

但是,27 日拂晓,红三军团已从金井、春华山一带向长沙城开进了。红 5 军强渡榔梨河,在七里巷与刚刚从衡阳调回的湘军刘建绪部激战。刘建绪部正面火力很强,彭德怀命红 8 军一部跑步至杉木巷,从左后侧向敌包抄,掩护红 5 军正面冲锋。

在两面夹击下,敌军守不住阵地,纷纷向长沙城内逃窜。红军紧追不舍,经马王堆、小吴门、浏阳门,于当晚 9 时攻占湖南省会长沙城。

红军进城后,信誓旦旦“决与长沙共存亡”的何键在慌乱中只身潜渡到湘江西岸,才逃了一命。40 年后,彭德怀回忆此事,仍然遗憾地说:“何健这只老狗只身逃于湘江西岸。没有活捉这贼,此恨犹存!”①

红三军团攻克了长沙城,震惊中外,国民党当局尤为慌乱。国民党军政部长兼武汉行营主任何应钦生怕武汉被攻下,一边在武汉调兵遣将,一边向长沙增援,于是十几个团在外国军舰炮火的掩护下渡过湘江,一南一北向长沙夹攻。在这种情况下,8 月 23 日,红三军团撤出长

①《彭德怀自述》,人民出版社 1981 年版,第 154 页。

沙，随后与毛泽东率领的红一军团在浏阳永和市会师。

这时在党中央负责的李立三得知毛泽东佯攻南昌、彭德怀退出长沙，大为生气，急令两大军团合编为工农红军第一方面军，朱德为总司令，毛泽东为总政委，彭德怀为副总司令，滕代远为副总政委，再攻长沙城。

五天后，红一方面军分别进到长沙东南部约 30 里的大坷铺、龙头铺、菱中铺、枫树河、新桥一线，对长沙形成包围态势。大军逼近长沙时，准备躲到“湘西待罪”的何键又被何应钦“逼出”，回到长沙进行守城。

9 月 1 日，红一方面军发布《向长沙总进攻的命令》，彭德怀、滕代远指挥红三军团向长沙进攻。但自红三军团一度打下长沙后，何键在长沙外围立即赶修了强固工事，布防十分严密。红军攻打了三天，拼尽了力气，仅突破了第一、二道防事，未能突破敌阵地，双方形成对峙。

对峙之中，何键“妙计”迭出，9 月 3 日，派出一个团从猴子石进行偷袭，结果被红军一举击溃。吃亏之后，何健坚守长沙城，不再越雷池一步，缩在长沙城内，凭借着坚固的工事殊死顽抗，等待援兵。

9 月 10 日，红一方面军再次发布《强攻长沙的命令》，红三军团打右路，彭德怀指挥部队冒大雨向二合牌、杨家山一带敌军阵地发起猛攻。可是，战士们呐喊着往前冲时，突然像中了魔似的倒下一大片。原来，何键在长沙城外布了电网。可是，红军火力破坏不了电网，攻打了半天，还是没法拿下这些看不见影子的高压电。彭德怀只好下令暂停进攻。

下午，他亲临第一线指挥战斗，还是没有攻击成功。

之后，红军久攻长沙城不下，给养均已告罄，被迫回师南下。第二次打长沙遂告结束。李立三等人“左”倾冒险的“会师武汉、饮马长江”的计划也宣告失败。

4. 富田事件中粗中有细

彭德怀一身正气，给人的印象有点“大老粗”。其实不然。他做事非常细致，处事审慎，粗中有细，不是传说中的“猛张飞”。

1930 年年底，经过几天的急行军，彭德怀带领红三军团军团部来到了江西泰和县以东富田附近，驻在东山坝。毛泽东率领的红一方面军总前委驻在黄陂。两军相距六七十里。

这时敌人已进入赣江以西，准备对红军“围剿”。红三军团在红一方面军前沿，离敌只有百里之距，位置十分关键。

这一天夜里，彭德怀还没有休息，正在思考着破敌计划。

忽然，门外响起急促的脚步声，红三军团前委秘书长周高潮进来了，报告说：“江西省总行动委员会给你送来一封信。”说完把信件递给了彭德怀。

江西省总行动委员会深夜送信，定是有紧急情况，彭德怀拆开信急阅。这是毛泽东写给秘书古柏的信，大意是：在审讯 AB 团中，要逼供出彭德怀也是 AB 团，我们的事情就好办了。另有近万字的《告同志和民众书》。毛泽东要杀我？彭德怀惊愕万分，急忙问周高潮：“送信的人呢？”

“在外面。”

“是个什么人？”

“一位普通的青年农民。”

“快把送信的人叫进来。”

周高潮走出屋子去叫那个送信人。

彭德怀却陷入了沉思：毛泽东真要打倒我？为什么？他为建设红军、建设井冈山根据地作出了重要贡献，自己和红军将领们对他的所作所为都很拥护，他怎么写这样的信？彭德怀踱着步，很快内心里如翻江倒海一般的思绪平静下来了。

这时周高潮返回来了。

“送信人呢？”彭德怀见只有他一个人，奇怪地问道。

“他走了，我没有追上。”

走了？彭德怀眉宇紧蹙，更大的疑问来了：这么重要的大事，为什么不派干部来面谈，而派一个普通村民？这个人既不面交，又不要回信和收条就走人了。彭德怀急步走到桌子前，再一次仔细地看着信。看着看着，他“啊”了一声，心里有底了，一拳擂在桌子上：“好险恶呀！”

他又不动声色地问周高潮：“你对这封信怎么看？”

“为什么这样阴险呀？”周高潮惊讶地说。

其实，此刻彭德怀的看法与周高潮完全相反，他内心里已肯定此信不是毛泽东写的。

原来，彭德怀是个粗中有细的人。以往他收到过不少毛泽东的书信，对毛泽东的行文非常熟悉，毛的字自成一体，别人既难学也难模仿，而现在信中的毛笔字，虽然一眼看去像毛泽东的笔迹，但细细端详又不大像流畅的毛体草书。并且，彭德怀又从信尾落款处发现了问题：以往毛泽东的落款，都习惯用汉字大写字码，而这封信用的竟是阿拉伯数字。于是，彭德怀断定这是离间计，是伪造的一封“借刀杀人”的假信。

那么是谁伪造的呢？彭德怀判断是江西省总行动委员会内AB团分子搞的。

这个判断是准确的。AB团是由极少数人组成的反革命团体，是从托派分子中分化出来的一帮人。他们和蒋介石有联系，打入党内秘密进行策反活动。江西省总行动委员会内部AB团分子企图在敌人对红军发起军事“围剿”时从内部分裂红三军团和红一军团的关系，制造红一方面军内讧，然后里应外合，一举歼灭红军。彭德怀有着丰富的对敌斗争经验，做了自己的判断后立即想到：AB团分子既然给自己送信，也很有可能给朱德和黄公略等人送信，如果他们万一失虑，没识破这个阴谋，稍微处理不慎，就要出大事。他愈加感到事情的危急，立即将红三军团的滕代远、张纯清、袁国平、邓萍、吴溉之、黄克诚、何长工、洪超、彭雪枫等干部请过来，把信笺摆在桌子上，斩钉截铁地说：“这不是毛主席写的，毛主席绝对不会写这样的信！”

滕代远等人看了信，大为震惊，但一致同意彭德怀的看法：这是敌人的离间计。

为防止发生意外情况，彭德怀等人决定立即写信送到红一方面军总前委去，表明红三军团的态度，提醒毛泽东、朱德提高警惕，防止有人受骗上当。信由彭德怀亲自提笔。他写道：“富田事件是反革命性质的。打倒毛泽东，拥护朱、彭、黄，这是阴谋分裂红军，破坏红军粉碎白军进攻计划的阴谋诡计。一、三军团在总前委领导下团结一致，拥护毛泽东同志和总前委领导。”

然后，他派出一个班把那封假信和所谓《告同志和民众书》以及自己写的这封信，一并送去总前委毛泽东那里。

次日上午，彭德怀召开师以上干部会议，决定把这事儿公布出来，防止其他将领受骗上当。在会上，他宣读了这封伪造信和所谓《告党员及民众书》，然后讲述了毛泽东创建红军、创建革命根据地的功绩。他一讲完，会场顿时大哗，耿直的黄云桥师长忽地站起来，一拳砸在桌子上,愤慨地说:“好大的阴谋!”

正在这时，离红三军团20里远的红3军军长黄公略急急赶来了。果如彭德怀所料,昨夜他也收到AB团的伪造信。他生怕彭德怀中敌人的奸计,特意亲自赶来通报情况,并做彭德怀的思想工作。他恰好见到会场这一幕，扭过头对前来迎接他的红三军团参谋长兼红5军军长邓萍说:“石穿(彭德怀的号),了不起,他走在我们前面了,不愧为全军的统帅!”

结果,他没同正在台前讲话的彭德怀见面,就放心地离去了。

会后,为了稳定部队,紧跟总前委,彭德怀向毛泽东请示后,迅速带领红三军团从东山坝向总前委移近。到达小布后，又亲自请毛泽东同红三军团的干部战士见面,并请毛泽东向全军干部讲了一次话。

对于彭德怀的严密谨慎,长期与彭德怀合作搭档、担任红三军团政委的杨尚昆深有体会地说:“彭德怀同志办事雷厉风行而又严密谨慎。”①

5. 亲信大将当了逃兵

王明“左”倾路线上台后,1932年1月,他们命彭德怀为前敌总指挥,打下赣州作“红都”。

2月初,红三军团挥师强攻江西赣州。但是,由于敌强我弱,结果,彭德怀四次攻城,打了30多天,赣州城都没有打下。最后,在江口,彭德怀听取被王明等人排挤在军事指挥之外的毛泽东的话，兵分两路，撤回宁都。谁知在回师途中,雪上加霜,红三军团又发生红2师师长郭炳生叛变事件。

这个郭炳生不是一般人,与彭德怀有着不一般的亲密关系。他不仅是红5军2师师长,而且是彭德怀一手培养起来的红军干部。

---

①彭钢编:《人民的怀念——彭德怀纪念文集》,解放军出版社2000年版,第70页。

这位郭炳生，是郭得云的儿子。郭得云是彭德怀在湘军当兵时的老班长，与彭德怀形同兄弟，并且是彭德怀的救命恩人。

1921 年 11 月，彭德怀在南县怒杀恶霸欧盛钦事发后，在长沙捞刀河挣脱绳子逃脱押解士兵之手后，一夜狂跑 300 里，于次日凌晨到达老家湘潭县城，再来到住在城南八总大仙桥河边的郭得云家。郭得云因为愤恨军阀混战，已弃职回家，在大仙桥河边做皮匠。他在睡梦中，被敲门声叫醒，一开门见是彭德怀，非常惊讶："你怎么来了？"

"我杀了恶霸。"彭德怀说。

当彭德怀把怒杀恶霸欧盛钦及如何被抓和逃跑的前前后后说完，郭得云想都没想说："他们正在追捕你，你就藏在我家小楼上吧。"冒着全家性命之险，把"杀人犯"彭德怀收留了。

几日后，郭得云考虑到镇上人多眼杂，怕彭德怀在小楼上不安全，又把他送到自己的外甥李家住下。彭德怀在李家一躲，就是好几个月。到了年底，风声稍微松了一些，他带着郭得云修鞋得来的钱做盘缠，前去广东，最后在许崇智粤军行伍的老友鲁广厚手下当了一名连长。

谁知没过多久，鲁营就被广东军阀陈炯明击溃。而且，营长鲁广厚生活铺张，胸无大志，彭德怀觉得跟着他没什么出息，于是干脆又回了湖南老家。

彭德怀一回湘潭，便去看望冒着杀头危险救过自己的恩人郭得云。

可是，当他来到郭家时，只见郭家凄凄惨惨，全无原来的景象！他坐下后，才得知郭得云在几个月前因为一场伤寒病壮年早逝，七旬老父因悲伤过度，又一病不起。郭得云撒手人寰，留下孤儿寡母无依无靠，他的儿子郭炳生年仅 14 岁，于是彭德怀毅然决定抚养孤儿。临走时，他把郭炳生带走了。

不久，彭德怀去长沙讲武堂读书，也把郭炳生送去上学。以后，他南征北战，在戎马生涯中仍然带着郭炳生。平江起义时，郭炳生也加入了红 5 军。在部队中，在彭德怀一手提携下，他从一名战士到排长，再到连长、营长、团长，逐步升为红 2 师师长，成为红 5 军的一员大将。

彭德怀把郭炳生作为自己最信得过的军事将领，待他重之又重。谁知这个郭炳生并不争气，因为彭德怀的宠爱，他生活一直相对优裕。这次赣州之战，彭德怀打了败仗，郭炳生受不了苦，结果在暗藏部队中的特务的诱惑下，趁部队开拔之机，他拉走一个团和师特务连去投国民党。

2 师政委彭雪枫得讯后，立即和 2 团干部吴法宪去追赶，但是，他们只追回一个团,郭炳生还是带特务连跑掉了。以后,郭并没有如何发达,反被国民党杀掉。

彭德怀得知郭炳生叛逃非常震惊,也十分痛心,久久才从牙齿缝中吐出几个字:“叛变投敌,子不如父,甚为可耻!”

郭炳生的叛变,让亲者痛,仇者快。彭德怀气得几天都吃不下饭。在长期的革命和战斗生涯中,彭德怀经历过许多动摇甚至叛变的事情,但是郭炳生的叛逃一直是他心中的痛。

15 年后,彭德怀的侄子彭启超从湖南跑到延安,要求参加解放军。彭德怀一听侄子要参军,突然用手指着侄子的额头说:“如果你有二心,我就亲手毙了你!”顿了顿,他又说道:“如果我反对革命,你也可以毙了我!”

这是彭启超第一次和伯父见面。他兴冲冲来见伯父,乍听此言,丈二和尚摸不着头脑,似觉过分。可是他不知道,当年郭炳生叛变在彭德怀心头留下的隐痛使得他对自己的亲属要求更加严格。

6. 战火中的轶事

彭德怀是一员骁将,在战火纷飞的年代里留下了许多佳话。

(1)

1930 年夏,红 5 军转战鄂东南。由于作战紧张,生活艰苦,身为军长的彭德怀也一连几天未吃上一顿饱饭。一天深夜,他正伏案工作,饥饿加上辛劳过度,竟晕倒在桌旁。警卫员见此情形,急忙请炊事员下了一碗面汤,送到他面前。

彭德怀见汤里有几片猪肝,就问:“哪里来的?”

警卫员说:“部队昨天打牙祭,买了老乡一头猪宰了。我见军长近日身体消瘦,连日熬夜操劳,怕你拖垮了身体,给你补补身体。”

彭德怀听罢,非常严肃地说:“谁给你这权力?我不是说过,红军官兵平等,当官的不能特殊!”

“军长……”警卫员还想解释,彭德怀猛地站起来,命令道:“不要说了！你给我送回去！快！快！”

炊事员曹大叔在隔壁听到军长发脾气，连忙赶来打圆场：“军长，面已做熟了，不吃是个浪费，还是吃了算了！只这一次，下不为例！”

“不行！一次也不行！我彭德怀革命，不是为个人吃好的。国民党就吃个痛快！”说完，他一拳击在桌子上，震得茶杯跳起老高。

炊事员看到他发脾气了，不吱声了。

过了一会儿，彭德怀才放缓口气说：“老曹，请你将这碗猪肝面送给重伤员吃。”转头又对警卫员说：“我俩要约法三章，今后谁也不准违犯！”

（2）

1931年6月，红三军团3师驻在江西南城和黎川之间的时候，一天哨兵带着两个人来到司令部，面见红3师政委兼政治部主任黄克诚。其中，一人五十开外，头发花白，自称是黄公略的叔父，说专程从南昌赶来，有要事找彭德怀面谈。

黄克诚派人把他们送到了彭德怀那里。

这个家伙原来是国民党特务，奉蒋介石之命前来策反彭德怀。彭德怀弄清他的意图后，豪放地笑了起来，风趣地说：“那很好啊，我会妥善答复蒋介石的。”

随即，他把这个情况报告了毛泽东，再派兵将这两个人押回黄克诚处，然后亲自给黄克诚打电话：“把那个坏家伙的脑袋砍下来，叫他的随从提回去，交给蒋介石。”

黄克诚执行了这个命令。事后，他告诉其他人说：“彭老总就是用这种特殊妥善的方式，答复了蒋介石，表达了他对党、对革命的赤胆忠心。”

（3）

在江西苏区时，一次红军出发打东村。前卫部队已经和敌人接火了，后卫部队还散坐在路上休息待命。红三军团军团长彭德怀因急于赶赴前沿指挥，传令兵拿着小旗在前面开道，喊着：“让让路！让让路！”一个战士就是坐在地上不动，彭德怀训斥他说：“躲开。”

不料，那个战士却爬起来，突然冲着彭德怀就是两拳。彭德怀不加理会,让过那个战士,匆匆向前赶去。

这个部队的排长看见这事,大吃一惊:“战士竟然打起总指挥来了,怎么得了?!”赶紧下令把这个战士绑上。

战斗结束后,排长押着打人的战士来到彭德怀面前请示说:“军团长,打人的战士如何处理?”

彭德怀双眼一眯,笑着说:“谁叫你们捆来的,小事情,快放回去!”

这个战士知道自己拳打了军团长后十分难过。彭德怀却说:“这也怪我当时的态度不好嘛!”

(4)

抗战时期,八路军驻在麻田时,彭德怀要求部队官兵一律要去帮助老乡搞春耕。但总司令部机关有个规定:首长的乘马不参加运输和帮助农民耕种劳务。副总司令员彭德怀知道后,问作出这个决定的干部:“同志,这是为什么?”

他回答说:“战马不能担任勤务劳动。”

彭德怀听了这个理由,严肃地说:“我都要劳动,为什么马比我还要尊贵,我去劳动,它也得干活。现在我们处在严重困难的关头,战马也得下地!”

说着,他和大家一起笑了起来。

(5)

在抗战时期,薄一波领导抗日决死队时,在“西林整军”和反磨擦斗争期间,和彭德怀住在一起,他们除了商讨军事和统战工作外,有时还谈到工作方法和个人修养。

一次,薄一波对彭德怀说:“我这个人性情较急,虽也深知这个毛病不改,是要误事的,可改起来真不容易。”

彭德怀笑道:“你这个毛病同我比,恐怕是小巫见大巫啰!不过,我可以告你一个办法,就是遇到重要的问题,只要不是特别紧急的,写出处理意见后,不要立即拿出去,放到抽屉里,搁它一个晚上,第二天起来头脑清醒了,再看它几遍,审慎地思考一番,确实比较妥当了,再拿出去。这是个治急躁病的良方。”

接着,他告诉薄一波说:“我已试了数年,效果不错。其实,这并非我的发明,我是从毛泽东同志那里学来的。你不妨试一试。”

薄一波照着去做,果然有效。后来他回忆此事说:“从那以后,我也照此去做,果然奏效,至今仍常用不辍。这个办法说明了一条经验,就是处理重大事情时,亟需冷静,务必三思九虑,慎重决断。切不可躁进冒失,否则就难免举措失当,贻患于后。”①

7. 彭德怀的“抬人”

在战争年代,彭德怀有一个风格,就是“抬人”,即遇到什么情况,他会下令把人抬着走,这种“抬”甚至带有“蛮横”的一面,有人说是“硬抢”。他的这个行为屡次出现,“抬”过小兵、一般干部,还有周恩来、王稼祥和毛泽东。对此,多数人没办法,只能听之任之。但是,很多人的命就是彭德怀这么“抬”出来的。

(1)

在中央苏区第三次反“围剿”战事紧张的时候,配属红三军团作战的中央军委炮兵团政委张平凯患了重感冒,发烧 39 摄氏度以上,别说走路,骑马都困难,不得不躺在担架上随部队行动。为了给团里减少负担,他决定换上便衣就地隐蔽,暂时脱离部队。张平凯把这个决定只告诉团长,写了一封信派人送给军团长彭德怀和参谋长邓萍,然后就化装和卫生员进了村子,隐蔽在一个老百姓的红薯窖里。

大部队离开村子后,没过一小时,村西传来了密集的枪声。老乡们都跑到山上去躲藏了,只剩下张平凯和卫生员两人在村子里。

枪炮声越来越近。张平凯坐在红薯窖里屏住呼吸,聆听外面的动静。突然,窖洞被掀开,他心里一惊,不好!还没等他掏出枪,就进来

---

①薄一波:《不能忘却的怀念》,转引自彭钢编:《人民的怀念——彭德怀纪念文集》,第 55 页。

三个人,二话不说就将他扶出窑外,放在一个担架上。接着,又跑过来几个人,抬起担架飞跑着离开村子,向东北方向而去。张平凯虽然烧得昏迷不清,但心里明白这是自己人,但是谁派来的,到何处去?他不知道,也猜不明白。

枪炮声渐渐远了,他们脱离了敌包围圈,跑了五六里路,过了一道小河,在一个山坡的树丛旁停下。一个 20 多岁的青年人边擦汗水边笑吟吟看着张平凯说:“嘿嘿,我们终于完成了任务。”

张平凯不解地看着他们,问道:“这是怎么回事?”

青年人神秘地说:“我们在执行一项艰巨任务。”

“什么任务?”

青年人没有说话,从衣兜里掏出一张小纸条递过来:“这是军团长写的,要我们只许成功,不许失败。”

张平凯一看上面写着:“××团后卫营,今有方参谋率一个班,护送一个病号……望保护转移。彭德怀。”

张平凯看着小纸条,心里激动得说不出话来,眼睛顿时模糊起来。这个青年人就是方参谋。他告诉张平凯说:“你不晓得彭军团长、邓参谋长看到你的信后有多着急!他俩说,‘这样决定是冒险呀!’这次蒋介石发动第三次‘围剿’把老本都搭上了,所到之处都烧光杀光。于都城郊的群众基础不大巩固,你又不是本地人,十有八九是隐蔽不下来的。他们紧急决定一定要把你抢救出来,派我带警卫班,务必在一个小时内把你救出,转移到北山岭川下,再派一副担架四个民夫(长期雇用的)抬着你,跟着直属队后卫行动。现在好了,我们胜利完成任务了。”

就这样张平凯脱险了。1955 年,张平凯被授予少将军衔,人们谈起此事时说:“当年彭德怀强行抬出来了一位将军。”

(2)

红军长征前夕,在反第五次“围剿”打最后一仗中,红三军团直属队党总支书记刘志坚在驿前山战斗中右腿负伤,行走困难,按照一般处置,他就只能留在江西苏区。可是,彭德怀没同意。

经过彭德怀批准,部队用担架硬是把他抬了十多天,直到伤愈他能够自己走路,才撤走担架。

红军长征到达贵州时,在娄山关战斗中,红 12 团政委钟赤兵腿被打断了。当时红军减员很大,人力非常紧张,但彭德怀仍下决心,派人把钟赤兵一路抬到了陕北。

红三军团长征到云南沾益白水镇时，政治部组织部长欧阳钦和宣传部长刘志坚,被敌人飞机炸成重伤。彭德怀获悉后,又下令部队把他们抬上,继续长征。

这些人的命,是彭德怀“抬”出来的。

(3)

长征过草地时,周恩来、王稼祥都病倒在红三军团。尤其是周恩来连续发高烧,五六天都没吃东西,身子非常虚弱,莫说是过草地,就是在平路上行军,也不行。怎么办?彭德怀和军团政委李富春焦急万分,把参谋长萧劲光找去商量办法。

大家苦苦思索了一阵，彭德怀突然手一挥，斩钉截铁地吐出一个字:“抬。”

“是啊,只有抬才是最牢靠的办法。”李富春也下决心说。

为什么这个决策这么难?

本来全军团找几个年轻力壮的小伙子抬抬担架，也不是难事。然而,长征以来,由于缺粮少盐,风餐露宿,人人骨瘦如柴,疲惫不堪,每个人轻装过草地尚且不容易，还去抬担架就更难了。彭德怀深知这一点,所以这次下“抬”的决心,却真不是容易的。接着,他对萧劲光说:“恩来等中央领导同志是中国革命最可宝贵的资本。有天大的困难,也要把他们抬出草地。你具体负责，多找些人组成担架队。实在不行的话,宁可把装备丢掉一些,也要保证中央领导同志的安全。”

最后,萧劲光从迫击炮连抽出几十个人,组成一个担架队,把带不走的炮埋掉。担架队分成几个组,轮流抬着周恩来、王稼祥。这样,他们又继续向着草地进发了。

周恩来、王稼祥能走出草地,多少也与彭德怀的“抬”,大有关系。

(4)

1947 年 3 月,蒋介石嫡系大将胡宗南指挥 14 万人马进攻延安。延安只有两万余人,敌十倍于我,毛泽东决定主动撤离延安,在运动中歼敌。彭德怀主动请缨,临危受命担任西北野战军司令员兼政治委员。

3 月 16 日，胡宗南大军已到金盆湾和南泥湾一带，枪炮声终日可闻。周恩来建议毛泽东马上转移。毛泽东却不走,说:“不要紧,大路朝天,各走半边。我最后一个离开延安。”

3 月 18 日，胡宗南的大军逼近了延安城。一大清早，彭德怀就急了，派警卫员把负责毛泽东警卫工作的阎长林和龙飞虎找去，见面就问:“你们警卫排都打过仗没？”

阎长林回答:“我们大多数是从前方调来的,都有几年战斗锻炼,在最近的防空中都很勇敢。”

彭德怀继续严肃地问道:“你们都有些啥武器？”

“都是 20 响的驳壳枪,还有苏式冲锋枪。”

彭德怀脸上掠过一丝不易察觉的笑容,说:“好！人勇敢,有好枪,好！”

“敌人已快到城下了,我们咋办？”阎长林忍不住请示。

彭德怀说:“我们今晚撤离。现在全党、全军都关心毛主席的安全,希望他早日过黄河去。可他不同意，硬要留在陕北。中央还没最后决定。你们要做好留在陕北的准备。”

停顿了一下,他断然地说:“主席一向不顾自己,你们要特别注意。在紧急情况下,他不走也得劝走,万一劝不动,必要时就抬,几个人一上,就把他抬起就跑。记住一条,必须保证主席的安全！”

阎长林和龙飞虎从没接到过可以违背毛泽东本人意愿而“几个人一上”把人“抬走”的命令,深感身上的责任重大。

离开彭德怀驻地后,两人都认为毛泽东留在陕北太危险,商定在关键时刻就按照彭德怀说的办法办。

当日太阳快下山时,警卫排在阎长林的指挥下,把东西装上了车,但毛泽东还没有走意。阎长林催他赶紧出发。毛泽东说:“不要急,枪声还远得很哩。把晚饭准备好,谈完话再吃。”

没过多久,东南方传来了密集枪声,敌先头部队已到枣园了。彭德怀跑过来,焦急他说:“主席咋还不走?快走快走,一分钟也不要待了。”

龙飞虎说:“我们已催了好几次了，不顶用，还是彭总去催一催吧。”

彭德怀快步走进窑洞,大声说:“主席快走,敌人已经很近啦！”

在场商讨工作的 359 旅旅长王震也劝毛泽东道:“那就还是早一点出发吧！”

“好吧！”毛泽东说。

枪声一阵紧似一阵,还夹杂着炮弹的爆炸声。毛泽东吃过饭,缓缓站起来,环顾了一下屋子,走出窑洞,上了汽车,缓缓地离开了延安城。后来,龙飞虎回忆此事说:“当时主席要是还不答应走的话,彭总真的会下命令抬人,那我们也就真要对主席动手了。”

8. 西北战场硝烟中的轶事

1947 年蒋介石重点进攻延安,彭德怀指挥西北野战军按照毛泽东的作战方针,诱敌深入,声东击西,首先取得青化砭、羊马河、蟠龙“三战三捷”,奠定了陕北作战胜利的基础;继而,西出陇东,收复“三边”,调敌北上,在沙家店一举歼敌两个旅,完全扭转西北战局,使我军由防御转入进攻。1948 年 2 月,他亲临前线部署围城打援,在宜川、瓦子街地区聚歼敌整编第 29 军 5 个旅共三万人,击毙敌军长刘戡,取得改变西北战局、影响中原形势的空前大捷,打开了解放军向蒋管区进军的大门。经过一年一个月零三天的艰苦转战,延安重新回到人民手中。接着,他率领大军向渭北、向关中挺进,势如破竹,歼宁、青“二马”,克兰州、西宁,迅速解放了大西北。

(1)

彭德怀常年带兵,爱兵如子,对手下官兵饱含深情。

首战青化砭告捷后,地方政府的同志专门给彭德怀送来了几筒炼乳,表示慰问。

结果,彭德怀把炼乳送去一些给伤员,其余都倒进烧开水的锅里,说:“让大家都喝喝。”于是,这点炼乳竟然让几百人喝了。大家第一次尝上了这新鲜的带着牛奶淡香的新玩意儿。

北上三边时,在穿越苦水沙漠的行军路上,人人干渴难耐,嘴唇燥裂。彭德怀见一个小战士因发烧躺在路旁,连忙把留给自己的一点水递了过去,让小战士喝。小战士爬起来后,行走困难,彭德怀又将他扶上自己的马,自己跟在马后面前进。

西府战役中,彭德怀看到一个战士受了伤,还坚持带上机枪去赶部队,很感动,立即说:“派人去给这个战士洗脸、洗脚、包扎,然后将他送到医院。”

1947 年 8 月中旬,沙家店战役之前,部队已经开始缺粮,上级指示受伤的马可以杀了吃。而在这样极端困难时, 彭德怀下令向沙家店之敌发起了猛烈的攻击,经过一天的战斗,消灭了敌 36 师两个旅。

战后,彭德怀下令部队迅速吃饭,然后到沙家店以北地域集结。可是,一个营支起锅灶却没一粒粮食,营长和炊事员正在发愁时,一个战士背着一袋东西过来,气喘吁吁地说:“彭总听说你们没粮食了,派我把这些小米送来。”

营长问道:“彭总吃什么呢?”

战士回答:“彭总会想办法的。”

过了一会儿, 战士们就喝上了香喷喷的小米稀饭, 感动得热泪盈眶。然而,他们吃的是彭德怀的粮食,此刻彭德怀本人却没饭吃了。他只好对带路的群众说:“能不能想个填填肚皮的办法?”

随后,这个老乡只搞到些粗糠和压得像钱钱一样扁的黑豆,把它们熬成稀粥,给彭德怀做了一顿“钱钱饭”。

这次彭德怀指挥战斗两天两夜,由于缺粮仅吃了一顿这样的“钱钱饭”。

(2)

1947 年 10 月 9 日, 攻打清涧城制高点爬子山的战斗异常激烈,部队久攻不下,前来驰援的敌军五个半旅已进至离 358 旅只有 20 里的山后,兄弟部队正在顽强抗击。是打还是撤?在这紧要关头,彭德怀来到 358 旅阵地前沿。

他站在一条横向的堑壕里观察敌情。因为这里常遭敌火力袭击,机枪可以打到。358 旅政委余秋里对彭德怀说:“这里危险,快换个地方!”

彭德怀生气地说:“你们经常在这里观察都不怕,我怕什么!”

余秋里见他在这里久待要出危险,上前硬是把彭德怀拉了下来。刚离开,敌人一梭子弹就打在彭德怀刚才站的位置上。彭德怀见状,却风趣地说:“看来任务没完成,马克思不要我。”

回到旅部,彭德怀一面命令其他部队继续抗击,一面指示 358 旅调整部署,组织部队加强攻击。

彭德怀深入前线的行动对指战员鼓舞很大。结果,团长储汉元带领突击营勇猛攻击,终于占领了爬子山主峰。

第二天,部队发起总攻,全歼清涧守敌,活捉了敌中将师长廖昂。

(3)

1948 年,西北野战军主力在渭北整训。这是新解放区,物质生活条件比陕北好多了,但彭德怀仍保持艰苦俭朴的作风。土基会议期间,他叫来了余秋里了解情况。

谈话后,彭德怀留余秋里吃了一顿饭。桌上摆了三个菜:青菜、豆腐、鸡蛋炒黄花,全是猪油炒的。

饭后,炊事员悄悄告诉余秋里说:“彭总最喜欢吃猪油,平时还舍不得。你们来了才叫用猪油炒菜。”

(4)

天下没有常胜将军。彭德怀有了失误,从不文过饰非,即使取得很大成绩,为了推动工作的发展,他也要公开检查前进中的缺点。

在西北战场上,彭德怀发起二打榆林和西府陇东两个战役,虽然歼敌 2.8 万多,但未达成预期目的,部队伤亡较大。对此,彭德怀十分痛心。

尽管原因是多方面的,但他严于律己,从敌情判断、战役决策和作战指挥上查问题,找原因,随后,在前委扩大会上,他公开检讨自己对胡宗南、马步芳之间的矛盾分析不透、判断不准和思想上急于求成的缺点,说:“这两次战役未打好,都发生于打胜仗以后。”然后责备自己滋生了轻敌思想。

干部们听了这种严格的自我批评,很受感动。

西北野战军新式整军运动受到毛泽东高度赞扬后,彭德怀没有拿成绩来掩盖问题。在给军委的报告中,他认真检查“运动发展不平衡”和“有某些过火行为”等两个问题,说这是前委缺乏具体领导造成的。

随后,在党的会议上,他再次就上述两个问题检讨,提出改进意见,还说:“在某种意义上讲,认识自己比认识别人更难。就是要经常反省反省,看哪些做对了,哪些做错了。以便少犯错误和不犯严重错误。”

这是彭德怀从实践中悟出的至理名言。

9. 彭德怀的“骂”

彭德怀素以严格治军著称。带兵打仗,他是一名智勇双全的虎将,身先士卒,不避艰险;管理教育中,他严于律己,也严格要求部队。他的“骂”,据说也是很出名的。

(1)

长征途中,红军二打遵义时,红 13 团政委张爱萍趴在河边小丘上观察敌情,红三军团参谋长邓萍来了,也匍匐趴在那儿观察敌情。不料邓萍中弹牺牲。

由于战斗激烈,天还没黑,只有等天黑了才能抬下遗体。张爱萍爬回来,向彭德怀打电话,刚说了一句“邓参谋长”,就听见彭德怀满腔悲愤地吼道:“猪养的狗养的, 你们这些不怕死的统统都死了算了……”接着就是把电话给扔了。①

原来,有人已经向彭德怀报告邓萍牺牲的消息了。

邓萍是黄埔军校毕业的,经地方党组织介绍到彭德怀团里工作。彭德怀入党,邓萍还参加了仪式。平江起义之后,邓萍当了几天军长后就给彭德怀当参谋长。彭德怀和邓萍感情非常深厚。所以邓萍的牺牲,对他的打击非常大,他控制不住自己的情绪,所以骂人了。

(2)

彭德怀对部属的过失,从不袒护,批评起来“火力”很猛,不留情面。

---

①张爱萍:《一个真正是人》,原载《解放军报》1998 年 10 日与 19 日第 7 版。

在长征过草地时，一次，红 10 团政委杨勇处理一件事情不够周到，彭德怀朝他大发脾气，批评得非常严厉，样子十分吓人。刚调到红三军团任参谋长的萧劲光在场，觉得过意不去，便出来打圆场，把杨勇支走了。事后，萧劲光才知道，彭德怀批评人时，不喜欢别人干预。这次可能是由于他初到红三军团才破例给他留了面子。[①]

彭德怀批评人虽然很生硬厉害，但被他批评过的人并不嫉恨他。因为他对人有一颗火热的心，对革命事业高度负责任。从他的批评中，被批评者往往能体会到他的苦心，而打心眼里感激他。

但是，彭德怀有时批评也有出入，事后主动找被批评的同志，作诚恳的自我批评。

性情耿直的彭德怀更加赢得全军上下的敬重。

（3）

对于彭德怀的骂，敌人是极其害怕的。

在抗战后期，陕甘宁边区与国民党顽固派反磨擦斗争十分激烈。彭德怀知道了这个情况。

一次，他从延安返回敌战区，途经西安，国民党西安行辕主任程潜是湖南老乡，专程设宴招待他。结果，彭德怀当着程潜的面，历诉在场的国民党驻边专员何绍南如何制造磨擦、破坏边区建设的罪行，把何绍南这个“磨擦专家”骂得抬不起头来。

事后，何绍南不得不有所收敛了。

彭德怀的直接干预，对边区军民后来把何绍南驱逐出境，是一个有力的支持。

（4）

身边的工作人员和其他人也有挨过彭德怀的“骂”的。

1956 年夏的一天，彭德怀告诉警卫员小景，打算下午去逛逛北海公

---

①萧劲光：《怀念彭德怀同志》，原载《人民日报》1986 年 10 月 30 日第 5 版。

园。因为彭德怀时任国防部长，小景按警卫部门的规定报告了有关单位。

傍晚，彭德怀身着便衣来到了北海公园，谁知突然看到门口大牌子上写着“休息”，正想转身回去，这时几个干部和公安人员出来了，把他迎进公园。可是，公园里一个人都没有。彭德怀立即警觉起来，质问警卫员：“你搞什么鬼？”

警卫员争辩说：“牌子上写的不是‘休息’吗？”

彭德怀火了：“休息为什么你们叫我进来？”

他转身冲着那些公安人员，问道：“是不是你们把群众赶跑了？”

公安人员只好如实回答：“我们是奉上级指示，闭园接待首长。”

彭德怀一听怒冲冲地说：“为什么要这样？我们有什么见不得人的？这么大一个公园，我们来了，别人就不能来？这不是叫我们脱离群众吗？这种规矩，在我们共产党领导的国家里，决不能有！”说罢，返身走出了公园。

路上，他狠狠瞪了警卫员一眼，说：“我以后再不逛公园了，免得老百姓背后骂我的娘！”

(5)

1957 年 3 月，彭德怀到杭州视察一个国防工程施工现场，一个副师长向他汇报说施工过程当中有工伤事故。他一听就火了，说：“工伤原因固然是多方面的，但关爱士兵无论如何要摆在第一位，一个士兵从小孩子长到 20 多岁不容易，家里付出多大心血啊！要是你们的孩子在这儿施工出了事故，你们会怎么样？”

他这次骂人，据说骂得很凶，给在场的许多人印象很深刻。

(6)

彭德怀骂人据说是出了名的。但是，担任过彭德怀办公室军事秘书的王亚志说：“至于彭老总的脾气，现在一般人都说他爱骂人、爱训人。这个我也有体会。他骂人有两种情况。一种是理性的，他考虑必须这样。比如《彭德怀自述》里写抗日战争时期，他在西安痛骂了国民党军官何绍南一顿，因为何绍南干了很多坏事，杀人、冒充八路军破坏纪律。挨了这顿骂以后，何绍南再也不敢到陕甘宁边区惹事了。他这次发火是有理性考虑的。他对很多高级干部很严，训人也是有考虑的。另一种情况是冲口而出，感情冲动……(比如)邓萍中弹牺牲……平时彭老总常嘱咐手下，到前方去是必要的，但是不要老往前面跑；指挥官不怕死是应当的，但是要考虑自己的位置。这次彭老总发脾气完全是感情冲动。”①

10. 与麦克阿瑟的较量，两人都提前回国

1950 年 10 月，彭德怀临危受命，担任中国人民志愿军司令员兼政委，率部出征朝鲜，首先在云山一带打响了战斗，顿挫了美军向北的攻势。

这时联合国军总司令麦克阿瑟在仁川登陆成功后，非常骄横，不可一世。9月 15 日，美第 10 军在仁川登陆后，按照正常的做法，他应将部分军权交给美第 8 集团军司令沃克指挥。因为沃克此时只指挥第 1、第 9 军两个军，可麦克阿瑟却将第 10 军归自己直接指挥，这样在向北进犯中，不是由第 8 集团军指挥。麦克阿瑟令第 10 军从仁川登陆，绕道海上从元山登陆，向咸兴、长津、江界及惠山方向进攻，不仅使第 8 集团军与第 10 军的间隙达 80—100 公里，而且分散了兵力。结果，云山一战，美第 8 集团军和第 10 军遭到沉重打击，随后美国参谋长联席会议，建议麦克阿瑟将两军会合，以便封闭两军之间的间隙，并建立一道绵亘的防线。这遭到了麦克阿瑟的坚决反对。

面对彭德怀指挥的大军，麦克阿瑟非常轻视，脱离战法地认为，第 8 集团军与第 10 军之间的纵贯山脉是保障两军结合部的天然屏障，会阻止中国军队突入，志愿军无法越过这些崎岖的地形。于是，第 8 集团军与第 10 军愈向北进攻，兵力就愈分散，两军的间隙愈来愈大，翼侧也暴露无遗。

---

①人民网：《秘书王亚志：彭德怀元帅将一生献给了革命》。

彭德怀洞察战局,敏锐地发现了麦克阿瑟的失误,立即决定利用和扩大了敌人的错误,向毛泽东建议迅速调第9兵团(第20、26、27军)入朝参战。令该兵团迅速向东线长津湖方向开进,担任阻击和攻歼美第10军的任务。将原在该方向阻击敌人的我第42军主力西调,以集中6个军的兵力,攻歼美第8集团军一部。

彭德怀此举就是要抓住美第8集团军与第10集团军之间留下的巨大间隙,给麦克阿瑟有力一击。为此,他采取了故意示弱、纵敌、骄敌和诱敌深入的战术,诱敌北进。与此同时,他暗中将第38军、第42军调至德川、宁远以北地区。

彭德怀本打算第40军也调过去,因中部山口狭窄,集中与展开不了3个军,故第40军只进至球场东北地区。

第38军、第42军主力悄悄指向美第8集团军右翼。这是美军薄弱部位。11月24日,麦克阿瑟下令美军开始实施圣诞节前结束朝鲜战争的总攻势,第二天,即11月25日的黄昏,志愿军从德川、宁远地段向敌侧翼突然发动反击,迅速包围歼灭南朝鲜军第7师、第8师,将南朝鲜第2军团击溃。接着,彭德怀令第38军迅速向德川、军隅里攻击前进。38军113师一昼夜急行军73公里,11月28日晨7时,抢占了三所里,29日晨又抢占了龙源里,将第8集团军两条主要后路截断。

这侧后突然一击,完全出乎麦克阿瑟意料,把麦克阿瑟打得惊慌失措。这时,他才认识到彭德怀的厉害,慌忙对华盛顿报告说:“投入北朝鲜作战的中国军队是大量的,而且数量在继续增加。打着志愿军或其他旗号进行小规模支援的任何借口再也站不住脚了。我们面对的是一场完全新型的战争。”为此,他提出美军必须由进攻转入防御。

11月28日,麦克阿瑟命令所有的部队全部后撤。

美军逃跑式地撤向“三八线”。志愿军西线各军先头部队尾随敌人前进,12月23日,主力逼近“三八线”,朝鲜人民军第一军团越过“三八线”收复延安半岛和瓮津半岛。

彭德怀这强有力的侧后一击,最终发展成为致麦克阿瑟彻底大败的一击。麦克阿瑟这位被美国及盟国军界称为“天才的、杰出的军事家”,被彭德怀连续几击,迅速地败下阵,彻底地输了。这对于麦克阿瑟的打击也是巨大的。1951年春,他来到“三八线”以北的南朝鲜军第9师视察,他颓然倒在吉普车的前座上,仿佛已经完全筋疲力尽,再也没了他一贯的信心和盛气,就连他那顶著名的油渍斑斑的军帽也没以前那么精神了,他完全是一个“斗败”的人。

麦克阿瑟被彭德怀打得大败后，极大地震动了美国朝野。再加上他与美国总统杜鲁门政见上存有不和。在1951年4月9日，杜鲁门正式决定撤销麦克阿瑟的一切职务，撤职命令写道："撤销你盟军总司令、联合国军总司令和远东美陆军总司令的职务。"

4月11日中午，撤职命令首先由新闻广播传到东京。麦克阿瑟正在举行午宴，午后收到正式命令。命令还规定撤职令立即生效。

这种撤职方式在美国历史上都是没有先例的，使得麦克阿瑟无法举行美军惯常的指挥官交接仪式，也无法使他向部队发表惯常的告别演讲，他离开日本时没有凯旋式的欢送，只有他和家属及少数随从冷冷清清登上回国的飞机。而且，杜鲁门有意安排他的专机在夜间降落旧金山，不让麦克阿瑟踏上美国国土时受到欢迎。

彭德怀来到朝鲜后，长期在恶劣的条件下生活，住在寒冷、阴暗、潮湿的矿洞里，饮食、睡眠无常，精神极度紧张，此时也已是50开外的人，指挥百万大军雄风犹胜当年，但身体毕竟不饶人，旧病不断发作，经常大便出血。1951年8月间，他的前额左眉上方又长了一个小肿瘤。

1952年初，彭德怀的这个肿瘤越来越痛。正在这时，美国违背国际公约发动了细菌战。彭德怀接到报告后既震惊又气愤，立即通报全军紧急防疫。党中央很快成立了防疫委员会，由周恩来亲自主持，先后组织了大批医学专家和100多个防疫大队到朝鲜，及时控制了疫情。

但经过一个多月的紧张劳累，彭德怀的肿瘤病情愈加严重，医生怀疑是癌，劝他立即回国割除，这时，副司令员邓华也病倒了，不得不回沈阳治疗，彭德怀更是觉得自己无法脱身，对于劝说，他回答说："没关系，死不了！我要等李德全（政务院卫生部长）的调查团来，把美帝国主义这一滔天罪行弄清楚，好把真相向全世界公布。"

3月19日，其他几位副司令员、副政委劝说他无效，给中央军委和毛泽东连发两次电报，其中说："经昨日戴汇华、吴之理及史书翰等（医学专家）会诊结果为瘤子，估计是挨着骨头生长，大家认为不能轻易地进行手术，但彭说：'你们割一个口子一挤就行，若是你们害怕，我签字负责'等语。为慎重起见，最好回国治疗。"

周恩来接电后，立即来到毛泽东住处，建议去人换彭德怀回国治疗。毛泽东派陈赓前去朝鲜代理彭德怀主持总司令部工作。3月31日黄昏，陈赓到达总司令部，与彭德怀谈话，转告毛泽东的意见及来意，督促彭德怀归国休养。但彭德怀没有表示任何意见。

陈赓无可奈何，第二天和副司令员宋时轮、副政委甘泗淇给毛泽东并中央军委急电：“彭总经周校长、史书翰共同诊查后，认为愈早手术愈好，但这里无X光照相检查，因此大家提议他马上回国治疗，绝不能再拖延，彭总意见认为最近还需去金首相处一谈，我们同意这一意见。但这要推迟到5月份才回国治疗，据医生意见似不甚妥，究应如何，请中央决定。”

周恩来接到电报，经请示毛泽东，于4月2日以党中央的名义给彭德怀并陈赓等人回电：“德怀同志即应按照大家提议，马上回国治疗，绝对不应推至5月。”

电报同意彭德怀去与金日成一谈，但规定：“动身时间不要迟过4月上旬。至要。”

陈赓拿着电报给彭德怀看，并笑着说：“中央来电催你马上回国治病，我看你还敢违抗中央命令吗？”

4月4日，党中央再次来电催促彭德怀启程。

4月7日，彭德怀离开战斗了一年半的朝鲜前线，在平壤会晤金日成后，乘吉普车北去。

4月12日，彭德怀回到北京。周恩来立即安排他化名“农业大学王校长”，住进北京医院。

11. 再次主持军委工作

1952年5月初，彭德怀经手术治疗后，康复出院。

出院后，他准备立即返回朝鲜前线，但是党中央要他留在北京休养一段时间，中央办公厅安排他住进了中南海永福堂。

永福堂是个小四合院，前院住着任弼时的家属，西边不远是刘少奇和朱德的住所，东南边隔着春藕斋是毛泽东住的菊香书屋和举行中央会议的颐年堂，同军委的办公地点居仁堂也只有一墙之隔。

彭德怀休养了两个月后，党中央开始讨论他的工作安排。

7月初，在一次政治局会议上，周恩来提议：“我建议彭德怀同志接替我主持军委日常工作。”意思是以军委副主席身份兼任总参谋长，主持军委日常工作。

新中国成立后，徐向前被任命为总参谋长，因病由聂荣臻代理，军委的日常工作仍由周恩来主持。1951 年 10 月，周恩来实在太忙，党中央确定林彪主持军委工作，他上班仅 3 个月，就病倒了，周恩来不得不又把军委工作兼管起来。他是政务院总理，又兼外交部长，还要主持中央军委工作，确实忙不过来，因此把军委日常工作交给另一人来管，已成急需。他与毛泽东商量后，决定由彭德怀接任这份工作。

其他政治局委员对周恩来的提议一致表示同意。

但在场的彭德怀表示不愿接受这个安排。

为什么？他说不想去搞军事。

这种念头他早就有之。1937 年红军改编为八路军时，他就想离开军队去做地方工作。为什么会有这种想法，他没有对人谈起过。这次他不想搞军事了，主要是总参谋部工作确实繁重，他觉得自己难以胜任："原来的总参谋长徐向前久病不能工作，粟裕（1951 年 10 月调来任副总参谋长）也有病，聂荣臻（代理总参谋长）的身体被拖垮了，曾有一次昏倒在地。所以我想推举一个身体强健的人来顶住这个繁重的任务，这样也可以摆脱我自己的军职。"①

会后，彭德怀专门找到毛泽东，提出自己担任总参谋长确实不合适，可以让高岗来当总参谋长，并且列举了高岗的一些优点。毛泽东没有同意，反而问他："高岗难道就没有缺点吗？"

彭德怀又推荐邓小平。毛泽东认为邓小平现在的岗位抽不出来。

结果，彭德怀的这个想法没有实现。

因为中央政治局会议已经批准了周恩来的建议，7 月 9 日，他向中央军委主席毛泽东和其他几位副主席朱德、刘少奇、彭德怀写了一个报告，正式向彭德怀移交工作，报告说："彭德怀同志自即日起过问军委日常工作，直接向主席和中央负责。以后一切经过我处转呈主席或主席交我阅办的军委文电，均改送彭副主席处理。"

7 月 19 日，中央人民革命军事委员会办公厅，根据党中央的决定发出通知："彭副主席已正式在军委办公，从即日起，凡有下列问题之文件、电报均抄送彭副主席。"后边具体开列了 18 类文电的细目。

从此，彭德怀又一次进入了解放军统帅部，肩负新的军事使命。

这是他军事生涯中的新时期，也是最后一个时期。

---

①《彭德怀自述》，第 45 页。

12.“如果彭老总有机会受教育，可以成个经济学博士”

彭德怀不搞军事工作，那么想去做什么工作呢？虽然没有人知道，但曾任彭德怀办公室军事秘书的王亚志说：“如果彭老总有机会受教育，可以成个经济学博士。”

事实上，彭德怀作为军事家以外，对经济工作确实有不为人知的另一面。

(1)

1937 年 12 月，彭德怀从抗日前线返回延安开会，途经临汾南下，见汾河两岸农民争售粮棉，棉花每斤八九分钱，1 元钱可以购得 12 斤新棉，粮价比棉价还要贱。随行的人说：“山西真不错呀，东西又多又便宜。”

彭德怀说：“山西固然比陕北富庶，但粮棉如此之贱，却是反常现象。现在日本帝国主义意在速战速决，政府军对支持华北并无信心，群众对战争又没有经验，注意力都不在物资上，倒是我们应抓住这个机会。”

在从风陵渡换车到西安后，彭德怀马上给朱德、任弼时、毛泽东报告这一情况，并且准备从八路军经费中挤出 10 余万元收购粮棉。之后，他又嘱咐部队在用兵之际注意收集粮食储藏于山地，以备持久。

结果，他的这个做法在抗战之初为解决部队的物资困难起了一定作用。

(2)

1938 年春，侵占华北的日军在占领较久的冀中地区征购战略物资，散驻各地之敌开始四处掠粮。朱德和彭德怀在率领八路军总部指挥东路军作战。他们注意到敌人这一动向后，立即下达命令，要八路军各师“用一切方法与努力，将铁路两旁之粮食搬入山地”，“尽力购买医药、通讯器材、布匹、棉花,妥为储藏”,与日军展开争粮斗争。为此,他们还特别提醒聂荣臻领导的晋察冀区“在由娘子关到门头沟的六七百里大山中,分段储存各种军需品”;指示 129 师师长刘伯承:“务将储存战略物资的山内公路销毁。”

八路军的这次储藏行动,无论是侵华日军,还是蒋介石的中央军、阎锡山的晋绥军或其他进入华北的抗日军队既没想到,也没去做。这一年华北风调雨顺,农业丰收,虽然遭受战争的严重破坏,八路军由于先敌一步行动,大批社会物资终于没有落入或毁于敌手,华北敌后军民的抗战有了物资基础。

(3)

1948 年 2 月,彭德怀率领西北野战军从陕北南下关中,在延川住了两天。趁此期间,彭德怀却没有忘记做经济工作,专门派秘书去调查街上的小商小贩。

这时从工作分工上来说,彭德怀负责指挥打仗,地方工作是西北局的事。但是,他始终非常关心经济,常常说军事仅是手段,最终目的还是发展经济,提高人民生活水平。根据秘书的调查结果,2 月 14 日,他给党中央发了个电报,说现在延川很萧条,纳税商户只有 13 家,且没有一家雇人的,都是小本经营,卖枣子、馒头、针线、火柴、土布、棉布之类的。一年实际上总共只收到 9 石细粮的税。为此,他建议党中央:停征营业税一年至两年,以便恢复战前市场,活跃经济。

毛泽东看到这个建议后,非常重视,明确指出:“各地对于工商业的税收政策的内容及其结果如何,完全没有或很少向中央作报告。……据所知的远不完全的材料看来,极端危险的带有破坏性的既不符合于正确的经济观点,也不符合于正确的财政观点的冒险主义的税收政策是存在着的。这种冒险主义的政策必须加以纠正。望各中央局、中央分局认真检查一次对工商业的税收政策,以其结果报告中央。”

这时解放区人口 1.6 亿,县以上城市 482 座,其中包括东北的哈尔滨、齐齐哈尔、佳木斯和河北的石家庄。城市工商业的政策对于巩固政权,推进解放战争有着十分重要的意义。毛泽东的指示下达后,各地工商业政策立即得到改进,促使了各地工商业的繁荣,活跃了解放区的城乡经济。

（4）

1949 年 8 月解放兰州以后，彭德怀破例宴请第一野战军团以上干部。

干部们都比较年轻，很快就把饭菜吃光了。彭德怀又让饭店给每桌上了一些点心。

吃完后，野战军司令部管理科长带着银元去结账，按照事先说好的价格，数了一下就交给了饭店会计。但是，饭店会计说按照这个算法赔本了。对此，管理科长回来后，专门向彭德怀作了汇报。

彭德怀说：“企业经营要有利润嘛，有利润才能发展，才能交税。”

于是，管理科长又找到饭店经理和会计，详细问清经营成本和利润，算了一次账后，又给了他们一些银元。饭店经理非常激动，连声感谢说：“解放军真正是公买公卖。”

这件事第二天在整个兰州传开了，商店纷纷开张。

（5）

1959 年在庐山会议上，彭德怀写给毛泽东的信，上万言书。彭德怀是国务院副总理兼国防部长，是负责军事的。他的夫人浦安修说：“你是管军事的，为什么多管经济呢？”

彭德怀说：“我是政治局委员，我看到了不能不说。”①

（6）

王亚志说：“旅途、行军，是彭老总思考问题、计划行动、调查研究的好时机。他从不放弃机会亲自打听当年收成好坏，群众负担轻重，物价高低，以至货币比值，流通情况等。可能是长期军事生活形成的习惯，彭老总一生不喜欢用笔记本，他的口袋里没有干部通常不离的小

①人民网：《秘书王亚志：彭德怀元帅将一生献给了革命》。

本子,但他的脑子里装满了各种计划设想、各种情况数字。在研究工作的时候,在向干部作报告的时候,他脱口列举,其精确程度,常常令专管财经工作的干部吃惊。我觉得,如果彭老总有机会受教育,可以成个经济学博士。"①

13. 只有彭德怀才会在毛泽东睡觉的时候闯进来提意见

(1)

黄克诚说:"彭老总对伟大领袖毛主席是尊敬和拥护的。"②但是,当彭德怀与毛泽东有不同意见时,他常常毫无顾忌地向对方直抒胸臆,甚至,毛泽东在睡觉时也要闯进去。

1951 年 1 月,彭德怀从朝鲜回来,有紧急重大的问题向毛泽东陈述。谁知毛泽东不在北京,他又火急赶到外地。

当彭德怀来到毛泽东住处时,毛泽东身边的警卫员告诉说:"主席工作了一夜的,正在休息。"

但是,彭德怀还是不顾警卫人员的劝阻,推门进入毛泽东的卧室。毛泽东被惊醒后,他就在床边向毛泽东报告自己的想法。

事后,毛泽东不无赞赏地说:"只有你彭德怀才会在人家睡觉的时候闯进来提意见。"③

对此,彭德怀也常对人说:"我有什么意见愿意向毛主席谈。把真实情况和意见反映给毛主席,问题就容易得到及时有力的解决。"

---

①人民网:《秘书王亚志:彭德怀元帅将一生献给了革命》。

②③黄克诚:《丹心昭日月,刚正垂千秋——悼念我党我国和我军杰出的领导人彭德怀同志》,原载《人民日报》1979 年 1 月 3 日。

（2）

1959 年夏，在庐山会议上，彭德怀因为上万言书，对“大跃进”饿死人提出质疑，并指斥为“小资产阶级狂热性”，受到错误批评，并被免去国防部长等职务。

会后，在批判彭德怀的错误时，有人不顾事实进行指责竟然说“彭德怀生活俭朴是伪装的”。

彭德怀对他人严格，对自己更严格，长期以来生活十分简朴，保持幼年时的清贫作风。全国解放后，彭德怀担任西北军政委员会主席，一直住在机关内新城大楼会议室东侧，这是由一个过道连接起来的两间休息室。他办公、会客、用餐、寝室都在其中。西北局负责人要给他调换一个较大的住房，他坚决不肯。工作人员想在室内改装一个抽水马桶，也被他呵斥了一顿。

其实，这时彭德怀已是 50 多岁的人了，长期艰苦的战争生活让他患有肠胃病。病重期间，他用饭很少，医生开方要求他用水煎蛋白粉和果子露水一起冲服。但是否购买果子露这样的小事，他的夫人浦安修也不能轻意作主，要由秘书长去买。买来后，秘书说明这是医生的嘱咐，彭德怀才接受服用。

在北京期间，由于实行供给制，彭德怀经常找总务处长计算自家的伙食，不许超过标准。他一年四季穿着军服，夏单冬棉，和普通战士差不多，谁也看不出他就是一位带兵数十万叱咤风云的统帅。

庐山会议后“彭德怀生活俭朴是伪装的”的这种昧心之言传出后，连张治中也不大以为然，慨叹地说：“怎能伪装一生呢？”

（3）

1959 年彭德怀被打倒后，他向组织上保证：一不自杀，二是不当反革命，三是劳动生产自食其力。他说到做到了。

（4）

1959 年 9 月 3 日，军委扩大会集中追查所谓彭德怀的“军事俱乐部”问题。

吴法宪抢着发言:“在这里，我要向彭德怀讨还血债！”他一语既出,全场惊愕。

吴法宪表情异常沉重地说:“是他在长征途中欠下了一军团战士的血债！是他下令亲手杀害了一军团的一位连长。”

这时林彪也说:“他恨不得一下吃了一军团,通通杀尽!因为一军团是毛主席亲手缔造和亲自领导过的……”

“胡说！”

突然台下响起一声呵斥，全场无不震惊，把目光集中到说话者身上。说话的是彭德怀的老部下、北京军区参谋长钟伟将军。

钟伟高声喊道:“你们完全是无中生有，造谣惑众！你们当时在场吗？我当时在场,事情是我干的！彭总不在场,也不知道这回事！现在要说清楚,那人是罪有应得,该杀！如果把他交给你林总,你当时也会下令枪毙他！理由只有一个:他临阵脱逃,还要拉几个战士反水！你不杀了他,他就会反过手来杀我们！那是在1、3军团强攻娄山关的战斗中,仗打得很残酷。面对敌人一次又一次疯狂的反扑,他丢下阵地,丢下战友,逃跑了,被我后续部队捉住。经审讯,才知道他是1军团的人,并且有1军团的人作证。按说,应该把他交给你处理,可当时怎么交?阵地上,枪管子都打红了……这本来是不足为奇的,执行战场纪律嘛,有什么大惊小怪！我看是有人别有用心,扯历史旧账,制造事端,挑拨一、三军团亲如手足的关系,加害于人,在一旁幸灾乐祸！”

钟伟继续说道:“彭德怀的‘军事俱乐部’已经宣布成立了,那就宣布我钟伟是这个俱乐部的成员吧！也拿我去枪毙吧！”

会场乱了起来,议论鼎沸。

几分钟后，总政保卫部一位领导干部率领两名荷枪实弹的卫兵走进会场,不由分说,“咔”地一声,给钟伟戴上手铐,带出了会场。

钟伟高呼:“毛主席啊,你可不要上他们的当!他们才是真正的罪魁祸首！你要警惕呀……”①

这次会议之后,钟伟被削官职,一撤到底,押回老家劳动改造。直到

---

①张树德:《彭德怀离开中南海》,原载《人民的怀念——彭德怀纪念文集》,第503—504页。

“四人帮”垮台后，“钟伟事件”才得以平反。

(5)

彭德怀和毛泽东的战斗情谊持续了很多年。在彭德怀被打成“反党集团”后，毛泽东对彭德怀仍然寄予殷切期望。1962 年，他托人转告彭，要他好好读马列，准备将来还要出来为党工作。

1965 年秋，彭真在人民大会堂代表党中央接见彭德怀，向他传达毛泽东的意见，要他到西南领导大三线建设。彭德怀没答应，说：“我不懂工业，也不想搞和军队有关的事(他指的是军事工业)，因为我早和军队脱离关系了。”

随后，他寄了一封信给毛泽东，还是要求调他到国营农场去，说他还是愿当农民。

过了几天，毛泽东亲自来电话了，对彭德怀说：“你来吧，我等你。”

彭德怀知道毛泽东有夜间工作的习惯说：“你工作了一夜，休息吧，我另找个时间来。”

毛泽东说：“我们好久不见面了，你快来，我们好好谈谈。”

彭德怀立刻赶到中南海颐年堂去。车子一到，毛泽东已在颐年堂外等着，彭德怀急忙迎上去，两人紧紧地握着手。然后，毛泽东拉着彭德怀的手，两人肩挨着肩，进了颐年堂。

刘少奇、邓小平和彭真都在场。见面后，毛泽东和彭德怀都讲了好多好多的话。毛泽东讲了历史，说：“我们革命到今天不容易，大家要团结，要齐心协力发展革命的胜利，建设好我们的国家。我们共事几十年了，不要庐山一别，分手分到底。我们都是六七十岁的人，应当为后代多想事，多出力。”

毛泽东还说：“历史上，真正的同志决不是什么争论都没有，不是从始到终，从生到死都是一致的，有争论、有分歧不要紧，要服从真理，要顾全大局，大局面前要把个人的意见放一放。”

最后，毛泽东说：“我没有忘了你，这些年我一直在想你的事。你也不要记账，日久见人心，我们再一起往前走吧！”

毛泽东把彭德怀说通了。

到下午 3 点多，毛泽东和刘少奇、邓小平和彭真送彭德怀出门，每个人都和他久久握手，送他上车。

在车上，警卫员看到彭德怀红光满面，微笑着，问道：“喝酒啦？”

彭德怀说:“喝了！毛主席点了我的将，我同意去西南。他请我喝酒，我就喝了几大杯。”

彭德怀平时不大喝酒，最多一小杯，半两不到。这次喝了那么多，是因为太高兴。回来后，彭德怀兴奋得彻夜未眠，随后，他满怀信心地奔赴新的岗位，决心搞好三线建设，完成党和毛泽东的嘱托。

14. 酷爱“孔夫子”

“别看我是个粗人，我知道‘孔夫子’的用处。”这是彭德怀常说的一句话，他把“孔夫子”作为书的代名词。

彭德怀年幼时由于家贫只读过两年私塾，文化不高，但是他很爱读书，在战争年代不忘记学习。

井冈山斗争时期，彭德怀任红5军军长，尽管有许多事要做，但是，他只要能搜罗到军事和政治书籍，就要随身带上，挤时间精心阅读，甚至在战斗间隙，也拿出来翻翻。他曾对通信员张洪远说:“没有文化干什么都难，等于睁眼瞎。我们天天打仗，不懂的事问不到先生，只有想办法多读些书，不懂就问书本。”

彭德怀读书总是全神贯注，有时达到了入迷的程度。

一天，他在驻地后山坡的桂花树下看书。忽然，天色变暗，继而天空不停地洒下雨点。他背上背着个大斗笠，却用右手拿着书，左手和袖子遮住雨，仍然专心致志地看着书。

警卫员见状，怕淋湿了彭德怀的衣服，半是提醒半是不解地向彭德怀说道:“报告军长，天下雨了。”

“天要下雨，我又不能给老天爷下命令不许它下，下就下呗。”

彭军长头也没抬，半是无奈地回答。

“那你为什么不戴斗笠？”

“噢，没有斗笠。哦，我命令你赶快跑回去给我拿一个来。”这时，彭德怀倒是立即果断地向警卫员下达了命令。

“你背上不是背着嘛！”警卫员更是迷惑地说。

经警卫员一提醒，彭德怀才回过神来:“嗨！看我这脑壳，真健忘。”

他一边说一边不好意思地把背上的斗笠挪到头上……

彭德怀对书充满兴趣,往往读书出神,因此闹出不少笑话。在读书过程中,一旦看到称心之作,他便将书本举在空中,迈着有力的步伐,口中不停地吟诵着书中的句子,悠然自得。然后,合上书本情不自禁地喊道:

“好呀!好呀!对极了,我拥护!”

每当读到不能苟同的地方,他便毫不客气地边读边嘟囔:

“不对!不对!乱扯瞎说!”

“歪曲!纯粹是歪曲!”

“简直是误人子弟!”

因此,“我拥护”、“歪曲!纯粹是歪曲!”常常成为人们谈笑彭德怀读书神态最生动的语言。

他不仅自己爱读书,也要求身边的工作人员去读书,常常对大家讲;我们都是工农干部,工农干部都要知识化。他勉励大家要下苦功夫,好好学习,要反对自满。

1941 年前后,八路军总部驻扎在距辽县城南 80 华里的武军寺村时,彭德怀指出,为适应形势发展的需要,要加强八路军总部机关的学习,使大家变成有文化的军人。并说:没有文化的军队是愚蠢的军队,同日本侵略者作战,搞好革命工作,没有文化都是不行的。总部机关的学习搞得很好。白天,山岭上,小河旁,树底下,到处都有人在学习,晚上,油灯下,甚至月光下也成了大家学习的地方。

彭德怀带的书很多,除了马列著作和毛泽东的著作外,还有《鲁迅全集》和许多其他书籍。这些书都摆在他的房子里,除自己阅读外还借给机关干部阅读。他对大家说:“我的书就摆在那里,你们可以借着看。但你们看后一定还给我。”不论是谁向他借书,他都表示欢迎,问他们喜欢看什么样的书,并帮助借书的同志一起找书。

有个小鬼喜欢看书,就经常到彭德怀那里翻书看,一翻就翻个乱七八糟,彭总也不说什么。有一次,这个小鬼又去找书了,彭德怀问他:“你要找什么书?”

“我要看《反杜林论》。”

“你还看得懂《反杜林论》?”彭德怀表示不相信。

“看得懂。”小鬼说。

“那好吧,我还有两页没看完,你待一会儿再来拿。”

小鬼走后,彭德怀就把书里其中两页的角粘住了一点,等小鬼来后让他拿走了。

过了几天,小鬼把书还来了。彭德怀问他,“看完了吗？”

小鬼说:“看了。”

彭德怀就把书打开了一看其中两页的角还粘着,就说:“你骗人,你根本就没看,这两页都没揭开。”说完哈哈大笑。同时对这个小鬼耐心地进行了应怎样读书的教育。

原来,为了检查借书人是否认真看了书,彭德怀常常事先就用小饭粒把两页书轻轻地粘在一起。当还书时,两页纸分开了,他就会高兴地说:“看来你从头到尾都看过了。”有时,同志们去还书,他还当面测验他们，请他们解释书中的成语典故，回答书中讲的一些重要问题。如果能回答上来,彭德怀显得十分高兴,连声说:“好！好！没白学。”如果回答不上来,他就要批几句,但最后还是鼓励他们认真学习。

新中国成立后,条件好了,彭德怀更加广为收集好书,他的书越来越多了。他的书有买来的,有借来的,还有的是向别人要来的。他的桌上、床上、柜子里、箱子里,到处都是书。凡到过他家的人,都称他的居室是个“图书馆”。

在长达几十年的读书生涯中，彭德怀博览群书，也渐渐学富五车了。但是,另一方面,他又极其注重汲取书中的营养,并以此联系实际,深入调查，开动脑筋，研究现实问题，从而将其作为行动的指导和借鉴。

因此,他常说:“学文化不是为了学几个字记豆腐账,而是为了学一门本事为人民担责任,学出一个好脑袋,为人民想点问题。”同时,他还常常教人去读书,对人说:“干工作光凭好心肠不成,得先学习、先调查”,“有的人只爱惜他的生命,却不爱惜时间,时间都白白地过去了,他那条命除了用来吃饭屙尿,还有什么用咧。”

他住在吴家花园时有这样一个故事。

一次,彭德怀发现附近居民的一个小姑娘一直用块布包着书上学。出身贫寒的他推测孩子家一定生活困难,没钱买书包。经了解,情况果然如他所料。

为了能使孩子安心学习,彭德怀想给她一些帮助,但又怕孩子不接受,伤了她的自尊心。于是,他便有意多和这个孩子接触,经常在路边和小姑娘谈学习谈理想,引导她好好学习,天天向上。小姑娘也十分喜欢这位慈祥老伯。相处时间长了,他与小姑娘建立起了友谊。这时,彭德怀才高兴地领着孩子上商店,给她买下书包和钢笔。

15. 爱好下棋，“起死回生”靠悔棋

下象棋是彭德怀喜好的一种娱乐活动。熟悉他的人都知道，他不仅喜欢下棋，而且瘾很大。他业余时间常常找身边工作人员下。下棋的时候，不分元帅、士兵，彼此都丝毫不让，其乐融融。

（1）

在西北野战军的时候，彭德怀经常找司令部的参谋高瑞欣下棋。

两人下棋还时常拌嘴。高瑞欣和彭德怀下棋，一般是输得多。一次，他好不容易赢了一盘棋，正高兴时，彭德怀说：“小高啊小高，你这个棋还是高啊，可是你这个子长不高了。”

高瑞欣也毫不让步，“回敬”说：“你棋艺高，可是你这个子比我高多少？你也长不高了。”

在这种场合，彭德怀和手下们完全没有了上下级关系。

朝鲜战争爆发后，高瑞欣到志愿军总部工作，又见到了彭德怀。彭德怀非常高兴地说：“小高来了，欢迎欢迎，现在忙，等空闲了咱俩杀几盘。”

非常遗憾的是，不久高瑞欣和毛岸英一起牺牲了，再也没能和彭德怀一起下棋。

（2）

彭德怀经常和警卫员下棋。一开始，他们都还比较平和，规矩很严，约法三章，可是下到了最后往往就相互悔棋，下着下着就吵起来了。彭德怀的夫人浦安修说：“你们吵什么吵！吵得我想看书都看不下去了。”其他人见状，也觉得很有趣：“元帅和士兵为下棋吵架，很少见，有趣有趣。”

(3)

彭德怀喜欢下棋,但赢棋的“高招”——多是靠悔棋。悔棋,曾经帮助彭德怀“打败”过不少对手,“赢”了不少棋。

他的这个嗜好,可以追溯到延安时期。

那时,彭德怀常常与警卫班副班长赵贵堂对弈。这位赵贵堂下棋,有几个“高招”,什么“卧槽马”,“海底捞月”,搞不好还有“打闷棍”。彭德怀与他对弈,只能打个平手,有时也赢,往往是“起死回生”的“胜利”,用赵贵堂的话说:“彭老总是悔棋悔赢的。”

彭德怀听了哈哈大笑,但是死不承认。

(4)

彭德怀下棋还能和打仗联系起来,下棋和作战混着一起。

一次,在西北野战军发起清涧战役前夕,彭德怀与小赵下棋,开始时他的马活蹦乱跳,炮跟着马屁股打,车也横冲直闯的,一下子走了好几步“妙棋”。下到中盘时,还冷不防打了小赵一个“闷棍”。

“咳!瞧我把廖昂这龟儿子逮住了!”彭德怀双手拍着大腿,猛地站立起来。

小赵和围观的战士都愣住了,不晓得首长今天怎么突然冒出个“龟儿子廖昂”来。

几日后,西北野战军进行清涧战役,全歼敌整编第76师。原来,敌76师师长就是廖昂。

(5)

彭德怀住在杨家岭时,与中央书记处书记任弼时是邻居,有时午后休息时间,他常常向任弼时“挑战”。

“你敢耍上门来,岂能容你!”任弼时毫不怯阵,奋力“应战”。

两人当即摆下棋盘,厮杀开始后,双方都是聚精会神,严肃认真地思考每一步棋路,小心翼翼,一丝不苟地盘算对方,算计着如何出其不意给对方一个下马威。但是,拼杀到最后,两人就没了开始时的风度,有时为了一兵一卒的得失，或因一着不慎走错棋子，竟抢来夺去，争执很久，谁也不轻易让步。

有人说：“看彭老总和任弼时下棋，就像看文官和武将吵架一般有意思。”

(6)

老帅之间，彭德怀与朱德的友谊是大家有口皆碑的。在长达数十年的革命斗争岁月中，两人结下了诚挚而深厚的情谊。在中国革命军事博物馆里保存着一张珍贵的历史照片，它生动地记录了他们在棋盘上厮杀的情景。

那是1953年秋的一天，风和日丽，气候宜人。朱德邀上邓小平等几位四川老乡一同去十三陵郊游。在这一大群四川人中，却混有一位湖南佬——刚从朝鲜战场归来不久的彭德怀。

彭德怀是被朱老总特意请来的“贵宾”。

一路上，他俩走在后边，亲密异常形影不离。怎么也岔不开，走不散。

“还干啥子嘛？”突然，朱德立住了脚，望着彭德怀说。

“摆么。”彭德怀立即答道，也站着不走了。

这会儿，旁人都弄不懂这两位老帅在说什么，更不清楚他们停下来要干什么。然而，长期在他们身边工作的卫士则懂得这个暗语，立即把行军床支起来了，从背包里取出一副象棋摆在上面，床的两边各安放好一个马扎。

就这样，两位老帅开始在棋盘上搏杀了。

“砰”地一声响，执红帅的朱德走了当头炮，棋子随着行军床的弹簧跳了三跳。虽是老棋路，可是锐气逼人。接下来，彭德怀稍加思索，也走了当头炮，摆出对着干的架势……正在远处的邓小平看到两位老帅竟“拼杀”到十三陵来了，饶有兴趣地来到跟前，背着手站在一旁，仔细看着，却不言不语。

随行的中宣部文艺处副处长林默涵见状，“咔哒！”将这幅情趣盎然的情景拍摄下来，照片题为：“朱德彭德怀相持不下，小平同志观战不语。”

（7）

庐山会议后，彭德怀搬出了中南海，住在北京西郊玉泉山附近一处叫吴家花园的农庄。朱德经常去郊区的吴家花园和彭德怀下棋。

一天，朱德又来到了吴家花园，两人分坐棋盘两边"拼杀"起来。一开局，彭总便是"当头炮"、"把马跳"、"平出车"、"斜支士"，攻势凌厉；这边朱德以守为攻，运筹自如。双方棋子都是落地有声，但势匀力敌，应验"棋逢对手"的话，胜负难定。

然而，不一会儿，正当彭德怀全力组织进攻时，朱德乘隙偷偷吃掉他的一只"车"，彭德怀见状"哦"了一声，后悔至极，心疼地大声呼叫："明车暗马偷吃象，没有听说有偷吃车的！"边说边伸手去夺"车"，要摆回原处。

"君子举手无悔！"朱德攥着"车"不放，一副决不相让的样子。

"好，不悔就不悔，好汉不赢头一盘，先输给你一局！"彭德怀见实在难以悔棋，只好这么说。

可是，接着他还是忍不住说："这次算是让着朱老总了！"

"哪个要你让！有本事你赢回去嘛！"朱德也毫不示弱。

两人又是一阵唇枪舌战，然后才重新开战，棋盘上硝烟再起。

朱德和彭德怀性格不一样，他们吃对方棋子的作风也不一样，朱德吃子是先用自己的棋子将对方的棋子扫开，然后用手把棋子拣出棋盘，像展览战利品一样把缴获的棋子排开一溜。彭德怀则不然，吃子和他的大脾气一样吓人，"砰"把自己的棋子砸在对方的棋子上面，然后从棋子下面把子抠出来，丢在一边，"俘虏"的棋子狼藉一片，好像毫不在意他的战绩。

谁知两人继续下下去，彭德怀又开始悔棋了，朱德立即敏感地抓住对方手腕，眼睛瞪得滚圆，声音洪亮："不能赖棋，放下！"

彭德怀脖子都直了，干脆赖到底："你是偷吃，不算！"

"吃你的子，还要发表声明吗？战术不行就不行嘛，悔棋干啥子？"朱德还是寸步不让。

结果，他们从上午鏖战到黄昏日落，才收摊。

朱德上汽车告别时，脸上虽笑容荡漾，嘴上却硬得邦邦响："下次决不手软，杀你三百盘，有你好果果吃！"

据说这是彭德怀唯一一次不成功的"悔棋"。

16.“我要活下去，我要见毛主席。”

1966年8月，“文化大革命”运动热起来了。一天，彭德怀打电话给西南三线建委办公室，问有没有八届十一中全会发给他的文件。对方的回答没有，并建议他最好下乡去躲一躲。对方还没有说完，彭德怀就大吵起来；“群众我不怕！你们看了报纸没有？一个共产党员能躲开党中央发动的群众运动吗？……”

警卫员连忙劝他不要发火。彭德怀说：“你知道他说什么？他叫我躲……”

“人家这是好意。”

于是，警卫员向彭德怀讲了一点“文革”运动的情况，主要是说现在街上很乱，红卫兵乱抓人，要注意安全。彭德怀不以为然地说：“你呀，也是个怕字当头的！我看了文件，觉得没什么好怕的了！”

随后，彭德怀还对警卫员说：“街上乱，我知道。好人坏人，好事坏事，只有大家都说话，才有办法分清楚。你有嘴巴我也有嘴巴，最后就会辩出个真理来的。让大家讲话，我们国家好多问题都能解决了。”

警卫员认为他把事情看得理想话了，又给他讲了一些大字报、大标语内容，说了红卫兵全国大串连的情况。彭德怀听后还是不同意“躲一躲”，指着文件说：“这上面讲‘放手发动群众’，‘不能采用任何包办代替的办法’，‘严格分清两类不同性质的矛盾’，‘提倡充分的辩论’，‘要用文斗，不用武斗’这有什么不好？”

随后，彭德怀向三线建委负责人写了信，要求去看大字报，参加批判会，在会上答辩和检讨有关他自己的问题。这时西南局和四川省委受到冲击，已经陷入半瘫痪状态，对彭德怀的信没有表态。之后，三线建委秘书处的一个负责干部对彭德怀的警卫员说：“依了他。但只能悄悄去建委机关看看大字报。要是到街上，千万不要暴露，要绝对保证不出问题。”

彭德怀高兴了。

之后，他不但去过三线建委机关大院，还去过盐市口、春熙路等闹市区，不但看大字报，还听过人家辩论，哪里人多，他往哪里去。有时候,他看到三线建委机关"揭发"他本人的简报上说他来西南后"开足马力营造反革命大本营"、"妄图东山再起, 到处放毒、搜集炮弹",等等,并不生气。

一天,彭德怀看大字报回来,已经很晚了,还要和警卫员下棋。警卫员说:"算了吧,我装不来唱空城计的诸葛亮。"

因为他觉得现在的政治形势对彭德怀很不利。谁知彭德怀笑了笑,说:"你以为我是唱空城计的诸葛亮吗? 不,我有后台!"

'谁是你的后台?"

"毛主席!揭发我的人不了解情况,可是毛主席了解我呀!要是毛主席看到了这样的简报,他一定会说:'这个彭德怀不错,到西南干得很卖力气嘞! 你说,是不是?"

第二日,彭德怀还是照常去看大字报。

一次,他去看大字报,终于被人们认出来了。于是,红卫兵便找上门来了, 第一次来的是当地的大学生。他们来之前, 写了一个纸条送过来:"请建委彭德怀副主任约定一个时间,和我们谈。"

彭德怀看了纸条后,高兴地说:"请他们来,时间由他们定,我随时都欢迎。"

第二天,来了两男一女。他们戴着红袖套,背着"为人民服务"的挎包,很恭敬地向彭德怀敬了一个礼。结果,他们和彭德怀谈了半天,走时还对彭德怀的警卫员说:"不错,很爽快。"

谁知过了几个月,事情就渐渐发生了变化。一次,来人要求彭德怀揭发贺龙、邓小平等人的罪行,彭德怀说:"按照党的原则,同志间有了意见,要当面交换,不能背后议论,更不能暗地罗织罪名。我对他们很了解,但我自己有选择提意见的场合和方式的权利。"

他没有去揭发贺龙、邓小平。

12 月 25 日凌晨,一伙红卫兵突然来到了彭德怀的住处,强行把他从被窝里拉起,带上汽车就走了。

彭德怀身边工作人员马上报告三线建委办公室, 办公室负责人提出打电话请示周恩来怎么办。

在电话中,周恩来的秘书听取了建委办公室负责人的汇报,请示周恩来后,向成都方面传达了几条意见:

一、由成都军区派出部队与红卫兵一道护送彭德怀同志到北京。沿途不许任何人截留, 不得对他有任何侮辱性的言行, 绝对保证他的安全。

二、不坐飞机，由成都军区联系火车来京。

三、由北京卫戍区派部队在北京车站等候，并负责安排彭德怀同志的住宿和学习。

第二天晚上，彭德怀就坐上了去北京的列车。车上载满了去北京串联的红卫兵。成都军区给彭德怀联系了一个软席车厢。路上，不少红卫兵对彭德怀很友好，只要列车一停，他们就从站台上买来吃的东西给彭德怀送来，有时是油饼，有时是糕点。他们在人堆里挤着，喊着：“递过去，递过去！给老头子递过去！”

但是，红卫兵们在列车上也对彭德怀开了批斗会。但他们从软席间钻出来后，都说：“这老头子不好对付。辩不过他，他脑子里有不少马列的书本哩。”

就这样，彭德怀从成都又回到了北京。

1967年元旦，他给毛泽东写了一封亲笔信：

主席：你命我去三线建委，除任第三副主任外，未担任其它任何工作，辜负了你的期望。12月22日晚在成都被北京航空学院红卫兵抓到该部驻成都分部。23日转北京地质学院东方红红卫兵。于27日押解北京，现被关在中央警卫部队与红卫兵共同看押。向你最后一次敬礼！祝你万寿无疆！

彭德怀 1967年1月1日

但是，随着上海夺权风暴的爆发，彭德怀的日子开始变得艰难了。

1967年4月，彭德怀被监禁进行所谓专案调查，7月开始受到批斗，在北京航空学院小型批斗会上，他被红卫兵打伤，肋骨骨折，之后卧床多日，生活困难。在监护期间，彭德怀受到巨大的精神摧残。

1973年4月18日，彭德怀因患直肠癌，住进了解放军301医院，病情恶化。在生命垂危之际，他对人说：“我从来不怕死，我的问题没有搞清楚，我要活下去，我要见毛主席。”

1974年11月29日，彭德怀病逝，终年76岁。

第三章

独眼军神——刘伯承

1."吹鼓手的后代"

关于四川开县刘家的渊源,有很多传说,一个说法是刘家祖先是汉代皇族的后裔,还一个说法是刘家是"湖广填四川"时过来的难民。其实,这几个说法都有道理。刘伯承的先祖确是汉室之后,曾受封过长沙王,但不知什么时候刘家就衰落了,子孙以农为业,兼作小手工艺,后来从湖南辗转到四川。刘伯承的曾祖父本在四川云阳县,后搬到开县,靠开荒种地为生。

刘伯承的祖父为人正直敦厚,多才多艺,靠自修能识文断字,能读得懂《三国演义》,摆起"龙门阵"来有形有色;他还是一个手艺高超的铁匠,经常免费替人修理犁、耙、锄等农具;他还会吹唢呐,吹起来悠扬、动听,乡邻有了婚丧嫁娶,喜欢请他去吹奏。刘伯承后来总说自己是"吹鼓手的后代",就是出于此。

刘伯承的父亲叫刘文炳。他先天不足,生下来就体弱多病,不能干重活,只好教私塾、记账。但他写得一笔好字,常为乡邻写碑文和对联,也懂一点医道,有时行点医。分家时,兄弟们欺负他,分给他的地最差。刘文炳全家靠他一个人养活,生活十分艰苦。

刘文炳和妻子周寅香先后生了十几个子女,只养活七个,四男三女。刘伯承于1892年12月4日出生,是家中第五个孩子,是活下来的四个男孩中年纪最大的。

刘伯承小时候很调皮,胆大好动,什么都敢干,是个孩子王。5岁时,他被父亲送进村里的私塾读书。他虽然很调皮,但很聪明,学习成绩非常好,老师很喜欢。一次,私塾老师出了流传一时的一副联词让学生对:

"香花不红,红花不香,唯有玫瑰,又红又香。"

刘伯承当即举手,回答道:

“响屁不臭,臭屁不响,吃了胡豆,又臭又响。”

这个回答,让师生们哄堂大笑。老师觉得不文雅,但也被逗笑了。因为刘伯承答得确实妙。

1902 年,刘伯承结束了五年私塾生活,到灯草坝的刘姓私塾继续攻读。次年,他与父亲同去开县应考科举。在县预考初榜上,父子二人均被提名。谁知他们来到正式考场,参加考试时,因是“优人”之后(即上辈曾干过吹鼓手“下贱”职业),被监考官宣布没有考试资格,双双被逐出考场。

刘文炳十分气愤,深受刺激,眼看通过科举来改变命运的幻想破灭,便决定让刘伯承去学习新学,让他去上时兴的高等小学。入学考试时,刘伯承的国文考得第一名。在这里,他整整学习了两年。1905 年,进入夔府官立中学。但是,只读了一年书,因为父亲患有严重的肺结核,久治无效,45 岁就病故了,刘伯承虽然才 14 岁,但是男孩中的老大,要回家干农活,无法继续读书,只好退了学。

辍学回家后,刘伯承白天种田、割草、挑肥、砍柴、担煤、喂羊,晚上织席、舂米、料理家务。但是,他不是一个甘于平凡的青年,总想去摆脱这种生活,于是去下煤窑挑煤,给人打零工。但是,苦干不能改变命运。

1909 年,刘伯承 17 岁了,眼看年纪越来越大,与好友谢南臣、周靛澄到上海谋生,可是在上海他们转了好多地方,都没找到工作,只好悻悻又返回四川老家。

1912 年春,刘伯承不顾家人的反对,怀着一腔热血,报考重庆军政府陆军将弁学堂,准备去当兵吃粮,结果以优异成绩被录取。就这样,刘伯承开始了漫长的军人生涯。

2.“刘瞎子”

刘伯承是有名的川中名将;还有一个名字,叫“刘瞎子”,在长期的军旅生涯中“刘瞎子”这个名字一直伴随着他。1939 年,作家荒煤是这么描写他第一次去见刘伯承的:

在以前,我听到过对他有那样的一个称呼:“刘瞎子”。而且听到了有些部队中的同志，用欢笑的声音，学着刘伯承将军的诙谐的口头语，常常很粗野，因此，在我的想象中的他应该是一个较觉粗犷的，十分高大的人物。可是见到他本人，那印象与我想象的竟是那样的不能符合。

他原是很安静温雅而可亲的人。①

关于刘伯承“瞎子”的来源有很多，其实只是一次传奇的战伤。

（1）

1912 年年底，刘伯承从重庆军政府陆军将弁学堂速成班毕业，被分配到听命于孙中山的蜀军第 1 师师长熊克武部队当见习生，先当司务长，后改任排长。

次年 8 月，刘伯承随部加入讨袁军，进行讨袁战争。

在寒坡场战斗中，仗打得非常残酷，讨袁军几次进攻都没有奏效。连长急了，跑去营部请求增援。刘伯承见战斗受阻，便带着几名士兵利用地形，悄悄接近敌火力点。突然，他挥着大刀，高声喊道：“杀——”再次带头发起冲锋。士兵们蜂拥而上，终于夺下了敌阵地。

结果，刘伯承他们打了胜仗，却找不到连长，只好直接向营部报捷。营长接到报告，一下子愣住了：“连长告急，排长报捷，到底是咋搞的？”不相信刘伯承等人的胜利。

于是，刘伯承等人把俘虏押送到营部去，营长见状又惊又喜，当众把连长大骂一顿，宣布撤职查办，下令作战勇敢的刘伯承升为连长。

9 月下旬，滇、黔军入川，助袁军作战，讨袁军失守重庆，随后在转移中不断遭到敌军袭击，损失很大。在一次撤退时，刘伯承为了掩护部属，左胸不幸中弹。他以顽强的毅力强忍住伤痛，带着余部向东退去。

由于与敌军和地方团练围剿，讨袁军被打得七零八落，最后官兵只得把枪支交当地老乡保存，各寻生路。

---

①荒煤：《在晋东南前线——刘伯承将军会见记》，原载重庆《新华日报》1940 年 9 月 30 日第四版。

一个漆黑的夜晚，刘伯承捂着负伤的胸口，踉踉跄跄闪进一个寺庙大门。后面的追兵紧撵不舍，喊叫着："一个当官的，快抓住他！抓住了有赏呀！"

刘伯承向庙内跑去。碰巧的是，庙中长老居然是刘伯承在重庆将弁学堂时教地形学的常教官。常教官见是刘伯承，赶紧把他隐藏起来，刘伯承终于躲开了一直紧追不舍的敌兵。随后，他留在庙中养伤。

伤愈之后，刘伯承潜赴重庆，寻找革命党人。城内外到处是搜捕讨袁军将士的告示，他见风声太紧，转回了开县老家，暂避风头。

(2)

1914 年春，刘伯承再次前往上海，寻找革命道路。

在上海，他加入了孙中山领导的中华革命党。

次年 12 月，窃国大盗袁世凯准备称帝，刘伯承奉命返回四川继续进行反袁护国的军事行动。1916 年元旦，他与原蜀军第 5 师举行川东起义，打出四川护国军第四支队旗帜，并担任军事指挥。

反袁旗帜一举，队伍迅速发展到 2000 多人。

3 月 20 日凌晨，第四支队赶到离丰都城三里远的新城，准备与袁世凯的北洋军在丰都城决战。刘伯承一声令下，部队控制制高点，然后从高处冲杀下去。城里准备内应的护国军和哥老会武装人员，也按事前约定，一齐杀向西城门。城内守敌大乱。

刘伯承部占领了丰都城。

北洋军急忙调来六七个团反攻。刘伯承当机立断决定撤出丰都城，向乡村转移。正当部队边抵抗边撤退时，他突然看见身边一个士兵身体过于暴露，受到敌火力威胁，大声吼道："危险，快趴下！"马上扑过去。话音未落，一颗子弹射穿刘伯承的颅顶，从右眼眶飞出，眼珠子当即破裂，并且流出了眼窝，血流如注。刘伯承倒在地上，就昏迷过去了。

这时敌军已经冲进了城内，战士们慌忙把他抬到一家药店，把头部包扎一下，藏到楼上的仓库里，怕敌人找过来，他们还把门反锁起来，就急匆匆地离开了。

北洋军进城后，到处烧杀抢掠，当地的邮政局局长是反对袁世凯称帝、同情革命的，他悄悄地把刘伯承接到自己家里养病。

一次，他外出，走的时候把门锁上了，留刘伯承一个人在屋子里。过了一阵，刘伯承听见外面敌人炮火不断，觉得此处并不安全，立即背了一床被子，从窗户跳出来。谁知他才跳出房子，一颗炸弹就飞过来，“轰——”把房子给炸飞掉了。

刘伯承又险中捡了一条命，于是急急逃出城去。

邮政局局长回来后，见房子被炸飞了，以为刘伯承压死在废墟里，很难过，随后在山上为刘伯承修坟，还立了一块石碑。

解放后，刘伯承率领大军回到四川，并担任西南局主席。他还惦记着当年的救命之恩，专门差人把邮电局局长请来。邮电局局长见着刘伯承大吃一惊，说：“我没有亏待你，把你埋在山上了啊。”

刘伯承笑着说：“哪里的事，我根本没有死。很感谢你当年救了我！”

（3）

刘伯承逃出丰都城后，转移到了涪陵一带，躲藏在乡下一个农民家里养伤。过一阵子，他化名来到重庆，进入一家叫宽仁医院的地方治眼伤。

这是一家德国人开办的医院。主持人沃医生是参加第一次世界大战中的德国老军医，医术比较高明，眼外科手术更比一般人好。但是他的脾气很坏，尤其是对病人态度不好，要碰到伤病者畏痛呼喊，便会破口大骂，甚至动手殴打病人，是有名的“坏医生”。

刘伯承来到这里就医后，沃医生为他割去了眼睛里的腐肉，理顺血管，然后托人从德国为他选配假眼，准备配一只假眼。

几个月以后，假眼从德国运过来了，他为刘伯承进行安装假眼的第二次手术。

为了保护脑子，手术时只使用了剂量很小的麻醉药。沃医生一刀一刀修割新长出的腐肉，每动一刀都是疼痛钻心，刘伯承安然端坐椅子上，用常人难以忍住的毅力忍受疼痛。手术做了三个多小时，他始终面不改色。

沃医生包扎完毕后，见刘伯承扶手的椅柄上满是流出来的汗水，动了恻隐之心，一改以往粗暴态度，问道：“照你们中国的古话讲，‘目为五脏之精华，一身之要系’。想必先生疼痛难忍吧？”

刘伯承坦然一笑：“这算不了什么，才割了 74 刀嘛，小意思！”

沃医生惊异地问：“你怎么知道？”

“阁下每动一刀，我就暗记一数。错不了。”

沃医生惊讶了，跷起大拇指说："了不起，了不起，你才是真正的中国好汉。"

刘伯承见对方豪爽、耿直，便将自己受伤的经历和当前的处境如实相告。沃医生听后，感叹地说："你真是军神，军神！"

1916 年 6 月 6 日，窃国大盗袁世凯在全国人民的唾骂声中死去。护国战争胜利。8 月 7 日，四川督军兼省长蔡锷推举熊克武担任重庆镇守使兼第 5 师师长。刘伯承领导的第四支队也算是熊的系统。但是，现在胜利了，他却因伤致残被人们忘却。此刻，刘伯承正在学校兼课，干着吃"粉笔灰"的营生。

熊克武来到重庆后，摆宴邀请军政各界、社会名流、驻渝领事及有影响的外国人，沃医生也在应邀之列。

席间，沃医生向熊克武问道："贵部军官刘伯承近况如何？"

熊克武虽然听过刘伯承的名字，但是印象不深，便含含糊糊应付过去。这个沃医生喝了不少的酒，酒兴发作，当众绘声绘色地讲起刘伯承治眼的经过，并且称赞说："刘先生惊人的勇敢及忍耐，着实令人震骇，终生难忘。贵国历史上有红脸关公'刮骨疗毒'，今生我算是荣幸地见着了活关公。以我大日耳曼民族的眼光来看，刘先生堪称'军神'，贵军有这样的勇士，将每战必胜！……"

中外来宾无不称奇赞叹。

熊克武刚刚坐镇川东，急欲揽招人才，于是赶紧吩咐僚属查找刘伯承的下落。几经周转后，他们终于找到了在乡下教书的刘伯承，送去一百块钱作养伤之用。刘伯承不知原委，愤愤地对来人说："难道我的眼睛就值一百块钱么?！请给师长大人带回去。我眼下还有生路。"

熊克武听得回报，改变主意，派人把刘伯承请过来，然后任命他为第 5 师第 9 旅参谋长。

这样，刘伯承再次回到了军旅之中。

(4)

刘伯承重回军旅后，立刻参加扫清袁世凯余孽的战斗。

起初，第 9 旅有人认为他身有残疾，冷眼相看。但一到战斗中，他们就发现刘伯承虽然只有一只眼睛，军事谋略却无人能及，指挥作战能以少胜多，出奇制敌，于是不得不改变看法。熊克武获悉刘伯承的情况，更是对他很器重。每次碰到难打的仗，熊克武就说："快请刘伯承来！”[1]

而刘伯承来了后，必能将败仗打成赢仗。

刘伯承虽然右眼残疾了，但他的事迹成了军中最好的励志故事。

(5)

1922 年，刘伯承已是川军第二混成旅第 1 团团长，率部驻防万县。

第二混成旅旅长张冲是云南人，没受过正规军事教育，平时训练多由手下三个团长分别负责，到战时，打大仗就给第 1 团团长刘伯承安一个总指挥名义指挥全旅作战，打中小仗时就让刘伯承带一个团去。刘伯承的第 1 团是个大团，不但人多，武器也好，是第二混成旅的中坚和骨干，只要刘伯承出战，军阀们就不敢轻视，把它当成一个旅来对待。四川军阀刘湘多次警告手下将领对刘伯承要特别注意："你们不要小看他这个团长，他那个团人多得很。过去熊克武打了败仗，让刘伯承给他收拾烂摊子。他厉害得很。"[2]

这时刘伯承主要是和北洋军作战。一次，刘伯承率领第 1 团打义昌，和北洋军吴佩孚的一个旅碰上了，双方展开激战。吴旅以水田为障碍进行防御，刘伯承轻轻一笑，招招手把属下几个军官叫到跟前，指着前面的敌人说："你们看，摆在我们面前的敌人是头笨猪，他们根本不懂防御。水田不是湖泊，算什么障碍？让我们狠狠地敲它一下！"

随即，他下令部队兵分两路，一路绕到侧翼，在旱地佯攻，另一路在水田主攻。旱地的佯攻开始后，敌人的注意力很快被吸引过去。这时，刘伯承一声令下，主攻部队一下子从水田冲过去，敌人当即被打垮。刘伯承以一个团胜了敌一个旅。

在这次战斗中，第 1 团缴获了不少武器，也捉了不少俘虏。其中，有个俘虏叫韩德勤，是个下级军官。在交战中，他获悉刘伯承个人的一些情况，认为刘是难得的军事将领，当即被他的魅力所折服，当了俘虏后

---

①陈石平：《中国元帅刘伯承》，中央党校出版社 1992 年版，第 33 页。

②杨国宇、陈斐琴、李鞍明、王伟编：《刘伯承军事生涯》，中国青年出版社 1982 年版，第 22 页。

不走人,坚决要求留在第1团,在刘伯承手下当兵。有意思的是,他不但自己这么做,还动员其他几个同伴也到第1团来。应韩德勤之约过来的,还有一个叫顾祝同的江苏人。这两位后来成为蒋介石兵团司令级别的军事高官,都曾经是刘伯承的手下小兵。

1924年,在一次与北洋军作战时,韩德勤与刘伯承同时负伤。刘伯承到成都疗伤,韩德勤则留在重庆,在刘伯承的弟弟刘叔禹家养伤。病愈后,韩德勤返回江苏老家,旋到南京,在江苏督办齐燮元的公署谋到一份差事。20年后,他成为国民党江苏省主席。刘伯承麾下的另一名小兵顾祝同,也成了蒋介石的总参谋长。在解放战争中,顾祝同与刘伯承在中原战场进行了激烈的较量,但是,枪好人多的顾祝同还是没打过“老长官”刘伯承。

(6)

由于英勇善战,刘伯承的名声在四川传开了。然而,在这些传说中,刘伯承的名字被人忽略,他右眼失明的特征被传神地夸大,刘伯承于是得了一个绰号:“刘瞎子”。可是此“刘瞎子”不是一般的“瞎子”,大有“晓天文、精兵法”的诸葛亮之味道。

由于刘伯承足智多谋、英勇善战,名字又和明朝朱元璋的智囊“刘伯温”只有一字之差,在川军中都把他比作刘伯温。①

老天爷似乎也嫉妒刘伯承的军事才华。1924年,刘伯承率部在重庆附近与北洋军作战,取得名震四川的龙泉驿大捷。但由于东路军总司令指挥失当,致使敌人重整旗鼓,卷土重来。两军形成拉锯战。

一次,刘伯承观察地形时,再次被敌兵开枪打中,子弹射中他右腿的动脉大血管。由于失血过多,刘伯承腿肿得老粗,后来人渐渐昏迷不醒,部下抬着他日夜兼程赶往成都,送进了微生物医院。

医生动手术时,割开伤口,将子弹取出。这次又流了很多血,刘伯承昏了过去。经医生抢救,才脱险。

---

①谢武申:《青少年时代勤奋学习二三事》,原载《刘伯承回忆录》,上海文艺出版社1981年版,第477页。

由于救治及时，刘伯承没有被截肢，经过一段时间的锻炼又恢复了健康。

这次在成都疗伤期间，刘伯承的人生再次发生改变。在老同盟会会员吴玉章介绍下，刘伯承认识了中共党员杨闇公。两人一见倾心，朝夕不离，论说当前局势。在杨闇公的教育和影响下，刘伯承由一名民主主义者开始向着一名共产主义者转变。

但有人动员他加入中国共产党时，刘伯承没有同意，说："如果一见旗帜就拜倒，我觉得太不对了。因为我对于各派都没有十分的把握，正极力深研，将来始能定其方道。"① 再经过两三年时间的学习、考察和思索后，1926 年 5 月，在杨闇公、吴玉章的介绍下，刘伯承加入了中国共产党，从此走向了崭新的革命道路。

刘伯承参加中国共产党的时候，家庭状况已经很不错了。后来，红军学校校长何长工谈起刘伯承怎样走上革命道路时风趣地说："刘帅参加共产党是不容易的呀，他是口袋里揣着银元上山的。"

(7)

刘伯承 24 岁时就成为"独眼将军"，全国解放后，他的左眼也失明了。具体病因是什么呢？

他的左眼瞎掉，就是因为看书看多了。

大约是 1965 年的时候，刘伯承到中苏边境视察，每天都看书。他的夫人汪荣华和孩子们都劝他休息，他还是看，视力便开始突然下降。当地有关部门派来两个医生给他看诊，结果误诊，说年纪大了视力就会下降。

另外，刘伯承还患有青光眼，青光眼发作时就呕吐，吐得很厉害。

回到北京后，他到北京医院动了手术。动完手术，还稍微能看到一点，但不到一年就完全看不见，只剩下光感了，哪儿亮知道但什么也看不见。从那以后，他的左眼也瞎了。

对于一个军事家、指挥家来说，双目失明是非常残酷的事情。这时

---

①《中国元帅刘伯承》，第 43 页。

刘伯承已经 73 岁,眼睛看不见了。他跟家人说:“将来打起仗来,我可以当个参谋。”

为了“当个参谋”,他跟医生谈了很多次,说:“你把我眼睛治好,给我放大镜,有放大镜再拿着地图,我就可以给主席或者给总部当个参谋。”

但是,他已经 70 多岁了,要治好几乎不可能。最终,尽管他希望很大,但由于医学方面的原因,他还是完全看不见任何东西了。

3. 顺泸起义

1926 年 9 月下旬,为了配合国民革命,并获得领导武装暴动经验,中共重庆地委以国民党莲花池省委党部名义召集川军部分师、旅长或代表开会,商讨响应北伐、会师武汉事宜,决定在泸州、顺庆、合川三地举行起义,并推举刘伯承为国民革命军四川各路总指挥。

11 月中旬,中共重庆地委军事委员会成立,杨闇公兼任书记,刘伯承、朱德为委员。军委会确定了起义方案:顺庆方面首先起义,泸州相继响应,随后将部队拉到顺庆,扩建为一个军六个师,再率部出川响应北伐。

这时泸州地区的驻军主要是四川省省长赖心辉的三个旅。驻守泸州城的是第二混成旅,旅长李章甫曾在刘伯承手下当过营长,但他是赖的心腹。第十混成旅驻在沱江左岸小市一带,旅长陈兰亭绿林出身,也曾在刘伯承麾下当过营长。这个陈兰亭脾气暴躁,不甘人下,为了分享泸州的盐款、税收,多次与李章甫当面发生争吵,两人结怨颇深。第四混成旅驻扎在长江右岸的兰田坝,离泸城只有五里地远。这个旅是原熊克武部第二混成旅的老底子;旅长袁品文曾在刘伯承手下当过连长,并受进步思想和救国救民精神的熏陶,战败后被赖心辉收编。由于不是嫡系,他在川军派系斗争倾轧下难以立足,甚至连补给、粮饷都很困难。刘伯承决定以袁品文部为基本队伍,吸收陈兰亭部为起义力量,利用川军内部的矛盾解决李章甫,摧毁泸州的军阀统治,然后将起义军调往顺庆集中。

袁品文收到刘伯承的亲笔信后,明确表示愿以全部力量听党指挥,并派私人代表到重庆,面见刘伯承密商了泸州起义的具体方案。

然后,袁品文按照计划多次前去小市,与陈兰亭密谈。

这一日,两人互诉衷肠,谈到夜深人静。袁品文见时机成熟,便提出响应国民党莲花池省党部的号召,解决李章甫,起义参加国民革命军。对于国民革命,陈兰亭并没有深刻的认识,对打倒军阀政治也不是很拥护,但除掉李章甫是他的夙愿,于是马上握住袁品文的手说:“干!”

泸州驻军李、陈、袁三个旅,本是三足鼎立,袁陈合作后则有 5000 多人的兵力,李只有 2000 多人,袁陈占绝对优势,起义很有把握。但是,李部占据泸州城,易守难攻。要解决李章甫,袁陈决定同时行动,一部抢占钟山,使敌失去“龙头”之险;一部占领通往小市的两座城门和街道,使敌无城可守;并且,必须速战速决。

陈兰亭说:“要使起义成功,一定要擒贼先擒王,活捉李章甫。”

“李章甫为人好勇斗狠,警惕性很高。”袁品文说,“我看只可智取。”

两人又商定了解决李章甫的具体方案。

12 月 1 日,袁品文部的军事训练学校举行毕业典礼。

李章甫应邀而来。结果,他一走近客厅,就被袁品文的手下缴械,并被关押起来。

抓住了李章甫,袁品文马上集合队伍,宣布起义,然后下令部队渡河攻击泸州城。

这时在城内的陈兰亭也按照计划行动,开始攻击通往小市的两座城门。顿时,泸州全城枪声鼎沸,人马喧嚣。陈兰亭久攻不下,袁品文又派出两个营增援攻城。

但双方还是相持不下。正在此时,袁部参谋吴孝思挺身而出,要求入城劝守敌投降。激战到拂晓时分,在吴孝思的劝说下,守敌两个团先后投降。起义军胜利入城,继续肃清残敌。结果,守军除李章甫部参谋长率六个连逃跑外,其余全部放下武器。

起义成功后,袁品文、陈兰亭发出起义通电,宣布拥护国民政府,参加国民革命军,并号召全体川军响应。

泸州起义的消息飞报重庆时,国民党莲花池党部正在召开“一大”会议。刘伯承与杨阍公等人紧急磋商,决定由刘伯承和陈毅同赴泸州率义军前往顺庆。

正当刘伯承和陈毅两人准备启程时,顺庆起义的急电也飞来了。

顺庆是起义军准备依托的根据地,杨闇公改变原定方案,由刘伯承急赴合川,率江防军第二区司令黄慕颜部起义,随后再去驰援顺庆,指挥所有的起义部队;陈毅率部分政工人员前往泸州,督促当地义军北上会合。

12月5日傍晚,刘伯承到达了合川。谁知黄慕颜部已离开了驻地。原来,顺庆起义后,川军第5师师长何光烈部两个旅长秦汉三、杜伯乾也举行起义。两人以明码电报通知合川方面,大意是秦、杜部已起义并将何光烈驱走,望慕颜兄速到顺庆会合。黄慕颜接电后,马上按刘伯承设定的“疑兵阵”,伪称返回防区成都,接替温江防务,率部溯涪江而上,往大河坎前进。此刻,他们正衔枚疾走,急急向西奔去。

刘伯承见黄慕颜已经走人了,顾不得休息,在滂沱大雨中拄着拐杖连夜追赶,终于在大河坝赶上了宿营的合川起义军。

次日清晨,刘伯承率部挥戈北上,直奔顺庆城,12月9日到达顺庆,与其他两路起义军汇集一起。

10日,起义军和当地民众在果山公园召开誓师大会,刘伯承正式就任国民革命军四川各路总指挥职,并发表了振奋人心的演说。

但是,四川各路军阀立即反扑。很快,双方开始激战。在战斗最激烈的时刻,刘伯承亲临前线督战,打退敌人进攻。敌人一面以敢死队猛攻,一面利用何光烈的封建关系派人在阵前乱喊乱叫,进行煽动。起义军中一些动摇分子弃枪逃走,有的临阵倒戈,连长戴守勤在前线叛变,一时对起义军威胁极大。

12月16日上午9时,两军在小老君激战。两个营又临阵叛逃,结果敌军趁机直冲入城,抢占了起义军总指挥部。

傍晚时分,刘伯承正率数名弁兵前往阵地视察,途经一片小树林时,突然遭到叛军袭击,随身弁兵死的死、伤的伤。刘伯承拔枪击毙五六名尾随而来的叛军后,从山崖高处跳入河中,游了一段距离后,才脱离险境。

这时敌人已攻破顺庆城,起义军因寡不敌众,被迫后撤。部队急行军至蓬安县,准备在周口一带渡过嘉陵江。夜幕沉沉,几千人麇集在江岸,只有一条渡船在波涛之上往返,官兵争渡,十分混乱。此时军阀邓锡侯部林翼如旅突然出现,正在半渡中的起义军毫无戒备,措手不及,仓促应战,损失惨重。

按照原定计划,泸州起义后,部队应该迅速到顺庆集中,但陈兰亭等人几位起义军首领不肯开拔,指挥部政治部主任陈毅劝说,竟遭到陈兰亭讥讽:“洋学生不懂军爷们的事。”然后,他借口联系行军路线,派陈毅去了合川。

1927 年 1 月 20 日,刘伯承到达泸州城。2 月,宣布成立总指挥部,起义军改编为国民革命军。

然而,这时国民革命军总司令蒋介石开始叛变革命,四川军阀刘湘等人纷纷依附蒋介石,把泸州视为眼中钉,到处制造屠杀事件。泸州城内也开始发生变化,陈兰亭在国民党右派黄季陆拉拢下发生动摇,想把队伍拉出去。刘伯承对他耐心劝导、批评,并派袁品文以洽谈公事为理由盯住他,暂时把陈兰亭稳住。但是,赖心辉又派人入城劝降陈兰亭,陈兰亭暗中应允。第六路司令皮光泽也暗中投靠了新军阀。

不久,刘伯承接到党中央通知,证实杨森部已出兵湖北,向武汉国民政府发起进攻。泸州方面原定“夹击重庆”的设想已成泡影,等待援兵也没有希望。刘伯承召开军事会议,征询各方意见。

袁品文说:“原守泸州是等待支援,现外援无望,守城失去意义。”主张及早撤退。

其他多数人也同意撤退。但陈兰亭、皮光泽等人对突围方案表示冷淡,暗中准备扣押刘伯承等人为人质,换取高官厚禄。

5 月 21 日,刘湘下达总攻泸州的命令,集中大炮轰击泸州城。

在刘湘攻城时,刘文辉部旅长张仲明却按兵不动。原来,刘文辉仰慕刘伯承的才华,利用大军压境的优势,他私下派人进城“谈判”,向刘伯承承诺“虚师长之位以待”。但是,来人被刘伯承赶出了城。

这时,泸州城守不住了,党中央多次指示刘伯承前往武汉。经过反复考虑,免得泸州生灵涂炭和保存革命力量,刘伯承决定多路起义军撤退。5 月 16 日傍晚,他转移到泸州城西南的龙透关下,在第六路第 2 团临时指挥所稍停片刻后,从容从龙透关悄然出走。

6 月中旬,刘伯承等人翻越险峻的秦岭,到达了古都西安,此刻已是身无分文。国民革命军第二集团军第 5 军军长邓宝珊闻讯,派人送来 600 块大洋。刘伯承喜出望外,随后出西安,走潼关,转赴郑州,登上南下的火车直奔武汉。7 月 12 日,汉口《民国日报》在显著位置刊登消息,大标题是:“刘伯承军长抵汉”,副题为:“川中反动派必欲杀刘氏而甘心,刘氏身冒万险绕道陕豫来汉”。

原来,此刻刘伯承已被武汉国民政府任命为暂编第 15 军长,副军长为黄慕颜。

这是吴玉章促成的。吴玉章后来回忆说：

> 顺泸起义时我在武汉。起义之初，闇公同志派人来汉口告我，顺泸起义已发动，请求国民政府给起义军队以国民革命军番号。我在国民政府会议上，提议按军队番号的序列给顺泸起义部队以国民革命军第35军番号，委刘伯承同志为该军军长。会议通过了我的提议。但别有用心的谭延闿(这时汪精卫不在武汉，闿代理国民政府主席职务)借故捱延，说什么需要经过蒋介石，并将此案交给苏联顾问加伦将军顺便带往南昌蒋总部“划行”。这时蒋介石正在与帝国主义勾结，阴谋叛变革命，他怎么能够同意我党建立军队呢？但国民政府会议既已通过，根本不需要经过蒋介石。因此，我们后来就没有理会谭延闿，公开发表了国民政府给顺泸起义军以国民革命军的番号和给刘伯承同志的委任，只是军队番号改成了暂编第15军。发表时用“暂编”二字，是为了区别于蒋介石过去给军队的委任。①

过了几日，刘伯承就将军务交给副军长黄慕颜，自己悄悄去了南昌，参加中国共产党领导的南昌起义，并担任了参谋团参谋长。

南昌起义军在广东失败后，刘伯承辗转到上海，随后被党组织派去苏联，先在莫斯科高级步兵学校，后在伏龙芝军事学院学习。

4.“三参总戎幕，一败两罢官”

(1)

1930年夏，刘伯承从苏联学成回国，在上海协助中央军委书记周恩

---

①吴玉章：《忆杨闇公同志》，原载《历史研究》1978年第10期。

来处理军委日常工作。次年 1 月，他前往中央苏区，在毛泽东、朱德等人的支持下出任红军学校校长兼政委。

1932 年 10 月上旬，苏区中央局在宁都召开全体会议。刘伯承列席。

这就是有名的宁都会议。

这次会议围绕红军作战方针展开大争论。

这个争论是苏区中央局前线同后方负责人分歧的继续。8 月，在周恩来、毛泽东等人指挥下，红一方面军连克乐安、宜黄，取得歼敌三个旅的胜利。后方负责的博古等人要求红军在强敌大举进攻前主动出击，攻打大城市。周恩来、毛泽东、朱德等人不同意这种打法，认为敌我力量悬殊，强行攻城没有把握，若鲁莽从事，反会造成不利局面。苏区中央局在江西宁都举行全体会议，就作战方针进行讨论。

会议期间，在博古等人的指挥下，会议严厉批评毛泽东“纯粹防御路线”，“以准备为中心的等待敌人进攻”，是右倾。甚至，有人提出毛泽东回到后方去。会上发生激烈争论。周、朱坚持毛留在前方，其他人不同意。刘伯承支持后一派意见，投了洋派一票。

会后，毛泽东调回后方，主持中央政府工作，随即被撤销红一方面军总政委职务，由周恩来兼任。

刘伯承在苏联学习过军事，倾向于用苏军正规战的打法，会后在瑞金报纸上发表文章，批评红 4 军有“游击主义”。

其实，毛泽东对刘伯承的军事才华是比较欣赏的。1929 年，党中央在上海时要调毛泽东和朱德去中央工作，毛泽东就曾提出：根据地和红军建设之重要，不应忽视。如果非要他和朱德离开苏区，应速派刘伯承和恽代英来指挥红军。① 由此可见，毛泽东对刘伯承是非常信任的。1932 年刘伯承来到中央苏区，毛泽东和朱德就把办好红军学校的任务交给他，让他担任红军学校校长兼政委。但是，由于受苏军战术的影响，这次刘伯承大批“游击主义”，反映出他对中国革命战争的特点还缺乏全面的认识。但是，此举获得了博古等人的赏识。

不久，中革军委决定设立红军总参谋部，刘伯承由红军学校校长调

---

①《刘伯承军事生涯》，第 58 页。

任红军总参谋长,协助朱德、周恩来指挥作战。

(2)

1933 年 9 月,共产国际派军事顾问李德来到中央苏区。李德掌握红军指挥大权,红军总参谋长刘伯承则成为了他的幕僚。

刘伯承对李德的到来,开始是很欢迎的。

但是,时间一长,他就对专横的李德的瞎指挥感觉到不对头了。

在反“围剿”作战中,不论白天黑夜,只要前方来了电报,都要先送李德住处,由翻译译成俄文,并根据电文对照地图查找出大体方位,将敌我态势标在地图上,送给李德看。李德阅后提出对策和处置方案,再由翻译译成中文,由中革军委给前方下达作战命令。李德情况不明决心大,又管得很具体,连迫击炮的放列位置都在地图等高线上标明,强令部队执行。于是,部队调动,不管白天黑夜,山路平路,只按比例尺一标,就下令限时赶到;作战时,不问工事坚固程度和兵力如何,下命令死守一地。他的这种做法,给红军造成极大伤亡和损失。

由于李德一手包揽,作为总参谋长,刘伯承无事可做,只好管管红军学校和后方医院之类的事情,对李德敬而远之。

1934 年 5 月,一次,博古指定刘伯承陪李德到会昌视察,刘伯承以脑贫血为由,推荐作战局长张云逸陪李前去。李德五次到前线视察,刘伯承一次也没陪同,都找借口避开。

在胜败的比较中,刘伯承逐渐认识到了中国革命战争的特殊规律,也认识到毛泽东对反“围剿”的战略指导是正确的。在第五次反“围剿”作战中,李德推行堡垒主义和阵地战,先发制人,御敌于国门之外。刘伯承对这些战略战术不敢苟同,开始致力总结和推广毛泽东等人主张的游击战术,并且一再提出红军要到敌人深远后方开展游击战争,威胁敌人根本重地,迫敌回援,打破敌人“围剿”。但是,这些意见并未得到博古、李德等人的重视,相反,招致了李德的嫉恨。

一次,李德到红军总参谋部谈事情,但话不投机,他当面训斥刘伯承:“你还不如一个普通的参谋,白在苏联学习了几年。”

李德的俄文翻译伍修权怕双方闹僵,简单地翻译说:“李德同志的意思是说参谋工作做得不周到。”

刘伯承在苏联待过,哈哈一笑,说:“你是个好人咧!他骂我的话你没有翻译。”

10 月，李德又一次来到总参谋部。几个机要员在路边烧火做饭，挡住了他的路。他一股无名火无处发泄，一脚把饭锅给踢翻了。

刘伯承知道后，联想到在苏联学习时受到的大国沙文主义，终于怒不可遏，当场跟李德吵起来，并且用俄语说："帝国主义分子就是这样欺负中国人的。作为国际派来的顾问，你这种行为是错误的，是帝国主义行为。"

李德悻悻然而去，跑到中央局书记博古告状，说刘伯承不尊重他，这样的总参谋长妨碍他的工作。

随后，博古找刘伯承谈话，将他降职到红五军团当参谋长。

这是刘伯承第一次被撤掉总参谋长职务。

(3)

刘伯承来到红五军团后，红军就开始了战略转移，进行长征。

1934 年 12 月，红军攻克贵州黎平。在黎平会议上，中央政治局采纳毛泽东放弃去湘西与红二、红六军团会合的计划，改向敌人力量薄弱的贵州前进的建议，同时不顾李德的反对，任命刘伯承为红军总参谋长并兼任中央纵队司令员。

在长征路上，刘伯承更加认识到了毛泽东思想的正确。1935 年 1 月，在遵义会议上，刘伯承发言支持毛泽东。这次会议撤销了博古、李德的军事指挥权，推选毛泽东为政治局常委，随后组成毛泽东、周恩来、王稼祥军事领导三人小组，事实上确立了毛泽东的领导地位。

在毛泽东的领导下，刘伯承兼任红军先遣司令，负责为红军开路，指挥打了不少硬仗。

1935 年 6 月，中央红军与红四方面军会合后，刘伯承和朱德随右路军前进。9 月，张国焘在阿坝召开川康省委扩大会议，反对北上，攻击毛泽东、周恩来等北上是"逃跑"。有人逼着朱德和刘伯承表态。朱德指出"南下是没有出路的"后，刘伯承说："我同意北上，从全国形势来看，北上有利，南下是要碰钉子的。薛岳、李怀冰并没有走，向南走，就会碰到薛岳和川军，打得好可以蹲一段，打不好还得转移北上。"

10 月 5 日，张国焘在卓木碉另立中央，宣布开除毛泽东、周恩来、张闻天、博古的党籍，强加给朱德、刘伯承许多头衔。但朱德、刘伯承拒绝承认张国焘的中央，呼吁红军要团结一致，党要团结一致，共同打击敌人。张国焘怀恨在心，不久又将刘伯承的总参谋长职务免去，调到第四方面军红军大学当校长。这是刘伯承第二次被撤掉总参谋长职务。

这次失掉总参谋长，说明刘伯承对毛泽东的军事思想的正确性完全接受并且很坚定。1942 年庆祝刘伯承 50 寿诞大会上，刘伯承在答词中这样说："自己的一生，如果说有一点点的成就，那是党的毛主席的领导所赐与的，离开党，像我们这些人，都不会搞出什么名堂来的。因此我愿继续在党的领导下，做个毛主席的小学生，为中国人民尽最后的力量。如果我一旦死了，能在我的墓碑上题上'中国布尔塞维克刘伯承之墓'十二个大字，那就是我最大的光荣。"①

从批"游击主义"到"做个毛主席的小学生"，标志着刘伯承思想的成熟。刘伯承一次被李德撤销总参谋长，现在被张国焘撤销总参谋长，算上南昌起义自然失掉的参谋长之职，达到三次之多。后来刘伯承总结说："三参总戎幕，一败两罢官。"②

5. 像刘伯温一样能"掐算"

刘伯承是有名的神算。因为名字与刘伯温只差一字，有人把他与刘伯温相比。事实上，在指挥作战时，刘伯承的"神算"，对敌方的思维料得精准，确实堪称一绝。

(1)

刘伯承会"掐算"。

---

①张香山：《记刘伯承将军》，原载延安《解放日报》1946 年 10 月 23 日，第 196 页。

②白瑞雪、周之江、朱鸿亮：《听元帅子女讲述父辈的长征》，新华网 2006 年 10 月 18 日。

1937 年 7 月全国抗战爆发后，红军改编为八路军，刘伯承受命担任八路军第 129 师师长，率部开赴抗日前线。

10 月，日军占领石家庄后，以两个师团沿正太路西犯。国民党大军仓皇溃退，刘伯承率师部及 386 旅东进平定地区。为了侧击西犯之敌，刘伯承下令 386 旅旅长陈赓率 772 团进至川口、孔氏村地区准备阻敌，并令该团第 3 营及特务连一个排在平定县东七亘村南山区活动，伏击可能由测鱼镇西犯之敌。

10 月 25 日，刘伯承获悉日军 20 师团的迂回部队向平定开进，有一个 1000余人的辎重部队在测鱼镇宿营，判断敌人次日必经七亘村向平定输送军需物资，立即下令第 3 营利用七亘村、南峪之间的有利地形，待伏该敌。第二日拂晓前，第 3 营进入伏击地区。

拂晓时分，在 200 余名步兵掩护下，测鱼镇日军辎重部队向西开进。9 时许，3 营放敌先头部队经过后，敌后尾掩护部队跟进而来。这时，营长一声令下："打！"战士们突然向敌队伍中间的辎重部队发起冲击。敌人措手不及，当即就乱了阵脚。战士们冲进敌群，与鬼子展开肉搏战。日军晕头转向，兵力、火力优势不能发挥，失去指挥，少数鬼子立即向东逃窜。

这一仗，3 营毙敌 300 余人，缴获骡马 300 多匹及大批军用物资，自己仅伤亡十余人。

第三日，测鱼镇之敌派兵来到七亘村，将战死的鬼子的尸体全部搬走了。

等敌人收尸完毕后，772 团第 3 营又神不知鬼不觉地转回了七亘村，按照刘伯承的安排，再次设下了埋伏。

与第一次设伏不同的是，这次伏击地点在第一次伏击地点稍稍偏西一点，战士们仍是利用七亘村南山的土坎、沟壑、草丛等自然地貌进行隐蔽，专等日军再次来临。

日军真会再次来送死吗？

刘伯承的预料果然没错。

28 日上午，日军 300 多名步兵和 100 多名骑兵再次从测鱼镇出动，掩护辎重西进了。11 时许，敌先头骑兵首先进入伏击圈，警戒搜索甚严，但 3 营战士们沉着镇静，不动声色，敌人走到跟前仍未发觉。等敌骑兵通过后，辎重部队进入伏击区，副团长王近山一声喊："打！"战士们立即对敌猛烈袭击，冲进敌群，展开搏斗。

这次敌人的掩护部队较多，战至黄昏，又因天雨路滑，772 团增援部队没能及时赶来,致使大部分鬼子逃窜,只毙敌百余人,缴获骡马数十匹,3 营伤亡 20 余人。

刘伯承在三天之内,在同一地点,连续两次伏击同一个敌人,并且两次都成功伏击鬼子,取得了胜利,被战士们传为"能算会掐的刘伯温"。刘伯承为何具有这等本事?

原来,七亘村首战胜利后,刘伯承认为,一方面,日军向平定地区输送军用物资的任务没有完成,前方急如星火需要子弹和粮食,但又不可能由别处绕行,七亘村是必经之路。另一方面,兵无常势,日军必定认为 772 团伏击胜利后转移别处,决不敢在七亘村一带再次设伏。刘伯承正是抓住日军的这个心理,在第一次设伏的地方"重叠设伏"。这乍看像是违背了常理,然而刘伯承正是摸透了敌人的心理,才神机妙算,再次取胜。

有意思的是,在伏击战之前,国民党第二战区副司令长官卫立煌曾同刘伯承通电话,大意说:国民党是正规军,熟悉正规战法,如孙连仲、冯钦哉、曾万钟、孙震等将领率大军数万人尚不能阻遏日军入侵山西,竞相后退。言外之意,129 师的游击战怎能与强大的日军匹敌?七亘村的伏击战,证明了八路军的神勇。战后,刘伯承将 3 营缴获的日军的战马、军刀、大衣等战利品,派人送给卫立煌一部分。卫立煌点验过目,敬佩不已,尤其对七亘村"重叠的待伏"认为是一次大胆的巧妙的用兵奇迹。以后,他不断地对人说:"还是八路军的机动灵活的战术好,接连打了几次大胜仗。"①

(2)

刘伯承会"押宝"。

在抗战中,129 师打的都是运动战中的埋伏战。这种埋伏战,长处是以逸待劳,能乘敌之不意,给对方一个措手不及的重击;但它也有短处,就是保不定敌人在哪天是否要从八路军的伏击地经过,况且部队埋伏兵力常在万人左右,容易被敌人发觉。因此,时间、地点稍一出错,

---

①杨国宇、陈斐琴编:《刘伯承用兵录》,战士出版社1982 年版,第 112 页。

那苦筹十天半个月的伏击计划，就会成为泡影。因此，在外行人看来，这种伏击战简直是近于“押宝”。偏偏刘伯承所筹划的伏击战打得几乎百发百中。

1938 年 3 月，129 师侦知一个情报：日军 180 辆汽车，派 170 多人护车，通过响堂铺，开往涉县。刘伯承定下决心，打敌人的伏击。为此，八路军总司令朱德还通知了国民党军东路将领，让他们前来观战。

到底敌人会不会改变行动计划，这是人们最担心的问题。

刘伯承说：“只要部队注意隐蔽，不过早暴露行动意图，敌人是不会轻易改变计划的。”

果然不出其所料，3 月 31 日上午约 9 时钟，日军开着 180 辆汽车，浩浩荡荡地开进 129 师的伏击圈，经过两小时的激烈战斗，敌人的汽车和押车部队全部被消灭。

战后，前来观战的国民党将领对刘伯承的“神算”佩服不已，纷纷说：“伏击战最难，难就难在鬼子一定会来钻你的圈子，刘师长的本领堪称刘伯温的‘神算’。”

(3)

刘伯承会诱敌杀“牛劲”。

1939 年 2 月，日军出动三万多兵力，向冀南“扫荡”，想逮住刘伯承，把 129 师消灭干净。刘伯承率部跟日军打游击，兜圈子。

日军夜郎自大，十分猖狂，行军时摆着“皇军”的臭架子，趾高气扬地唱着歌曲行进，大有一番“牛劲”。刘伯承决定由 386 旅在香城固伏击敌军一次，打退日军的嚣张气焰。

386 旅旅长陈赓受命后，派出一个小部队对威县之敌进行骚扰。10 日上午，威县的日军听说连日袭击威县城的“八路”是补充团的新兵，异常愤怒，当即拨出八辆汽车，200 多人，组成一支快速部队进行追击。

此时，陈赓已经指挥大部队埋伏在香城固周围，形成一个“大口袋”。中午，日军全部进入“口袋”。经过八个小时的激战，386 旅毙敌 250 多人，活捉 8 人，缴获四一式山炮 1 门、九二式步兵炮 2 门、迫击炮 1 门，长短枪 100 余支，烧毁日军汽车 8 辆。而自己仅伤亡 50 余人，其中牺牲 27 人。

冀南香城固伏击战，刘伯承就是利用日军“器小易盈”的心理，诱敌贸然出城，结果让他们钻入了香城固被围歼的“魔法口袋”，狠狠地灭杀了日军狂妄自大的“牛劲”。

在与日军作战中，刘伯承指挥129师灵活运用游击战与运动战相配合的战法，常常以小对大，以大对小，日军最后不得不哀叹：“皇军大大的去，八路军小小的有；皇军小小的去，八路军大大的有。”

(4)

刘伯承掐算之精准，确实令当事人惊叹。

1940年1月，刘伯承赴冀西同国民党97军军长朱怀冰谈判。此人一贯消极抗日，积极反共，经常借故同八路军闹纠纷，制造磨擦，被称为“磨擦专家”。为了抗日救国大计，奉朱德总司令之命，刘伯承去同朱怀冰谈判。但朱怀冰毫无诚意。刘伯承返回师部后，为了做到仁至义尽又给他写了一封信，奉劝他停止反共，共同抗日，派129师一位侦察参谋去送信。

临行前，刘伯承亲自向侦察参谋交代任务。详细分析形势后，他对侦察参谋说：“朱怀冰是不可能停止磨擦的。我估计，这次去送信，他会利用你摸我们的情况，并对你进行引诱、拉拢。比如，他一定会问你129师的部队都驻在什么地方；八路军生活那么苦，为什么还给共产党干。关于部队驻地，你又不能不回答他，要不然，他就有了攻击我们的口实。但是，又不能告诉他真实情况，因为他就是想消灭我们。”

接着，刘伯承说：“要回答他，就要回答得巧妙。如果问你驻防地点，你就说附近几个山头都是我们的部队，都驻着我们的部队，因为经常在移防，究竟哪个地方有多少，我是个当参谋的，搞不清楚。”

这位参谋说：“他要问我为什么生活苦还给共产党干？我就说，共产党是为劳苦大众服务的，是真心抗日救国的，虽然生活苦些，但是官兵关系融洽，我们都不愿意离开。这样说行不行？”

“这很好嘛！”

刘伯承还设想了几个朱怀冰可能提的问题，给参谋指定了返回路线，最后交代说：“不要从去的路回来。这个朱怀冰翻脸不认人的可能性很大，你往返走两条路线，还可多摸些他们的情况。如果他翻脸，是需要认真来对付的。”

果不出刘伯承所料。当这位参谋把信交给朱怀冰时，朱怀冰提的问题和刘伯承设想的没任何出入，不多不少，就那么几个问题。这位侦察参谋十分惊讶，回来后对人谈起此事，由衷地说：“刘师长真是料事如神仙。”

(5)

刘伯承的神算不是“用手指掐算出来的”。

1940 年，刘伯承打算拔掉插入太行屋脊的日军的大据点——辽县县城。总攻击令下达后，有些部队已经砍断了县城外围敌据点的铁丝网，正准备发起进攻。这时刘伯承突然获悉一个消息：敌一个联队的援兵正从武乡增援辽县。他当机立断，下令进攻县城的部队马上撤回，去伏击增援的敌兵。

可是，从武乡到辽县县城的道路好几条，很难揣摸清敌人会走哪条。刘伯承说：“到榆（社）辽（县）公路的红岩底一带去伏击，命令部队在半夜 12 时到达。”

结果，敌人走的果真就是这一条道路，时间是在黎明时经过。战士们恰好在此之前赶到伏击地，又打了一个痛快的伏击仗。

1942 年 5 月，日军对太行山发起大“扫荡”。为了消灭 129 师指挥部，他们采用“铁壁合围”和“梳篦战术”，十几路分进合击，纵深延长二三十里。

谁知刘伯承在日军抵达驻地涉县赤岸的第一天，就带着指挥部钻一个空子，撤到了太行的南部去了，然后用电报指挥太行北部的部队作战。过了 20 多天，刘伯承率领指挥部向北来到了黎城的南面高山地带。第二天，太北的敌人全部涌向太南。

这时候，刘伯承和指挥部正在太南、太北的交界处，走不上 20 里，就能又绕到敌人屁股后面。当夜转移时，刘伯承给 129 师政治部的命令上规定他们须在午夜 12 时前移动。谁知政治部却延迟了 20 来分钟，事后又没全按他指定的路线走，结果就落在敌人的包围圈里。

他们这一失误，结果转了一星期，才从包围圈中钻出来。

而那些按照刘伯承的命令按时出发的部队，当夜都舒舒服服地突了围，安全地转到了“扫荡”日军的屁股后面。

对于刘伯承几乎神话般的神算，他的老部下张香山说：“这种‘神算’，绝不是小说里所描写的军师用手指掐算出来的；如果用刘将军的话来说，那是靠弄清楚任务、敌情、我情、地点、时间这五项法门来决定的——这也就是打仗下‘决心’的五个基础。刘将军常常说：‘五行不定，输得干干净净。’基于此，刘伯承在下决心做决定时，总是深思熟虑，煞费苦心，即使决心下了，在动手起草命令时，也总是字字斟酌，不肯轻易下笔的。”①

6.“让战士去硬拼，是犯罪”

刘伯承会打仗，善于用兵，但是更爱兵，热爱士兵，关怀干部。他常常对手下将领们说：“歼敌三千，自损八百。一个指挥员不但要负歼敌三千之责，而且也要负自损八百之责，我们不能随便多死一个人！”

（1）

1938 年 4 月，129 师在长乐村围住了日军 108 师团第 117 联队附骑炮辎重部队，共 3000 余人。

战前，769 团团长叶成焕正在生病，已经三天没有吃饭，386 旅旅长陈赓不让他参战，把他送后方治病。但叶成焕执意不肯说：“769 团还没有打过这样的仗，还是让我指挥了这一仗再走吧！”

谁也没想到在激战中，叶成焕头负重伤，壮烈牺牲。

刘伯承正在 386 旅指挥所指挥战斗，听到这个消息，亲自冒着炮火跑上阵地，抱起叶团长，连连呼唤：“成焕！成焕！”悲恸地流下了眼泪。

这时，日军正在组织反扑，刘伯承所在的阵地与敌相距很近，情况十分危急。警卫员担心他的安全，催他快走，但刘伯承迟迟不肯动。

直到战士们把叶成焕抬下阵地，他才挥泪离去。

（2）

1941 年，129 师在邢（台）沙（河）永（年）战役中，攻打邢台公司窑附

---

①张香山：《记刘伯承将军》。

近的樊下曹时,由于敌人防守严密,久攻不下,担任主攻的营长急红了眼,命令战士猛冲。

结果,伤亡很多战士,仍然没打下来。

在前方指挥战役的刘伯承得知这个情况,亲自给营长打电话:“不能硬拼哪！那是我们革命弟兄的血呀！你这样做是犯罪！快给我撤下来！”

刘伯承主张苦练技术,讲究战术,把战士的伤亡减少到最低限度,反对用战士的鲜血去和敌人硬拼硬杀,这在部队是出了名的。

(3)

在冀南抗战的时候,日军的坦克、装甲车对八路军威胁很大。129师只有两门小口径的机关炮。为了对付敌人的坦克和装甲车，刘伯承指示要想办法自己造炮。

不久，战士们在一次战斗中缴获了日军九二步兵炮。这种炮性能较好,构造比较简单,可以仿制。经过努力,129 师的军械部门从敌占区把铁轨搬来,加工成炮架及零件,再用敌火车头的车轴旋成炮筒,仿制了三门这样的小钢炮。

然而,不幸的是,在试用这种炮时,一门钢炮的炮筒发生爆炸,当场炸死两名战士。

刘伯承听说制造的炮炸死了两名战士,非常痛心,很生气,把军械长找来,严肃地问:“这炮是用什么方法制造的,为什么会自炸？”

军械长汇报说:“火车头车轴的钢，是我们目前能找到的最好的钢材。那门炮之所以炸膛,是因为这根车轴的钢不纯。”

刘伯承严肃的神情这才缓和下来,嘱咐说:“以后要注意检查质量,粗心大意是会死人的！”

这件事过去 30 多年,全国解放后,一次几位 129 师的老部下去看望刘伯承。刘伯承虽然双目均已失明，但一下就听出当年这位军械长的声音,又谈起了炮膛自炸、炸死两名战士的事。在场的人无不感动得落下了眼泪。

(4)

在长期的战争中,每一次上报指战员的伤亡数字,刘伯承看着都会很难过。收到这样的报表后,他常常一个人低着头,默默不语地统计几个数字:我军的伤亡,干部和战士伤亡的比例,敌人的伤亡,敌我双方伤亡的比例;然后思考使用何种战术,才能使我军伤亡最少、敌人伤亡最大。为此,他要求指挥员在制订作战计划时,一定要从实战出发,深思熟虑,精密计算,以小的代价换取大的胜利。

刘伯承关心爱护战士,战士们也热爱自己的师长。

在一次反"扫荡"中,129 师师部与敌人在山沟里周旋。在黎城县的一个半山腰上,战士们突然发现师指挥部与日军相距很近,必须迅速转移。刘伯承正在闹病,昏迷不醒,一时又找不到担架。师部的人急坏了。

这时,管理科长周鉴冲了进来,不由分说就把刘伯承背起来,抬腿就跑,直到把刘伯承背到一个山坳里,才脱了险。

可是,周鉴累得吐了血。

刘伯承醒过来,看到周鉴吐了血,非常着急,交代其他人一定要好好照顾他。这时部队还在继续转移,警卫员牵来了马,把刘伯承扶到马上。走着走着,到了山路拐弯的地方,刘伯承回头望了望,没有看见周鉴,便下了马,坐在路边一块石头上,不走了。

警卫员说:"师长, 快走吧, 在这儿不安全。周科长在后边有人照顾。"

刘伯承说:"他们在后边,更危险。"仍旧坐在石头上,一动不动地望着后边,最后,周鉴终于步履蹒跚地从后面跟上来了。

刘伯承一见周鉴,忙问他好些没有,然后叫警卫员把马牵过来,让周鉴骑。周鉴说什么也不上马。刘伯承见他不肯上马,缓慢地挥了挥手说:"来四个警卫员,抬上他走!"

这一互相爱护、互相关怀的动人情景,多少年以后,当时在场的人们谈起还是由衷地感叹:"那是我们终生难忘的!"

全国抗战八年,刘伯承在前线作战长达六年。1943 年 9 月,根据党中央的安排,他与彭德怀等赴延安,参加高级干部整风学习。在前线这几年, 后来朱德说:"刘伯承同志任 129 师师长……训练 129 师成为铁的兵团,更属历尽艰苦,尽瘁祖国。"① 确实如此。1945 年抗战胜利时,

①杨志宏:《美好的回忆》,原载《刘伯承回忆录》,第 166 页。

刘伯承领导的部队在全国已经控制 80 多座城市，拥有 2400 万人口，兵力发展到近 30 万之多。

7. “胆大包天”

客观地说，刘伯承指挥作战一个显著特点就是“胆大包天，心细如发”。他一有机会也会不厌其烦地教育手下将领们：“做一个指挥员，一个参谋人员，既要胆大包天，又要心细如发。做不到这两点，就不能战胜敌人，特别是对于力量比我们强大得多的敌人，更是如此。”①

事实上，刘伯承本人就是这么做的。

（1）

1945 年秋，蒋介石一边和毛泽东在重庆和谈，一边派兵向解放区进攻，10 月 30 日，国民党第 11 战区副司令长官、新 8 军军长高树勋率全军将士阵前起义，震动中外，让蒋介石也惊愕不已。

高树勋下定决心起义与刘伯承的胆大包天不无关系。

高树勋作为西北军，非蒋介石嫡系，一直受到蒋介石的排挤和打击。在起义之前他虽然多次与地下党有过接触，但仍难下最后的决心。这次，蒋介石又派他在进攻解放区时打前锋，巨大的伤亡使得他更倾向于起义，为此他对地下党联系人表示希望和晋冀鲁豫野战军负责人会晤，当面谈。

刘伯承于 8 月 20 日被党中央任命为晋冀鲁豫军区司令员，25 日与邓小平等人从延安乘飞机返回太行区。他知道这个情况后，采取了一个大胆行动，决定派军区参谋长李达前去与高树勋会晤。

---

①柴成文、杨杰、魏锦国、卫垒：《几个参谋的追忆》，原载《刘伯承回忆录》，第 503 页。

李达秘密越过两军对仗的前沿阵地,顺利进入了高树勋的指挥部。

刘伯承派参谋长这样的高级将领亲自来会谈,高树勋立即明白,对方没有最大的诚意是决不会这么做的。而李达当年也是从老西北军部队来到红军队伍的。经过一番推心置腹的谈话,高树勋终于下定决心。

10 月 30 日,高树勋宣布起义。

高树勋起义后, 同为西北军的 40 军军长马法五、39 军军长鲁崇义等将领如同晴天霹雳,惊慌失措,随即刘伯承部队一进攻,马法五掉头就跑。这时高部一些军官也带着士兵偷偷溜掉。在高树勋的指挥部里,报告各种情况的电话整夜不断。高在旧军队生活了几十年, 面对这样剧烈的变化,尽管起义了都思想斗争十分激烈。由于过度紧张,彻夜不眠,两眼都红肿了,疲劳无力地躺在床上。

黎明过后, 突然有电话说刘伯承司令员要到马头镇来和高树勋会面,向他致贺。

高树勋一听这个消息,为之一振,马上找人说:“快快布置迎接刘司令员!”

31 日上午 9 时,一辆汽车扬尘驶来。汽车上除刘伯承外,还有副政委薄一波、朱穆之等人及几个警卫员。汽车在镇外就停下,刘伯承等人步行着向高的住处走去。高树勋早已在门外等候。

两人见面后热烈握手。刘伯承说:“高总司令,欢迎你反对内战、主张和平的正义行动!”

高树勋激动地说:“刘司令员,要感谢你的帮助!”

为了使高部尽快休整,刘伯承和高树勋商定,起义部队即日离开战场, 转移到马头镇以西的武安县伯延一带休整。两人把一切问题商妥后,刘伯承返回了指挥部。

刘伯承不顾起义后高部的混乱局面,不顾危险,亲自来到马头镇,面见高树勋,稳住了高树勋和部队情绪。当天下午,高树勋率新 8 军开往武安县伯延一带。

一次高树勋起义,刘伯承两次冒险,不可谓胆子不大。

(2)

军中无儿戏。刘伯承陇海战役的破袭战也是一次大胆的出奇制胜的战例。

全面内战爆发后，1946 年 8 月，刘伯承指挥晋冀鲁豫野战军发起了陇海战役，准备奇袭敌开封至徐州约 300 里铁路大动脉。

这时敌人自考城而东直达虞城县以北，设置了一条纵深六七十里的封锁线，到处是据点和封锁沟、封锁墙，还有重兵守备。按照一般打法，得先逐个攻击据点，摧毁敌封锁线，再进行破袭铁路。否则，破袭时侧背就有受敌袭扰之忧。然而，这么去做不但花费时间、力量，更重要的是失掉了袭击的突然性。

经过慎重研究，刘伯承采取了一个大胆行动，以小部队佯攻考地，再以部分地方武装监视敌一些重要据点，对其他多数据点置之不理，然后，兵团主力分成两路，直插敌人纵深，猛虎掏心，一举突破敌 300 多里的封锁线。

结果，这次行动歼敌 1.8万余人，一下就切断了敌人东西运兵的大动脉。

后来，刘伯承谈到这次战役时说："顾虑侧背，固而不敢采取大胆的行动，也是我们同志的一个毛病。陇海战役的时候，如果我们顾虑残留我侧背之敌，那么我们就根本不要想进到陇海路。"

敢于打破常规去大胆出兵，是刘伯承作战的一个风格。

（3）

在淮海战役，刘伯承对前线指挥部位置的确定，也是一个"胆大包天"的例子。

刘伯承把中原野战军的前线指挥部设在一条公路干线一侧一个叫小李家村的地方。

小李家村是一个离浍河不远的小山村，不仅在公路一侧，更为关键的是在敌黄维兵团和李延年兵团之间。刘伯承把前线指挥部放在这个位置，一是离黄、李两个兵团都很近，便于观察敌人；二是离自己的前线部队也不远，便于指挥作战。

他选择的这个位置堪称"宝地"。由于小李家村是几路敌军——黄（维）、李（延年）兵团东西对进，李（弥）、孙（元良）部队南北夹击的会师处与合击点。指挥部设在这里，北面可以听到敌杜聿明军的隆隆火炮声，南面可以听到围歼黄维兵团的枪炮爆炸声，东面可以听到阻击李延年兵团的炮声。但是，这里也很危险。每天早上，指挥部上空都是敌机盘旋，不停地在头上"巡礼"，不可谓不险。白天，黄维和李延年都在通话机上互相呼叫:“我们什么时候会合?”他们会合的话,无论哪个兵团向另一个兵团靠拢,都必须要经过小李家村,指挥部就被敌大军围困。

但是,敌人始终没能会合,也压根儿没发现刘伯承的前线指挥部就设在这个交通要道的边上。

因为这样大胆的行动,他们无论如何也想不到。

8. 从防御战到进攻作战

(1)

1946 年 8 月,蒋介石集中 14 个整编师(军)共 30 万人马兵分六路对冀鲁豫区进犯,企图迫使刘伯承主力连续作战,并在陇海路以北的定陶、曹县地区加以钳击歼灭。

刘伯承以少数兵力钳制徐州和郑州的两路强敌,然后瞄准了孤军深入的敌师长赵锡田率领的整编第 3 师。

9 月 3 日晚,围歼整编第 3 师的战斗打响了。

5 日晚,捷报传来,六纵四个营突进大杨湖,正在分割敌人。天色微明,激烈的村落战在大杨湖展开。整 3 师主力 59 团被压缩到只有 400 户人家的村庄。这时敌人很狼狈,但六纵的子弹也已打光,手榴弹快没了,出现一些伤亡。敌人继续进行反突击,4 个营向前再发展一步都觉得十分困难。

天一明,敌机又会来捣乱,援兵也可能赶到,战斗就很难解决了。在这个困难的胜败关头,是前进,还是后退,是猛冲上去,还是停止不前?在大杨湖指挥作战的六纵司令员王近山有些犹豫了。这时刘伯承打来了电话:“赵锡田已经没有力量了,他在天爷庙的师部只能派出两个步兵连、三辆坦克增援大杨湖,企图掩护大杨湖的敌人撤退。敌人总崩溃的形势来到了,这是我们最后胜利的时刻。”

他继续告诉王近山:“敌人的伤亡也很大,子弹也要打光了。大杨湖的敌 59 团代理团长吴耀东向旅部求援说,只能再坚持 15 分钟,如果 15 分钟援兵来不到,他就要自杀。这说明敌人的指挥人员已经失掉了坚持战斗的信心。”

这让王近山一振。

最后，刘伯承强调说：“我们困难，敌人更困难；敌人顽强，我们要更顽强！同志们要咬紧牙关，用上最后一把力，就一定能消灭敌人。”

刘伯承的号召立即在激烈战斗的阵地上传播开来，变成了一股强大的制敌人于死地的力量。王近山决定组织对顽敌最后一击，于是把炊事员、饲养员和一些机关干部都集中起来，说：“投入战斗！”他们从敌尸上捡来手榴弹、子弹，插上刺刀，以排山倒海之势冲向敌人的阵地。敌人再顽固，也没能经得住这样的猛击。仅仅用了五分钟，敌人就屈服，缴械投降了。团长吴耀东还没来得及“杀身成仁”，就被一个战士从桌子底下拉了出来，做了俘虏。

在决战的时刻，王近山把机关干部、炊事员、饲养员都用上去了。战后，他发现敌人也连伙夫、马夫都上阵地参战了。双方的情况完全如刘伯承所言“我们困难，敌人更困难”。

第二日 9 点半钟，四架美式轰炸机慢吞吞地飞来，猛然向大杨湖进行俯冲，昏头昏脑地朝已放下武器的俘虏兵胡乱扫射，然后溜走了。

10 点多钟，围困在天爷庙的敌人企图在飞机掩护下突围，其他村庄的敌人也有逃走的迹象。刘伯承于是发布了追击敌人的命令：“全线敌人都要退却，我们要坚决把进攻发展为追击，把战斗的胜利发展为战役的胜利。”

天爷庙紧挨着大杨湖。大杨湖之敌被消灭后，驻扎在天爷庙的敌整 3 师师部直接暴露在攻击前。赵锡田率师指挥部要逃走，但还是没逃出包围圈，在三纵、六纵等部队的追击、围歼下全部落网。

敌整 3 师被歼后，刘伯承指挥主力转向西南，向敌 47 师侧背卷击，该敌旋即溃散，被歼大半。9 月 7 日至 8 日，刘伯承又歼敌两个旅。

这一巨大胜利，使蒋介石“占领邯郸，打通平汉线”的美梦还没入梦就告吹了。

(2)

1946 年 10 月 11 日，蒋介石派兵侵占张家口后，又密令王敬久、王仲廉两大将率部东西对进，进攻晋冀鲁豫区，企图打通平汉线。

面对强敌，刘伯承为了寻找敌人弱点，捕捉战机，只留下几个小团接敌游击，主力则大踏步转移，边休整边待机。

谁知才转移十几日,10 月 28 日, 敌 68 师刘汝明 119 旅及 29 旅就由菏泽经白衣集进占了鄄城。

原来, 美国救济总署一个叫韩逊的美国人报告说鄄城方面十分空虚, 敌军立即派出侦察队借黄河小组勘察地形之名, 乘吉普车对鄄城进行实地侦察,发现鄄城一带确实没有解放军,于是行动大胆,孤军深入。刘伯承得知他们到了鄄城后,立即决心杀他个回马枪,消灭这股敌人,再行休整。

29 日下午,天气阴沉。部队在转移途中突然接到命令:“原地休息,停止待命。”大家估计可能有新的战斗任务,过了一个小时,又接到命令:向西南前进。

部队接到任务后,边急行军,边召开干部会,进行战斗部署。之前,有些干部战士对大踏步后退想不通, 北移时沉默寡言, 但一见向西南进发,顿时情绪大变,喜形于色。有个老战士咧着嘴笑道:“今日好有一比。”

大家问他:“比作什么? ”

他说:“开头是个‘拖刀计’,跟着就是‘回马枪’,包打胜仗。”

大家笑着说:“咱们刘司令员的回马枪,保险够蒋介石吃一壶的。”

大家边走边议论,一路急进,黄昏前走完 50 多里,进入了阵地。

当晚,部队发起突然袭击,仅用了半个小时,就消灭了驻守在高魁庄的敌 86 团主力第 1 营,同时占领各村庄的敌人均被分割包围起来。

10 月 30 日晚,刘伯承下令发起总攻击,各部连克苏屯、迈庄等敌占村落,敌人 355 团、356 团大部被消灭。31 日中午,石庄、崔庄之敌乘大雾弥漫向刘庄突围,结果大部被歼灭于野外,残部向南突围,逃至白衣集附近还是被消灭。至此,战役胜利结束。

这一回马枪, 共毙伤敌 86 团团长张文彬,356 团团长以下官兵 3000 余人,生俘 119 旅旅长刘广信及其官兵 5500 余人,缴获战利品甚多。值得一说的是,此战缴获的国防部配属炮兵连的榴弹炮和技术兵,是蒋介石十分爱惜的,他多次称他(它)们是“小宝贝”。在作战中,蒋介石曾令刘广信要保证“人炮俱存”,即使“炮亡’也要“人存’。刘广信曾发电报称:“今日突围,人存炮亡,明日突围,人炮俱亡。”结果恰是这样,他迟了一日突围,成了“人炮俱亡”。

战士们缴获了敌人的大炮, 半认真半开玩笑地说:“蒋介石这个运输大队长又给我们送来了新式装备。刘司令员也该打个收条嘛! ”

“你说收条该怎么个样子打呢? ”有人问。

“就写上：贵大队长不幸人炮俱亡，敝军人炮俱得，立此存照，以免悬念！”大家笑起来。

刘广信被俘后，除对八路军英勇善战，刘邓指挥灵活，神机莫测，倍加赞扬外，对蒋介石排挤杂牌大为不满。他说：“我们27日在菏泽出发前，曾从联总那里获得消息，说鄄城一带没有水，也没有八路军，第5军及第11师又说他们已占领了鄄城以东的红船口，我奉命进攻鄄城，以为有了美国的飞机大炮，打八路军又是乘虚而入，一定取胜。谁知29日我们从菏泽赶到鄄城以南之苏屯、高魁庄时，我们的队伍就与八路军打起来了。战斗两日两夜，非常激烈。中央炮10团所配属的美国八门榴弹炮，也不像配合第5军及第11师作战那样打得起劲。”

刘广信还气愤地说：“这次我们完全受了蒋介石嫡系部队的骗，也受了美造飞机大炮的骗，遭到全军覆没，这也是杂牌的下场。”

鄄南战役，刘伯承大踏步的机动，找敌人的弱点，集中优势兵力，三天内，歼灭敌人9000多人，战后刘伯承用这些缴获的武器和炮兵，建立了一个炮兵团。

(3)

1947年8月，遵照毛泽东的指示，把战争引向蒋管区，刘邓大军开始了千里跃进大别山，拉开了反攻的大幕。

刘伯承率领12万人马，兵分三路日夜不息地向南奔进。经过连续十几天的行军作战，跨过陇海路，涉过黄泛区，渡过沙河、洪河。8月23日夜，中路军到达汝河北岸。

汝河是河南中部的一条大河，水深丈余，河床深凹，两岸陡峭。敌人已经把渡口附近的船只统统拖走、砸毁了，部队徒涉不能，一时找不到渡船，只好在北岸停了下来，分头沿河岸找船。

第二天一早，敌机飞临汝河上空，进行低飞扫射。中午，河对岸西面的公路上尘土飞扬，人喊马嘶，敌炮兵、步兵、汽车、马车黑压压地从西到东而来，不见尽头。追兵迫近，军情骤然变得紧张了。

这时，六纵18旅前卫52团1营找一上午，只找到一条小木船，且一次只能载一个班。战士们便用木头、高梁秸扎木筏子，开始渡河。敌人立即用飞机、大炮轰炸。河面上炸弹、炮弹、枪弹像下暴雨一样，河水掀起巨大的水柱。战士们知道这次渡河关系重大，个个奋不顾身，跳上小船和筏子，会泅水的战士干脆把外衣一脱，抱着一根木头就向对岸游去。十几分钟后,第一批抢渡的战士登岸,和对岸大雷岗的守敌展开激战。后续部队不停向对岸赶去。

在抢渡的同时,工兵连冒着炮火紧张地架设浮桥。下午 3 点多钟,浮桥终于架成了。后续部队跑过浮桥,奔向弹火纷飞的南岸。

黄昏前,52 团全部过了河,大雷岗的立脚点也巩固下来了。

河南岸是敌 85 军吴绍周部, 已在正面数十里长的地区摆成一线,切断了我军南下的道路。先头部队虽然渡过了河,但在大敌面前,向前推进仍然十分困难。天黑时,18 旅旅长萧永银把指挥所推进到离桥很近的小村子。南岸从油坊店到汝南埠连绵几十里, 敌人放的大火照亮了半个天空。不知道那里有多少敌人。萧永银默默地望着对岸,焦急地等待上级指示,深感肩上的担子沉重。

随后,纵队副司令员韦杰和 16 旅旅长尤太忠也来到了萧永银的指挥部。

他们正交谈情况, 参谋进来报告:“刘伯承司令员和邓小平政委到了。”

他们立即跑出去迎接,把刘邓引进旅指挥所的小草屋,还没坐下,刘伯承就问道:“情况怎么样?”

萧永银把当前的情况作了报告,刘伯承微微点头。李达参谋长打开地图,指着地图介绍说:“敌人正以十几个师的兵力;从背后向我追击。现在,敌人 58、48 师等三个整编师,距离我们只有 50 余里,明晨 8 时以前就会赶到。我军正面则有敌人 85 军挡住去路。敌人的企图,是想拉住我军主力,在洪河、汝河之间与我决战,打乱我进军大别山的战略计划……”

前有强敌,后有追兵。情况比萧永银等人预料的要严重得多。大家不约而同地望着刘伯承。

“情况就是这样,” 刘伯承镇静地说,“如果让后面的敌人赶上,把我们夹在中间,不但影响整个行动计划,而且会使我军处于不利地位。我们要采取进攻手段,从这里(他用手在地图上一划)打开一条通路,不管敌人有多少飞机大炮, 我们一定要前进, 一定要实现毛主席的战略计划。”

他的话,使几个旅长感到全身都是力量。萧永银说:“面前就是一座刀山,我们也要踏平它,走过去。”

这时河南岸传来一阵激烈的枪炮声,听起来好像离桥头很近。萧永银心里紧张起来,说:“会不会敌人又来抢桥呀?从下午到现在,敌人来抢过三次了。”

他正在着急，工兵连一个通信员跑过来说：“刚才敌人第四次抢桥，又被打退了。”

接着，纵队政委杜义德向萧永银和尤太忠具体交代了任务：18 旅从敌人正中杀出去，抗住两边的敌人，攻击前进，打开通路；16旅接替 52 团防务，固守大、小雷岗，保护浮桥，掩护全军渡河。

刘伯承说：“我们随你们一路走。”

萧永银心里很不安地说：“我们打出的通道两侧都是敌人，我们走的道，在敌人的炮火射程以内，首长随同我们一路走太不安全。因此，我建议，请他们从 17 旅那边走。”

“不要管我们，”邓小平政委说，“快去打仗，一定要从敌人中间打出一条路。”

“等一等，”刘伯承略微提高声音，又严肃地嘱咐说：“要记住，现在是‘狭路相逢勇者胜’，要勇，要猛，明白吗？”

“明白！”萧永银回答后，敬过礼，转身走出了草房。

当时针指向夜两点多钟的时候，52 团、53 团为第一梯队，并肩沿大雷岗向南打，54 团作二梯队。两个突击团开进只半小时，激烈的枪声、手榴弹声响起来。不一会儿，前边传来报告：第一个村占领了。为了直接掌握突击部队的情况，萧永银旅长立即下到了突击团。

漆黑的夜空被战火照亮了，到处是曳光弹、信号弹划过。前边的村子响着枪声和喊杀声。部队打下一个村庄，又扑向另一个村庄，碰上敌人就打，打完就往前插。天亮之前，18 旅连续攻占了前进路上的十几个村庄。敌人变成了惊弓之鸟，狼狈地向后逃跑。战士们不给敌兵喘息机会，脚跟着脚，一股劲地向南压。一路上，满是敌人的伤兵和尸体、汽车和大炮。东方发亮时，18 旅终于打开了一条长十余里、宽六七里的通路。

当两个突击团团长报告前面已无大股敌人时，萧永银才松了一口气，一面向刘邓首长报告，一面又重新调整部署：“令 52 团、53 团在通路两侧展开，要像坚固的堤坝一样，坚决抗住两边敌人的反扑，保住通路的安全。”同时把 54 团第 1 营调上去，变后卫为前卫，扫荡前进。然后，萧永银亲自代替 1 营营长指挥，团长下到连，营长下到班。这个营是战斗力很强，有 700 多人，全部武器装备都是在鲁西南战役中缴获的新武器。战士们情绪高昂，一律上起刺刀。

“遇上敌人怎么办？”萧永银在队列里走着问道。

战士们回答:“拼刺刀!”

“有多少,消灭他多少!”战士们豪气地回答。

萧永银满意地笑了。

太阳跃出地平线后,通道两侧的敌人开始拼命反击,但是他们被战士们一次又一次地打下去。最后敌人出动飞机,配合地面炮火向通路轰炸、扫射,然而都无济于事。刘伯承率领的大军像破堤的洪水向西南方奔流。

狭路相逢勇者胜,就这样,刘伯承率领大部队和直属机关在尾追之敌赶到之前全部渡过了汝河。

(4)

1947 年 8 月 26 日晚,刘邓大军到达淮河北岸息县、临河一带的渡口。一下子渡口就集结了约三个旅人马要过河。

这时,后面敌人的追兵达 19 个旅之多。敌先头部队离渡口只有 30 多里远,和解放军后卫部队已经接火了。情况紧急,必须马上渡河。可前卫部队报告:河水本来可以徒涉,但在渡河之前,上游突然涨水,部队渡河只能靠敌人破坏后剩下的十来只小木船。三个旅靠十几只船肯定不行。参谋长李达命令六纵第一个渡河的旅必须在夜十二点前完成。六纵民运部长卢耀武跑去渡口,只见部队拥挤在渡口,要按时渡完绝对不可能,又去找李达。李达紧闭着嘴沉思,最后说:“那么一定要在凌晨两点渡完。”

卢耀武又跑到渡口,渡河秩序已大大改善,但就是一分钟不浪费,算起来勉强可以按时过完。谁知忽然起了大风,每一船来往时间要增加一倍以上,他一算时间还是不够,再去报告李参谋长。李达无可奈何地把时间推到拂晓以前。一个旅就占去一个整夜还多的时间,其余的旅怎么办?卢耀武没有信心地走向码头,指挥队伍过河;可过了一会儿,他又来了旅指挥所。

旅指挥所设在河北岸一间小屋子,刘邓等首长们都在。大家很久没说一句话,都在想办法。一直沉思的刘伯承忽然问卢耀武:“河水真的不能徒涉吗?”

“河水很深不能徒涉。”卢耀武肯定地回答。

“到处都一样深,到处都不能徒涉吗?”刘伯承又问。

“河上的老百姓都这样说,淮河忽涨忽落,从来没有人敢在水涨得正深的时候徒涉。”

“你们实地亲自侦察或试过没有？”

卢耀武说：“先锋团和我们自己都侦察过，试过。”

刘伯承还是细心地反复追问淮河各方面的情形，最后半带怀疑地问：“你们是不是找老乡调查了？有没有多找几个老乡问一问？”说完，走出小屋，来到河岸上，静静地望了望汹涌澎湃的淮河的浊浪，决定先把指挥部的人员渡过一部分去。

刘伯承手拿一根不知是谁给他找来的不很长的竹竿当手杖，登上船时，天快要黎明，月亮已经落下去了。月色迷茫中，卢耀武看见他的黑影子，在船边一上一下地活动着，很奇怪他在作什么？忽然，听见刘伯承在船上大声喊：“卢耀武能架桥呀！我试了好多地方河水都不大深啊！”然后他用力喊道：“告诉李参谋长，叫他坚决架桥。”

卢耀武恍然大悟，原来刘伯承在船边是亲自用竹竿测量水的深度。听到他的喊话，卢耀武立即执行架桥的命令，安排好后也上船去对岸。

结果，他上船时又接到刘伯承的一封信，信上写着：“河水不深，流速甚缓，速告李参谋长架桥。”

卢耀武到了南岸，刘伯承正站在河边看战士们渡河，看见了他，又叫他用刘伯承的名义写信给李达参谋长，要想尽一切办法坚决迅速架桥，并且吩咐：“在字的旁边加上圈圈。”

卢耀武写完信读了一遍，刘伯承说：“在那圈圈的外边，再套上一层圈圈。”

信发出去了，刘伯承用严肃的口吻说：“粗枝大叶就要害死人。”并且用那根竹竿在地上重重地点着，又重复一句：“要害死人。”

他的话一字一句像千斤重锤打在卢耀武的心。临走时，刘伯承又说：“越是到紧要关头，领导干部越是要亲自动手实地侦察。”

一会儿，一个团政委给卢耀武来了一封信，告诉说河水能够徒涉。卢耀武赶紧把这个团政委请过来，问个明白。原来一匹马掉了队上不去船，于是从河的上游徒涉过来了。卢耀武高兴得不得了，赶紧把这个好消息写信报告刘伯承。他刚把信装进信封，又接到刘伯承的来信，说他亲自看见上游有人牵马徒涉，叫卢耀武立即转告李达参谋长不要架桥了，叫部队迅速徒涉。

于是，部队很快就开始徒涉了。

这时太阳已露出地平线。千军万马沿着水上路标，分成四路、五路、六路浩浩荡荡踏过淮河，战胜了千里南征中最后的一个险关。

刘伯承率领十几万大军南渡淮河，千里跃进，深入蒋介石心脏作战的时候，大别山的老百姓中流传许多大军渡河的神话般传说，有的说五黄六月下着棉花疙瘩那样大的雪，解放军是踏着冰通过了淮河；有的说每人背了一个葫芦浮起过的；还有的说当时突然起了一阵大黄风把刘伯承将军的几十万人马满山遍野地飘到了大别山来了。[①]

9.“我们都不会写字”

刘伯承能征善战，但是极其谦虚。

在抗战时期有一个这样的事情：

1942 年是刘伯承 50 寿辰。这是敌后抗战最艰苦的一年，129 师经历敌人五次“治安强化”，三次残酷的大“扫荡”。师政治部决定替刘师长做寿，以此号召全师向刘伯承学习，并提高和活跃部队的情绪。可是，刘伯承不同意，说：“自己对革命无功劳，且做寿要浪费金钱。”不肯说出自己的生日。

政治部主任蔡树藩只好去问他的夫人汪荣华，汪荣华也不肯说。邓小平政委和蔡树藩坚持要替刘伯承做寿，于是便给他杜撰了一个生日——12 月 16日。

做寿时，部队从各地送来了不少礼品，除诗文信件外，刘伯承将其余物品都送给了部队和伤病员作慰问品。

其实，刘伯承的生日是 12 月 4 日。

随着解放战争的进一步推进，仗越打越大，刘伯承等人的谦虚一点儿都没有减少。1948 年 12 月，淮海战役打响后又发生一件极其有意思的事情。

一天，中原野战军指挥部搬进了单县公安局。单县公安局局长刘锐夫布置完支前工作后，回到公安局时，发现门岗已换成了解放军战士，便向前说明自己的身份，对方笑了笑，让他进去了。

---

①《刘伯承的军事生涯》，第 242 页。

刘锐夫通过两道岗，走进局长办公室，只见里面坐着两位首长，正在兴致勃勃地交谈。为了弄清他们的身份，他鼓足勇气恭敬地问道："请问首长，不知该怎么称呼？"

听到询问，两人停止谈话，抬起头来打量了他一番。南边那位首长操着浓重四川口音温和地问道："你是做什么工作的？"

"我是这公安局的负责人。"

那人立即热情地示意刘锐夫坐下，然后往前探着身子低声说："我是陈毅，他是刘伯承司令员。"

啊，坐在面前的，竟是指挥淮海前线千军万马横扫国民党军的统帅。刘锐夫禁不住喊道："刘司令员！陈司令员！"

陈毅马上用手示意他小声一点，并嘱咐说："要绝对保密。"

刘锐夫睁大眸子，呆呆地凝视着这两位首长，好半天才想起问道："首长还没吃饭吧？"

两人坦率地笑着回答："没有。"

刘锐夫心中不觉一惊，马上出门派人去做饭菜。由于条件限制，做来的饭菜十分简单，都是单县土产：羊肉汤、烧牛肉、酥烧饼。端过来后，刘伯承和陈毅却十分满意，吃得很香。

饭后，他们不顾长途跋涉疲劳，兴致勃勃地和刘锐夫交谈起来。刘伯承关心地问道："老百姓的情绪怎样，对战争有什么反应？"

刘锐夫想起湖西人民踊跃支前的热烈情景，满怀信心地回答："单县人民对战争的胜利充满信心，劲头很足，正积极响应政府号召，踊跃参加淮海战役的支前工作。"

陈毅插话说："既要想到战争中的支前，还要想到胜利后的建设！"

刘伯承接着说："要为建设新中国而奋战。"

接着刘锐夫又汇报了单县人民积极恢复、发展生产的情况。两人专心地听着，刘伯承摘下眼镜，热情洋溢地称赞说："冀鲁豫人民在支前工作中，热情很高，贡献很大，很值得敬佩。"

这时突然外边传来两声枪响，陈毅警觉地问道："城内怎么打枪，秩序为什么这样差？"

刘锐夫如实回报说："这里住有华野的后方医院，伤员中有些俘虏成分，有时随便打枪，影响社会治安。"

两位首长顿时严肃起来。刘伯承正喝着开水，"砰"地一声把碗重重放在桌上，碗里溅出了几滴水珠。陈毅脸一沉，挪动了一下身子，气愤地说："太不像话。"立刻派警卫员通知后勤医院负责人来。

时间不长,华野后勤医院负责人就立正站在院中连声喊着“报告”。两位首长态度严肃,低声交换着意见,好像没听见。刘锐夫便上前请示说:“首长,是否让外边的同志进屋汇报?”

两人交换了一下目光,陈毅才点点头说:“进来吧。”

这位负责人进屋后,陈毅严厉地看着他批评说:“伤员为什么胡乱打枪,不听指挥能行?你们知道吗,冀鲁豫人民受尽了反动派的蹂躏,好容易盼到解放,这里的人民在淮海战役中又给了我们极大的支援,咱们应当感谢他们,爱护他们,有些伤员却在这里胡闹,这就是破坏军民关系,懂吗?今后,你们必须教育伤员服从当地政府的领导,帮助政府保护人民,严格加强纪律性。”他越说越激动,声音越来越大,面孔越来越严肃。

刘伯承显然也很生气,严肃地点着头。

这位负责人主动承担责任,认真作了检查后,两人才让他坐下,和他交谈起来,并关心地询问伤病员的医疗、生活情况。最后刘伯承温和地说:“党中央、毛主席早就指示我们,人民的军队要时刻爱护人民,这种鱼水之情,我们应当永远保持下去。”

医院负责人流下了惭愧的泪水,刘锐夫的眼圈也湿润了:两位首长是多么关心人民,热爱人民,对自己的军队要求多么严格啊!

晚饭后,刘锐夫给刘伯承和陈毅安排好住处,端去了火盆,燃着木炭,就提前出来了。

夜深了,刘锐夫躺在床上翻来复去难以入睡,白天的动人情景又一幕幕展现在眼前,可是,明天他们就要离开湖西启程北上了,时间如此短暂,必须留下这个珍贵的纪念。留什么纪念呢?蓦地,一个念头在他脑子中产生了。

第二天清晨,刘锐夫来到刘伯承和陈毅住的房间。两人正铺着军用地图,在桌前研究工作。等他们告一段落,刘锐夫鼓起勇气,贸然上前说:“首长,你们今天就要启程了,我想提点要求。”

陈毅转过身来,双手叉腰,笑眯眯地注视着他,非常慷慨地说:“有什么要求只管提。”

刘伯承也微笑着鼓励说:“想要啥,说吧。”

见他们这样慷慨大方地满口应允,刘锐夫心里十分惊喜,便说道:“请首长题词留念吧。”

刘伯承、陈毅原以为这里刚解放,地方上可能缺少武器要一些枪支,没料到对方提出了这个要求,开始一愣,然后轻轻地摆着手,推却说："我们都不会写字，要别的可以。"

刘锐夫担心失掉良机，赶快把准备好的白纸铺在桌上，双手执笔，恳求说："请题字，多年以后，看到字，就像见到你们一样。"

一看推辞不过，刘伯承终于答复说："好吧！"但又自言自语，像是同别人商量："写什么好呢？"接着，与陈毅相互让了一阵，便精神抖擞地脱下大衣，搓了搓发凉的大手，扶了扶墨色眼镜，走到桌前，打量着白纸，紧握毫笔，饱蘸墨汁，略加思索，俯案疾书，俊秀洒脱的笔迹清晰地跃然纸上：

1948 年冬至前一日

冀鲁豫人民为完成人民解放战争的胜利，尽了最大的努力，现在还是努力于支前工作，十分难得，特致敬佩。

刘伯承敬题于单县公安局

陈毅在一旁全神贯注地看着，没等刘伯承写完，也就脱下大衣，跃然欲试。刘伯承写完后，他接过毛笔，激动地扯了扯衣袖，饱蘸墨汁，一挥而就：

胜利在望，继续作战，继续支前。

陈毅敬题

1948 年 12 月 21 日于单县公安局[1]

两人的题字中都有一个"敬"字。两人不仅不是不会写字，而且很有水平。刘锐夫真是惊喜不已。

---

①刘锐夫口述：孙少光、孔凡凯整理：《胜利在望，继续作战》，原载《刘伯承回忆录》，第 391 页。

10."军神"带兵

刘伯承通晓古今兵法，带兵有古将之风，却又自有一套兵法，指挥作战多谋善断，打过许多胜仗，被人们誉为"常胜将军"、"军神"。

（1）

刘伯承不仅通晓中国的兵法，而且精通外国的军事学。他好学，还勤写，著述极丰，在抗战初期，他写作的《抗日战争中的游击战术问题》小册子，成为北方很多部队的教本。

凡是在大战役之后，或抗战周年纪念，他一定要把实战中的经验总结成文，他写过一本《战术报告》的小册子，汇总了129师的许多战例，但决不是一本"战例实录"，而是一部出色的军事学著作。

有意思的是，在这本书中，刘伯承还修正了恩格斯对冲锋的战术思想，说："伏击只是等于遭遇形式的进攻战斗，故伏击宜采用横宽的围攻形式的队形，才好突然迅速干脆决战。恩格斯主张中间冲锋，两翼后缩是防御战斗用的。"

刘伯承真正掌握了恩格斯的战术思想，才有了自己的概括。

（2）

刘伯承指挥部队似乎能"神算"。其实，他的神算完全是周密细致思考的结果。在下决心做决定时，刘伯承总是深思熟虑，煞费苦心，即使决心下了，在动手起草命令时，也总是字字斟酌，不肯轻易下笔的。

一次，129师政治部主任蔡树藩笑着对他说："瞧你这样的咬文嚼字，头发要白得更快呢！"

刘伯承用他一以贯之爽快洪亮的笑声，"呵呵"地笑了笑，依旧不苟地推敲着命令上的用字。

每一次战役的战术指示，包括战役前的基本命令，多数是刘伯承亲自拟定。有些总结虽是在他授意下由参谋人员起草的，但也经他反复修改。他的右目失明，左眼眼压又高，草拟指示时全神贯注。每当他把修改完的稿子交给参谋，嘱咐说“送给政委审查”时，参谋们看到他摘下眼镜站起来劳累的样子，不禁肃然起敬。

（3）

孙武说：“兵者，诡道也。”刘伯承主张：政治主张要公开、明确；军事行动则要秘密、诡诈。为此，他还专门写了《我们需要的伪装法》一文，指导部队如何运用诡诈之术。

1938年春，日军108师团进攻晋南，黎城是日军运输线上的兵站集结要地。刘伯承决定发动神头岭战斗，诱敌伏击。为了诱敌，他用上了诡诈战术，一是只派一个营奇袭黎城，诱敌出来，再以386旅三个团在黎城和潞城间的神头岭三面设伏，重兵打击；二是由神头村的群众对敌实施诡诈，麻痹敌军斗志。

日本东亚日报社派到日军第108师团的随军记者本多酒沼写的神头岭战斗通讯，传神地描述了日军如何中刘伯承的诡诈之计的：

> 笹尾部队在这个村落小休息十五分钟。不知道为什么居民大大欢迎我军，饮马的水，不用士兵动手，他们就自动挑来。有很多的表现说明当地居民对皇军的威武表示敬意。对新政府（汉奸政府）表示支持和援助的厚意。

然而，他们没料到碰上了“八路军的典型战术”——“支那军一流的游击战术”。本多酒沼继续写道：

> 他们一面大大欢迎我们，一面观察我们的兵力，想查看清楚后续部队的兵种和兵力，如果判断我军战斗员少的话，态度就会突然改变。①

---

①转引自《刘伯承用兵录》，第170页。

因为伏击部队伪装得巧妙，当地群众“对皇军的敬意”也表现逼真，在386旅主力发起攻击前，日军一直没有察觉。战斗一打响，日军步兵还没展开，骑兵还没有上马，炮也没有架起，就被消灭了。这次战斗速战速决，共歼敌1500余人，缴获骡马600多匹。

（4）

刘伯承艺高胆大，但是心如细发。胆大是建立在心细的基础上的。为此他说：“天下大事，必作于细。”①

一次，某参谋随385旅13团攻击南关车站。战斗中敌情突变，刘伯承马上变更部署，改13团为攻击白晋路上的来远车站。战后，参谋向师部写书面汇报材料时没去看地图，就想当然地用“涞源”两字代替“来远”。

刘伯承发现了，后来在一次会议上说：“什么‘移山倒海’还是确有其事的，不过，聂荣臻司令员如果知道了，他会问我们，为什么一声不响，便把我们的涞源城搬走了呢？！”

这位参谋明白是说自己，检查了粗心大意的失误。

（5）

刘伯承深谙兵法，打仗不仅有谋略，而且有战法。

一次，中原野战军一个部队执行阻击国民党王牌第5军的任务。双方发起作战前一个晚上，已是深夜12点了，刘伯承来到了该部14团阵地进行检查。团参谋长汇报说：“敌第5军善于攻击，我团怕顶不住，所以把主力营部署在最前沿。”

刘伯承听完他的汇报，立即说：“你们的打法，是想把敌人顶住。可是，你们这样部署部队，恰恰顶不住。他如果一下子冲垮了你前沿的这几个连，后边怎么办？最好还是采用三角队形，前头的兵力摆轻一点，后头的兵力摆重一点。这样，战斗打响后，我们逐渐地挫伤他们的锐

---

①《刘伯承用兵录》，第128页。

气,他们的攻击力量越来越弱,而我们的防御力量却越来越强。”

当 14 团重新调控部署后,刘伯承亲自到该团主力营,对排以上干部讲了这次战斗应如何打法,并详细地讲了国民党第 5 军的历史、作战特点等。他对这个军的情况了如指掌,连军长是哪个学校毕业的,哪一年到缅甸作过战,都讲得一清二楚,让干部们敬佩不已。

(6)

刘伯承常常教育手下将领们说:“知己知彼者,方能战。”他非常重视对敌军的研究,并且判断很准确。

1948 年,在淮海战役第一阶段的时候,解放军在碾庄包围了敌黄伯韬兵团,蒋介石亲自下令要邱清泉兵团奋力驰援。刘伯承命令两个纵队抗击敌人东援,以保障东线歼敌。

有人担心两个纵队兵力太少,难以阻止邱清泉。刘伯承说:“我们要抗住邱兵团的东援,也一定能抗住他的东进。”

接着他又说:“邱清泉兵团是蒋军中的‘王牌’,他是不会真心东援的。”

果然未出他所料,邱清泉兵团遭到解放军的抗击后,立即停止了东进,之后尽管蒋介石一再下达死命令,要他“驰援”,但邱清泉还是按兵不动。他的参谋长怕蒋介石追究责任,劝说邱清泉移兵前进。邱清泉回答说:“我决不拿自己的性命去援什么黄伯韬,东进要路过商丘,商丘就是‘伤’邱嘛,出兵东进,于主帅不利!”

刘伯承正是出于这样正确的判断,只派两个纵队兵力就遏止了邱清泉兵团的东进。最后,围困多日的黄伯韬见援兵迟迟不到,自己又无力突围,便朝自己太阳穴举起了枪口自杀了。

11. 打铁全凭两膀硬

刘伯承常说:“打铁全凭两膀硬,不学习就没有本钱。”他之所以能不断取得打击敌人的胜利,与他勤奋学习是分不开的。他常用“对既学来的用之不足,对未学来的取之不尽”话鞭策自己。不论是部队行军还是宿营，不论是作战还是休整，他都会抓紧一切时间读书，或是从事著作和翻译。

(1)

在战争年代，刘伯承有一个很好的习惯，部队每驻扎一地，第二天早晨，他一定是喝过一杯浓茶之后，拿上书，警卫员提上小马扎，走到附近找一个清静的地方去读两个小时的书。读书之后，再处理日常工作。

如果部队驻的时间较长，他天天是如此，没有改变。①

(2)

在抗战时期，每逢星期日或例假，刘伯承常伴邓小平政委到129师政治部来玩。有时邓小平政委、蔡树蕃主任和大家玩扑克牌，他就独个坐在一隅，拿上本字帖或拓本，细细玩味，当看得入神时，就自言自语着说："这一撇有力量，这一钩真清秀"，或者就拿上本书，躺在炕上浏览起来。他是不介入他们打牌的。②

(3)

刘伯承不仅自己勤奋学习，还经常督促手下的干部、战士刻苦学习。部队中大部分人文化水平较低，妨碍了对军事、政治的学习，刘伯承就特别强调学习文化的重要性。

一次，129师轮训队第一期结业，刘伯承在讲活中针对部分干部不爱学习的毛病，语重心长地说："文化是我们的'千里眼、顺风耳'，我们每一个人要想做到耳聪目明，就必须努力学习。有的同志说，学习太平天国无用，学习'战术概则'，一枪打死就完了，也不一定用得上。这种

---

①柴成文、杨杰、魏锦国、卫垒：《几个参谋的追忆》，第512页。

②张香山：《记刘伯承将军》。

说法是不对的。我们不但要学习军事、政治、历史、地理、数学、自然常识,还有新式标点符号,都要学习。有一种人,自己不努力学习,还要不懂装懂。下级问个小问题,自己答不上来,反而说:‘你拿问题盘我。’”说到这儿,他的语气变得严肃起来,大声地说:“同志们,我们不要搞‘上瘦下肥’。自己要学习!打铁全凭两膀硬。红烧鸡不会自己飞到肚里来。马克思是死在书案上的。毛主席对学习讲一个‘钻’字。古人把书当作敌人来进攻。我希望同志们回到部队后,来一个学习竞赛!”

(4)

刘伯承学过俄语,还会搞翻译。在战争年代,他在打仗之外,在业余时间做了很多的翻译工作,翻译了很多俄文军事著作,并且几乎都是在灰暗的油灯下,靠一只眼睛的视力完成的。

在翻译中,很多词是他首译的。比如,常用的“游击战”,首先从外文翻译过来时,是叫“黑猩猩战”,中国人都看不懂。刘伯承根据游击战“高机动性的作战和突然的进攻”的定义,把其中两个词合起来,又根据《史记·李广传》的一句话“李广擅游击”,取“游击”二字,定义为“游击战”。

另外,他还是首先将“伙夫”译为“炊事员”,“马夫”译为“饲养员”,将“杂种旅”译为“混成旅”的第一人。

(5)

全国解放后,刘伯承很少参加娱乐活动,就是电影都很少看。他最大的爱好还是学习,几乎把休息时间都用在学习上。晚间,他总是静静地一人在书房里看书、写东西。

在主持军事学院时,他亲自任战役系的课,写教案总是一改再改,先用铅笔,再用红笔,最后用毛笔改,一直到满意为止。一次,他书房里的灯线烧着,冒着烟,他一点也不知道。参谋发现后,跑进去,才把他拉了出来。

刘伯承一生留下了390万字的军事著作,还有190万字的翻译作品。这在全世界的军界,都很少人能做到。

(6)

到70多岁,刘伯承还是没有改变学习的习惯。每日,早上五点钟就起床,起床后做三件事:一是打一套拳,他根据年轻时习武编了一套拳,每日必打;二是朗读外文,他本人的俄文和英文都很好;三是写字。做完这三件事,才开始吃饭。

(7)

刘伯承如何酷爱学习,那么他的学识到底如何,是个什么水平呢?长期与刘伯承作战的国民党军王牌18军(陈诚的起家部队)敌11师师长王元直曾在日记中说:

> 阅奸匪《重要文件汇编》,觉刘伯承之学识、见解俱高,无怪乎以劣势装备、而迭次挫折我国军也。反观我国军将领之肯研究学术者,能有几人?稍有一、二知名之士,亦教条主义者而已。
>
> 再阅刘伯承重校《合同战术》上部的《前言》,深觉其见解高明,非时下将领所可比拟。①

12. 三次婚姻生活与子女们

刘伯承是战斗的一生,人们对他的军事才华津津乐道,其实,他的婚姻和家庭生活也是一部精彩的革命者的传奇。

(1)

刘伯承一生结过几次婚。

---

①陈斐琴:《势险节短》,原载《刘伯承回忆录》,第446页。

13 岁那年，家里父母给他订了一门娃娃亲。女孩叫程宜芝，比刘伯承少两岁。刘伯承不乐意，相亲时故意留着长长的鼻涕，希望女方觉得自己邋遢看不中。可女方家长还是相中了他，定下了亲事。

程宜芝很乖巧，也活泼可爱，时间一长，刘伯承逐渐改变了念头，1910 年 18 岁时，与程宜芝结婚。婚后，第三年生下一子，起名叫刘俊泰。也是在这一年，刘伯承考入重庆将校学堂，投身军旅，于是与程宜芝相处的时间很少。参加反袁斗争时，刘伯承负伤回过几次老家，但都是伤一好就离开。

1924 年，刘伯承离开军阀队伍，走上革命道路，从此更是难以家为。程宜芝在家独力抚养儿子，对他十分溺爱，使其养成好吃懒做、吊儿郎当的不良习气。

1927 年南昌起义失败后，刘伯承几经周折来到了上海，组织上安排他与吴玉章等人住在愚园路的租界从事地下工作，他把程宜芝母子接到了上海，并且把儿子送到了学校念书。

谁知这个刘俊泰年纪轻轻，却不学好样，吃喝玩乐，而且屡教不改。一天，刘伯承发现他跟几个坏女人混在一起，一气之下扇了他一巴掌。不料，15 岁的他竟跑到巡捕房告密说："我晓得刘伯承在哪里。"

刘伯承获知儿子告密自己后，怒不可遏。幸亏他转移及时，特务们才扑了一个空。

随后，党中央决定让刘伯承与吴玉章等人秘密转赴苏联。就这样，程宜芝带着儿子又回了四川老家。她与刘伯承的夫妻关系也到此为止了。

据说，程宜芝于 1957 年才去世。至于那个不争气的刘俊泰，刘伯承后来与他脱离了关系。刘俊泰于 1969 年死于四川乡间。

社会上曾流传一个说法，说刘伯承的儿子是国民党大官，父子俩对阵沙场，儿子打瞎了老子的眼睛，让不少人信以为真，一些海外报章以讹传讹，描绘得颇有声色。这些都是好事者杜撰出来的故事。但是，这个儿子确实让刘伯承伤透了心。

（2）

1930 年，刘伯承从苏联回到上海，在中央军委协助周恩来搞地下工作。

他化名"林直木"，以教授身份娶了一位叫吴景春的女子。有意思的是,吴景春居然不晓得他是共产党。在吴的印象中,刘伯承工作非常艰苦,没有一点安逸的时候。白天,到外面不知做什么工作(其实是做联络工作,到闸北等地讲军事课等),夜晚用黑布罩起灯光,一字一句地翻译俄文,还常常干到天亮。

1932 年,刘伯承奉命离开上海,秘密进入中央苏区。由于艰苦紧张的战斗生活,两人失去了联系。

这段感情又中断了。

(3)

1936 年,红军三大主力会师之际,红军总参谋长刘伯承已经 44 岁了。9 月初,他与一位叫汪荣华的姑娘结婚了。

汪荣华,是安徽六安人,也是一位传奇性的女性。

她 1917 年 1 月 19 日出生于当地一个普通农家,小时候上过两三年小学,后因生活所迫便辍学与父母一起从事农活。1931 年 5 月,她和同村女友郑先如一起跑去参加了红军,经过短暂训练后,被分到红 12 师政治部妇女先锋队,当了一名宣传员。

三个月后,她们调到英山县少共妇女部工作。

1932 年春天,汪荣华作为共青团员,到麻埠参加皖西北苏区共青团代表大会,会后回到英山,在五区担任少共妇女部长。

1932 年 9 月底,红四方面军主力从燕子河南下英山,向西行进。三天以后,队伍快走完了,县委书记对少共妇女部黄新兰、郑先如、汪荣华三人说:“敌情严重,以后怎么样还说不准,你们还是回部队,快跟红军走吧!”给她们开了归队介绍信,并每人发了两块银圆作路费。

她们紧追了一天一夜,在罗田县追上了红 33 团,把介绍信交给了团领导。团政治处主任周士英问了句:“能不能跟上队伍,你们女同志走得了远路吗?”

三人齐声回答:“走得了,跟得上!”

周士英说:“那就跟我们走吧!”

这个 33 团是红 11 师的战斗序列。汪荣华回到了红军部队后,上过火线救伤员,帮机枪手压过子弹,不久调红四方面军总政治部妇宣队,后来又调到省委少共妇女部担任巡视员,再去省苏维埃政府邮政局当副局长。

1935 年红一、红四方面军会师时,她参加了地方工作队,负责向藏族同胞宣传党的政策。

7 月上旬一天,红四方面军总部机关、省委和省苏维埃政府机关成员在杂谷脑河畔迎接中央代表团。中央代表团十几个人，其中年龄较大的是林伯渠和刘伯承。汪荣华也在欢迎人员之列。当刘伯承等人走过来的时候,汪荣华问身边的人:“那个戴眼镜的是谁？”

有人告诉说:“那是刘伯承总参谋长！”

“他就是领导过南昌起义的刘伯承啊！”

汪荣华知道刘伯承这个名字。早在鄂豫皖苏区时,她就听说“朱毛红军”中有个刘伯承,百战百胜,百事百成,有人还将其名字误传为“刘百成”，甚至中共鄂豫皖省委书记沈泽民给党中央的报告中还把刘伯承写成“刘百成”。

这是她第一次见到刘伯承。

两个方面军会师后,按照党中央的决定分成左、右两路军北上。朱德和刘伯承随左路军行动,到达噶曲河边时,张国焘分裂红军,擅自调头南下。在第二次过草地时，汪荣华和另几名女同志调到了总参谋部四局工作。

刘伯承和汪荣华经常在一起行军。第二次过草地和过雪山中,汪荣华有时掉队了,刘伯承鼓励她前进,还抽空教她学政治,学文化,给她讲历史。刘伯承平易近人,办事严谨,知识渊博,使汪荣华十分敬重他。彼此接触多了,两人由熟悉而产生了感情。

于是，刘伯承给汪荣华写了一封情书。汪荣华接到情书后却有不少的顾虑,觉得两人的经历、学识相差较大,结婚一起生活不太合适。刘伯承知道后,主动找到汪荣华谈心,诚恳地说:“我们的结合是自由恋爱,我们都是无产阶级革命者,为了共同目标走到一起来的,志同道合,有共同的思想基础。”

汪荣华便答应了与刘伯承继续交往。

1936 年 9 月 6 日，红二方面军全部抵达哈达铺地区，准备向东行进，汪荣华随刘伯承来到了红二方面军。全军沉浸在三大主力即将会师的欢乐之际，汪荣华与刘伯承的婚恋已是水到渠成，在靠近清源河的甘南小镇曲子镇,两人结婚了。

(4)

刘伯承和汪荣华结婚不到一个礼拜,刘伯承受命前往保安城去。

拂晓，他们沿山沟向保安疾进。

突然，一架敌机从头上呼啸而过，驮行装的骡子受惊，马上乱跑。刘伯承急忙把缰绳往树上拴。就在这时，一颗炸弹掉下来，在他身旁爆炸了。汪荣华冲过弥漫的硝烟，跑到刘伯承身边，只见他满身泥土，臀部流着鲜血，裤子都渗透了。她立即扯下一块衣襟，进行包扎。

警卫员黄正兴跑过来："首长受伤了？"

"快去找担架！"汪荣华说。

刘伯承看到汪荣华十分着急，便笑着安慰说："负点伤没啥，打仗哪有不流血的……"一抬头，发现对方左腿上也流着血："你也负伤了，快包扎！"

汪荣华帮刘伯承包扎好后，把自己腿上的伤口也包扎了一下，站起来拍拍身上的泥土，和刘伯承互相搀扶着，向山坡上的小树林走去。

这时候，她才发现每走动一步，伤口都很痛疼，头上渗出了豆粒大的汗珠。一会儿，黄正兴找来一匹马和一副担架，刘伯承躺在担架上，汪荣华则骑上马。大家又继续行军向前去。

他们走到陇东环县甜水堡时，红军总部卫生部长贺诚带着外科医生江一真、军医孙仪之等人闻讯，从会宁县城急急赶过来。贺诚告诉说："周副主席打电报，让我们给总参谋长治伤。"

他们为刘伯承检查后，决定立即进行手术。于是，因陋就简，在一间民房里摆开手术架，孙仪之对刘伯承做了第二次腰部麻醉后，江一真主刀手术。手术进行得很顺利，但一块弹片已炸进臀骨内，费了好大劲也没取出来。以后，刘伯承又去西安做过一次手术，弹片还是未能取出，一直留在臀骨里。

汪荣华伤势较轻，手术做得很好。

手术后，刘伯承、汪荣华夫妇先后在陇东环县河连湾、木钵镇两地休养了一个多月。周恩来来看望了他们。不久，刘伯承夫妇奔赴保安，见到毛泽东等人。大家都向他们的新婚表示了祝贺。

（5）

刘伯承和汪荣华一共生有七个孩子。人们熟知的有儿子刘蒙、太行、太迟，女儿密群、雁翎、解先等。鲜为人知的是，他们还有个大女儿，叫刘华北，却在延安保育院时被敌人暗杀了。

1943 年 9 月，刘伯承夫妇从太行前线回到延安，参加整风运动，准备出席党的七大。但是，由于工作太忙，刘伯承一直没时间去保育院看望一下女儿。1945 年 6 月七大闭幕了，在就要返回前线前三天，刘伯承决定次日抽空去看看两个孩子。

当日半夜，刘伯承住处的电话铃突然响了，随即警卫员进来说："保育院打电话，叫你和汪阿姨去一趟！"

"怎么，孩子是不是病了？"汪荣华有些奇怪地说。

"不知道。"警卫员说，"电话上叫你们马上就去。"

刘伯承说："等天亮再去吧，免得吵醒大家。"

可一会儿，电话铃又响了，催促他们快去。汪荣华说："可能是急病，咱们赶快去。"

当刘伯承夫妇赶到保育院时，院长和保育员都没睡觉，正在窑洞里。院长见着他们，直接告诉说："我们麻痹大意、失去警惕性，华北她……她被敌人谋害了。"

此话如同晴天霹雳，汪荣华几乎被击倒，刘伯承极力控制着情绪问道："什么时候？"

"就是今夜。"

"孩子在哪儿？"

院长起身，带着他们走到隔壁窑洞，小华北已笔直躺在床上，没了呼吸。刘伯承颤抖地抚摸孩子的脸，眼泪从没来得及带假眼球的眼眶流了出来。接着，院长讲述了孩子被害的经过："凶手半夜窜进院子，暗杀了华北。这是敌人有预谋、有串联的犯罪行为。"

刘伯承忍住悲痛，对大家说："敌人以为杀了我刘伯承的女儿，我就会对他们手软吗？这是痴心妄想！华北不仅是我的女儿，也是党和人民的女儿，孩子的死是有贡献的！它要我们不能忘记阶级斗争，要是敌人不投降，就坚决把他们彻底消灭！"

接着，他说："这个案子肯定是政治性的，但我们决不能中他们的计。"

最后，他交代说："这件事让保卫部门去清查处理。不要草木皆兵，不要随便怀疑自己的同志，敌人是跑不了的。"

华北被暗害时只有 6 岁。

第二天，刘伯承夫妇把女儿安葬在延河之滨，而另一个孩子，他们没有带走，仍把他留在保育院。然后，他们带着悲痛返回太行前线，投入了新的战斗。

敌人杀害小华北是有目的的。刘伯承是赫赫有名的"常胜将军"，指挥过不少大战役，特别是鲁西南战役使得国民党军6万人被歼，羊山大战后，蒋介石整编66师全军覆没。国民党对他恨之入骨，多次想谋害他，只因无法接近，便把目标转向了他的孩子。遗憾的是，华北被害案一直没能破。几十年之后，刘伯承即将离开人世时躺在病床上，提起这件事仍十分难过："二女儿的案子没能破，我是死也不瞑目啊。"

13. 南京市市长

刘伯承能文能武，军政皆优。

（1）

1949年4月20日，百万雄师过大江，刘伯承指挥的二野部队是渡江主力之一。大军横渡长江后摧枯拉朽，南京城立即获得了解放。早在七届二中全会期间，党中央就已决定由刘伯承出任南京市市长兼军管会主任。南京宣告解放后，刘伯承立即率领二野领导机关由安徽桐城向南京进发。

4月29日，刘伯承一行风尘仆仆抵达了浦口码头，就要进城了。

可是，由于行程仓促，警卫人员还没来得及与警备南京的部队联系上，刘伯承就上岸了。大家只好包租了一辆公共汽车。刘伯承上了车子后，司机问道："开到哪里去？"

警卫员突然拍着额头说："哎呀，还没叫人号房子，去哪呢？"

"这么大的南京城，车子往哪开呀？"司机也犯难了。

刘伯承呵呵大笑，说："到了家门口，反倒找不着家了。"略一沉思，果断地说："直接开到'总统府'去。到了那里就好办了。"

汽车到了"总统府"前停了下来。警卫员就与警备部队联系上了。

先行进城的陈毅闻讯，亲自坐车赶来迎接刘伯承，然后安排刘伯承住到了赤壁路一座原国民党要员的公馆。

新市长进城，不知道去哪里，成为了南京解放时一大趣事。

5月9日，刘伯承发表了就职演说，号召大家："学习毛主席的作风，调查研究，实事求是，虚心学习，不骄不躁，艰苦朴素，以树立新的人民作风。”

(2)

1949 年 7 月中旬,刘伯承率领第二野战军挥戈西去,指挥解放大西南的战役,离开了南京。

在出发前夕,他收到一封群众来信,说南京西善桥一带树木被乱砍乱伐,要求人民政府进行制止。军情紧急,刘伯承已没时间去调查处理,便将此信批给了有关部门。

尽管如此,作为南京市市长,刘伯承认为没能保护好南京的一草一木,心里很不安。

1950 年 10 月,刘伯承从重庆回到了南京。刚到不久,他就到西善桥一带察看,并考虑如何把南京变成绿树成荫的城市。他突然想起进军大西南路上见到的云南松,高大挺拔,郁郁葱葱,立即给西南局写了一封信,请搞一些云南松的种子送过来。

半个月后,西南局派人捎来了一麻袋松树种子。刘伯承叫人把它们送到中山陵植物园试种,结果很成功。于是,刘伯承下令南京市园林部门在中山陵、雨花台、玄武湖、鸡鸣寺、栖霞山等地种上了云南松。

不到三年,这些松树便成为了点缀南京城市风景的一道亮丽风景。20 世纪 60 年代,南京市成为全国有名的绿化城市,朝鲜领导人金日成还来到了这里取过经。

14. 创办南京军事学院的是是非非

全国解放后,刘伯承担任了西南军政委员会主席,身居要职的他常常在思考:我们的军队主要来自农民,靠小米加步枪打败了敌人,现在世界军事技术日新月异,新武器不断出现,如何才能适应这个新形势?他认为必须提高全军整体素质。

那么,怎样才能达到这个目标呢?

刘伯承认为,办军事院校是唯一的出路和选择。

1950 年 6 月,经过深思熟虑,刘伯承上书党中央,请求辞去现有职务，专心致志去筹办一所现代军事学院。毛泽东、周恩来、朱德等人同意了他的请求。

刘伯承在南京担任过市长，对那里比较熟悉，便决定把南京原国民党中央陆军军官学校和原国防部旧址作为南京军事学院院址。这样，既可以缩短建校周期，还能为国家节省一笔资金。11 月，中央军委正式任命刘伯承为南京军事学院院长。

1951 年 1 月 15 日，南京军事学院正式开学。

刘伯承为军事学院制定“一切为了教学”的办校原则，然后身体力行，亲自组织教学大纲，有时还去为学员授课。在刘伯承领导下，经过三四年的建设，军事学院很快发展成为全国的军事学术研究中心。

1956 年 10 月，学员对军事学院两个问题反映强烈：第一，“六小时一贯制”的课业制度，不习惯，吃不消；第二，“三堂会审”的考试制度太过严格，太紧张。① 对此，个别人不满，写告状信。还有人嫌学校对学员要求太严，说刘伯承“摧残”这些战功卓著的年轻“老干部”，学校里甚至出现下级给上级擦皮鞋的现象。

中央军委派出了一个调查组，后来认为，“他们在教学中存在一个很大缺点，教学工作中的教条主义相当严重，最主要表现在教学内容和我国我军当前的实际情况不太适应……学院中的许多同志已经感到有反对教条主义必要之后，而院党委仍然徘徊、犹豫、拖延，未能下定决心。”② 这个报告为以后在全军开展反教条主义运动定了调。

1957 年夏，中央军委决定在北京组建高等军事学院，调刘伯承担任院长兼政委。由于这时刘伯承眼睛经常流泪，头部昏眩，决定不去担任新职。8 月 6日，他给毛泽东和国防部长彭德怀写信，说明身体不好，请求辞去军事学院的职务。随后，党中央同意了他的请求，改由叶剑英担任高等军事学院院长，并由廖汉生接任南京军事学院院长之职。

9 月 13 日，刘伯承正式离任。

1958 年年初，在一次会议上，突然有人提出“军事学院工作，成绩是主要的，还是错误是主要的”问题，把南京军事学院说成是“教条主

---

①《当代中国人物传记》丛书编辑部编辑：《刘伯承传》，当代中国出版社 1992 年版，第 652 页。

②《中国元帅刘伯承》，第 520 页。

义的大本营”。5 月,中央军委扩大会议召开,刘伯承准备去作检讨,但毛泽东关照说:“让刘伯承同志好好休息,可以不来参加会议作检讨,表示个态度就可以了。”但刘伯承还是坚持带病出席。

会议很紧张,刘伯承心情沉重,青光眼再度发作,眼压高到八十。但他还是由人搀扶上台,用视力模糊的左眼读检查稿。不少干部都为之流下了眼泪。

检讨罢了,台下爆发出经久不息的掌声,刘伯承也过了关。[①]

在毛泽东和党中央的保护下,刘伯承过了关,从此悄然离开了培训干部岗位,在北京只担任中央军委委员,次年开始负责军委战略小组工作。

15. 最长寿的元帅

1965 年 1 月,刘伯承第二次当选为全国人大副委员长。

1965 年,中苏关系紧张,为了防止苏联侵略,刘伯承不顾 73 岁的高龄,对东北部边境线进行视察。

这次视察主要是从东北到内蒙的千里边境线上检查战备。在汽车不能行走的地方,刘伯承徒步和参谋们一起翻山越岭,观察地形,看望边防部队指战员,向他们了解情况。甚至,日本人修的地下工事,多年没有人进去过,又潮又脏,他也要亲自下去看看工事内部结构,分析其优缺点。有些年轻参谋跟他跑了一天,回来后感到很疲劳,可他晚上还坚持学习,并对身边的人说:“学习如逆水行舟,不进则退。一天不学就要落后。”

一次,刘伯承看到报纸上发表中苏论战的“九评”,不顾疲劳,打开台灯就阅读,几个小时之后,突然一阵剧烈的头痛,眼睛看不清文字了。医生赶紧过来检查,但是误诊,没有发现问题,认为只是年老的缘

---

①刘蒙:《我的爸爸》,原载《刘伯承回忆录》,第 490 页。

故。

由于没能及时采取措施，又加上眼压太高，刘伯承的左眼视力急剧下降，看不清东西。回到北京后，刘伯承的眼睛不行了，不得不住进了医院。

以后，他让秘书给念书读文件，坚持学习。

由于战争年代负伤太多，刘伯承晚年基本上是躺在病床上度过的，但他时常想着国家和军队的建设，对秘书说："我岁数大了，眼睛不好，不能工作了。但是我还可以作一个老参谋。"经常让秘书把他对军队建设的意见、未来作战的想法转达给军委。

1966 年 1 月，刘伯承被增补为中央军委副主席。

1969 年 4 月，刘伯承出席了中共九届一中全会，并当选为中央政治局委员。

1972 年年底，由于医生的诊断失误，误用药物，刘伯承病情加剧，逐渐丧失了思维能力。第二年 5 月，他进入 301 医院治疗。党中央和毛泽东没忘记年过八旬的刘伯承，8 月，在党的十大上他再次当选中央政治局委员。

刘伯承重病后，毛泽东亲自过问他的病情。1974 年 1 月，周恩来亲自前来医院探视，并作出"停药，以养为主"的指示，刘伯承的病情得以控制。1975 年在第四届全国人大第一次会议上，刘伯承再次当选全国人大副委员长。

1982 年 8 月，刘伯承因健康原因主动辞去国家、党和军队的领导职务。为此，党的十一届七中全会向他发出了致敬信。

1986 年 10 月 7 日，刘伯承久病不治，与世长辞，终年 94 年。他是共和国十大元帅中最长寿的。

第四章

「胡子」——贺龙

1. 两把菜刀闹革命

贺龙原名文常，字云卿，1896 年 3 月 22 日出生在湖南省桑植县洪家关一户贫苦农民家里。桑植据说就是从前那个夜郎自大的夜郎国，民风强悍，打死个把人不算回事。[1] 但贺龙的父亲贺士道忠厚老实。贺家只有两亩瘠薄的山地。贺士道除了种地外，还走乡串寨做裁缝。一次，他在石门岩麻家做裁缝时，认识被人卖到麻家当丫头的王金姑，于是倾其所有将她赎出，后结为夫妇。育有贺龙姐弟共七人，全家人多劳力少，难以糊口，往往是东家借西家赊，有了上顿没下顿。贺龙排行第四，母亲乳汁不足，堂嫂陈桂英见他饿得可怜，便用自己的乳汁喂他。贺龙到了四五岁都没吃过饱饭，有时候实在饿得不行了，就跑到堂嫂家找饭吃。这位堂嫂之子贺桂如后来随贺龙参加红军当了团长，1929 年在战斗中牺牲。

贺龙长到七八岁还经常衣不蔽体。他挖地除草，拾柴放牛，样样都干，有时还带上剪刀、尺子，跟着父亲学做裁缝手艺。爷爷送他去私塾读书，给他起了一个学名贺平轩，但是他不爱读书，经常逃学。爷爷见他读书不成，便教他练武。

艰难的生活逼迫贺龙闯向社会，10 岁的时候，他就一个人到涪陵做生意，一去一来一千多里。在走南闯北中，贺龙遇到的是官府的敲诈、土匪的抢夺，渐渐变得嫉恶如仇。

---

① 沙汀：《贺龙谈他的家庭和青少年时代》，原载《回忆贺龙》，上海人民出版社 1979 年版，第 78—79 页。

这时桑植县官府有一个领班叫陈小涛，无恶不作，随便抓人关进牢房，然后进行勒索，什么坏事都干尽。他的两个儿子更是豪强霸道，没有人惹得起，一骑起马，不管人、摊子，撞翻了对方自己倒霉。一次，陈小涛带着一个班跑到洪家关，骑起马在街上乱撞。贺龙见状，就拖着一根棍子，站在大门口说：“是好的，你就给老子来撞！”

结果，他还真的硬是来撞贺龙，贺龙抓住他就往死打。满街全是姓贺的，许多人出来帮忙。不到半点钟，就把陈小涛打得头破血淋，领班们吓得赶紧全跑了。

这一下大家好开心。

可是，陈小涛跑回去后，马上向衙门告贺龙。大家又替贺龙担心起来，说：“这下怎么办呢?”因为实际上是贺龙打了别人。贺士道也很着急，把族里好多有名望的人都请来，预先教贺龙怎样做口供。

审案那天，衙门问案很威风，贺龙一跪下去，衙差就把夹棍、板子“啪”地一声堆在他面前。贺龙也胆大得很，不管那一套，回答说：“我怎么敢打他呢！我在街上买东西，他们骑起马乱撞，把我的酒罐呀，油罐呀，全碰烂了，要他们赔，还打我一顿！”

除了反咬一口外，贺龙继续控告陈小涛。这个供词是一个姓王的举人教的。这个举人也是个无恶不作的恶棍，且和陈小涛是死对头，后来也让老百姓杀了。他要贺龙揭露陈小涛的怎样勒索人，见钱就想要的黑幕；并且要贺龙咬定那个小领班是下乡抓人的。

结果，连陈小涛的领班也革职了。①

14 岁时，贺龙向姐夫谷绩廷借了一匹马，和一些人去赶马运盐。

1911 年辛亥革命后，胜利果实被袁世凯篡夺了。孙中山东渡日本，把同盟会改组为中华革命党，准备发动反袁革命。1913 年秋，留日学生的陈图南回到了桑植县。他在日本时参加同盟会，后转为中华革命党，这次被孙中山任命为川黔湘鄂联络使，回到老家后名为小学教员，实际上暗中筹划讨袁武装斗争。结果，他听说贺龙的名字后，慕名来到洪家关拜访。贺龙与他交谈，接受了孙中山的革命主张，并加入中华革命

---

①沙汀：《贺龙谈他的家庭和青少年时代》，原载《回忆贺龙》，上海人民出版社 1979 年版，第 84—85 页。

党。后来贺龙回忆这段事时说:“我清楚地记得,我不仅仅是签上了名字,而且还按上了手印。”①

1915年冬,袁世凯复辟帝制,云南都督蔡锷宣布独立,拉开护国战争的序幕。为策应蔡锷起义,湖南的革命党人酝酿在湘西举兵,授命贺龙发起反袁暴动。

腊月十七日(1916年1月21日),贺龙和姐夫谷绩廷等人冲进泥沙镇团防局,活捉团防局局长,一枪没放,缴获了20支汉阳造步枪。随后,贺龙等人拉起一支300人的队伍,与各路反袁义军一起会攻石门县城。但是,夺城后,北洋军进行反攻,石门县城得而复失。贺龙率兵再次强攻,再次拿下县城,但北洋军再次反攻,县城又复失。农军打不下县城,一万多人云散而去。

这时在桑植到湖北宣恩的路上有一个叫巴茅溪的盐局税卡。马帮运输食盐经过这里时见三抽一,一百斤盐按14块光洋算,要抽去4块多。交不出光洋,团丁们就扣人扣盐。贺龙和同伴们决定刀劈盐局,夺枪除害。

3月17日,贺龙约上洪家关一帮小伙子,拿起菜刀,跑了几十里山路,然后趁黑夜冲进巴茅溪税卡,砸了盐局,当场打死盐税局头子李佩卿,缴获12支毛瑟枪,并把所有的账本付之一炬。

接着,他们一不做二不休,再乘胜打下分水岭团房分局,又缴获了4支长枪,然而返回洪家关。

这就是贺龙两把菜刀闹革命的故事。

贺龙刀劈盐局,竖起了义旗,就此拉起了一支农民武装,造起反来了。不久,湘西迎来了反袁护国军。桑植讨袁民军召开成立大会,贺龙被推举为桑植讨袁军总指挥。

这时贺龙才20岁。

然后,他亲率民军攻占桑植县城,杀了头号恶霸。4月,他担任湘西护国军左翼第一梯团第2营营长。

之后,贺龙带领队伍在桑植一带活动,东奔西突,起起落落,兵败兵兴。1922年春夏之交,贺龙率部随孙中山派往四川的原川军师长石青

①《十大元帅之谜》,第241页。

阳入川，任川东边防军警卫旅旅长，击败吴佩孚支持的黔军袁祖铭部，攻占了涪陵。

2. 对日本人没好感

1923 年 6 月，贺龙被任命为四川讨贼军第一混成旅旅长兼川军第九混成旅旅长，驻防在长江上游的涪州，与其他部队协同切断长江交通，阻止北洋军增援。

9 月，贺龙亲率部队扣捕了为吴佩孚运送军火进川的日本日清公司客轮宜阳丸，击毙开枪拒捕的日方船主，缴获子弹 82 万余发，并扣押了随船的人员，其中包括两个日本浪人。

和两个日本人同时被贺龙捉来的，还有吴佩孚的一个军法处长，叫张介一。贺龙关了他们后，北京方面好多大人物打电报给贺龙，为两个日本人说情，可对军法处长张介一，别说电报，连信都没人写一封。贺龙很生气。后来，他讲述此事时说：“这太把自己人不当人了，张介一还是国家的官吏呢，这一来我不但更加恨日本帝国主义，也更加恨北洋政府了。”①

于是，他对那个军法处长很优待，押到半路上就把他放了，走的时候还送了盘缠。分手时，贺龙对张介一说：“我只希望你一件事情，你回去给曹锟、吴佩孚说，要想武力统一中国是不行的，你一个布匠，一个秀才，最好同广东联合。”

之后，贺龙放走了船只，但把两个日本浪人扣押起来，押在部队关了两个年头。最后，贺龙决定释放他们的时候，他们一定要见见贺龙才肯走。贺龙的僚属们不赞成见他们。

“这有什么见不得呢？”贺龙反驳说，“把他们请来吧！”

于是，一场别致的会见就开始了。

---

①沙汀：《贺龙谈他的家庭和青少年时代》，原载《回忆贺龙》，上海人民出版社 1979 年版，第 87 页。

与两个日本浪人一起来的，还有驻重庆的日本领事。他是特别跑来营救两个日本走私贩的。

一见面，那两个日本人就开口了，问贺龙："我们犯的是什么罪？"

贺龙说："什么罪？砍头的罪！你们私运军火，助长内乱！"

日本领事听到这话把脖子都气红了。

但是，随后的事情让贺龙料想不到。他后来说："你莫说，日本人很讲礼貌呢。走的时候，我才送了一点盘川，他们那个感激的样子呀，又是笑，又是鞠躬。"①

那个领事还再三约贺龙到东京去。贺龙说："你们的地方太小了，装不下我！"

他说得粗声粗气的，并且打起哈哈笑了。

为什么贺龙不去日本呢，有人问他，贺龙回答说："林攸梅——就是林伯渠同志的弟弟，还有蔡松坡，才好大一点病呀？不过是牙齿痛，他给你一点药嗡起，一吞下去就死掉了！那些人都沾得么？所以那个领事送我的罐头哟，洋酒哟，我才不吃！"

贺龙对日本人的印象一直不好。1927 年，党中央决定派贺龙到苏联学习，但是，快要动身的时候，由于蒋介石和苏联断交了，要绕道德国去，路又太远不说，还要乘船绕道日本，贺龙不愿意经过日本，认为日本人什么事都干得出来，所以放弃了去苏联的机会。这是后话。

1925 年 2 月，孙中山任命贺龙为建国川军第 1 师中将师长。4 月 15 日，贺龙担任澧州镇守使，管辖七个县。随后，澧州地区遇上几十年未有的大旱，地主豪绅卡住粮食不卖，市场上粮价飞涨，老百姓生活极端困难。贺龙号召穷人起来"吃大户"，并亲自带着农民到地主家去搞粮食。这件事，得到了同盟会元老林德轩等革命党人的支持，林德轩推荐贺龙当了湖南省参议员。

---

①沙汀：《贺龙谈他的家庭和青少年时代》，原载《回忆贺龙》，上海人民出版社 1979 年版，第 87 页。

3.“没有七十次,恐怕也有几十次吧”

朱德入党的过程比较曲折，其实，贺龙的入党过程比他还曲折得多。但是,他们对党的信念并没因入党时的曲折而有所减少,反而向着党组织靠得更近。

(1)

1926 年 7 月，在中国共产党的推动下，广东国民政府发出北伐宣言,打倒封建军阀。贺龙积极响应,率部誓师由黔入湘。随后,他担任国民革命军第 8 军第 6 师师长兼湘西镇守使。

8 月,部队改编为国民革命军第 9 军第 1 师,贺龙为师长,陈图南为参谋长,向劲秋为秘书长,周逸群为政治部主任。

周逸群是贵州铜仁人,出身大地主家庭,但他已经是中共党员。

这时贺龙一直在寻找中国共产党。

早在 1920 年,贺龙驻军湖南桃源时,两个留洋学生来到了他的司令部,一个是陈图南,一个叫花汉如。两人住在贺龙这里,每天都进行争论,陈谈克鲁泡特金,花谈社会主义。贺龙当听众。但是,他当听众,并非没有头脑,听陈谈克鲁泡特金,感觉他无论是政权、国家还是军队等等,都没什么根据,而花谈的社会主义,却是很有道理。贺龙问花汉如:“有没有谈社会主义的书?”

花汉如找了一些书念给贺龙听。

过了几天,贺龙又问:“有没有这样的党?”

“有国际党。”

尽管贺龙对“国际党”印象很深,但它在国外终究对他来说是遥不可及的。当时贺龙对社会主义这些主张有了深刻的印象。

1923 年，贺龙任驻军贵州铜仁时，正好国民党改组，成立黄埔军校，有些同事的弟弟去广东来到这个军校，后来寄过来很多谈到广州和军校情况的信,有的还寄来了“青年军人联合会”简章和合作宣言。贺龙看了后高兴地说:“如果在政治上确实按照简章和宣言所说的去做,那在政治上就确实找到了出路。”便决定立即动身去广东找中国共产党。

贺龙把旅长一职交给 1 团团长谷青云，将自己的想法报告给川军总司令熊克武。熊克武却以部队有任务为由,没同意贺龙的请求。至此贺龙对熊克武的革命诚意产生了怀疑。

尽管广东之行未能如愿，但贺龙还是派了部下刘达五专程去广东谒见孙中山。谁知刘达五到达广东时,孙中山重病在身不久即去世,因此他并未见到孙中山,也没能找到共产党。

1926 年 8 月,贺龙率第 1 师北伐进军到湖南常德时,周逸群带领一个 20 多人的宣传队来到部队。宣传队中有很多中共党员，如袁国平、李涛等。

第二天早晨,周逸群来找师长贺龙。贺龙刚起床,正在漱口,周便坐在办公室看报。贺龙说:“很对不起,在贵州吃了你家收租来的谷子。”

周逸群回答说:“不要紧,只怕革命军吃少了,越吃得多越好。”

贺龙马上猜想到他一定是中共党员。第三天，他和周逸群交谈时提出说:“我要参加共产党和改造部队。”

周逸群答复说:“共产党是不关门的,只要够条件,一定有人找你。改造部队靠广东派干部来是不可能的，要自己找一部分学生，并从部队中选派一部分干部进行学习训练,培养改造部队的干部。”

贺龙接受了他的意见,于是周逸群派人在常德招生,并从部队挑选干部,开办了一个 2000 多人的政治讲习所。

贺龙第三次,也是真正地接近了中国共产党了,从此他和周逸群一起工作,期间多次要求加入中国共产党。

尽管周逸群没有立即接受贺龙入党，但是建党工作在部队中展开了。贺龙手下有一个营长,叫罗崇义,思想进步。周逸群要介绍他入党。但是,他跑过来问贺龙:“可不可以参加?”

贺龙回答说:“好得很,赶快参加。”

后来,第 1 师成立国民党党部,有人也要罗崇义参加,罗无论如何也不参加,一心跟共产党走了。

随着贺龙对共产党日益信赖,第 1 师内部的问题逐渐显露出来。12 月,北伐军攻占宜昌,第 1 师改编为独立第 15 师。参谋长陈图南和政治部主任周逸群的矛盾越来越尖锐化。

陈图南是贺龙的同乡,资深位高,但心怀狭窄,在部队中下级军官中拥有一批亲信。最为关键的是,他和周逸群政治信仰完全相左,一个是共产党，一个是国民党右派。两人暗中较劲，陈却相形见绌。

眼看部队逐渐成为中共倚重的武装，陈图南与右派军官团长柏文忠，营长陈黑、张松如、陈策勋，副营长赵福生、刘九同等人拉帮结派，暗中准备勾结蒋介石叛变革命。

1927 年 2 月中旬，武汉国民政府对北伐军进行整编。有的部队一个军扩编为两个军，而贺龙的独立第 5 师不仅未扩编，反而被限编为 5 个团。贺龙原有两万人马，结果裁减后只剩下 1.1 万余人。国共阵营中左右两派的斗争直接波及到了贺龙。

贺龙何去何从呢？

（2）

1927 年 3 月初，蒋介石密派国民革命军总司令部秘书处长李仲公策动贺龙，与蒋介石一起“清党”反共。

这时武汉驻军正在组建国民党党部，北伐军总指挥唐生智请贺龙出任独立第 15 师党部委员。贺龙回答说：“那个国民党，我还是不想加入的。”

李仲公与贺龙是熟人。据后来李仲公女儿说：“1926 年 7 月，父亲以国民革命军总司令部秘书处长身份随蒋介石出师北伐进驻长沙之际，贺龙由湘西遣派毛景周到长沙面见父亲，请求收编，给予名义和款械，随从北伐。此时，父亲负责分化吴佩孚系袁祖铭部黔军工作，贺龙时为袁祖铭委任的旅长。在父亲的眼里，贺龙还是一位由‘土匪’起家分投于川黔地方军阀的‘土军阀’。为了分化袁祖铭势力，扩大国民革命军阵营，加上有同乡好友毛景周的‘疏通’，父亲遂向蒋介石进言委任贺龙为国民革命军师长，并向所部拨发补给和枪弹，毛景周因此担任了贺龙师教导团团长。1927 年 2 月，国民革命军打下武汉后，贺龙在武汉以感激的心情亲自拜见了父亲。”①

李仲公来武汉后拜访了贺龙。3 月 13 日，他在汉口川军驻汉办事处邀约朋友吃饭，也邀约了贺龙。贺龙向唐生智密报李仲公策动刘湘

①《李仲公之女谈“李仲公诬陷贺龙”事件始末》，《文史天地》2009 年第 11 期。

领衔反对武汉中央。唐生智上报武汉国民党中央，随后，武汉国民党中央临时会议，决议将李仲公暂予扣留，交唐生智执行。唐又将此任务交贺办理。3 月 15 日晚，贺龙邀约李仲公到他的办事处打牌谈心，将李仲公押交唐生智总指挥部。4 月 17 日，李仲公由邓演达保释。

(3)

1927 年 4 月 12 日，蒋介石在上海发动政变，随后在南京另组国民政府，与武汉国民政府分庭对抗。武汉国民政府决定进行讨伐，贺龙奉命率部开赴河南前线。陈图南等人见有机可乘，利用部队几个月没发饷的情况暗中策划兵变，煽动官兵："不发饷，我们就不北上！"

这天，贺龙来到了刘家庙召开北上动员大会。

会上，一个连长质问贺龙："为什么不发饷？"制造混乱，另一名士兵乘乱开枪，企图暗杀贺龙。

幸好贺龙有所防备，立即从会场转移，脱离险境。

随后，旅长贺锦斋做了大量解释工作，加上贺龙平时在官兵中的威信很高，陈图南等人策划兵变没有成功。

随后，周逸群向在武汉的党中央作了汇报。

这时，武汉公安局局长吴德峰是共产党员，于是派出武装在大陆旅馆逮捕陈图南等人，一人拒捕，被当场击毙。

经过审讯后，陈图南等人供出向贺龙开枪的士兵叫李清林，是被连长陈玉安收买的兵痞。他们计划枪杀贺龙，搞掉周逸群，再由陈图南接任师长，在武汉举行兵变，投蒋领赏。陈图南等三人被武汉市公安局宣布处以极刑。5 月 10 日，汉口《民国日报》发表了一则简短报道："公安局昨日(5 月 9 日)奉令枪决蒋逆派来的反动分子陈淑元、陈图南、柏文忠等三名。"

但是，影响军心的军饷还是没有解决。贺龙去找武汉国民政府和北伐军总指挥部，还是没有着落。贺龙眉头一皱，有了办法，与周逸群商量后，作了布置。第二天，他的亲信部下带兵开上两艘轮船，在江汉关附近沿长江游动。船上带了一些煤油桶，内装鞭炮。突然，士兵们点燃鞭炮，佯作哗变。这一招果然奏效，吓得武汉国民政府主席汪精卫等人主动找到贺龙，为独立第 15 师补发了欠饷。

(4)

贺龙有了军饷,大方地送给与之一起出征的第 4 军、第 11 军一万多双草鞋。第 4 军是叶挺的老部队。叶挺时任武汉卫戍司令,与贺龙是好友。

在河南作战中,贺龙在逍遥镇一仗大获全胜,北洋军闻风丧胆。老百姓给贺龙部队冠上了一个“钢军”的称号。

6 月 15 日,武汉国民政府决定独立 15 师扩编为国民革命军暂编第 20 军,贺龙为军长,周逸群为政治部主任。

6 月 26 日,贺龙率部回到汉口,接着奉命东征去打蒋介石。

贺龙率部出发后, 许多共产党员以及被反革命追捕的两湖各地农民协会委员长都跟着部队走。但到了江西九江,情况就变了。江西省主席朱培德说贺龙的部队太红,要他和叶挺到庐山去开会。

原来汪精卫也已决定进行“清党”分共。7 月 22 日,匆忙从武汉来到庐山,和第二方面军总指挥张发奎暗中决定以“东征讨蒋”名义把估计跟共产党走的贺龙和叶挺骗上庐山,扣押解除兵权。

贺龙和叶挺的部队是两支劲旅,叶挺的部队被老百姓称为“铁军”,贺龙的部队是“钢军”。时任第 4 军参谋长、共产党员叶剑英获悉汪精卫和张发奎的阴谋后,急忙下庐山,来到星子县通知贺龙、叶挺。

这时叶挺住在甘棠湖的一座庙里第 4 军司令部,立即和叶剑英、贺龙三人,划上一个小划子到湖中开会,商定办法。三人主要商谈了三件事:

第一,是否到庐山去。

叶挺和叶剑英问贺龙:“去不去?”

贺龙回答:“我说不去。”

两人同意,并说:“这样很好。”

第二,张发奎命令队伍到德安集中。

三人研究不到德安,把部队开赴牛行车站乘火车到南昌去。

第三,开赴时间。

三人决定叶挺的部队明天出发,贺龙的部队后天开动,贺龙的车先让给叶挺。①

---

①王敏昭:《一切依靠党和群众——“八一”访问贺龙将军(摘要)》,原载重庆《新华日报》1951 年 8 月 7 日。

贺龙的部队挥戈而去。张发奎急忙派人破坏徐家埠大桥，但还是没能阻止住贺龙。

（5）

贺龙到达南昌后，立即与党组织接头，汇聚在一起了。

这时形势已经很紧急了。7 月 28 日，临时中央常委、南昌起义前敌委员会书记周恩来与贺龙谈话。

周恩来谈到准备举行起义时，征询贺龙的意见。贺龙说："很好，我完全听共产党的命令，要我怎样干就怎样干。"①

随后，贺龙被党任命为起义军总指挥。

29 日，第 20 军第 6 团团长陈赓把江西省银行行长扣押，送到了贺龙的司令部。参谋团参谋长刘伯承也来到贺龙的司令部，帮助拟定起义计划。

计划都准备好了。30 日下午 4 点多钟，贺龙把手下团长以上的军官都找来，宣布说：

一、国民党已经叛变革命，国民党已经死了，我们今天要重新树立革命的旗帜，反对国民党、反对反动的政府，打倒蒋介石。

二、大家在一块都已很久，我今天起义了，愿跟我走的我们一块革命，不愿跟我走的可以离开部队。

三、我们今后要听从共产党的领导，绝对服从共产党的命令。

大家都表示愿意跟贺龙走，参加革命。

于是，贺龙宣布起义的计划，把下边某些不可靠的连长换成共产党员。

当晚，20 军开始行动，负责解决江西省政府和司令部。叶挺的部队负责解决第 6 军。南昌起义，就这样开始了。

经过几小时的战斗，8 月 1 日早晨，胜利的红旗飘扬在南昌城头。

南昌起义以后，敌军立即进行反扑。敌人力量很强大，起义部队退出南昌后，向广东进发，贺龙的部队为前卫，叶挺的部队为后卫。沿途

---

①刘长年：《永远听党的话，永远跟党走——深切怀念南昌起义领导人之一贺龙同志》，原载《江西大学学报》1977 年第 2 期。

敌军阻拦,天气炎热,粮弹十分困难,官兵们经常饿着肚子行军、作战。就是在这样艰苦的进军途中,贺龙多次要求加入中国共产党。

到达江西瑞金时,敌军两个团挡住了前路,贺龙亲率部队开路,他亲临前线,勉励战士们英勇杀敌,迅速击溃了敌军;随后,贺龙又指挥部队对会昌发起攻击,取得会昌战斗的胜利。

就在这时,党组织接受了贺龙加入中国共产党的请求。

在瑞金河边的一所小学，在周逸群的介绍下，贺龙举行了入党宣誓，成为了中国共产党的一员。对于自己入党的经历，后来贺龙回忆说:“有的材料写着我七十次找党,算上历次的要求,我也记不清楚了,没有七十次,恐怕也有几十次吧。”①

4. 几起几落拉队伍,历尽曲折

1927 年 11 月,南昌起义军在潮汕失败后,贺龙由汕头转到了上海。

这时蒋介石悬赏十万大洋抓捕他。党内同志提醒他外出时化化装,贺龙并不在意。于是，党中央决定派他和刘伯承等人到苏联去学习军事。贺龙考虑一番后,回答说:“我心不甘,我要干到底。”

接着,他又说:“中国字我认识的都不多,恐怕学不了俄文。党相信我,还是让我回湘西拉队伍吧。”②

后来,他告诉人不去苏联还一个原因是要绕道日本,他不愿经过日本这个地方。

随后,党中央同意了贺龙回老家拉队伍的请求,并派周逸群和原南昌起义第 20 军师长卢冬生等七人组织湘鄂边前委，由周逸群任书记，和他一起回湘西,开辟革命根据地。

---

①水工:《中国元帅贺龙》,中共中央党校出版社 1995 年版,第 79 页。

②刘长年:《永远听党的话，永远跟党走——深切怀念南昌起义领导人之一贺龙同志》,原载《江西大学学报》1977 年第 2 期。

（1）

这时已是农历腊月年底了。贺龙和周逸群一行人化装成做生意的商人，溯江而上，到达武汉后，从中共湖北省委拿了两支短枪，便离开了汉口。

江岸岗哨林立，搜查很严。贺龙剃了胡子，戴了副眼镜，登上预先租好的江轮。船上有不少共产党员，一见贺龙还是把他认出来了，机警地把他让到账房去。贺龙在账房坐下，账房先生对他左看右看，打量好半天，问道："你先生贵姓？"

贺龙回答："我姓王。"

账房先生说；"你不姓王！"

"不姓王姓什么？"

账房先生说："你是贺龙。"

贺龙沉着而严肃地说："是贺龙就是贺龙，你知道是贺龙就要负责送到！"

账房先生连声说："是，是。"

为了保护贺龙，船工不拉汽笛，就开船了。江中有不少广西军的巡江划子，见江船不拉汽笛就开走，赶紧追了上来。账房先生让贺龙躲好。这时船工也急中生智砍断了汽笛的绳子。巡江划子靠拢了船，一群荷枪实弹的桂军拥上船，质问道："为什么不拉笛就开船？"

账房先生指着断了的绳子说："不是不拉笛，绳子断了，我们正在接。"

船工们跟着解释说："没错。船上尽是我们的四川客，经宜昌回家过年的，绳子一拥挤就断了！"

桂军还是挨个搜查，掏出贺龙的照片在旅客中对照，但怎么也没对照出来。账房先生急忙拿出几条香烟说："老总，天色不早啦，让我们走吧！"把他们打发走了。

江轮走了一天一夜，过了新堤。贺龙打主意先弄几根枪，便向船工打听哪里有团防，有枪。船上人告诉说："观音洲上有一小股团防，有几支枪。"船靠岸后，贺龙找到团防队长，劈面就说，"我是贺龙，要借你们的枪。我可以打收条给你。"

队长一听是贺龙，吓坏了。这时门口"啪"的一枪，卢冬生解决了卫兵。大家把四支步枪、一支驳壳枪全提到了手。

船又走了一天一夜，在沔阳县一个镇上，贺龙和在这里的贺锦斋会合了。贺锦斋在南昌起义失败后已在这里拉起了一支 100 多人的队伍。贺龙、周逸群和他们开了几天会,继续启程。

一天,贺龙等人到了下车湾,南岸砖桥划过来一只小船,船上下来一个人,径直向贺龙走来。到了贺龙面前,他突然向贺龙鞠躬说:“报告总指挥,你怎么到这里来了?”

贺龙连忙问道:“你是谁?我不认识你呀?”

那人说:“我叫张天辉,南昌起义以后我在工农革命委员会当过科长。”

贺龙一想是有这么个人,就说:“好,你知道这里有党的组织吗?”

“有,我们有十几个党员,成立了一个支部,石首中心县委的负责人和住的地方我也知道,可是没有介绍信,他不联系我。”

贺龙带他去见周逸群,决定由他担任交通,用湘鄂边前委和他们本人的名义写信去石首中心县委,结果和中心县委取得了联系。为了继续发展革命力量,贺龙、周逸群等把所有的武装都留给了石首中心县委,只带少数人回湘西。

一天傍晚,贺龙他们来到了临澧县,在一个镇子的饭馆吃饭。忽然听到外面人声嘈杂,一队警备队突然在饭馆外出现。几人正准备掏枪,一个军官走进来,却毕恭毕敬地向贺龙敬礼。同行人暗暗吃惊,知道被对方发觉了。贺龙镇静地问那个军官:“为什么向我敬礼?”

那个军官回答说:“我原是贺老总在澧州镇守使时的部属,现在已升任临澧县警备队长,今天是到此地抓夫。”

贺龙笑着问他:“你是不是也抓我?”

那个军官也笑着回答:“我负责保护你,镇守使放心好了。”

“那么请你给我找个房子,我们要在这里过夜。”

他果然给贺龙找了一个上等的房子。当晚,贺龙等人安安稳稳地睡了一夜。

随后,贺龙、周逸群取道慈利杨家溪回桑植。这时国民党政府已经知道贺龙回到了湘西,调了几个县的武装埋伏在通往桑植的要道口,准备抓捕他。桑植县的民团头子陈策勋,本是贺龙的部下,因叔父陈图南被处决,在路口埋伏好,扬言要为叔父报仇。但是,由于贺龙在湘西声望很高,不少开明人士暗中把路上情况派人报告贺龙,甚至贺龙每经过一地,常常出现民团排队相迎的盛况。由于他们一路派人护送,1928 年 2 月 28 日,贺龙安全回到了家乡桑植洪家关。

桑植县有八个乡,各乡的势力派拥有枪支,素称“八大诸侯”。他们有时称兄道弟,有时互相火并。贺龙回桑植后,他们都跑过来谒见。贺龙正色告诉他们："大家不要自相残杀。我不是国民党，也不是中华革命党，我是共产党。我们要发动群众，组织红军建立工农革命政权。看你们愿不愿意参加。"

结果，这些队伍都愿意改编，接受贺龙的指挥。隔天，原 20 军两个营长王炳南和李云卿各带来 200 来人，贺龙的大姐贺英也把自己领导的队伍交给贺龙，仅仅 20 多天，贺龙就拉起了一支 3000 多人的队伍，占领桑植县城，成立了中共桑植县委。

（2）

1928 年 4 月初，为了给部队筹款，贺龙去了湖北鹤峰，国民党军大举来犯，几仗下来，聚集的人马大部分溃散，周逸群也打散了，不知所去。

贺龙回来后，从头开始，与贺锦斋、卢冬生等人收集了三四百人，重新占领洪家关，很快又拉起了 1500 人的队伍。7 月，部队整编为红 4 军，贺龙为军长。

在敌人的围攻下，贺龙率领红 4 转移到石门县，遭到敌 3 个师进攻，红 4 军仓促应战，经过两次激战，又只剩下 200 多人。随后，又有一些人逃跑，于是红 4 军只剩下 91 人，72 条枪。

为了便于活动，贺龙化名王胡子。

汪家营的老团总是哥老会首领，手下有一百多人，三四十支枪。他们常到外地去奸淫掳掠。一次贺龙他们快到汪家营时，他们派了一个徒弟来说，"如果是来投奔大爷的，大爷非常欢迎。"言外之意，如果不是来投靠的，就不客气。这时，贺龙一口答应说："我们正是来给大爷请安道喜，请老哥快回去报信，就说过一会儿王胡子就来登门造访。"

那人听了，飞快地回去了。

几个人立刻围着贺龙责怪说："刚拉了这么支队伍，怎么就白白送给敌人？还革命不革命啦？"

贺龙只是嘿嘿地笑。有人猜到他心中有计，就说："人家人多枪多，不好开玩笑的！"

贺龙笑着说："不入虎穴，焉得虎子？要闹革命，就得担些风险！"

接着，他低声和大家商量了一阵。他的主意一摆出来，大家心里才踏实了一些。贺龙关照说："到什么山，砍什么柴。为了积蓄革命力量，我们就不能太老实。大家要拿出点办法来，迷惑对方，才能成事。我们有 90 多人，70 多支枪，只要事先不露声色，这个计划是可以实现的。"

王炳南等几位骨干立刻分头向战士们传达了计划，并且宣布要注意哪些事情。

大家刚打点停当，就听见镇口上三声炮响，一队人握着枪向他们涌过来。其中一个为首的袍哥远远就抱拳搭话："各位，大爷有请！"

战士们簇拥着贺龙，快步迎上前去。贺龙和这位袍哥招呼了一下，就大摇大摆地向镇上走。

这是一个很大的镇子，街道两边都是店铺。袍哥把他们带到一个大铺子门口停下，进去通报。不一会儿，听见"咣啷"一声，中门洞开，里面是一个大院子，一座高大的堂屋高踞在正中。从大门到堂屋的阶沿上，密密层层站着两排人，个个都是手握长枪，虎视眈眈。看来，这是向贺龙他们示威。贺龙回头环顾了大家一眼，好像说："注意，按照预定计划行事！"

王炳南第一个跨进门去，第二个是贺龙，以后就是贺炳南、贺佩钦、贺贵如、文南甫等。几十人分成两排，鱼贯而入，留下 20 多人在门外等候。

进到院子里，王炳南忽然停住，大声喊道："既是朋友，为何刀枪相见？"

这时，高坐在堂屋里的老团总慢吞吞地站起身，假意喝道："贵客来到，谁叫你们拿枪来？赶快把枪架起，两旁侍候！"

那些团丁立刻把枪架起来，徒手肃立两旁。等那个老团总道了声："请！"贺龙等人才跨步向前。堂屋正面供着关夫子的牌位。按照哥老会的规矩，贺龙等人行礼完毕，又与老团总寒暄一阵，便分两边坐下。这时王炳南迅速从腰间拔出短刀，向老团总脖子猛然刺去。老团总"咕咚"一声栽倒在地。旁边的贺炳南、贺佩钦等人也动了手，把另一个头领刺死。

其他两排战士正好对付敌人两排人，把他们一个个拦腰抱住。门外 20 多人也一拥而入，端着枪喝道："不许动！"把架着的大枪统统收缴起来。

然后，贺龙掂着一把盒子枪，站在廊檐下高声向俘虏们宣布："我们是革命军队，专打国民党、土豪劣绅。今天铲除作恶的团总，和大家无关。愿意参加革命的，我们欢迎，不愿干的，回家安分守己当老百姓！"这一说，顿时散了一些人，但多数团丁却留下来参加了革命。

这次，贺龙又得到 39 枪，加上原有的 72 条，有 111 支枪。队伍也扩大到 200 人了。

随后,贺龙又领着大家打开了建始县城,杀了县长,缴获不少东西后,又折向东南前进。

在路上,战士们听老百姓说,鹤峰的邬阳关有个“神兵”大队,人很多,平时是种地的老百姓,锣一敲,就集中起来,打仗的时候,他们头上捆红,身上系绳索,上阵前先吃朱砂,然后一拥而上,刀枪不入,煞是厉害。大队长名叫陈宗瑜。他们不抢老百姓,不杀受苦人,专跟国民党作对。贺龙认为:“神兵”大队虽是迷信团体,但都是被压迫的老百姓,应该争取他们。于是,他准备亲自去找陈宗瑜谈判。

经过智取汪家营,大家更佩服贺龙的机智、勇敢,对他这个主意都不怀疑。不过,有些人认为应该多带点人枪,以防万一。贺龙说:“阶级兄弟,用革命道理启发,一定会参加我们的队伍,假如带枪杆子去,就有点威胁的意思,反而不好。”

战士们不敢贸然让他去,先派了一个人去联络。果然,联络的人回来说:“陈宗瑜和他的父亲都高兴得要命,盼望赶快会面。”

贺龙一听到报告,就立刻带了一名骨干进关去。陈宗瑜父子已在关口等待。结果,贺龙没费什么唇舌,他们便爽快地答应参加革命队伍。他们把锣一敲,附近四乡大群大群的人向邬阳关集拢来,手上拿的除了大刀,就是一丈多长的梭镖,共300多人。会合在一起,贺龙又有500多人,声势更大了。

在集合的大会上,贺龙当场宣布:“打到鹤峰去!”

鹤峰城背倚大山,南面有一条河,正街非常冷落,只有红茶出山时才有点买卖。县衙门在河对面的山坡上,驻扎着100多个敌兵。贺龙他们在夜里悄悄接近,在山上的各个关口附近布置好兵力,把敌人包围起来。

天亮前,贺龙亲自来到“神兵”大队检查战斗准备,见他们还用红布包头,许多人正在吃朱砂。由于他们刚改编过来,觉悟还不高,贺龙耐心说服他们,告诉说:“这个要不得,红布太耀眼,正好给敌人当靶子。朱砂吃多了,对身体有害。”

陈宗瑜犹豫了一下,说道:“那么就一律改成青布包头吧!喝朱砂不好,喝净水,一样能借到神力。”

从此,“神兵”大队上阵前,就只喝净水,不吃朱砂了。

天刚拂晓,大家便发起了冲锋。战士们一个个扬起大刀,举着长矛,大吼着向敌人扑去。声势好像要把整座山都翻过来。敌人慌乱地打了几枪,见四面八方都是战士们,四周山上的枪声一响,不知来了多少人马，吓得丢下枪四散奔逃，有的跪下来磕头作揖，哀求饶命。“神兵”大队遍野追赶，只顾挥刀砍杀。贺龙连忙派人四处喊叫：“缴枪的不要杀，留下来当兵。”结果，活捉的十几个敌兵当场就参加了红军。国民党县长带着数十人跑出城外，也被战士们追上击毙。这一仗共缴获八九十支枪，“神兵”大队在战斗中也得到了锻炼。

红军进驻鹤峰县城后，建立了鹤峰县苏维埃政府，不久在全县各区发动群众，分配土地，逐渐把鹤峰建设成一个红色根据地。经过一年多的艰苦斗争，到了 1929 年夏，湘鄂边的红军便正式编成了红 1、4 团和一个警卫营，人数达2000 多人。其中，红 4 团就是由收编的“神兵”大队扩建的。

(3)

1929 年 6 月，贺龙再次率军占领了桑植县城，成立县苏维埃政府和县农民协会。这一行动大大地震惊了湘西土著军阀陈渠珍。他立即派遣嫡系主力向子云旅进攻桑植县城。

向子云是湘西一个极其反动的家伙，仗着自己有四五千人马，武器又好，又经过训练，觉得消灭红军没有问题，便给部队发了许多绳子，说“要把‘红脑壳’活捉回来”。但他对贺龙又有些畏惧，连夜准备了许多竹筒，装满乌鸡狗血，对手下们说：“有了这玩艺，撒到那些神兵身上，他们的神法就不灵了。”

红军虽然编成了团、营，但还没有与正规军打过仗。贺龙认为如果和他们摆开阵势硬打，对自己不利，决定摆个埋伏阵，并利用敌人对“神兵团”的恐惧心理，把过去缠红的第 4 团又打扮了一下，人人缠上红头巾，梭镖上一色的红布条。一切准备就绪，敌人已挨近县城了。贺龙把小部分队伍埋伏在城内，其余的在城郊梅家山和春庙、乱葬岗一带隐蔽。桑植城内静悄悄的。

敌人倚仗着人多势众，由西南方向直逼城垣。

这时，贺龙还在信步吸烟。待到敌兵就要进城时，他把卷在手中的旱烟一丢对守城战士说：“立即退出城。”

当敌兵发觉是一座空城时，还以为红军被他们吓跑了，大摇大摆地向城内开进，忽见红军出城，以为他们害怕了，便拼命追赶。

忽然一声枪响，埋伏在城外的红 1 团，由团长贺贵如率领，发起了冲锋。接着，预伏城内的部队也向他们发起冲锋。敌人惊慌失措之际，由团长陈宗瑜率领的红 4 团在东门外出现了。他们一色的红缨枪，像一条火龙似的，沿东门外三百多步高的石阶昂然直上。警戒城东门楼的敌人，一见这种景象早已吓慌了神，两挺水机关枪一枪未放，撒腿就跑，而且边跑边叫："神兵来了！"战士们随后追赶，敌人人踩人，马踏马，乱成了一团。这时候，走不赢的，赶紧拿出他们的法宝，把那些乌鸡狗血直往战士身上泼。

但是，这根本不管用。

很快敌兵大部分被歼灭了，剩下一部分残兵，由敌旅长向子云带着，拼命向来路逃窜。但当他们逃到赤溪河的岸边时，船只早被战士们撑走了。红军大部队正紧紧追来。向子云慌慌张张，抓住一只骡子尾巴就强行泅河，结果渡到中途，一个浪头过来，整个人就不知去向了。其他敌兵一些被溺死，大部分投了降。后来，陈渠珍的手下在津市才发现向子云被水泡肿的尸体，脖子上还挂着一支驳壳枪！

这时正是六七月天，热得很。贺龙警卫营营长是个胖子，热得受不住，在追击敌人时，他右手提着驳壳枪，左手拿着大蒲扇，边追边扇。战后，这被传得神乎其神，有人说："红军'神兵团'厉害，还有'扇子兵'更厉害，一扇子能将几十个人扇到河里去！"

这一仗，贺龙打败了敌正规军一个旅，缴获了近千支步枪，还有机枪和弹药。除了一些战士的衣服被乌鸡狗血弄脏外，伤亡很少。这次战斗以后，湘鄂边的红军和群众斗争的信心和勇气更大了。这支部队在贺龙的领导下继续发展和壮大，1930 年春，党中央秘密派人给红 4、6 军下达命令，组建红二军团。贺龙为军团长兼红 2 军(由红 4 军改编)军长；周逸群为政委。

5. 无畏

(1)

1931 年 3 月初，夏曦手执"王明路线"令箭来到洪湖，任湘鄂西苏区中央分局书记，很快就给贺龙戴上"一贯右倾"的帽子，然后少数几个人秘密组成肃反委员会，夏曦兼任书记。在"肃清改组派"的口号下，他们横加逮捕、杀戮，上自军长下至战士，杀了 2000 多人，绝大多数是跟随贺龙创建洪湖苏区的好干部，就连有名的好师长段德昌和军委参谋长唐赤英也被他们处决。

段德昌是个文人，理论水平高，大家都尊称他是“活马列”。贺龙闻讯，赶到公审会上，再三建议夏曦不要杀他，说：“德昌也是洪湖创始人，威信高，他领导的部队，很能作战，杀了德昌，党要脱离群众。”

他的正确意见，夏曦听不进去，说这是中央分局的决定。临终时，段德昌向贺龙说了三句话，就像在紧急军事会议上发言那样，临危不惧，从容而严肃：“你赶快派部队回到洪湖去，我要吃饱，给我一颗子弹。”

贺龙手把着段师长的肩膀，热泪纵横，泣不成声。

参加公审会的代表，看到这种悲惨情景，个个低头抽泣。

由于错误肃反和“左”倾瞎指挥，红二军团两万多主力又只剩下几千人。在一次会议上，贺龙痛心地说：“这些‘老鸡婆’，昏了脑袋啦！我们好不容易拣一把柴，叫他给烧掉了，我们再拣一把，他又给烧掉了，这怎么得了？红军没有发展壮大，反而减弱了，根据地没有巩固扩大，这不等于拱手送给了敌人？我们成了党的罪人！”

在场的人听了他这激愤的讲话，纷纷落泪，更加痛恨“左”倾路线犯下的大罪。

（2）

一年，到了稻谷收获时节，蒋介石两次重兵“围剿”苏区失败，恼火了，派飞机炸开荆江堤，放水淹没苏区。

洪湖苏区洪水四溢，庄稼没收成，群众没饭吃，连来年的谷种籽都成了问题。在中央分局军委召开的会议上，贺龙提议调出红军口粮救灾。但执行“王明路线”的夏曦，借口红军口粮不多，也没有那么多运输力，哪能管得了几百万群众吃饭！贺龙据理相争，“群众都快要饿死了，我们共产党不关心他们，还搞什么革命？这几年，群众已经作出了很大的牺牲。失去了群众，我们在洪湖还能站得住脚吗？”

在贺龙的坚持下，红军集中全部骡马和舟船，不分昼夜，把从汉江以北地区没收土豪的粮食，给受灾的老百姓运来，又组织会水的战士，下水抢救老百姓的财产。群众看见贺龙骑的那匹大红马，也驮着粮食来了，男女老幼，感动得热泪盈眶。

（3）

在湘鄂西苏区，夏曦放肆抓人杀人，弄得草木皆兵，人人自危。而捕人杀人，只凭夏曦的一个条子，贺龙根本无权过问，为此他经常眉头打结，心情十分郁闷。

孰不料夏曦对贺龙也要暗害。

一次宿营下来，夏曦要贺龙交代问题，说他在国民党里有声望，“改组派”会利用他的声望进行活动，贺龙一下发火了，问夏曦：“有证据没有？”

夏曦当然拿不出来。贺龙吼道：“你杀了这么多人，是什么共产党员？”

夏曦结结巴巴地说不出话来，关向应出来劝解，才把风波平息。以前夏曦都是和贺龙一起开饭的，闹了这次风波后，他们分开吃饭了。

一次在竹林关的时候，夏曦把贺龙的警卫员的枪都下了，还逮捕了两个警卫员。贺龙见迹象不对，眉头紧皱，脸色铁青，气乎乎地走近夏曦，把自己身上的白朗宁手枪掏出来，“叭”的一声扔在桌子上，说：“你不是要收缴人的枪吗？我这里还有一支，你要不要？你要也不给，这是我的，我当营长时就带着它了。”

在贺龙的严厉训斥下，夏曦才把枪还给了警卫员，逮捕的两个警卫员也放了。以后，贺龙和夏曦不仅不在一起吃饭，走路时互相不说话，都把眼睛瞪着。

夏曦多次企图加害贺龙，但慑于他的声威，一直没敢动手。①

6. 打走了“亲家”，跑了师长

1934 年 10 月 26 日，贺龙率领红二军团与任弼时、萧克、王震率领

---

①王盛林口述，张二牧整理：《永远铭记贺龙同志的关怀》，原载《怀念贺龙同志》，湖南人民出版社，第 118—119 页。

的红六军团在贵州凤翔溪胜利会师，贺龙高兴地说：“会师会师，就是会见老师。”① 要求手下将士虚心向红六军团学习。在任弼时等人的支持下，结束了夏曦的“左”倾路线。

这时，敌人赶来了，湘军周燮卿、龚仁杰的两个旅和贵州的皮德培、杨其昌两个师追来打。敌人一到，贺龙和任弼时立即把部队撤出了永顺城，向北退了60 里，撤到一个叫钓钩岩的地方。

永顺城外有条南靠河，河上有一座带凉亭的大木桥，两面修有栏杆，桥顶盖着瓦，桥南岸还有几户人家，这是永顺城的交通要道。撤退之前，贺龙派人召集大桥附近的老百姓开了个会，说：“我们为了打败白军，不得已要烧桥。”然后给了老百姓几百块银洋，叫他们等打完仗再修，然后把桥烧了。

但是，战士们不知道其中的秘密，心想烧掉这座桥又阻止不了敌军，有什么作用？

出永顺城不到一里地，直到钓钩岩，沿途都是大山。山上多是茶叶树。石板大路就在山沟里转。战士们到了钓钩岩，走过以后，再倒回去，奉命在钓钩岩南面道路两边山上埋伏。

敌人进了永顺城，就住下了，却不追了。贺龙见这样还不行，次日把部队又向北翻大山撤退 60 里，退到龙家寨，照样埋伏下来，只等敌人来。这里山大，更好布置。谁知敌人进到钓钩岩，又不走了。第三天，贺龙又下令向西撤退到官里坪，照样布置埋伏。这下子，敌人就骄狂起来了，到了龙家寨，脚也不停，顺着官里坪大路追击。

红军主力不在官里坪，而是在东面大路两边的山上埋伏。山沟有两里路宽，十多里路长，沟里全是水田，稻子都割完了。红二军团的红 4 师在南坡，红六军团的红 17 师在正面山上，北坡也是红六军团的部队。战士们趴在茶树林里，红旗也卷起来，又封锁消息，布置成了一个“口袋”。贺龙对埋伏的战士们说：“我贺龙撤一，周矮子怀疑；我贺龙撤二，周矮子胆壮，以为我们打不过他们，非死追不可。等着看好戏吧！”

这次贺龙要捉的是绰号叫“周矮子”的敌旅长周燮卿。

有意思的是，贺龙与这位“周矮子”不仅是老故人，而且当年关系非

①余秋里：《英雄业绩与世长存——纪念贺龙同志逝世十周年》，原载 1979 年 6 月 10 日《人民日报》。

同一般。

周燮卿是四川江津人，身材不高，所以获得一个绰号“周矮子”。他少年时喜好舞刀弄棒，十四五岁时练就一身好功夫。1921 年，他以十几条火药枪起家，在渝黔边境打家劫舍，不到一年时间便聚集了上千余众。

这时，贺龙在熊克武麾下当师长。一日，27 岁的贺龙带着十多个随从来到周燮卿的驻地青龙场，代表熊克武进行招编。经过讨价还价，周燮卿接受了招编，被任命为旅长。以后，周与贺龙交往甚深，传说两人曾打过亲家，指腹为婚。后因双方均产下男婴，才没能结为亲家，便结成了干亲家。不巧的是，大革命时，二人因革命志向不同，分道扬镳。

这次周燮卿等人尾随红军，企图一举吃掉贺龙等人。两人终于在战场上兵戈相见了。

贺龙步步诱敌，战士们心里正怀疑敌人还会不会来，才吃下午饭，敌人就“扑哧扑哧”地进了口袋，直朝沟里开进。很快，皮德培、杨其昌两个师，龚仁杰的一个旅和周燮卿亲自带着的一个团都装进来了。

龚仁杰的教导旅由参谋长带着担任搜索，最先上北面红六军团守的一个山头。战士们突然猛烈地一排排扔出手榴弹。正面和两边山上都还没打响，红六军团的队伍就已经冲出来了，敌人突遭打击，一下子就垮了。正面和两边山上的红军见状，也打响了战斗，一时之间四面山上都扯起了红旗。敌人在小山沟里，完全乱了套，上了山的，直往山下滚，没上山的，窜在水田里到处都是，遍地撂着骡马、行李担子、行军锅、小炮、机关枪、电话机、担架……人挤人，人踩人，就是跑不出去。

红六军团政委王震在 17 师 49 团阵地上指挥作战。他大声说：“这个敌人，不是什么了不起的敌人，是土匪！我们倒要看看是谁消灭谁！我们要住下来，创造一个根据地。我带头，大家跟我来！”说完就带头冲下山去。

这一仗打起来，敌兵完全乱了套，不少人从山头上滚下去，一个接一个滚到山下的大坑里，出不来。一个深坑积满了水，不知掉下多少敌兵，战后战士们光在那个坑里就捡起了几百支枪。

激战到天黑，战士们还在遍山满沟里抓俘虏，热闹非凡。

这一仗，进沟来的全被收拾，红军消灭皮德培、杨其昌两个师，龚文洁一个旅和周燮卿旅一部分，只剩周燮卿、皮德培、杨其昌几个当官的带着几十个人跑回了永顺城。

贺龙早就料定皮、杨、周不能打了就会逃跑。天黑时,把红 6 师师长钟炳然叫过来, 当面下令要他带兵从龙家寨走小路直扑永顺城, 并且交代说:“永顺城内的敌人要逃,还可能走钓钓岩,城南面的河,他们是不好过的。你们要走钓钓岩去截他们,是弯路,敌人从龙家寨到永顺城是条直路,只有 80 里,你们在拂晓以前一定赶到,全部消灭永顺城内的敌人,不许让敌人逃跑。”

红二军团走路是有名的,红 6 师中湘西人很多,都会爬山。大家猜想红 6 师一定可以按时赶到。

果然,周燮卿他们前脚刚进城,红 6 师就跟着赶到了永顺,迅速占领了城北面的北山,城内敌人来不及逃跑,就被“关”住了。

因为北山满山都是茶树林,像个半圆圈,包住了永顺城东、北、西三面,居高临下,形势险要。红军占领了它,既好攻城,又控制了永顺城三面交通。事先,贺龙已经下令把城南河上的桥烧断了,敌人于是就成了瓮中之鳖。

守城之敌没预料大军已被消灭,只在山上放了一个连的警戒。红 6 师占领北山后,余敌见势不妙立即撤回了城内。钟炳然在山上,对整个形势看得清清楚楚,尤其是城内街上满是灯笼火把,拥挤不堪,敌人要准备逃跑了。可是,他却不下令打。红 16 团团长戴德山催促他:“师长,快打,别让敌人跑了!”

“不行!”钟炳然说,“城里敌人太多,我们才一个师,不能打。等后面队伍来了再打。”

红军主力收拾完山沟里的敌兵,当夜也赶往永顺城。可是,钟炳然等后面队伍赶到,天已经亮了。而城内之敌已经逃走了。

红军重回永顺城,街上老百姓烧茶送水欢迎,对战士们纷纷说:“知道你们在山上,你们怎么不下来?周矮子、皮德培、杨其昌跑进城来,吓得要死,直叫快拿茶来喝!喝完茶,脚都不停,就跑了。你们要下来,他们都可以捉住。河上又没有桥,他们往哪里跑?!”

这时,战士们都知道贺龙为什么当初要烧桥了。

贺龙早就预备了这一着,事先计划得很周密。可惜,钟炳然犯了这个错误,让残敌跑了。贺龙一进永顺城,非常生气,立刻就把钟炳然的师长撤了。

红 6 师是由原红 9 师改编的。钟炳然本来是参谋长,段德昌被夏曦杀害后,他才当师长。他跟随贺龙多年,在北伐军时就当连长,谁知这次只当了三天半的师长,就被贺龙毫不留情面地撤了,非常想不通,一赌气就跑回老家，脱离了革命队伍。①

据说，他后来被当地团防武装抓住杀害了。

红二、红六军团会师后的第一仗取得了大胜利，局面随即打开。贺龙的老熟人周燮卿被打怕了，以后见着红军就躲。

接着，红军乘胜进攻大庸城，守军望风而逃，再打桑植，也顺利拿下。湘鄂川黔边区根据地有了三个县地盘，仅仅一年时间，红军发展到两万多人。

1935 年 3 月，贺龙等人接到了遵义会议决议（缩写本）和中央有关组织问题的电文，得知确立了毛泽东在全党的领导地位，由衷喜悦，坚决拥护。贺龙说："我虽然没有见过毛泽东同志，但从我本身的经验教训中，从读到他写的文章中，深知他是我们的正确领导者。"②

遵义会议精神传达之后，任弼时、贺龙心明眼亮，信心倍增，带领部队，坚决听从毛主席的指挥，用毛主席的军事思想指挥战斗，旌旗所指，捷报频传。

7."一定要活捉张振汉！"

1935 年 6 月 9 日夜，红二、红六军团主力北上，突然以一部兵力包围湖北宣恩县城。贺龙派兵切断宣恩、施南间的大道，佯攻城北敌外围据点南山铜鼓堡，而主力却隐蔽在城南 20 里的地方，准备打击可能由来风、李家河的增援之敌。

当贺龙带着部队正在山谷中行进时，忽然传来"停止前进"的命令。没等多久，一群战马从后面疾驰而来。任弼时跳下战马，说："老总呵，好事情来了！"

---

①樊哲祥：《会师后的第一仗》，原载《怀念贺龙同志》，第 133 页。

②王震：《忠诚的战士，光辉的一生——纪念贺龙同志》，原载《怀念贺龙同志》，第 4 页。

随即，他在地上铺起一张大地图，对贺龙说：“刚才接到一个情报。张振汉听说我们打宣恩，今天早晨带着 41 师从来风出发，要经中堡来解宣恩的围。他还吹牛说，这次一定要活捉你哪！”

贺龙笑了。

任弼时接着说：“我们可以在半路上截住他，出其不意地给他个突然打击。”

“好，就这么办。”贺龙说，“看来张振汉一定是急行军。估计今天中午可以到中堡，我看这就是消灭他的好地方！”

中堡是一个只有数十户人家的深山小镇，是到宣恩的必经之路，四周是险峻的高山，山间只有一条大路绕过中堡。下午 3 时，经过 130 里的急行军，红 4、6 师占领了中堡附近的阵地。过不多久，一个骑兵通讯员跑到贺龙面前，报告说：“总指挥，张振汉的先头部队，已经接近包围圈了。”

“好极了。”贺龙立即下令红 4、6 师师长：“敌人不到跟前，不走进口袋，不准打枪。一定把敌人请进来，再狠狠地打！”

为增援宣恩，敌纵队司令兼 41 师师长张振汉，带着四个旅，正在分三路平行急进。贺龙命令红 4、6 两师加强阵地工事，同时急调红 17 师参加战斗。

天亮以后，突然响起一阵猛烈的枪炮声和手榴弹的爆炸声，战斗打响了。不一会儿，几个战士押着一群俘虏走来了。

“你们是哪一部分的？”贺龙向一个军官模样的俘虏问道。

“报告长官，”俘虏马上立正说，“是 41 师的！”

“你们师长是张振汉吧！他来了没有？”

“报告长官，是张振汉。他和师部跟在我们后头。”

“你讲的都是实话吗？”贺龙厉声问道。

俘虏连声说：“报告……长……官，没有说假的，句句是实话。”

贺龙立即喊来通讯班长：“你赶快告诉李参谋长和 4、6 师师长说，张振汉的师部还在后头。要把口子放宽点，让他钻进来再打。千万不能把他堵在口袋外边，更不能把他吓跑了。还要告诉战士们，今天一定要活捉张振汉！”

贺龙接着对任弼时说：“张振汉是我们的老敌手了，从 1932 年起他就跟着我们屁股后转。今天难得又在这里碰见他了，一定要抓住他！”

战斗很激烈。在山角前有一间茅屋，是张振汉的指挥部。他带着火力很强的特务营，指挥两千多人，在山凹里，利用乱石、田埂房屋和工事死命地抵抗着红军的进攻。

6 月 14 日晨，贺龙调集了第 10、16、47、51 团和 18 团第 1 营共四个团又一个营的兵力，从四面同时向敌人发动了猛烈攻击。

经过两天和两夜的战斗，敌人终于被分割成好几块。敌人组织了几次突围，都被打回去了。最后，只剩下张振汉的指挥部还响着枪声，大部分地方结束了战斗。为了尽快结束战斗，贺龙把全军仅有的四门迫击炮集中起来，找来了迫击炮连长刘彬和老炮手余在海，殷切地看着他俩说："现在轮到你们炮兵了。张振汉就在山崖下的茅屋里，你们要瞄得准准的，给我吊他几炮！"

炮手们迅速开了炮。第一发炮弹嗞嗞地飞了过去，落在茅屋的旁边，腾起一股白烟，一群敌兵跑散了。连长马上校正炮位，又连着"咣咣"打了第二发、第三发炮弹。山角前冒起了浓烟，茅屋燃烧了起来。

"打得好！打得好！"大家一齐叫好。

就在这时，"嘀哒嘀哒"，雄壮的冲锋号声在四处响起。战士们喊着"冲呀，冲呀"，穿过烟雾，向山角的石崖冲去了。

没有多久，山下就停止了枪声。

挣扎的敌人全部被消灭了。在三昼夜的战斗中，红军消灭敌人一个旅，一个师部和一个特务营，其他六个团也受到沉重的打击。

大批俘虏被押下来。可是，抓没抓住张振汉呢？当大家正在焦急的时候，一个又胖又高的家伙穿了一件十分窄小的士兵衣服，耷拉着脑瓜，被一群战士押来了："报告，张振汉抓住了，这就是张振汉！"

张振汉脖子上流着血，脸色灰白，头上缠着绷带。他点头哈腰地问："哪位……是贺指挥官呵？"

贺龙把他从上到下看了一遍，半晌才说："张司令，我就是你们说的'贺匪'，你不是要活捉我吗？今天到底是谁捉到谁呢？"

张振汉"扑通"一声，跪在贺龙面前，叩着头说："饶命呀！饶命……"

贺龙一手叉着腰，一手摇着马鞭，脸上泛着微笑，用嘲讽的口吻说："呵呀！我的老朋友哪，我到处找你，没有找到，想不到今天在这碰到你啦！"

原来，1927 年贺龙领导南昌起义时，张振汉是他的部下，后来他叛变投降了敌人。

"告诉卫生部给他治伤。以后，要他给我们当教员吧！"贺龙说完，向张振汉扫了一眼，跳上战马，往山下飞驰去了。

这次大战粉碎了敌军的“围剿”，随后，红二方面军接到党中央的命令，开始了长征。

8. 长征路上的电台和“仙水”

王华成是桑植瑞塔铺人，家里很穷，参加红军以前一直做苦力，哥哥王华岩也是红军战士，被敌人抓住杀了，他母亲也死在保安队手里，因此，贺龙知道他对革命十分忠诚。

（1）

长征开始后，贺龙派王华成负责挑最重要的电台。

因为王华成肩膀宽宽的，壮壮的，腿子粗粗的，贺龙对他的体力很满意。

每天，王华成挑着电台跟着部队走。电台不重，不过 30 来斤，他找了一根结结实实的扁担，一头挑电台，一头挑被子，恰好不轻不重的一担。每天要走六七十里，有时要走一百多里，国民党军前堵后追，天上有飞机轰炸，地面有大炮阻拦，非常艰苦。他爱护电台，胜过自己的生命，无论刮风下雪，跋山涉水，电台从不离开肩膀。

为了防止坏人发现挑的是电台，他还找了一块破油布蒙在上面，让别人以为他挑的是什么不当紧的东西。

行军时，王华成和军团首长一起走。贺龙常对他说：“王华成，你肩上的担子不轻，可别掉队呀。”开饭时，他又开玩笑说：“王华成，你要多吃一碗啊。”

（2）

一次，部队到了贵州东部，急行军中，王华成跑得浑身淌汗，心里像火烧，口干得要命，便把电台一放，伏在一条溪边喝水。这时贺龙恰好从后面跟上来，高声叫道：“王华成，你喝生水，拉起肚子来怎么办？”

贺老总一句话提醒了王华成，他急忙把喝进口里的一点生水“哗啦”吐了出来，挑着电台又急忙赶路。贺龙来到他身边，告诉他说：“以后不要喝生水了，得想办法买一个水壶，行军前烧点开水带着。”

“是！一定想办法买水壶。”

王华成把贺龙的话记在心中，时刻留心买水壶。可是兵慌马乱，长征很艰苦，到哪里去买这水壶呢？总没买着。一次部队宿营下来，打了一家大土豪，他终于找到了一个玻璃壶，可盛两斤多水，请示首长后便把它带上了。以后，他又从地主家得到一个熬鸦片的铜瓢，便还准备了一点茶叶、姜片之类的东西带着。每次行军前，他就烧一壶开水带着，有时路上喝完了，趁休息时找几根柴火，用三个石头把铜瓢一架，又烧起开水来。这样，他不但自己吃水方便，还为战友们解决了不少困难。贺龙有时口渴了，也把王华成的水壶要过去喝一口，但他每次都喝得很少，喝过后还开玩笑说：“这是仙水，吃了长生不老。”

(3)

在过雪山草地时，粮食吃光了，大家啃皮带、鞋底、树叶、野草，吃水也十分困难。有时，吃了有毒的生水，常常拉肚子丧命。王华成因带着“宝葫芦”，一直坚持不喝生水，挑着电台，却从没害过病。有趣的是，他拿着的“宝葫芦”救了不少战友的命。

一次，王华成同贺龙、关向应等军团长一起走着。贺龙发现路旁躺着几个战士，问道：“王华成，你还带有‘仙水’吗？”

王华成急忙放下肩上的电台，用手在他们嘴边探一下，还有一口气，高兴地说：“有救！”便解下“宝葫芦”，给他们每人喂了一点姜茶水。不一会儿，他们竟然站起来了。这时贺老总夸说：“你这‘仙水’真灵。”

那几位战士在贺龙的鼓舞下，最后也走出了草地。

9.“你反而变成了军阀”

1936年6月，红二方面军长征到达甘孜，与红四方面会师后，召开庆祝会师大会。

贺龙与张国焘在南昌起义时就认识了。当时，张国焘以中央代表身份赶来南昌阻止起义，贺龙对他发了脾气。贺龙在瑞金入党后，又和他编在一个小组，直到潮汕失败后才分手。现在两军会师了，张国焘是红军总政委，在庆祝大会自然要讲话。

在主席台上，贺龙坐在他身旁。

张国焘刚站起来要讲话，贺龙就半开玩笑半认真地给了他一句悄悄话：“国焘啊，只讲团结，莫讲分裂，不然，小心老子打你的黑枪！”①

结果，张国焘真没敢讲不利团结的话。

贺龙后来说：“其实，我哪里会打他的黑枪？他自己心里有鬼嘛！”

会师以后，张国焘以红军总政治部名义派出工作组来到红二、红六军团，还散发一本叫《干部必读》的小册子，攻击毛、周、张、博，宣传中央路线是错误的。有人将一本《干部必读》送给贺龙。他看了以后拍案而起：“张国焘分裂中央是错误的。这个材料不能发！”

随后，任弼时给政治部主任甘泗淇写了一封信，告诉他，通知红四方面军来的干部，只准讲团结，不准讲中央和一、四方面军的争论；要求政治部门一律不准下发张国焘拿来的小册子。一天下午，红二军团一个师接到张国焘派人送来的几捆小册子，师长们还没打开，就接到方面军指挥部的电话：“把书统统收起来！”②

张国焘只好亲自找红二军团师以上干部谈话。谈话后，红二军团的干部们奇怪地说：“中央是毛主席领导，怎么这里钻出个张国焘的中央？”

贺龙便把他们召集起来，指出说：“这里是张国焘的假中央！”

张国焘还对红二方面军的干部们进行拉拢。红六军团政委王震才二十七八岁，在甘孜庆祝两大主力会师的联欢大会后，张国焘送他四匹马，给他戴高帽子，说他勇敢，能打仗。王震后来告诉刘伯承，说：“他那个军阀主义呀，不像话。”

刘伯承说：“送给你，你收下。”

他又告诉朱德，朱老总说：“他给你的东西都收下，我们的行动还是听中央的。”

---

①《中国元帅贺龙》，第 195 页。

②廖汉生：《贺龙同志是一个好同志》，原载《新华日报》1977 年 7 月 29 日。

后来，王震又把这事告诉贺龙。贺龙说：“这是我参加共产党以前干的事嘛！”①

随后，张国焘提出要召开两军联席会议。任弼时当即表示反对，说：“你召开联席会议，谁来作报告？如果产生不同意见，结论怎么做，由谁做？”

贺龙也支持任弼时的意见，说：“国焘作报告，我不同意；弼时作报告，你大概也不同意，开什么，怎么开？”

结果，张国焘要开的联席会议就没开成。

但是，这时候张国焘人多，贺龙、任弼时人少，又不听他的。为了防止张国焘下狠手，贺龙自有一套办法。

红军在甘孜组织了一个汉藏政府，叫“巴博依得瓦”。贺龙和任弼时、关向应、朱老总、刘伯承、张国焘等人都住在主席府。这是一幢两层楼的藏民楼，但住处的警卫由贺龙亲自安排。贺龙后来说：“警卫人员每人两支驳壳枪，子弹充足得很呢！你张国焘人多有个大圈子，我贺龙人少，搞个小圈子。他就是真有歹心也不敢下手。张国焘搞分裂，我们搞团结，可是对搞分裂的人不得不防嘛！”②

贺龙、任弼时等人反对张国焘，张国焘控制不了红二、红六军团，也乱了章法。贺龙甚至当面对张国焘说：“我过去当过军阀，好不容易才找到了共产党，找到了毛主席，走上了革命的道路。你是个老党员，现在却要反对毛主席，去走军阀的老路，你走得通吗？”问得张国焘面红耳赤。③

最后，在大家的努力下，张国焘被迫放弃了他的主张，同意北上。于是，红二、红四方面军离开甘孜，北上与红一方面军会合。快到达陕甘边境的时候，贺龙高兴地说：“好了，从此我们就可以在毛主席的直接领导之下了！”欣慰之情，溢于言表。

1937年3月下旬，党中央召开中央政治局扩大会议，对张国焘的错误进行揭露和批评。贺龙在会上发言，对张国焘说：“当你是共产党员

①《中国元帅贺龙》，第195页。

②《中国元帅贺龙》，第197页。

③吕正操：《贺龙同志在冀中》，原载《战地增刊》1978年第2期。

的时候，我还是个‘军阀’；现在，我做了共产党员，你反而变成了军阀。你张国焘是人变猴子，倒退了！”①

他的这几句话，言简意赅，既是对张国焘的批评，也是对自己人生的总结，令人深思。

10. 抗日骁将

1937 年七七事变后，经过谈判，国共两党合作抗日，红军改编为八路军，贺龙为八路军 120 师师长。8 月，党中央在洛川召开会议。会上，林彪提出八路军一兵不留，全部开赴前线，以表示对国共合作的忠诚。

毛泽东说：“我们不能没有家啊！”

贺龙当即提出说：“从 120 师抽部队吧。”

结果，贺龙从 120 师仅有的四个团中抽出一个团又一个营，留下来参加保卫党中央，保卫陕甘宁边区。②

许多干部对摘下红五星，换上国民党军装想不通，贺龙把他们喊过来，对他们说：“国民党的帽徽我戴过，国民党的将军服我也穿过，按我的心愿来说，看到这些东西我就感到讨厌、恶心。但是，这是党的决定，是毛主席的命令，是为了抗日救国。为了执行党的决定，执行毛主席的命令，就是叫穿花裤子我也穿。”③

(1)

9 月，贺龙率领 120 师开赴晋西北抗日前线。

---

①《中国元帅贺龙》，第 200 页。

②余秋里：《英雄业绩与世长存——纪念贺龙同志逝世十周年》，原载 1979 年 6 月 10 日《人民日报》。

③廖汉生：《贺龙同志是一个好同志》。

这时侵华日军的气焰十分嚣张，狂叫“三个月灭亡中国”，进攻华北的兵力由 7 个师团逐渐增加到 20 个师团，两路齐头并进。而数十万国民党大军望风而溃，贺龙和关向应率 120 师星夜兼程，很快挺进到了雁门关一带。

经过周密计划，贺龙决定在雁门关以南设伏，痛歼日军。为此，贺龙说：“忻口战役正在进行，日军每天从大同经雁门关向前线输送弹药。这是敌人一条重要的运输线。他们很嚣张，以为这一带是后方，警戒疏忽，我们要利用这一弱点，发动群众，给敌人一个迎头痛击！”

但是，他又叮嘱说：“现在打的是日本鬼子，不是国民党了。在战术思想上一定要扭得快，一定要遵循毛主席规定的山地游击战的作战原则。”

10 月 16 日，大同日军一个车队满载武器弹药，准备经雁门关到忻口。贺龙下令部队进入伏击地点。

18 日上午，北面公路上腾起一片尘土，传来呜呜的马达声。战士们立即架好机枪，摆好手榴弹。正在这时，突然接到报告，从南面阳明堡方向又来了一个车队。敌兵力骤然增加，情况发生意外变化。打还是不打？贺龙冷静地说：“敌人南北两路在此会车，兵力增加，固然是不利因素，但是，也正由于这样，敌人更加麻痹大意，只要我们动作迅速，出其不意，也完全有把握消灭敌人。”于是下令：“一锅端掉！”

当敌人南北两路车队开入伏击圈内，并排交错时，“打！”一声令下，机枪、步枪一齐开火，手榴弹劈头盖脑如雨点一般落到敌人车上，使得车上弹药箱连续爆炸，两路汽车乱碰乱撞，整个战场顿时成了一片火海。不到一顿饭功夫，战斗即告结束。

当鬼子开来几十辆汽车增援，两架飞机也赶来助战时，部队已经按照计划撤离了。这一仗干净利落，120 师炸毁敌军汽车 100 余辆，切断了日军的交通命脉。

正当贺龙指挥 120 师与日军作战节胜利之时，1938 年 3 月，大同日军后宫师团为配合正面日军南下临汾，出动万余兵力占领宁武、神池、五寨、岢岚、偏关、河曲、保德七县，贺龙闻讯后，急率部队星夜回师，冒着弥天大雪，人不解甲，马不卸鞍，两天强行军 300 余里，赶回晋西北，浴血奋战 20 余天，收复宁武等七个县，把日军赶到大同、朔县附近，使晋西北局势转危为安。8 月，贺龙派李井泉支队挺进绥远，收复陶林、乌兰花等地，开辟了大青山根据地，从而奠定了晋绥边区的基础。

（2）

贺龙率领120师在晋西北收复七城以后，国民党第二战区总司令阎锡山却加强了与八路军的对抗，不准八路军在晋西北筹粮、筹款，抗日统一战线面临新的挑战。这时，由于王明思想的影响，有人幻想用迁就、让步的办法来维护统一战线。贺龙对此不能容忍，尖锐地批评说：“这叫什么统一战线？乱弹琴。这明明是捆住自己的手脚，让人家把你搞掉嘛！”

1938年7月7日，国民党岚县县长主持召开纪念抗日战争一周年大会。由阎锡山手下一个叫张巂轩的专员主持。120师司令部就在岚县城内，部队驻扎在岚县一带，他们既不与120师商议，也不和他们联系。贺龙得知此事后，稍加思忖，便说：“走！”

他来到会场，以与会一员的身份坐在群众中参加纪念会。

张巂轩主持下，台上几个讲话的大卖狗皮膏药，吹嘘自己如何抗日，如何爱民，吹捧阎锡山，对八路军则进行污蔑和诽谤，还说什么春耕忙，粮食没了，军队不要随便筹粮筹款，要吃饭就得拿钱买，不讲抗日，意在阻拦八路军筹粮筹款。这时有人告诉张巂轩说：“贺龙师长就在台下。”

张巂轩一下子被动了。在会议要结束时，只好增加一项议程，请贺龙上台讲话。贺龙正坐在人群中，从从容容地走上主席台。他坐下后，首先一声哈哈大笑，然后说道：“我今天不代表什么人，我只是一个普通的老百姓。我要问，抗日要不要吃饭？”

台下的群众说：“要吃饭。”

“没钱怎么办？”

“你政府解决。”

“吃了饭要去抗日；不抗日，没饭吃。”贺龙说，“我们老百姓组织起来打日本鬼子，有什么罪？为什么这也限制，那也限制？我要问：二战区的官老爷们，你们是怎样抗日的？日本鬼子向前进攻，你们的晋绥军就望风而逃，向后撤退。溃退下来的军队到处抢劫老百姓，简直如同土匪。这是抗日吗？”

贺龙一连串的质问，让张巂轩等人十分狼狈，面面相觑。台下的听众情绪却一下子振奋起来了。这时贺龙挥动着手臂，继续讲了下去：“我们八路军和你们相反，日寇向南进犯，我们坚决北上抗日，深入敌后。你们失陷的城镇我们夺回来，我要问你们，你们口口声声说阎司令长官，宁愿在山西牺牲，不愿到他省流亡，为什么日寇还离你们几百里，你们的阎司令长官就跑到陕西宜川一带，寻找安身之处，这是什么抗日？”①

贺龙越讲越有劲。在场的副师长萧克使劲地扯他的衣服，贺龙也没理，还是讲自己的，对国民党不准八路军筹粮筹款进行斗争。

然而，他始料不及的是，党内有人却对他坚持独立自主、进行原则性斗争的做法产生误解，认为他这样的态度会损害统一战线。会后，120 师内部有人批评他在庆祝大会上的讲话“把统一战线骂坏了”，不能这样尖锐。有人还给党中央写了一封信，反映他们的意见，并建议将贺龙调出 120 师，去中央党校学习。

这件事使贺龙极为烦恼：批评这些人不抗日，不准八路军筹粮，错在何处？难道只有自己捆住自己的手脚，一切听阎锡山摆布，才算统一战线？他的结论是：“如果那样，我贺龙决不干。”

师政委关向应是个很细心的人，对于一些同志的意见，思之再三，认为并不妥当，便赶到延安，向毛泽东当面请示。

毛泽东已看到了那封信，立即专门就这件事同关向应谈话，批评了信上的错误看法，对关向应说：“二方面军谁是旗帜？是贺龙。贺龙同志有三条嘛，一、对敌斗争坚决；二、对党忠诚；三、联系群众。”②

这件事就这样过去了。

但是，它还是在贺龙心灵上造成了某种苦涩的阴影，他不懂，自己积极抗日，为什么反他的“军阀主义”，会有人向党中央告他的状？这一直到 1942 年整风运动讨论党内若干历史问题后，他才彻底摆脱。不过，这一事件以后，贺龙对毛泽东更加敬仰，对毛泽东的指示执行起来忠贞不二，连讲话对毛泽东的称谓也变成了“毛大帅”③。

---

①吕儒宗：《人民爱师长，师长爱人民——忆贺龙同志二三事》，原载《回忆贺龙》，第 527 页。

②③《中国元帅贺龙》，第 219 页。

(3)

1939 年 1 月,按照党中央的安排,贺龙率 120 师进入冀中平原,与冀中军区司令员吕正操会合,达成"巩固华北"的战略目标。

贺龙率部进入惠伯口后,与冀中军区会合。

两军聚餐后,在大会场召开联欢大会。

谁知联欢会的戏还没有演完,敌人就发起进攻,打过来了。吕正操的部队只有两个营,十分担心。贺龙说:"不用着急嘛,我来调部队。"叫来 716 团团长黄新廷,说:"你调一个营负责掩护。"

吩咐完毕,他笑着对吕正操说:"照常看戏嘛,看完了再走也不迟。"

在场的人慌乱的心情顿时消失。

戏一演完,贺龙便对吕正操说:"老吕,快走,别耽搁呀!看样子,敌人真的进攻了。"

贺龙大闹冀中的活剧,就这样在不知不觉之中开场了。

这是日军对冀中平原发动的第三次围攻。日军 27 师团、101 师团和独立第八混成旅团 7000 多人,分路向冀中围攻,规模比前两次大得多,引起冀中军民的很大不安。贺龙从 120 师抽出兵力,组织三个支队分赴各地,给他们的任务是:巩固已有的军分区部队,协助那里的地方党组织群众,扩大抗日武装。

日军第 27 师团的宫崎联队进入河间后,远离据点,抓丁抢粮,贺龙派出一个团突然出击,一下子消灭他们 150 余人。

日军突然受到打击,非常震惊,开始不知道冀中来了"老八路",以为是一打就跑的游击队干的,倍感受辱,于是司令官派出步骑兵一千多人,前来报复。贺龙料定了日军这种狂傲的心理,便在其必经之路——大曹村埋伏一个主力团。结果,日军在毫无准备的情况下又出其不意被歼灭 300 余人,一个大队长也被打死。

随后,贺龙率领师机关转移到滹沱河以南,突然遇到了从献县、安平出来的三四百日军。师部有将无兵,随时可能被人家吃掉。但是,敌人为过沧石公路配合冀南"扫荡"的部队,行程匆匆,竟然没有发现他们。贺龙弄清这一情况后,急令从大青山刚刚赶到冀中的 715 团,抓住这伙日军急于过沧石路而无心恋战的心理,狠狠打了一下,然后撤离,这次又歼灭 130 余名鬼子。

日军虽然连遭三次重击，但仍然不相信冀中来了“老八路”，没有把对方放在心上。河间日军照样派兵抓丁抢粮，只是不敢走得太远。他们双日出东门，单日出西门。贺龙抓住这个规律，派716团单日到城西的黑马张庄打伏击。不用说，抢粮的日军如期进入伏击圈。但是，打起来，日军连续三次增兵，总兵力达到450多人，与716团在黑马张庄对峙起来了。贺龙认为，此时只要设法使日军无法增兵，就能发起攻击，取而胜之。于是，命令三纵队31大队佯攻河间县城。日军被迫两面作战，无法再行增兵了。716团趁机发动猛攻，歼灭了130多人，日军熬到半夜，顶不住了，急匆匆地退回城里去了。

就这样，在一个月内，贺龙指挥120师打了四次胜仗，歼灭日军400多人，这在冀中平原上是从未有过的大胜利，引起了很大反响。日军震惊了，终于明白遇到“老八路”了，而且对方是赫赫有名的贺龙。第三次围攻只得偃旗息鼓，收了兵。

贺龙来到了冀中，无论是地方政权、冀中武装还是冀中人民对抗日胜利的信心一下子提高，被日军第三次围攻弄得惊恐万状的冀中平原稳定了下来。

几个月后，1939年8月，贺龙奉党中央命令率领120师离开冀中，返回晋绥。冀中军区司令员吕正操回想八个月与贺龙戎马相随、朝夕相处的情景，恋恋不舍，惋惜地说：“贺老总，你知道，过去我是个旧军人，没有经过长征锻炼，也没搞过土地革命，对咱们八路军这套东西还没有学会，还需要你继续帮助，你却要走了！”

贺龙哈哈大笑，回答说：“你常说你是个旧军人，就算个‘小军阀’吧，那算个啥！我在旧军队里当过镇守使、师长、军长，可是个‘大军阀’呢。但一找到共产党，跟上毛主席，有了觉悟，就有个‘突变’嘛！过去的事提它干啥，要紧的是跟着毛主席干革命，风吹浪打不回头！”①

贺龙回师晋绥之后，于1940年1月15日在晋绥根据地首府——兴县举行了具有历史意义的军、政、民代表大会，成立了晋绥边区行政公署，推选抗日爱国人士、国民党元老续范亭为行署主任。

---

①吕正操：《贺龙同志在冀中》，原载《回忆贺龙》，第471页。

11.“我希望你唱个花脸。”

贺龙在战场是一员威震敌胆的名将，“他指挥的 120 师和晋绥军区部队，在抗日战争中打了一万多次仗”。[①]但他文化水平不高，因此十分重视部队的文艺体育工作。

1942 年，在延安文艺座谈会前后，贺龙回到了延安。这时，国民党发动的第二次反共高潮达到顶点，文艺界也出现了一股反动逆流。王实味抛出了《野百合花》等文章，向党进攻。一天中午，贺龙去向毛泽东请示工作，正值刘白羽向毛泽东汇报文艺界的思想情况。毛泽东热情地留贺龙和刘白羽共进午餐，仔细询问了边区的文艺工作，并针对文艺界的状况，对贺龙说：“这种不正之风，必须刹住，得有人来讲讲，我希望你唱个花脸。”[②]

遵照毛泽东的指示，贺龙积极投入了这场战斗，非常严厉地抨击了王实味等人。他说：“这些钻进我们队伍的烂文人，企图用写文章的办法，整垮我们党，是痴心妄想。秀才造反三年不成，不用说三年，十年二十年也休想得逞！”[③]

---

①周士第：《回忆贺龙同志》，原载《回忆贺龙》，第 43 页。

②中共山西吕梁地区委员会、中共山西兴县委员会：《贺龙同志在晋绥》，原载《怀念贺龙》，第 245—246 页。

③廖汉生：《贺龙同志是一个好同志》，原载 1977 年 7 月 29 日《新华日报》。

12.“我带的部队，旁人也能带”

1947 年 3 月，蒋介石全面进攻解放区严重受挫，转而集中主要兵力对东西两翼的山东和陕北实施重点进攻。

这时在陕北的解放军只有四个野战旅，约 1.7万人，在兵力对比上，处于绝对劣势，毛泽东等人决定诱敌深入，必要时放弃延安，再与敌周旋在延安以北的黄土高原，在运动中集中兵力逐次歼敌，将进攻陕北的胡宗南大军拖死在陕北战场。

陕北即将开战，谁来统率这 1.7 万人呢？

论情理，应由贺龙来指挥。

因为他是陕甘宁晋绥联防军司令员，1.7 万兵力就是他管辖之下的晋绥野战军两个纵队，将领、部队情况最熟悉。

然而，这只是贺龙仅有的部队。1945 年 8 月日本投降时，毛泽东派贺龙去晋绥担任野战军司令员。1946 年 11 月上旬，他刚将晋绥地区的野战部队整编成三个野战纵队，中央军委便下令调第一纵队西渡黄河，保卫陕甘宁解放区。贺龙二话没说，亲自来到山西临县三交镇，动员手下的干部们服从命令，愉快执行保卫延安的任务。1947 年，他还托人捎话给第一纵队说：“你们的任务很光荣。毛主席在陕北，要保证毛主席和党中央的安全。要多打胜仗，多消灭敌人，听彭老总的指挥，这样才对得起党和人民。”不久胡宗南进攻延安，中央军委再次下令调晋绥野战军第二纵队开赴陕北。贺龙再次不折不扣地执行命令，送王震率部过黄河，投入保卫延安的战斗。

这样，贺龙麾下两个纵队去了延安。对于长期带兵打仗的人来说，都是韩信点兵多多益善。而贺龙虽然还是晋绥野战军司令员，身边却只有一个野战纵队，这在不少人看来贺龙多少有些兵力不足。

眼看胡宗南对延安的重点进攻就要开始了。彭德怀是个急性的人，向毛泽东提出说：“在贺龙同志未回延安之前，陕北几个旅加上后勤人员也不过两万来人，是否由我暂时指挥？”

毛泽东表示同意，说：“好！”

这样，3 月 16 日，中央军委决定组成西北野战兵团，由彭德怀任司令员兼政治委员。陕北地区的部队从此统归彭大将军指挥了，贺龙手下的两个纵队划归了西北野战军。3月19日，毛泽东等人主动撤离延安，党中央和陕甘宁边区部分领导机关撤到晋西北，贺龙领导的晋西北成了西北战场的后方。

7月末，党中央再次指示贺龙把晋绥野战军的野战纵队——第三纵队调拨给西北野战军，这样贺龙身边最后的一个纵队也被调走了。随后，贺龙便集中全部精力，组织力量支援西北解放战争。对此，贺龙有什么想法？他曾对部属说：“军队是党的军队，不是哪个人的。我带的部队，旁人也能带，军队要有党指挥嘛！”

为了支前的需要，贺龙把陕甘宁和晋绥两个区域的财政统一起来，亲自兼任西北财经办事处主任，再将联防军后勤系统的财务和供给两部门合并，在陕甘宁各地组织起各级兵站，于是乎，野战部队走到哪里，便可在哪里得到供应，解放战争顺利进行。

在轰轰烈烈的解放战争中，征战四方的贺龙几乎是在后方“办后勤”。但是，毛泽东并没有忘记这员虎将。

1949年10月开国大典后不久，党中央决定组成中共西南局挥兵入川。西南局由邓小平、刘伯承、贺龙分任第一、第二、第三书记，其中贺龙为西南军区司令员，这就是说，毛泽东让贺龙掌管西南地区的兵权。

从1947年起，贺龙就没有带兵出征了，毛泽东又让他挥兵入川，在中央军委会议讨论进军西南的问题时，其中就要确定贺龙带哪些部队入川。

毛泽东问贺龙说：“贺老总，你看，你带哪支部队入川？”

现在，贺龙的手上没有一兵一卒。带哪支部队入川？还真是个问题。作为指挥员，当然希望带自己熟悉的部队，但是，贺龙原来的那些老部队，经过三年解放战争，都已成了第一野战军的主力，正在彭德怀指挥下解放西北广大地区，还要进军新疆。一野的兵力本来就不多，怎么能从彭老总那儿抽出一个兵团呢？贺龙想来想去，觉得华北野战军第十八兵团比较合适，一则，他们正在秦岭和天水一线，其所处位置，进川比较方便；二则，第十八兵团司令员周士第，抗战时期是他的参谋长，曾长期一起共事，彼此比较了解，可以合作得很好。于是他向毛泽东建议说：“我还是带十八兵团入川吧！”

“很好嘛！”毛泽东表示同意。

经过中央军委研究，确定第十八兵团、第七军、第十九军共十四个师，由贺龙率领从陕西入川。

这时有些长期跟随贺龙的人有点想法。他们悄悄问贺龙说："老总，你为什么不带你自己带出来的部队进川呢？"

"怎么，不可以吗？为什么一定要带我从前领导的那些部队呢？"贺龙不满意地反问说，"军队是党领导的，不是我贺龙个人的。如果我不带十八兵团，非要带自己领导出来的部队，那我贺龙就不像个共产党员了。"

听了这席话，人们除了敬佩和折服，还能说些什么呢？

1949 年 8 月 29 日，第十八兵团发动秦岭攻势，向防守川陕公路正面秦岭要隘的胡宗南部发起攻击。胡宗南认为，共产党军队必定采用三国时邓艾伐蜀之策，度阴平，出碧口，直取成都的战略，决不会舍近而求远，经两湖远道进川。谁知贺龙一发起攻击，刘伯承指挥的二野部队一路快速西进，先后解放贵阳、遵义，进入了川东。12 月 6 日，贺龙率指挥部从西安出发，直下川西，21 日，与刘伯承发起成都战役；27 日成都解放。

1950 年 3 月末，刘、邓、贺指挥解放军解放西昌，云贵川康四省回到人民怀抱，中国大陆除西藏外的解放战争基本结束。从此，贺龙结束了驰骋沙场 43年的戎马生涯，马放南山，开始转入国家建设工作之中。

13. 本色与个性

(1)

贺龙从小就识字不多，但会写自己的名字。他下达命令的时候，总是把自己的名字写在战士的左手上。战士回到自己的连队，背诵完命令，就举起左手，出示贺龙的亲笔签名。

1927 年南昌起义失败后，贺龙开始读书写字。他几乎全凭记忆，每学一篇课文，就反复诵读，直到学会了所有的字为止。[1]

---

①《十大元帅之谜》(上)，第 280 页。

(2)

贺龙给人的印象是爱叨着一只烟斗，嘴巴上有浓黑而整齐的胡须，因此他有个外号，叫“胡子”。胡子可以说是他最有特色的个人特征。

他为什么留胡子呢？

贺龙有自己的解释。一次在战斗之前，他来到红 11 团，检查伏击战的准备情况。几位战士感到好奇，眼睛老盯着他那黑茸茸的胡子。贺龙猜透了他们的心事，手轻轻摸摸胡子，笑着说：“怎么？我的胡子有点稀奇古怪吧？”

战士们嘿嘿地笑。

贺龙告诉说：“我 18 岁就留胡子了。那时候军阀地主都讲究留胡子，充神气。龟儿孙子没什么了不起！老子是穷哥儿也留胡子，怕你？”

停了停，他换了一个口气，接着说道：“不过，同志们，我可不赞成大家都留胡子。要是都留胡子，那我们不变成胡子军了吗？”

在一阵欢笑声中，贺龙走了。

“老子是穷哥儿也留胡子，怕你？”这就是贺龙对自己留胡子的解释。有趣的是，在红二方面军时，任弼时、关向应都留着长胡子，他们手下的大将王震也是胡子一大堆，脸上也是胡茬。贺龙和政委关向应下棋。谁输了，就得把胡子剃掉。

(3)

贺龙非常健康强壮，喜欢骑骏马。

1932 年，在陈家河伏击战中，红 2 军激战 4 个小时，全歼敌 12旅，活捉旅长张联华。营长杨嘉瑞缴获了一群战马，其中一匹大红马是敌旅长张联华的。他们连人带马，叫战士们给活捉了。这匹大红马四个牙，火眼金睛，躯长身瘦，细腿伶仃，趵蹄成坑，浑身毛色火炭般红，它一上了路，便甩开鬃毛，四蹄腾空，像搏风击云的流星一样。杨嘉瑞对战士们说：“这匹大红马要是送给贺老总骑上，一定会更加威风。”

大家都说：“好！”

杨嘉瑞来到马厩，牵出大红马，送到了贺龙那里，说：“老总，这是送给你的礼物。”

贺龙对这匹马上下端详了一下，拍着马脊背，乐呵呵地放声大笑：

“嘉瑞，你眼力不错啊，是匹好马！”

杨嘉瑞说：“这匹马只有老总骑上合适！”

以后，贺龙就骑着这匹大红马驰骋在江汉之间的疆场上。白军见了这匹马，吓得丧魂失魄，没命地逃窜；苏区群众看见了大红马，就欢天喜地，奔走相告，“嗨，贺胡子来咱们庄了！”

（4）

贺龙除了爱骑马和抽香烟外，还有一个嗜好，就是钓鱼。

他有一支在战斗中缴获来的钓鱼竿，在连日战火的戎马生活中，成了他唯一娱乐的工具，也常常是他用来改善生活的用具。在战斗空隙，战士们在清早或傍晚，往往看见他一个人坐在河岸上、塘池边钓鱼。

只要钓到鱼，他不管碰到哪个战士，也不管认识或不认识，老远叫住他们，笑嘻嘻地说：“喂，把这鱼拿给司务长，改善改善生活去！”

一次，敌机轰炸扫射。贺龙招呼着任弼时政委说：“走，躲躲去。”

“去哪里躲呀？”任弼时问道。

“到河沟钓鱼去！”

于是，两人一同走下山，在一处池塘旁边坐下了，贺龙拿出了钓鱼竿。尽管敌机在头上轰炸、扫射，他们若无其事，照旧坐在池塘边的柳树荫下钓鱼，神态是那么镇静自若，就像根本没有发生轰炸似的。

突然，池塘水面荡起了波纹。贺龙迅速拉起钓竿，一条鲤鱼顺着鱼钩，在水面上蹦跳起来。他从钩上取下鱼交给警卫员，转头对任弼时说：“这次战斗，我们也要放长线，钓大鱼！”

（5）

贺龙能征善战，英勇无敌，无论是在湘鄂西边区，还是在抗战时期，人们到处传说他就是一条天上下凡的龙，敌人也对他十分害怕。

1939年，八路军120师在贺龙、关向应率领下，由晋西北转战数千里，来到了冀中平原。

一天，房东家的孩子匆匆跑过来，对贺龙气愤地说：“贺伯伯，街上贴了一张反动画。”

贺龙听了，便对他说：“画的什么？讲给我听听。”

孩子红着小脸，攥着小拳头说：“可恶透了，你去看看。”

贺龙便牵着他的小手，一起去看这张反动画。

原来街头上贴着画画着一条灰龙正在吃小孩子。周围不少人正围着看，议论纷纷。他们看见贺龙来了，纷纷报告说：“敌人造谣，这是辱骂咱们的贺师长，快撕下来！”

贺龙看了看这张漫画，笑着说；“你们大家看我像不像那条可恶的灰龙？”说得大家笑了起来。

接着，贺龙语重心长地说：“敌人很愚蠢，妄想破坏八路军和人民的骨肉关系，这是妄想！大家不会上当，对不对？”

大家齐声回答：“对！”①

(6)

贺龙率领的120师战斗在晋西北，成为保卫延安的门户。

在抗战最艰苦的时候，部队连黑豆都吃不上，只好吃瓜叶、树叶。但就是在这样艰苦的时候，贺龙心里还总是想着党中央，只要延安有困难，部队能搞到的东西，他总是千方百计想法送过去。一次，部队在战斗中缴获了一些日本军大衣、毛毯，贺龙命令部队集中起来，准备送到延安。他手下两员大将廖汉生和黄新廷各自留了一件军大衣，被贺龙看见了。他当即命令他们：“脱下。”

然后，他对他们说：“我们这里很困难，可延安、党中央更困难。”②

(7)

贺龙是一个爱嘻闹的人。在延安的时候，他负责边区的财政工作，工作之余喜欢在街上逗弄孩子，常常突然抱起一个小孩，任他挣扎着，夹在腋下走半条街，然后放他下来，用一个铜板或一块糖哄得他高兴。③

---

①吕儒宗：《人民爱师长，师长爱人民——忆贺龙同志二三事》，《回忆贺龙》，第529—530页。

②廖汉生：《贺龙同志是一个好同志》，原载1977年7月29日《新华日报》。

③《十大元帅之谜》(上)，第280页。

(8)

贺龙生性活跃，也十分健谈，一有空就爱和战士拉家常、谈思想、讲故事、扳手劲……尤其是他与战士讲起故事来，手舞足蹈，诙谐有趣，十分生动。

他常常讲起他年轻富有传奇性的一些事情："年轻的时候，只要一提起我贺龙的名字，地主马上就会收拾细软逃命。那些传言说贺龙要来了，还有好几里地远，我就敲响了地主的大门，微笑着说：'哈，我来了！'"

说罢，贺龙和战士们一起得意地笑起来了。

贺龙喜欢开玩笑，一次有人问他，为什么他有三万人的队伍，却说只有一团人，他扬起头来哈哈大笑说："我数不过来！"①

(9)

在晋西北的时候，一次，贺龙到一家贫苦的烈属老大爷家去慰问。

老大爷见是贺龙，怕土炕脏，急忙找来一块毯子铺上再请贺龙坐。贺龙急忙制止他，一屁股坐在铺着破席子的土炕上，和老大爷攀谈起来。

老大爷十分感动。

接着，贺龙拿出一支雪茄烟送给老大爷抽。老大爷把烟捏在手里，贺龙好几次给他点火，他总是说："等一会儿再抽。"光捏在手掌里不肯吸。

贺龙走后，老大爷高兴地对老伴说："你知道刚才来的是谁？"

老伴回答说："准是八路军当官的。"

老大爷高声叫起来："哎呀！你真糊涂。他就是咱们的恩人，有名的贺师长呀！"

老伴听了，一个劲后悔没仔细看看贺龙。老大爷对她说："我一眼就认出来了。现在，你快拿一块干净的布来吧，我要把宝贝包起来。"

---

①《十大元帅之谜》(上)，第 280 页。

老伴忙找来一块干净的布，小心地把这支雪茄包好，然后老大爷把它藏在了柜子里。

过了一年，由于作战转移，120 师又来到了这个村子驻防，贺龙再次去看望这位老大爷。

老两口非常高兴，特意泡了一壶茶，请贺龙喝。贺龙进了屋，坐在炕头上，谈起了家常。说了几句话，贺龙掏出大烟斗，准备抽烟。老大爷像想起什么似的，忙对贺龙说："先别抽，等一等。"

贺龙感到奇怪，老大爷打开柜子，取出了那个包着雪茄烟的小布包，很小心地打开，把烟拿在手中，递给贺龙说："这是我的心意，抽这支烟吧！"

贺龙紧紧握住老大爷拿着烟的手，问他说："这支烟为什么要留这么久？你自己为什么不抽？"

老大爷激动地说："万没想到你还会来看望我们这没用的老人。就用这支烟来表表我的心意吧！"

贺龙高兴地笑着，对老大爷和老大娘说："你们是烈士的父母，怎么是没用的人，是我们的亲人嘛！这支烟还请你们留下。"说着便吸起大烟斗来。①

（10）

1946 年 11 月，山西兴县同善村的农民高占维到部队找儿子，结果碰上了贺龙。

贺龙听高占维说要儿子回去结婚时，马上写了两封信，一封给老人的儿子高来元，叫他随父回去结婚后再来部队，一封给高来元所在团的团长，要他在工作许可的情况下准小高的假。

高来元闻讯赶来，见着父亲，问明了情况后，发现父亲欺骗了贺老总，心里非常难过。他给贺龙写了一封信，说明父亲由于思想糊涂，欺骗首长，表示要说服父母，坚守岗位，以实际行动报答首长。②

---

①吕儒宗：《人民爱师长，师长爱人民——忆贺龙同志二三事》，《回忆贺龙》，第 530—531 页。

②《山西日报》记者：《贺龙同志在晋绥》，原载《回忆贺龙》，第 516—518 页。

(11)

1947年春一个早晨,贺龙在河边散步,碰到两个到部队看望伤员的家属。

交谈中,他得知他们没有了回家的路费。

贺龙当即领着他们来到晋绥行政公署,由行署安排他们吃了饭,还发了路费。

两个老汉出了行署门,走了还很远,突然想起河边碰到的那个人是谁呀?就返回去,问行署门口带枪的人:"那位胖胖的、留着短须的人是谁呀?"

"是咱们的贺老总呀!"

当他们听说带自己到行署的是贺老总时异常感动,呆愣了一阵才说:"啊呀,原来他就是贺司令员,真是名不虚传,处处为老百姓打算,管大事也管小事!"

(12)

贺龙有两则流传甚广的令部下调换住处的故事。

一次是在抗战时期。

一天,贺龙从临县返回兴县,途中来到了八路军驻防白文的一个营,结果发现营长自己住在楼上,却让炊事员住在放马草的棚子里。他十分生气,立即亲自把这个营长的行李搬到下面,把炊事员的行李搬上楼,然后严厉地批评了那个营长。[①]

一次是1952年贺龙在西南局的时候。

一天,贺龙到部队检查工作,发现执勤的一个工兵连住着简陋的工棚,连电灯都没有,生活很艰苦。而分管这个连的干部却住着舒适的楼房,还为其建造了漂亮的办公楼。贺龙很生气,当场下命令:"这房子不准他们住,不但不准住,而且还要作检讨。叫他们搬出来,让给执勤的

①《山西日报》记者:《贺龙同志在晋绥》,原载《回忆贺龙》,第516页。

连队住！”

然后，他又派人把重庆北碚某部政委找过来，严厉地批评说：“这个连就在你们眼皮底下，你们却对战士们的困难和疾苦视而不见！”

最后他命令他说：“把房子腾出来，让工兵连住！”①

(13)

全国解放后，一次军委副主席贺龙来到了青岛海军学校视察。

结果，他却走进欢迎他的仪仗队中，和张三拉拉手，问问李四家在哪里，中午又在院子里和学员们蹲成一圈吃大锅饭，闹得偌大的一个食堂空着。

苏联高级顾问很不高兴。

贺龙说：“我就看不惯这一套。”

(14)

贺龙的身体很健壮，朱德就说过：“我在长征中，一次也没有看见过他现出疲惫的样子。好几次，他还背着负伤的战友呢！”②

贺龙当副总理的时候，有关部门派曾昭耆给他当保健医生。贺龙身体好，很少找曾昭耆，曾医生只好偶尔去他家看看，可也没什么事要做。后来，他只好随贺龙下乡，看见哪个老乡脸色不好，就给他们看病，住在招待所，就给服务员们看病。

一次在广州，贺龙和几位老同志一块吃饭，卫生部一位负责人趁机向他们宣传卫生知识。贺龙听了一会儿，觉得他片面强调保护，就风趣地打断他的话：“你年纪比我轻，对吧？你又懂那么多养身之道，那我们明天来个散步比赛，看谁赛过谁，好吗？”说得那个同志不知怎么对答好。

事后，这位负责人找到曾昭耆，解释说：“我体弱多病，赛不过贺老总，要请你代我说明一下。”

---

①王尚荣：《缅怀功勋卓著的贺龙同志》，原载《回忆贺龙》，第60页。

②晓亮、文军主编：《十大元帅之谜》(上)，第281页。

曾昭耆笑说："贺龙同志不过是批评你宣传消极，劝你积极锻炼罢了，当他真的要和你比赛啊？"

（15）

1967年，贺龙根据周恩来的指示，制定了作息时间表，如饥似渴地学习毛主席著作。他在《毛泽东选集》上做了许多标记，摘抄了许多毛主席语录，并根据毛泽东的教导对照自己，对过去每个时期的工作作了详细的回忆和检查，最后他的结论是："跟着毛主席就是胜利。"

1968年3月26日，贺龙正在学习毛泽东的《关于正确处理人民内部矛盾的问题》，突然发病，讲不出话来。当拿毛主席像给他看时，他立即把毛主席像抱在怀里。①

14."毛主席要我干，党中央要我干，我就干！"

1952年9月一天，西南军区司令部办公室直通北京的电话响了，贺龙拿起听筒，是邓小平打来的："贺老总，我给你找了个好差使，请你出马喽！"

邓小平是政务院主持日常工作的副总理。

"什么好差使嘛？"贺龙问。

邓小平告诉贺龙说，政务院最近决定组建中央体育运动委员会。共青团中央给刘少奇写报告建议说："委员会主任委员，最好请贺龙那样的一位将军来担任。"

接着，邓小平说："总理和我商量，准备同意他们的意见。"

新中国成立后，我国体育事业还是一片空白，毛泽东认为要关心人民健康，就要重视发展体育事业。团中央主管体育工作，曾向党中央建

---

①廖汉生：《贺龙同志是一个好同志》，原载1977年7月29日《新华日报》。

议建立一个政府部门，由贺龙来分管这项事业。毛泽东等人决定建立国家体育运动委员会。邓小平便推荐贺龙兼任体委主任。因为贺龙非常关心体育,在战争年代非常重视部队的体育活动,他在120师组织的战斗篮球队曾名扬全解放区。

但是,贺龙沉默了片刻,然后问道:“主席的意见呢？”

邓小平说:“毛主席也赞成,认为你最合适。”

听邓小平这么一说,贺龙什么也不问了,十分干脆地回答:“好,小平同志,老规矩,中央叫我干,我就干！”①

1952年11月15日，周恩来主持中央人民政府委员会第十九次会议,贺龙被任命为国家体育运动委员会主任。

1953年4月,贺龙来到北京,主持第一次全国体育工作会议。第二年在第一届全国人民代表大会上，贺龙被任命为国务院副总理、国防委员会副主席并兼国家体委主任。从此，新中国的体育事业走向了腾飞之路。在贺龙的领导下,体育工作发展很快,体育健将打破100多次世界纪录和400多次全国纪录,获得12项世界冠军,工人、农民、干部做操练拳,打球跑步,蔚为风尚。对此,贺龙也十分欣慰,曾风趣地对人说:“我当体委主任,是周总理和邓小平同志点的将,是毛主席下的令,毛主席要我干,党中央要我干,我就干！”②

1954年9月,在毛泽东等人的提议下,贺龙担任中央军委常委,开始参与军队许多重大问题的决策。

15. 军委副主席主持日常工作前后

1959年9月，党中央成立了新的军事委员会，毛泽东为主席,林

---

①水工:《中国元帅贺龙》,第294页。

②荣高棠:《社会主义体育事业的开拓者——纪念贺龙同志逝世十周年》,原载《回忆贺龙》,第604页。

彪、贺龙、聂荣臻为副主席。由林彪主持军委日常工作。

1963 年 9 月,毛泽东在中南海召开政治局常委扩大会议,研究有关新疆维吾尔族自治区的若干问题。

在会议最后,毛泽东提出说,林彪的身体不好,实际上主持不了军委日常工作,建议由贺龙同志主持军委日常工作。[①] 政治局的同志都表示同意。

这样,主持中央军委日常工作的重任落到了贺龙身上。

1963 年 12 月下旬,负责军事训练工作的叶剑英到南京军区参加推广“郭兴福教学法”现场会,认为很好,回来后给中央军委写了一个报告,建议在全军推广“郭兴福教学法”。贺龙积极支持这个建议,请总参谋长罗瑞卿将报告呈送给毛泽东,并得到了批准。

随后,全军大练兵运动轰轰烈烈地展开。

1964 年 6 月 15 日、16 日,毛泽东、刘少奇和所有在京党和国家领导人来到了北京西山、阳坊和十三陵,观看从北京军区和济南军区抽调的尖子分队的比武汇报表演。大家对大练兵表示肯定。随后,毛泽东与贺龙谈了几次话,强调要普及“尖子”的经验,尤其是“夜老虎连”要推广普及。

9 月 16 日,贺龙传达说:“我已向毛主席说了,三年可以把‘尖子’经验推广开来,普及全军……普及工作要造成声势,雷厉风行;要像今年推广‘郭兴福教学法’和搞游泳训练一样,抓好普及工作。一定要搞出点成绩来。”

12 月,林彪派他的老婆叶群带一个工作组来到广州军区某部蹲点,名曰大兴调查研究之风,实则搜集大比武的罪证。叶群在这个团蹲了一个月,随后写出一份调查报告,其中列举出大比武中出现的形式主义等缺点,认为大比武冲击了政治。其实,林彪此举意在打击大比武的组织者、总参谋长罗瑞卿。

1965 年 12 月,党中央在上海召开政治局扩大会议。

在会上,叶群历数了罗瑞卿的“罪状”,指责他“个人主义野心已经发展到了野心家的地步,除非林彪同志把国防部长让给他。他当了国

---

①水工:《中国元帅贺龙》,第 352 页。

防部长又会要求更高的地位,这是无底洞。”“罗瑞卿掌握了军政大权,一旦出事,损失太大了。”①

空军政委吴法宪、海军副司令李作鹏等人也在会上发言,附和叶群。

但是,贺龙是支持罗瑞卿的,对叶群的发言甚为不满。开会回家后,他便对妻子薛明说:“今天,叶群一个人在会上就讲了好几个钟点,中间还不断插话。”

薛明好奇地问:“叶群发言说什么?”

贺龙说:“她说了罗瑞卿那么多坏话,有的离奇得很。叶群说,罗瑞卿要取代林总当国防部长。罗瑞卿会做得出来吗?不,不会的。我看叶群的话是靠不住的。”

会议第四天的傍晚,叶群突然来到贺龙家,拜访薛明,并且对薛明说:“林总很关心贺总,让我代他问好。”

薛明说:“不敢当啊!请代我们向林总问好。”

彼此闲谈了一会儿,叶群就客气地告退了。

出于礼貌,过了一天,薛明前往林彪的住处回访。叶群似乎很热情。寒暄之后,她说:“1965 年 8 月 1 日,《人民日报》上刊登的《中国人民解放军的民主传统》那篇文章,是林总决定用贺总的名义发表的。你知道为什么吗?林总考虑,贺总在群众中威望高,特别近几年来在国防建设上有功。”

叶群还说:“过去我多年不到你们家里去,是因为怕贺总骂我。薛明,说真的,我摸不透贺总的脾气。”

薛明弄不清叶群说这些话的目的是什么,只好说:“你是贵人,太忙了。”

叶群突然说:“过去你说了我那么多坏话,只要以后不再说了,我也就既往不咎了。”②

薛明说了叶群什么“坏话”,让叶群如此耿耿于怀?这是在延安时期的事了。

---

①水工:《中国元帅贺龙》,第 368 页。

②水工:《中国元帅贺龙》,第 368—369 页。

这得从叶群个人的历史说起。叶群原名叶宜敬，又叫叶瑾，出身于国民党高官家庭。1937 年七七事变以后，她在南京国民党电台当过广播员，参加过青年战地服务训练班，曾与国民党教官关系暧昧，她还参加过三青团举办的“一个党一个主义一个领袖”演讲比赛，并为国民党 CC 派办的壁报供稿。薛明曾随平津学生赴南京请愿，知道叶群的这些历史。1942 年延安整风时，贺龙去部队视察了，林彪去了重庆参加国共谈判，薛明出于对叶群的关心，找她谈南京的事。叶群承认在南京讲演过，内容是三民主义，并说过“只有蒋介石才是我们唯一的领袖”的话，薛明要她去向组织交待。谁知叶群当场耍赖，又哭又闹，满地打滚，说薛明趁林彪不在要害她。薛明觉得事情不好办，就把她拉到中组部组织科长王鹤寿那里去了。①

叶群指的“坏话”，就是这样一些事情。

薛明说：“过去的事，你我都清楚。”

大概是叶群没有得到她所要的话，林彪对贺龙不放心了。

上海会议开了七天，8 月 15 日结束。这一天，以前一直在养病的林彪亲自召开军委常委会，罢免了罗瑞卿的职务，也不让贺龙主持军委日常工作。在罗瑞卿罢官后，林彪正式复出主持军委工作了。

16.“二月兵变”

1966 年 6 月，“文化大革命”兴起。

八届十一中全会后期和会后的一段时间，中央政治局和书记处连续召开党的生活会，解决刘少奇、邓小平的问题。一次开会前，毛泽东碰到了贺龙，问贺龙道：“贺老总，你发言了没有？”

“还没有发言。”

贺龙如实报告。毛泽东又问道：“怎么不讲一讲？”

---

①水工：《中国元帅贺龙》，第 369 页。

贺龙把身板挺了挺,说:“报告主席,我上不了纲。”

毛泽东看了他一眼,没有说话,径直走上了他的座位。①

秘书见此情景悄悄地提醒说:“老总这种态度不是给主席难堪吗?”

贺龙说:“这有什么?在主席面前,就是应该有什么说什么。如果人人都不说真话,主席不了解真实情况,那么,党怎么好得起来呀!”

不久,军委的生活会不开了,很多人不知为什么,问贺龙:“贺老总,你说生活会怎么不开了?”

贺龙说:“我的同志,再开下去不得了,还要上纲呀!”②

贺龙对于“文革”的态度引起了一些人的注意。

7 月 27 日,在北京师范大学群众大会上,“中央文革小组”顾问康生告诉说:“今年 2 月底、3 月初,彭真他们策划政变,策划把无产阶级专政推翻,变成他们的资产阶级专政。他们的计划之一是把北京大学、人民大学每一个学校驻上一营部队。这个事情是千真万确的事情。”他又说:“贺龙私自调动军队搞‘二月兵变’,在北京郊区修碉堡”,“在体育口阴谋组织政变队伍”。③

其实,贺龙“二月兵变”完全是子虚乌有,是一张造反派的大字报炮制出来。

事情的起因是这样:1966 年初,根据中央军委的指示,北京军区为卫戍区组建了一个团,准备担负民兵训练任务,一时找不到营房,恰好北京各大学有部分师生在农村搞“四清”有些空房。为了应急,卫戍区派人到北京大学、中国人民大学去为这个团联系借房。事有凑巧,卫戍区借房的时间和彭真等人拟写“二月提纲”事件相近,于是北京大学团委一个干部即以《触目惊心的“二月兵变”》为题贴出大字报,提出卫戍区借房是要搞兵变的“假说”。而北京军区政委廖汉生是贺龙的老部下,于是康生把“兵变”的矛头直接指向了贺龙。

8 月 28 日,林彪把空军政委吴法宪叫到毛家湾的寓所,对他说:“贺龙是有野心的,到处插手,总参、海军、空军、政治学院都插了手。”

---

①水工:《中国元帅贺龙》,第 373—374 页。

②水工:《中国元帅贺龙》,第 374 页。

③水工:《中国元帅贺龙》,第 376 页。

“你们空军是一块肥肉，谁都想吃。你要警惕他夺你的权。”他让吴法宪把贺龙“插手空军”的情况写个材料送给他。”①

9月2日，林彪打电话给海军副司令员李作鹏，对他说：“你要注意贺龙。贺龙实际上是罗瑞卿的后台，拉了一批人来反对我。军委很快要开会解决他的问题。你就这个问题尽快写个材料。”

李作鹏照办。

林彪把吴法宪写的诬告信交给毛泽东，说在空军有一条以贺龙为代表的反党黑线，诬蔑贺龙是“黑线人物”，“要篡党夺权”。

9月14日，毛泽东把贺龙叫去了，把吴法宪的那封信交给他，要他看看，见贺龙没有戴眼镜，关心地说：“不要急，慢慢地看。”

等贺龙看完了，毛泽东笑着说：“不要紧张，我对你是了解的。我对你还是过去的三条：忠于党、忠于人民，对敌斗争狠，能联系群众。”②

贺龙坦然地向毛泽东请示：“是不是找他们谈谈？”

毛泽东摇摇头，指了指信说：“有什么好谈的？”他风趣地说：“我当你的保皇派。”③

下午，贺龙从外面回来，只是坐在沙发上，慢慢地吸着烟，脸上失去了往日的笑容。

“告我的黑状。”他突然说，嘴角上出现了一丝冷笑，“可就是没有告准！”

毛泽东同他谈话后的第三天，林彪召开了一个没有贺龙参加的军委常委扩大会，即小型打招呼会，打招呼说：贺龙的问题很严重，他担心毛泽东百年之后，贺龙会闹事，对贺龙的“夺权阴谋”要“提高警惕”。

隔了一天，19日晚上，毛泽东让秘书徐叶夫给贺龙打电话说：“经过和林彪还有几位老同志做工作，事情了结了，你可以登门拜访，征求一下有关同志的意见。”

---

①水工：《中国元帅贺龙》，第377页。

②王尚荣：《缅怀功勋卓著的贺龙同志》，原载《回忆贺龙》，第61页。廖汉生：《贺龙同志是一个好同志》。

③薛明：《向党和人民的报告——忆贺龙同志遭受迫害的那些日日夜夜》，原载《怀念贺龙同志》，第315页。

贺龙听从毛泽东的话，到毛家湾和那几位老同志那里去征求意见。

在毛家湾，林彪说：“贺老总，我对你没有意见。”

贺龙说：“不，林总，总会有一点吧？”

林彪停了一会儿说：“要说有呢，也只那么一点点，就是，你的问题可大可小，主要是今后要注意一个问题，支持谁，反对谁。”①

贺龙淡淡地回答说：“林总，我革命这么多年，支持谁，反对谁，你还不清楚。谁反对党中央、毛主席，我就反对谁；谁拥护党中央、毛主席，我就支持谁。”

林彪没有再说什么。

12 月 28 日，政治局开会，毛泽东亲切地和贺龙打招呼，叫他到前面坐。贺龙坐到毛泽东的身边了。

两天之后，12 月 30 日，江青来到了清华大学，找贺龙的儿子鹏飞谈话，说：“你爸爸犯了严重错误，我们这里有材料，你告诉他，我可要触动他啦！”又说：“你妈妈也不是好人。”接着，在一次接见群众的会上，江青又说：“贺龙有问题，你们要造他的反！”②

随后，红二方面军战史编委会被诬为“贺龙的裴多菲俱乐部”，名单到处张贴。街上的宣传车也喊出了“打倒贺龙”的口号。贺龙的家被抄走了大量的机密文件，围攻的人们挤满了庭院。

贺龙愤怒了：“这是搞的什么名堂哟！”他又说，“我得去。应该去见见他们。”

他身边工作的人都为他的安全担心。他却笑了：“难道我不了解群众？难道群众不了解我？”

妻子薛明说：“那也得请示总理呀！”

贺龙说：“那好，听总理的！”

他和薛明来到了周恩来家里，向他请示。周恩来说：“你身体不好，不能见。有什么事我顶着。”

接着，周恩来叫人接通了贺龙家里的电话，指示围攻的人们撤出

---

①水工：《中国元帅贺龙》，第 385 页。

②薛明：《向党和人民的报告——忆贺龙同志遭受迫害的那些日日夜夜》，原载《怀念贺龙同志》，第 316 页。

去,并留贺龙夫妇在他家里住了下来。

但是,在中南海的周恩来家住也不行。在林彪、江青等人的指使下,中南海也闹了起来,许多人受到了冲击。1967 年 1 月 18 日,周恩来和贺龙谈了一次话,说:“毛主席都和你谈过了嘛,毛主席还是要保你的嘛!……我本想让你住在中南海,但现在中南海也有两派,连朱老总家的箱子也被撬了。为了你的安全,另外给你找个安静的地方,去休息一下。你先去吧,到秋天我去接你回来。”①

最后,周恩来说:“我估计你一下子不会适应这个环境,你可以利用这段时间,读读马列和毛主席著作,练一练毛笔字。”然后勉励贺龙活到老,学到老,改造到老。

1 月 19 日凌晨 3 点钟,周恩来派人把贺龙夫妇送到了京郊西山一个偏僻住处。这是一所建在山腰上的平房院落,除警卫战士外,就只有贺龙和薛明两个人。

1980 年 10 月 16 日,中共中央批转的《关于康生问题的审查报告》中指出;“1966 年 7 月前后,在北京市闹得满城风雨的所谓‘二月兵变’事件,纯系康生图谋打倒彭真、贺龙同志而制造的谣言”。1982 年 10 月 16 日,中共中央《为贺龙同志彻底平反的决定》中也指出:所谓贺龙“阴谋篡夺军权”搞“二月兵变”等问题,“完全是林彪、康生等为陷害贺龙同志而蓄意制造出来的谎言。”②

17. 遭到林彪迫害致死

1967 年春,贺龙夫妇住进西山的时候,报纸上正报道上海夺权的“一月风暴”。贺龙说:“他们夺谁的权?这些老干部跟着毛主席南征北战,是有功的嘛,是为无产阶级掌权嘛,都叫他们给夺走了!”之后四川

---

①薛明:《向党和人民的报告——忆贺龙同志遭受迫害的那些日日夜夜》,原载《怀念贺龙同志》,第 318 页。

②水工:《中国元帅贺龙》,第 376 页。

省“夺权”，报纸上点了几位贺龙的老部下的名字，贺龙说：“说他们是‘独立王国’，是有所指的。要搞我，就公开地搞嘛，为什么要找替死鬼？老子不怕！”①

2 月 14 日，一个名叫晏章炎的人给“中央文革小组”写了一封举报信，说 1933 年贺龙曾通过熊贡卿向蒋介石乞降，企图叛变投敌。

这是怎么回事儿呢？1933 年夏，蒋介石重兵“围剿”湘鄂边苏区，并派国民政府参议员熊贡卿来到湘鄂边向贺龙劝降。熊贡卿与贺龙是老熟人。贺龙为澧州镇守使时，省参议员熊贡卿受省督军赵恒惕的指派长驻澧州监视贺龙。这次故人来访，并且是劝降。贺龙毫不留情，将他逮捕，后经中共湘鄂西分局批准，熊贡卿被枪决。关于此事，1934 年 3 月 17 日中共湘鄂西中央分局给党中央写了报告。

现在晏章炎旧事重提，他又是何人？他为武汉市第二十中学教员，父亲原在蒋介石南昌行营第二厅当厅长，蒋介石派熊贡卿去湘鄂边劝降的具体事宜，就是由其父一手承办的。结果，熊贡卿被杀，其父亦受国民党内部责备。现在晏章炎听说贺龙被打倒，立即把从父亲那里听到过的一丁半点之事编造贺龙乞降的故事，密报“中央文革”。林彪看见此信，马上批转给江青、康生诸人，并将此事说成是贺龙“叛变投敌未遂”，上报党中央。

面对“文革”运动，贺龙是不理解的，他有时翻阅马列和毛主席著作默默思考，有时在屋里缓慢地踱步沉思。一天，他突然把一叠纸推到薛明面前说：“写！”

“写什么呢？”薛明不解地问。

“写洪湖地区的肃反问题。”

经过近一个月回忆和思索，3 月 7 日，贺龙在薛明的协助下完成了关于洪湖地区肃反扩大化问题的报告，然后派人送给周恩来并转呈毛泽东，意思是现在打倒老干部、进行夺权大有当年“肃反扩大化”的错误。

3 月 11 日，周恩来派人来看望了贺龙。

在此期间又发生李仲公“诬陷”贺龙事件，据李仲公之女李幼华后

---

①薛明：《向党和人民的报告——忆贺龙同志遭受迫害的那些日日夜夜》，原载《怀念贺龙同志》，第 318—319 页。

来叙述：

1968年3月，参事室多次举行座谈会，号召参事们揭发所谓“党内最大的一小撮走资派”，贺龙的历史问题被重点提了出来。从1968年2月29日起，中央专案组就派人到我家中向父亲了解贺龙历史上的问题。专案组每次都是两人一道来的，穿军装者为多。根据父亲留下的参事室《调查证明材料介绍信》，来人有由学柱、周栓增、李德儒、刘士兰、朱延忠等等。专案组开始对父亲很客气，有礼貌，要求父亲配合，后来的一批人对父亲说话就不客气了，威逼父亲交代贺龙历史上的“叛变”问题，并追逼贺龙的信。父亲一直都说“原件已被爱人吴澄华在苏州烧掉了”，只能告诉大概内容。父亲与专案组调查人员的谈话是在我家客厅，有时从上午一直磨到下午，许多时候保持沉默，无话可说，相视而坐。我的姐姐李绍华到中午还给他们煮过面条吃，搞得家无宁日，这样僵持了近两个月的时间。

有一天中午，我放学回家吃饭，进门后我看见一根擀面杖不知为何斜立在走廊墙边，专案组的人和父亲在客厅里谈话。当时我因为听见有客人在，马上意识到他们又来了，就没再去想。专案组的人起身“告辞”，我和母亲走在他们的后面送到门口，回过头来我看到走廊墙边立着的擀面杖已不见了。我将此细节告诉母亲吴澄华，全家都很紧张，认为专案组要对我们家下“死手”了。同时，一位调查人员与父亲对坐，另一位就到我家中每个房间查看，我母亲只得跟在他身后满屋子乱转。他们并对父亲说“再不交出来，我们是有权力抄家的”，父亲一直不清楚信到底还在不在，本来就没想理睬这件事，所以也没有去找。这时，我们也不得不找了，否则抄家找到就很被动了。于是我母亲、姐姐和我三人翻箱倒柜，把家中的各个角落都认真地翻了一遍，在父亲的一堆旧文件书报中，终于翻出了署名“贺云卿”的两封信，全家都呆了。

贺龙的两封信找出来后，我们叫父亲马上交出去，父亲说：“你们不懂政治，再说交出去别人会认为我是在落井下石报复贺龙，让我再想一想办法。”假如父亲当时将找出来的信一把火烧掉，也不会出现最终“身败名裂”的结局了。我父母经过几天的思量，决定交由周总理来处理是最好的选择了，也认为总理是很了解父亲的为人和贺龙的历史的。为防后患，母亲叫我姐和姐夫王树珍找来照相机把信拍照下来，因不懂照相技术，冲洗出来完全看不清楚，放在家中的书桌上好几年。如何才能将贺龙的两封信送到总理的手中呢？父母想到了可以信任的参事室工作人员秦萍和张云，认为他们一定有办法万无一失地将信送到总理的手中。1968 年 3 月 29 日，父亲给周总理写了一封信由参事室送出。贺龙的两封信原件，最后由张云、秦萍与周总理的联络员郑凯取得联系后送出去的。后来，这两封信被中央专案组认定为贺龙叛投国民党的重要物证。

贺龙写给李仲公的这两封信的内容，根据父亲留存下来的抄录件是这样的："(一) 仲公吾兄次长勋鉴：前此被严仁珊等之欺骗，既予兄之难堪，复陷龙于绝境，至终无以自解，至今每一思及恨痛交并，故去、今屡拟托熊贤卿、贺贵严诸兄代向中央解释，藉明心迹，终以山河阻隔，音问无由，惘恨事也。近阅报章，始知冯逆叛状益彰，全国声讨，弟亦为党员一分子能不愤慨？甚愿率所部万余健儿就近直捣逆巢，灭此朝食，以报党国而慰主座，伏乞我兄代呈主座为荷，馀不一一，诸希亮察，如能帮忙，即请设法示复，以便正式派人晋京面候教益矣。手此。敬叩勋安。弟贺云卿亲笔上，五、十六。(二) 仲公吾兄次长勋鉴：前函计达，十六年秋间之事，完全为奸人利用结果。虽促成宁汉统一，而弟一人之牺牲，其痛苦不可言状。始知今日之政治须多受教训方能渐得其中之奥妙矣，弟本武夫且生性忠实，何能快慰，应付当今千变万化之时局耶？不能为天下人谅者理应然也。爱我如兄将何以教我？前言皆系至诚，务求敬代陈主席，请求一切为盼。临颖神驰，不禁依依，此叩大安。弟贺云卿亲笔上，五月二十六日。"根据父亲留下的致周总理信的底稿。内容是："久未谒见，时在念中。兹有一事，我手中有贺龙在1929 年由湘西派人到南京要求我代帮助向蒋投诚的两封亲笔信，是这个大叛徒叛党的铁证。如由信内送上。虑交不到落入别人之手。拟请于万机之时召见片时，当面奉呈，并补陈有关情况，亲聆教导。特此函达之予核裁。敬祝健康，并致革命的最后敬礼！1968 年 3 月 29 日。"

信送出去几天后，周总理办公室来了一个人到我家中，很客气地说："感谢仲老对革命的支持，仲老的信总理已收到，总理让我们转告希望仲老注意保重身体!”根据来人的语气,不像是专案组的那帮人,一定是总理派来的人。父亲知道总理收到贺龙的亲笔信后,相信总理一定会妥善处理的,一颗悬着的心也就落了下来,清静了一段时间。

中央专案组如何知道李仲公手里的亲笔信的呢?父亲一直没有弄明白。最近,我由德国第一次赴贵州给父亲扫墓,并转道北京看望了秦萍等老人。闲谈中,秦萍老人心直口快,向我讲述了当时的一些情况,并说知道贺龙写给李仲公亲笔信的只有李侠公和李奇中两人,她的猜测有可能是参事室参事李奇中说出去的,李仲公因此“脱不了手”。①

这样,林彪一伙加紧了对在西山独居的贺龙的迫害。

他们先借口有人要揪贺龙,怕被人发现,把窗帘拉上了,不许拉开,接着把他们床上的被褥、枕头全部收去。结果,贺龙夫妇只好睡在光光的床板上,用手臂当枕头。伙食上也开始被刁难了。吃的饭里有很多砂子,贺龙夫妇只好从做饭的战士那里把米拿来,晚上戴上老花眼镜,把砂子一粒一粒拣出来。后来,连贺龙买烟叶抽也不准了。

贺龙从这些生活的刁难中觉察到了林彪等人的险恶用心,做了一些克服困难的准备。谁知他们竟然连续 45 天被断绝了水的供应,理由是:水源困难。大热天,每天只给他们一小壶水。贺龙夫妇洗不了脸,漱不了口,薛明忍着难忍的干渴,小心地保护着这一小壶水。因为贺龙是已经 71 岁高龄的糖尿病人,口渴不喝水不行。

贺龙心里有一个希望,那就是年初和周恩来分手告别时他说的话:“到秋天我去接你回来。”然而,9 月 13 日,党中央决定正式对贺龙进行专案审查,专案组由康生和叶群掌握。

10 月,周恩来两次派人看望了贺龙,但不久也和他们断了联系。

贺龙在困难的日子里很想念毛泽东,特别专注地读起了毛泽东《关于正确处理人民内部矛盾的问题》这篇文章,读了一遍又一遍,有时长

---

①李有华:《仲公之女谈“李仲公诬陷贺龙”事件始末》,原载《文史天地》 2009 年第 11 期。

时间的默默沉思，有时叫薛明和他一起阅读和交谈。1968 年 3 月 26 日，他指着这篇文章无限感慨地说：“看，讲得多好！要是都按照书上写的去做，那就好了。”

稍停，他叹了一口气，心情沉重地说：“不对头啊，现在矛盾都搞乱了，把自己的同志都当成了敌人，‘洪洞县里没有好人’喽！”

他的话音越来越缓慢，左手拿着书，右手拿着支红蓝铅笔指着书，想要说什么但发不出声来。薛明赶紧扶他躺下，检查瞳孔，量血压。为了试试他是否还清醒，把日历牌上的毛主席像举在他面前，问他：“你还认识吗？快说话呀！”

贺龙点点头，立即伸手把毛主席像抱在怀里，用铅笔在纸上写了“毛主席”三个大字。[①]

随后，贺龙被送进了医院。

谁知医生却说他是“诈病”，不但不认真救治，还虐待他。贺龙的语言能力基本恢复后，就再也不肯住院了。[②]

林彪为什么迫害贺龙，薛明后来说：“这一伙阴谋家如此疯狂地迫害贺龙同志，是有着深刻的政治和历史原因的。早在战争时期，贺龙同志就知道林彪犯有严重错误，并对他作过批评。对于这一伙阴谋家、野心家的丑恶历史，我们也有所了解，并作过揭发。更重要的是，作为党的一位老一辈无产阶级革命家，贺龙同志在全军和全国人民中享有崇高的威望。他一向立场坚定，无私无畏，坚持原则，嫉恶如仇，刚正不阿。正是这些，成了他们篡党夺权的重大障碍。所以他们要置贺龙同志于死地。”[③]

这次病后，贺龙与林彪等人的斗争也变坚决起来了。

1969 年 2 月的一天，贺龙用手杖敲着林彪的照片，愤怒地说：“你这个家伙，为什么不许我革命啊？为什么？过去你有错误，我好心希望你改正，现在你倒整起人来啦！”

---

①②薛明：《向党和人民的报告——忆贺龙同志遭受迫害的那些日日夜夜》，原载《怀念贺龙同志》，第 326 页。

③薛明：《向党和人民的报告——忆贺龙同志遭受迫害的那些日日夜夜》，原载《怀念贺龙同志》，第 334 页。

接着，他对薛明说："还有林彪的老婆叶群，也不是个好东西。"又指着"中央文革"顾问康生的名字说："这个人，老奸巨滑，做尽了坏事。"

贺龙的态度加剧了他的困境。

原来贺龙的住处有一位医生对贺龙很关心，医疗上也比较用心，一次贺龙腰扭伤了，他还弄来中草药敷治伤处，有时还悄悄地为他们买点零星东西。结果，他被调走，换了一个新医生。这个医生一来，就用"组织决定"的名义，把贺龙必需的备用药品和检验糖尿的试剂都全部拿走。此后，医疗条件越来越差，贺龙连每天必需的极普通的降糖药也没有保证。这使得贺龙的身体越来越衰弱了。

5 月，贺龙的病情出现恶化，连续摔倒七次之多。这对糖尿病人来说是一个很坏的征兆。

6 月 8 日早晨，贺龙听过广播以后，连续呕吐了三次，呼吸急促，全身无力，这是得时刻提防的糖尿病酸中毒症状。薛明非常焦急，马上向监护人员报告，要求医生来救治。但是，等了很久没有回音，只由那个医生给打了一针"止吐针"，但也没有止住呕吐。

随后，薛明又催促了五次，但他们还是借故拖延，直到晚上八点钟才来了两个医生。薛明赶快向他们讲述病情，请求立即抢救。医生给贺龙输上了葡萄糖和生理盐水，吊上瓶子就匆匆走开了。

原来，专案人员就在外屋直接指挥"救治"，他们"请示"去了。在输液时，医生大声地说："病人昏迷了。"

其实，贺龙的神智是清楚的。在他们出去后，他对薛明说："要小心，他们要害死我。"

当他们吊水的时候，薛明对输葡萄糖很不放心，要求进行检查，并且谨慎用药。他们取了病人的小便检查，结果后半夜送回来了，几人对着化验单小声嘀咕说："对，是这样！"

薛明的心头略微宽松了一些，以为检查能不能输葡萄糖。然而，后来她才知道，他们并不是检查病人的血糖高低，而是检查贺龙是不是自已服了毒。结果，那害人的葡萄糖却被他们输了一夜。

第二天，天亮之后，来了医生接贺龙去 301 医院住院。

但是，贺龙不愿去，说："我没有昏迷，我不能去住院，那个医院不是我住的地方。"他们坚持要贺龙住院，并且说："是组织上决定，非去不可。"

贺龙没理他们，问薛明："我去住院，你呢？"

薛明望着医生看他们的态度,可谁也不表态,只好说,“他们允许我去,我就去。如果不允许,我就在这个房间里等你。”

来人拿进一副担架,把贺龙往担架上抬,一个人还厉声地说:“快,把手表摘了!”

原来贺龙因为瘦了许多,手表已经脱落了。薛明赶紧跑过去,把手表往上推了推,随手握住贺龙那只变得瘦骨嶙嶙的手。贺龙握住她的手,点了点头。

就这样,担架被抬出房门,送上救护车,贺龙去了301医院。

下午3点钟,有人来敲薛明的门,说:“去医院核实一个材料。”

薛明站起来,快步跟他走出去。

到了医院,她刚跨进一个房间,一个专案人员迎面走过来,冷冷地宣布:“人已经死了!”

薛明哭着问道:“明明六小时以前他还在和我讲话嘛!为什么贺龙同志竟然不在了?”

那人恶狠狠地说:“在他临死以前,他的反革命活动一直没有停止过。”

“他,他怎么会不在了?”薛明悲愤地问。

这时有人拉着薛明坐下,一个医生讲述了贺龙住院检查的经过,说当时贺龙的血糖高达到1700,于下午3点零9分去世。

1970年5月17日,专案组写出了《贺龙罪行的审查报告》,把贺龙定性为“党内军内通敌分子”、“篡军反党分子”,提出“开除军籍、党籍,并在一定范围内公布其罪行,肃清流毒和影响”。但是,随后召开九届二中全会,林彪阴谋暴露,党中央没有讨论这个报告,搁置了起来。

1971年9月,林彪摔死在温都尔汗。在清理林彪集团材料中,毛泽东逐渐了解到贺龙问题的真相,对自己有所反思,次年2月底在中南海游泳池对张春桥说:“我看贺龙没什问题,策反他的人,贺龙把他杀了。”

接着,他作自我批评说:“我有缺点,听一面之辞。”①

然而,张春桥却没有向中央政治局传达。12月21日,毛泽东在中

①水工:《中国元帅贺龙》,第421页。

央军委常委扩大会上讲话时再次说："我看贺龙搞错了，我要负责呢！……当时，我对他讲，你呢，不同，你是一个方面军的旗帜，要保护你。总理也保护你呢！……要翻案呢，不然少了贺龙不好呢。"

他再次作自我批评说："都是林彪搞的。我听了林彪一面之辞，所以，我犯了错误。"

1974 年 9 月 4 日，毛泽东再次催问这件事，在谈话中问道："贺龙恢复名誉搞好了没有？不要核对材料了。"①

在毛泽东的多次过问下，1974 年 9 月 29 日，党中央发出《关于为贺龙同志恢复名誉的通知》，其中指出："一、所谓'通敌'问题，完全是颠倒历史、蓄意陷害。事实是：1933 年 12 月蒋介石曾派反动政客熊贡卿'游说'贺龙同志，企图'收编'。贺龙同志发觉后，报告了湘鄂西中央分局，经分局决定，将熊贡卿处决，并于 1934 年 3 月 17 日，将此事经过报告了中央。二、所谓'图谋篡夺军权'和支持军队一些单位的人'篡夺军权'的问题，经过调查，并无此事。三、关于所谓贺龙同志搞'二月兵变'的问题，纯系讹传。"

1975 年，在贺龙逝世六周年的时候，贺龙骨灰安放在八宝山公墓。病中的周恩来闻讯特地赶来参加仪式，并即席发表了讲话，对贺龙的一生作出了评价。

①水工：《中国元帅贺龙》，第 422 页。

第五章

儒帅——陈毅

1. 复兴场的陈氏兄弟

陈毅，字仲弘，1901 年 8 月 26 日出生在四川中部的乐至县复兴场一个叫张安井的村子。

（1）

陈家是清初湖广填四川时从湖南新宁县迁来的，祖上读书中了拔贡，发家成为地主，到陈毅祖父陈荣盛时，有田地 40 亩。

1908 年，陈毅的外祖父黄福钦用 200 两银子向清政府买了一个巡检小官，去湖北施南府利川县赴任。陈毅的父亲陈昌礼去衙门帮办文书。年仅 7 岁的陈毅也被带去求学。

1910 年，因为天旱和虫灾，祖父陈荣盛卖掉家里的田地，搬到成都东门外上河心村居住，租种地主 200 亩地耕种。陈昌礼与岳家关系不好，带着陈毅也来到了成都。

次年，由于突发大水，租田被淹，陈家不仅无法缴足地主的租谷，地主还加租，陈家于是和他打起了官司。官司持续好几年，陈家用去不少钱，最终还是因为地主贿赂官府而败诉。差役将陈毅大伯用铁链锁起来，押在街上示众。陈荣盛花尽所有财产，才偿清地主的债，搬离了上河心村，并为几个儿子分了家。

分家后，陈昌礼离开家，去重庆盐务局当缮写员，陈毅和兄弟姐妹四人随母亲在成都牛王庙附近居住，每月靠父亲从重庆捎来的六块大洋生活。

1916 年，陈毅小学毕业，考进成都甲种工业学校。

(2)

1917 年,吴玉章、蔡元培等人发起了留法勤工俭学的运动,号召青年到法国去以半工半读的方法,学习西方的民主和科学技术。次年春,四川成都的留法勤工俭学预备学校贴出了招生广告。

陈毅的大哥陈孟熙在当学徒,看到广告后,立即跑到甲种工业学校,对陈毅说:"我们一起去读这个学校好不好?不收学费,母亲会同意的。将来能到国外走一趟,看一看大世面,学点本事。"

陈毅高兴地说:"如能到外国求得真理,救国救民,何愁没有饭吃呢!"

3 月,陈氏兄弟双双考进了留法勤工俭学预备学校。

这时陈孟熙 19 岁,陈毅不足 17 岁。留法预备学校由冯一批主持,招了 200 多名学生,其中成都人占多数。

不久,四川督军熊克武开办军官讲武堂,不少同学怀着当师长团长的梦想,转到军校去了。陈毅对劝他去军校的同学说:"谁愿去当军阀的炮灰谁就去进军校吧,我是要探求真理,为国效力的。"

1919 年春,预备学习结束。冯一批宣布:四川省督军熊克武、省长杨沧白同意,结业考试成绩前 30 名的学生,可以享受省公费赴法国,其他愿自费去的,也可以同行,其余的学生解散。这让陈毅兄弟很不安。因为学生中有钱人太多,如考试舞弊,自己成绩虽好也难以被录取,家里又无钱自费出国。考虑很久,陈毅提议说:"大哥,冯先生为人正派,我们干脆去问他一下,这次考试的目的和办法。如果他能站出来说话,虽说舞弊难免,总要好一些。我们不要灰心。"

于是,兄弟两人一起来到了冯先生的家。

寒暄几句后,陈毅开门见山地问道:"冯先生,这回毕业考试,是真考还是假考?"

冯先生问明他的意思后,正色地说:"我办教育就是为的教育救国,选出国家栋梁之材,振兴中华,使列强知我华夏有人,不敢再欺负我们。这回考试当然是真考,我决不会同意舞弊的,你们放心好啦。"

听了他的话,两人放心地告辞了,回到家中努力复习功课。

考试结果出来后,陈毅为 13 名,陈孟熙为 14 名,双双中选。①

---

①陈孟熙:《击石有待于刀斧——忆陈毅同志勤工俭学前后》,原载《人民的忠诚战士——缅怀陈毅同志》,上海人民出版社 1979 年版,第 44 页。

随后,四川省财政厅给 30 名官费生每人发了 400 块大洋旅费。

1919 年旧历五月初四,60 名赴法勤工俭学学生在成都东门外牛市口坐上滑竿,正式离家。6 月,到达上海。8 月,登上了去法国的“麦浪”号货船。

(3)

10 月,轮船到了法国马赛港。

由于轮船昼夜兼程,几十个人挤在又小又闷的舱房里,冷热无常,加上生活艰苦,不少人生了病。陈毅病得很重,下船时,是靠学友们背下来的。陈毅和陈孟熙等人在马赛的华工医院治好病后，乘火车来到巴黎,住在华侨协社。

不久,邓小平等人也来了巴黎。接着,徐特立带着一批湖南学生到来,其中有蔡和森、蔡畅、向警予等人。陈毅、陈孟熙和湖南人住一起。

因为大部分学生法文很差，华侨协社安排他们到蒙达尔尼工学院法文补习班学习。陈毅又与蔡和森等人编在一个班。学生中开始出现不少政治派别,有国家主义派、民社派等。陈毅参加了蔡和森等人组织的工学互助社,宣布赞成马克思的学说。

随后，陈毅兄弟来到巴黎克里西门外的一个老炮厂工作。陈毅当钳工,哥哥当油漆,开始了勤工俭学。

1921 年夏的一天，炮厂一位平时对陈毅不错的工程师突然请他到家里做客。

席间,他请求陈毅为他介绍四川的情况。陈毅很奇怪。对方说他已被法国政府选派到中国参加铁路勘测设计,还说:“最近贵国政府向法国借款购买军火，张作霖以川滇铁路建筑优先权以印花税作抵押,法国政府基本上同意,贵国政府已派朱启钤等人来巴黎缔结协定。”

听到这个消息,陈毅认为其中北洋政府必有阴谋,回到住处后将情况简单地告诉陈孟熙,就外出了。

过了两天,巴黎的其他学生也从不同渠道得到一些消息。原来,北洋政府准备内战，用丧权辱国的条件来换法国军火。学生们无不义愤填膺。经过几天酝酿，留法勤工俭学学生掀起了反对北洋政府秘密借款运动。

中国公使馆是一个用墙围起来的院落,全是平房,坐落在巴黎市中一个很热闹的地方,旁边是一个名为“苯马尔舍”的市场,意思是廉价市场。一天，在廉价市场聚集了从法国各地汇集而来的留法学生和华工,近千人。陈毅等十几人被推举为代表,领着大家进了公使馆,质问中国驻法公使陈箓。结果,陈箓吓得躲了起来。

在大家的抗议下，代理公使王曾思在法国警察的保护下出来见学生。

代表们质问王曾思：为什么北洋政府背着全国人民向法国政府借款购买打内战的军火？为什么出卖中国主权，把川滇的铁路建筑权和全国印花税作为借款抵押？王曾思矢口否认有此事。

学生代表揭露朱启钤等人已到巴黎洽谈贷款的事实，王曾思恼羞成怒,破口大骂学生是“群氓”,是“受人蒙蔽”,是“受共产党挑动”。学生激于义愤,扭住他喊道:“打死这个小卖国贼！”就是一阵痛打。法国警察慌忙保护着王逃跑了。

学生们穿过廉价市场,跑向报馆,由学生代表将借款事项向法国各报和各国驻法记者披露,通电反对。法国《人道报》最先支持他们的爱国行动的。消息一出,与中国各路军阀有牵连的英、美、德、意、日等国纷纷向法国政府提出质问。国内也掀起声势浩大的示威游行，反对北洋军阀张作霖卖国借款打内战的罪行。在各方的压力下，法国政府不得不发表声明,承认确有其事,并声明原定协议无效,朱启钤等人也偷偷地离开了法国。

法国政府眼看到手的好处没了,对留法勤工俭学学生恨之入骨。于是，许多报纸说学生反对借款是受共产党挑动，并杜撰一些莫须有的罪名,说应把他们驱逐等等。

但是,反借款胜利后,同学们已经各自回到工厂、学校去了。

(4)

这时国民党广东政府准备用庚子赔款在里昂同法国合办一所大学,由李石曾负责,接纳留法勤工俭学学生。但胡汉民等右翼分子认为留法学生“左”倾,便准备从广州另派学生入学。

法国和北洋政府怀疑学生反借款运动跟广东政府有关，陈箓于是派人向学生们每人发一张调查表，说要送他们进里昂大学，填上志愿以便分配专业。学生很高兴,以为可以学到一点知识了。谁知他们最后却获知这是北洋政府利用学生去与广东政府作对，但也认为不准他们进里大学习于理于情说不通,便开始活动,要求进入里昂大学。但是,一切努力都没有结果，于是留法同学推荐一批代表，到里大校址举行集会。

陈毅兄弟都被选为代表。

9 月的一天，学生代表们到达了里昂大学，在操场上集会，要求入校学习。会场外，法国武装警察、士兵围得很紧。里昂市长赫里欧闻讯赶来。

按事前分工，陈孟熙参加与赫里欧辩论之列。

赫里欧说："这所学校不是为你们开办的，另有广州学生来进校，你们赶快回到各自的工厂、学校去。"

学生代表围住赫里欧质问："里昂中法大学是中国政府出钱办的，我们向中国政府提出入学要求，与你法国何干？为什么要派大批武装警察来包围我们？"

激烈的辩论一直进行到下午。

这时陈毅和另几个同学一组负责写传单、呼吁书。他们写好呼吁书后，再用手印机印出来，然后散发，揭露事情的真相。

黄昏时分，法国政府突然增派大批警察，还开来了囚车。赫里欧见时机已到，下令抓捕学生，于是两个武装警察挟持一名学生代表，共抓了 104 人。陈毅兄弟、蔡和森、李隆郅(李立三)等都没有逃脱。囚车押着学生们向里昂炮台方向开去。在市区穿过时，陈毅提醒陈孟熙说："把传单从囚车的铁丝网窗孔塞出去。"

结果，传单满天飞，惊动了街上的市民。前后的囚车的学生发现了他们的举动，也纷纷把传单撒出去。市民们争先恐后地抢着阅读。

随后，104 人被关进了设在炮台的监狱。

许多新闻记者赶过来采访。陈毅等几个人负责答复。他们隔着炮台的大铁门，通过小窗孔回答记者的提问，宣传事情真相，解释学生们的要求。许多记者听后很同情，纷纷报道中国留学生的行动，有的还出了号外，表示支持和声援。但也有报纸站在法政府一边，诬蔑学生是"受第三国际操纵的暴徒"。

在炮台里，学生们分散住在几个空房子，可以在操场上走动，也可以串门。但高墙站满了军警。10 月 10 日，他们绝食一天，以示抗议。

第二十一天，牢门打开，大批警察进来，宣布法国政府决定驱逐被捕的 104 名学生代表。学生们强烈抗议，警察不听，两人挟持一名学生，押上了火车。到达马赛码头后，又把他们押上一艘船上。法军营长宣布："奉法国政府和中国政府的命令，我们保护你们回到中国去！"立即下令开船。

就这样,在法国经历了两年又做工又读书的生活后,陈毅兄弟和蔡和森、李隆郅等人返回了上海。

(5)

陈毅等回到上海以后，由于沿途有的人在新加坡、香港等地下船了,只剩下 77 人。

随后,陈毅等人组织“被迫归国留法勤工俭学学生团”,去报馆递交了归国学生通告,揭露当局的黑暗,呼吁解决 70 多人的生活问题。他们的爱国行动引起进步人士的大力支持，北洋政府十分狼狈，只好推出李石曾在北京香山碧云寺再办一所中法大学，收容押送回国的学生,以平公愤。

1922 年 1 月,陈毅作为四川留法学生代表返回四川,先后向当地政府要求解决学生们的生活困难,均无结果。其间,他由蔡和森介绍,加入中国社会主义青年团。

随后,陈毅担任重庆《新蜀报》主笔,撰写抨击时弊文章。1923 年 10 月,他因此被军阀杨森下令“克日离川”,礼送出境。

陈毅来到北京后,进入北京中法大学学习。11 月,他由颜昌颐、肖振声介绍转为中共正式党员。1923 年底,担任中法大学党支部书记,后当选为中法大学学生会主席。

1925 年 3 月,孙中山逝世,陈毅带领同学迎灵守灵。不久,他们从中法大学毕业,陈孟熙南下广州,考入黄埔军校第五期,学政治科。

陈毅则继续留在北京,在中共北京地方委员会领导下,从事地下工作,并担任北京市学生联合会党团书记。由于国共合作,1926 年陈毅经党组织批准，参加国民党北京特别市党部，并任执行委员会委员,兼《革命周报》编辑委员。

1927 年 5 月,陈毅来到武汉,与陈孟熙意外相聚。此时,蒋介石已叛变革命,汪精卫也将撕下伪装,革命形势风雨如磐。陈毅兄弟经常见面,但政治见解各不相同,经常争论。陈孟熙竭力劝陈毅脱离共产党,陈毅坚决不肯。陈孟熙理由不充足,说不过陈毅,气得大哭。

陈孟熙军校毕业后,被派往浙江部队任排长。他不愿去,刚好四川军阀刘存厚之弟刘肇乾在汉口,便要他去刘部。陈毅说:“大哥,投靠军阀是没有前途的,这事切不可轻率决定。”

陈孟熙说:“投靠军阀当然没有前途。这次我去刘部是吴玉章先生同意的。”

吴玉章四川人,当过孙中山总统府秘书,也是中共党员。既然他同意了,陈毅也就无话可说,由此兄弟分道扬镳了。

2. 两次追赶南昌起义军

1927 年年初,国民政府搬迁到武汉后,黄埔军校也开始由广州向武昌转移。在迁校过程中,蒋介石突然下令停止迁移,要师生们仍留黄埔,已到武汉的学生另建分校,名为“中央军事政治学校武汉分校”,简称“武汉分校”。5 月,中央军委分配陈毅到武汉分校工作,以校政治部准尉文书的身份作掩护,同恽代英、施存统组成该校中共党委,陈毅任书记。

早在 1926 年 8 月的时候,陈毅受中共北方区委书记李大钊派遣,到川军杨森部做响应北伐的兵运工作。8 月 26 日,他在杨森处见到来该军工作的朱德。8 月 29 日,英国商船在长江上把杨森部 3 只饷船弄翻。在朱德、陈毅鼓励下,杨森扣留了两艘英轮。9 月 2 日,陈毅主持万县各界反英暴行筹备会及群众抗英大会,朱德在会上讲话。会后举行示威游行,并通电全国。5 日,三艘英国军舰载着几百名海军陆战队到万县劫夺英轮,并炮击万县市区,造成万县惨案。朱德、陈毅协助杨森反击。两艘英舰负伤逃去。

随后,经朱德介绍,陈毅与中共重庆地方委员会接上关系,被派往达县川军田颂尧部胡翼旅任党代表。11 月由党组织调回重庆,负责青年工作。12 月上旬杨闇公、刘伯承、吴玉章等领导发动顺(庆)泸(州)起义,陈毅参加组织工作。12 月 25 日,他来到川军第 28 军第 3 师工作,被任命为师政治部组织科长。

1927 年 3 月 31 日,四川军阀在重庆枪杀参加反对英美军舰炮轰南京下关暴行大会的工人和学生,制造大惨案,并大肆捕杀共产党。4 月 5 日,陈毅潜抵重庆,然后登轮赴武汉,随后被党组织派往黄埔军校武汉分校。

陈毅来到分校没多久,7 月中旬,汪精卫就宣布分共“清党”,军校师生改编为教导团，划归国民党第二方面军张发奎指挥。陈毅仍以准尉文书身份隐蔽在警备连，准备到南昌参加起义。

不久，教导团奉命东移。全团分乘几十条木船，由武昌沿江东下，8月4日上午到达九江码头。这时张发奎已布置好重兵等待。船到九江，张发奎立即下令学员军官放下武器，徒步上岸，徒手列队后被带进宿营地待命，一举解除了教导团武装。然后，张发奎讲话说："国共分家了，共产党站那一边，国民党站这一边，分一下，别误会。"结果，大家只好都站一边了[①]

教导团突遭张发奎袭击，无法抵抗。当晚，陈毅召开教导团党委扩大的紧急会议，商量对策。在会上，陈毅认为，南昌起义已经爆发，教导团未能赶上，又被收缴了武器。但张发奎和教导团没有直接接触，还不了解哪个是共产党员，哪个不是。他收缴武装，是为了接管这个团，然后清查搜捕和屠杀共产党。为此，他建议：

一、凡已暴露了身份的同志，迅速离开教导团，离开九江，以保存革命力量。

二、能隐蔽的党员一律留下，沉着冷静，灵活应付，保存力量，把这个团带到广州去。为此成立临时党委，领导全团。

三、撤出的党员，立即离开此地，或由陆路追赶南昌起义军，或回家乡参加农民运动。

经过简短的讨论，会议同意陈毅的建议，决定了应撤离的人的名单，通过了临时党委组成人员。[②]

最后，陈毅说："希望大家不怕牺牲，不怕艰苦，坚决革命，死而后已。我们暂时分手了，后会有期，相信不久我们又会见面。"

会议结束后，陈毅立即与警卫连连长肖劲连夜赶路，赶往南昌。

经过两天两夜，他们赶到南昌时，起义部队已离开南昌一天了。蒋介石调来的部队已进入南昌，到处搜捕中共党员。陈毅与党组织约定的几个接头地点已找不到了，他们不敢投店，在一个船工处打听到起义部队可能去了临川，连夜出城追赶。

---

①陈毅：《南昌起义》，原载《陈毅资料选》（内部资料），第17页。

②郭化若：《风云突变看青松——记南昌起义前后的陈毅同志》，原载《人民的忠诚战士——缅怀陈毅同志》，第99页。

经过一番周折，他们机智地应付沿途敌军的多次盘查，终于在临川赶上了起义部队。

陈毅找到参谋团后，向前委书记周恩来报告了教导团的情况。这时赣东一支土匪武装（司令姓邓）正和起义军联系，表示愿意接受改编，并要求派干部去。周恩来就决定派陈毅去。

陈毅顾不上休息，与肖劲一起来到驻地，结果发现这个邓司令根本没有接受改编的诚意，完全是为了骗取枪弹。陈毅等了一整天，他一直不肯见面。陈毅只好返回临川。

这时，起义军已经南下了，敌朱培德部占领了该城。陈毅和肖劲不敢停息，又立即离开临川，再次追赶部队，走了一夜，赶到宜黄，第二次追上了起义军。

不久，前委派陈毅到第 11 军 25 师 73 团担任指导员。周恩来笑着说："派你干的工作太小了，你不要嫌小。"

陈毅爽朗地回答："什么小不小哩！你叫我当连指导员我也干，只要拿武装我就干。"①

这团的前身是北伐战争中叶挺独立团。此后陈毅就随 73 团南征，冒着酷暑，行军作战，参加了攻击会昌钱大钧部的战斗，又与桂军黄绍竑部作战，两战的胜利使得军心大振。

在会昌大胜后，参谋团和贺、叶指挥机关，大部经潮州进入汕头。第9 军副军长朱德率领直属两个连和陈毅所在的 25 师留在三河坝，担任后卫掩护。

3."没地位的"陈毅如何成为红军领导人的？

1927 年 9 月 30 日，叶挺、贺龙率领的南昌起义军主力在汤坑附近受挫，伤亡很大，不得不撤出潮州城。随后，他们与从汕头撤出的部队

---

①《当代中国人物传记》丛书编辑部编辑：《陈毅传》，当代中国出版社 1991 年版，第 46 页。

会合,再次被敌重兵围攻,遭到覆灭性的失败。

朱德指挥的留守部队在三河坝和敌人激战三天三夜，给敌人很大杀伤。获悉主力在汕头战败后,朱德主动转移到了饶平一带。

从潮汕撤下来的几百人来到饶平后，起义军最高领导人就只剩下副军长朱德了,共两千五六百人。

这时敌人大军压境,五个师气势汹汹。而起义部队突遭失败,相当混乱，朱德与周恩来等人和起义军总部失去了联系，部队多数不是他的老部队,领导起来有困难。为此,朱德决定尽快甩开敌人重兵,于是率领部队立刻出发,经平和、永定、象洞向西北转移。

10 月 16 日,他们到达闽赣交界的武平,再疾速进入赣南山区。部队孤立无援,在山谷小道上穿行,在山林中宿营。山区气温低,寒冷、饥饿、疾病纠缠着战士们。部队究竟向何处去?有人不辞而别,有人叛变,有开小差的,还有开大差的,有的带走一个班,有的带走一个排,甚至有的带走一个连,人愈走愈少,到达信丰时只剩下七八百人。师、团级政工干部中,只剩下 73 团指导员陈毅。在关键时刻,陈毅挺身而出,协助朱德带部队。

但是,陈毅到部队不久,与多数人陌生,职务也不高,加上是搞政治工作的不被看重。后来,陈毅回忆说:“我那时在部队里是没有什么地位的。我来部队也不久,8 月半赶上起义部队,10 月初就垮台了。大家喊我是卖狗皮膏药的。过去在汉口的时候，说政治工作人员是五皮主义:皮带、皮鞋、皮包、皮鞭、皮手套。当兵的对我们这些政治工作人员就这么说:‘在汉口、南昌是五皮主义,现在他又来吹狗皮膏药,不听他的。’失败后,到了大庾,那些有实权的带兵干部,要走的都走了。大家看到我还没有走,觉得我这个人还不错,所以我才开始有点发言权了,讲话也有人听了。”①

这时起义军虽已是革命武装,但基础还是旧军队,保留不少旧军队的不良制度和作派,甚至还有一些兵痞、流氓。在转移路上,破坏群众纪律,甚至敲诈勒索、抢劫财物的事件时有发生,多数人对此很气愤和不满。但有的军官怕坏分子背后打黑枪，睁一只眼闭一只眼，不去过

① 粟裕:《激流归大海——回忆朱德同志和陈毅同志》,原载《人民的忠诚战士——缅怀陈毅同志》,第 71 页。

问。

信丰城有不少的商店、酒楼、当铺和钱庄。部队一进城，一些坏家伙就钻进酒楼、饭馆大吃大喝，吃完把嘴一抹就走；有的闯进当铺，把手榴弹往柜台上一放，故意把导火索掏出来："老板，称称有多重，当几个钱零花。"这些行为与军阀队伍没二样，影响极坏。

陈毅发现这种情况后，当机立断命令号兵吹紧急集合号，叫传令兵发出发生敌情和转移出发的命令，然后带着队伍一口气跑出信丰城20多里远，到达一个山坳的平地上才停下来。

然后，朱德主持召开军人大会。

在会上，朱德首先宣布队伍今后由他和陈毅领导，然后说："愿意继续革命的跟我走，不愿革命的可以回家，不勉强。"并恳切地告诉说："无论如何不要走，我是不走的。"①

接着，朱德拿俄国革命胜利走过的曲折道路作比喻："1905年的俄国革命失败了，留下来的'渣渣'就是十月革命的骨干。我们这一次就等于俄国的1905年，我们只要留得一点人，在将来的革命中间就要起很大的作用。过去那个搞法不行，我们现在'伸伸展展'来搞一下。"

他还预见说："蒋桂战争一定要爆发的，蒋冯战争也是一定要爆发的。军阀不争地盘是不可能的，要争地盘就要打仗，现在新军阀也不可能不打。他们一打，那个时候我们就可以发展了。"

朱德剖析了形势，预言了革命必然会继续向前发展的光明前景。

接着，陈毅讲话。

他宣布了部队必须执行的革命纪律，斥责了破坏团结、煽动逃跑、抢劫勒索、严重损害军誉的三个最坏的家伙，当场宣布执行纪律，将他们枪毙。

这是陈毅第一次公开与全体官兵见面。他的果决和机智为战士们所震动。

以后，朱德和陈毅便成了部队的领袖。

10月底，部队来到了赣粤边境的大庾地区。正如朱德预料，国民党新军阀各派之间矛盾重重，爆发粤系、桂系、湘系军阀混战。因为忙于

---

①粟裕：《激流归大海——回忆朱德同志和陈毅同志》，原载《人民的忠诚战士——缅怀陈毅同志》，第72页。

互相争夺，他们暂时放松了对起义军的追击。朱德、陈毅利用这个间隙，对部队进行整顿和整编。

首先，由陈毅主持，整顿了党、团组织。部队只在上层领导机关和军官中有少数党员，在士兵中一般没有党、团员。党的工作不能深入到基层和士兵中去。经过这次整顿，重新登记了党、团员，调整了党、团组织，成立了党支部。

部队有五六十名党员，不到战士的十分之一，但陈毅把一部分党、团员分配到连队中，加强了党在基层的工作。与此同时，部队整编为七个步兵连，另有一个迫击炮连、一个重机关枪连，总共九个连，合组成一个团。为了缩小目标，部队采用“国民革命军第五纵队”番号，朱德为司令，对外化名王楷，党代表为陈毅，参谋长为王尔琢。

经过整编，部队逐渐活跃起来，官兵们不再愁眉苦脸了，议论声，谈笑声，常常在部队中回响。同时，转战时走散和离队的人员，因为到处遭到敌人追捕，有的陆续返回部队。部队面貌大为改观。

最后，几经转战，朱德和陈毅率部转移到韶关西北 60 里左右的犁铺头。附近的驻军是滇军范石生的第 16 军。

朱德与范石生是云南讲武堂的同班同学。于是，朱德利用老关系，在范石生接受“部队编制、组织不动，要走随时就走”等条件下，改番号为第 16 军 47 师 140 团，朱德任 47 师副师长兼 140 团团长，从范石生处取得一批现洋和军用物资。

1928 年 1 月初，蒋介石发觉朱德部队隐蔽在范石生部，立即指令大军进攻，并要范石生逮捕朱德。范石生秘密通知朱德。朱德和陈毅立即率部连夜出发，从乐昌以南十几里的一个地方西渡武水，向湖南开进。

1 月 20 日，他们向湖南宜章县开进，并在那里正式打出红旗，举行湘南起义，先后解放永兴、耒阳、资兴等县城，建立工农兵政府，并组建工农革命军第 7师、第 4 师和几个独立团，开辟出新的革命局面。

3 月，粤、桂、湘军阀混战结束，蒋介石以七个师分南、北、西三路发动“协剿”。为了保存军力，朱德和陈毅果断决定撤出湘南，向井冈山地区转移。4 月上旬，朱德将部队改编为工农革命军第 1 师，由耒阳撤至安仁；陈毅率湘南农军，由郴州撤向资兴。

毛泽东闻讯朱德率部向井冈山而来，亲率两个团分路迎接，

4 月下旬，朱德、陈毅率领的部队与毛泽东率领的部队胜利会师。5 月初，两军召开庆祝大会，宣布成立中国工农红军第 4 军，朱德任军长，毛泽东任党代表，陈毅任政治部主任，王尔琢任军参谋长。

两支铁流汇合到一起,从此在毛泽东领导下,并在战火中逐渐形成红军主力。

4. 与毛泽东“不打不相识”

(1)

1929 年 6 月，蒋介石下令赣闽粤三省重兵对进军在闽西的红 4 军发起第一次“会剿”。

大敌当前,红 4 军内部却出现了严重的问题。6 月 22 日,红 4 军在龙岩城召开党的第七次代表大会。

这次大会充分肯定了 1928 年 5 月以来毛泽东主持的前委工作。特别是明确肯定了前委在井冈山时期创造的“工农武装割据”的理论和政策,以及无产阶级新型人民军队的基本原则。同时,实事求是地指出了实际工作中存在的若干缺点和问题，对红 4 军内部长期争论的几个主要问题做出原则上正确的结论，对争论双方不正确的意见提出中肯的有说服力的批评。

在长途转战中，红 4 军中诸多不好现象引起了毛泽东的注意。后来,毛泽东古田会议决议案列出了一些“不好现象”,如打骂士兵一项,他是这样描述的:“各部队中凡打人最厉害的,士兵怨恨和逃跑的就越多。最显著的例子,如三纵队第八支队部某官长爱打人,结果不仅传令兵、伙夫差不多跑完了,军需、上士及副官都跑了。……特务支队第三大队打人的结果,跑了四个伙夫,一个特务长,两个斗争好久的班长,其中一个名萧文成,临走留下一封信,申明他不是反革命,因受不起压迫才逃跑。四纵队初成立时,一、二、三纵队调去的官长,一味地蛮打士兵,结果士兵纷纷逃跑,最后这班官长自己也立不住脚,都不得不离开四纵队。二纵队逃兵比任何纵队多,原因虽不止一个,然二纵队下级官长的大多数打人的习惯最厉害，乃是最重要原因之一。二纵队曾发现过三次自杀事件(排长一士兵二),这是红军最大的污点,意义是非常之严重的，这也不能不说是二纵队打人的风气特别浓厚的一种结果。现在红军中一般士兵的呼声是‘官长不打士兵,打得要死！’这种群众的不平和怨愤的表露，实在值得我们严重的注意。”红 4 军内部存在一些问题，又出现分歧。结果，不少人将矛盾直指毛泽东。

6 月 8 日，在前委扩大会议上，毛泽东因受众人指责，提出更换前委书记。

随后，在红 4 军党的第七次代表大会上，这些争论的问题再次摆出来。毛泽东、朱德在会上各抒己见，争论得很激烈。作为大会主持人，陈毅害怕红 4 军内部分裂，采取息事宁人的办法，对朱德和毛泽东两人各打五十板，批评说：“你们朱毛吵架，一个晋国，一个楚国，两个大国天天吵，我这个郑国在中间简直不好办。”①

陈毅这种各打五十板的办法，自然不能解决问题。

在会上，众人认为毛泽东是前委书记，对出现的争论应多负一些责任，决定给予他党内“严重警告”处分；对朱德也提出严厉批评。朱德对批评没表态。但毛泽东认为自己是正确的，没接受批评，反而重申自己的主张，并声明：“不正确的将来自然会证明是不正确。”

随后前敌委员会改选，陈毅当选为前委书记，毛泽东只当选委员。

红 4 军七大会议没能从根本上解决党内分歧，使得红 4 军的方向飘忽不定。这是军中大忌。7 月上旬，根据前委的决定，红 4 军四个纵队全部出动，分兵发动群众，陈毅、朱德率军部离开龙岩，移驻连城，进行反“会剿”作战；毛泽东去闽西指导地方工作，由此离开部队。

朱毛发生分歧，尤其是毛的态度，使得陈毅不得不去深思部队存在的问题。这时前委接到在上海的党中央来信，要求派一两名得力同志去报告情况。陈毅便决定亲自去。为此，他专门去见毛泽东的面，转达党中央的意见，并告诉他：“我准备自己去上海一趟。”

毛泽东说：“我赞成你去，把红 4 军的情况向中央反映一下，有好处。”

8 月初，陈毅经上杭、龙岩，前往厦门转赴上海。红 4 军的工作由朱德主持。

---

①张明金：《陈毅元帅：井冈山时期的林彪》，《党史博览》2003 年第 10 期。

(2)

陈毅决定自己亲去上海，还有一个原因，就是陈孟熙在那里，可以掩护自己。

3 月下旬，在大柏地战斗后，陈毅率红 4 军一部在瑞金附近，在地主家看到一份《新报》，获悉老兄陈孟熙已是刘存厚的少将驻沪代表。

这次，陈毅从闽西启程，到达厦门候船转香港去上海时，给陈孟熙发了一封快信，告诉了自己的船期。

8 月 26 日，一艘英国轮船到达上海。陈毅正准备混在人流中下船，忽然发现陈孟熙和另一位堂兄陈修和登船上来。陈孟熙胸佩“淞沪警备司令部”徽章，兄弟相见，陈毅跟着他们顺利通过稽查口，直接驱车到了福州路的新苏旅馆。

陈孟熙包了一个套房，让陈毅住里间，自己住外间。

随后，陈毅的另两位兄弟陈季让、陈世泽也赶来一起见面，兄弟五人还合了一张影。

在上海，陈毅向周恩来和党中央汇报了红 4 军内部的争论。党中央研究认为毛泽东的意见是正确的，责成陈毅、周恩来和李立三成立一个三人委员会，专门研究、解决红 4 军内的问题。经过一个月讨论，周恩来要陈毅起草一份党中央给红 4 军的意见信。

这时陈季让、陈世泽住在汉口路德义原商号。陈季让粗心地把五兄弟的合影放在书桌上。一次，一位国民党同乡来访，一眼认出陈毅，问道：“陈毅到上海来了？”

陈季让忙说：“路过上海，到北方去了。”蒙混过去。

一次，陈毅的老同学周光炜在电车里看到逛马路的陈毅，跑去陈修和那里问陈毅。陈修和硬说：“光炜看花了眼。”

周恩来获悉这些情况后，认为陈毅太冒险了，便把他转移到法租界一座教堂的后院。陈毅在密室“禁闭”起来，起草了党中央的意见信。这就是著名的“九月来信”。

陈毅后来回忆说：

> 后来，我带回中央的意见，希望毛泽东同志继续领导，因为他是正确的。当时是周恩来主持中央的会议，开过一次会后，周恩来同志继续跟我谈话说：“你可以替中央写一个指示，请

毛泽东同志复职工作。"我就替中央写了一个指示，拿给恩来同志看了，恩来同志一个字都没有改，说："很好，就是这个意思，你带这个指示回去，主要是去请毛泽东复职，朱德同志要服从毛泽东同志，你这个责任很重大。"①

10月3日，陈毅回到了闽西，带回了党中央的来信。他见到了朱德后，说："中央承认毛泽东同志的领导是正确的，要欢迎毛泽东同志主持工作，你应该服从毛泽东同志。七次大会是我犯了一个错误，问题就是要向毛泽东同志承认错误，否则是很危险的。我们应该欢迎毛泽东同志回来，你干不干？"

朱德说："当然我可以欢迎他回来。不过你欢迎他回来，他是不是愿意回来，还是个问题。"

陈毅说："这个我负责，是可以把他欢迎回来的。中央有个指示，这个指示毛泽东同志是会同意的。"

朱德拿出一封毛泽东写的信给陈毅看，并且说："毛泽东对你是不满意的，你晓得吗？你看，他这个信是反对你的啊！"

后来陈毅回忆说："那个信我现在大体上还记得。因为七次大会以后我离开了，朱德代理前委书记。他带着队伍往闽中漳平一冲，红军队伍损失不小。那里是土匪地区。后来没有办法，又退回到永定、坝州一带，又开了个第八次代表大会。当时，政治工作人员不满意，一致要求毛主席复职，不满意朱的领导。这就是所谓'政治小鬼'要求毛主席复职。毛主席回了一封信，信中说：我平生精密考察事情，严正督促工作。这是'陈毅主义'的眼中之钉，陈毅要我做八面美人，四方讨好，我办不到。我不能够随便回去。这个路线问题不解决，我就不能回去。"

陈毅看了毛泽东的信后说："这封信是对的，我赞成这封信，过去那些事我撤回，我请他回来。七次大会是我犯了错误，我这次回来，只要我作检讨，他就会回来的。"

朱德不信，说："你去试一试吧。"

---

①张明金：《陈毅元帅：井冈山时期的林彪》，原载《党史博览》2003年第10期。

陈毅说："那我就试一试。"[①]

陈毅是如何把毛泽东请回来的呢？他后来是这样回忆的：

这期间还有个打梅县的战斗。此次战斗部队损失很大，从梅县撤回来后，朱德、伍中豪和林彪等人主张把部队转向江西，向兴国、宁都、于都这一带走。当时我也赞成到江西，但感到还不是时候，因为毛主席未回来，我的任务没有完成。所以我坚决反对，主张无论如何要先到福建上杭，把毛主席接回来以后再共同来决定这个行动，我说我跑一次中央的任务就是这个。对此，大家争论得很厉害。我说毛主席走了，我代理前委书记，我走了，你朱老总代理前委书记，现在我回来了，我是全军的党代表，不能讲价钱，明天队伍开上杭。他们没有办法了，只好从安远开往福建上杭。

这时，我说要是把毛主席请回来，恐怕还要召开一次代表大会，坐下来肃清"七大"、"八大"的影响。林彪说：不，还是要讨论队伍分散行动的问题。他的理由很多，主张朱老总带两个纵队向闽中冲去，他留在永定、上杭一带。他认为敌人很强大，只有用这个经验，红军才消灭不了。集中行动，目标大，得不到补充，要打遭遇战，红军这么削弱下去，不知道哪一天还要分散。欢迎毛主席回来，我是赞成的，因为七次大会上我是支持毛主席的。分散了，还是可以欢迎他回来。我说不行，现在要集中行动，现在要迎接革命高潮，争取江西，建立大的革命根据地，不是分散的问题。我说，你是一贯的悲观失望，总想拉起队伍走，你这个观念不对。他没有办法，说，我也知道我的意见通不过，但我还是把它讲出来，我保留我的意见。我说，你保留你的意见，我保留我的意见，等毛主席回来再说。我说，队伍要抓紧，这三个纵队无论如何不能分散。

这一次争论得很激烈。那时，朱老总没有表态，伍中豪也没有表态，主要是林彪跟我两个争。

---

①张明金：《陈毅元帅：井冈山时期的林彪》，《党史博览》2003 年第 10 期。

> 后来，我写信给毛主席，信中说我这次到中央去了一次，我们的争论问题都解决了。七次大会是我本人犯了一次严重错误，我可以作检讨。中央承认你的领导是正确的。此间，同志们也盼望你回队，希望你见信后赶快回来。毛主席得到信后坐担架回来的，回来时还是有些病，伤风还比较严重。但是，可以看出毛主席很高兴。①

毛泽东回来后，12 月 28 日，在古田召开了红 4 军第九次代表大会，对各种倾向都进行了批判，陈毅后来说："但是没有点名。没有点朱老总的名，没有点我的名，也没有点林彪的名。"

这次会议通过了毛泽东起草的《关于纠正党内的错误思想》决议。这个决议总结了红 4 军的建军经验，批判了单纯军事观点、非组织观点、极端民主化、绝对平均主义、主观主义、个人主义、流寇思想等错误思想。会议最后选举以毛泽东为书记，朱德、陈毅、罗荣桓、林彪、伍中豪、谭震林等 11 人为委员的新的前敌委员会。毛泽东重新回到了红军的领导岗位。

一场持续很长时日的争论终于结束了，红军重新踏上了正确的轨道。经过这次是非曲直的争论，陈毅铁心认定了毛泽东的正确。毛泽东以他的正确和不屈服赢得了朱德和陈毅两位终生的战友。

对于毛泽东批判过的"陈毅主义"，陈毅后来说："这时，我心里有个问题，对于错误，我承认了，毛主席是会信任我的。我们共甘苦有三年多了，我没有个人打算。我那时并不是考虑毛主席复职以后，我到七军或到鄂豫皖去，我没有这个打算。我也不是因毛主席写了一封信，反对'陈毅主义'，我就存在心里。我认为毛主席这封信对我有很大的政治意义和教育意义。"②

> 九次代表大会后，我跟毛主席讲了两件事。第一件事是关于中央搬到江西来的问题。当时的中央在上海很不安全，说不定那一天就被国民党侦破搞掉了。我跟李立三谈到这个问题，

①② 张明金：《陈毅元帅：井冈山时期的林彪》，《党史博览》2003 年第 10 期。

> 李立三不赞成。我说中央总有一天会来中央苏区的，来也很方便，可以从香港、厦门这条路走，很方便，上海是不可久呆的。我对毛主席讲要准备这件事时，毛主席说，中央来了我欢迎。可见，毛主席对政治问题的态度是非常鲜明的，对于重大措施是有远见的。第二件事是我的工作问题。毛主席说我：你现在还是留在4军好，不要到鄂豫皖去，也不要到7军去，我挽留你。他还主动说，我写了一封信，朱德同志拿给你看了，不晓得你的意见怎样？我说，我拥护你这个信，你信中对我的批评，我是赞成的。他说，如果这个问题解决了，就没有什么问题了。我原来估计你是一去不回了。你回来了，我欢迎你留在这里。这个问题就解决了。[①]

朱德后来由衷地说："九大的影响，深入在4军同志的脑中，的确九大是4军党第一幕重要历史。"

(3)

以后，在党内的各种争论中，朱德和陈毅总是坚定地站在毛泽东的一边，成为正确代表的一方面。尤其是陈毅，则成为毛泽东的"铁杆分子"。

1931年11月初，中央苏区党组织在赣南召开第一次代表大会(即赣南会议)。这次会议实际上是王明"左"倾路线执行者对毛泽东的一次集中批判，全盘否定以他为代表的关于红军作战、中央苏区建设的方针和政策。当毛泽东横遭批判时，中央苏区一些同志据理力争。陈毅态度最鲜明，站在第一线，力辩说："毛泽东同志的主张是正确的，别看现在苏区方圆几千里，红军数万人，搞不好，打几仗就要垮台。"

"左"倾路线执行者立即批评他："你是眼睛只盯着几个县的机会主义！"

陈毅反唇相讥："你们说上海无产阶级强大，怎么不在上海，跑到苏

---

①张明金：《陈毅元帅：井冈山时期的林彪》，《党史博览》2003年第10期。

区来干什么？”

他不畏高压，坚定地支持毛泽东。事后，受毛泽东牵连而遭“左”倾路线打击的毛泽覃、谢维俊等人当面对他说：“还是你敢讲话，你讲得彻底！”

次年10月，第一次宁都会议以研究第四次反“围剿”为幌子对毛泽东再次进行“大清算”。陈毅还是坚定支持毛泽东“诱敌深入、积极防御”的破敌方针，并且说：“现在提出打出根据地去，为时过早，待红军力量发展壮大了，自然会打出去的。南昌暴动的残部和毛泽东在井冈山会师后，经过千辛万苦才打出这样一个局面，我们没有理由不珍惜它！”

随后，他和朱德、周恩来、王稼祥等人一起提出留毛泽东在前线指挥军事的建议，但是，遭到“左”倾路线负责人博古等人的拒绝。

1933年6月，中央苏区政治局第二次在宁都开会，“左”倾路线执行者完全剥夺了毛泽东的发言权。有人以当兵团政委和省委书记为诱饵游说江淮戏军区总指挥兼政委陈毅，要他好好检查“苏区的缺点”，带头做所谓的“自我批评”。陈毅愤然回答说：“你们要我抹煞苏区成绩，编造谎言，我陈毅不干。苏区的情况，你们找毛泽东谈去！”

会议主持人项英紧盯着他，他还是不改口。

一天，项英突然发现陈毅写的毛笔字特别像毛泽东的“毛体”(后人对毛泽东书法字体的说法)，心里很不痛快，说陈毅：“你这个人不仅在政治上、军事上迷信毛泽东，为他吹嘘，连写字都学他！”

陈毅也不客气地回敬说：“你说我迷信毛泽东，你为什么迷信博古啊？你们就是排斥毛泽东。谁不听你们的，动不动就给戴上‘反国际’的大帽子，只许听你们的，不准别人讲话，这叫什么呀！”说罢，还补上一句：“你不信润之，只能说明你没水平。”

项英哑口无言。

1933年7月，临时中央派员参加江西省委扩大会，督促清算江西的“罗明路线”，点名批评邓小平、毛泽覃、谢维俊、古柏，实质是继续批评毛泽东，以清除他在红军中的影响。陈毅、罗荣桓与军区机关部长以上干部都出席了这次会议。陈毅、罗荣桓不肯上台发言批判。但江西军区没人上台无法“脱身”，他们便找青年部长钟发宗，他年龄最小，讲错几句也无大关系。钟发宗上台，有意从个人讲起，以亲身体会讲红军的成长壮大。不料立刻被中央来人指责为“机会主义的发言”。不等大会结束，陈毅和罗荣桓就把钟发宗派到远地的一个军分区当政治部主任，保护起来。

由于陈毅坚决支持毛泽东，以后的中央会议也不让他参加了。而他与毛泽东却成为少数面对复杂时局而思想正确的人。

5. 因为负伤被留守江西

1934 年 1 月至 3 月，红军主力多次作战又告失利，伤亡增加，中央苏区缩小，被迫后撤。8 月 28 日上午，陈毅来到老营盘红三军团 6 师的前沿阵地视察，正值敌周浑元部一个师在飞机大炮掩护下发起猛烈进攻。陈毅视察完毕，离开师前沿指挥所时，“啪——”一颗子弹飞来，陈毅的右胯骨被击中，造成粉碎性骨折，他顿时倾倒在地，血流如注，战士们赶紧把他救下，送去后方医院。

经过一段时间的治疗，陈毅的烧退了，但大腿总是红肿疼痛、不能伸直，不能下床。他本应动手术，但医院没有电源，不能拍 X 光片，所以动手术之事一直被搁置。10 月 9 日，医院各科室的医疗器械、药品都开始装箱子，看样子部队就要行动了，陈毅见状，赶快给中革军委会副主席周恩来写了封信。

周恩来接到信后，当即派人把电台的汽油发电机送来医院，并到医院探望了陈毅。

从周恩来那里，陈毅才知道中央机关明天黄昏就要进行战略大转移。陈毅因腿伤不能走路，党中央决定他和项英等人留下来，设立中央分局，以项英为书记；设中华苏维埃共和国中央政府办事处，以陈毅为主任并负责军事。命令因为李德患病，尚未拟写。

有了电，医生赶紧做手术。X 光片显示陈毅右胯骨被打碎一角，开刀后，取出了一些碎骨。

手术后第二天下午，陈毅忍着伤痛，叫警卫员抬担架到中革军委驻地，与周恩来告别。

10 月 12 日，项英来到医院看望陈毅，并向他传达党中央的有关部署。

红军大部队离开瑞金，开始大转移后，陈毅和项英率领部分留守部队，继续与敌人作战，进行掩护。但在强敌进攻之时，项英仍然集中兵力和敌人死打硬拼。11 月 23 日,敌军占领了会昌。至此,中央苏区全部县城陷入了敌手。月底,陈毅已经能起床行动了,便提议召开中央分局会议。

在会上，他提出全面转入游击战争的意见，得到绝大多数人的赞同,但是,项英仍说要再看两个月。

12 月底,形势更加严重了。项英不得不同意陈毅打游击战的意见,要陈毅写个指示发下去，部署各地转入游击战。但他仍然坚持要把中央分局所属部队转移到仁风进行整理,待请示中央后再定。

陈毅写好指示后,项英又考虑了好几天,才同意往下发。可是时间已经晚了,许多地方被敌人隔断,无法联系。这个指示终于传达不下去了。

到了 1935 年 2 月初,更大的危机来临。中央分局、中央办事处和赣南省机关、部队,都被敌人围困在狭小的仁风一带,陷入非常严重的危险境地。项英天天向上发电报、要指示,但总得不到答复。陈毅说:“电报不要发了,主力红军长征,日夜行军作战,无暇顾及我们。还是自己想办法、拿主意吧!”

项英问:“你说怎么办?”

陈毅说:“留得青山在,不怕没柴烧。事到如今,只有突围,冲杀出去,才有希望!”

2 月 13 日，红色电波越过崇山峻岭，传来了党中央的声音，大意是：中央政治局在遵义会议上批判了军事路线上的错误，确立了毛泽东在中央的领导地位；中央苏区的斗争主要是坚持游击战争，反对敌人的堡垒主义与“清剿”政策,组织方式、斗争方式必须与此相适应。深受“左”倾路线之苦的陈毅看了电报,受到极大的鼓舞,高兴地说:“毛泽东同志回到领导岗位,革命就有希望,我更有信心了。”

项英却不同意他的看法。

陈毅说:“我就是相信毛泽东!他领导苏区时,队伍由小到大,红军发展到 30 万人,苏区扩大到 20 多个县,几次反‘围剿’都胜利了。毛泽东同志被排挤出红军领导岗位后,就打败仗,第五次反‘围剿’失败了,中央苏区也垮台了,这样的中央能信任吗?”①

①陈丕显:《弥天烽火举红旗——回忆陈毅同志领导的南方三年游击战争》,原载《人民的忠诚战士——缅怀陈毅同志》,第 109—110 页。

6. 传奇的《梅岭三章》是如何炼成的？

陈毅等人留守在江西苏区，由于敌兵“围剿”，常年在深山密林中转战。由于斗争太艰苦，自从突围前收到党中央两个电报后，他们和党中央还是失去了联系。陈毅多次写信给上海的鲁迅和茅盾，寻找同党中央联系的途径，但是一封封信都石沉大海，杳无回音。

1936 年，陈毅等人转移到了离大庾城约 15 公里的梅岭的一个山沟里——斋坑。

一天下午，交通站送来了地下党陈海转交的一封信。

陈海原名陈宏，是中共党员。1935 年冬，湘鄂赣省委派他和陈桂华到国民党军第 50 师做兵运工作，不慎被敌人发现，逃到赣南，找到了信康县委。正逢叛徒红军龚楚在赣粤边搞破坏，抓地下党。信康县委认为两人行迹可疑，便把他们扣留下来进行审查。项英正转移到信康县委，对两人作了考察，认为没发现叛变行为，便把他们放出，还给了一笔经费，派他俩到粤军余汉谋部队继续做兵运工作。不久，他们在余汉谋部第 1 师和第 2 师建立了党支部和士兵委员会等秘密组织。

1936 年年初，上海和红六军团各派一人到广东军阀部队开展兵运。陈海和陈桂华又与他们接上了头，并直接受他们的领导，和赣粤边特委发生横的关系。不久，陈桂华被捕，上海和红六军团派来的人逃走。两广事变爆发后，余汉谋部开回广东，蒋介石派第 46 师接防，陈海便转移到敌 46 师做兵运工作，仍归赣粤边特委领导。他到特委来报告过几次工作，有时带来一些国民党的报纸、刊物。一次，他说有两个连可以随时拉出来。特委对他说，应该钓大鱼，现在不要动，以免打草惊蛇。

正在陈毅千方百计与党中央联系的时候，陈海送信上山了。

这封信是原湘赣省委姓张（化名）的负责人用党中央在瑞金时规定的暗号写来的。在这之前，陈毅等人曾叫陈海去找这个姓张的，但没找到。现在怎么他冒出来并通过陈海转来这封信呢？对此，陈毅等人虽有些怀疑，但怕错过机会，于是陈毅决定亲自到大庾城去一趟，会会那个姓张的负责人。

第二天黎明前，陈毅与区委书记黄占龙下山去了。

他们穿过莲花梁，直去陈海的住处，准备先找陈海查清虚实，然后去见姓张的。他们来到陈海家，只见一个女人在洗衣服。黄占龙问道：“陈先生在家吗？”

她不认识陈毅他们，就答道：“到团部去了。”意思是陈海到国民党军团部去了。黄占龙误听为到“糖铺”去了。

因为大庾城西水门外梅风桥头有一家名叫广启安的糖铺，是个秘密交通站。于是，陈毅、黄占龙向糖铺走去。

他们刚拐过弯，就看见一伙国民党部队向糖铺跑去。两人一看情势不对，急忙转身，拐进小巷，绕到临街一个茶馆坐下，结果，亲眼看着敌兵闭了糖铺，还抓走了一个人。真是好险！糖铺一个老工人从茶馆后面走进来，贴着陈毅的耳朵说：“陈海叛变了，你们快走！”

原来陈海上次从山上下来时，被敌兵抓住了，受不住敌人的威胁和利诱，投降了，便于敌兵设下诡计，写信骗陈毅等人下山。

陈毅向老工人问明情况后，与黄占龙起身，绕过小巷，急忙顺着原路往回走。

陈海把信送出后，就在大庾县城等候陈毅等人下山，可没等着，便迫不及待地带着敌兵包围陈毅他们的住地——梅山的斋坑。战士们忽然听到枪声，项英拿起枪，冲出棚子，和战士们一起钻进密密的茅草。敌人满山呼喝，只抓到赶来特委汇报工作的交通员彭妹子。敌人拳脚交加地拷问她，问她“大头子”在哪里，彭妹子只字不吐。敌人扑了个空，不肯善罢干休，把彭妹子关进了监狱，又调动兵力，进山大肆“搜剿”。

下午四五点钟，陈毅赶到山上时，还不知道“家”里出了事。山上已被敌人包围。陈毅赶到山上时，天气骤变，乌云翻滚，狂风大作，打了一阵大雨点，一场暴雨就要降临。敌人害怕暴风雨，就要撤走时，陈毅信步走来，撞进了敌人的包围圈。一个敌兵问道：“你是干什么的？”

陈毅抬头一看，发现是敌兵，镇静地回答，“是我呀！”

敌人的态度有点缓和了，又问：“你是不是带路的向导？”

“是呀！”

敌人又说：“下大雨了，走啊！”

陈毅连忙说：“你先走吧，我要屙屎！”边说边装作脱裤解便的样子，钻进了树丛里。

这时暴风雨来了。敌兵害怕淋雨慌慌张张地撤走了。陈毅躲在树丛中观察他们的动静，怕敌人耍花招，又追着看了一下，看到敌人真的全部撤走了，才回到那个棚子，棚子已被敌人糟踏得不像样子，值钱的东西都被抢走了。

他走出棚子，在附近观察了一番，估计附近一定藏有自己人，于是自言自语地说："我是老刘（陈毅的化名），刚从大庾城回来。敌人已经走了，大家快出来，赶快离开这个危险的地方，不然敌人再返回来，那时再想甩开敌人，就更麻烦了。"他重复说了好几遍，都没有人答应他。其实，战士们在草丛中隐约听到了他的喊话，但怕是敌人假冒他的声音诱骗，所以一直没出来。陈毅又一个一个地喊名字："老周（项英的化名），老宋（宋生发），曾忠山，丁上淮！"并且说："我真的是老刘，难道我的口音都听不出来吗？"

这会儿，大家走了出来。

陈毅简要讲述了他进城的经过，就带领大家迅速离开棚子，向北面的山上走去。

到了梅岭北面的山上，已是半夜了。陈毅他们刚休息，敌人的大队人马开进山来，周围十几里地又被严严实实地包围起来。敌人把狼犬、探照灯都带来了。因为是山岭起伏，他们虽然已走出二三十里路，但直径并没有多远。对面山上的敌人大声说话声都能听见。有的同志议论说："要不是老刘（陈毅）回来的那样及时，催着我们赶快离开出事地点，那我们真的就被敌人包围在里面，出不来了！"

陈毅风趣地说："那是托马克思在天之灵呀！"

敌人当晚在棚子周围没找到陈毅他们，仍不甘心，继续增兵，一直把梅山围困了 20 多天。陈毅等人昼伏夜行，时而隐藏于丛莽间，时而钻进山沟里，好几次，敌人就近在咫尺，都没有发现他们。一天，陈毅隐蔽在茅草里，敌人搜索半天没有发现，却捡到一个包袱，敌人把包袱打开，有件衬衫，还有几本书，不由得惊讶地说："啊，共产党苦得这个样子，还念书哪！……"

陈毅等人被围困 20 多天不得脱身，他以视死如归的壮志豪情写下《梅岭三章》：

断头今日意如何？
创业艰难百战多。
此去泉台招旧部，
旌旗十万斩阎罗。

南国烽烟正十年，
此头须向国门悬。
后死诸君多努力，
捷报飞来当纸钱。

投身革命即为家，
血雨腥风应有涯。
取义成仁今日事，
人间遍种自由花。

这就是陈毅写作《梅岭三章》前前后后的经过。

他留下绝笔的当天，敌人没有进山搜查，第二日也没有，第三天早晨，敌人突然全部撤走了。陈毅派人下山打听，得知蒋介石在西安被张学良、杨虎城抓起来了，爆发了西安事变。

随后，陈毅派人下山，与国民党谈判。

7. 黄桥保卫战

1937 年 7 月 7 日卢沟桥事变后，全国抗战爆发。党中央通过与国民党政府艰苦的谈判，终于达成协议，将南方八省十三个地区的红军游击队统一整编为新四军，开赴华中敌后抗战。1938 年 1 月，新四军军部在南昌成立，叶挺为军长，陈毅为中革军委新四军分会副书记兼第一支队司令员。

陈毅率部进入茅山，开辟苏南敌后根据地后，1940 年初奉命渡过长江，挺进苏北。

苏北地区有日、伪势力，有蒋介石嫡系和地方杂牌，情况极为复杂。江苏省主席韩德勤仗恃其兵多将广，想吞并地方实力派李明扬、李长江和陈泰运的杂牌部队。陈毅率部渡江之后，韩德勤为了消灭新四军，改变策略，与两李捐弃前嫌，共同反共。两李和陈泰运由中立转向反共。

陈毅认为尽管韩德勤和两李、陈泰运在反共上是一致的，但程度不同：韩德勤是老反共顽固派，比两李、陈泰运更反动。韩要吞并两李、陈泰运和对方的反吞并的矛盾更直接、更尖锐，不可调和。因此，决定利用其矛盾区别对待。对两李、陈泰运采取“又团结又斗争”的策略，争取其中立，对韩德勤则采取“有理、有利、有节”的斗争原则，予以必要的打击。

党中央、毛泽东同意了陈毅的意见。

5 月中旬，泰州、扬州日伪军出动 3000 余人进行“扫荡”，韩德勤密令李明扬乘机派兵袭击新四军后方。但是新四军挺进纵队英勇奋战，打退了日伪顽的进攻，北移到郭村进行休整。

当他们进驻郭村时，李长江说郭村是他的地盘，扬言要“收复失地”，要挟苏北新四军受其指挥。为了争取两李共同抗战，陈毅派人深入虎穴，前往泰州同他们谈判。

但是，李长江不听劝告，倾全力发起进攻。新四军全面反击，兵临泰州城下。李长江陷入兵败城危之时，陈毅由大桥地区赶到郭村，下令：“任何人不得进城！”然后直接与两李通电话，希望重新修好，协力抗战。

战斗停下了，陈毅亲自进泰州和两李面谈，答应归还他们的部分枪械，并将 700 余名俘虏全部释放，但条件是：他们要与新四军共同抗日，借路让新四军东进，韩德勤进攻新四军时要严守中立。李明扬感激不尽，表示同意。

7 月底，新四军如约退出郭村，向黄桥方面东进抗日。

韩德勤立即命令两李拦击新四军。

新四军越过两李的防区时，两李部则如约让路，新四军佯装夺路而过，两李官兵则朝天鸣枪，以掩韩德勤之耳目。

谁知陈泰运奉韩德勤之命却对新四军发起了进攻，经一夜激战，陈泰运被击溃。战后，新四军把俘获的人枪如数归还，警告陈不要参与韩德勤与新四军搞磨擦。

陈泰运于是和两李一样保持中立。

新四军进占黄桥以后，随即转兵向南，积极打击日伪军，连克靖江东北的孤山、西来镇等日伪据点，并粉碎了日军多次报复性“扫荡”，先后建立了泰兴、靖江、如皋等五个县的地方政权和武装。但是，韩德勤倚仗其优势兵力，仍然想吃掉苏北新四军。10 月，他亲率主力第 89 军和独立 6 旅，1.5万余人进犯黄桥。

陈毅、粟裕为正副指挥的苏北指挥部决定采取诱敌深入，然后断其归路，从运动中各个歼灭的方针，与韩顽进行黄桥决战。战斗开始前，陈毅发布了《黄桥决战告指战员同志书》，在各纵队负责同志会议上说：

"现在一切条件都成熟了,就看你们的了,就看你们能不能带领大家把这一仗打好。这一仗打得好,苏北的局面就能朝着好的方向发展,反共浪潮就会低落下去,抗日运动就会高涨起来,这一仗打败了,我们就得重回江南,而且长江也过不去,只好像韩德勤说的:到长江里去喝水!"

这次战役由陈毅和粟裕统一指挥。陈毅在指挥部坐镇指挥,粟裕则去前线指挥。

战斗打响后,陈毅与粟裕和各纵队指挥员通电话,及时了解前线情况和发出指示。为了防止两李和陈泰运发生动摇,他还给他们打电话,把胜利的消息告诉他们,稳住他们。

是役只经过一天一夜激战,就全歼韩德勤主力1.1万余人。韩德勤第89军被全歼,其军长李守维仓皇逃窜,失足落水,淹死在八尺沟河之中。韩德勤率残部千余人向兴化狼狈逃窜。新四军乘胜追击,席卷海安、东台,并和八路军南下部队会师于东台以北之白驹镇,胜利地实现了毛泽东关于八路军、新四军协同发展苏北的战略部署,奠定了坚持华中敌后抗战的基础。

黄桥战役,是陈毅军事指挥才能的一次生动体现。党中央、毛泽东予以高度评价,并把陈毅的报告转发全军团以上干部学习。

1941年1月,国民党顽固派发动皖南事变,新四军军部及皖南部队遭到国民党七倍多的重兵包围,几乎全军覆灭。20日,中央军委发布命令,以陈毅代军长,张云逸为副军长,刘少奇为政治委员,赖传珠为参谋长,邓子恢为政治部主任。25日,陈毅以代军长名义发布了军部领导人的就职通电。

8. 两次深入"虎穴"

抗战胜利后,1945年10月,陈毅从延安返回鲁南,随后被党中央任命为华东野战军司令员。

刚被国民党收编的伪军郝鹏举被任命为国民党第六路军总司令,驻扎在徐州以北地区,跃跃欲试,要与陈毅大战。

郝鹏举河南省灵宝县人, 在师范学校毕业后参加西北军, 历任排长、连长、营长、团长、旅长等职。全国抗战爆发后,他摇身一变,在胡宗南部任团长、师参谋长。但是,因为长期奸淫霸占警卫营营长的未婚妻,他被胡宗南给予纪律处分,于是转而投靠汪精卫汉奸集团,1944 年出任伪淮海省省长、汪伪陆军第八方面军总司令兼徐州绥靖公署主任。日军投降以后,他又投靠何应钦,准备充当蒋介石发动内战的马前卒。

1946 年 1 月,陈毅取得鲁南大捷。郝鹏举对国民党军能否战胜解放军十分怀疑,于是利用原伪淮海省教育厅长张润三的关系联系陈毅,要求率部起义。陈毅同意后,他举行战场起义,把一万多人的部队开到解放区莒南县一带。

官兵对起义没任何准备,立即陷入混乱,郝鹏举亲自来到陈毅那里汇报,请求派人到部队进行帮助,并邀请陈毅去看望、教育部队。

陈毅答应了他的要求,并勉励说他选定的民主道路是正确的,希望他坚定地走下去。陈毅还指出:“我们既是朋友就要讲信义。经过实践检验一段时间以后,你们如果感到不合意,什么时候要走,告诉我一声,我们一定以礼相送,走的时候希望将我们派去的同志送还我们,这是我们的君子协定。”

郝鹏举走后,陈毅告诉副军长张云逸,说打算带妻子张茜和几个随员前去郝部,张茜作郝的家属工作。张云逸不放心,说:“带一个警卫连,或至少带一个携几挺机枪的排去。”

陈毅说:“带人多了,会起相反效果。郝刚起义投靠我们,一般说他本人不会对我们搞什么名堂。多方面的情报证明,郝对他的部队还能控制。不带武装去,警卫安全的责任就全部落在他们的头上,带个把连去,出了事,也起不了大的作用,所以,还是不带武装分队去为好。”

最后,他只带了一个参谋作为随从副官和警卫员几个人随行。郝鹏举亲率手下将领和官员列队迎接。

当晚,陈毅下榻在郝鹏举的司令部大院。随去的参谋要设内卫,陈毅没同意。事后,郝鹏举发现陈毅没设岗哨,立即召集他的亲信说:“陈司令不设内卫,对我毫无戒备,真是把他的心都掏给我们了,我们对他的安全,要绝对地负起责任来。”

他立即派自己的亲信带班警卫,对次日陈毅阅兵的安全作了部署,规定参加检阅人员携带大小枪支,一律不准带子弹,不准带手榴弹,违令者严办,长官也负连带责任,并逐级作了检查。

第二天,在郝鹏举陪同下,陈毅绕场检阅了部队,在检阅台上检阅了端着明晃晃刺刀行进的分列式,并分别答礼,最后还讲了话。

郝部刚起义,陈毅轻车简从,深入虎穴,不设内卫,不怕在刀丛中检阅之前还是敌对的部队，这种开诚相见的大无畏举动，解除郝部的疑虑不安，稳定他们的情绪。

为了把这支杂牌军改造成人民军队，陈毅派朱克靖、刘述周等到郝部帮助整训。

不久，蒋介石调重兵进攻解放区。郝部官兵见对方来势凶猛，逃跑现象时有发生。陈毅对郝部官兵放心不下，亲自找郝鹏举长谈，并给官兵分析蒋军必败的形势，稳定了军心。郝鹏举也向陈毅再三表示："敝人幸遇大将军，决心跟着共产党走，海枯石烂不变心！"

6 月下旬，蒋介石向解放区大举进攻，郝鹏举反复无常，又开始动摇。陈毅在出发去前线前，决定亲赴白塔埠地区郝部驻地。

许多人担心他的安全。陈毅说："他们还在观望，我去他们那里，开诚相见，对争取他稳定下来或稳定一个时期是可能的。这对于当前迎击蒋军进攻，保障我军后方安全是有好处的。对于今后争取分化蒋军非嫡系部队也是有长远的政策意义的。因此，我亲自去是非常必要的，有意义的。"

但是，大家还是不放心。陈毅说："我这次出其不意地突然前去，他没有准备，周围有我们军队，估计他不敢轻举妄动，搞什么劫持或杀害等卑劣名堂，不会有大危险。"遂坦然而去。

到郝驻地，郝鹏举又以盛筵相待。

陈毅再次对郝晓以大义，希望他认清形势，不要被蒋军气势汹汹的现象所迷惑，甚至还说："经过严峻考验，我党和人民是不会亏待你们的。我们有过君子协定，如果你们感到不合意，请告诉我们一声，一定以礼相送，并把我们派在你们那里的干部送还我们，我们还是朋友嘛。"

陈毅仁至义尽。但是，郝鹏举还是暗中派特务刘承与蒋介石谈判。国民党徐州"剿总"总司令薛岳委派原郝部副军长李克昌来莒南，里应外合。这时叶剑英从延安到前线视察时，知道这个情况后在临沂召开郝部营以上的军官会议。叶剑英警告说："你们公开走，我们让出一条路；你们偷偷走，我们不欢送！"①

---

①郑文卿：《"仍自教尔分人狗"——忆陈毅同志重视战俘教育改造工作》，原载《人民的忠诚战士——缅怀陈毅同志》，第 469 页。

郝鹏举发现事已败露，把李克昌关押起来。解放军提出把人送来。郝鹏举为了自己脱身之计，只得硬着头皮把戏演到底。送人那天，他给李克昌打了一副十几斤重的大脚镣，他亲自给李克昌戴上，并亲自送到陈毅那里。

他对陈毅说："不要让他跑掉。我们派一个连来看押。"

陈毅一口拒绝说："送来，就一切由我们负责。"

1947 年 1 月，蒋介石以 8 个整编师企图在山东临沂地区与陈毅领导的华东野战军决战。在大军压境的关键时刻，郝鹏举秘密赴徐州会见蒋介石的总参谋长陈诚，并出任国民党第 42 集团军总司令。他从徐州返回后，陈毅严正警告郝鹏举："你要走，我几个小时把你抓回来！"①

1 月 27 日，郝鹏举还是带着部队叛变，并派人逮捕朱克靖等驻部联络人员，押送南京，致使朱克靖等人被杀害。随后，参加前线对解放军的进攻。

陈毅愤怒了，立即命令二纵司令员韦国清率主力第 4 师围歼叛军，活捉郝鹏举。激战四天。郝鹏举损失惨重，资本快没了，急得眼泪都流出来了。他的参谋长刘伯扬劝慰说："钧座勿伤心，我们多想几条出路。"

郝鹏举绝望地说："我们与共军打了多年的仗，结下仇恨。去年，我们违心地率部投奔陈毅部下，今年又投靠陈诚。现在，共军绝无宽恕之理，陈诚也不会立即派兵增援，我们无路可走了。"

刘伯扬说："我代表你与陈毅假谈判，拖住陈毅的兵力，等待陈诚派兵增援，我们利用黑夜突出重围。"

郝鹏举表示同意。

刘伯扬走出白塔埠，就被活捉。战士们押着他见二纵 4 师参谋长吴华夺。刘伯扬说："敝军郝总司令派敝人求见陈毅大将军，陈述一切过错，请求原谅！"

吴华夺气愤地说："我们陈司令员指挥百万大军正要攻打徐州，活捉陈诚。你快回去报告郝鹏举，叫他带领官兵投降吧！"

刘伯扬狼狈而去。

---

①郑文卿：《"仍自教尔分人狗"——忆陈毅同志重视战俘教育改造工作》，原载《人民的忠诚战士——缅怀陈毅同志》，第 469 页。

但是,郝鹏举还是不投降。随即,4 师兵分四路扑向郝鹏举总部,又活捉了带着卫队向外突围的刘伯扬, 其作战处长跑进作战室对郝鹏举说:“钧座,我们突围不出去,只有投降才是上策。”

郝鹏举无可奈何地说:“为了活命,快投降吧!”

这时战士们冲进了郝总部,枪口直指郝鹏举等人。郝鹏举脸上直冒冷汗,结结巴巴地说:“梁……处……长,你代我……下达命令交枪吧!”

随后,郝鹏举被押送到二纵司令部。韦国清派人把他关押在附近一户农家。郝鹏举拳打脚踢房门,大声吼道:“要打便打,要杀就杀,为啥把我关到冷房里?我要见陈毅!”

哨兵怒斥道:“因为你出尔反尔,狼心狗肺,叛变革命!”

过了几日,房门打开了,几名战士把郝鹏举带了出去。郝鹏举以为要去枪毙,吓得浑身发抖,结果他被带到了陈毅那里。

郝鹏举一见陈毅,立即鞠躬说:“万分对不起人民,对不起军长!今天能见军长一面,虽死无憾,不知军长能原谅我吗?”

陈毅严肃地说:“今年年初,你们召开纪念起义一周年大会,我在莒县规劝你‘不要有违起义初衷’,参加我军作战,光明正大,前途无量;如果不敢参战打蒋军,我允许你们保持中立;假如背叛我党我军,我放你们走,但必须放回朱克靖等同志。你再三表示要跟我们一起打蒋军,荣立战功。我还说:‘你若失言,立即抓回,军法审判!’为何又去投靠陈诚?”

“我到徐州,没见着蒋介石。”郝鹏举说,“见到陈诚,薛岳在场,只谈了两个小时。没得到好处,反而给自己出了难题。我由徐州经海州返回部队,要求进驻海州城,他们不准进,硬要驻守白塔埠。部队没领到经费,我让陈诚解决,也没给钱,只给了些大米,论包不论斤,每包 134 斤,仍照 200 斤算,士兵连肚子也吃不饱!在解放区衣食毫无顾虑,样样满足,比之国民党待我真是天壤之别!”

“既然陈诚这样待你,你为何还要投靠他呢?”

“由于我立场不稳,上了蒋介石政治诱惑的当。”

“你说是被骗投蒋,如何又强杀我派去几名联络人员,为什么不把他们安全送回?”

“这完全是我受部下少数坏分子的劫持,企图以此向蒋、陈报功,这是我的做过,我不能约束部下!”

“我在这里明白告诉你:对于你们拖走部队是料定了的,对于拖走后如敢反叛,定可迅速缉拿归案惩办,也是早料定了的。我又可以告诉你：对于你们拖走部队时竟捕杀我派去的联络人员，则出乎我之意料；因为我不料人之无良，竟到了这种地步！”

郝顿足叹息地说：“对于拖走时捕杀军长派来之联络人员一事，完全是禽兽行为，本人不知道，是部下干的，我不能控制部下，罪该万死！”

陈毅说：“从你叛变到被俘前后仅 13 日，这证明了投机取巧必身败命裂，最后难逃人民的惩罚，你就是一个投机取巧的示范。”

郝鹏举还存侥幸心理，陈毅直率地告诉说：“目前你既然到了此地，一切应由人民处理，如有能够保全，能够宽恕的地方，人民定可酌予考虑，不过你作的事太坏，太对不起人民，太违犯人情，再次背叛国家民族，罪恶实在太大，要看人民是否能宽恕你！我立刻派人送你到后方去，听候发落好了。”

谈话至此，陈毅即令退出。郝鹏举俯首辞出，连呼：“一切由我负责！我太对不起人民，对不起中共，对不起军长！”①

随后，郝鹏举被押至沂水后经过审判被枪毙。郝鹏举被处决后，陈毅取纸挥毫，作《示郝鹏举》诗一首：

教尔作人不作人，
教尔不苟竟狗苟。
而今俯首尔就擒，
仍自教尔分人狗。

9. 陈毅轶事

(1)

陈毅待人赤诚、宽厚，但在原则问题上，从来不调和、不妥协。这在

①《陈毅将军对郝鹏举的谈话》，原载《群众》第十四卷九期，1947 年 3 月 2 日。

他与饶漱石的斗争中，表现最为明显。

1941年秋，新四军2师政治部主任萧望东到军部汇报工作，参加干部会议。在会上，他第一次见到饶漱石。后来在闲谈中，他向陈毅询问过饶漱石的事，陈毅说："对他的过去，我不太了解。据说在皖南事变受挫后，他是化装成神甫，跑出来的。"再向下，他就沉默了。

后来萧望东说："我看得出，他对饶漱石是有看法的。尽管如此，陈毅同志还是顾全大局，维护了团结。"

为了反对饶漱石在整风中搞阴谋诡计，陈毅愤然离开黄花塘，不愿和饶漱石住在一起。即便在这种情况下，当有人问到他和饶漱石的分歧时，陈毅说："思想上的分歧是不可避免的，我有意见都和他当面讲了，背后就不要议论了。"

但饶漱石不是这样。

1943年冬，陈毅已去延安了。收拾房子时，在陈毅住过的房子壁橱里发现一副围棋，饶漱石当着很多人的面说："嘿，围棋呀！我也会下，但是我不下，因为一下起来，就费时间，就耽误工作。"

在场人都知道他这句话是什么意思：前半句是表扬他自己，后半句是影射陈毅。

全国解放后，高岗、饶漱石结成反党联盟，事情被揭露后，陈毅坚决地向高、饶作了不调和的斗争。①

(2)

抗战时期，国民党江苏省主席韩德勤是个"磨擦专家"，经常想方设法要把新四军挤出苏北。

1943年3月，他带着一个独立旅和警卫团，想从新四军的防地闯过津浦路西。14日晚上，新四军4师11旅和9旅突然包围了山子头，经过一个晚上又一个上午的战斗，消灭韩德勤3000余人，最反动的专员王光夏被打死，韩德勤本人被活捉。

但是，战后，陈毅将韩德勤放了。

---

①萧望东：《肝胆照人显英才——忆陈毅同志对我的帮助教育》，原载《人民的忠诚战士——缅怀陈毅同志》，第317—318页。

这让部队干部战士有不少的意见。陈毅解释说："放韩德勤这是斗争的策略。我们把韩德勤秘密释放了，韩德勤不敢报告蒋介石。如果他报告蒋介石，他当过新四军的俘虏，他的省主席就当不成了。我们把他的部队消灭了几千人，他也不敢向蒋介石讲，这叫哑子吃黄连。"

(3)

1949 年 5 月，上海解放后，陈毅担任上海市市长。

这时国家经济有困难，党号召大家增产节约，精简机构，陈毅自己带头，把警卫班从十几个人减少到五六人，大衣破了拿到裁缝店去补，不买新的。

一次他的岳父从汉口来到上海做客，住了几天，陈毅就对妻子张茜说：

"我们现在还实行供给制，吃的用的国家都有一个规定，你父亲住久了，要影响国家收入，还是让他回去吧。"

张父起初想不通，女婿做了市长，住一段时间吃几顿饭都不行么？陈毅和张茜告诉说："共产党干部是为人民服务的，与国民党的官老爷不同，越是地位高，越要带头。这样人民才会拥护，国家才会兴旺，我们的革命事业才有希望。"

老人家的思想弄通了，高高兴兴地回武汉去了。

(4)

一次，陈毅四叔的儿子到上海来，希望陈毅介绍工作。陈毅不为亲人开后门，说："新中国刚成立，国家还很穷，我应当为人民谋幸福，不能为堂弟一个人的幸福，向人民伸手。"

接着，他还说："从前，全家节衣缩食，支持我革命，现在仍应支持我革命。也就是你我都要遵守党和国家的政策、制度，发扬艰苦奋斗的传统。"

不久，陈毅的妹妹从四川来上海，要他帮助解决升学问题。陈毅同样拒绝地说："你自己凭本事去考，考取了就去读书；考不取就回家种田。我是人民的市长，共产党的干部，决不能搞裙带关系。"

(5)

1951年秋,上海参加华东局召集的会议期间,欣逢《毛泽东选集》第一卷出版,与会的人,每人发了一本。大家都十分高兴,如饥似渴地学习起来。萧望东见到书中数处提到陈毅,对他说:“陈总,这时出版毛主席的著作太好了,过去处理的事情,拿到今天来看,既有深远的历史意义又有强烈的现实意义,我们要好好地学习,书上有些事情,你是直接参加过的,一看就明白了。”

陈毅听了,严肃地说:“毛主席的书,我们大家都要好好学,我陈毅更要好好学。”

在会议期间,到了很深的夜晚,陈毅的窗子还是亮着。不久,他的那本《毛泽东选集》第一卷,划上了很多读书记号。

(6)

在全国解放后,陈毅外出的时候,常常见他戴着一副墨镜。不知情的人以为陈毅喜欢戴墨镜,是追求洋气,赶时尚。

其实不然。

这与他在战争年代的一些经历有关。

1947年,陈毅在指挥孟良崮战役时,由于战事紧张,几天几夜没有好好睡觉,两眼通红。这是一种长期缺乏睡眠、眼睛过度疲劳造成的“球结膜充血”症状。因为眼睛始终得不到休息,陈毅的这个病多年以来也未能治愈。

这种眼病最怕强光直射,所以,陈毅只好戴上了墨镜。

(7)

陈毅对自己要求严格,对别人宽大。在南京开会期间,一次,一个警卫员因为疏忽大意,在关汽车门时,把陈毅的左小手指压断了。警卫员看到首长的伤势很重,惊慌失措,脸色发白,哭了出来,饭也吃不下。别的人也很担心。陈毅笑着安慰说:“你哭什么？手指断了一个,还有九个。只要以后你办事,注意一下安全就可以了。”

连一句埋怨的话也没有。

（8）

陈毅很好客，在上海当市长期间，家里经常高朋满座，周恩来、邓小平、李富春、李先念都来他的家里做过客。地方的同志来上海开会，他也要做东，请他们来吃饭。结果，开支太大了，张茜就要同他算账。一次超支太多，陈毅看账单大吃一惊，赶快向妻子保证：

一少请客。

二少吃请，少欠账。

三多写稿子赚钱填窟窿。

陈毅调到北京担任副总理和外交部长后，一次张茜带着儿子去探望邓颖超。正好周恩来从外面回来，看见他们笑着说："刚才还同主席谈到陈老总在国外的访问呢！主席关心陈老总的身体，我报告说陈老总身体好，胃口好。主席却说：'不见得吧？陈老总胃口好就糟了，张茜同志听了一定不高兴。这是机密，可别告诉张茜哟！'"

张茜听了，笑起来说："这些家庭琐事，主席、总理居然都知道啦！"

（9）

1956 年，南京军区政治部前线话剧团在北京演出话剧《东进序曲》。萧望东主持，在三座门招待所召开一个座谈会，陈毅也应邀参加了。

剧中通过敌人的口，说了这样一句台词，"陈毅有大将风度。"在座谈会上，陈毅指着萧望东说："你这个萧主任哎，怎么能让剧本上写出这样的话呢？你让我陈毅听了往哪里钻呀？我要钻到桌子底下去了，叫我脸红呀！请你和作者商量一下，一定要把这句话改掉。"

后来，陈毅还指示萧望东："东进，是毛主席、党中央的指示，要歌颂毛主席和党中央，剧中从始至终都不要提到我陈毅的名字。"

萧望东回到南京后，和几个剧作者商量修改的问题。剧作者们说："从实际生活来看，打胜东进这一仗，的确显示了陈老总的非凡魄力与杰出的领导才能。陈老总不愿提到他的名字，这是因为他谦虚。"

（10）

陈毅家里经常发生“妻管严”的趣事。

陈毅血压高，医生要求他戒烟，张茜就在家里不买烟，掐断“供应”。陈毅也表态要戒烟，可参加外事活动时看见茶几上摆着烟，又忍不住抽起来，结果上了新闻纪录片，少不得听张茜的数落。

一次，张茜发现他口袋里有一盒烟，一问原来是他接见外宾时顺手牵羊拿的招待烟，生气了，说：“抽抽招待烟也就罢了，还要拿，堂堂的副总理、外交部长，好意思占公家的便宜。”

没办法，张茜只好在家里再买烟，采取“限量供应”。不过，陈毅烟瘾不算大，过了一段时间还真的戒了。全家人皆大欢喜。

陈毅戒了烟后，一次去见毛泽东。毛泽东请他吸烟，他说：“戒了！”

毛泽东说：“好啊！你有志气啊！”

（11）

一次，外交部副部长廖承志拿了一个大榴莲到陈毅家里。陈毅叫张茜和儿子小鲁一起来吃。结果，母子俩闻不惯榴莲的那股味道，都不吃，只陪他们坐着。廖承志劝他们说：“这是最好吃的东西，华侨吃了都不想回家了，流连忘返呢。”

陈毅说：“不要管他们，他们不吃，我们可以多吃。”

不一会儿，两人就把一个大榴莲吃光了，意犹未尽，竟用手指把滴在桌子上的榴莲汁蘸着往嘴里抹。张茜一下子跳起来，冲着他们喊：“看看你们这个样子！就像小孩子一样，脏死了，儿子就在跟前，还真好意思吮手指头。”

陈毅和廖承志一边尴尬地笑着，一边加快速度蘸呀，抹呀，一会儿工夫桌子给“打扫”得干干净净。

（12）

解放后，康生一直“不得志”，经常住院，据说神经也不太正常。陈毅素来为人宽厚，认为他是个相识多年的老同志，虽然有错误，但不应过于冷落他。在他“门前冷落车马稀”的时候，常去看望他，康生对陈毅感激涕零。

一次，康生请陈毅和郭沫若吃饭。结果，他把自己多年收藏的砚台统统端出来，满满摆了一客厅。然后，还详细地讲解什么是鱼眼、什么是水纹等。吃饭的时候，陈毅、郭老和康生更是高谈阔论，先谈什么昭君出塞，鼓动郭老写“翻案文章”，后来又谈诗词……陈毅兴致很高，指着郭老和康生对儿子小鲁说：“他们都是大学问家，学识渊博，你要好好向他们学习。”

他又对康生说：“我这个儿子比较迟钝，拜你为师如何？”

康生满口答应。

可是，八届十二中全会时，康生对陈毅变了脸，诬说1959年陈毅要搞政变，并带头对陈毅进行围攻。陈毅忍无可忍，最后上书毛泽东，驳斥康生的污言，并且激愤地说：“你们何必这样大动干戈呢！不就是想打倒我陈毅嘛……”

他的信递到了毛泽东那儿，康生等人的围攻才停止。

10.“他不当叛徒，我不姓陈”

陈毅是林彪的老领导，也是党内最早看穿林彪野心，敢于大胆说出来的人。

（1）

1966年夏，“文革”开始了。文化部副部长萧望东打算找老领导陈毅就如何投入到这场运动中去谈谈心，便打电话给陈毅。陈毅说：“你马上来吧，我让人在门口接你。”

萧望东到了陈毅家，提出一些问题向他请教。陈毅直言不讳地谈了他对这次运动的看法。

第一，他说：“首先要相信毛主席，‘文化大革命’是毛主席亲自发动的，一定要搞好，不搞，中国可能就像苏联一样出修正主义……现在就有人把我们当修正主义，骂我们是英国工党，是伯恩施坦，那是污蔑。我们这几十年是跟着毛主席干革命的，毛主席指到哪里，我们就打到那里，怎么能成了修正主义呢？缺点和错误，我们是有的，错了我们改嘛！但不能打倒，把跟毛主席干革命的人打倒，那不是反革命呀！”

第二，他说：“要相信群众相信党，群众眼睛是雪亮的，你几十年干了些什么，群众看得是很清楚的，我们党向来是讲政策的，运动开始时，可能过点头，矫枉过正嘛！”为此，他勉励萧望东到群众中去，和群众一起闹革命。

第三，他说：“作为一次大的运动来说，必然会有人乘机混水摸鱼，跳出几个坏人来。”他接着明确地告诉萧望东说：“有一个人，我看他就不是好人，但是也不用怕嘛，不是好人，最后准没有好报。”①

他说的“有一个人”，就是指正当红的林彪。若干年后，萧望东由衷地说：“历史就是这样铁面无私，它完全证实了陈毅同志的预言。”

(2)

1966 年 10 月初，中央工作会议在北京的京西宾馆召开。

陈丕显、江渭清、李葆华、张劲夫、姬鹏飞、李雪峰等第一书记参加了这次会议。他们都是来自华东的，每次到北京开会，总要敲陈毅一次“竹杠”。一日，陈丕显夫妇、叶飞、李葆华、魏文伯、谭启龙等人接到陈毅秘书的通知说：“陈总今晚请大家吃晚饭。”

席间，大家先谈起一些老干部被打倒的事情，再谈到自己的情况，无不忧心忡忡。陈毅抬起头说：

“德国出了马克思、恩格斯，又出了伯恩斯坦。伯恩斯坦对马克思佩服得五体投地。结果呢？马克思一去世，伯恩斯坦就当叛徒，反对马克思主义！

俄国出了列宁、斯大林，又出了赫鲁晓夫。赫鲁晓夫对斯大林比对亲生父亲还亲！结果呢？斯大林一死，他就焚尸扬灰，背叛了列宁主义！

中国现在又有人把毛主席捧得这样高！毛主席的威望国内外都知道嘛，不需要这样捧嘛！我看哪，历史惊人的相似，他不当叛徒我不姓

①萧望东：《肝胆照人显英才——忆陈毅同志对我的帮助教育》，原载《人民的忠诚战士——缅怀陈毅同志》，第 320 页。

陈！”①

最后一句话让大家震了一下。尽管大家“文革”中一些事情不理解，甚至认为运动这样搞下去不行，但是还没有一个人怀疑到林彪有问题！

陈毅不点名说的人，不容置疑是林彪。他是众人敬重信赖的老首长，在政治问题上决不会信口开河。大家等着陈毅一语道破缘由。他却缄口不语，不再深谈了。

（3）

1967 年 1 月 24 日，陈毅在人民大会堂向北京的学生和群众作了检查，周恩来作了总结。陈毅成为第一个获得“解放”并恢复工作的副总理。

2 月 16 日下午，在周恩来主持的政治局碰头会上，谭震林怒斥张春桥说：“你们的目的，就是要整掉老干部……这一次，是党的历史上斗争最残酷的一次，超过历史上任何一次。”说罢提起皮包，离席欲去。

陈毅赶紧叫住他说：“不要走，要留在里边斗争！”

随后，陈毅发言，虽然不长但触到了三个“痛点”：一是斯大林；二是赫鲁晓夫；三是延安整风中的内部问题。其中说：“历史不是证明了到底谁是反对毛主席的吗？以后还要看，还会证明。斯大林不是把班交给了赫鲁晓夫，搞了修正主义吗？”

他此话的意思是，毛泽东现在把班交给了谁谁就是中国的赫鲁晓夫。路人皆知他指的就是林彪。

尽管陈毅受到了批判，但在党的九大上仍当选为中央委员、中央军委副主席。

陈毅多次预言林彪会当叛徒，果然成真。

1971 年 9 月 13 日，林彪、叶群等谋害毛泽东不成仓皇出逃，最后摔死在温都尔汗。随后，在中央召集的老同志座谈会上，陈毅带着病痛，两次作长篇发言，将红军创建初期林彪的历史真实面目作了系统、全面的揭发。

---

①陈丹淮：《追记陈毅与陈丕显的友情》，原载《人民日报》1996 年 9 月 2 日。

11.“……一直向前……战胜敌人……”

1970 年 5 月起,69 岁的陈毅在京郊南口车辆厂蹲点, 经常感到身体不适,但仍坚持和工人们生活在一起,进行调查研究。但是,想不到的是,这一次他的病情发展。

7 月,陈毅出现腹痛并伴有腹泻。

8 月至 9 月,陈毅在庐山出席九届二中全会。因不了解党内斗争的新情况, 在小组发言中, 维护陈伯达等人宣传毛泽东是在实践中群众中锻炼出来的天才的说法,被个别人诬为“二陈合流”。

10 月 21 日,他因腹痛加剧,消瘦日甚,回到了北京,几天之后就进入了解放军 301 医院。

12 月 26 日,陈毅的身体还没检查完毕,病症尚未确诊,他就再三要求出院,说:“明天是主席的寿辰,我要和家人一起庆祝。”①

陈毅回到家,庆贺了毛泽东的生日后,才又回到医院继续检查。

1971 年 1 月 16 日,陈毅再次腹部剧烈疼痛。他不用人扶,坚持走上医院三楼病房。医生根据临床诊断为阑尾炎。301 医院以患阑尾炎为其手术。去手术室的时候,陈毅强忍着剧烈的疼痛,仍不用人扶,从楼上一直走下来。

不幸的是,医生发现他患的并不是阑尾炎,而是癌症。结果,手术做了六个多小时。

陈毅被送回到病房后,没表示有什么不适,也没用任何镇静、止疼药物,过了四五天,他就:下地活动了。医生见状,向他讲明病情的严重性,谁知陈毅爽快地说:“你们治去,可以拿我作个实验,找出经验来!”

于是,医院决定对他同时施行化学治疗和放射治疗。这样,陈毅的

---

①原陈毅同志处部分工作人员:《青松挺且直》, 原载《人民的忠诚战士——缅怀陈毅同志》,第 582 页。

痛苦更不可想象,可每天治疗时他都是谈笑自若,眉头都不皱一下。在治疗期间,陈毅仍抓紧时间看文件、读书,写东西。为了锻炼体质,他每天都绕医院走三圈,每一圈为 3000 多米。他很快增强了体力。

5 月 1 日,陈毅登上天安门城楼,会见了毛泽东、周恩来及来宾。

不久,他赴北戴河休养。

在北戴河,陈毅又加大了运动量,每天除两次到海边作日光浴外,早、晚还作长途散步。在战争年代,他的坐骨、腿和脚都受过伤。他年近古稀之年的时候,又受这样的折磨,但是为了能继续工作,他克服极大的困难,竭尽全力朝远处走。有时竟然能走上几公里的路程。

一次,陈毅还带着身边的工作人员去看日出。5 月的夜寒意还浓,陈毅破雾迎风,奋力向前。他们来到海边,看呵,波涛涌起,旭日喷薄而出,放射出万丈光芒。陈毅与大家热烈地谈着。

一些同志来探望陈毅,他仍和过去一样谈笑风生,兴味盎然,根本不像一个有病的人。大家见他精力充沛,临去的时候都兴奋地说:“陈老总的病真是快好啦!”

万万没料到的是,时过不久,陈毅的病情突然恶化。当他回到北京,住进日坛医院时,癌细胞已在体内扩散。一次,一位与他熟识的医生来看望他,陈毅严肃地问:“你看我还能活多久?”

这位医生难过得说不出话来,两眼直瞪瞪地望着陈毅,陈毅却爽朗地说:“现在对癌症还没有什么好办法,我们是唯物主义者嘛!估计一下时间,好为党再做点工作。”

到了 9 月,九一三事件突然爆发。随后,党中央召集老同志座谈会。陈毅两次进行长篇发言,揭发林彪的历史,包括他当逃兵的经历。

12 月,陈毅做了第二次更为复杂的大手术。

这时候,他癌肿已在体内扩散,身体已经极度衰弱。由于连续两次大手术,加上放射治疗和化学治疗后的严重反应,他全身剧烈疼痛,又发生严重的呕吐,每天都得输液,一次输液持续十六七个小时,浑身能输液的血管几乎都扎遍了,甚至同时全身插下八个管子作输导,几乎整个身体不能动一动,他都以惊人的毅力承受着一切。

12 月 26 日,陈毅尽管由于病痛十分痛苦,但仍然记得毛泽东的寿辰。大清早,他就对护理他的人说:“今天是主席的寿辰,我要吃长寿面。”

几个月来,他已完全不能进食,这一次竟吃下了所有的寿桃和寿面。身边的工作人员后来说:“我们看到这般情景,都止不住淌下热泪,陈毅同志对毛主席的无限深情,是无法用语言来表达的。”①

到了这个时候,陈毅还希望自己还能为党去做一些工作。周恩来来看望他时,他满怀热情地对总理说:“等我好了,有些工作还要去做。”

可是,他已经完全不行了。几天之后,他就已经生命垂危,不能说话了。

病中的毛泽东知道了,派中央军委副主席叶剑英来看望陈毅。当叶剑英宣读毛泽东的指示时,陈毅虽然已经不能讲话,但神志仍很清楚,静静地聆听着,频频点头,舒展英武的双眉,安详地闭上了眼睛。②

1 月 4 日,陈毅体温略微下降,神志恢复清醒,认出守在床边的妻子和四个孩子,嘴唇嚅动着。女儿姗姗把耳朵贴近他的唇边,终于听清了:“……一直向前……战胜敌人……”

这是陈毅留给妻子和儿女们的唯一遗言。

1 月 6 日深夜 11 时 55 分,陈毅永远停止了呼吸和心跳,终年 71 岁。

1 月 10 日清晨,病床上的毛泽东坐起来后,果断地对工作人员说:“调车,我去参加陈毅同志的追悼会。”

自从 1971 年 12 月下旬开始,毛泽东由于受到林彪事件的刺激,身体突然变坏,好几次经全力抢救才脱离危险,但仍然体力不支,双脚浮肿,卧病在床。

这时候,陈毅去世 4 天了,没人提醒他,但毛泽东挂记着这件事。毛泽东说要参加陈毅的追悼会,非同小可,况且,这是他最后一次参加追悼会。

由于各种原因,原定陈毅的追悼会由总政治部主任李德生主持,中央军委副主席叶剑英致悼词,不超过 500 人,外交部只去少数人。现在毛泽东要参加追悼会,周恩来接到了通知后,立即提高规格,通知中央办公厅:“凡是提出参加陈毅同志追悼会要求的,都去参加。”然后,自己立即坐车赶去八宝山。

待毛泽东下车时,周恩来已经到达了。

在八宝山休息室里,毛泽东见着张茜,握住她的手,格外沉痛地说:

---

①②原陈毅同志处部分工作人员:《青松挺且直》,原载《人民的忠诚战士——缅怀陈毅同志》,第 582 页。

“我也来悼念陈毅同志,陈毅同志是一个好同志!”

说罢,他转过头对陈毅的儿女们说:“要努力奋斗哟!陈毅为中国革命、世界革命做出贡献,立了大功劳的,这已经作了结论了嘛!”

随即,张茜搀扶着毛泽东走进了追悼会会场。

毛泽东缓缓地来到鲜红党旗覆盖下的陈毅骨灰盒前,深深地三鞠躬。在追悼会上,毛泽东说:“林彪是反对我的,陈毅是支持我的。”“他是我们党的一个好党员、好同志。”①

第二天,在陈毅遗像前毛泽东臂缠黑纱与张茜亲切握手的大幅照片,刊登在《人民日报》头版。

①《陈毅传》,第625—626页。

第六章

“老实人”——罗荣桓

1. 闹革命的书生

(1)

1902 年 11 月 26 日，罗荣桓出生于湖南省衡山县寒水乡鱼形镇南湾村小康之家，排行第六，谱名叫罗慎镇，字雅怀。他读高小时国文教员见他长得魁梧，便取《诗经·鲁颂》“桓桓于征”之意，为他改名荣桓。

罗荣桓的祖父罗汇吾，一生教书。罗荣桓的父亲罗国理，20 多岁时当过几年蒙童老师，后来向本家兄弟罗国臣借 8 吊铜钱，在南湾开了一个永隆杂货铺兼营中药，亦商亦农，从此渐渐家道好转，添置了一些田产，还当上了黑田罗氏的征首和乡团总。罗荣桓 5 岁多时，1908 年，当地赌痞旷甲林故意制造了一个火烧戏台、害死人命的假案，诬为罗国理所作。[①] 罗家打了好几年官司，家当为之一空。府县兵勇经常持枪来家里大吵大闹，罗家受尽凌辱，也给罗荣桓幼小的心灵留下了痛苦的烙印。

(2)

8 岁时，罗荣桓进了私塾，开始启蒙读书。

罗荣桓读书很认真，也很刻苦。一个夏天，一个炎热的中午，乡人都

① 中共衡山县委：《罗荣桓同志的青少年时代》，原载《回忆罗荣桓》，解放军出版社 1987 年版，第 63 页。

回家休息了，罗荣桓爬到学堂门前塘边一棵古柳上，聚精会神地读起书来。由于过度疲劳，竟然跌到水塘里，弄得一身湿透。

1914 年，12 岁的罗荣桓进入当地的新学堂岳英小学。

当地有一座关帝庙，关帝老爷，被乡人传得神乎其神，甚至说要是谁用手一指，就会马上肚子痛。罗荣桓在新学堂学了一些科学知识后，便对这些鬼神传说产生了怀疑。一次，为了证实关帝老爷是否灵验，他与一个同学在关帝老爷生辰前一天，跑到庙里，偷偷地把关帝老爷肚子内的盐茶米谷掏空，塞进一些牛屎狗屎。过后，却什么事也没发生。从此，罗荣桓再也不信鬼神菩萨了，每年七月半家里焚香点烛去新大屋接祖神，或者父亲叫他一起到县里去吃祠堂酒，或孔庙分胙肉，他都不去。

1916 年夏，罗荣桓从岳英小学毕业，之后，又继续读了三年私塾。1919 年秋，他离开闭塞的南湾，前往省城长沙读中学，进入协均中学。

这时，罗荣桓已经 17 岁。

(3)

20 世纪 20 年代前后的长沙是新思想的交汇地，各种介绍新思想的报刊如雨后春笋。毛泽东主编的《湘江评论》就是其中一份很有影响的刊物，罗荣桓经常阅读《湘江评论》，学习新思想，并在长沙积极参加革命学生的大联合。

1921 年暑假回到家乡，罗荣桓学习毛泽东，邀集在邑“土”字“梦”字两乡的同学，在南湾街上的饭铺里，成立了土梦学友联合会，并被选为会长。

罗荣桓向父亲要了一点钱，利用岳英小学的校舍校具，因陋就简地在南湾街上办起了农民夜校，开设国文、算术两门课程，罗荣桓教算术。同时，夜校还宣传了一些民主与科学的新思想，深受贫苦农民的欢迎。

一天，寒水乡的大地主肖罗仙竟然不顾天旱失收，率众来南湾垅里割禾退佃。为保护家族的利益，罗国理站出来进行制止，罗荣桓也从中参谋，组织一批受灾的佃户与农民把那些前来割禾的人捆了起来。肖罗仙便带着一些人到南湾闹事，双方在柳树坝的桥边展开械斗。

事后，肖罗仙反诬告罗国理聚众行凶，致使罗国理受冤屈，几乎坐了班房。

1923 年 6 月 1 日,日本武装水兵在长沙向群众开枪射击,当场枪杀木工王绍元和国民小学学生黄汉卿二人，受伤者数十，制造了有名的“六一”惨案。

6 月 3 日,长沙各界举行“六一”死者追悼大会。一时湘江两岸、岳麓山下、桔子洲头、教育会坪、雨花亭畔,燃起了熊熊的反日爱国烈火,反对帝国主义的呼声震撼着整个三湘四水。会后，群众向赵恒惕省政府请愿。罗荣桓以极大的愤慨参加了这次反日爱国运动，和请愿群众一起冲破省政府三道门卫,吓得省长赵恒惕避而不敢见。

但是,随后赵恒惕宣布戒严令,开始了镇压。罗荣桓被列入“不法学生”名单。

6 月中旬,他决定回到南湾乡下暂避。在长沙动身时,本来有日本戴生昌公司的小火轮开往衡山,为了抵制日货,他宁可弃船不坐,一连走了几天旱路,才回到老家。

罗国理要他暂时停学,待局势好转以后再说。罗荣桓没有接受,过几天又到长沙去了。随后,他又与几个同学一起去了北京,从此中断了在长沙的学业。

(4)

1923 年秋，罗荣桓来到北京后，住在宣武门外骡马市大街烂缦胡同,进了湖南人办的一个补习学校。在这里,罗荣桓补习了一年,次年考入山东青岛大学工科预科。

1926 年夏，罗荣桓结业后与同学张沈川一起又辗转到了革命中心广州,投考中山大学工学院。因德文成绩不好,罗荣桓没有被录取,只好在中山大学旁听。

这时,北伐军兴,湖南农民运动也开始风起云涌。年底,罗荣桓放弃了作一名工程师的愿望,离开广州,回到家乡,投身大革命洪流。

衡山梦字九区农民协会诞生了,在南湾街定德公祠召开成立大会。会上,罗荣桓发表讲话,并当选为农会秘书。

之后,罗荣桓带领农民打土豪。

当地的地主罗凤梧、肖罗仙对罗荣桓恨之入骨,豢养一批打手,准备暗害罗荣桓。亲友闻信，纷纷劝告罗荣桓要小心防护或者干脆外出暂避。罗荣桓笑着说:“我若畏惧敌人,敌人更会大胆放肆。我不能为个人的安危丢掉农会的大事不管。”继续为农会工作。

罗荣桓的好友、农会会员肖庆云见状，便日夜跟随着他，时刻不离左右，进行保护。地主和打手始终不能得手。

1927 年三四月，湖南的各种反动势力对轰轰烈烈的农民运动发起了反攻。与南湾紧靠的攸县的劣绅们聚众劫狱，大开杀戒。罗凤梧、肖罗仙等人也马上组织暗杀团，准备对罗荣桓开刀。罗荣桓见南湾地僻，消息难通，对形势难明究竟。恰有在武汉大学读书的同学来信，谈起国民政府迁往武汉后的革命形势，以及毛泽东在武汉主办中央农民运动讲习所的情况。罗荣桓便决定离开南湾去武汉，投入更火热的时代浪潮去。

为了避免意外，一个深夜，他由肖庆云护送到衡山搭轮船。在衡山县城，他们不期遇到罗凤梧手下一个亲信来城办事，老盯着罗荣桓不放。罗荣桓在肖庆云的掩护下，摆脱这个尾巴，乘轮船到长沙。

然后，他从长沙转赴武汉。

(5)

罗荣桓来到武汉后，进入了武昌中山大学学习。他一边读书，一边进行学生运动。但是，此时革命的局势已急转直下，继上海四一二反革命大屠杀、湖南马日事变后，武汉也遭到鄂军反动军官夏斗寅的叛军袭击。7 月 15 日，武汉政府公开叛变革命，汪精卫大喊：“向左的滚开，向右的过来！”国共合作的大革命运动由此走向了失败。

在白色恐怖笼罩武汉的时候，罗荣桓却毅然加入了中国共产主义青年团，并担任团支部组织干事，不久转为中共党员。

7 月，罗荣桓受中共湖北省委的派遣，赴崇阳、通城一带参加鄂南暴动，并担任通城、崇阳农民自卫军党代表。但是，暴动失败了。通城、崇阳农民武装 100 余人，在罗荣桓等人的率领下到达江西修水县，与没赶上南昌起义而在修水的国民革命军第四集团军第二方面军警卫团合编。不久，该团被编为工农革命军第 1 师第 1团，参加毛泽东领导的秋收起义。

从此，罗荣桓归入毛泽东的麾下，并跟随毛泽东上了井冈山。

(6)

1927 年春末那个深夜罗荣桓从家乡出走后,再也没回过南湾了。[①]

在罗荣桓离开家乡后,他的二哥当过族长,还雇过佃户。

全国解放后,他几次来北京找罗荣桓。但罗荣桓对他十分冷淡,很少与他说话。

有意思的是,一次,衡山一个曾当过长工的老人也来北京看望罗荣桓。罗荣桓对他十分热情,不仅请他吃饭,还让秘书陪他到处参观,临走时亲自送到大门口。

事后,孩子们都很奇怪。

罗荣桓对他们说:“这些人虽不是什么亲戚,但他们是阶级兄弟,比亲兄弟还要亲。他们来看我完全是出于真心,由于阶级感情。绝不像你二伯伯他们,国民党在时他躲得远远的,生怕沾了边。解放后却想来享清福。他虽然是我的亲哥哥,但不是一个阶级。”[②]

2.“马克思没批准我去报到啊!”

1927 年 9 月 29 日,在江西永新县三湾村,毛泽东将秋收起义部队改编,罗荣桓担任了特务连党代表。

井冈山的斗争很艰苦,大浪淘沙,不少意志不坚定的人离队而去,但是,罗荣桓与宛希先、何挺颖等人革命意志很坚决,全力支持毛泽东。

---

①中共衡山县委:《罗荣桓同志的青少年时代》,原载《回忆罗荣桓》,第77 页。

②罗东进:《爸爸教我又红又专》,原载《回忆罗荣桓》,第 645 页。

（1）

1928年4月,朱毛会师后,组成红4军,罗荣桓担任红11师31团3营党代表。他吃苦在前,在工作中率先垂范,红3营成为红4军中一支拖不垮打不烂的“铁军”。

在一次战斗中,罗荣桓率领部队与敌人激战。突然,他觉得胸前似乎被人打了一拳。因为战斗紧张,他顾不得这些,没有细看,仍坚持指挥战斗。

战斗结束后,他才发现上衣的口袋破了,一摸口袋,那块节省下来的银元居然还在。他把银元掏出来一看,上面有一个撞击的印痕,想起方才战斗中情景,原来那颗子弹飞过来,正好打在银元上。他笑了笑,诙谐地举着银元对战士们说:“你们都说银元好,它确实好啊！要不是它保驾,我就去见马克思了。”

大家都觉得很神奇,纷纷说:“这银元能保命,真是好东西啊！”

这件事传播出去后,井冈山的地主们害怕了,有的说:“银元为罗荣桓保驾,此人可能是天上神仙下凡,以后少碰为妙！”于是,那些地主武装与红3营一接火就跑。

而罗荣桓对这块救命银元也视若珍宝,以后无论走在哪里,都小心翼翼地保存着,随身带着。

罗荣桓在战斗中,好几次被敌人的子弹打中。每次负伤之后,他都没在意,即使负了重伤,也是很乐观。他常对战友们说:“马克思没批准我去报到啊！”

（2）

1929年夏秋之交,由于红4军内部发生如何建军等分歧,毛泽东离开红军,去了地方工作。

在朱德的率领下,10月25日,红4军攻入广东梅县,随后撤出城。30日,又返回来攻打梅县。罗荣桓率领第三纵队九支队(由红3营改编)首先攻入了北门。但敌军凭借街道两旁的楼房,用机关枪封锁道路。红军无工事掩蔽,伤亡很大。在激战中,罗荣桓的腰部右肋骨下被子弹打穿,负了重伤。

谭政和一名战士冒着弹雨,才把他抬下了火线,把罗荣桓放上担架抬着，就随队伍匆匆北撤。

这时红军连纱布、碘酒也没有，医生只好匆匆找块白布将伤口裹上，但殷红的鲜血很快就把白布浸透了。在崎岖的山路上，担架不住地颠簸，罗荣桓伤口更是一阵阵剧痛。队伍撤到寻乌县后，医生才找来一些碘酒、纱布，为罗荣桓重新包扎。

11 月 23 日，红军收复汀州，罗荣桓住进了傅连暲开办的福音医院。这时罗荣桓的伤口已基本愈合，但因为负伤时失血过多，身体十分虚弱。为了给罗荣桓补血，加强营养，傅连暲天天让他吃猪肝，并且不准吃辣椒。罗荣桓是湖南人，离不开辣椒，天天吃着不放辣椒、盐也不多的猪肝汤。实在有点腻了，就对傅连暲开玩笑："你的猪肝我可是吃够了。"

11 月 26 日，毛泽东回到红 4 军前委。28 日，前委召开了扩大会议，决定部队整训，同时准备召开红 4 军党的第九次代表大会。12 月初，罗荣桓出院归队，率领第三纵队第九支队来到连城新泉，参加部队整训。

12 月 28 日，在陈毅的主持下，古田会议召开。罗荣桓参加了大会，并当选为前委委员。

3. 刀下留人

1930 年 8 月 23 日，红一军团和红三军团在湖南浏阳会师，组建红一方面军，朱德任总司令，毛泽东任总政委、总前委书记。改编时，红 4 军政委潘心源已返回上海了，在毛泽东的提议下，罗荣桓被任命为红 4 军政委。

9 月上旬，红一方面军攻打长沙不克。毛泽东带领部队转向江西，10 月 4 日攻占吉安，随即北上。

(1)

红军撤到宜黄后，各军开展肃清"AB 团"的斗争。

这是在红军开展的第一次大规模的肃反斗争。"AB 团"是 1926 年冬北伐军攻克南昌后，蒋介石指名陈果夫，授意段锡朋、程天放等人在南昌成立的反共组织。1927 年 4 月初,“AB 团”受到党领导的南昌革命群众的严重打击,即行解体,以后没再建立秘密组织。这次红军在反“AB 团”的斗争中由于李立三主义的错误,加之缺乏经验,出现乱捕乱杀的现象。

一次,罗荣桓下到了部队检查反“围剿”政治工作,突然说政治部几个人,包括刚从红 10 师调来的一个勤务员,也被抓了起来,便匆匆赶回军部。

这时军部已转移到黄陂、小布以东的钓峰。罗荣桓一下马,听取政治部的简单汇报后,就来到了关押“犯人”的临时拘留所。

他一进门,便看到一个小战士蹲在墙角哭哭啼啼。这是一个还没发育成熟的孩子,在“犯人”中特别显眼。罗荣桓走到他跟前,和蔼地问:“小鬼,你告诉我,是怎么回事?”

小战士一见是罗政委,慌忙站起身来,抽泣着说:“我就是帮他们买了半斤花生米和一斤白酒……”说着说着,哭得更伤心。

罗荣桓皱起了眉:“你不要哭,慢慢地讲。你叫什么名字,在哪儿工作,帮谁买了花生米和酒?”

小战士不住地抽泣,告诉罗荣桓,他叫王东保,原来在红 10 师宣传队。红 10 师宣传队有几个“AB 团”被杀掉了。他就是给他们买过花生米和酒。

罗荣桓指着王东保责问与他一起前来的保卫干部:“这是一个小孩子,怎么会是‘AB 团’?”

不等这个干部回答,罗荣桓便下令:“把他放了!”

王东保出来后,罗荣桓把他要去了给政治部主任彭固当勤务员,彭固调离红 4 军时,王东保不愿意走,留下来给罗荣桓当了勤务员①。

(2)

罗荣桓处理完王东保等人的问题,又听负责审讯的干部汇报说,有个“犯人”交代,副官游邦栋也是“AB 团”。罗荣桓决定亲自听听对他的

①王东保:《救命恩人启蒙老师》,原载《回忆罗荣桓》,第 99 页。

审讯。

游邦栋带过来后,矢口否认自己是“AB团”。负责审讯的干部打断他的话,冷冷地说:“你不要再狡辩了,×××已经交代了……”

游邦栋觉得自己说不清,转向罗荣桓急切地说:“罗政委,天大的冤枉。我不是‘AB团’。如果我是,”随即从桌上抢过一把刀,“就像这个手指!”说着,罗荣桓等人还没反应过来,他手起刀落,砍断了左手小指。

罗荣桓立即吩咐警卫员:“把他带下去找医生包扎。”

事后,罗荣桓严肃批评了游邦栋自残的错误做法,把他释放了。

接着,有人又反映军部特务营政委陈志坚打“AB团”不得力,右倾手软,说不定本人就是“AB团”;萧华是江西兴国县人,传说兴国县的“AB团”最多,因此也有“AB团”嫌疑。罗荣桓不同意这种捕风捉影的猜测。

(3)

红4军撤到宁都县时,军政治部通知红12师师长萧克和政委张赤男说,红12师宣传队长和一名宣传员是“AB团”。红12师把两人逮捕。提审时,两人不承认,一用刑,就承认了,又供出了十几个人,再抓,再打,再审,十几个人又供出几十人,11月底,全师抓了100多人。

根据前委规定,捕人由各团党委决定,杀人由各师党委决定,毋须向军党委请示报告。红12师准备杀掉30多个人。就在准备动手的早晨,红12师领导感到杀这么多人有问题,萧克骑马到军部向罗荣桓请示。罗荣桓和红4军军委秘书长黄益善接见了他,听了他的汇报,罗荣桓明确地说:“不能杀那么多人。”黄益善也支持罗荣桓的意见。

萧克感到心中有了底,立即往回赶,救下了这30多人。从此,“罗政委刀下留人”的故事便在红军许多部队中流传开来。

1932年3月,根据毛泽东的意见,红一军团和红五军团的15军组成东路军,罗荣桓任红一军团(兼东路军)政治部主任。

4. 长征路上

（1）

1934 年 9 月，中军革委仓促组建了红八军团，军团长为周昆，政委为黄甦，罗荣桓为政治部主任，不久开始了长征。

在突破第四道封锁线前夕，红八军团为全军后卫，同主力拉开了一段距离。为迅速赶上主力，部队不顾敌机轰炸和敌兵袭扰，日夜兼程，由道县向广西前进。过湘江后，部队严重减员，无线电队还要抬着电台和器材，还缺少粮食，如不及时采取措施，无线电队就可能不出苗山就会被拖垮。无线电队政委袁光听说军团卫生部担架队要解散，立即去军团部请求补充几个战士，这样就解决了大问题了。

袁光找到政委黄甦，谁知没等他把话说完，黄甦就发起火来：“这几个人补充战斗部队都不够，哪能给你们？告诉你，一个人也不给，如果把电台丢了，我杀你脑壳！”

碰了这样一个钉子，袁光很懊丧。

站在一边的罗荣桓看到袁光失望的样子，笑了，温和地说：“袁政委，电台的同志是很辛苦。可是，战斗连队更需要人。你们还是靠自己的力量克服困难吧。”

“道理我也清楚，连队多一个战士，打仗就多一份力量，和他们比，电台再重要毕竟不是冲锋陷阵的。可是，眼下我们的处境实在困难。”袁光忍不住说。

罗荣桓仿佛看透了袁光的心事，接着又说道：“你们无线电队出发以来一直是军团的模范单位，我相信你们，你也要相信同志们，只要讲明道理，我们的红军战士都能以一当十，能克服任何困难的。”

这一番话，一下子使袁光开窍了。回到无线电队，他就把干部召集起来，传达罗主任的指示，让大家都来出谋献策。大家你一言我一语，很快就如何抬电台和器材想出了不少办法。

可是，司务长提出粮食问题，却引起了一阵沉默。

突然，有人打破了冷场说：“我看，粮食问题必须立即解决。队伍出发前,先派几个人到前面去搞粮食,搞不到别的,搞些红薯也好,来不及煮,就吃生的,搞到吃的,就在路旁等候部队嘛。”

他的意见,得到大家一致拥护。

这时,大家才发现,罗荣桓已经不知不觉地来到了大家身边,听大家的意见,点了点头。

开完会,司务长就带着几个炊事员出发找粮食去了。

经过艰苦行军,大家终于翻过了一座大山。

(2)

1934 年 12 月,红八军团因战斗减员太多而撤销,罗荣桓调任红军总政治部巡视员。随后,他与后卫红三军团一起过草地。

一天晚上,为了照顾罗荣桓,先头连队的战士捡了一些干草,在一个较避风的地方搭了一个大草窝,准备给他晚上御寒保暖。开始罗荣桓不知道,以为是战士们自己想办法搭着用的,便走过去,躺下试一试,觉得松软暖和,表扬他们说:“很适于草地的环境,搭得好,真会想办法。”

他还躺在草窝里,接着说:“如果部队每两三个人有这么个草窝,晚上的日子就好过多了。”

站在旁边的战士听后都乐呵呵的,十分得意。一个战士迫不及待地问:“首长,这个草窝暖和吧?”

“好极了,好极了!”罗荣桓在草窝里抖了几下。

“那你就在这里睡吧,这个草窝就是为你今晚准备的!”另一个战士见他很满意,就立即插话说。

罗荣桓一听,可不高兴了,立即坐起来,板起个脸追问:“告诉我,是谁叫你们给我搭的,叫他马上来!”

战士们没想到罗荣桓会这么认真,面面相觑,不知如何是好。有的只好结结巴巴地说:“没哪个干部吩咐,是我们八九个人商量搞的。”

罗荣桓见他说话吞吞吐吐,虽没再追问下去,但已猜出几分,就叹了一口气,随即脸上慢慢露出了笑容。他走到战士们面前,挨个地拍拍大家的肩膀,用道歉的口气说:“小同志,我刚才态度不好,请别见怪。你们帮我搭这么好的草窝,我应该感谢你们。但这么好的草窝,我没有资格住,应留给咱们的伤病员才对。”

说完,他离开大家,自己找地方休息去了。

(3)

在长征途中,部队越走越艰难,干粮吃完了,盐也没有了。战士们的身体由于受寒挨饿一天天消瘦下来,伤病员不断增加。罗荣桓很着急,经常找连排干部,商量研究解决的办法。

过草地前,营部通信员小杨的右脚掌被竹尖扎了个洞,到草地的第三天,小腿和脚掌就肿得像冬瓜似的。罗荣桓发现后,上前帮他扛枪背东西,扶着他一步一步地走。后来,小杨一步也走不动了,罗荣桓就同其他人商量背他。小杨怕拖累大家,躺在地下不让大伙背,还向罗荣桓哀求说:“老首长,我确实不行了,你们快走吧,不要管我,等革命胜利后,请给我家带个口信,说我从地主家逃出来当了红军,跟毛主席北上时,不幸死在草地上。这就行了。”

大伙都很感动,有的人眼泪都流出来了。罗荣桓见到这个情景,心里也一阵心酸,热泪从眼眶里冒了出来。

为了动员小杨同部队一块走,营部十来个干部战士一起上前做工作。劝说了老半天,甚至把他硬拉到了背上,小杨还是拼命挣脱下来,怎么也不肯走。这时罗荣桓急中生智,“哎呀”一声,将手反伸在背后,反复揉擦着腰,尔后蹲坐在地下,急促地催着大家说:“同志们,你们快走吧!我腰腿痛得厉害,确实走不动了,也只好留下来和小杨作个伴!”

说完,他也躺在地上,就像真的不走了似的。

这一来,可把小杨给“将”住了。他了解罗荣桓的脾气,说到做到。如果自己和他一起不走,岂不耽误了大事?走吧,自己又要拖累大家,心里又着急,又难过。小杨哭丧着脸,嘟噜着嘴巴,一面用手支撑着地,很吃力地坐了起来,一面带着埋怨的口气说:“哪……哪怎么行,你是领导,任务重,要带领部队跟毛主席北上,怎么能和我留在这里呢?”

“哪有什么办法?群众不跟领导走,领导没有群众,还要领导干什么?”罗荣桓说。

“不再多说了,反正在我们这里,就是你最……”

“就是我最坏是吗?”小杨没说完,罗荣桓就接起话,“我知道你口快、会骂人,骂吧,我已经有好几年没听过骂人的话了,要是你愿意赏脸,把我骂一顿,那才有趣呢!”

罗荣桓这么一讲,把大家都逗笑了。小杨只好同意走,有气无力地趴在教导员身上。

罗荣桓闭着嘴，偷偷地笑了笑。

可是，在草地背着人行走，泥水常常没过膝盖，向前走一步，都要费九牛二虎之力，十分艰苦。后来，罗荣桓找来几块大一些的白布和几条旧线毯，和大家绑了一个简易担架，轮流抬着小杨一起走。

第二天中午，部队来到了一片疏矮灌木地休息，战士们准备给小杨喝一口特意保留下来的咸开水，可是，放下担架一看，小杨双目紧闭，脸色苍白，全身都冰凉了。

罗荣桓闻讯，急忙从后面赶上来，见大伙围在小杨身边，也立即蹲下，解开小杨的上衣纽扣，一面将耳朵俯贴在他的胸口，一面用手按捏着他的手腕，竭力地寻找救生的希望。可是，小杨脉搏消失，心脏早已停止了跳动。罗荣桓缓慢地站了起来，叹了口气，从自己挂包带上解下了一条毛巾，弯下腰轻轻把小杨脸上的征尘抹掉，再站了起来，摘下帽子，沉痛地说：

“同志们，小杨为了革命，年轻轻就牺牲了，非常可惜。我们活着的人要挑起担子，继续战斗下去！红军指战员的血汗不会白流，革命一定会成功！我深信，到了革命胜利的那天，人民将会用各种形式悼念革命的先烈，缅怀他们的光辉业绩。”

说完，罗荣桓又拿了一块白布盖在小杨身上，同战士们一起，用泥土和青草将小杨的尸体掩埋了。

(4)

罗荣桓受王明“左”倾路线的排挤，改任红军总政治部巡视员后，处境一直不好。

在遵义会议后，有一段时间，他随红 2 师行动，只有一头骡子，政治上、生活上仍受着不公平的待遇，红 2 师不少人对此甚为不平。过了金沙江到会理时，红 2 师师长陈光和政委刘亚楼便决定劝罗荣桓留在红 2 师。

刘亚楼说：“你不要回去了，就跟我们 2 师走吧！跟我们走，比跟机关走还要安全一些。”

罗荣桓还没做声，刘亚楼又说：“你回去，他们连骡子都会给你收了！”

罗荣桓笑呵呵地说：“不会吧！即使收了，我还有两条腿嘛，有么要紧！”

不久，罗荣桓就从红 2 师返回了总政治部。

后来，有人说：“当时他只有 33 岁，但他那宽广的胸怀，革命乐观情绪和高度的组织纪律观念，却给我留下了深刻的印象。”

1935 年 9 月，红军到达俄界，罗荣桓调任红一军团政治部副主任。

(5)

1935 年 9 月下旬，红军到达甘肃南部的哈达铺。在一个大庙堂里，毛泽东召集红军一百来位团以上干部开会。周恩来、叶剑英、罗荣桓等人参加会议。

会上，毛泽东谈到红军过草地时，表扬了罗荣桓工作模范，能吃大苦耐大劳，没有粮食，就同战士们一起吃野菜，坚持着把部队带出草地的模范事迹。

散会后，毛泽东把罗荣桓和罗瑞卿叫到一旁，亲切询问罗荣桓：“条件这么艰苦，你带部队走出草地，到底有什么妙计啊？”

罗荣桓只是笑了笑，没有回答。

罗瑞卿见他不表态，就接过话说：“我刚才已问过他，是否要好好总结点经验，他说没有什么经验，只有一条奥妙：在任何时候都要相信群众，同广大干部群众生活和战斗在一起。还说他这个奥妙，也是从主席你那里学来的呢！”①

5. 为张国焘解困

1936 年 6 月，罗荣桓调红军大学学习，同时任一科政委。一科学员全是军、师级干部，按照蒋介石的悬赏，他们的人头加起来值好几百万大洋。

---

①陈海涵：《艰难的历程》，原载《回忆罗荣桓》，第138 页。

一次，朱德总司令和张国焘来到了红大第一科。在欢迎会上，根据毛泽东的提议，学员们说："请朱总司令给我们讲军事。"

朱德爽快地答应了，风趣地说："主席昨天已同我说了，毛主席叫我讲，我就执行。我做一点准备，过两天就讲。但是，我这个先生可能当不好，讲不清。你们不要把我驳倒了。倒了也不要紧，我自己爬起来。如果我起不来，就请你们扶我一把。"

接着，他向大家介绍张国焘，并说："请我们张总政委讲话。"

张国焘用手推一推眼镜，说："我是来看望大家的，没什么讲的，没什么讲的。"

这时，有人说："现在毛主席给我们讲了战略问题，张闻天同志讲了中国革命问题，博古、凯丰同志讲了哲学，徐老教我们新文字……现在朱总司令又要给我们讲军事。就是中国共产党的党史这门课还没有人讲。"

朱德看看张国焘。另一人便提议："是不是请张总政委给我们讲啊？"

其实，这是大家"将"张国焘的"军"。因为他虽是党的一大代表，但在长征路上野心膨胀，分裂党和红军。其他人异口同声表示同意。

这一来弄得张国焘下不来台，只是说："这个，这个……"

会场里一下子冷了场。

这时候，罗荣桓站起来了，说："同志们的意见是对的。我们党自然有它的历史，这个历史有很长一段是我们亲自经历过的。但是这还没有总结起来，还没有形成文字。今后肯定是会有的。慢慢来嘛。现在不能讲，以后是一定会讲的。当然，中共党史也不好讲喽，但这总是要讲的。现在时间不早了。朱总司令、张总政委都很辛苦，以后再说吧。"①

罗荣桓的话很含蓄，体现了原则性和灵活性的结合，让张国焘下了台阶。

---

①萧文玖：《在"红大"的日子》，原载《回忆罗荣桓》，第144页。

6. 毛泽东妙解“一妻两夫”难题

(1)

1937 年 1 月,党中央和红军总部迁至延安,罗荣桓调任红军后方司令部政治部主任。

在春节期间, 原红三军团当过侦察科长的许建国与在党校学习的刘桂兰喜结良缘。婚后,一次闲谈中,许建国与刘桂兰说起了罗荣桓:“罗荣桓已经 35 岁了,还是个单身汉,应该帮他一把,你们中间有不有合适的人。”

刘桂兰想了想说:“我在党校的同学林月琴比较合适。”

4 月一个星期天,刘桂兰邀请林月琴到家里来做客。

罗荣桓也由中央青年部长冯文彬等人陪着先到了许家。

见面后,冯文彬很活跃,主动与林月琴说话,东问西问,却总离不开她的家庭、个人经历、脾气爱好,等等。林月琴以为他是组织部的,便大方地做了回答。

这一次见面,罗荣桓只是笑眯眯地听着他们的谈,一句话也没说。

以后,林月琴去刘桂兰家时,总见到罗荣桓等人也在。当他们两人交谈起来时,许建国、刘桂兰、冯文彬等人便退至幕后。就这样,罗荣桓和林月琴开始了自由恋爱。

(2)

罗荣桓在衡山老家曾经有过一个妻子。

17 岁那年春节,父亲罗国理为他找了一个女孩,叫颜月娥,叫他们成亲。女孩比罗荣桓大两岁。罗荣桓在长沙读了两年书, 受新思想影响,立即反对这桩包办婚姻。但是,罗国理没有任何商量的余地。无奈之下,罗荣桓违心地做了“新郎”。

按照当地习俗,结婚后第三天,新郎要陪新娘回门到老丈人家去,叫做“回门”。谁知在“回门”的路上,罗荣桓对颜月娥说:“我走了。对不住你。我实在没有别的法子。”

罗荣桓告别颜月娥,就去了长沙继续读书,从此这场婚姻有名无实了。

有意思的是,林月琴虽然年方 23 岁,但也有过一段婚姻。

林月琴是安徽金寨县南溪人。父亲林维尹以开杂货铺为掩护,进行党的交通工作。1929 年,商城立夏节暴动时,县委委员詹谷堂率领 200 多名南溪的农民和学生, 参加了红 32 师。15 岁的林月琴也到了红 32 师总部所在地斑竹园,并参加了妇女运动讲习班。

妇女运动讲习班负责人叫陈觉民, 是后来大名鼎鼎的陈绍禹 (王明)的妹妹。在陈觉民的教育下,林月琴入了团。1931 年初冬,红 25 军 73 师建立缝纫兵工厂,林月琴和十多名青年参加。

1932 年 9 月下旬,红军主力撤走,林月琴和几个女孩跟在队伍后面走。有人劝她们回去,她们不肯。途中,红军休息,她们也就地休息;红军驻扎宿营,她们就主动挑水、拾柴、烧火、做饭,或帮做针线活儿。到了豫陕边上, 要过丹江的时候, 后卫部队领导被她们的顽强意志所感动,便将她们留在 73 师政治部宣传队。

1932 年初,林月琴被调到少共中央分局儿童局工作。不久,林维尹在肃反中含冤去世,家庭被重新划定为“地主”,林月琴受到株连,被遣回皖西北道区苏维埃政府,被送入“劳改队”。战事吃紧时,她被“劳改队”遣散回家另谋出路。但她还是不走,坚决地坚持留在红军中。

以后,林月琴在红四方面军后勤供给部妇女工厂当厂长,带领女战士织布缝衣。不久,红军反“三路围攻”大获全胜,供给部部长郑义斋把几个军需工厂集中起来,改编成妇女工兵营,主要任务是缝军衣、做军帽、织绑腿、打草鞋以及担负后勤运输任务。林月琴被派去当妇女工兵营营长。她很快把部队扩展为三个连。

在工作和战斗中,林月琴与供给部总经理部军需处处长、总兵站部部长吴先恩相识、恋爱,最后结了婚。

红军几大主力在陕北会师后,林月琴调中央卫生所护理班任班长。1936 年 10 月,她经何长工介绍,转为中共正式党员,并进入中央党校学习。

不久,吴先恩随红四方面军西渡黄河,执行宁夏战役。谁知这一去竟然使他们的姻缘断了线。西路军喋血河西走廊,陷于敌人重围,几乎全军覆灭,吴先恩也没有了音讯,据说被俘后惨遭敌人杀害。林月琴悲伤欲绝,不打算再去考虑个人问题了。

但是，赵桂兰等人劝她：“既然吴先恩已经牺牲，为什么还要把自己弄的这么苦呢？你才 20 几岁，有适合的人，还是可以考虑的。”

这样，林月琴在大家的撮合下才开始了与罗荣桓的交往。

（3）

中央党校与红军后方政治部隔着延河，这时已是春天，冰雪融化，延河涨水了，不能徒步涉越。为了让他们相会，红 25 军 6 团政委王平专门挑选了两匹白马，托人送给罗荣桓。罗荣桓将一匹马送了人，自己留了一匹。从此，他吃罢晚饭，就骑着马去会林月琴。

当警卫员、马夫想跟着他去时，罗荣桓就笑嘻嘻把他们支回去。结果，有人晚饭后找罗荣桓散步，就问警卫员：“罗主任呢？”

警卫员总是回答：“练骑马去了。”

来人很纳闷：“罗主任是从井冈山上下来的，难道还不会骑马吗？”

“不是后来腰部负了伤吗？得经常去练习。”警卫员支吾着他走，“有事明日来吧！”

第二日，他又来找罗荣桓散步，谁知罗荣桓又“练骑马”去了。

经过几个月的交谈、了解，报经中央同意，5 月 16 日，罗荣桓与林月琴结婚了。当晚，十几个人热热闹闹地吃了一碗喜面。

对于罗荣桓与林月琴的结合，红大一科学员莫文骅后来说：“他们的结婚，不仅是男女双方爱的结合，而且也象征了红一、四方面军干部的互相信任。”①

（4）

几个月后，七七事变爆发，全国抗战开始了。罗荣桓被党中央派往八路军 115 师担任政治部主任，开赴山西抗日前线。

但是，党中央又下了一条规定：家属不要随队前往。结果，林月琴新婚不久，就不得不准备与罗荣桓分别了。

就在罗荣桓即将离开延安的时候，一天，毛泽东派警卫员来叫林月

---

①莫文骅：《终生难忘》，原载《回忆罗荣桓》，第 50 页。

琴说:“主席请你到他的住处去。”

林月琴感到很突然,赶紧随他去毛泽东住的窑洞。

林月琴刚走进窑洞,毛泽东起身打招呼。她坐下后,毛泽东说:“啊,你就是林月琴同志,都做过什么工作?打过仗吗?”

“原是四方面军的,当过宣传员,后来有一个营的妇女工兵哩。”

毛泽东笑着说:“你还是个营长嘛。你们结婚吃了什么?”

“吃了一顿面条。”

毛泽东风趣地说:“怎么,吃面条也不请我?”

林月琴忍不住笑了,刚来时的拘束感全没有了。毛泽东亲切地向她说起了罗荣桓的经历和为人,谈到三湾改编时任命罗荣桓为连党代表时,毛泽东说:“为什么让荣桓当党代表呢?就是因为他老实。”

提到“老实”,林月琴也对毛泽东说起了罗荣桓自己说过的他本人的一个笑话:鄂南暴动时期,部队分到一批银洋作为连队的菜金,装在一只箱子里,由罗荣桓负责保管。每次行军时,他都亲自提着箱子。一次,一个农民装束的人走近他身边说:“党代表,你辛苦了,我来帮你提吧。”罗荣桓便把箱子交给了他。谁知到了宿营地,那人连影子也找不到了。

“事隔多年后,荣桓记起来笑着对我说:‘走进革命队伍的人看来也并不都是真革命哩,混饭吃的,找出路的,大有人在。’”林月琴最后说。

毛泽东听罢哈哈大笑,说:“你看,从这件事上,他这个老实人也悟出了一条真理呢!所以他对是和非、正确和错误鉴别得特别分明。”

毛泽东还告诉林月琴:罗荣桓在与王明“左”倾冒险主义的斗争中表现了坚定的原则性,因此遭到撤职,被派到江西地方搞扩红工作。他虽然蒙受冤屈,但并没动摇坚定的共产主义信念,仍旧老老实实地为党的事业工作,三个月过去,圆满完成了扩充3000名红军战士的任务。接着,毛泽东说:“荣桓同志是个老实人,而又有很强的原则性,能顾全大局,一向对己严,待人宽,做政治工作就需要这样的干部。当然,老实人免不了受人欺负,这也没什么,历史总会正确地评定一个人的功过的。在世界上要办成几件事,没有老老实实的态度是不行的。马克思、恩格斯、列宁、斯大林是老实人,科学家是老实人,我们共产党人都要做老实人。”

毛泽东关切地说:“你们新婚不久就要离别,我是不是有点残酷?”

林月琴立刻回答:“那是革命需要嘛。”

毛泽东满意地点点头:“好,长征路上你是宣传员,提着石灰桶刷标语,动员人家送郎参军,今天你自己也送郎上前线啰!”①

从毛泽东那里回来后,林月琴对罗荣桓说了去毛泽东那里的情景。罗荣桓听了很激动,把毛泽东的关怀深深埋进了心底。

分别那天,罗荣桓对林月琴说:“我走了,你留在延安好好学习、工作。我们都是共产党员, 记住主席的话, 永远做老实人, 忠诚党的事业。”

就这样,罗荣桓去了抗日前线,林月琴则留在了延安。

(5)

谁知罗荣桓上了前线后不久, 据传早已在西征战斗中牺牲了的吴先恩,经历九死一生后回到了延安。

得知这个消息,林月琴又惊又喜,随即陷入了“一妻二夫”的尴尬。

很快,毛泽东也知道了这个事情。但是,这样的尴尬事一发生,就超越了两个男人和一个女人的感情纠葛, 成为事关政治大局的事件。因为张国焘野心膨胀,另立中央,在西路军失败后,他才不得不回到延安。当初罗荣桓和林月琴的结合被赞为“红一、四方面军互相信任”的象征,现在,此事若处理不好,就会造成红一、四两个方面军将士的不团结,不利于抗日救国。于是,毛泽东又把林月琴叫去了。

当林月琴忐忑不安地来到毛泽东的住处后, 毛泽东问了她的一些近况,然后点上一支烟说:“你前夫已经回到了延安,你知道了吧,你是怎么想的,准备与他和好吗?”

没等林月琴回答,他又接着说:“这是你的个人的感情问题,中央让你自己拿主意。”

毛泽东看着林月琴继续说道:“你的态度,就是我的态度。我批准你去见见他,罗荣桓有意见,我来解释。你同他商量后,再告诉我你的决定。这样,对你们三个人来说,都是公平、合理,也算仁至义尽。”

听了毛泽东的话,林月琴便告诉说:“他已让人带口信给我,一切都是战争造成的,他不怪任何人,祝我和罗荣桓恩恩爱爱,永远幸福。主

---

①林月琴:《忆荣桓》,原载《回忆罗荣桓》,第 630—631 页。

席,你看我还该去找他吗?”

她想听听毛泽东的意见。

“拿得起,放得下,他是一位好同志啊!”毛泽东想了想,又说道,“口说无凭,信以为实。月琴同志,是否可以让他将心里话写出来,白纸黑字,将来也可以留作一个根据呢?”

毛泽东是从两个方面军的关系,也是对三人的关系考虑,提出了写个字据的要求。林月琴点头,表示同意。

有了毛泽东的教导,林月琴心里更加有了底。

不久,她去见了吴先恩。两人百感交集。林月琴说明了自己的想法,吴先恩与她十分友好地分了手。

1938 年 3 月,林彪被阎锡山部队误伤,离职休养,由陈光代理师长,随后罗荣桓任 115 师政委。不久,林月琴离开延安,到达晋西敌后根据地,与罗荣桓团聚。

1955 年 9 月,解放军授衔时,罗荣桓为元帅,林月琴也被授予大校,是当时全军唯一的女大校。

2003 年 11 月,她以 89 岁高龄去世,为副兵团级。

7. 山东抗战的灵魂性人物

罗荣桓率领八路军 115 师挺进山东后,在艰苦的战斗中,成为了这支部队的统帅和灵魂性人物。

(1)

1940 年秋,1000 多名日军从临沂向重坊一带“扫荡”。八路军 115 师教导 2旅打响了著名的重坊战斗。

在密集的炮火掩护下,日军动用坦克和装甲车,发起一次又一次冲锋。许多战士倒下了。教 2 旅副旅长张仁初是有名的猛将,怒火万丈,立即高喊着:“同志们,我是共产党员,跟我来,坚决和鬼子血战到底,冲啊!”跳上他在战斗中缴获的“花斑豹”战马,像疾箭一般,冲进了敌阵。

副旅长带头冲锋,立即成为无声的命令,战士们跟着冲了出去,经过奋力冲杀,取得毙敌 300 余人的大胜利。

但是,由于硬拼,教 2 旅也伤亡不少。

两天之后,罗荣桓从外开会回来了。他关切地询问战斗的过程,翻阅干部战士伤亡登记表,脸色立刻严峻起来。就在这时,张仁初带着一副胜利的兴奋劲来了,老远就喊了一声:“政委。”

可他进门后,罗荣桓没让他坐下,也不给他倒茶,劈面就问:“张仁初,你是来请功的,请赏来的吧?”

没等他开口,罗荣桓又厉声地说:“告诉你,我这次没有功给你,没有赏给你。你是个疯子,你还我干部,你还我战士!”

“你拼掉了我这么多干部,你赔我的干部来!”罗荣桓越说越生气。张仁初见一向稳重和蔼的政委如此激动,低下了头。罗荣桓看着他站在面前不做声,也慢慢冷静下来,缓和着语气说:“干革命不能单凭一股傻劲,战斗也不能只靠勇敢。现在我们是开展游击战争,不是打阵地战,只想打得过瘾,动不动就硬拼,革命的本钱就会叫你拼光,我们怎么向党向人民交代啊!”

这些话严中有慈,既痛惜烈士的牺牲,又满含对张仁初本人的爱护,刚强似铁的张仁初难过极了。

罗荣桓不是批评张仁初一顿就完事了,之后多次找他谈心,反复讲解论持久战的军事原则,启发诱导张仁初这员猛将不要死打硬拼,打击敌人时要注意机动灵活,保存自己。张仁初认识到自己的错误后,诚恳地要求组织给予处分。以后,每逢提起这件事,他总是十分痛悔地说:“唉,罗政委说得对,我真是个疯子。”

(2)

1941 年 10 月,日军侵华派遣军总司令畑俊六亲自坐镇山东临沂,纠集 5 万兵马,向沂蒙山汹涌杀来。在特务营的掩护下,罗荣桓率领八路军 115 师部和山东分局,从滨海地区北上,准备与山东纵队的领导机关会合,进行反“扫荡”作战。

11 月 4 日,当他们行至留田时,日军突然从四面八方合击而来。罗荣桓获悉这个情报时,立即伸手向南一指,斩钉截铁地说:“我的意见应该向南突围。”

“向南突围?”这个出乎意料的决定,简直使在场的人大吃一惊。

因为向南走，就是向敌人的心脏临沂挺进，而临沂就是畑俊六的大本营。此去临沂，要经过三道封锁线，太危险了！在众人的疑惑中，罗荣桓指定了一条行军路线：由留田经张庄，穿高里，折转西南，然后，越过临（沂）蒙（阴）公路，直插诸满，到黄埠前停下来。黄埠前离临沂只有50里路了。

夜幕降临后，雾气迷漫。宿营在周围山头上的日军燃起了冲天大火，把黑夜照得成了白昼。枪声、炮声、马嘶声和日军的嚎叫声，不时传来。几千名机关人员和特务营集合在一块平地上，静静等候出发命令。忽然，罗荣桓率领作战科和部分侦察员从面前走过，先行出发了。

晚7点多钟，部队以战斗姿态出发。几千人一个紧跟一个，悄悄地从仅一里多宽的空隙向南插去，逢山过山，遇水过水，不久便接近了台潍公路，然后转向公路右侧的小路向南前进。而公路上是向北急进的日军大队，炮车滚滚，马蹄踏踏。突围部队与他们逆向而行，直奔第一道封锁线张庄。

此刻大小山头上一溜溜的火堆，犹如一条蜿蜒的火龙。火龙中间闪出一段黑蒙蒙的缺口，只有一里多宽。罗荣桓下令："成三路纵队，跑步通过。做好战斗准备！"战士们一手提着上刺刀、压满子弹的步枪，一手提着揭开了盖的手榴弹，迅速、肃静地向两山之间的隘口猛插过去。敌人盲目地射击，子弹在战士们的头顶上尖叫着，大家理也不理，继续飞奔。整整过了半个多小时，敌人仍未发觉，就这样，几千人安全地通过了第一道封锁线。

过了张庄，穿过一条小山沟，部队稍微休息了一会儿，又继续向南走。下半夜，到达了高里附近。有人向前看去，只见大小山头上又是火堆连着火堆，火堆旁时隐时现地闪动着敌巡逻兵的身影，每隔十分钟便飞起许多绿色信号弹。这时前面传来"跑步跟上"的命令，部队又飞速前进。当大家从两堆大火中间穿过时，见到三名侦察员穿着日军的黄呢大衣，举着信号枪发射绿色信号弹。

原来他们掌握日军巡逻兵的规律后，一声不响地干掉了巡逻兵，然后穿上他们的衣服，执行起"巡逻兵"的职责了。

三星垂西，部队折转向西，越过临蒙公路，顺利地通过了第三道封锁线。早晨5点多钟的时候，胜利地到达了目的地——黄埠前附近。

就这样，罗荣桓没费一枪一弹，无一伤亡，安全地突破了畑俊六5

万大军的包围。而此时日军还在继续源源不断地向留田方向开去。

第二天,115 师政治部机关报《战士报》登载了德国记者希伯写的一篇文章。他称赞留田突围的指挥是神奇的。文章的前面,标着醒目的红字标题——“无声的战斗”。

(3)

1943 年,山东纵队和八路军 115 师合并,成立了山东军区,罗荣桓任分局书记兼司令员、政委,实现了山东党政军民的统一领导。

抗日根据地的形势更加好转。盘据莲花山区的姜黎川却日子越来越不好过。姜黎川有一支几千人的队伍,有抗日的愿望,但在政治上动摇不定,在国共之间摇摆不定。由于政治倾向不明确,他的处境发生变化,日子混不下去了。为了争取姜黎川参加抗日,罗荣桓及时派人去做他的工作。处于困境的姜黎川见八路军伸手拉一把,表示同意谈判。

几天后,他由两个连“保驾”,来到了八路军驻地。山东军区举行欢迎会。

这时正是深秋,天气转冷,八路军战士都已穿上了棉衣,而姜带来的“保驾”部队仍穿着单衣,冻得瑟瑟的。罗荣桓发现了。结果,在两千人参加的欢迎会上,当众给他们每人发一套新棉衣。这一举动,深深感动了姜部士兵,许多人激动得流下了眼泪。①

他们待了七八天,然后,穿着罗荣桓发的新棉衣,恋恋不舍地返回了驻地。

这两个连队回去后,姜黎川的部队产生不小的“地震”。许多官兵认为,跟着姜黎川左右摇摆没出路,只有去八路军才有前途,于是不少人干脆跑到八路军这边来了。

---

①冯学谚:《高瞻远瞩,胸怀全局》,原载《回忆罗荣桓》,第 313 页。

(4)

1943 年 5 月,山东军区司令部驻在山东莒南县延宾村。这里是根据地,群众基础比较好,司令部的伙食也有所改善。一次,管理员从老百姓那买了一只鸡,安排小灶的炊事班分给首长们吃。把鸡炖熟后,炊事班老钱把鸡的大腿、胸脯、脖子、翅膀等各个部位割成几份,连同鸡汤,分别送给首长们。

吃完晚饭后,参谋处长李作鹏突然来到炊事班,一进门就冲着炊事员老钱嚷:“买了几只鸡?我怎么没吃着鸡腿呢,鸡大腿哪去了?”

开始,老钱还以为他开玩笑,便半开玩笑地说:“鸡杀死了,鸡腿跑了呗!”

李作鹏一听,瞪起了眼睛。老钱见他怒发冲冠,不像是开玩笑,便急忙解释说:“那么多首长,只有一只鸡,鸡腿让谁吃了,我哪能记得呢?”

李作鹏听了,并不相信。老钱也是从延安去的老红军,见李作鹏态度生硬,不服气地叨咕了几句。李作鹏火气更大了,一口咬定鸡腿是炊事员们吃了,并大声训斥老钱。老钱放下手中的抹布,一怒之下来到罗荣桓那里,把事情的经过向他详细地述说了一遍。罗荣桓耐心地安慰了老钱。

第二天,在机关干部战士大会上,罗荣桓布置完工作后,把昨天发生的吃鸡一事和盘端了出来,批评李作鹏,并严厉地指出:“他对事情不调查,就对炊事员发脾气。这件事不应当发生在一个领导干部身上。”

事后,李作鹏向炊事员老钱做了自我批评。①

(5)

1945 年 8 月 10 日,罗荣桓住在莒南延宾村。夜深了,他还没有睡,这时机要科送来了一份加急电报。他看着看着,站起身,高兴地对林月

---

①刘高峰:《他心中时刻想着战士》,原载《回忆罗荣桓》,第 417—418 页。

琴说:“我的五年计划完成了。”

林月琴没反应过来,他晃动着手中的电报,又补充了一句:“日本政府发出照会,要求投降了。”

“全国抗战打了 8 年,那么嚣张、那么狂妄、那么蛮横的日本帝国主义终于举起了降旗。”林月琴也高兴起来了。

罗荣桓的“五年计划”是什么呢?

那是 1942 年 12 月间的事。八路军第三次打甲子山,初战不利。罗荣桓闻讯后,冒着严寒,纵马急驰,赶到前线指挥所,参与指挥。

由于长期艰苦的战斗生活,罗荣桓早就得了病,这一次连冻带累,终于开始尿血。在敌后缺医少药的情况下,他的病情日益严重。1943 年春,他应陈毅邀请,到苏北新四军军部请泌尿科专家、奥地利医生罗生特治疗。

罗生特是医学博士,医术虽高,但缺少必要的医疗器械,仍未能对罗荣桓确诊, 但他怀疑罗荣桓得的是癌症了。陈毅于是决定让罗荣桓化装去上海。毛泽东获悉后,回电说罗荣桓负过伤,易被敌人发现,为了安全起见,不宜去上海。

罗荣桓回到山东后, 陈毅又把罗生特派到山东来。罗荣桓自知病重,对林月琴说:“我要订一个五年计划,争取再活五年,打败日本,死也瞑目了。”

现在,日本发出了乞降照会,所以罗荣桓说出“五年计划提前完成了”。接着他满怀信心地说:“现在看起来,我可以再活五年,再订一个五年计划,参加建设新中国。”

林月琴也高兴地说:“抗战胜利了, 医疗条件好了, 你的病会治好的,你一定还可以订好多个五年计划。”

(6)

抗战胜利后。党中央派罗荣桓率部进军东北。

1945 年 11 月 5 日,罗荣桓一行到达黄县龙口,一进码头,只见岸边是一队队等着上船的部队,港湾内外,满眼都是船只,嘈杂的人声和喧嚣的涛声交相震荡,一派繁忙景象。上船之前,胶东军区司令员许世友赶来送行。

罗荣桓和许世友在陕北就认识。许世友在红大学习时,听过罗荣桓的课, 罗荣桓也是那时知道他是一位带传奇色彩的战将。他们先后来到山东，在工作和战斗中建立了深厚的同志情谊。分手时，罗荣桓问许世友："你留在山东了，有何打算？"

"准备打仗。"许世友豪迈地回答。

罗荣桓点点头，紧紧握住他的手，停了一会儿，指着身旁的枣红马说："把它留给你吧。"

这匹马陪伴罗荣桓四五年了。但自从他尿血后，由于身体虚弱很少骑了。上个月大反攻时，临沂城迟迟没打开。罗荣桓很焦急，曾不顾病重想骑这匹马去前方，经大家再三劝说才作罢。这次要进军东北了，他将这匹战马送给许世友。许世友毫无思想准备，怔了一下，随手将自己佩带的手枪从腰上解下来，双手托着，回赠给了罗荣桓。

然后，罗荣桓等人坐上了一艘小汽船，开始渡海了。

罗荣桓到达东北后，12 月就任东北民主联军副政委，林彪为总司令兼政委。

8. 一个手术却做了两次

罗荣桓是我们党自己培养出来的高级军事干部，从没有出过国留过洋，但来到东北不久，他在战争间隙去了一趟苏联治病。

由于罗荣桓的身体越来越差，1946 年春节后，东北局决定让罗荣桓去治病。

在林月琴陪同下，罗荣桓经安东赴驻平壤，在苏军总医院检查后，诊断为肾癌。

由于医院设备不全，院方建议转院莫斯科去进行肾切除手术。罗荣桓回到大连休养了两个多月。5 月返回民主联军总部。7 月乘火车赴苏联治疗。

8 月上旬，他和林月琴到达莫斯科。休息几天后，就住进了克里姆林宫医院。

这时，王稼祥因皮肤被放射线灼伤，也住在这里治疗。于是，两人共住一间病房。林月琴住在旅馆。

经过四天详细检查后，医院决定为罗荣桓做手术摘除左边长肿瘤的肾脏。

动手术这一天，林月琴早早来到医院。但罗荣桓已进了手术室。她人生地不熟，语言又不通，连手术室在哪都不知道，只好请翻译去问，医院的答复是：手术期间不准家属探视。

林月琴十分焦虑。王稼祥叫人安慰她说：“放心吧，有我在病房，会很好照料荣桓。”并让他的妻子朱仲丽陪林月琴回旅馆。

到下午，王稼祥果然打来了电话，说：“荣桓已动手术，情况很好。”

林月琴稍稍放了心，但仍想去看一看丈夫，又跑去医院。这一次可连病房也不让进了，院方说：“病人刚从手术室出来，不能见。”

林月琴很纳闷，不是上午动的手术吗，怎么刚从手术室出来？后来才知道，上午手术确实做完了，但术后伤口缝合不好，才过两个小时大出血，不得不重新动手术，再一次来缝合伤口。王稼祥怕林月琴着急，没有将这一情况告诉她。

手术后，罗荣桓在医院住了近一个月。

这一期间，王稼祥给他当翻译，每天将报上的新闻说给他听，替他拿药、倒水，搀扶他上下床，关怀照顾，无微不至。

1947 年 3 月，罗荣桓的伤口虽然已愈合，但经医生诊断，认为他肾功能仍有问题，同时还有高血压和心脏病。但是，他牵挂着国内的解放战争，谢绝了医院要他去克里米亚疗养的安排，决定立即回国。

6 月，罗荣桓和林月琴乘火车回国了。一到哈尔滨，他就投入了紧张、繁忙的工作。

这时东北局机关设在哈尔滨。为了避开大城市的喧嚣，前方指挥部（前总）设在哈尔滨南的双城。林彪大部分时间住在双城。罗荣桓从红 4 军时起就同林彪共事，对他十分了解。林彪注重军事，为了让他集中精力指挥作战，罗荣桓便哈尔滨、双城两头跑，将林彪较少过问而部队建设又须臾离开不得的政治工作、训练、动员、装备、后勤、军事工业等工作担负起来，尽政委的责任。

9.“林罗搭档”的真实关系如何？

在战争年代，罗荣桓和林彪经常在一起共事，一个主军事工作，一个主政治工作，有“林罗”之称。他们的真实关系如何？

（1）

罗荣桓和林彪是一对有意思的搭档。

罗荣桓是湖南人，林彪是湖北人。罗荣桓参加过秋收起义，林彪参加过南昌起义，当时他们都是连级干部。1928 年 4 月底，朱毛井冈山会师后，两人不久就相识了。

不到两年时间，他们就开始搭档。1930 年 2 月，林彪任红 4 军军长；6 月，毛泽东提议罗荣桓代理军政委，9 月，任政委。两人第一次开始合作。1932 年 3 月，林彪任红一军团军团长，罗荣桓任政治部主任。两人第二次合作。全国抗战爆发后，林彪为八路军 115 师师长，罗荣桓为政训处主任(后改为政治部主任)。次年 3 月，林彪被阎锡山部队误伤离职休养，罗荣桓任师政委。两人第三次合作。1945 年 11 月，罗荣桓到达东北后，担任东北民主联军副政委，再次与司令员兼政委林彪共事。这是他们第四次合作。

罗荣桓与林彪为搭档，是毛泽东的安排。

因为林彪会打仗，但个性很强，与历任党代表搞不好关系。与他做搭档，这个人必须坚持原则，但还要有一定灵活性，因此，毛泽东选择了罗荣桓。

因为罗荣桓除了立场坚定、观点正确，有丰富的政工经验外，还有宽广的胸怀、过人的度量，善于退让、谅解。

事实证明，罗荣桓与林彪一起，确实是一对比较合适的人选。

经过长期共事，罗荣桓对林彪有所了解。林彪一贯注重军事指挥，但对部队的思想建设、组织建设、后勤工作等等不怎么过问。罗荣桓因为他军事上有所长，对他是尊重的，为了让林彪集中精力考虑作战，经常把他不管的工作都揽过来，把其他工作做好。①

---

①林月琴：《东北解放战争中的罗荣桓》，原载《回忆罗荣桓》，第 500 页。

(2)

尽管是工作上的搭档，罗荣桓对林彪个人也很关心。林月琴说：“荣桓对林彪很尊重，也很关心，两人到一起就是十分严肃地谈工作，从来也不说闲话，更不开玩笑。”①

林彪习惯独断专行。在军事指挥上，他常常是先发电报、下命令，然后再告罗荣桓和其他人。为了团结，罗荣桓对林彪正确的决定事后也予以承认。②

一般来说，罗荣桓对林彪纯属军事指挥员权限内的指挥，从不轻易干预。但是，他的不干预并不是无原则的。这就是他的原则性和灵活性的相结合。

1948 年 9 月，辽沈战役打响了。于是，罗荣桓、林彪带着前线总指挥部，乘坐火车由哈尔滨南下。

10 月 2 日，他们到达了彰武车站。大家正准备开早饭，一架敌机飞来，参谋长刘亚楼下令分散隐蔽。林彪与罗荣桓的驻地安排隔开比较远。

随后，电台收到情况报告，说葫芦岛敌人增加了 4 个师。电报送到了林彪住处。

在部署辽沈战役的时候，毛泽东和党中央决定先打锦州，对东北之敌实行关门打狗。但林彪对部队南下顾虑重重，主要有几个担心：一、缺粮缺油，汽车南下汽油不够。二、后方运输线太长。三、北平之敌傅作义部北上而锦州攻不下的话，大量汽车和坦克、重炮就会因无油料而撤不出来。林彪为此迟迟不下决心，受到毛泽东的严肃批评后，才率部南下。

现在前总都到了彰武，林彪听说敌人在葫芦岛增兵 4 个师，担心部队被沈阳和锦西、葫芦岛之敌夹击，作战的决心又动摇了，立即下令部队暂停前进。

当晚，他照例没有商量，就以林罗刘名义给中央军委发出加急电报，要求停止攻打锦州，回师打长春。

---

①②林月琴：《东北解放战争中的罗荣桓》，原载《回忆罗荣桓》，第500页。

第二日清晨,刘亚楼来到林彪住处,得知林彪已向中央军委发电报要回去打长春,觉得事情不对头,立即来到罗荣桓住处报告。罗荣桓一听,顾不上洗脸和吃饭,拉上刘亚楼就去找林彪。

林彪将昨晚向中央军委发电的情况告诉了罗荣桓,并说:“等军委回电后再定下一步行动吧!”

罗荣桓认为林彪要回去打长春,已不是军事指挥员权限内的事情,而是变更党中央既定战略决策的大问题,看完林彪发的电稿,立即表示不妥说:“在几十万部队已经南下到达辽西前线,锦州外围敌人据点已经肃清,而敌情变化并不大(只不过增加 4 个师)的情况下,轻易改变中央早已定了的作战方针是不适当的。攻锦州决心不能改变。”

刘亚楼表示同意罗荣桓的意见。

经过罗、刘的劝说,林彪也可能感到做法不妥,便吩咐秘书到机要处追回电报。秘书回来后报告:“电报业已在清晨 4 时许发出。”

刘亚楼问:“怎么办?”

林彪不作声,罗荣桓果断地说:“再发一份电报,说明我们仍然决心攻锦。”

以往总部发电报,都是林彪口授,秘书记录后经他看过便签发。这次他却一言不发。于是,罗荣桓起草了电稿,经林彪修改后于上午 9 时发出。

罗荣桓在电报稿开头写道:“前电作废。”但林彪修改时把这句删掉了。电报说:

“我们拟仍攻锦州。只要我们经过充分准备,然后发起总攻,仍有歼灭锦敌之可能,至少能歼敌之一部或大部。目前如回头攻长春,则太费时间,即令不攻长春,该敌亦必自动突围,我能收复长春,并能歼敌一部。”

4 日凌晨,毛泽东看到这封电报。在这之前,他已连续发出两封电报批评林彪 2 日电报中回师打长春的错误想法。在他发出两个批评电报,过 5 个多小时后,又收到林罗刘表示攻锦决心的电报,立即复电:“你们决心攻锦州,甚好,甚慰。……在此以前我们和你们之间的一切不同意见,现在都没有了。”

毛泽东在电报中重申了不应回师打长春的理由,为“战锦”这个“大问题”作了总结。

辽沈战役按照毛泽东的部署终于取得胜利,实现了东北全境的解放。战役结束后,总部迁至沈阳。这时是否先打锦州这个问题已经过去,但围绕着对辽沈战役的总结林彪罗荣桓之间余波不兴。

战后,野战军政治部、司令部几个人讨论、起草了给党中央、毛泽东的《九、十两月份作战情况综合报告》,其中提到林彪打锦州一度动摇的问题说:“……后由蒋介石飞沈亲自指挥,从华北抽调独 95 师、62 军全部、92 军之 21 师陆续经海运葫芦岛登陆,加上锦葫原有之 4 个师共计 9 个师,企图由锦西向北驰援锦州,这曾使我们攻击锦州之决心一度发生顾虑。但这一过程共两三小时即确定仍坚持原来之决心不变……”他们的报告稿刚起草好,恰巧林彪进了屋。

罗荣桓将报告稿递给林彪看后,指着上面这一段话说:“这一段,写进了我们在打锦州问题上曾一度有顾虑,很快就纠正了,你看怎么样?”

林彪又看了看这一段,将稿子往桌上一扔,一言不发,转身就走了。

但是,这是当时确实发生过的事情,对党中央也是一个解释。在罗荣桓坚持和刘亚楼支持下,最后,林彪不得不同意以林罗刘名义将这份报告上报党中央。

但是,林彪对此一直心存芥蒂。平津战役以后,林彪曾向聂荣臻提出,让他来当四野的政委。聂荣臻一口回绝了。①

(3)

新中国成立后,罗荣桓对林彪仍然很尊重,但发生原则性的分歧时,还是坦率提出并坚持自己的意见不变。

1960 年秋,林彪在军委扩大会议上提出要“带着问题学习毛泽东思想”。罗荣桓对此不赞成。

一次,林彪主持军委常委会,罗荣桓说:“‘带着问题学’毛选,这句话要考虑,这句话有毛病。”

“那你说该怎么学?”林彪不高兴地说。

“应当是学习毛主席著作的精神实质。‘带着问题学’这句话改掉为好。”罗荣桓的话让会场人很是吃惊。几分钟后,林彪才缓缓说:“不好就去掉嘛。”

“还是去掉好,学习毛主席著作一定要从根本上学,融会贯通……”

---

①林月琴:《东北解放战争中的罗荣桓》,原载《回忆罗荣桓》,第 501 页。

罗荣桓继续说道。

这时林彪突然起身，说了句“散会”便拂袖而去。

这个举动让在场的人都愣住了，罗荣桓气得双手发抖，回到家中后说：“大家都是老同志了，长期在一块工作，哪能这样呢，有问题大家讨论嘛！”

在这以后，林彪逢人就说：“什么‘林罗’，林、罗要分开，林、罗从来就不在一起！”①

（4）

罗荣桓在原则问题对林彪不让步，常常让林彪很生气。但是，林罗关系到底如何？两人的老部下陈士榘后来说：

> 罗荣桓善于团结同志，能长期和林彪共事的人肯定很善于合作也很有耐心，因为林彪很能打仗，所以也带来了刚愎主观和一言堂的毛病，有些也是战争年代需要他做决断的，他在打仗方面的很多决断也是被历史证明是正确的。林彪当红一军团总指挥的时候才 25 岁，但他一般都不把党代表放在眼里，与他做搭档必须尊重他辅佐他同时还要有原则。毛泽东一眼相中罗荣桓，将他派到 4 军后做政治委员与林彪珠联壁合，林彪负责指挥作战，罗荣桓的政治工作也有条不紊。林彪、罗荣桓合作得很不错，否则也不会有四野打下大半个中国的奇迹。当然，在东北战场上罗荣桓与林彪有过争论，这也是工作中常见的；1959 年庐山会议后，罗荣桓看到林彪对军队的讲话和做法有点偏，所以并不太热心，对于林彪推广毛泽东语录，也提出要全面领会毛主席的著作。总体说，他们关系不像传说中那样矛盾很深。尤其传说罗荣桓说和林彪共事如同判了无期徒刑，我根本没有听说过，而且这也不是罗帅的语言。要知道。林彪在“文革”前是全党公认的好领导，即使不搞“文化大革命”，

①林月琴：《东北解放战争中的罗荣桓》，原载《回忆罗荣桓》，第 502 页。

他也是接班人的重要人选。罗帅去世的时候，很少露面一向深居简出的林彪很上心，又是送花圈又是鞠躬，而且称罗荣桓是‘良师益友’，像林彪这样孤傲的人很少称毛主席以外的人是‘师’，说明他对罗帅的逝世还是很难过的，毕竟是战争年代建立的深厚情谊。①

(5)

1963年12月16日，罗荣桓在北京逝世，终年62岁。在公祭大会上，刘少奇主祭，朱德、林彪、邓小平等陪祭，邓小平致悼词。林彪写的挽联是：

六亿人意气风发，日月重光，万里长征，方期任重道远。
数十年风雨同舟，肝胆相照，一朝永诀，痛失挚友知心。

10.“一个人数十年如一日，忠于党的事业，很不容易啊！”

新中国成立后，罗荣桓尽管身体不好，但是一直担负着重要的领导职务，他“用钢铁一样的意志”，一边与疾病作斗争，一边坚持工作。他说：“战斗作风非常重要，没有战斗作风就谈不上革命。在和平环境里，最容易养成松懈的毛病，一松懈就散漫，就会视而不见，听而不闻。工作单位的领导同志特别要注意这一点，要培养战斗的作风。一个单位如果没有战斗作风，这个单位就要落后，一个人如果没有战斗作风，整个人就要落后。”②

①刘恩荣整理：《从井冈山走进中南海——陈士榘老将军回忆毛泽东》，中共中共党校出版社1993年版，第153页。

②黄树则：《浩气长存》，原载《回忆罗荣桓》，第579页。

（1）

1949 年秋，新中国成立时，罗荣桓当选为中央人民政府委员，并担任最高人民检察署检察长。

次年 4 月，解放军总政治部成立，罗荣桓担任总政治部主任。军委总干部管理部成立后，他又兼任部长。由此，罗荣桓掌管着军内干部调动、任免的大权。

罗荣桓大权在握，认为干部任免，从红军来讲，要照顾到几个方面军；从抗日战争来讲，要照顾到各个根据地，八路军，新四军；从解放战争来讲，要照顾到各个军区和各个野战军。在总政部务会议上，他说："我们的工作一定要坚持任人唯贤，搞五湖四海，从总政机关做起。"

在罗荣桓主持下，总政治部先后调来的副主任萧华、傅钟、徐立清、甘泗淇，分别来自红一、二、四方面军。调来的二级部长，也是来自各野战军的，如组织部副部长朱明来自一野，宣传部长刘志坚来自二野，敌工部长黄远来自三野，文化部长陈沂来自四野，保卫部副部长蔡顺礼和青年部长王宗槐来自华野。

同样，解放军总干部管理部对副部长和二级部长配备，罗荣桓同样是从原红一、二、四方面军和各个野战军系统选调的，如副部长宋任穷、赖传珠、徐立清、甘渭汉，分别来自不同的军队和部门。

若干年后，王宗槐还感慨说："那时，真是五湖四海呀！"

（2）

1951 年 12 月 3 日，总政治部以罗荣桓、傅钟、萧华的名义给毛泽东主席写信，建议开办解放军政治学院，培养政工干部。次日，毛泽东就回信批准了这个建议。于是，罗荣桓、萧华、王宗槐等七人组成了筹备委员会。

去哪里选院址呢？

罗荣桓说："不要与民争利。"

于是，筹备委员会决定到北京郊区去找地方。

经过多方考察，有关人员选定了五棵松以西一片布满砂石和坟茔的地带。罗荣桓亲自去现场勘验，见这里除了坟地外就是不能耕种的干涸河谷，附近只有几家农户，高兴地说：“好啊，革命是白手起家，我们就是要在这样的地方建设未来。”

接着，他对身边的人吩咐说：“在我们划定用地上的‘阴宅’，要通知其亲属把坟迁出。还要建好‘阳宅’，帮助农户安排好新居。”

有关部门给几户农民盖好新房后，再把他们的旧房按质论价买下。农户们住进了新房感叹不已，说：“这真是子弟兵啊！”

政治学院计划建设 40 万平方米校舍，建设工程不少，仅勘测、备料、设计等准备工作就花了一年半。罗荣桓说：“这不是办法，要先建学员楼，后建办公楼、宿舍楼，边建设边开学。”

1952 年 6 月 4 日，最先上马的是两幢学员楼破土动工。罗荣桓心里很急，有空就到工地看进度。1954 年年初，两幢楼还没完全竣工，他指示开办高干文化班。次年 2 月 19 日，速成系第一期正式开课。

(3)

1955 年“肃反”运动时，蔡顺礼是总政治部保卫部副部长，王宗槐是青年部部长兼干部部副部长。建立全军“肃反”办公室时，办公室主任一般应由保卫部长来担任。但是，在部务会议上，罗荣桓提议由王宗槐担任办公室主任，蔡顺礼担任副主任；并且规定，有关“肃反”的文书往来，信件传递，以及需要与本人见面的材料等，一律由王宗槐签名盖章。

“为什么要这样安排？”他对王宗槐说：“你是管干部的，人家见了你的名字，不会感到有压力；如果用保卫部长的名字，那人家就会感到问题严重，甚至害怕起来，不利于澄清问题。”

然后，他强调说：“‘肃反’是一件极其严肃的工作，政策性很强，一定要坚持党性原则，坚持实事求是的作风，要认真调查研究，包括向本人作调查，万不可主观武断。”

(4)

新中国成立后，罗荣桓一直身体不太好，但坚持工作。

罗荣桓与林月琴的女儿罗南下，十几岁了。她因患下肢骨肉瘤，曾经截肢治疗，后来肿瘤转移到肺，1956 年 7 月一天黎明时分，在医院里离开了人间。

这时罗荣桓刚刚大病一场，才病愈，住在家里。

为了免得他难过，林月琴留在医院料理孩子的后事，并且想等自己稍微把悲痛抑制一下再回家，于是希望医生黄树则先回家去陪陪罗荣桓，并且对黄医生说："如果他不问，你看是不是先不要把孩子的事告诉他。"

早晨，受林月琴的嘱托，黄树则从医院来到了罗荣桓的家。

由于罗荣桓多年来经常患病，黄树则作为保健医生，已经不是罗家的稀客。见面后，黄医生没有提南下去世的事，先问罗荣桓身体情况怎样。罗荣桓说："好多了。"

随即，他站起来，做了一下习惯性的动作，把右胳膊向上伸直，然后反复伸了几次，接着说："因为好多了，所以就闷得慌，想做点事，看看文件。可是周秘书还不把文件给我，只好写写字吧。"

罗荣桓望着窗外，站了一会儿，再看了看手表，对黄树则说，"到外面去散散步好吗？"

黄树则陪着罗荣桓下了楼，在院子里一边走，一边谈。罗荣桓先谈到了读书，说："有的人读书，读得眼睛睁不开，读得头晕眼花，所得不多。可是有的人读书，愈读眼睛愈亮。光读不想不行，光读不练也不行。"接着，他又谈到了医院建设。之后，还谈了一些别的问题，好像特别愿意说话。

他们再次回到了屋里，坐定后，罗荣桓说："今天你在我这里吃午饭。你是从医院来吧。"

"是。"黄树则说。

"你来的意思我晓得。是不是南下这孩子不行了？"罗荣桓若有所思似地说。

黄树则便不得不把南下已经病故的情况告诉了他。罗荣桓听了很镇定，又抬起右胳膊，做了做他那习惯的动作，沉吟了一会儿，叹息地说："林月琴这些天可是熬坏了，饭吃不下，觉睡不安。母亲终归是母亲，为了孩子，她自己做得再多也还觉得不够。"

黄树则没有再说什么。罗荣桓谈起了抗日战争时在山东战场上的一件事说："在那样困难的环境里，小孩子牺牲是常有的事。有一次，正在部队紧张转移的时候，我们的一个干部接到了他的孩子死亡的消息。这个干部平常是很坚强的，是在炮火里经过长期考验的，可是一接到这个消息，他抱头大哭起来。战争多么紧张哪，可是他为了孩子的死抱头大哭！我怎么办？我去安慰他吗？我不！我严肃地批评了他。第二天,他冷静下来,说我批评得对。这时候我才安慰了他。”①

下午,林月琴从医院回来了。罗荣桓问:“都料理好了吗?”

林月琴点了点头,随即问他的身体情况。

“我很好。”罗荣桓说。

直到将近黄昏,看到罗荣桓的身体健康确实很平稳,黄树则才告辞。罗荣桓笑着和他握了握手,亲切地说:“谢谢你,陪了我一天!”

由于身体状况不好,1956 年 9 月 2 日,罗荣桓向党中央和中央军委写信,因健康原因,请求解除总政治部主任及总干部管理部部长职务。党中央批准了他的请求。

随后,在党的八大会上,罗荣桓又当选为中央委员和中央政治局委员。

(5)

从 20 世纪 50 年代后期开始,罗荣桓一边担负着繁重的领导工作,一边和疾病作斗争。在疾病使他最痛苦不安的时候,他也不愿停下工作休息,完全过病人的生活。

为了对身体有好处,医生向他建议去做一些娱乐活动。但是,那些娱乐活动很难引起罗荣桓的兴趣。他自已也觉得这样下去对自已的健康很不利,有时对人说:“我是一个不会休息的人。在娱乐方面,我没有什么爱好,这是一个缺点,青年人可不要学。”

随即,他又从另一个方面说:“娱乐是必需的,可是‘乐而忘返’就不好了。”

一次,罗荣桓为疾病所苦,几乎是坐卧不宁。服药之后,好了一些,但仍然很烦躁。林月琴便给他安排一些消遣的办法,让他听听音乐广播,看看画报,可都不能帮助他解除一些苦恼。后来,罗荣桓忽然听到外面有送文件来的声音,立刻有点喜形于色,打起精神说:“对喽,拿文件来看看吧!”

果然,文件到手之后,比任何消遣对他都更有吸引力量,他的烦躁、

①黄树则:《浩气长存》,原载《回忆罗荣桓》,第 576—577 页。

病痛似乎全跑了。

(6)

罗荣桓对毛泽东的个人感情很深厚。

除了工作外，只要没有病倒，罗荣桓就坚持读书。

1960 年冬天，保健医生黄树则出差回来后去看望他。罗荣桓正在屋里聚精会神地读书，看到黄医生，谈几句话后就问道："学习《毛泽东选集》第四卷，你们机关组织得怎么样？"

黄树则告诉说："我们机关的干部轮流脱产学习，已经轮流了一遍，不过我因为出差在外，只是时断时续地读过。"

罗荣桓笑着说："那你要补课啰。轮流脱产学习的办法很好，可是光这样还不行，要经常学。"

黄树则发现罗荣桓他刚才读的正是《毛泽东选集》第四卷，由于时间有些长，他似乎很疲劳，但也很愉快。

"你有点累了。"黄医生说。

"读毛主席的文章，累了也还想读。"罗荣桓回答。[①]

这几年来，罗荣桓常以写字作为病中的消遣。医生们都认为这对他养病很有好处。起初，他临摹古代碑帖，兴趣不大。后来，他改为临摹沈钧儒书写的毛主席诗词字帖，结果坚持下来了，一直临摹到他病重不能执笔的时候。[②]

1961 年 1 月，罗荣桓再次出任总政治部主任。

(7)

在病重住院期间，罗荣桓常常和青年医生、护士们交谈。

一次，他对一位护士说："在医疗战线上，你们打的是第一线。这项工作需要这样子细致，这样子耐心，这样子热心，没有高度的觉悟，没有真正的本领，那真是不行的。我看，如果把这个工作做到了家，确实

①②黄树则：《浩气长存》，原载《回忆罗荣桓》，第 578 页。

是了不起，既是专家，又是战士。”

其实，罗荣桓自己也是一名自己所称的那种了不起的“战士”。在病重的时候，他只要呼吸正常一点，就不用氧气瓶，还挣扎着要坐起来，要下床去。他对护士们说：“谁也不要阻拦，只要能下地站起来，我就胜利了！”

(8)

1963年12月16日，罗荣桓的生命走到了尽头。临终之前，他对子女们说：“我当然愿意不死，为党继续工作，可是既然死已经来到，这也没有什么可怕。我什么也没有给你们留下，只希望你们坚信共产主义，奋斗到底！”

这是他对子女的遗言。

当罗荣桓不幸逝世的消息传来时，毛泽东等人正在召开中央政治局常委会议。毛泽东立即中断了会议，领头起立默哀。他感叹地说：“一个人数十年如一日，忠于党的事业，很不容易啊！”

这是对罗荣桓一生的高度评价。

罗荣桓在十大元帅中年龄排倒数第二，仅仅比林彪大5岁，却去世最早。毛泽东对他的去世很伤感。12月19日，毛泽东、刘少奇、朱德、邓小平等人来到北京医院，向罗荣桓遗体告别。几天后，毛泽东服了大量安眠药仍睡不着，写下《七律·吊罗荣桓同志》一诗：

记得当年草上飞，红军队里每相违。
长征不是难堪日，战锦方为大问题。
斥鷃每闻欺大鸟，昆鸡长笑老鹰非。
君今不幸离人世，国有疑难可问谁？

第七章

战帅——徐向前

1. 教书路走不通就去当兵

（1）

徐向前，原名徐象谦，1901 年 11 月 8 日出生于山西五台县滹沱河北岸的永安村。

徐家祖上是大户人家，有人做过官，盖了瓦房，被称为“楼院徐家”。但徐向前祖父做生意赔本，为了还债卖房卖地，弄得倾家荡产。他的父亲徐懋淮苦读十几年，赶上清代科举末班车，中了一个秀才。为了养家糊口，他远走内蒙教书为业。

虽说徐家也算是书香门第，但家道衰落，徐向前一直没能去上学。八九岁时，教书的穷父亲放假回家时，才教他几首唐诗。10 岁时，徐向前终于进了本村私塾，读了两年，考到五台县有名的沱阳学堂。

徐向前兄妹 6 人，家里负担很重，无钱在校吃伙食，他每星期回两次家背玉米面窝头和老咸菜到学校当饭吃。

沱阳学堂是新式学堂，徐向前的学习成绩很好。谁知好景不长，一次徐懋淮从内蒙回家，出题考徐向前的作文。儿子交上作文后，他左看右看说：“作文不行啊，洋学堂误人子弟！还是回村上私塾好。”

结果，徐向前从沱阳学堂又回到了村里的私塾。

谁又想到，一年后，徐家的境况更差了，无力再供徐向前上学，他被迫休了学，在家务农。

1917 年，徐向前 16 岁了，父亲在内蒙无书可教，只好回家，家里生活更是陷入窘境。于是，大姐夫介绍徐向前去 200 里外的阜平县城，在一个远房亲戚家当学徒。

这个亲戚开的杂货店，兼营卖书。

徐向前一有空，就趴在柜台前，读不花钱的书来，什么书都看。通过读书,他懂得了不少的道理。就这样,徐向前当了两年学徒。1919 年春的一天,哥哥从太原来信,说省立民国师范学校招生,是不用交学费的官费,并且已经替他报名了。徐向前立即赶回家,然后去了太原。

结果,他考入了太原国民师范学校速成班。

(2)

太原国民师范学校,是山西省省长阎锡山办的。阎锡山也是五台县人。因为徐向前在国民师范学校的学习经历,1937 年国共合作时,徐向前随周恩来等人去太原阎锡山谈判,阎锡山不仅把徐向前看作五台老乡,居然还把他看成是“自己的学生”,对周恩来说:“周公来山西,真会选人才,让我们五台老乡,又是我的学生徐向前参与会谈,可不要带徐向前来挖我的墙角啊!”① 他对徐向前很是亲热。

国民师范学校不仅开设了文化课,还有政治课、军事课、外语课。徐向前历经艰难再次入学,学习很认真,也学到了不少的知识。

1939 年夏天,徐向前奉党中央指示,到山东沂蒙山区任第 18 集团军第 1 纵队司令员。国民党鲁苏战区总司令于学忠会见徐向前后,赞叹说:“徐向前此人,话不多,知识多,才学好,不好对付啊!”

几十年之后,徐向前的女儿考上了大学,他慈祥地对女儿说:“很多年以前,我想进学堂学习,可总是不能如愿,费尽周折,才读了些书,懂得了一些道理。而你就要进大学堂了,要珍惜呀!”

两年后,徐向前从国民师范学校毕业,然后去了阳曲县太原第四小学当教员。

(3)

徐向前在太原第四小学教了一个学期。放寒假时,回到了老家准备过春节,谁知没几日,他莫名其妙收到学校的辞退书。这让刚刚入职的

①中共五台县委、五台县人民政府:《五台人民永远怀念徐向前》,原载徐小岩主编:《徐向前元帅百年诞辰纪念文集》,解放军出版社 2003 年版,第 311 页。

徐向前大受打击。

这时阎锡山的老家河边村川至中学小学部缺教员。徐懋准托人通融,徐向前又被这所学校录用了。

在学校里,徐向前思想活跃,经常向学生讲一些历史故事,如鸦片战争、太平天国、南京条约、义和团运动、八国联军侵入北京、辛亥革命、巴黎和会等等,并且把历史故事与一些当今事件联系起来。校长段保芳是阎锡山直接委派的,治校保守,不准传播新思想。徐向前讲这些,渐渐传到了他的耳朵。段保芳立即找来徐向前责问。

徐向前不服气说:"为什么不许讲这些?"

段保芳说不出个所以然来。

没多久,徐向前又被辞退了。

两个学校,教了两年半,教书这条路太复杂。一气之下,徐向前跑到太原去自谋生路。

但是,太原也没有徐向前的出路,久久没找到工作。寒冬时节,大雪纷飞。徐向前还徘徊在街头四处苦找工作。一天,他在街头遇到国民师范学校时的一个同学,对方问他:"你愿意去上海吗?"

徐向前问:"到那儿去做什么?"

他说:"听说广州国民政府军官学校在上海招生。"

徐向前表示愿意去。这时徐向前的哥哥在太原阎锡山的部队工作,认识一个姓郭的军官,郭表示愿意保举徐向前去应考。

徐向前又联系了几个失业同学。几天后,他们十几人带着自筹的路费,坐火车,离开太原,奔向上海,然后辗转来到了广州。

1924 年,徐向前考入黄埔军校第一期,走上救国救民的道路。

2. 蒋介石眼中"没出息"的黄埔学生

1924 年 5 月初,徐向前考入黄埔军校第一期后,被编入第一队,与贺衷寒、蒋先云、邓文仪、王尔琢、宋希濂、曾扩情、蒋孝先、董钊等人是一队同学。

（1）

在军校，徐向前不怕吃苦，但不像一些人那么活跃，被看成是一个腼腆的青年。

这时黄埔军校校长蒋介石每月要找十几个学生谈话，从学生中发现人才，培养亲信。他找学生谈话时，学生们事先排好队，站在校长办公室外面，他一个个叫进去，出来一个后下一个再进去。一天，轮到徐向前了。

他被人叫了进去。蒋介石看了看他，问道："叫什么名字？"

徐向前答："徐象谦。"

徐象谦是徐向前的名字。

蒋介石问："是什么地方人？"

徐向前答："山西五台县人。"

蒋介石问："在家干过什么？"

徐向前答："当过教员。"

"……"

一问一答，简练是简练，也准确无误。但蒋介石觉得机械无趣，便对徐向前没什么兴趣了，挥挥手让徐向前走人。徐向前立正，转过身，便走出了会见室。①

这时候，在蒋介石眼中，徐向前无疑是一个"没出息"的人。然而，他怎么也料不到，几年之后，就是这个徐向前跃然成为威震全国的红军将领，为红军三大主力之一红四方面军的总指挥，指挥红军把蒋介石的"围剿"大军几万几万地成批消灭，而蒋介石看中"有出息"的将领，几乎都成为徐向前的手下败将。这样的结局，令蒋介石始料不及。

其实，蒋介石看走眼也不奇怪。

客观地说，这时候徐向前确实是不太活跃。但是少言寡语的他心中

---

①《当代中国人物传记》丛书编辑部编辑：《徐向前传》，当代中国出版社 1995 年版，第 39 页。

也有一团火。一次,军校政治部主任戴季陶向学生训话,谁知他不是贩卖礼义廉耻,就是大谈忠孝节义。许多学生不满意,在台下哄。徐向前也跟大伙一起质问他:“何为忠?”“何为孝?”“何为节义?”被誉为“大笔杆子”的戴季陶被哄得狼狈不堪,张口结舌。不久,他政治部主任下台,由邵元冲接任。

7 月,周恩来从巴黎回国,接任政治部主任,军校政治工作开始活跃起来。徐向前也变得积极热情起来了,政治部组织的周末演讲会、歌咏队,都有他的份儿。

(2)

1924 年 9 月, 北方的吴佩孚与张作霖为争权夺利爆发第二次直奉战争。一天, 徐向前所在的第一队正在野外训练, 突然被学校召回军营,背起行装,紧急集合后从黄埔岛码头乘船开往广州城。

傍晚,他们在广州火车站登上了北去的火车。登车后,一位军官郑重宣布:“这是大元帅的专列,孙中山大元帅就在车上,第一队从今天起,我们作为大元帅的卫队,随同北上。”

“唔啊!”大家齐声欢叫起来。

之后,作为孙中山的卫队,第一队随孙中山到了韶关,主要任务是放哨、警卫。大家日夜不离大元帅的行营。这里天气炎热,蚊虫遍野,饮水不卫生,学生们住在山上的竹棚,许多人病倒了。徐向前本来身体很好,因为站岗的同学少了,连站了好几个班,结果抵抗力下降,也病倒了。

孙中山听说不少学生病倒了,一天,偕夫人宋庆龄亲自来到军营。

他们爬上山头,钻进竹棚,和病倒的学生们谈话、握手。孙中山和徐向前也说了好几句话。但因为紧张、新奇、兴奋,后来徐向前只记得“好好注意身体”,而宋庆龄温文大方亲切的形象却使徐向前等人终生难忘。

新中国成立后,一次在北京中南海,徐向前和宋庆龄会面。徐向前无意中说:“在黄埔军校时,就见过孙夫人。”

宋庆龄很奇怪:“是吗?”

徐向前说:“那时我在黄埔军校第一期第一队, 曾经担任过孙中山先生的卫队。”

宋庆龄连忙拱手,说:“谢谢,谢谢,那时我们不认识呀!”

徐向前笑着说:“我那时是普通一兵哩。”①

1924 年 11 月底,徐向前从黄埔军校毕业,留在第三期入伍生第 1 营第三队先后担任副排长、排长。次年,他随黄埔入伍生第 1 营参加东征陈炯明的作战。随后, 派到河南国民第 2 军第六混成旅任教导营教官,继任旅司令部参谋、第 2 团团副等职。1926 年 11 月,他回到武汉,在中央军事政治学校武汉分校 (黄埔军校武汉分校) 政治科学兵团当指导员。

(3)

徐向前的一生,与黄埔军校有着不解之缘。

1984 年 6 月,为了团结两岸爱国人士,黄埔军校同学会成立,80 多岁的徐向前担任会长。该会副会长程元后来总结说:“青年时代,徐向前在才华正茂的时候,投考了黄埔军校;毕业后,到当时号称‘第二黄埔军校’的武汉分校当过队长;西安事变以后,第二次国共合作,徐帅当上了黄埔军校同学会延安分会的主席;解放战争时,在西北战场上,与同是黄埔一期毕业的胡宗南打仗; 在他生命的最后岁月里, 根据中央的委派,他担任了黄埔军校同学会会长。”②

3.“找毛泽东”

1927 年 3 月,徐向前经人介绍加入中国共产党。不久,他把名字由“象谦”改成“向前”,表明自己对革命忠贞不二、永不回头和奋勇向前的坚定决心。

4 月 26 日,他奉命到中央军事政治学校武汉分校任少校队长。

---

①顾保孜:《毛泽东和他的高参们》,贵州人民出版社 2011 年版,第 216 页。

②程元:《丰功伟绩, 世人敬仰——深切怀念黄埔军校同学会老会长徐向前元帅》,此文为“徐向前与黄埔军校”座谈会上的发言。

这时,蒋介石已发动四一二政变,武汉的形势日趋紧张。5 月17 日,当夏斗寅叛军逼近武昌,军校学生改编为中央独立师,归叶挺统一指挥,开赴前线。徐向前率学生队与叛军作战。

但是,主持武汉政府的汪精卫越来越右转,为保存革命力量,应付突发事变,党组织决定派一部分党员去张发奎第二方面军工作。徐向前后来在《历史的回顾》中说:“在此之前,组织上已将我调出武汉军校,等待分配。等了近一个月,党组织才通知我和一姓杨的(我俩不认识,谁也不知谁的身份)去张发奎的指挥部工作,我任上尉参谋。临行前,党的地下交通给了我张纸条,上面写着‘找毛泽东’。”①

在广东时徐向前就知道了毛泽东的名字。1926 年春,他听人说农民运动讲习所有来自山西的学生,想会老乡便跑到那里找,结果老乡没找到,却听说时任国民党中央宣传部代理部长的毛泽东在那里办学讲课。

但是,徐向前没见到过毛泽东。他揣着地下交通员送来的纸条,只有四个字,没有地址和联系方式,犯了难,到哪儿去找毛泽东呢?他揣摸了好几天,都不知道如何去找毛泽东。

这时张发奎的总司令部驻在江西九江,徐向前便从武汉乘船而下。到了九江,张发奎果然任命他为总司令部参谋。徐向前暗暗打听毛泽东。可谁也说不出他的下落。徐向前不敢贸然向张发奎打听,只好每天读报希望从报纸上找到毛泽东的踪迹。

7 月 29 日,张发奎坐轿子上了庐山。8 月 1 日,南昌起义爆发,消息传来,总司令部一片混乱。随后总司令部门前加了岗哨,对出入人员严加盘查。一日,张发奎突然集合军官们讲话,说:“南昌发生事变,本人宣布:CP 分子,三天内保护,三天后不再负责!”说罢就散会。

徐向前回到宿舍,明白张发奎这是下最后通牒,于是决定连夜走人。

第二天一早,他化装成一个小商人登上了开往武汉的船。他怀揣着党组织那张纸条,决心去武汉找毛泽东。

到武汉后,徐向前上岸后发现武汉不再是之前的样子,革命标语被

---

①徐向前:《历史回顾》(上),解放军出版社 1987 年版,第 48 页。

刷掉了,到处是白色恐怖,只好在武昌找了一家小客栈住下,向客栈老板打听情况,可是对方一问三不知。

第二天,徐向前去原来接头的卖杂货交通站。可是,杂货铺门关着,不见有人出入,也不见接头的暗号。显然这里的人已经转移了。徐向前在门前转了两天,仍不见有人出入,只好在大街上漫步走着,希望碰到熟人,但是一无所获。

晚上,徐向前换了个客栈。夜深人静时,他从香烟盒里一支掏空的纸烟中找出那张纸条,“找毛泽东”四个字跃入眼中。他很奇怪:叫他去找毛泽东,为何不给地址?武汉党的领导人有很多,为何偏偏让他去找毛泽东?现在毛泽东又在哪儿?这对于一个入党不久的徐向前来说解释不了这些问题。

1983 年,有人和徐向前谈到他“找毛泽东”的那段经历问道:“毛泽东同志当时在武汉,既不是共产党的负责人,又不是军界的人,交通为什么交给你‘找毛泽东’的纸条呢?”

“我始终也没搞明白,”徐向前笑着说,“我想不是哪个糊涂虫搞的,一定有原因呢!”

是什么原因?徐向前没说。

有人分析大概有几种可能,一是毛泽东在武汉正在物色军事人才,准备武装暴动;二是徐向前所在的党组织负责人以为徐向前在广东时认识毛泽东。对此,徐向前既没否定又没肯定,只是意味深长地说:“我们党当时还年轻,领导人陈独秀是个书呆子,中国革命的道路怎么走,是毛主席最早提出武装斗争道路的。我当时离开武汉去九江前,如能找到毛泽东同志,会少走许多弯路呢!”①

徐向前在武汉找了三天,打听不到毛泽东的消息,也找不到党组织,便从汉口乘上轮船,顺流而下去了上海。

在上海,他碰到中共党员李希白,与党组织接上头了。9 月,徐向前被派往广东,参加广州起义。12 月 16 日,广州起义部队在花县整编为红 4 师,徐向前任第 10 团党代表。在向海陆丰开进途中,他升任师参谋长。

---

①张麟、马长志:《中国元帅徐向前》,中共党史出版社,第 78 页。

次年 6 月,徐向前升任红 4 师师长。

4. 五年后活捉了老上司

1929 年 6 月,徐向前受党中央委派,经武汉来到鄂豫边苏区。

由于红 4 师起义军失败,1929 年 3 月, 徐向前从九龙辗转到达上海。这次他来到苏区后,担任了红 11 军第 31 师副师长。红 31 师是参加黄麻起义的老部队。

次年 4 月,红 11 军改编为红 1 军。许继慎任红 1 军军长,徐向前任副军长兼红 1 师(红 31 师改编)师长。

行军的时候,徐向前骑着白马,走在前面,头戴八角帽,身穿灰布军装,胸前的上衣袋里,别着一支大号红杆派克金笔,腰间束着半旧的牛皮腰带,上面挂着一支小手枪,两腿缠着线绑带,从脚腕儿一排"人"字花紧紧地缠到膝盖下,脚上穿着一双黑布鞋,衣着整洁朴素,身材颀长挺拔,显得精神焕发。徐副军长身后的两个人,一个是骑枣红马的交通排长余天云,一个是骑黑马的传令兵。①

许继慎刚到鄂豫皖根据地,人生地疏。徐向前担任副军长,是一种顾全大局的做法,对许继慎也是有力的支持。为加强部队团结,提高战斗力,徐向前主动提出:"从红 1 师抽调干部、武器、装备,分别加强红 2 师和红 3 师。"并调整部队的建制,干部互相交流,取长补短,这样使红 1 军三个师统一了指挥。后来徐向前说:"鄂豫皖根据地的红军,第一次捏合在一起,许继慎同志有很大的功劳。"

实际上,这与徐向前的积极支持和努力是分不开的。②

---

①徐化民:《深情思念忆徐帅——纪念徐向前元帅诞辰 100 周年》,原载《纪念徐向前元帅百年诞辰纪念文集》,第 185 页。

②红四方面军战史办公室:《战旗飘飘,无往不胜》,原载《徐向前元帅百年诞辰纪念文集》,第 233 页。

1931 年 1 月中旬,红 1 军与红 15 军合编为红 4 军,旷继勋为军长,徐向前为军参谋长。

2 月,红 4 军打下新集之后,过罢春节,西出平汉线。这时候天降大雪,红军夜袭李家集火车站大获全胜,逼近信阳,震动了蒋介石。于是,对红军的大规模"围剿"展开了。

在向红军的"围剿"中,敌第 34 师师长岳维峻率部从孝感经花园沿平汉路东侧向北推进,行军速度之快,求战之急,是其他敌军中少有的。

红 4 军决定吃掉岳维峻和他的第 34 师!

有意思的是,这位岳维峻原是徐向前在国民 2 军第六混成旅任教导营教官时的老上司。岳维峻是一位资深的军事将领,当过河南省督办,1925 年出任国民 2 军军长。但是,他投靠蒋介石后,由于是杂牌军,一直得不到蒋的重用,反而由军长变成了师长。他不甘心,总想找机会立功,打个仕途翻身仗。这次他接到蒋介石"围剿"红军的命令后,亲自率部出征,一路"勇进"。

3 月 8 日,岳维峻孤军深入,到达了一个叫双桥镇的地方。

双桥镇四面环山,东边傍水,地势险要,并且是红军和游击队经常活动的地区。岳维峻率全师进入以双桥镇后,见地形不妙正举棋不定时,红 4 军突然发起进攻。当夜,尽管下着大雨,红军冒雨攻击,势不可挡,将敌 34 师分割包围。岳维峻先是顽抗,要求蒋介石派飞机助战,结果,飞机来了,投弹轰炸,可是无济于事。岳维峻亲自指挥两个团向红军反扑,争夺制高点。战斗十分激烈。鏖战几个小时,双方难分难解。

到了中午时分,徐向前下令预备队出击。预留强大的预备队是徐向前惯用的战术。预备队朝着顽敌猛烈分割穿插,直扑双桥镇内,当即打瘫了敌兵的指挥系统。这一锤子下去,岳维峻完全受不住了,经七个多小时的战斗,红军毙敌千人,俘敌 5000 多人。岳维峻的马弁见势不妙,丢下师长,骑上岳维峻的马就跑,岳维峻走投无路,被红军战士活捉。

红军取得全歼敌第 34 师的重大胜利。

徐向前听说岳维峻被活捉,立即从双桥镇走出来,来到一个小山村,会见这位老上司。

在一间小茅草屋里,两名红军战士看管着岳维峻。岳维峻当了俘虏,却还放不下长官架子。此刻他虽在逃跑时换上了士兵的服装,但肥胖的身体和那脸上的肥肉,让徐向前进来一眼就认出来了。他正是自己五年前的顶头上司。

“我要见最高指挥官！”岳维峻蹲在地上见进了人，便嚷着。

“什么高呀低呀，”徐向前在一条长木凳坐下，问道：“岳师长，你认识我吗？”

岳维峻抬起头，盯着这位瘦高个头红军，看了大半天没认出问话的人是谁。

“请坐吧，坐吧！”徐向前指着对面的木凳说：“你真不认识我了？”

岳维峻坐在木凳上，又向徐向前上下打量了一阵子，还是没认出来。

“你不认识我，我可认识你呀！”徐向前说。

岳维峻知道红军中有不少将领在旧军队中干过，有的是黄埔系的，有的是西北军的，有的甚至还在国民2军干过，但就是不知眼前这位是何人。

“5年前，你在国民2军当军长，属下有个第6混成旅，是吧？”

“是的。”

“我在第6混成旅当过参谋呢！”徐向前不隐讳地说。

“啊，老同事，老同事……”岳维峻惊喜地说，“对不起，我确实认不得了。请多多关照，多多关照……”

徐向前笑道：“什么老同事，应该说是老下级呢。”

因为是老熟人兵戈相见，徐向前想从敌指挥官口中检验一下红军作战指挥和战术动作问题，便向岳维峻“请教”说：“你对我们红军作战，有些什么见解？”

岳维峻忙说：“惭愧，惭愧！战败之人，还说什么哟！”

这位“老上司”军事上没说出什么，但是很关心个人的生命安全，一再要求徐向前不要杀他，说：“如能释放，愿意答应红军提出的一切条件。”

徐向前站起身，对“老上司”说：“你放心，红军是保证俘虏人身安全的。你要看清楚形势，蒋介石要消灭共产党和红军，那是白日做梦。红军是剿不尽的！”

岳维峻连连点头，说：“是，是的，请……”还想多和徐向前谈谈，叙叙旧情，但是徐向前一无心思二无时间多谈，匆匆离去了。

7月中旬，徐向前任红4军军长。

11月7日，红四方面军在黄安七里坪成立，徐向前任总指挥，政治委员为陈昌浩。

5.“我们是50%的合作,50%的不合作”

徐向前长期在红四方面军担任军事指挥工作,与张国焘共事,在一般人眼中,他与张国焘的关系不一般,甚至“是张国焘的人”。其实不然。徐向前本人对于徐张之间的关系说过:“在红四方面军与张国焘共事五年多,我们是50%的合作,50%的不合作,有时是两票(张国焘与陈昌浩)对一票,我是孤掌难鸣。”①

事实上也是如此。徐向前与张国焘在共事中多次发生矛盾和分歧。

(1)

1931年7月上旬,鄂豫皖军委在商城县余家集召开会议,解决红4军南下作战方向和兵力使用问题。

张国焘认为要援助中央革命根据地,必须威胁或攻占敌人的大城市,提出“占英山、出潜山、太湖,进攻安庆,威胁南京”的冒险计划,并限期红军在一个月内完成。红4军军长徐向前和政委曾中生商量后,认为援助中央革命根据地的手段,主要不在于攻击敌人的大城市,而在于消灭敌人的有生力量,巩固扩大根据地,以牵制敌人兵力。

会上发生激烈争论。徐向前和曾中生坚持打下英山后,出蕲(春)黄(梅)广(济)地区,伺机出击武穴,威胁武汉,牵制敌人。但张国焘坚持个人意见,最后还是作出了孤军深入的冒险决定。

8月1日,红4军以11师两个团,在12师1个团的配合下,攻占英山县城,全歼守敌,俘敌团长以下1800余官兵。接下来,红4军如果向东进攻安庆,则要通过400里的敌区,不仅地域开阔,而且沿途敌军防守严密,远距离冒进,难以取胜。徐向前和曾中生认为,向南走蕲黄广地区,有地方党组织和良好的群众基础,并且从英山至武穴只有240

---

①红四方面军战史办公室:《战旗飘飘,无往不胜》,原载《徐向前元帅百年诞辰纪念文集》,第236页。

里，敌人比较薄弱，乘虚而入的话能取得主动。于是，改变张国焘规定的东进路线，以主力向南出击。

8 月 3 日，红 4 军主力向南进击，占领浠水、克罗田、广济。18 日，徐向前以两个团冒着酷暑，急行军 120 里，奔袭蕲春县漕河镇，全歼守敌第 8 旅，活捉敌旅长王光宗以下 1600 余人，并占领广济县城。

正在他们准备打黄梅时，长江涨大水，敌第 10 军军长徐源泉率两个旅赶到洗马畈，妄图切断红军的后路。徐向前指挥主力立即北返，将敌两个旅包围在洗马畈，歼灭其大部，残敌仓皇逃向叶家湾。

由于徐向前和曾中生的正确指挥，红 4 军南下途中，一个月内连续作战，连克英山、浠水、罗田、广济四座县城，歼敌七个团，俘敌 5000 余人，牵制了武汉敌人原拟派往江西的部分兵力，有效地配合了中央革命根据地反“围剿”斗争。

8 月 17 日，正当红 4 军围歼叶家湾之敌时，张国焘致信徐向前、曾中生，指责他们“违抗中央分局的命令”，“执行的是‘立三路线’”，严令立即将部队撤回。

8 月 20 日，徐向前和曾中生给党中央写了报告，详细申明红 4 军南下作战行动方向的正确理由，并对张国焘个人专断的“家长式”领导作风和错误的军事行动方针提出了批评。

9 月，红 4 军奉命撤回麻埠。但是，张国焘撤销了曾中生的政委之职，由陈昌浩接任。此后，张国焘把部队拉到光山县白雀园搞“肃反”，错杀了一大批好干部。

（2）

1932 年 3 月，在苏家埠战役时，红军 4 个师 3 万余人，面对敌 15 个师，达 10 万人之多。从兵员数量上看，敌众我寡；从武器装备上比，敌强我弱。面对强敌，张国焘动摇了，不同意发起新的进攻。

徐向前后来说：“敌人来了那么多，打不打，是个难下决心的事。如果打不垮他们，附近只有韩摆渡一个渡口，又逢河水猛涨，我军没有退路，弄不好要被压下淠河‘放鸭子’……敌众我寡，背水作战，决心不大好下。”但是，他总结黄安、商潢战役胜利的经验，坚持乘胜歼敌，先打皖西之敌。

陈昌浩看他成竹在胸，决心果断，支持徐向前的意见：“打！”

这样，两票对一票，张国焘被迫收回了自己的错误主张。

徐向前运用“围点打援”的战术，指挥红军经过两天激战，将敌分割包围，并捣毁了敌指挥机关。敌皖西“剿共”总指挥厉式鼎见势不妙，穿上士兵服装企图逃跑，可最后还是没跑掉，当了俘虏。厉式鼎见抓住他的都是年纪轻轻的小红军，很不服气，要求见红军总指挥。

战士们风趣地回答：“我们总指挥忙着哩！”

“我要见你们军长。”

“军长也不得空呢！”

此时徐向前正在准备指挥红军最后解决苏家埠、韩摆渡的守敌。5月8日，困守苏家埠、韩摆渡的敌军眼看内无粮草、外无救兵，突围无望，决定投降。缴枪时，他们还举行了一个投降仪式，官兵列队迎接红军。

苏家埠战役歼敌3.5万人，活捉敌总指挥厉式鼎。

（3）

1932年冬，漫川关突围是红四方面军西征转战中生死存亡的关键一仗。国民党军胡宗南、肖之楚指挥5个师的重兵进行追堵，将红军挤压在一条狭谷里，处境十分危险。张国焘见情况十分危急，主张部队马上分散突围，说：“马上化整为零，让部队分散打游击。”

“这怎么行呢？”徐向前反对，“这支部队不能够分散，在一块儿才有办法。我们好比一块整肉，敌人一口吞不下去；如果分散，切成小块，正好被人家一口一口地吃掉。所以，无论如何不能分散游击，要想尽办法突围。”①

陈昌浩也赞成徐向前的意见，最后张国焘只好决定部队集中突围。结果，在徐向前的果断指挥下，红军一阵猛打猛冲，趁势冲出漫川关，终于转危为安。

（4）

1933年夏，四川军阀刘湘被蒋介石任命为四川“剿匪”总司令。他

①红四方面军战史办公室：《战旗飘飘，无往不胜》，原载《徐向前元帅百年诞辰纪念文集》，第239页。

一面向蒋介石讨价还价，一面将川军邓锡侯、田颂尧、李家钰、杨森、王陵基、刘存厚的部队分组六路，110 余个团，近 20 万人，飞机 18 架，在东起城口，西北至广元的千里弧形线上向川陕边区根据地发起进攻，并叫嚣在“三个月内全部肃清”川陕边区的红军。于是，川陕苏区全力投入了反“六路围攻”的斗争。

徐向前认为敌人虽有六路，实际上敌将王陵基的第五路军才是王牌，决定集中优势兵力对付王陵基。为此，红四方面军成立了东西两线指挥部，将红军分成两翼作战。西线，由副总指挥王树声率领 15 个团，抗击敌第一、二、三、四路军；东线，由徐向前亲自指挥 30 个团，抗击敌第五、六路军的进攻。随即，红军在节节抗敌后，逐步向后收缩。

1934 年 1 月中旬，徐向前将敌诱到了固军坝、罗文坝、马渡关、红灵台一线。王陵基竟认为红军已“全线崩溃”，命令各部猛烈推进，结果，马渡关一役被歼 2000 余人。2 月上旬，敌人占领岩口以后，王陵基更是以为胜券在握，自己回万县老家过春节去了。而他手下警备第三路副司令郝耀庭带着两个团占领罗大湾，成为深入红军阵地的孤岛，且这里易攻难守。徐向前察觉后，立即调集红 4、30 军主力进行夜袭，一举击毙郝耀庭以下 800 余人。紧接着，红军向红岩、胡家、池溪、马渡关之敌发起反击，给敌较大杀伤。刘湘闻讯，气急败坏地将王陵基撤职。

刘湘先后发动三期进攻都没能奏效，于是调集 140 多个团发动第四期总攻。6 月，红军撤出通江县城，只以少量兵力向城口进攻，摆出东下打夔巫的架势。刘湘急令快攻万源。红军在万源城南与敌血战。李先念、程世才率红 30 军与敌鏖战数月，歼敌数千。但由于敌人调集了重兵，形势十分严峻。

7 月上旬，徐向前和陈昌浩在万源县城召开军事会议。徐向前说：“红军经过八个月的反围攻作战，虽然给敌人以沉重打击，但未打破敌人的‘围剿’。刘湘倾全力来攻击我万源防线，企图将我逼出川境。现在，我们已退到根据地的后部万源一线，不宜再退，也不能再退了。我们一定要誓死守住万源一线阵地，决不让敌人前进一步。”徐向前定下的策略是：在防御中消耗敌人，为反击创造条件，与敌人决战到底。

刘湘也将万源之战看成是两军的最后决战，派出重兵在花萼山、孔家山、大竹河、梨树溪、大面山、老鹰寨、香炉山、玄祖店等地展开血战。

两军战斗最激烈的是大面山战场，由红 9 军副军长许世友率红 25 师防守。两军相连接的地带，整日都是红花花的，分不清是枪缨、刀布，还是鲜血。前面的川军招架不住红军，向后溃退，但后面立刻增兵又压上来，反复冲锋，一个上午就达七八次之多。在战斗激烈之时，徐向前到大面山视察，鼓励许世友：“考验是严峻的，可是我们有从百战中打出来的战斗作风——硬！再顽强的敌人也攻不破我们的阵地。”

结果，敌军损失 1 万余人，但毫无进展。

但是，如何找到敌人的薄弱处，打破敌人的围攻才是上上之策。徐向前决定去找出敌人的薄弱之处。经过多次夜袭和审讯俘虏，他终于发现青龙观是敌军的薄弱环节，于是决定首先消灭这支孤悬在外之敌，然后实施东线反击。

8 月 9 日傍晚，徐向前下达了夜袭青龙观的命令。

红 31 军一部在黑夜穿山越涧，攀上悬岩，一举攻占青龙观，将敌防线打开一个缺口。当晚，红军主力乘胜向敌纵深楔入，敌军阵线大乱。在几天的追歼战斗中，红军歼敌数千，敌军各路人马一溃千里。正当徐向前准备指挥部队向东包抄刘湘主力第 1、2、3 师时，张国焘却瞎指挥，要求红军向西打刘湘的第 4 师。结果，敌 4 师师长范绍增闻风溃逃，率部五天五夜逃出 400 里之外，致使红军没有多少收获。

徐向前立即率军昼夜兼程向敌第 1、2、3、4 路军横扫。进至巴中，又遇到深迂回与浅迂回的问题。徐向前详细研究敌情，定下对敌人实施大纵深迂回，同西线红军合力歼敌的作战方案。因为红军从巴中出发到达黄木垭只需三天时间，而敌人从退却的地方到黄木垭最少也要五天。按这个方案打，红军就能截住敌人的退路，把敌人全部消灭掉。

红 31 军军长程世才和政委李先念都同意这个作战方案。但是，在后方的张国焘却不同意，打电话反对，要徐向前搞浅纵深迂回，让部队向巴中正北的长池方向追击。徐向前认为，张国焘的打法只能追着敌人的屁股打，不能大量歼敌，拿起电话对张国焘说：“你在后边不了解前面的情况，只有从黄木垭堵截住敌人，才能彻底消灭这部分敌人。”

张国焘听不进他的话，也不同意纵深迂回的打法。徐向前很着急也很生气，干脆连电话不给张国焘打了，[1] 连声叹气说：“可惜呀，可惜，眼

---

①红四方面军战史办公室：《战旗飘飘，无往不胜》，原载《徐向前元帅百年诞辰纪念文集》，第 266 页。

看到口的肥肉吃不上了呀！”

李先念见状说：“将在外，‘君命有所不受嘛’，我们都支持你，你叫我们往哪里打，就往哪里打！”

徐向前猛地站起来，斩钉截铁地说：“好！我让他浅迂回，那是抓兔子尾巴，抓不住的。我们来个机断专行，这回就是犯错误也不听他的！”

这时，张国焘又打来电话。电话兵叫徐向前接张国焘的电话，徐向前不接，李先念在旁边说：“电话还是接一下吧。”

徐向前说：“接也没有用。”转头对电话兵说：“你转告张主席，现在改也不行了，部队已经准备出发了。”

接着，他又说：“这回就是犯了错误，打完仗再说，错了我负责。”①

然后，徐向前命令程世才带领部队沿仪风场、雪山场火速奔向黄木垭。

黄木垭地势非常险要，四周都是高山峻岭，只有一条路可以通过。红军和川军展开了抢时间、比意志的急行军。由于连续作战，战士们十分疲劳，有的行军中就栽倒在路边的草丛里就呼呼睡着了。但是，经过急行军，红军还是提前赶到黄木垭，卡住了正面的山垭口。等敌人的先头部队赶到时，就稀里糊涂当了俘虏。

敌人做梦都没想到红军这么快，但敌大部队陆续赶来，兵力愈来愈多，攻势很猛。这时徐向前和李先念也率大部队赶了上来。徐向前简要地问了一下情况，就下令部队展开，包围分割敌人。

但是，战斗中险象环生。在攻击前进中，敌主力突然从红 30 军行军纵队中间插上来，占领了两个山头，把红 88 师分隔成两部分，情况十分危险。红 30 军打了一个晚上也没把敌人消灭，敌人还在猛烈地进行反攻，红 30 军的预备队也用光了。这时，只有红 268 团一个营还没赶到。徐向前很着急，生气地对李先念说：“部队要是顶不住，放跑了敌人，我就解散你 30 军！”②

就在这关键时刻，268 团 3 营赶到了。徐向前立即下令他们和红四方面军总部、红 30 军通信队一起发起冲锋。

李先念第一次听徐向前说这么重的话，深感责任重大，二话没说，上衣一脱，离开徐向前，提着枪上了前沿阵地，然后，奋不顾身地冲到

①②程振声、朱玉：《导师、战友、知己——徐向前元帅与李先念主席》，原载《徐向前元帅百年诞辰纪念文集》，第 338 页。

队伍最前面,带头冲锋。徐向前见李先念不在,后悔自己不该把话说得那么重,命令通讯员把李先念追回来,并对程世才说:“你去把李政委换下来。”

李先念在前面跑,通讯员紧紧跟在后边追。

李先念边跑边喊:“冲啊!冲啊!”冲锋的部队看到李政委冲到前面,听到他喊“冲啊”的声音,士气大振,一鼓作气把敌人打垮了,夺回了这两个山头。

随后,程世才换回李先念,带领部队继续围歼敌人,并打退敌人多次进攻。徐向前见时机已到,下令全军出击,说:“每个人最少要缴两条枪!不让敌人跑掉一个,一个俘虏也不准杀。”小部分逃出包围圈的敌人在前面跑,程世才带领部队在后边追,直到把敌人全部消灭。

战斗结束了,大部队继续前进,只留下一个营打扫战场。

四川的大山地形是一层一层的,每层中间都是很深的断崖,逃跑的敌人从上面一层往下一层跳下去,结果越跳下面的断崖更深,到最后,敌人再也不敢跳了,于是跑不掉了。战士只好用绳子把投降的敌兵一个一个地吊上来。

经过一夜和半天多的激战,歼敌1.4万余人,缴枪7000多支,迫击炮40余门。

战斗结束后,徐向前写了一个很长的报告。这一仗,徐向前是违背张国焘的指示打的,如果没打好,把敌人放跑,责任就大了。但是在徐向前的亲自指挥下,打了一场漂亮的歼灭战,红军消灭了敌人3个旅,全歼1万多敌人,竟然取得了反“六路围攻”以来的最大一次胜利。

战后,刘湘向蒋介石叫苦,声称耗资1900万元,官损5000,兵折8万,请求免去本兼各职,轰轰烈烈的“六路围攻”由此全面破产。

(5)

长征途中,1935年9月9日,张国焘分裂党和红军,密令陈昌浩率右路军南下,并企图危害毛泽东和党中央,被叶剑英发现,报告了党中央。①

①聂荣臻:《“吕端大事不糊涂”——痛悼叶剑英同志》,原载《人民日报》1986年11月1日。

10 日晨,毛泽东等人离开右路军,率红一方面军部队北上。一个红四方面军的干部打电话向总指挥部报告:“他们走了,还筑了工事、放了警戒。”

陈昌浩一面接电话,一面问徐向前:“这事怎么办?”

徐向前斩钉截铁地回答:“天下哪有红军打红军的道理?”①

徐向前这一句话,避免了红四方面军极端危险的错误行动,维护了党和红军的团结。

9 月中旬,张国焘发布《大举南进政治保障计划》和南下命令。红四方面军第二次过草地,许多人失去了宝贵生命。南下后,张国焘公开打出反党旗帜,10 月 5 日,在马尔康县的卓木碉召开会议,成立“第二中央”,自任主席。对张国焘这一严重的反党行为,朱德、刘伯承反对,坚持“全党只有一个中央,即以毛泽东同志为代表的中央,不能有两个中央”。徐向前不赞成张国焘的做法,会后对张国焘说:“党内有分歧,谁是谁非,可以慢慢地说,总会说通的。把这样骂得一钱不值,开除这个、通缉那个,只能使亲者痛仇者快,即使中央有些做法欠妥,我们也不能这样搞。现在弄成两个中央,如被敌人知道有什么好处嘛!”②

以后,他常借口头疼,极少出席张国焘召开的会议。

11 月,党中央率红一方面军到达陕甘边区,与红 25 军、陕北红军会合后,取得直罗镇大捷。为了缩小党中央的影响,张国焘不让红色方面宣传直罗镇战斗的重大胜利。徐向前知道后,说:“红军打了胜仗,不仅要向部队宣传,还要向川康边地区的人民群众宣传。”③随后,直罗镇胜利的喜讯通过电波、报告、标语、演出等多种形式,在红四方面军广为宣传,党中央的威信得到了提高。

张国焘率部南下后,红四方面军处境变得日趋严重,徐向前趁机向

---

①红四方面军战史办公室:《战旗飘飘,无往不胜》,原载《徐向前元帅百年诞辰纪念文集》,第 239 页。

②程振声、朱玉:《导师、战友、知己——徐向前元帅与李先念主席》,原载《徐向前元帅百年诞辰纪念文集》,第 342 页。

③红四方面军战史办公室:《战旗飘飘,无往不胜》,原载《徐向前元帅百年诞辰纪念文集》,第 240 页。

张国焘提出："把红军主力开到甘孜、炉霍地区整训，准备第二次北上与党中央会合。"

这一主张得到朱德、刘伯承的大力支持，张国焘勉强表示同意。1936 年 6 月 6 日，张国焘在炉霍召开党的活动分子会议，宣布取消"第二中央"，准备迎接红二、六军团后，组成中央西北局。至此，张国焘的分裂活动进行九个月后，宣告失败。

9 月 23 日，中央西北局在甘南漳县三岔召开会议，继续讨论行动方针，采纳了张国焘从永靖、循化西渡黄河的意见。正当部队调集准备西进时，徐向前赶到临洮，得知黄河以西气候寒冷，都是雪山、草地，道路难行，人稀粮缺，西渡计划很难实现，他立即返回洮州，向朱德和张国焘汇报，并提出了"停止西进，继续北上"的意见。

27 日，党中央来电明令禁止红四方面军西进，力促他们北上。同时，红四方面军将士对张国焘再次穿过荒无人烟的水草地不满，徐向前严正警告张国焘："你再要部队翻雪山、过草地，是没有人跟你走的。"①

张国焘终于放弃了西进计划。

10 月 10 日，红军三大主力在甘肃会宁县实现了大会师。

6. 总指挥难救妻子的命

徐向前是一位原则性极强的人。

1931 年夏，徐向前率领红 4 军南下作战，听说政治保卫局在后方医院中破获了一个准备在 9 月 1 日"暴动"的"AB 团"反革命组织，接着，皖西又破获一个"改组派"县委和区委。9 月下旬，张国焘便认定苏区内部"必然有一个反革命极大组织"，下令开始"肃整"，在红军总部驻地

---

①红四方面军战史办公室：《战旗飘飘，无往不胜》，原载《徐向前元帅百年诞辰纪念文集》，第 241 页。

白雀园抓了很多官兵。这些“嫌疑犯”被关起来后，先不给饭吃，不给水喝，接着上“老虎凳”，用皮鞭抽打，灌凉水，用国民党特务机关的审讯方法进行逼供，有的人忍受不住，只好承认是“反革命”。结果，你供我，我供他，“反革命”越抓越多，这些冤假错案使得红区人心惶惶。

9 月下旬，徐向前率红 4 军回到白雀园。一天，他叫警卫员把自己破了的衣服、袜子给妻子程训宣送去，让她缝补一下。以前，衣服、袜子破了，他都是自己动手，但与程训宣结婚后，程训宣说：“你是指挥打仗的，哪能自己做妇女的活呀！”从此缝缝补补的事便由她来做了。

不多久，警卫员又抱着破衣服和袜子回来了，神情十分紧张，结结巴巴说不成话。徐向前问道：“出了什么事？”

警卫员说：“她被保卫局抓走了！”

徐向前忙问：“为什么事？”

警卫员说：“说她是反革命……”

平时很少发火的徐向前火了：“‘肃反’怎么会肃到这样一位 20 岁妇女干部头上呢?!”

程训宣出生在黄安七里坪一个贫农家庭。她 1928 年就参加了革命，不久就入了党。她姐弟五人，除姐姐病死外其余人都是党员或红军。大哥程启光参加过黄麻起义，1928 年就入了党，在红 31 师当特务队长；二哥程启宗，入党更早，1925 年就入了党，也参加黄麻起义，上过木兰山打游击，不幸被敌人抓去杀害了；她的弟弟程启波在徐向前手下当过勤务兵，先入团后入党。这样一个革命家庭的人，程训宣怎么会是反革命呢！

值得一说的是徐向前和程训宣的婚姻。他们没经过恋爱，是曹学楷、倪志亮两位老兄从中硬说合而成的。虽不是自由恋爱，但婚后两人的感情还比较好。徐向前对程训宣也还是比较了解的，她虽然性情活泼，说话“嘴边没个站岗的”，但决不会是反革命。程训宣突然被审查，徐向前猜测很可能是她的“疯话”被人诬告了，认为相信党组织一定能把事情弄清楚。

小警卫员放心不下，晚上悄声问徐向前说：“她会不会有事，还是找保卫局说说去。”

“不必了。”徐向前说。

“还是该去问问。”

“不必了。”徐向前重复说，“你做你的事，管那么多做什么呀！”

警卫员低头走开了。

这场“肃反”运动使许多革命者无辜地被杀害。徐向前身为红军高级军事指挥员，也成为了张国焘等人幕后审查的对象，除指挥作战外不得插手“肃反”。但是,徐向前还是因为善于打仗,被任命为红四方面军总指挥,他力所能及地救了不少人的命。

这时,陈锡联在团部政治处当班长。一次,他和班里几名战士用津贴凑了几个铜板，在街上买了油条和鸡血汤吃。这件事被报告到了上边,说陈锡联几个人是“吃喝委员会”,陈锡联是班长,是“吃喝委员会”的头,于是肃反人员便要把陈锡联抓起来。就在这时,徐向前来到了这个团检查工作,对团里的人说:“什么‘吃喝委员会’？胡扯！几个小孩子,家里穷,跑出来参加革命。肚子饿了,一起吃点东西,怎么就成了反革命了？真是荒唐！抓了的,马上放掉;没有抓的,不许抓！”

徐向前发了话,陈锡联就没被抓起来。要是抓起来,后果不堪设想。因此,陈锡联后来经常说:“徐帅救了我一命。”

徐向前救了陈锡联等人,却没救得了妻子的命。

程训宣被抓起来后,徐向前多次打听妻子的下落,但都没准确的消息。1932 年一天,他突然听说她已不在人世了。怎么死的,什么时候死的，都没人通知他。若干年后，徐向前问曾是鄂豫皖苏区保卫局负责人、对肃反内幕知情最多的周纯全:“到底为什么，把我老婆抓去杀了？”

“她没有什么罪。”周纯全说,“当时抓她,就是为了搞你的材料。”

周纯全告诉徐向前:在“肃反”时,程训宣被捕关押后,在审讯中据理力争,不承认对她的种种诬陷,也不让人告诉徐向前,影响他指挥作战。审讯人员要她揭发“同伙”,她大声回答:“我的同伙都是好共产党员！”临死也没乱供什么“材料”。她被害时年仅 21 岁。

在“肃反”时,徐向前救了不少人,却没能救出自己的妻子,为此他深深内疚。许多年后,他回顾这段历史沉痛地说:“鄂豫皖根据地的‘大肃反’,不是孤立的,那个时候,是教条主义者统治中央的时候。教条主义、主观主义、宗派主义搅在一起,在全党,在各个根据地,搞‘肃反’,搞扩大化。……历史的教训,值得注意。我们的子孙后代,一定不要再重演。”

7.“徐帅是打出来的元帅”

徐向前指挥红四方面军打了许多大仗、硬仗和恶仗，培养了部队英勇顽强的战斗作风。李先念时常对人说：“在军事上，徐帅是我最好的老师。”①红四方面军这支劲旅之所以如此英勇顽强，与总指挥徐向前的作战指挥特点，是分不开的。徐向前会打仗，在红四方面军是公认的。张国焘说：红四方面军副总指挥“王树声……他认为徐向前是红四军的第二个功臣，是他的长官，也是他的老师，总之，是领导他获得胜利的人。”②

(1)

徐向前指挥作战，一个特点是靠前指挥，亲临第一线，哪里战斗最紧张，他就出现在哪里。

有一次，敌人向红 30 军阵地发起猛攻，一线工事被占领了，红 30 军的情况非常危急。这时徐向前赶过来了，跑到阵地最前边，站在工事上，拿着望远镜观察敌情。子弹到处乱飞，迫击炮弹在山上爆炸。徐向前泰然自若地观察战场。军政委李先念几次劝他下来，他总是把手向后挥挥，说：“没关系”。

这样下去太危险了。李先念见状，下令几个警卫员把他硬拉了下来。

1934 年 9 月，在黄猫垭的战斗中，红 30 军副军长程世才的警卫连接连打退敌人七次冲锋，杀伤了敌人大量有生力量。徐向前和李先念来到前沿阵地看望战士们。

---

①程振声、朱玉：《导师、战友、知己——徐向前元帅与李先念主席》，原载《徐向前元帅百年诞辰纪念文集》，第 336 页。

②张国焘：《我的回忆》第三册，东方出版社，第 357 页。

两人站在缺口处观察敌情。他们刚刚离开，一发炮弹就落在那里，炸起的泥土溅了大家一身。徐向前抖掉身上的泥土，笑着说："这一仗打得蛮有味道呢！"

1935 年 1 月 22 日，徐向前带主力部队，从广元城北的朝天驿，架设浮桥渡过嘉陵江，次日包围羊模守敌胡宗南补充旅。该地周围地势较高，敌人凭借有利地形，在山头上构筑工事，互为犄角，组成火力网，实行重点防御。当晚，红军发起猛攻，第二天打了一整天。敌人是集团工事，很不好攻，红军逐次攻击，伤亡不小。徐向前跑到火线，不顾危险，亲自指挥战斗。

在他身边，红 88 师副师长丁纪才被一发流弹击中，牺牲了。但是，徐向前安然无恙。①

最后，徐向前下令战士将仅有的一发迫击炮弹打出去。"砰！"炮弹击中敌人主阵地。红军呐喊着趁势猛冲，终于解决了战斗。

（2）

徐向前亲临第一线的时候，随身总会带着一个号兵。这是他的一个习惯。②

徐向前的这个号兵吹起军号来，号音很有特点，敌人听不懂，而红四方面军战士只要一听到他吹的号，就知道徐向前总指挥来了，于是全军士气大振。接下来，不论多么艰苦的战斗都能取胜，不论多么顽固的敌人也能把他们消灭。

一次，红军和刘湘的川军作战。敌人轮番向红军进攻，非常猛烈，战斗十分紧张，红 11 师政委李先念向徐向前报告战况，说："情况很危急。"

徐向前说："一定要坚持住，我马上就来。"

每当下边报告情况紧急时，徐向前总会说："要坚持最后 5 分钟，坚

---

①中共广元市委、广元市人民政府：《深情的怀念——记徐帅在广元地区》，原载《徐向前元帅百年诞辰纪念文集》，第 277 页。

②宋承志：《怀念徐向前元帅》，原载《徐向前元帅百年诞辰纪念文集》，第 119 页。

持就是胜利！”[①]现在，他要李先念坚持住，李先念放下电话对参谋说：“徐总马上就要过来，你派一个班跟随徐总，不要让他到前面最危险的地方去，一定要保护好徐总。”

过了一会儿，徐向前就赶过来了，照例只带了一个号兵。他环视了一下战场，见战斗很激烈，马上下令：“吹响军号！”

结果，军号一响，战士们知道徐向前来了，立即奋勇而出，一鼓作气便把敌军打下去了。

作战时，李先念虽然是政委，也是靠前指挥，他说：“这都是向徐总学来的，徐总就是我们的军事教员。”[②]

(3)

红四方面军还有一个特点，当部队冲散以后，哪里打枪就往哪去，谁的职务最高就听谁的指挥，这样散兵很快就集中起来，并且能统一指挥，形成拳头再次发起新的战斗。

这也与徐向前的指挥作风有关。

1932 年 5 月，红四方面军粉碎了敌人三次“围剿”作战，随后在围攻苏家埠战役中，红 31 团的主要任务是打敌人的援兵。

苏家埠位于淠河东岸，与皖西北苏区隔河相望，是敌人的一个重要据点。经过多年经营，敌人构筑了坚固的防御工事。为了更多地歼灭敌人的有生力量，徐向前采取了“围点打援”的战术。在打敌援兵战斗中，红 31 团歼灭敌人主力后，残敌见势不妙，撒腿就逃，战士们奋勇追击。

当追到一个山梁上时，天已近黄昏，光线很暗，追过来的战士们只有几十个人，还不是一个连队的，大家跑到山梁上便停了下来。这时，突然那个熟悉的号音响起来了。大家兴奋地说：“徐总指挥来了！”

果然，过了一会儿，徐向前就出现在他们面前。连长赶紧迎了上去。

---

①宋承志：《怀念徐向前元帅》，原载《徐向前元帅百年诞辰纪念文集》，第 118 页。

②宋承志：《怀念徐向前元帅》，原载《徐向前元帅百年诞辰纪念文集》，第 120 页。

徐向前问道:“你们还有多少人？怎么不前进了？”

连长回答说:“还有几十个人，人太少。有一些人还不是我们连的。”

徐向前立即下令:“这些人都归你指挥,你把旗帜都展开,一齐吹冲锋号。”

此时几个连队的人员在一起,还有几面旗帜。于是,他们按照徐向前的命令,展开旗帜,几个号兵一齐吹冲锋号,部队迅速冲了出去,一下子就把残敌给冲垮了,还活捉了敌团长。

(4)

决心下定,决不动摇,这是徐向前指挥作战的另一个特点。

他常常告诫指挥员:“当一个指挥员,尤其是团以上的指挥员,要深思熟虑。但不要把深思熟虑变成犹豫,各种条件具备成熟以后,要英勇果敢,不顾一切。”又说:“指挥员要机断专行,打歼灭战,对敌人要狠,对自己的部队也要狠。不要怕伤亡、消耗、疲劳。这种狠,为的是不失战机,歼灭更多的敌人,减少尔后作战的麻烦！”

为了达到“狠”,战前,徐向前都要反复听取别人的意见,什么意见都可以提,但一旦下了决心以后,再提意见想让他改变决定,那是不行的。他的老部下宋承志说:“这个特点大家都很熟悉,那就是决心一下,一锤定音,令行如山,决不会轻易改变。”①

1948 年在晋中战役中,徐向前决心调动敌赵承绶到榆次、太谷预设战场,然后加以歼灭。但是,有人提出异议说:“自临汾攻坚战以来,部队就没有休整过,行军掉队的很多,在这种情况下作战,后果……”

徐向前毫不动摇说:“我疲劳,敌人被拖着转来转去,更疲劳！我军是胜利之师,敌人连打败仗,比我军士气要低得多！坚决执行命令！部队现在苦一点,过几天就有肥肉吃了！”

---

①宋承志:《怀念徐向前元帅》,原载《徐向前元帅百年诞辰纪念文集》,第 120 页。

(5)

在组织指挥战斗、战役时，徐向前总是努力做到知己知彼，不弄清情况不休息。

徐向前除了和战士们聊天外，也经常和老百姓聊天。一次，在四川打田颂尧时，红军追击敌人到了一个叫石马场的地方。当地老百姓都跑光了。

红军住了几天以后，老百姓又陆陆续续回来了。一天，徐向前和李先念、李特坐在场口，看见两个老乡背着背篓走过来。徐向前和他们打招呼，问他们："你们为什么都跑了？"

因为徐向前是山西人，说话带有浓重的山西口音，四川人听不懂。李先念于是让四川入伍的通信员当翻译。老乡说："听田颂尧的人说，你们红军个个都是红毛獠牙，红军有个总指挥叫徐向前，不仅是红毛獠牙，而且每天都要吃一个小孩。"

徐向前问："你见过红毛獠牙的红军吗？"

老乡说："没有。"

徐向前又问："你见过徐向前吗？你相信徐向前每天要吃一个小孩吗？"

老乡说："现在我不相信了。"

徐向前说："老乡，我告诉你，我就是徐向前，你看我有红毛獠牙吗？"

老乡愣了半天说："这都是田颂尧那个龟儿子胡说，诬蔑你们红军，我再也不信他们的鬼话了。"

8. 响堂铺伏击战

1937 年抗日战争全面爆发后，徐向前出任八路军 129 师副师长，随师长刘伯承率领部队开赴了抗日前线。

日军侵入山西腹地后，继续南犯，每日大小车队沿邯(郸)长(治)大道不停地运送作战物资。师长刘伯承决定在黎城至涉县的公路上打鬼子一次伏击战。

由于邓小平才由八路军政治部副主任调任 129 师政委，刘伯承本人要去八路军总部开会，刘伯承便交代说："这一仗由徐向前指挥。"

徐向前与陈赓、陈锡联等人研究后，说："在响堂铺设伏是一着好棋。"

邓小平说："好棋、好棋，胜利一定属于我们。"

1938 年 3 月 30 日午夜，部队隐蔽进入了伏击阵地，两个团分别在邯长大道宽漳至杨家山一线展开。徐向前在响堂铺路北的后狄村山坡上，守着一部电话机，同战士们一道等待一场苦战的到来。

天亮后，设伏的 772 团向 386 旅旅长陈赓报告："东阳关发现几百敌骑兵，向苏家皎 772 团伏击阵地开去。"

陈赓报告徐向前后，请示说："敌军可能在某一点发现了我们的企图，是不是把主力撤回到庙上村、鸭儿山去截击敌人？"

徐向前指示部队继续观察，绝对隐蔽，一面思考敌情。

这时如果日军发现了我军的伏击，包抄后路，那是极其危险的，这就需要立即放弃伏击，撤出阵地；如果日军没有发现埋伏，我军盲目撤出，就会失掉很好的歼敌机会。可是，敌人已经越来越近，前方一再催问"撤不撤"，陈赓只好不停地向徐向前请示。徐向前交代说："东阳关的日军只有一百来人，不会有几百人。要部队冷静，没有命令，不准变更作战计划。"

时间一秒秒过去，到了上午 8 时许，前面的侦察员跑过来了，报告说："前边观察到的不是敌骑兵，而是老百姓赶的几头小毛驴。"

徐向前于是拿起电话，报告邓政委说："仗是可以打的。"

8 时 30 分，日军第 14 师团山田辎重队的两个汽车中队开着 180 多辆汽车，摆成一条两公里的长蛇阵，由黎城经东阳关向响堂铺路段开过来了。9 时左右，敌军全部进入了伏击口袋。徐向前一声令下："打！狠狠地打！"各部队轻重火器一齐开火，如同猛虎下山，纷纷出击，爆炸声震得地动山摇，敌车队头尾燃起熊熊大火，前进受阻，后退无路，一批批日军倒在血泊中。经过两小时激战，毙伤敌 400 多人，击毁汽车 180 多辆。徐向前指挥的响堂铺伏击战大获全胜。

八路军总指挥朱德、副总指挥彭德怀闻捷大喜，立即邀请国民党第 3 军军长曾万钟、第 94 师师长朱怀冰等来到响堂铺战场参观。曾万钟军长握住徐向前的手说："贵军如此善战，令人钦佩，可敬可贺！"

友军将领对徐向前也由衷赞叹。战后，刘伯承对徐向前说："向前还是当年之勇，沉着果断！”①

9. 战将赋闲不得

李先念说：徐向前“具有惊人的军事胆略，从不知恐惧为何物”。②这样的战将一旦从战场上下来会怎么样呢？

(1)

1939 年 6 月，徐向前奉毛泽东之命离开冀南，率领一批干部前往山东，随后担任了八路军第一纵队司令员。次年夏，徐向前为了参加党的七大，离开山东前线，于 1941 年元旦回到了延安。他特意给党中央带来了 50 万法币。不久，毛泽东决定再调一批干部去山东。徐向前和张经武去给他们介绍情况，走到一条山路时，徐向前前面的一匹马突然发惊，一阵狂跳，踢到徐向前的左腿上，导致胫骨骨折。结果，徐向前不得不住进了医院，一躺就是半年多。

这时候，延安医疗条件差，伤病员缺乏营养，徐向前又发烧又便秘，来回折腾，弄得身体虚弱不堪，伤口久久难以愈合。

等他出院时，已是中秋时节了。

1942 年 5 月，党中央决定设立陕甘宁晋绥联防司令部，徐向前担任副司令员，协助贺龙、高岗等人工作，主要负责抓留守兵团的生产。

(2)

1943 年初春，延安军民都在积极准备春耕，徐向前正忙着抓联防司

①徐化民：《深情思念忆徐帅——纪念徐向前元帅诞辰 100 周年》，原载《纪念徐向前元帅百年诞辰纪念文集》，第 191 页。

②晓亮、文军：《十大元帅之谜》(上)，第 232 页。

令部所属部队的春耕生产。一天,毛泽东把他找去。

见面后,毛泽东问了他近来的情况,就对他提出了新的工作安排,说:“抗大总校搬回来了,准备合并到一块,规模办大一些。目的是培训干部,为战略反攻做准备。还缺个校长,现在实在找不到一个合适的人选,你先去代理一段吧。”

“我恐怕不行,挑不起。”徐向前说,“还是派我到前方带兵打仗,比较合适。”

“向前同志,你是师范生、黄埔生,又有作战经验,办学校有什么困难的?”

“主席,最好让我去打仗。”

“决定你去就去吧,将来有的是仗打,我们还要总反攻嘛!“

“既然主席这样说,我就去搞一段,有了合适人选,再替换我。”

毛泽东点点头,表示同意。

接着,毛泽东谈了一些办校的具体设想。

3 月中旬,徐向前从延安出发,经四天行程,到达抗大总校校部所在地的绥德县西山寺。随后,党中央任命徐向前为校长,李井泉为政委,何长工为副校长。

(3)

在长期的作战中,徐向前的身体特棒。张国焘后来回忆说:在战斗中,“陈昌浩等大多数人也已累得不能再动。只有徐向前等少数身体特别强健的军人,还能支持得住。”①其实,由于长期征战,徐向前的身体并不是很好,一脱离战场,稍微轻松下来,身体却不行了。1944 年 7 月下旬,徐向前患肋膜炎,回到延安,住进了柳树店的和平医院,整天发高烧,持续了两个多月,身体非常虚弱,连党的七大也没能出席。

一次,毛泽东来医院看望徐向前。

徐向前说:“鬼子快投降了,再不让我去打仗,就没仗打了!”

毛泽东劝慰说:“你身体还未痊愈,还是安心静养吧,以后蒋介石是

①张国焘:《我的回忆》第三册,第 392 页。

不会叫你闲着的！”

1945 年 8 月，日本政府宣布无条件投降，蒋介石一面假和谈，一面调动部队，准备进攻解放区。

但是，作为久经沙场的将领，眼看抗大的学员毕业了，在延安的其他将领一个个领命而去，徐向前急坏了，又觉得不便打搅毛泽东，每天来到毛泽东等人集体办公的小礼堂等候。可是，差不多其他将领都领了任务，意气风发离去了，徐向前就等不来自己的任务，急得在地上转磨磨，最后觉得自己不能不开口了，便上前说：“主席，还有我哩。”

毛泽东抬起头，微笑着说：“我没有忘记你，可是你现在身体不好，需要休息，先把病治好。”

徐向前说：“我的病不严重，不要紧。”

毛泽东说：“你别着急，仗有的打，给你留着哩。”

徐向前一听，高兴了，准备待命。

但是，徐向前出院后，由于身体还比较虚弱，不得不住在枣园继续休养。尽管党中央和中央军委很关心他，经常来看望他，劝他安心养病，徐向前躺在床上，还是心情十分难受，实在忍耐不住，就拉胡琴排解烦闷。

他的胡琴声传到了毛泽东那里。

一天，徐向前坐在窑洞口，信手拉起了胡琴。琴音随着他的思绪时而高亢，时而低沉。连毛泽东进门，他都没有察觉。

毛泽东把带来的营养品放在桌上，风趣地说：“向前呀，你拉的这是什么曲子哟？琴声充满了浮躁之感。是不是着急上前线呀？”

徐向前站了起来说：“主席，我心里着急，信手拉来，哪有什么曲子名。”

毛泽东笑着说：“不要急嘛，仗有的打。”

接着，毛泽东和他坐在一起，分析当前的敌我战势。徐向前一谈军事，说起打仗，就忘记自己是病人，说：“主席，看来要狠打一家伙，不打是不行的。”

“对，只有打，才能推迟和制止内战的发生。”毛泽东说，“蒋介石一定要打内战，我们也不怕他。只有彻底消灭他，他才彻底舒服。”

“形势紧张，内战将起，自己不能重返前线，为党尽一份力量，有时心里烦躁不安，着急得很！”徐向前忍不住说。

毛泽东说：“你身体还没好，先安心养病吧。还是那句老话，‘留得青山在，不怕没柴烧’，身体养好了，国民党是不会让你闲着的。”

临走时，毛泽东说："你的琴拉得不错，拉琴可是修养的一种好办法。"

徐向前从话中听出了弦外之音：这是让他用拉琴克服急躁情绪。

从那以后，徐向前每逢拉琴，都把这看作是修身养性的手段，琴声中急切的声音不见了，代之而起的是舒缓、悠扬的声音。

1945 年冬，党中央考虑让徐向前到中原局去，但经过了解，他的身体还是不行。徐向前只好继续留在延安，平时参加中央召开的作战会议。

10."我有办法对付他"

晋中战役，是徐向前在军事上多谋善断、创造战机的一个范例。

(1)

1946 年，在延安的时候，一次，毛泽东和徐向前散步，谈及同阎锡山作战问题。阎锡山这个山西土皇帝老奸巨猾，在国民党中是出了名的，毛泽东说："阎锡山还有一定势力，军队还有相当的战斗力。而且，阎锡山尽打滑头仗，不大好对付！"

徐向前回答："阎锡山有多大个本事，我知道。我有办法对付他。"①

1947 年 6 月，徐向前被党中央任命为晋冀鲁豫军区第一副司令员，开始指挥解放山西的战役。

---

①乔希章：《谋略的较量——回忆徐向前同志指挥晋中战役》，原载《在徐帅指挥下》编辑组：《在徐帅指挥下》，解放军出版社 1984 年版，第 205 页。

（2）

1948年5月，徐向前指挥部队攻克临汾。随后，晋察冀和晋冀鲁豫部队奉命组建华北野战军，徐向前担任第一兵团司令员兼政委。

临汾被克，阎锡山慌了手脚，急忙召集手下将领，布防“保卫”晋中，固守太原。

阎锡山与中共作战长达几十年，总结出了一条经验：“共军多年来所以能节节取胜，其战术就是能打则打，不能打则跑，以免被对方吃掉。”为了使部下学会与“共军”“打运动战”，他又归纳出一个“十六字诀”，叫做：“万事具备，只欠东风，一跑万有，一跑万胜。”为此，阎锡山解释说：“战机好，就出太原城打；见势不妙，跑回太原来，寻找时机，再出城去打。”①

阎锡山的胜敌策略是“跑”。那么，徐向前又想什么办法对付他呢？

徐向前说：“阎锡山提出的‘十六字诀’，前八个字，其实际情况是一事无备，东风不吹。后八个字，倒是要十分注意。他出动那么多部队布防晋中，要与我军决战，其实最怕损失实力。他的部队官兵怕死。他出动野战军，名曰打仗，实际上时时刻刻都准备逃跑。因此，对阎锡山的‘一跑万有，一跑万胜’，应该引起重视。”

如何克敌制胜呢？徐向前的办法是打运动战，打活仗，抓住战机就迅速动作，于敌立足未稳之时歼灭之，不让他们逃掉！

这时正是麦收季节，阎锡山要固守太原，就必须在晋中平原抢粮，不能把山西腹地的主力都撤回太原。徐向前看准这一点，决定“运动”一下敌人，先派出一支地方部队伪装解放临汾的主力，开赴风陵渡征集船只，作出准备横渡黄河支援彭德怀西北作战的姿态；同时释放了一批俘虏，有意传播这一消息，使阎锡山真以为徐向前的主力不会马上推进晋中。与此同时，徐向前下令兵团主力由太岳山区东侧隐蔽向

---

①乔希章：《谋略的较量——回忆徐向前同志指挥晋中战役》，原载《在徐帅指挥下》编辑组：《在徐帅指挥下》，解放军出版社1984年版，第204—205页。

晋中开进。这一明一暗动作马上就让阎锡山上了当。

6 月 11 日,吕梁的地方部队出现在汾阳、孝义以西的高阳镇。阎锡山先是一惊,随即就“听从”了徐向前的指挥,指派其 34 军军长高倬之率 13 个团组成的“闪击兵团”,以所谓“藏伏优势”,“三只老虎爪子”的战术向高阳镇的吕梁地方分进向心合击。吕梁部队的战士坚守阵地牵制,与之作战。阎锡山又派“亲训”第 72 师和“亲训”炮兵团前来增援。

这样一来,徐向前调动了阎锡山的五大主力师:第 40 师,第 46师、第 71 师、第 72 师、第 73 师。

为了减轻吕梁地方部队的压力,调动敌人回撤平遥、介休一线。6 月 18 日,向晋中隐蔽开进的兵团主力八纵、十三纵队以突然动作,攻破平遥以东沿山边各据点,突入晋中平原,向铁路线逼进,迫使围攻高阳镇的“闪击兵团”的敌敌 34 军仓皇回转平遥、介休应战。

徐向前原定于平遥、介休之间的汾河西岸地区,歼灭回撤的敌第 34 军。6 月 21 日,阎锡山增派配属给“闪击兵团”的“亲训师”和“亲训炮兵团”,由“亲训师”少将师长陈震东率领,从介休中平遥方向开进,企图与第 34 军会师平遥。

阎锡山对解放军的战术原则可以说颇有研究,大的集团军作战,部队之间总是紧紧靠拢,从不远离,一个师(团)的单独行动,也采取多路纵队行进,而且纵队之间相隔很近,以防被割裂围歼。少将师长陈震东率领“亲训师”和“亲训炮兵团”接到阎锡山回师介休、平遥地区的命令后,以三路纵队齐头并进,纵队之间只间隔 200 至 300 米,每半小时与上级联系一次,左右及直属中央纵队,皆以铁路为准。

陈震东尽管小心翼翼,步步为营,可还是没能逃脱被徐向前歼灭的命运。

在回撤平遥、介休时,敌军长高倬之令右路“亲训师”、“亲训炮兵团”转道介休北上,自己却率第 34 军从汾阳东渡汾河,开始了“跑”,并且一跑就回到了平遥县城。

当陈震东行进至平遥县曹村时,遭到徐向前一兵团八纵和太岳军区部队的前后夹击,被赶压到了汾河岸滩。陈震东遭到围歼,立即用报话机向高倬之求援。

高倬之率部正在回窜途中,陈震东苦苦哀求,呼救来援,他却只顾自己逃命,装聋作哑,不予理睬。后来,阎锡山下令他出援,他才不得不从平遥出兵南援。

但高倬之的援兵尚未开出平遥城,就接到报告:阎锡山亲自训练的

“亲训师”和“亲训炮兵团”就已经被解放军全部歼灭。战斗已经宣告结束。

阎锡山遭当头一棒，手忙脚乱，不知所措。但是，蒋介石给他拼命打气，令他“大胆与共军决战，保卫晋中”。阎锡山急令赵承绶、原泉福率领野战军主力，采取攻势，寻机与徐向前决战。

6 月 26 日晨，敌第 33 军、第 34 军和十总队，向洪善以东地区展开全线攻击。徐向前命令十三纵队一部，以小部队积极阻击，保持与敌接触，迷惑敌人，牵制敌第 33 军。待敌第 34 军进至洪善以东十余华里地区一线时，立即下令十三纵、太岳军区部队、八纵和吕梁部队向敌出击，分割围歼第 34 军。

对于这一战，徐向前指出：“日寇战犯原泉福一贯骄傲自大，赵承绶做不了他的主；高倬之因有侯马被俘之耻，向阎锡山表示要与我决一死战，但内心十分胆怯。这样，我们就可以利用原泉福的特点，和高倬之的弱点，集中主力分割歼其一路。目标，还是高倬之的 34 军。”①

解放军按作战预案行动后，敌人也是越打越猾，对徐向前的围歼这一手，非常惧怕。敌第 34 军和第 33 军始终紧紧靠拢，白天与解放军交战，夜间就龟缩至铁路沿线据点。由于无隙可乘，徐向前分割围歼敌第 34 军的计划没能实现。

（3）

如何对付阎锡山的战术，成为了徐向前必须马上解决的难题。

徐向前坐在作战室的军用地图前，一边用铅笔比画来比画去，一边一支接一支地抽烟，有时转过身子，伸手拿几张纸，伏案计算、思考：敌人总是一个集团军或者几个军（总队）靠拢一起，又不离开铁路线，不像是要寻找时机与我决战，倒像是怕被分割围歼，随时准备撤回太原。渐渐地，他明白过来了：看来敌人真是把阎锡山那个“十六字诀”的“跑”字当成了“上策”。

---

①乔希章：《谋略的较量——回忆徐向前同志指挥晋中战役》，原载《在徐帅指挥下》，第 208—209 页。

阎锡山对徐向前分割迂回包围以及集中优势兵力先歼其一部的战术已有提防。放敌第 33 军、第 34 军和十总队逃掉,徐向前又舍不得,觉得可惜。徐向前一拳头砸下去:“三万多,不到四万人。这么多的敌人集在一起,分割围而歼之显然不行,全部围而歼之呢?必须创造新的战场,调动敌人就范!”

可如何将敌人围而歼之,选择哪里作围歼战场呢?徐向前沉思片刻,看了看面前的地图,又一拳锤在桌案上:“就这么干!想溜,没那么容易!”

徐向前认为阎锡山在蒋介石鼓动下“大胆”“决战”,结果吃了大亏,决不敢再叫赵承绥继续南移,离太原太远。假如解放军主力继续北移,把歼灭敌军的战场放在太原以南,则可以诱敌出来,在运动中歼灭,但也有可能前截后逼,致赵承绥于死地。阎锡山仗着战场距太原近,也会敢派守城部队出援,这样,就可以回师将其“吃掉”。

歼敌战场设在什么地方呢?

徐向前认为,榆次守敌第八总队、太谷第九总队、徐沟冲锋枪大队,战斗力较弱,只有祁县守敌第 37 师两个团加地方武装 3000 多人有一定战斗力,如先行将他们围攻全歼,那么,在榆次、太谷、徐沟、祁县犄角形地带,敌守备力量空虚,距铁路线又远,正是歼灭在野外运动中的敌赵承绥集团军的好战场!

决心已定,徐向前立即下令行动,逼赵承绥进入预定战场。

7 月 2 日,太岳军区部队奉命昼夜北进,协同太行军区部队破击铁路,炸毁桥梁,构筑工事,阻敌沿铁路线北逃回太原。同时,徐向前限令八纵攻下祁县城后北进;又令十三纵监视敌 34 军行动,并阻其回援祁县。这样,前截后逼,迫使赵承绥的野战军一步步进入预设战场。

各部开始行动后,赵承绥没有想到徐向前竟敢以“游击部队”拦路截道,见铁路被破坏,逃路被截断,慌了手脚,先后派出九个团,携带山炮 30 余门,轻重迫击炮 40 余门和铁甲车三列,轮番猛攻,毫无进展。最后,赵承绥和第 33 军军长沈瑞亲自上阵督战,但是,都没能突破董村防线。

赵承绥连续几天猛攻董村防线,眼看无法突破,从铁路向北的逃路被堵,只好决定改由榆次和徐沟夺路北逃太原。

7 月 6 日夜,赵承绥率领总部和第 34 军、第 33 军和第十总队离开铁路,开始向西北方向撤退。徐向前早已准备好了一支尾敌追击、截敌退路的突击力量,十三纵加八纵一个旅尾随他们,超越过去后,插入徐沟以东、榆次以西、子牙河以北和尧城镇以东，切断了敌人由徐沟以东北逃太原的另一条退路。

这时原堵击敌军之太岳、太行军区部队向西紧逼，与十三纵堵截部队合围。

八纵主力攻克祁县后，兼程北上投入围歼战斗。

这样，阎锡山的主力——赵承绶、原泉福指挥的野战集团军，掉进了徐向前布好的陷阱，被包围在大常镇、小常村、西范、南庄一带，东西长约 20 余里，南北不足 10 里的狭小地区之内。

徐向前将兵团指挥部设在距被包围之敌十多里的粮庄，亲自指挥围歼战，组织村落阵地攻坚战，集中兵力火力，像包饺子一样，一个村庄一个村庄地攻击。

16 日下午，解放军攻入了小常村，占领了敌集团军总部和第 33 军军部，缩在避弹坑里的敌野战军总司令赵承绶、军长沈瑞和军参谋长曹近谦等，全部被活捉。

(4)

赵承绶是阎锡山手下的一员老将，又是阎锡山的同乡五台人。阎锡山非常器重他，把指挥晋中作战的兵权交给了他。但是，赵承绶恰恰又是徐向前中学时代的同学。徐向前对他颇为了解，评价是“昏聩无能，决断力差”。[1]

赵承绶被活捉时，穿着中将军衔的军服，对解放军干部说：“老头儿(指阎锡山)叫我来南线指挥作战时，说贵军的指挥官是王镛将军(已在临汾战役中牺牲)我才放心前去了。作战中才知道是徐司令员在指挥，我害怕极了，我哪里是他的对手？这一仗，我把老头儿的血本都输光了！”[2]

当几个战士押着他来见徐向前时，赵承绶把大檐帽拿在手里，低着头，眼皮也不敢抬一下。徐向前请他坐下，问道：“还认识我吗？”

---

①徐向前：《历史的回顾》(下)，第 748 页。

②鲁瑞林：《调动敌人就范》，原载《在徐帅指挥下》，第 228 页。

赵承绶点了点头，低声回答："认识。"

徐向前坦率地说："看你，为阎锡山打了这么多年，一点也不看看形势。太原已经成了一座孤城，你还不选择自己的道路？我的战士可不认识你这个赵司令啊，阵亡了多可惜。"

接着他又问道："这次交战，你看我的战略战术、兵力布置，有什么缺陷？"

"战败之人，能看出什么缺陷来。能看出来，还能落到这一步？！"赵承绶说。

谈了一会儿，徐向前吩咐参谋："找找赵承绶的老婆，看打死了没有？让他们团圆。"

赵承绶说不出徐向前战略战术有什么缺陷，若干年后，徐向前在回忆录中却指出了对方此战"两个致命的错误"：一是"兵力分散"，被包围后，赵承绶兵分三路进攻，结果被解放军堵住。二是"犹豫迟疑"。赵承绶感到处境岌岌可危时，拿不定主意，全凭原泉福摆布；而原泉福又是战败的日军将领，瞧不起"土八路"，被包围后居然认为突围没必要，要在现地与徐向前决一死战，结果，徐向前一紧缩包围圈，他们想跑都晚了。①

晋中战役，徐向前以 6 万兵力围歼敌军 10 万，创造了大兵团作战以少胜多全歼敌军的范例，晋中 14 座县城全部解放。阎锡山的"跑"字诀折在徐向前手上，他的"一跑万有，一跑万胜"所以失败，一是狡猾的高倬之"跑"得太快、太拼命，害死了陈震东，也把阎锡山的亲训师团"跑"没了；二是赵承绶胆小的"跑"，反而使得自己钻进了徐向前的口袋，结果又是全军覆灭。

徐向前对付阎锡山确实如他本人所言"有办法对付他"。但是，对于这样的辉煌胜利，徐向前却说："不要因此而骄傲。"②

---

①徐向前：《历史的回顾》（下），第 747—748 页。

②乔希章：《谋略的较量——回忆徐向前同志指挥晋中战役》，原载《在徐帅指挥下》，第 215 页。

11. 两个五台老乡战太原

徐向前的老家永安村,与阎锡山的老家河边村,一河之隔。徐向前的一些人生经历,似乎也与阎锡山这个名字没分开。然而,他们却分属于不同的阵营,两个五台老乡的大战,堪称一部传奇。

(1)

晋中战役之后,徐向前的身体状况不好,胸部经常疼痛,吃不下饭,睡不好觉,只能勉强支撑工作。党中央和毛泽东很关心,多次来电要他去后方休息一下,并说有些事情要和他谈。

8 月中旬,徐向前动身去了石家庄,住进医院后,医生发现他的旧病有新发展,致使胸肋膜出水,肺病复发,消化和吸收能力极差,为此需要静养两三个月。但战事紧张、繁忙,9 月初,徐向前就出院去了平山县西柏坡,出席中央政治局召开的九月会议。

会上,党中央计划解放战争第三年歼敌 128 个旅左右,规定华北一兵团歼敌 14 个旅(包括 7 月已歼敌 8 个旅在内),并攻克太原。徐向前向毛泽东汇报了攻打太原的设想。

毛泽东、朱德等人都很关心徐向前的身体,叮嘱他注意休息和调养。这时徐向前自我感觉很不好,怕支持不了几个月中途倒下,完不成攻打太原的作战任务。想来想去,最后找刘少奇谈了自己的想法。刘少奇说:“你的身体状况中央很清楚,但现在实在抽不出人来,去顶替你。你先回石家庄住院,休息一下,争取把太原打下来,再好好养病。”

于是,徐向前去石家庄休息了一些日子,然后就决定返回前线。11 月 6 日,他从石家庄出发,当夜到达阳泉以西的坡头,谁知不幸又患感冒,咳嗽加重,头痛得厉害,左肋也不舒服。次日下午,他勉强赶到榆次以北的五湖镇,住下来休息两天,10 日才抵达前线司令部。

（2）

这时太原战役已经提前打响了。

太原是山西军阀阎锡山的老巢。阎锡山盘踞山西多年，是国内军阀割据为时最长的土皇帝。他以太原为中心层层设防，外围划了五个守备区、四个大要塞，修筑了永久型堡垒 5000 余个。守城总兵力约 10 万人，有各种火炮 600 余门。太原城东靠高山，西临汾河，南、北有机场，碉堡林立，四处都有重兵把守。要解放太原，必先攻打东山牛驼寨、小窑头、淖马、山头等要点。但到底从哪里下手呢？

有的人说最好由城南乘胜攻城，但有的主张绕道城北，实行南北夹攻，还有的主张强渡汾河，破城西门而入。但是，没有一个人主张从东面攻打太原。因为太原东有东山，山高路险，明代时李自成入太原，以前日军攻陷山西，都是经此路。所以，阎锡山依山筑了很多明暗碉堡，不易用兵。然而，经过考虑，徐向前认为东山看着险，只要打得妙，就一定能打下。

因为徐向前经过研究，又察觉到了阎锡山一个致命缺陷：庄子上到柳树岩是阎锡山的东山守备区与北区的分界线，而这一线两边，守将都不太管。如果从这里插进去，就能攻上东山，占领牛驼寨；而攻占牛驼寨，就可以打碎敌东山的防御体系。徐向前说：“阎锡山扬言共产党不敢攻打牛驼寨，我们偏偏要攻打牛驼寨！”

结果，经过 24 日的激战，战士们就拿下了牛驼寨，把太原城置于战士们的眼皮底下。

在肃清牛驼寨要塞残敌的战斗中，徐向前接连几天没休息，夜里又被山中冷气所袭，胸膜间锥痛得难忍。医生测量说：“体温很高。”

副司令员周士第连忙派人把在前方领队的华北军区卫生部长钱信忠请去。

钱信忠和兵团卫生处长赶到时，徐向前正发高烧，胸部疼得不能翻身。他们初步诊断是潜伏的结核病灶。钱信忠说：“营养差和睡眠不足，造成急性胸膜炎产生大量胸水。从症状看，这次发作时间已不短了。”

由于前方配备了消炎药品和医疗设备，钱信忠决定立即采取对症疗法，让兵团卫生处长抓紧筹办药物。

22 日，中央军委来电问候。毛泽东在签发电文时又加上一句：“如病情严重,应来中央医院,至要。”①

29日,毛泽东等人再次致电问候。周恩来派了三名医生赶往太原前线,由钱信忠负责组成四人医疗小组,研究制订具体的治疗方案。

此时中央军委准备发起平津战役,为了稳住平、津、张(家口)地区国民党军傅作义集团,从战略上牵制敌人,16日军委命令太原前线指挥部:“暂缓攻城,转入围城休整。”徐向前和前委决定:对太原守敌采取围困、瓦解、攻击的方针,对各项工作作了全面安排。

因为太原城尚未解放,徐向前不同意回后方静养,第一兵团其他领导也不希望他离得太远,最后决定徐向前在榆次东南峪壁村的老乡家暂时休养。

在离开前线前,徐向前坚持去前沿阵地检查了越冬防寒措施的落实情况。不过,他是躺在担架上去的。

到峪壁村后,在医疗小组的诊治安排下,徐向前的肺病暂时得到控制。但由于身体抵抗力弱,他的偏头疼时常发作,食欲也受到影响,他还是日夜操心着战事,参与谋划前委的重大决策。

(3)

阎锡山四面被围,太原城解放只是时间问题了。为争取太原和平解放,华北局和军区派出工作组来到了前线。军区副参谋长王世英曾是国民师范生,抗战初期又在太原八路军办事处机关当处长,与阎锡山等人经常打交道,想利用这些旧关系,亲自潜入太原,与阎锡山谈判。

徐向前听了他的想法,摇摇头说:“你很大胆,但不能进城去!”

徐向前如此说,是因为他对阎锡山太了解了。徐向前曾亲自做过阎军被俘高级将领的工作,准备通过他们把阎锡山争取过来,但毫无成效。如今虽兵临太原城下,但阎锡山还有一定实力,按照他的性格决不会放下屠刀,立地成佛。

王世英认为徐向前的意见有道理,但还是想试探一下,看阎锡山的

①钱信忠:《回忆徐帅二三事》,原载《徐向前元帅百年诞辰纪念文集》,第165页。

态度有没有变化，于是请来阎锡山一位老师，问他愿不愿进城，动员阎锡山和平解放太原。这位年近八旬的老秀才满口答应："行！阎锡山是我的学生，你们又曾是阎锡山的学生，我看差不多。"

于是，军区工作组以徐向前的名义给阎锡山写了封信，大意是太原已被解放军包围，成了一座孤城，劝他认清形势，以太原 30 万父老兄弟姐妹的性命为重，还是走和平谈判的道路为上策。

老秀才进城后，当面将徐向前的信交给阎锡山。谁知阎锡山大发雷霆，对部下说："凡是共产党派来说和的，一律杀掉！"结果，居然将自己的八旬老师也给处死了。

老先生被杀的消息从城里传出，震惊世人。徐向前对王世英说："你看，阎锡山对上可杀老师，对下绝对不会放过你这个学生的。你要是进城去，脑袋早已搬家了！"

后来，毛泽东也和徐向前谈和平争取解放太原的问题，说："如果有这种可能，就尽力争取。"

徐向前说："恐怕不太容易，他连老师都杀了，可见顽固得很。"

毛泽东同意了他的看法。①

(4)

时间进入 1949 年 4 月，平津已经解放，而通过和平途径解放太原不可能了，只能采取强攻一途了。

这时，党的七届二中全会已经结束。徐向前因身体关系，请了假，未出席会议。毛泽东要彭德怀返西北途中去太原前线看一看，了解一下解放太原后，可否将徐向前十八兵团（由第一兵团改编）调往西北作战，归彭指挥。彭德怀来到峪壁村，看望徐向前。徐向前向他介绍了攻打太原的部署和准备情况，说："我的肋膜两次出水，胸背疼痛，身体虚弱得很，没法到前边去，你就留下来指挥攻城吧，等拿下太原再走。"

彭德怀表示同意，报请军委批准后，便留在太原前线指挥作战。

为避免影响军心，下命令、写布告，仍用徐向前的名义签署，实际

①徐向前：《历史的回顾》（下），第 785 页。

上，战役已经改为彭德怀指挥了。[1]

后来徐向前说："他新来乍到，对敌我情况都不熟悉，但慨然允诺，勇挑重担，实在难得。"

4 月 20 日凌晨，解放军从四面八方向太原城发起了攻击，22 日晚，扫清了城外全部守敌，城垣暴露眼前。24 日清晨，彭德怀一声令下，1300 门大炮按照预定的 26 个突破口，开始开炮轰击。一个多小时的炮击后，城垣被打开了 12 个大缺口，为步兵攻城开辟了道路。

随即，步兵部队破城而入，很快打入太原"绥靖"公署，活捉了敌将孙楚、王靖国及师以上的军官 43 人。

阎锡山在山西 38 年的统治就这样垮了台。

(5)

阎锡山以太原为老巢，在山西经营了 38 年。他非常看重老乡关系，多年来把一批一批山西人，尤其是老家五台山人，笼络到自己门下，加官晋升，并委以重任，当地有句顺口溜："会说五台话，就把洋刀挎！"

徐向前老家与阎锡山老家只一河之隔。太原解放后，徐向前入城后，社会上又流传："阎锡山跑了，徐向前来了，我们五台人还是沾光！"

这句话很快就传到了徐向前的耳朵里。他对身边的工作人员说："我们是共产党，可不是阎锡山，我们的一举一动、一言一行都要符合革命原则，要用事实证明我们共产党人是与阎锡山完全不同的人。"

一天，两个打着"徐司令老乡"名义的五台商人，点头哈腰地找上门来了，要借解放军的汽车拉货做生意，对徐向前说："赚了钱，发了大财，还不是为了五台人争光！"

徐向前婉言拒绝了。

接着，有一些亲戚朋友来了找徐向前要官当。他们说："大小当个头，不用站岗楼，你给个官给我们当，就比做老百姓舒服。"

徐向前对他们进行耐心帮助教育，结果，他们高高兴兴地回家了，逢人就说："还是共产党的官好，不沾不贪，不徇私情，咱们国家大有救

---

[1] 徐向前：《历史的回顾》（下），第 794 页。

了！” 但是，也有一些人不理解，没能沾上光，就说徐向前当了大司令，“六亲不认”。过了几天，徐向前的两个姐姐徐先月和徐春月结伴从五台的乡下风尘仆仆地来到了太原城，找到了徐向前。

她们见到久别的弟弟，老泪纵横。徐向前在家中排行第六，从小就受到姐姐的关爱，如今革命胜利了，姐弟团圆了，也由衷地感到高兴。

但是，这次见面后，徐向前也从姐姐那里获悉了一些不幸的消息。

原来，徐向前当了共产党的大官后，当地反动政府扬言要对徐家斩根灭门，永安村姓徐的几乎全部株连，不少人不得不改名换姓，远走他乡。他的父亲在家躲不住，跑到南山一座庙里住。一位好心人偷偷给他送点吃的东西。不久，他害上大病，三天两头断粮，最后惨死在破庙里。这些年，姐姐和乡亲们受他的牵连，也都吃够了苦。

此刻，看到两个年老的姐姐，徐向前心里十分难过。

1937 年，徐向前回了一次家，两个姐姐把自己的儿子交给他，参加八路军。徐向前对两个外甥没有给予丝毫的照顾，把他们放到了打仗最多、最激烈的部队，结果，大姐的儿子郭福安和二姐的儿子赵希圣都在与日军作战中为国捐躯了。

“这些都过去了，”姐姐说，“过去的不幸都是命中注定的。而今，你做了大官，看在两个外甥份上，我们也该沾沾光，享点福了。太原城里的东西堆积如山，怎么也给点给姐姐吧！”

革命成功了，两个牺牲了儿子的姐姐竟然提出这么一点点的要求，从缴获敌人的战利品中拿点东西，这个要求不过分啊！但是，徐向前没有同意，对姐姐说：“我这个司令和老百姓一样，是个穷司令，共产党和国民党不一样。国民党、阎锡山是一人当官，鸡犬升天。我们共产党的干部再大，都是人民的勤务员，是为老百姓办事的，不能为自己徇私情。你们来了，就在太原多住几天吧！我吃什么，你们也跟着吃什么。这样，你们也就知道共产党的官是怎么一回事了。”①

两个姐姐在太原住下来了。但是，几天后，她们发现弟弟还是过去的弟弟，是人民的清官，于是什么东西也没要，就空着手回家了。

徐向前在太原城内住了一段时间后，不久便去了青岛养病。

---

①晓亮、文军：《十大元帅之谜》（上），第 186 页。

12. 第一次出国谈判

1949年10月1日新中国成立的时候，徐向前被任命为解放军总参谋长。但他因身体仍没有康复，继续住在青岛。总参谋部的工作，实际上由副总参谋长聂荣臻主持。

1950年6月，美国发动侵朝战争，并将战火烧到鸭绿江边。10月，党中央作出抗美援朝、保家卫国的决策。徐向前也从青岛返回北京，暂住在颐和园内一个小院里。

第二年夏天，徐向前的身体有了好转。5月，毛泽东通知徐向前去中南海面谈。

徐向前来到毛泽东住处时，毛泽东正和李维汉谈统一战线工作。毛泽东见到徐向前，首先问了他的身体状况，知道他已能工作后很高兴。接着，他简要分析了抗美援朝的战场形势，然后告诉说："党中央的决定由你率兵工代表团去苏联谈判。"

接着，毛泽东向徐向前交代去苏联谈判的任务：一是购买武器装备；二是多搞点技术项目，发展自己的兵工生产。毛泽东说："帝国主义如此欺负我们，我们没有自己的兵工工业，不解决部队的武器装备问题，是不行的。要学习苏联，把先进技术拿到手，自力更生，建设一支强大的国防力量。"

他交代徐向前说："这次去谈判，代表团去哪些人，谈哪些项目，还有些什么困难，可以找政务院和彭德怀同志商量。"

徐向前回答说："请毛主席放心，交给我的任务，我一定尽一切力量完成。"

从毛泽东那里回来后，徐向前便去彭德怀住处，商谈此事。两人初步拟定了代表团的主要成员名单和谈判内容，确定主要任务为：一、购买60个师的武器装备；二、请苏联援助我兵工工厂建设、统一步兵武器制式和生产152口径以下火炮的有关技术资料转让问题。这次谈判不对外公布。

5月25日，徐向前率兵工代表团从北京出发，6月4日抵达莫斯科。苏军总参谋长什捷缅科大将等人在车站迎接。徐向前等人下榻在莫斯科大旅馆。

第二天，徐向前回访了什捷缅科，向他说明来苏谈判的主要任务和事项，希望他大力协助，以便早日达成协议。什捷缅科表示具体项目可由双方代表团的专家们磋商，而后再举行高一级的谈判。徐向前表示同意。

于是，双方随即开始了专家会谈。

苏联是社会主义阵营的头头，中国缺乏现代化建设和外交经验，所以谈判的程序和项目基本上是苏方包办。①

在总参谋长一级谈判中，什捷缅科说："斯大林给苏军总参谋部的任务，是要帮助中国把军队建设好。这个任务，主要由我负责，一定要办好。"

他十分重视军队的编制问题，强调合理编制在现代战争中具有重要作用，并结合苏联卫国战争的经验，说明健全后勤组织及编制步兵、炮兵、坦克、骑兵师团的必要性。他还说："根据朝鲜战场和中国的情况，人民解放军师的编制不应等同一律，也不宜过大。装备现在还不能达到完全机械化的程度，师的火炮以汽车牵引，团以下的火炮以骡马牵引即可。但是，坦克团必不可少，宁肯少编几个军，也要把师的坦克团编制配备起来。"

徐向前认为他的说法有一定道理。

关于军事订货问题，什捷缅科说："因苏联的运输能力有限，今年只能解决16 个师的装备，其余 44 个师按每年运送三分之一计算，至 1954 年完成。关于转让兵器技术资料问题，第一批包括步骑枪、轻重机枪、冲锋枪等七种，第二批以后再说。"

但是，对于援建兵工工厂问题，什捷缅科避而不谈，在几次谈判中都持无可奉告的态度。

根据这种情况，徐向前陆续向党中央和中央军委建议：

第一，能否参照苏方对我军步兵师的编制意见，初步确定我们的编制方案，以便通盘考虑购置装备的问题。

第二，今年 16 个师的装备订货，可否根据朝鲜战场的急需，多订一

---

①徐向前：《历史的回顾》（下），第 800—801 页。

些高射武器、战防武器，步兵武器则不定或少定。

第三，明后年的订货项目应视兵工生产谈判的结果而定。原则上我们能生产者不定货；生产不足者根据需要多少订货，不能生产者可全部定货。

6月下旬，党中央派高岗也来了莫斯科。高岗带来了60个师的装备定货单，由兵工代表团正式转交苏方。由于朝鲜战场急需的东西甚多，国内经常来电要求增加或变更订货项目，徐向前等人不断出面与苏方交涉，弄得人家颇为头痛。

在谈判中，苏方也表现出大国主义的作风。中方对苏方的情况了解不够，提出的某些项目、要求难免有过高、过急的地方，本来在谈判中只要加以详细说明，就不难取得一致看法。但他们有时表现得极不耐烦，简单粗暴。一次，他们看到中方购买货物的单子，说："假如按照你们的要求，我们要修第二条西伯利亚铁路了！"讽刺要的东西多。

中方也不客气地回答："其实，我们并不是白要，而是购买，要照价付钱的。"

一次，什捷缅科向代表团的空军副司令王秉璋询问一些情况，王的答复不太让他满意，他竟然大发脾气，把王秉璋狠狠地训了一顿。①但是，作为带队的，徐向前不好与他吵，但是心里也很窝火：我们是来谈判的，你有什么资格训人！回到住地后，他把苏方的总顾问柯道夫找过来，责备他反映情况不真实，严肃地批评了他整整两个小时②，然后交代说："你回去向上级报告。"

徐向前等人提出的兵工生产问题，也迟迟不见苏方答复。

这些事让徐向前很着急，左催右催，也没有结果，于是发电报向毛泽东反映。毛泽东复电说：不管怎样，耐心等待，要把技术学到手。

随后，苏方安排徐向前等人去各地进行参观。于是，他们在莫斯科参观了冬宫，参加了苏联航空节；并到列宁格勒、斯大林格勒、斯维尔德洛夫斯克及中亚细亚海边，参观钢铁厂、拖拉机厂、兵工厂、军事院校和部队驻地等。

随后，苏联部长会议副主席布尔加宁在莫斯科接见了高岗和徐向

---

①②徐向前：《历史的回顾》（下），第805页。

前。

布尔加宁谈话的大意是:苏联卫国战争结束后,一直忙于恢复经济建设。对于中朝两国人民的抗美斗争,我们愿意提供援助。可以援助的,应当援助的,一定会援助。言外之意,他们也有实际困难,不可能满足中方的要求,希望我们谅解。

不久,苏方通知兵工代表团,说原定今年提供 16 个师的装备订货,减为 10 个师。徐向前和高岗商量,由高岗出面去找布尔加宁,要求仍维持原计划不变,但最后还是没有结果。

10 月,苏方正式答复代表团:同意转让几种兵工生产的技术资料,帮助建设一些工厂。至此,双方算是达成了谈判协议。后来,徐向前说:"我兵工代表团在苏活动期间,总的说来,苏方还是友好的。他们对中国革命的胜利和我国人民的抗美援朝行动,持钦佩态度,愿意提供某些援助,加速我军的正规化、现代化建设。但是,他们也有顾虑。我看主要是怕和美国打仗;斯大林又怕中国变成第二个南斯拉夫,有些事情吞吞吐吐,缩手缩脚,办得很不痛快。……苏联人民的确是热情而友好的人民,他们的实际困难,我们完全应当体谅。"①

10 月下旬,莫斯科已是初冬景象,代表团启程回国。徐向前等人都没带大衣,火车进入满洲里后供暖停止,他又患感冒,引起肋膜炎并发症,高烧 40 摄氏度,在长春下车后就住进了当地的空军医院。

周恩来得知后,马上派卫生部傅连暲率医疗小组前来,不几天,把徐向前接回北京医院治疗。

这一次患病来的突然,病情很重,结果,徐向前从苏联回来后又休养了很长的时间。身体稍好后,主持了一段总参谋部的工作。1954 年 6 月,他出任中央军委副主席,分工负责空军和国土防空工作。

---

①徐向前:《历史的回顾》(下),第 804 页。

13. 全军“文革”组长

(1)

1967 年年初，全军“文革”小组组长刘志坚，因为被指为“刘邓路线的代表”被撤销了职务。1 月 6 日，代总参谋长杨成武打电话给徐向前夫人黄杰，说有要事找徐向前谈，但来她家不方便，要徐向前和黄杰立即去总参谋部五所去谈。

徐向前赶去五所后，杨成武向他们传达了毛泽东的指示：由向前同志担任全军“文革”小组组长。徐向前有些吃惊，沉默一会儿说：“我多年有病，身体不好，对干部情况不了解，请转告毛主席，这个工作我干不了！”

杨成武说：“不行啊，这是江青提议，毛主席批准的。”①

徐向前听到是江青的提议，更加奇怪了，对杨成武说：“我的确干不了，你还是把我的意见报告主席吧！”

杨成武很为难，说马上要去开会，便夹起皮包，匆忙告辞走了。

徐向前回家后，反复琢磨，也理不出个因由来。他与江青平时没有什么来往，只是当年在延安柳树店和枣园养病时，偶尔和她见面时打过几次招呼。即使毛泽东找徐向前谈工作时，她也很少在场。现在江青提议徐向前当全军“文革”小组组长，徐向前不知她为何推荐自己，想来想去，觉得既然毛泽东主席已经决定了，再推辞也不太好，只好答应下来了。

后来，他见到毛泽东，当面还是表示自己干不了，请主席另选贤能。毛泽东说：“天塌不下来，你就干吧！”②

---

①徐向前：《历史的回顾》（下），第 821 页。

②徐向前：《历史的回顾》（下），第822 页。

1月10日,江青派人给徐向前送来了全军"文革"小组名单及改组军委"文革"的通知,征求徐向前的意见。徐向前阅后提出了三条意见:

一、新的全军"文革"未组成前,是否请"中央文革"出面,先与各派群众代表座谈,交代一下政策。

二、要讲革命性、科学性、纪律性。军队搞"文化大革命",不要党的领导不行。尤其是海、空军,担负保卫海空防的任务,要随时准备战斗,指挥失灵了不好。现在有些机关干部,要求成立"战斗组织",机关如果形成几派,就不好办了。

三、部队中哪些人是"牛鬼蛇神",建议在适当范围内讲一讲。北京军区抓了廖汉生,又要抓杨勇、郑维山,空军也把王辉球、成钧、常乾坤抓走。这个问题应研究解决,否则大家没有底。

这时候徐向前总的想法是部队的"文化大革命",要有党的领导,要保持军队的稳定,不能像地方上那样搞。

11日,江青又送来正式通知:全军"文革"小组名单已经"军委通过,中央批准"。

12日,新的全军"文革"小组正式成立,徐向前为组长,江青为顾问,萧华、杨成武、王新亭、徐立清、关锋为副组长。办公地点在三座门。

(2)

徐向前走马上任后,各地造反派掀起的夺权浪潮,波及全国。林彪鼓吹对军队领导干部要普遍地"烧",还说:"真金不怕火炼,不是真金烧掉了更好。"各军兵种和各大军区、省军区相继受到冲击,北京甚至出现批判萧华、杨勇事件。徐向前几次打电话找林彪。

但是,林彪都不见他。

徐向前实在憋不住了,1967年1月24日晚饭后坐车直趋林彪住地——毛家湾。

下车后,林彪的秘书领着徐向前直接去了会客室。

这时林彪、陈伯达正在交谈。徐向前坐下后,向林彪讲述了军队的混乱状况,说:"军队要稳定,这样乱下去不行,要搞几条规定,如不能成立战斗组织、不能随意揪斗领导干部、不准夺权等。"

林彪连连点头,说:"是的,军队不能乱,我同意军委发一个文件。"当即他口述,秘书记录,整理了七条意见。

接着,他的秘书说:"请叶、聂来研究一下。"

陈伯达便起身告辞。

叶剑英和聂荣臻来后，都表示赞成这七条意见，最后几人确定由叶、聂和徐再去钓鱼台征求“中央文革”小组的意见。

去钓鱼台之前，徐向前特意打了一个电话给陈毅，请他也一起到钓鱼台去开会。

他们来到钓鱼台时，“中央文革”小组的人都在，陈伯达也在。他们把周恩来也请来了。在会上，徐向前先向大家讲了起草这个文件的因由，并让人念了文件内容。最后，林彪的这个意见，经大家反复讨论后获得了通过。

谁知江青坐在一个角落里说：“向前同志老了，不能工作了！”①

陈伯达急忙把文件塞到徐向前的口袋里，说：“已经通过，你快点走吧！”

徐向前便起身告辞，又将文件送到林办。当他回到家里时，已经是次日凌晨四时了。

随后，这七条意见又送到了毛泽东那里审批。毛泽东提议交在京西宾馆开会的各大军区负责同志讨论一下，征求他们的意见。

在讨论中，鉴于昆明军区曾反映有的高干子女参与抄民主人士的家，影响不好，建议增加一条严格管教子女的内容。徐向前采纳了，于是“七条”变成了“八条”。

1 月 28 日下午 5 时，林彪和徐向前一起去中南海，将八条意见送毛泽东审批。毛泽东完全同意，当场批示：“所定八条，很好，照发。”

林彪拿到批示后，说：“主席，你批了这个文件，真是万岁万岁万万岁啊！”②

徐向前和林彪回到办公室后，中央军委立即以“军委八条命令”正式下达这份旨在稳定军队包括不准冲击军事机关在内的文件。

林彪是主张“真金不怕火炼”去“烧”的，为什么支持徐向前这么一个旨在稳定军队的八条意见呢？后来，徐向前解释说，林彪之所以支持这个稳定军队的文件，并且见毛泽东批准了这个文件称“真是万岁万

---

①徐向前：《历史的回顾》（下），第 828 页。

②徐向前：《历史的回顾》（下），第 829 页。

岁万万岁啊”,是“有自己的算盘。他是国防部长,主持军委工作,军权在握,军队大乱特乱,向毛主席交不了账,对他不利嘛!”①

(3)

1967年9月16日,因为“二月逆流”,徐向前经与叶剑英商量后,决定辞去全军“文革”组长,请求毛泽东免除这个组长职务。报告送到毛泽东那里后,10月16日,毛泽东批示:“我意不宜免除请考虑酌定。”

随后,林彪批示:“我完全同意主席意见,不要免除为妥。”②

但是,1968年10月,在八届十二中全会上,徐向前遭到黄永胜、邱会作等人的攻击,最后被弄得没法睡觉,头疼加剧,体力不支。他向黄永胜请假,说回去写检讨,黄永胜不准。

最后,因为“二月逆流”,黄永胜在会议简报中点了徐向前的夫人黄杰和聂荣臻的夫人张瑞华的名,说她们是“叛徒”。徐向前办公室党支部写了一份报告,请示如何批判徐向前和黄杰,周恩来批示:“不要搞得过于紧张。”

1969年1月3日,毛泽东在上面批示:“所有与二月逆流有关的老同志及其家属都不要批判,要和他们搞好关系。”

林彪只得批示:“完全同意主席的意见,希望徐向前同志搞好健康,不要制造新的障碍。”③

在党的九大会议上,选举时,1500名代表投票,徐向前得票最少,仅808票。会后,徐向前开玩笑说:“这次会议我得了五个鸡蛋(808)。”④

---

①徐向前:《历史的回顾》(下),第829页。
②徐向前:《历史的回顾》(下),第839页。
③徐向前:《历史的回顾》(下),第843页。
④徐向前:《历史的回顾》(下),第845页。

14. 徐向前与李先念的遗嘱

粉碎“四人帮”后，徐向前担任国防部长。

1990 年 9 月 21 日，徐向前走完了他 88 年的人生道路。

在他重病期间，老战友李先念到医院来看望。徐向前把自己想了很久的意愿告诉老战友，坦然说了自己的遗嘱：“一是不搞向遗体告别；二是不开追悼会；三是把我的骨灰撒到大别山、大巴山、河西走廊和太行山。”

这个遗嘱，徐向前事先没与家人说过。

李先念听后，心情非常难过。

在场的徐帅子女和工作人员潸然泪下。然后，徐向前对子女们说：“我说不了多少话了，要说的就是那三条，这就是我对你们的遗言。”

徐向前逝世后，按照他的遗嘱，他的骨灰沿着他战斗的足迹撒在大别山、大巴山、河西走廊和太行山。

两年后，即 1992 年 6 月 21 日，李先念与世长辞。他生前也留下遗言，叫家人把骨灰撒在大别山、大巴山和祁连山。

他和徐向前一样，和战友们永远相伴在一起了。

第八章

「福帅」——聂荣臻

1. 一个“天性温和”的人

（1）

1899 年 12 月 29 日，聂荣臻出生在四川省江津县吴滩镇的石院子。

石院子原是一个王姓大地主的九重住宅，建筑古朴，但是很大方。聂氏祖辈由江西迁徙贵州，最后折转到了四川江津。这时王姓地主已经家道破落，石院子九重堂仅余三重，聂家买下后，就在此安居下来了。经过几代人，聂氏竟然成为了江津一个比较富有的大家族。

可聂荣臻出世时，聂家也已衰败。其父聂仕先只有十多亩地，小部分出租，大部分自己种。但是，由于家族纠纷，聂仕先只好把自己的土地卖掉，去租种地主的地。1909 年，地主收回耕地，他便与人合伙开了一个小染坊。

8 岁时，聂荣臻来到外祖父开办的私塾上学。但是，第二年，外祖母去世，外祖父守丧，私塾停办，聂荣臻便转到了孔德三塾馆就读。

塾师许亮臣性情暴躁，常常体罚学生。一次，聂荣臻冒雨护送一位脚痛的同学上学，迟到了。许老先生不由分说，对着他就是两大巴掌，打得聂荣臻两眼冒金星，踉跄倒在地上。

聂荣臻挨打后，回家也不敢跟父母说，谁知第二天半个脸肿起来了。父亲问明缘由后，气呼呼地找到许老先生说：“孩子有错，你骂得、打得，手板，屁股随你打，可为啥打耳门子？你看看，耳朵都灌脓了。”

许老先生脾气倔、架子大，打了学生不但不追悔，反而说聂仕先纵子要挟，最后说：“我教不了这样的学生，你退学吧！”

聂荣臻倔强地说：“退学就退学。”拉起父亲的手就走了。

随着年纪增大，聂荣臻也成熟起来。一年夏天，在外地上学的聂荣臻放假回家，把行李往自己家门口一放，跑去看望许老先生，走进塾馆伏地就拜，恭敬地说：“许先生，我看你来了。”

许老先生急忙扶起他，说：“打错你了，你是我的好弟子！”①

这是后话。

(2)

1913 年秋，聂荣臻转到插旗寺小学，不久又转到永川县陈食高等小学。

这个学校设在一个三官殿的大庙里，大庙四面排列着许多神像。庙小学生多，几乎没有回旋的空间。师生们纷纷要求去掉一些泥塑神像。但是，校长多次向庙会长老交涉，均遭到了拒绝。

次年夏天，新来了一位杨老师，家离得很远，学校又无空房可住。聂荣臻和几个同学商量把庙堂耳房腾出一间来给杨老师住。当夜，他们把房里的菩萨悄悄搬走，然后在门口贴上一张字条：“玉皇圣谕：天地水三官，即日当乔迁。”

次日清晨，全校皆惊，纷纷议论。有的说：“菩萨升天了。”有的说：“菩萨搬家了。”有的说：“既然是玉帝旨意，就应帮助三官殿菩萨搬家。”于是，大家把影响教学的菩萨全都打掉搬除。庙会长老们恼羞成怒，要求地方官清查。可是，查来查去始终没有查出结果，最后由校长出面，买了香烛作祭，送菩萨“升天”。此事就这样不了了之。

(3)

聂荣臻在陈食高小苦读两年半后，1917 年春转到江津县九如镇立高等小学，同年夏毕业后考入江津中学。

这是全县唯一的中学，也是在维新思想影响下创办的四年制中学。

1919 年五四运动爆发。聂荣臻和同学们一起在江津县举行游行集会，撒传单，贴标语，抵制日货。

---

①蔡仁照：《中国元帅聂荣臻》，中共中央党校出版社 1994 年版，第 27 页。

但是,商店的老板没把学生们的宣传放在眼里,照样卖日货。一天,聂荣臻和同学们搜查日货,把名气较大、又抗拒学生的乾坤泰商号里的日本货搬到了文昌宫封存,准备焚烧。

这一行动,轰动了整个江津。

第二天,聂荣臻等人继续清理日货时,忽然被三个女人拦住说:“你们是要买点啥东西还是要来搬东西?我们这些货都是日本制造的,也是拼着血本做买卖!我们这十多口人,就靠做点买卖糊口呀!”

聂荣臻打断她的话:“我们多次宣传,要求你们不购进日货,可是你们唯利是图,出卖民族、出卖国家。”

“求求你们,求求……”聂荣臻和几个同学的手冷不防被这些泼妇抓住了。

“你们这是干啥?快放开手。”

这些泼妇用身子挡着学生的路,喊着:“抢人啦,快来救人呀!”当同学们赶来解围时,附近商店里钻出一些不三不四的女人死缠着学生,学生们想走走不了,一时为难极了。聂荣臻果断地说:“同学们,我们先回学校去。”

随后,县长聂述文、驻军团长王天培召开学、商两界代表会。江津中学的代表中就有聂荣臻。王天培在会场周围布满荷枪实弹的士兵,企图压服学生。商人们要求赔偿经济损失,学生代表据理陈辞,寸步不让,坚决要求焚烧日货。双方相持不下。

这时学生们举行游行。队伍到达文昌宫时,同学们把封存的日货全部搬出,当众焚毁。

焚烧日货的第二天,团长王天培带着武装士兵来到江津中学。学校宣布开除领头的傅汝霖,对其余的学生代表,则准备在学期结束时开除或勒令退学。

暑假到来,聂荣臻与江津学生联合会的领导人草拟了一封公开信,号召同学们回家后广泛宣传,唤起民众,抵制日货,共赴国难。

暑假结束后,聂荣臻回到学校,反动势力对学生进行镇压。聂荣臻得信,连夜翻墙逃出。随后,他带着家里筹集的 300 块大洋,踏上了去法国勤工俭学的路途。

有意思的是,在江津中学给聂荣臻的操行评语中,“言语”一栏为“不欺,温和”;“气质”一栏填写的是“天性温和”。这次抵制日货,可以说是聂荣臻读书时最大的一次行动。正是出于爱国心,他才有如此激烈的行为。若干年后,聂荣臻回忆这次斗争说:“宣传抵制日货无疑是正确的，但爱国运动的目标应该自始至终对着日本帝国主义，应该把商人作为说服争取的对象，动员他们一起参加抵制日货的行动。”①

2. 参加几十年革命：没受过伤，没被捕过

聂荣臻很早就参加革命，并且指挥过千军万马，南征北战，与其他元帅不同的是，他没受过伤，没被捕过，虽然历经危险但毫发无损。

(1)

1920 年 1 月 14 日，聂荣臻随其他勤工俭学学生一起抵达了法国马赛港。

他们来到法国后，因为语言障碍，上学、打工、生活面临诸多困难。聂荣臻先在蒙塔尔纪中学学习法文，因学校中国学生太多，不久转到了法国北方的德洛一所学校继续补习法文。经过半年多的时间，他的法语有了很大提高，便开始学习数理化课程。当年秋，他进入了胡乃尔中学学习。

在法国，聂荣臻认识了蔡和森、蔡畅、向警予、陈毅等人。

1921 年 9 月，蔡和森、赵世炎、陈毅等人发起占领里昂中法大学行动。聂荣臻正在克鲁邹钢铁厂做工。一日下班后，他收到巴黎勤工俭学学生代表大会通知，要求他赶往里昂，参加进占中法大学的斗争。由于通知迟到，结果，当他急匆匆赶到里昂时，斗争已经结束。两天前参加斗争的蔡和森、赵世炎、陈毅等人已被法国当局拘押在芒特吕克炮台

①蔡仁照：《中国元帅聂荣臻》，中共中央党校出版社 1994 年版，第 34 页。

的兵营了。

聂荣臻正不知咋办时得知中国驻法公使馆副总领事李骏也到了里昂，立即找上门，希望他能解救那些被关押的中国学生。

聂荣臻向李骏讲述了留学生们在法国忍饥挨饿的窘境，李骏对留学生的处境有所同情。

但是，此时法国当局已和中国公使馆决定把100多名“闹事”的留学生遣送回国，李骏也已经无能为力。但谈话中，他仍然希望聂荣臻去规劝蔡和森、赵世炎、陈毅等留学生“幡然悔悟，弃旧图新”。聂荣臻说：“学友们在押，我不能相见，更不能规劝。若先生要我规劝，那请给我开一张出入兵营的证明吧。”

李骏略微迟疑了一下，随即挥笔，给聂荣臻签署了一张通行证。

聂荣臻拿着这张通行证，顺利地进出兵营。

结果，他采用偷梁换柱的办法，三次出入芒特吕克炮台的兵营，巧妙地带出了赵世炎等三人。

遗憾的是，当他第四次带着通行证要进兵营时，蔡和森、陈毅等人已经被当局押送上了轮船，遣送回国了。尽管如此，聂荣臻本是参加进占里昂中法大学一员，却因为通知迟到而意外地躲开了被法国军警关押的命运。

（2）

蔡和森、陈毅等人回国了，进占里昂中法大学斗争的失败，使聂荣臻感到十分迷茫。

1921年11月底，他离开法国，前往比利时，进入沙洛瓦劳动大学补习班。次年考入该校化学工程系。

在这里，聂荣臻接触到了马克思主义、列宁主义。在沙洛瓦劳动大学，他天天泡在图书馆，借阅了《共产党宣言》、《共产主义运动中的“左派”幼稚病》、《国家与革命》、《共产主义ABC》等著作，并且结识了也在这里学习的刘伯坚。

刘伯坚是四川平昌县人。1921年，刘伯坚与周恩来、赵世炎等人在巴黎共同组建了旅欧中国少年共产党。聂荣臻与刘伯坚是四川老乡，又在同一个学校，无话不说，很快就成为了知心朋友。两人在一起时，经常探讨资本主义的弊端和社会主义的前景，分析各种思想和学说的优劣。1922年6月，刘伯坚转为中共党员。这时，经过反复地学习思考，聂荣臻急速向着马克思主义者转变。8 月,由刘伯坚和熊味耕介绍,聂荣臻加入旅欧中国少年共产党。

1923 年 2 月 17 日至 20 日,旅欧中国少年共产党在巴黎召开临时代表大会,聂荣臻出席大会。会议通过周恩来起草的章程,组织名称改为"旅欧中国共产主义青年团"。入团以后,聂荣臻和刘伯坚负责旅比利时团支部工作。不久,聂荣臻由赵世炎和刘伯坚介绍,加入了中国共产党。

几十年后,聂荣臻回顾这段历史说:"我在法国和比利时勤工俭学四年零九个月。这一段生活,在我的头脑里的烙印很深,因为这在我一生经历中,是完成世界观的根本转变,真正走上革命道路的起步时期。革命的起点是永远难忘的。"

1924 年 11 月,聂荣臻被党组织选调到莫斯科东方大学学习。三个月后,他被调到苏联红军学校中国班学习军事,并担任党支部书记。

(3)

1925 年夏,著名的五卅运动爆发,国内急需干部,聂荣臻奉命从苏联回国。9 月,他到达在广州的黄埔军校,担任政治部秘书兼政治教官等职。

聂荣臻从苏联回来的"红帽子",被右派分子们盯上了。

1926 年 3 月 20 日,聂荣臻乘船去广州,在江面上被人叫上中山舰,结果被扣押。由于蒋介石此时还不敢公开叛变革命,他被关押一天后释放。之后,陈独秀对中山舰事件采取退让政策,聂荣臻被迫离开了黄埔军校。

7 月,他担任中共广东区委军委特派员,参加北伐战争,10 月随北伐军攻入武昌城。

1927 年 4 月,蒋介石发动了四一二政变。聂荣臻从武汉赴上海,协助周恩来在中央军事部工作。

7 月中旬,中共中央临时政治局常委在武汉开会,决定发动南昌起义,派周恩来为前敌委员会书记。周恩来开完会后,指定聂荣臻、贺昌、颜昌颐组成前敌军委,聂荣臻为书记,先去江西九江,通知有关同志做好起义准备。

聂荣臻立即冒着酷暑赶赴九江。

7 月 20 日,在碰头会上,一些人情绪急躁,主张立即动手。聂荣臻说服大家,仍按周恩来的交待行事,等待党中央的最后决策,然后通知叶挺、贺龙把部队首先到南昌，然后去一个部队一个部队传达中央的决定。随后,他去马回岭组织第 25 师起义。

8 月 1 日凌晨 2 时，南昌城内响起了起义的枪炮声。由于布置周密,仅 5 小时,起义军就占领了南昌城。聂荣臻在马回岭第 25 师。下午，他看到周恩来按约定信号从南昌发来的一列火车，知道南昌已经行动了,便带领部队急速向南昌开进。

国民党第二方面军总指挥张发奎闻讯,急匆匆地乘火车赶上来,拉开嗓子喊:“我是总指挥,告诉你们团长,停止一切行动！”

聂荣臻对身边一名排长说:“让他们快走开,不然就朝空中鸣枪！”

排长喊了一阵子,张发奎还是站在车门不走。聂荣臻说:“开枪！”

枪声一响,张发奎吓住了,慌忙跳下车,不顾一切朝九江跑了,连车上的望远镜和手套都没来及拿上。

8 月 2 日黎明,聂荣臻到达南昌城。

由于路途劳累,天气炎热,进城时,他买了一个大西瓜,一下子吃了一多半。他找到周恩来的住地后,向他作了汇报。

周恩来说:“行动很成功！我没想到这样顺利,你们把 25 师大部分都拉出来了。”

随后,聂荣臻出任第 11 军党代表。

(4)

8 月 3 日,起义军开始南下。骄阳似火。部队马不停蹄地前进,与国民党追兵一路激战,造成严重减员。起义军在汤坑、流沙受到重大挫折后,一片混乱。周恩来正发着高烧,连稀粥也吃不进,有时还烧得神志不清。聂荣臻赶到流沙后,与叶挺始终跟着周恩来。

最后,他们只剩下三个人,只有一支小手枪。随后,在当地党组织负责人杨石魂协助下,四个人,再加上船工,一叶扁舟在海上颠簸了两天一夜,到达了香港。

随后,杨石魂与广东省委取得联系,几人把周恩来安置到九龙一处住所治病。

一天,叶挺和聂荣臻化装成老百姓,去广东省委机关接头。省委机关的人见他们衣衫褴褛，不知道是什么人。而他们忘记了向杨石魂问接头的暗号。结果,没接上头,两人只好找了一家小旅馆住下,出去买些衣服用品。

这时聂荣臻身无分文,叶挺却带了很多百元一张的港币。两人穿着破烂,来到一个店子,店伙计见他们手持大票,瞧瞧他们说:“是假票!”

叶挺一听很生气，当场把这张百元大票扯了，又拿出一张百元大钞,对方惊呆了。聂荣臻立即拉着叶挺走人,边走边说:“老总啊,你这个态度不好，人家一看你这样大方,100 块钱随便扯了，会引起怀疑的。”

他们又换了个店铺,买了一身衣服。不久与省委接上了头。

过了半个月，党中央通知周恩来到上海参加临时中央政治局扩大会议。11 月初,聂、叶送周恩来从九龙乘船赴沪。随后,聂荣臻被分配到广东省委军委,负责省委军委的日常工作。

(5)

1927 年 12 月,聂荣臻参加广州起义失败以后,与恽代英、叶剑英等人相继到达了香港。

这时报纸上每日都有中共党员被捕的号外新闻。聂荣臻以报社记者身份为掩护，和广东省委其他人分开住宿，有事了就临时通知一起去开会。

一天,聂荣臻搬家了,把新住址写在一张小纸条上,交给省委秘书长,以便联系。他刚刚离开省委,广东地区的一位农民协会的党员就赶到了香港,找省委联系。

孰不知他身后带了一条“尾巴”。

他刚同省委接上头,一群特务就围上来了,省委机关被敌人破获,聂荣臻写的那张小纸条也落到了敌人手里。

这时聂荣臻还不知道。傍晚时分,他与叶剑英等人研究完工作,立即回住处去。在门口,他看见雇请的阿姨正往楼下搬行李,十分奇怪,正想开口问她怎么回事儿，前面走过来几个形迹可疑的人。他立刻预感这些人就是特务,话到嘴边赶紧咽了回去。

那位阿姨也看到了聂荣臻,暗中眨了一下眼睛,然后重重地把行李摔到地上。聂荣臻明白了,马上像路人似的往前走去。

结果,敌人没发现他。

与他同室居住的省委委员杨剑英却没这么幸运。先聂荣臻回来,结果被特务正拦在屋子里。特务在他们的住处翻箱倒柜，除在聂荣臻的房间发现一张南昌起义后的东江地区地图外，也没找到什么可疑的东西。敌人审问杨剑英："你说你不是共产党，这地图是哪里来的？"

杨剑英会说广东话，机警地说："这张地图是我在东江打仗时留下的。我原来在广西军队。前天才到香港，地图是我随身带来的。"

小纸条上的名字与杨剑英确实不相符，敌人们也没有更多的证据，便把他放了。

三天以后，杨剑英与聂荣臻见面了。聂荣臻说起当时从门口经过的情景，杨剑英大吃一惊地说："你真行呀，军委书记。那会儿，你要是真闯进屋，那我们一起去蹲大牢吧！"

两人都幸运地逃过了一场风险。

（6）

1930 年 1 月，聂荣臻调任中共顺直省委组织部长、省委常委。4 月底，他到北平布置地下党"五一"撒传单的事。

他找到北平市委书记胡锡奎，把自己写的一份稿子交给他，请他想办法油印，在"五一"时散发。

第三天，聂荣臻按计划去取传单，结果发现胡锡奎脸上青一块紫一块，一只胳膊还用白绑带挂在胸前，忙问他怎么一回事，胡锡奎一声苦笑说："老聂呀，我带着你写的这份东西进了公安局。"

聂荣臻吓了一跳："我写的那东西惹的祸？"

胡锡奎说："你猜怎么着？敌人连看都不看它呢！"

原来，胡锡奎视力不好，高度近视。那天黄昏，他去找印刷地点时敲错了门，别人误认为他是小偷，抓到公安局。警察也把他看作小偷，既没搜身，也没审讯，棍棒和拳脚教训一顿，关了一天后就把他放了。

聂荣臻听他讲完自己的经历，开玩笑说："老胡，你真是糊里糊涂进去，又糊里糊涂出来。干脆，就叫'胡地涂'吧！"

（7）

1931 年 1 月，聂荣臻在上海被党中央任命为中央军事部参谋长。7 月，在中央负责的李立三命令他去江苏镇江策划起义，成功后再率部攻打南京，交代说："医院有一批伤兵，被我们争取过来了。另外，听说还有一股土匪可以争取。”

聂荣臻带着中央军委两名懂无线电发报的人员，一起出发了。

三人来到镇江，分开住在两个旅馆。然后，聂荣臻去找镇江县委书记联络。谁知扑了一个空。聂荣臻人生地不熟，决定先熟悉一下当地情况，便找到一家书店，买了一张地图，了解镇江各地的地理位置，以便起义打仗用。

天快黑的时候，他回到住宿的旅馆。刚上楼，忽然看见楼道上有几个形迹可疑的人，立刻在楼道转一圈，就匆匆地离开。

从旅馆里出来，天已经黑了。聂荣臻觉得再去住旅馆太危险，再到哪里去呢？忽然，他看见前面一个澡塘里灯光明亮。镇江的澡堂特别多，而且是通宵开放。聂荣臻于是决定去洗澡消磨时间。

他走到澡堂门口，买了一张票。

谁知聂荣臻在澡塘躺了两个钟头，老板就来查问。聂荣臻只得起身，然后再找一个澡塘，泡了一阵子，这家老板也发现了他，催他走人。结果，聂荣臻来回换了三个澡堂，才熬到天亮。事后，他见到同伴说：“整整洗了一夜的澡。”

这一夜澡也把聂荣臻洗明白了：武装起义决非儿戏，仅仅靠一批伤兵和土匪，没有骨干力量是不行的，南昌起义基础那么好，结果还是失败了，广州起义，也是有工人赤卫队等武装，也失败了。镇江举动暴动是不可行的。于是，他坐火车返回了上海。

到上海后，聂荣臻才知道同去的两人还没回来，连水也没喝一口，又急匆匆赶去火车站返回镇江。到达镇江车站，报纸上就刊登了镇江县委机关被敌人破获、县委书记被捕的消息。聂荣臻急忙去找两个同伴。正巧，他们正在旅馆等聂荣臻，于是三人一起返回了上海。

聂荣臻把两赴镇江的情况报告李立三时，李立三十分恼火，说：“不相信镇江的革命形势如此糟。”之后特意派人到镇江了解，获悉镇江县委机关确实被敌人破获后才无话可说。

(8)

聂荣臻的名字是父亲聂仕先翻书起的，取意于“百福骈臻得双全”，按家谱排是“荣”字辈，所以叫“荣臻”，字“福骈”，意思是“福寿”双全。聂帅“荣臻”这个名字用了一生，从来没有改过。在晚年的时候，他说：“自己打了一辈子的仗，没受过一次伤；搞过地下工作，没被捕过。算是命大福大之人。”①

后来人称他为“福帅”。②

3. 与林彪的搭档关系

1932 年 1 月,聂荣臻从上海辗转到达了中央苏区,担任红军总政治部副主任,3 月被任命为红一军团政委,此时军团长为林彪。聂比林大八岁。

聂荣臻同林彪先后共事三次,累计不到五年。两人分别担任党职、军职一把手,但始终未能成为至交,最后分道扬镳。聂荣臻曾回忆说,林彪“平时又是一个不爱讲话的人,和他共事,推心置腹地交换一些意见,有时感到困难。往好处想他,这个人似乎很深沉,往坏处想他,又觉得他很阴沉而又有些鹰鸷。”③

由于这种性格,两人不免发生矛盾。

(1)

聂荣臻与林彪两人共事不到 40 天,就发生争执。

1932 年 4 月,红一军团攻占了福建第二大城市漳州。林彪下令部队进行补充。为了筹集军费,有的战士把不交款的人拉到大街上拷打示众。聂荣臻反对这种不讲政策的做法,但是军团长林彪支持,并且说:“我们要不要钱?没有钱就不能打仗。”

聂荣臻大声地说:“我们不光要钱,还要政治。如果我们把政治影响

---

①程世刚:《十大元帅取名改名趣闻(八) 聂荣臻:百福骈臻得双全》,原载《党的建设》2008 年第 12 期。

②周海滨:《家国光影——开国元勋后人讲述往事与现实》,人民出版社 2011 年版,第 57 页。

③晓亮、文军编:《十大元帅之谜》(下),第 164 页。

搞坏了,你筹到再多的钱,也是没有意义的。”①

结果,林彪见聂荣臻发火了,没再吭声。

两人在沉默中结束了第一次争论。由于聂荣臻发火,部队之后杜绝了只顾弄钱、不讲政策的倾向。

在以后的共事中, 聂荣臻后来回忆说:“在江西打仗时, 一直到1934 年长征,我同他没有多大分歧。我有个原则,就是非原则的问题不多争论,还是要搞好团结,但是原则的东西就不能让步。……那时候我觉得他比较纯洁一点,没有什么世故,打仗还肯动脑筋。”②

(2)

但是,这并不是说林聂之间就没有分歧了。

1934 年 10 月 25 日,红军长征从赣南进入粤北,通过敌人第三道封锁线时,中央军委命令红一军团抢占九峰山,掩护大部队行动。林彪主张走大路,突过乐昌。聂荣臻反对这么做,说:“一军团跑过了乐昌,后面还有中央和军委纵队, 一军团不占领九峰山, 敌人就有可能把后面的部队截断。”

林彪说:“广东军阀的部队还没到乐昌, 我们完全可以避开九峰山。”

他认为林彪此举置掩护中央纵队安全于不顾,说:“敌人乘车,我们步行,很可能我们赶到乐昌时,敌人已经抢先到达。即使我们前卫部队赶到敌人的前头,但中央纵队是绝对过不去的!”坚决主张执行中央军委命令。

结果,两人发生激烈争吵。③

军团参谋长的左权见两人吵得激烈, 建议派人前去侦察一下。结果, 红一师陈光师长亲自带人前去侦察, 发现乐昌大道上已经看到敌人,情况十分危急。当他们返回来时,军团部到达了麻圩坑。这时,林彪

---

①晓亮、文军主编:《十大元帅之谜》(下),第 166 页。

②《聂荣臻年谱》,人民出版社 1999 年版,第 86 页。

③朱少军、王晓阳:《长征开路先锋,聂荣臻与林彪搭档》,原载人民网。

看见村口有一条电话线，叫参谋接上，结果对方是正在向乐昌行进的敌民团。民团团长回答：“邓龙光(粤军)3 个团已经占领乐昌，其中一个团正在向九峰山开进。”

林彪得知粤军已派兵向九峰山开进，马上丢下电话，对红 4 团团长耿飙下令立即出发要不惜一切代价占领九峰山。

耿飚后来回忆说：“林彪一听敌人已经向九峰山行动，汗都下来了，因为事先军委曾令一军团控制九峰山制高点，林彪因为当时乐昌还没敌情，就没有下决心执行。他急忙摔下电话，直接对陈光师长和我下令说：‘快！耿飚他们那个团能跑，你们要不惜一切代价上九峰山。立即出发！’”①

红 4 团终于抢先登上了九峰山，保证了后面大部队的安全。

随着在一起时间长，聂荣臻对林彪更加了解了，除了“觉得他年青，世故不多，打仗还肯动脑筋”外，还“个人英雄主义突出，从不接受批评，更不肯自我批评”。

(3)

1935 年 1 月遵义会议后，毛泽东重新领导红军。为了甩掉敌人的围追堵截，毛泽东四渡赤水，巧出奇兵，调虎离山，巧渡金沙江。部队多走了一点路，疲劳一些，但蒙蔽了敌人，使得敌人对红军捉摸不透，红军由被动变为主动。但是，林彪认为尽走“弓背”，不走捷径，是走冤枉路，对这种高超的指挥艺术不理解，甚至说：“这样会把部队拖垮，像他这样还行?！”

聂荣臻说：“我不同意你的看法，我们好比落在了敌人的口袋里，如果不声东击西，高度机动，如何出得来？”

但是，林彪并没听进去，在会理休整时带头搞了一个小风波。

一天，他突然给彭德怀打电话：“德怀同志，现在的领导不成了，再这样下去，就要失败。你出来指挥吧，我们服从你领导，你下命令，我们跟你走。”

①耿飚：《耿飚回忆录(1909—1949)》，第 183 页。

他说完这话立即遭到了彭德怀的斥责。

此刻聂荣臻正在林彪身边，马上批评说：“你怎么可以指定总司令撤换统帅？如果你擅自下令部队行动，我也可以用政委的名义下指令，部队可以不执行。”①

然而，林彪还是没接受聂荣臻的批评，几天后又给周恩来、王稼祥等人写信，要求毛泽东下台，并且要聂荣臻签字。聂荣臻拒绝了，再次劝他说：“革命到了这样紧急的关头，你不要毛主席领导，谁来领导？你刚参加了遵义会议，现在又来反对遵义会议，你这个态度是不对的。你应该相信毛主席，只有毛主席才能挽救危局。”②

5 月 12 日，中央政治局在会理县城郊外一个叫铁厂的地方召开政治局扩大会议。除政治局委员外，彭德怀、聂荣臻和林彪都参加。毛泽东对林彪的活动进行了严厉的批评，说：“什么弓背路、弓弦路？乱弹琴。你林彪是个娃娃，懂得什么？！”③

（4）

红一、四方面军会合后，1935 年 6 月 26 日，中央在两河口召开政治局会议。张国焘凭借人多枪多，无理要挟中央，不愿执行会议决定，准备把聂荣臻和林彪调离红一军团，让聂荣臻到红 31 军当政委，林彪到另一个军当军长。

聂荣臻得到这个消息后，对林彪告诫说：“我们要注意张国焘想把我们吃掉。”

林彪突然板起脸说：“荣臻同志，这是什么意思？你这是搞宗派主义。”

在此之前，张国焘私下请彭德怀、聂荣臻吃饭，进行拉拢，引起了聂荣臻的警惕。此刻聂荣臻对林彪说：“张国焘和中央的思想一贯不一致。我们应该时时警惕。我觉得这不是宗派主义，这是路线问题。”

---

①蔡仁照：《中国元帅聂荣臻》，第 190 页。

②晓亮、文军主编：《十大元帅之谜》（下），第 169—170 页。

③蔡仁照：《中国元帅聂荣臻》，第190 页。

林彪拍了一下桌子,“什么路线问题,你说他路线不对,那么,他为什么有那么多人呢?我们才几个人?一方面军才有 2 万多,他有 8 万多。”

聂荣臻反问他:“人多就正确吗?蒋介石的人更多哩,难道蒋介石的路线更正确吗?”①

林彪哑口无言了。

(5)

1936 年 5 月,东征结束后,党中央调林彪到红军大学当校长,任命左权为红一军团代理军团长,聂荣臻仍任政委。分别前,林彪对聂荣臻说:“我们在一起搞了好几年,现在要分手了。过去我们之所以发生分歧,你是从组织上来考虑的,我是从政治上考虑的。”

聂荣臻回答说:“你这个说法不对。你把政治上和组织上绝对对立起来,完全不对头。我们之间争论的许多问题,都是政治问题。你现在要走了,现在又扯这些问题,扯几天也扯不清。还是等以后再慢慢扯吧。今天我们主要是欢送你。”②

(6)

1937 年,全国抗战爆发后,林彪和聂荣臻再次搭档,先任副师长,后为师政委,与林彪共同指挥了平型关战役。对于平型关歼敌的数字,当时公布歼敌 3000 多人。但是,后来聂荣臻写回忆录时平型关的歼敌数字比原公布的要少,只有 1000 多人。③

1937 年 10 月,聂荣臻率 115 师独立团、骑兵营、八路军总部特务团、各地工作团等约 3000 人,留敌后开创晋察冀抗日根据地;11 月 7 日任晋察冀军区司令员兼政治委员,与林彪分手。

---

①蔡仁照:《中国元帅聂荣臻》,第 210 页。

②晓亮、文军主编:《十大元帅之谜》(下),第 169—170 页。

③此事首先为萧克将军发现。见萧克:《在纪念聂荣臻诞辰 95 周年座谈会上的发言》。

（7）

1949 年 1 月，党中央决定由林彪、罗荣桓、聂荣臻组成平津战役总前委。聂荣臻与林彪再次共事，开始了第三次合作。

在解放军歼灭新保安、张家口之敌后，傅作义的西逃之路完全被斩断，北平已处于包围之中。同时，北平地下党提供情报：傅作义在严峻的局面下，可能会考虑和平谈判。在此情况下，聂荣臻提出通过谈判来和平解放北平。

聂荣臻先同罗荣桓谈了这个想法，罗荣桓表示赞同。随后，三人在作战室研究完攻打天津后，聂荣臻说出和平解决北平的想法：“只要我军打下天津，傅作义的逃跑道路就被完全切断，这样就有可能迫使傅作义和平解决北平问题。”

林彪听后，却说：“你的想法很好，不过很可能是一个很美的幻想，是不可能实现的。”

聂荣臻解释说：“在平津地区，我军占绝对优势。北平工事不强，守敌又如惊弓之鸟，如果在进行大量工作之后，傅作义仍拒绝和平，我们掌握着主动权，随时可以打。何况胜利后的建都问题，党中央已初步选定北平。”

“和平谈判根本是幻想，最终还是要靠打来解决问题。”林彪仍固执己见地说，不相信傅作义会走和平之路。

尽管聂荣臻再解释，林彪还是摇头。眼看两人争执下去，也无助于解决问题，聂荣臻单独向毛泽东发电报，提出了争取和平解放北平的建议。

毛泽东回电表示完全同意。

聂荣臻把毛泽东的回电给林彪看了，他才没再反对了。

但是，在“文革”之后，保存平津战役全部档案的中央档案馆唯独少了聂荣臻签名发出的这份电报。①

---

①蔡仁照：《中国元帅聂荣臻》，第 416 页。

（8）

新中国成立后，在庐山会议后，林彪出任国防部长，聂荣臻是中央军委副主席，两人一起接触也不少。

1968 年 3 月 22 日，林彪制造“杨余傅事件”，打倒杨成武后，聂荣臻打电话问叶群：“你们说杨成武的黑后台究竟指的是谁？”

杨成武是从红军时期到晋察冀都是聂荣臻的老部下。

叶群回答说：“这件事没有点名嘛！”

随后，聂荣臻又找到林彪，问他道：“杨成武究竟有什么问题，为什么要把他打倒？”

林彪打倒杨成武，就是把矛头指向聂荣臻。4 月 1 日起，该发给聂荣臻的一些文件、电报都被停发了。聂荣臻对秘书说：“不管他，文件他们爱发不发。‘杨余傅事件’究竟是怎么回事，我还弄不清楚，我也不知道谁是‘黑后台’！”

4 月 7 日，聂荣臻给毛泽东写信说明真相，并要求面见毛泽东。

10 日，周恩来的秘书打电话告诉聂荣臻说，毛泽东在聂荣臻写来的信上批了十六个字：“荣臻同志，信已收到，安心养病，勿信谣言。”

不久，毛泽东见着聂荣臻，当面对他说：“如果讲杨成武的后台，第一个是我，第二个才轮到你。”①

4. 彝海结盟，是聂荣臻与刘伯承共同实施的

1950 年，刘伯承曾对时任西康区区委书记的廖志高说：“要做好少数民族工作，少数民族对中国革命是有贡献的。当年与小叶丹结盟是我们重视民族工作的结果。彝海结盟是报告了中央决定的。如果不结盟，再推迟三天，蒋介石的重兵就调到大渡河堵住我们，就有可能是石

---

①蔡仁照：《中国元帅聂荣臻》，第 521 页。

达开的下场了。”①

而彝海结盟，就是红军先遣队政委聂荣臻和司令员刘伯承共同实施的。

1935 年 5 月 20 日，聂荣臻和刘伯承率红军先遣部队来到冕宁县泸沽镇。这里去大渡河有两条路：一条是经冕山、越西到达富林，这是大道；另一条是经冕宁、彝族地区到达安顺场，这是崎岖难行的小路，当年太平天国首领石达开就是走这条路在大渡河边全军覆灭的。

随后，朱德来电令他们走冕山、越西之路。

听取冕宁地下党和侦察员的汇报后，刘伯承说：“看来敌人判定我们要从越西到达富林，把富林作为防守重点，我们从富林渡河，正遇敌主力，不易成功。走冕宁、安顺场这条小路，要过大凉山彝族地区，由于历代反动统治阶级尤其是国民党压迫少数民族，民族矛盾很深，要通过也不容易。”

比较而言，刘伯承认为走小路好。

聂荣臻表示赞同，说：“不管民族矛盾多深，我们党的民族政策感动他们，总比刘文辉好说话，建议军委改走彝族地区这条路吧。”

经过商量，他们决定发电报报告军委。但由于军委正在行军途中，电台联系不上。

走冕宁还是走越西，是一步关键的棋。红军前有堵敌，后有追兵，天上还有敌机轰炸，无论从时间还是力量对比，都不能走错一步，稍有差错，就会造成难以估计的后果。在同军委联系不上的情况下，聂、刘果断决定走小路。当晚，把部队带到了冕宁县城。

第二天上午，他们终于同军委联系上了。毛泽东等人同意了他们的建议和行动。

红军先遣队进了冕宁县城后，严格执行党的民族政策，视彝族为兄弟，秋毫无犯。从清朝末年到国民党，都是用“坐值换班”的方式，即扣押每个彝族村寨一人作为人质来统治彝族地区，冕宁县城监狱关有作为人质的彝族同胞近 100 人。聂荣臻、刘伯承把他们全部释放，并请他们喝酒、谈心，宣传党的民族平等团结政策，宣传红军是各族人民的军

①石仲泉：《彝海结盟过彝区》，原载《百年潮》2004 年第 9 期。

队。他们怕彝族同胞听不懂，用两根小木棍截成一样高低的两段，指指彝族同胞，又指指自己，形象地说明彝汉民族之间是平等的。

彝族同胞深受感动，都说红军对彝族好，是新汉人，回去后广为传颂。

5 月 22 日，红军先遣队到了冕宁大桥镇。在彝海边，聂荣臻、刘伯承与彝族果基家族首领果基约达谈判。他们的诚恳使果基约达很快就信任了红军，主动提出要与刘伯承结拜为兄弟。

两人决定入乡随俗，按当地彝族的习俗，由刘伯承与果基约达杀鸡饮血，结拜兄弟。然后，刘伯承把随身带的一支左轮手枪和几支步枪送给果基约达，果基约达把自己骑的一匹骡子送给刘伯承。刘伯承和聂荣臻还赠送一面红旗，上书“中国夷民红军沽鸡支队”，任命果基约达为支队长。

第二天早上，红军先遣队向安顺场进发，果基约达送红军到擦罗。离别时，刘伯承和聂荣臻又赠送果基约达一些枪支，拜托他一定要把全部红军安全送过彝区。果基约达指派其弟果基尼迫和沙马尔各惹等，昼夜奔忙，12 次往返大桥镇和筲箕湾，经过七天七夜，把红军全部安全地护送过彝族地区。

5 月 26 日，毛泽东和朱德等人到达大渡河安顺场。毛泽东问刘伯承和聂荣臻：“诸葛亮七擒七纵才取得了孟获的信任，你们是怎样在这么短的时间里就获得了果基约达的信任呢？”

两人回答说：“我们是用党的民族政策去感动他们的。”

“你们真的喝了血酒？”

“喝了。”

“你是跪着喝的吗？”

“是跪着喝的。”

“你先跪的呢？还是果基约达先跪的？”

“我先跪，这样才能使他相信我们呀！”

毛泽东还饶有兴趣地问：“彝族跪，是左脚先跪，还是右脚先跪呀？”

两人又作了回答。[1]

---

①武精华：《在纪念聂荣臻元帅诞辰 95 周年座谈会上的讲话》，原载周均轮、陈克勤、强焕文编：《聂荣臻百年诞辰纪念文集》，解放军出版社 1999 年版，第 31 页。

红军顺利通过彝族地区，粉碎了蒋介石企图使红军重蹈石达开覆辙的美梦，对保证长征的胜利起到了关键作用。多数人知道刘伯承与彝族首领果基约达饮血结拜兄弟的事，却不知聂荣臻也是这个佳话的主角之一。

5.“那里是我的第二故乡。”

1990 年，91 岁高龄的聂荣臻与人谈到晋察冀根据地的斗争时，眼里闪着激奋的光，声音更加洪亮。他说：“从 1927 到 1949，22 年的仗，我在河北地区打了 11 年。那里的山川，那里的人民，我永生难忘。那里是我的第二故乡。”①

（1）

1937 年 11 月，聂荣臻被党中央任命为晋察冀军区司令员，以五台山为中心，建立晋察冀抗日根据地。

次年 1 月，晋察冀边区准备召开军政民代表大会。五台山上有不少和尚、喇嘛，他们有不有代表权呢？大会筹备处出现争论，一种意见认为和尚、喇嘛是出家人，只会烧香念佛，不宜参与抗战议政之事；一种意见认为，应该给与他们代表权，把他们团结起来，共同抗日。双方的意见似乎都有道理，因此谁也说服不了谁。

聂荣臻知道这件事情后，特地来到了筹备处。

聂荣臻说：“和尚、喇嘛也是中国人，他们虽然出了家，但并没有出国。在民族革命统一战线之中，我们应该和各民族各阶层紧紧携手，不分彼此，共同抗日。我们不能因为和尚、喇嘛的宗教信仰不同便把他们排斥在抗日的门外。”

他接着说：“一切不同信仰，不同民族，不同阶级的人们，应该有坚强的团结。只要谁不甘心当亡国奴，我们就团结他们共同抗日，不能存

①《聂荣臻百年诞辰纪念文集》，第 216 页。

有任何歧视的心理。我们要消灭各民族各阶层的隔阂，争取中华民族的彻底解放。”①

聂荣臻这番话，在五台山峦一座座寺院中传诵。

代表大会召开时，从来被列为“三教九流下等人”的和尚、喇嘛代表参加大会，非常感动。会后，不少年轻的僧人毅然脱去袈裟，穿起戎装，参加抗日，并响亮地喊出“我们出了家，但并没有出国”的口号。在五台山的僧人们也组织起来，执起刀枪，在山关隘口，为八路军站岗放哨，为过往的抗日武装提供给养。

（2）

聂荣臻在党内有一个“鲁智深”的绰号。这与毛泽东和白求恩有关。

1938 年 6 月，著名的国际主义战士白求恩来到了延安，要去参加中国的抗日战争。

毛泽东决定派他去聂荣臻的五台山，对他说：“中国有一部很著名的古典小说，叫做《水浒传》。《水浒传》写了鲁智深大闹五台山的故事。八路军出师华北后，聂荣臻领导的晋察冀军区司令部就驻在五台山。”

毛泽东还风趣地说：“五台山前有鲁智深，今有聂荣臻，聂荣臻就是新的鲁智深。”②

在去晋察冀的路上，白求恩向陪同人员详细询问了鲁智深的故事，对《水浒传》里的这位英雄敬佩不已。

来到五台山后，白求恩亲眼看到这个香火圣地燃起的抗日烈火，情不自禁地讲起他离延安时毛泽东特意讲的那一段话，一再称聂荣臻说：“你这个鲁智深，同《水浒传》里的鲁智深可不一样哟！鲁智深醉打山门，破坏寺庙，向和尚们耍威风；你保护寺庙，发动和尚抗日，新旧鲁智深大不相同！”③

---

①刘澜涛：《对聂荣臻同志的永恒怀念》，原载《聂荣臻百年诞辰纪念文集》，第 196 页。

②蔡仁照：《中国元帅聂荣臻》，第 256 页。

③刘澜涛：《对聂荣臻同志的永恒怀念》，原载《聂荣臻百年诞辰纪念文集》，第 204 页。

(3)

五台山是英雄的山。日伪报纸曾这样写道:“五台山岳地带为共产军在山西蠢动之策源地,更为向河北、绥远、平津诸地方实行赤化工作之根源”,是“共产军的总巢穴”。①

1938年秋,日本侵略军集中5万兵力,兵分25路,气势汹汹杀向五台山。在出发前,日军独立第四混成旅团联队长清水正一发誓要“荡平五台山”。

不料,他刚进至五台东南柏兰镇牛道岭,就被聂荣臻派参谋长隐蔽在山间的晋察冀军区直属队设伏,当场击毙。

清水是少将军衔,成为八路军首次击毙日军将官。随后,其部下将清水尸体装进棺材,抬棺“进剿”,让他“魂游五台山”。

聂荣臻指挥笃定,出奇兵,巧周旋,奋战两月。日军除在五台山周围留下几千具尸首,一无所获,“荡平五台山”成为黄粱一梦。而清水少将被八路击毙,却在国内外引起了较大反响。

(4)

华北山地多山沟沟。

初创晋察冀抗日根据地时,聂荣臻指示八路军部队“要把每一条山沟的工作做好。”他说:“山沟里的工作是很重要的。要站稳脚跟,要开展游击战争,每一道山梁,每一条山沟,都是我们的回旋之地,没有群众的支持,不用说别的,进山出山都十分困难。一定要下功夫把七沟八梁发动群众的工作做扎实。”

在房山、涞水、涞源交界处,有一个叫“野三坡”的地方,是一溜几十个小山村,在被大山隔绝的偏僻山沟里。有的山村只有几户人家,多的也不过七八户,他们一直过着与世隔绝、自给自足的生活。这里男人

---

①刘澜涛:《对聂荣臻同志的永恒怀念》,原载《聂荣臻百年诞辰纪念文集》,第204页。

不剃头，女人不裹脚，推举三位老人管理事情，几百年都是如此。[①] 在聂荣臻的指示下，八路军背起行装，踏着深山老林的羊肠小道，进入这些小山村。

“野三坡”的老百姓说：“就是燕王扫北的时候，也没有到过我们这儿。我们虽是中国人，可哪朝哪代的政府都不把我们当人看。只有八路军来了，我们才有了做人的资格。”不久，“野三坡”成了八路军可靠的抗日根据地。战士们在山坳里建起了后方医院，沟汊里造起了后方仓库。

在反“扫荡”斗争中，聂荣臻率军区机关就转战到这些深山沟里。他们一来，“野山坡”的老百姓们打来野味，像过节一样，招待官兵。

1941 年秋季，日军华北派遣军总司令冈村宁次，调集 10 万兵力，对太行山实行“铁壁合围”。聂荣臻指挥各路部队给日军以沉重打击后，率军区和边区党政机关万余人，与敌周旋，经过几天几夜的巧妙穿插，跳出包围圈，来到了一个名叫常家渠的小山村里。

常家渠仅有几户人家。它虽然靠着大道，却很隐蔽，四周群山相连，道路不熟的人很难进到里面。山村两侧大山对峙，中间仅露一线天空，敌人飞机难以侦察和轰炸。聂荣臻率领军区和边区机关隐蔽在这里。为了不暴露目标，大家分别隐蔽在山沟两侧的巨石下、草丛中，一律不烧火做饭，电台也停止联络。由于敌人封锁五台至阜平的大道，这一支万人大军在常家渠隐蔽了五天五夜，最后终于成功突围。

40 年后，聂荣臻对隐蔽常家渠的情景记忆犹新，回忆说：“这么一条小山沟，仅有几户人家，不说别的，近万人的吃饭就是个大问题。多亏我们平时的工作做得扎实，老百姓把能吃的东西都拿出来了，热情地对我们说：‘山沟里凡是可以吃的东西，同志们尽管吃。’常家渠的乡亲们，倒光了箱笼里的存米，掰尽了屋顶瓜秧上大大小小的南瓜，收尽了山腰上鲜嫩的苞米，刨光了房前屋后的地瓜。男女老幼背着、挑着、抬着、提着，送到战士们面前，塞进干部的手中。”[②]

---

① 刘澜涛：《对聂荣臻同志的永恒怀念》，原载《聂荣臻百年诞辰纪念文集》，第 205 页。

② 刘澜涛：《对聂荣臻同志的永恒怀念》，原载《聂荣臻百年诞辰纪念文集》，第 207 页。

(5)

1940 年一次军区会议后,聂荣臻司令员把二、三分区司令员赵尔陆和王平两人留下来,对他们说:“有一件事我想了很久,一直拿不定主意,想找你们两人商量商量。”

“什么事?”两人几乎同时问道。

聂荣臻笑笑说:“就是团职干部的婚姻问题。现任的团职干部,多半都是红军,年龄也不小了,谈情说爱、成家立业是人之常情嘛。可现在是战争年代,他们又都是前线带兵打仗的干部,一旦有了家,会不会分心,会不会拖后腿?所以,我想听听你们的意见。”

王平先说了自己的看法,认为这件事只要处理得好,不但不会影响工作,还能调动干部的积极性,激发他们的工作热情。

赵尔陆也同意这个观点。

聂荣臻思忖片刻,说:“既然这样,我们是不是可以重新作个规定!”

在此之前,晋察冀军区曾规定团以下干部不准结婚。经过一番议论,最后改为:年龄 28 岁以上的团职干部可以结婚。这就是后来部队“二八团”说法的来由。

他们临走时,聂荣臻再三嘱咐说:“以后干部结婚的事,你们定了就行了,但一定要严格把关,不要搞一阵风,要告诉下面的干部,千万不要把恋爱婚姻当儿戏,双方要有感情基础,捆绑不成夫妻。一旦结了婚,就不要随意离婚,不要朝秦暮楚。”言语中,充满关心爱护之情。①

在这方面,聂荣臻是榜样。他与张瑞华自 1928 年结婚后,一直相濡以沫。

(6)

1940 年冬,日军调集重兵对晋察冀根据地进行疯狂“大扫荡”。聂

---

①王平:《丰碑巍巍,英名长存——沉痛悼念聂荣臻同志》,原载《聂荣臻百年诞辰纪念文集》,第 120 页。

荣臻召集各分区负责人开会研究“反扫荡”。

在会议中，三分区司令员王平说：“司令员，我建议暂时取消骑兵营。”

此言一出，大家一惊。

因为这个骑兵营不仅是由聂荣臻亲自组建的，而且是毛泽东亲自指挥吴起镇战斗时打掉尾随的敌骑兵缴获的战马组建的骑兵营。聂荣臻对骑兵营感情很深，把他们带到了晋察冀。

王平继续说：“随着敌人蚕食和封锁的日益猖狂，筹集几百匹战马的口粮，已成为根据地人民的一大负担。况且，遵照中央关于开展敌后游击战的宗旨，部队大多数转移到山区，骑兵不仅不适应山地作战，而且目标太易暴露，已成为反扫荡的沉重包袱。”

聂荣臻沉思良久，最后批准了取消骑兵营的建议。会议决定将800多匹战马退役，分散到老乡去耕地。但是，聂荣臻还是保留了这支英雄部队的番号，并且扩建成无马的骑兵团，编入了三分区建制。

(7)

在晋察冀抗战的时候，为了加强医务力量，聂荣臻通过各种渠道包括从敌占区动员了许多有名望的医疗卫生专家到革命队伍中来。

一位名叫殷希彭的医生，早年毕业于日本帝国医科大学，回国后在北平当过医学院教授，是一位病理学专家，医术很精，学生遍布冀中。地下党做他的工作，希望他出来参加边区工作。经过一段时间，殷希彭同意来边区，但提出三个较为苛刻的条件：一、要一匹马代步；二不吃粗粮；三来去自由。

在军区会议上，负责动员殷希彭来的人员刚说出头两个条件，就有干部摇头说：“部队的马很缺，团长才配备，他怎么开口就要马呢？‘不吃粗粮’？边区的条件这么艰苦，我们的首长还吃粗粮哪！”

聂荣臻却说：“可以！再困难，这两个条件我们还可以做到嘛！”接着问道：“那第三个条件呢？”

汇报情况的同志说：“来去自由。”

聂荣臻问：“这条，你们怎么看？”

大家议论纷纷，有人说：“来去自由，这哪里像参加革命的样子！”

“我看也可以。”聂荣臻说，“我们共产党办事，一切要从革命的利益出发，从人民的利益出发。要晓得，一个好的医生加入革命队伍，成千上万的伤病员就会得救,就能重新走上战场消灭敌人。另外,我们这样做,不只是使个人能参加革命工作,同时,还会影响到更多的知识分子投身到革命事业中来,对革命事业做出贡献。这笔帐为什么不算一算?何况,他参加革命后,认识也会慢慢发生变化,这三条他很可能一条也不要了!”

果然,殷希彭投身革命后,他的许多学生闻讯也陆续参加革命队伍,部队的医务力量大大加强。后来,段希彭本人也主动撤销了自己提的三个条件,而且成长为我党的一名优秀领导干部。全国解放后,还担任过中国军事医学科学院院长、总后勤部卫生部副部长等职。

(8)

1942 年春,在日军连续“扫荡”和“蚕食”下,晋察冀边区进入极端困难时期,青黄不接,老天又久旱无雨,部队和群众遇到了严重的粮荒。

由于缺粮严重,有的老乡不得不背井离乡,出外逃荒,还一些老乡上山剥树皮碾成面面,以此充饥。不少战士昏倒在练兵场上。

一天,炊事员采来一篮嫩杨叶芽,拌上仅有的一点玉米渣渣,给聂荣臻蒸了一小盆“苦累”(把糠菜蒸在一起的代食品)。聂荣臻凝思片刻,叫住了炊事员:“这杨叶是从哪里采来的?”

“我们从山坡上的杨树林捋来的。”

聂荣臻眉头紧皱,突然发火了:“你们知不知道,老百姓早就断了顿,村里的群众就仗着这些树叶度荒,你们摘来,老百姓吃什么?”

然后,他吩咐炊事员:“把它端回去,送给机关的伤病员吃。”

接着,聂荣臻得知为了度荒,个别连队已经开始组织干部战士上山采摘杨叶、榆树叶,马上指示军区政治部起草一个训令:部队所有伙食单位,一律不准采摘杨叶、榆叶,也不准在村庄周围挖野菜,吃的东西要留给驻地群众……”

这个特别训令发出去后,在边区群众中引起不小震动。老百姓纷纷来到军区司令部请聂荣臻收回训令,说:“你们来之前,我们穷人没有吃树叶的权利,因为山上的树,都是属于地主的。八路军来了,减租减息,穷人才能上山捋树叶了。眼下闹饥荒,你们却不能上山捋树叶,这怎么行呢?”

“部队困难,人民群众的生活更困难。”聂荣臻说,“人民子弟兵决不与民争食。”[1]

之后,聂荣臻带领军民开展大生产运动。

由于军民团结一致,同甘共苦,灾荒很快就闯过去了。

（9）

1946 年 1 月，国共两党经过谈判颁发停止军事冲突命令，规定 1946 年 1 月 13 日 24 时生效。

但是,在停战令生效前,蒋介石派参谋总长何应钦飞到北平,指挥国民党军抢占华北战略要点，企图分割晋察冀与东北、晋绥三大解放区的联系,从东西两面对张家口构成进攻态势。1 月 10 日,敌傅作义部从东西两个方向向晋察冀解放区大举进攻。1 月 12 日,傅军分别侵占陶林与和林。

停战令生效第二天,傅作义又命令骑兵师抢占了绥东重镇集宁。

集宁被敌占领,直接威胁到张家口和绥东地区的安全。聂荣臻决心从敌人手中收复集宁。经过一夜激战,我军占领了集宁外围的阵地。16 日拂晓,聂荣臻命令向集宁发起总攻。

集宁守敌急忙向北平军事调处执行部告急。一名美国上校和一名国民党中校立即从北平乘飞机赶到张家口,与聂荣臻会晤。

美军上校见着聂荣臻就说:“贵军围攻集宁一事你一定知道吧？停战命令已于 13 日生效,贵军的行动如何解释呢？”

聂荣臻说:“停战令生效前,集宁是由我方控制,傅作义的新编骑兵第 4 师为什么要抢占集宁呢？”

美军上校说:“聂司令员,集宁的情况是我们大家都不愿意看到的。既然已经这样，请贵军派一人同我们一起飞往集宁，共同视察集宁的停战情况。”

这时我军尚未收复集宁,去视察集宁的停战情况显然要吃亏,聂荣臻说:“共同视察集宁,当然可以。但集宁是绥蒙军区所在地,由晋绥军区管辖,我们晋察冀军区不能直接管那里的部队。如果需要,我们可以

---

①刘绳:《聂荣臻在晋察冀》,原载《聂荣臻百年诞辰纪念文集》,第 213 页。

和晋绥军区联系,他们同意,晋察冀可以派人陪同你们视察。”

国民党中校马上表示反对,但被美军上校制止了:“聂司令,请你们赶快同晋绥军区联系。”

由于天色已晚,美军上校决定先回北平,与聂荣臻商定第二天再来张家口,前往集宁视察。

军调部的飞机刚起飞,聂荣臻立刻命令攻打集宁的部队发起强攻,务必在次日8时前歼灭集宁守敌,收复集宁。各部队接到命令后,从四面八方向敌人发起攻击,很快突入集宁城内,歼敌1200多人。

第二天,当军调部的飞机降落在集宁时,集宁又回到了人民手中。美蒋代表也无可奈何,只得扫兴而归。

(10)

1945年4月,敌傅作义四个摩托步兵师和骑兵师从保定出发偷袭石家庄。这个消息传出,华北军区司令员聂荣臻决定由晋察冀第二野战军司令员萧克去指挥,并告诉他说:“从北面调一个纵队南下,参加保卫石家庄战役,但要十天的时间才能赶到。”

萧克立即赶到石家庄,与当地党政负责人研究对策,制定军政后机关尤其是物资的撤退方案,且如何想方设法迷惑敌人。每日晚饭后,他和市长柯庆施故意到街上步行一圈,让老百姓传话,说军区和市政府没有撤离。同时,每天发出战报,说敌人到了什么地方,既安定人心,也迷惑敌人。

与此同时,从保定南到正定沿线,民兵纷纷出动,埋设地雷,构筑工事,层层设防。电台广播也进行大肆宣传,暗示我已有了准备,只待敌人来犯。

在迷魂阵面前,傅军前进缓慢。七八天后,山西的阎锡山派一个师到达正定,结果被野战军六纵全部歼灭,傅部才到沙河就缩了回去。

这次偷袭破产了。

1945年冬,萧克正在石家庄附近的华北军政大学开会,忽然接到聂荣臻的电话:“老萧哇,有情况了,傅作义又要袭击石家庄,兵力和上次一样,你马上去那里安排部署。”

萧克与柯庆施等人分析形势,认为这次要比上次更有利:正太线已为我所有,西面无顾虑,保定、石家庄一线的民兵比以前更强大,冀中就近调来的两个团部署在沙河、唐河,军政大学教导团在滹沱河。于是，他们照旧采取和上次一样迷惑敌人的办法，毛泽东亲自连写了好几篇新华社通讯稿对傅作义军发出警告。

结果,不到十天,傅作义再次退回去了。

事后，石家庄的老百姓和民兵们都说:“是聂司令指导我们把傅作义吓跑了。”

刘伯承说:“聂荣臻唱了一出空城计。”

聂荣臻听到后,只是笑笑说:“不是我,是老萧他们搞的。”

萧克说:“是你的战略决策的威力。”①

6. 提议和平解放北平的电报后来找不到了

1948 年年底,毛泽东决定发起平津战役,解放北平和天津地区。为此，党中央和中央军委令华北军区司令部与东北野战军司令部会合，要求聂荣臻迅速到平津前线司令部去。12 月 13 日,聂荣臻被任命为平津卫戍司令。

聂荣臻接到命令后，立即赶到在蓟县孟家楼村的平津战役总指挥部,与林彪、罗荣桓和刘亚楼等人会合。随即,震惊中外的平津战役打响了。

根据毛泽东“先取两头,后打中间”的部署,21 日,华北军区第二兵团猛攻北平守将傅作义的“王牌”第 35 军据守的新保安,只用一天多时间,就吃掉第 35 军,歼敌 1.9 万人,敌军长郭景云自杀。

傅作义被困在张家口之敌得知第 35 军被歼,仓皇突围。东北野战军第四纵队与华北军区第三兵团发起攻击，把突围之敌压缩在张家口以北一条不足 1 公里宽、10 公里长的山沟内。

此时天寒地冻,逃跑的敌人混乱不堪,解放军乘势猛攻,于 24 日晚将 5.4 万敌人全部歼灭，俘虏敌将级军官 13 名，张家口重新获得解

---

①萧克:《写给聂司令》,原载《聂荣臻诞辰百年纪念文集》,第 115 页。

放。至此,山西大同至北平的地域全为解放军控制,傅作义向西突围之路被堵住。

这时傅作义东逃必经的天津,也被东北野战军包围。若天津解放,傅作义东逃无路,即成为北平孤军。

这样,他就有可能被逼到走和平解放北平城的道路。

如果北平能够和平解放,是非常有意义的。

北平是一座历史悠久的古城,好几个朝代定都于此,城内颐和园、故宫、天坛、景山等都有着珍贵的历史价值,还有不少闻名中外的高等学府。如果战争解决,则可能毁坏城市。能够完整地保存城市,是解放北平中一项重大艰巨的政治任务,其意义非同小可。

聂荣臻认为可以争取傅作义和平解决北平问题, 一则他已经无路可逃,二则在石家庄解放后,他曾派代表秘密来到石家庄,同我党高层人士接触。聂荣臻便把这一想法告诉了罗荣桓,并提议:“对于傅作义的部队,在注重军事打击的同时,要加强政治攻势,我们应该努力争取和平解放北平,使这座历史悠久的古都不受到战火的摧残。”

罗荣桓觉得聂荣臻的想法很有道理。

聂荣臻继续说:“上万门大炮一轰,把北平城打个稀烂,一旦党中央决定定都北平,连个现成的住处都没有。”

但是,罗荣桓也担心说:“和平解放也不是一件很容易的事,傅作义不比曾泽生(长春起义将领),他有 50 多万部队呢。”

聂荣臻说:“保存古都,保护民族文化艺术,这是千秋之功。”

经过讨论,两人都认为用不流血的和平方式解放北平是一件好事,但傅作义肯不肯,却没有把握。有了罗荣桓的支持,聂荣臻决定与林彪谈一谈。

这一日,林彪、罗荣桓、聂荣臻三人在一起商量攻打天津的问题。方案确定后,聂荣臻说:“只要我们能漂漂亮亮地拿下天津,傅作义最后一条退路就切断了, 这样我们就可以迫使他就地放下武器, 和平解放北平。”然后详细地讲述了和平解放北平的可能性。

林彪听得很认真。聂荣臻讲完了,他却说道:“你的想法很好,但这只是幻想, 傅作义能把那么多军队随随便便地交给我们? 还是要靠靠枪杆子解决问题。”

聂荣臻说:“平津地区我们在军事上处于绝对优势,天津能打下来,北平也能打下来。北平的城墙虽然厚, 但工事不强, 守敌又是惊弓之鸟,好打。和平解放北平,就可以保存北平这个文化古都。”

但是,林彪对和平解决北平似乎觉得不太可能,没有进一步表态。

聂荣臻于是决定单独向毛泽东发电报，向党中央建议打下天津后争取和平解放北平。会后,他要作战处长唐永健起草了一份电报,其中详细分析北平内外的敌我形势，再提出和平解放北平的建议。电报拟好后,他仔细看了几遍,改了几个字签上名,让唐永健送到“聂台”发往西柏坡。

“聂台”是对华北军区司令部机要电台的简称。

电报发出后,聂荣臻每天都问唐永健中央有没有回电。很快,毛泽东回电了。毛泽东和朱德等人传阅了聂荣臻的电报,认为分析有道理。傅作义作为杂牌军,一直与蒋介石有隔阂,北平守军中有 20 多万人马是蒋介石的嫡系，如果天津解放，傅作义有可能在走投无路的情况下就地放下武器。因此,毛泽东亲笔签署了中央军委发给聂荣臻的回电，表示完全同意他的看法。

就这样,通过和平谈判成为解放北平的另一种选择。

聂荣臻收到毛泽东的回电,又拿给了林彪和罗荣桓看。但是林彪看了电报后,还是没有发表意见。

党中央和毛泽东最终决定和平解放北平，聂荣臻的意见起了很大的作用。

有趣的是,经过“文化大革命”,30 多年以后,中央档案馆保存的平津战役全部电报中唯独少了聂荣臻单独签名发出的这份电报。80 多岁的唐永健老人回忆起当年聂荣臻给西柏坡发送这封电报的情景，曾经在“聂台”工作的五名机要员也证明曾经发过这份电报。然而,它就是找不到了。[1]

---

①蔡仁照:《中国元帅聂荣臻》,第 416 页。

7. 代理总长的副总长

1949 年新中国成立时,聂荣臻被任命为中央军委副总参谋长。由于总参谋长徐向前在治病休养,1950 年年初,聂荣臻被党中央指定为代理总参谋长,主持总参谋部工作。从此,他步入了一生最繁忙的时期。

(1)

总参谋部在中南海居仁堂,是军机重地,堪称“白虎节堂”。作战部是总参谋部的核心部门, 值班室又是它最灵敏的重要部门。聂荣臻每天上午到居仁堂办公,通常先到作战值班室问一下情况。午后下班时,又到值班室看看再走。

一次,恰逢参谋王亚志值班。晚饭后 18 时半左右,聂荣臻下班时来值班室,推门进来,按惯例是参谋简单汇报一下新情况,但王亚志歪在沙发上睡着了。聂荣臻连声说:“下雨喽!下雨喽!”并用脚推摇他的脚。

但是,王亚志仍然未醒过来。

门外聂荣臻的卫士长李常海见状, 立即进来, 推摇王参谋的肩膀说:“醒一醒! 醒一醒! ”

王亚志睁开眼,惊愕地站起来。这时聂荣臻已转身出去,李常海急忙跟了出去,上车走了。王参谋意识到自己失职“闯了祸”,准备挨批评,受处分。

第二天,李常海跑过来,对他说:“怎么你睡得那样死? 聂总连说下雨喽! 又摇你的脚,也醒不来,太困了吧! ”

王亚志窘态满面地苦笑,无话可说。

在作战部的值班室睡觉了,紧急电话无疑要被耽误,这种失职的危害自不待言。于是, 王亚志就自己责任心不强写了一个检讨, 请求处分。但事后作战部部长李涛只批示:“以后要注意。”未作其他处理。

聂荣臻也未追究这件事。

这使得王亚志一直感到抱愧和内疚。

(2)

在居仁堂工作的人都知道聂荣臻平时很严肃,对工作要求严格。他看到谁军容不整,着装不合乎规定,夏天不穿袜子,办公室内外卫生不好,办公时间喧哗等等,都会当场批评,要求立即改正。

(3)

聂荣臻在主持总参谋部的时候,经常要到周恩来那里去请示、商谈事情。

周恩来总是超负荷运转,各种各样的会议和谈话紧密连接。受约来与周恩来谈话的人,来到他办公的西华厅,通常是按排定的顺序,前面的谈完,后面的立即接上去。聂荣臻来到西华厅,也得稍作等待。

周恩来的军事秘书郭英会一见到聂荣臻, 就招呼他到自己的办公室暂坐。然后,一边不断透过窗玻璃观察周恩来谈话的进程,一边不断接听外来电话。当看到前面的谈话结束,他请聂荣臻时,好几次聂荣臻已经睡觉了,他只好轻轻地唤醒他。[①]

(4)

1951 年 1 月 5 日上午 8 时,聂荣臻、李涛和苏联顾问沙哈洛夫,依惯例到作战室听取汇报。

沙哈洛夫大将一进来,就扬手连呼:“谢乌勒(俄语“汉城”之意)!谢乌勒!”对于 4 日志愿军解放汉城兴高采烈。结果,在会上,他只听了几句战况汇报, 就走到图表前, 指着图上说志愿军和朝鲜人民军各应向什么地方攻击前进,要聂荣臻按他的意见拟写一份命令发给前线。

聂荣臻听后,冷静地说:“下一步行动,首先要看彭德怀司令员的意

① 王亚志:《忆聂帅二三事》,原载《聂荣臻诞辰百年纪念文集》,第 224—225 页。

见，毛主席正密切注视战局的发展。”意思是，我军连续两次战役后，未得补充休整即发起第三次战役，后方供应线更加延长，又无空军掩护，部队越往南进，困难越多。考虑作战行动，要顾及部队实际和后方供应情况。

沙哈洛夫似乎没有听进去，仍强调要乘胜前进，不要错过良机。

告别时，他仍是面带喜悦。

在第二次战役后，彭德怀建议部队在“三八线”以北休整补充，待来年春季再进攻。聂荣臻也建议休整两个月再战。毛泽东从政治上考虑，决心再打一仗，打过“三八线”后再休整两个月。彭德怀便在 1950 年 12 月 31 日除夕风雪之夜发起第三次战役，敌军迅速退出汉城，撤至“三七线”上。1 月 8 日，彭德怀断然下令结束战役，转入休整。部队又经过一次伤亡减员，彭德怀担心战线更加延长，敌军有制空权，时值严冬，冰天雪地，部队粮弹运输困难，而敌军主力未受损失，后方供应线缩短，兵力集中，又有技术装备优势，因此，彭德怀决心停止追击。对此，彭德怀在回国后一次会议上说：“我打了几十年仗，从来没有害怕过，但部队进到‘三八线’以南，我环顾前后左右，作为几十万大军的指挥员，不能不为部队的疲劳、减员和粮弹严重短缺的境况深感忧虑不安。”

1 月 9 日上午，沙哈洛夫来到作战室，得知战役结束、部队停止前进后，立即表示难以理解，说：“世界上哪有打胜仗的军队不追击敌人、不发展胜利成果的呢？这将给敌人以喘息机会，犯下丧失战机的错误。”

他讲了一大通。外文秘书处长张伯衡逐句翻译。聂荣臻说：“我军入朝后，伤亡和疾病冻伤等减员已达 10 万人，补充的兵员尚未到达，后方交通线从 50 公里已延长到 500 至 750 公里以上，在敌空军轰炸破坏下，前运物资损失达 30%至 40%，粮食仅能供应部队所需的 25%，靠部队携行和就地筹措只能维持短暂时间。冬季严寒，部队吃不好睡不好，体力下降，病员增多。第二次战役伤亡 3万余人，冻伤 5 万 1 千余人，其中东线冻伤 3 万余人。停止前进是完全正确的。对战争要作长期打算，当前急需的是恢复部队的战斗力。”

但是，沙哈洛夫仍然强调说：“敌军从鸭绿江连续败退到‘三八线’，士气低落，只要我们进攻，他们就会继续败逃，我们是胜利的军队，这是克服困难的有利条件，前线后方共同努力，就能战胜困难，继续发展进攻。”

聂荣臻还有许多急事待办理，不愿与他再作争辩，便沉默不再答话。李涛为了打破冷场说：“列宁说，实践高于理论的认识，这场战争还要继续打下去，战场实践会回答许多问题。”

沙哈洛夫仍自信十足，认为他的见解将会被证明是对的，笑了笑说：“那看战局发展吧！”握手告别而去。

1月25日，敌军开始全线进攻，志愿军仅休整半个月，不得不改变原定部署，以久战疲惫之师投入防御作战，第四战役开始。然而，实践证明沙哈洛夫的见地是浅薄的。

(5)

聂荣臻后来说：“代理总参谋长那一段，真可以说是我一生中最繁忙的时期。”①

他如此繁忙的原因，首先是朝鲜战争。其次是他兼职多，基本工作岗位在总参谋部，但又是华北军区司令员、华北局书记、北京市市长、北京市军事管制委员会主任和京津卫戍区司令。第三是他自1949年下半年主持总参工作后，在两年半的时间内没有副手，几乎是独力支撑。

1951年10月，中央军委决定调粟裕任副总长并于12月到职，分工主管作战、军兵种建设和军训军校等业务，这样，聂荣臻才减轻部分负担。但是，两个人还是忙不过来，1952年10月，中央军委又任命张宗逊、黄克诚为副总长。

由于工作太忙碌，1952年秋一天中午，聂荣臻晕倒在办公室。秘书范济生立即把他扶到沙发上，躺了一会儿。聂荣臻素来身体无恙，就没当一回事，一会又爬起来继续处理电文。可他感到身体轻飘飘，怎么也站不稳，坚持到下班，才请来卫生部副部长傅连暲。

经过检查，傅连暲说：“多种疾病，主要有脑平衡神经失调、高血压、心脏病。要立即住院治疗。”

聂荣臻执意不肯，要坚持工作。最后，在傅连暲再三坚持下，才达成在家中绝对卧床治疗的方案。

---

①王亚志：《忆聂帅二三事》，原载《聂荣臻诞辰百年纪念文集》，第224页。

卧床一个月后，聂荣臻觉得病情有所减轻，就急着要去上班。

他的身体一直不错，很少生病，即便在晋察冀最艰苦的岁月里，在接连不断的反“扫荡”中，也没病倒过。但是，从这时候起，他的身体状况突然变坏。

1953年1月，中央军委又增加李克农为副总长，聂荣臻才度过那一段紧张繁忙的时期。在毛泽东的关怀下，不久他去外地休养。

8.“导弹司令”

(1)

1956年初，他的身体好多了。国务院副总理兼中组部部长邓小平代表党中央征求他对工作安排的意见，有三个选择，一是抓北京市的工作；一是抓科学技术工作；一是继续主管国防科技和部队装备。

聂荣臻毫不犹豫地说：“我来抓一抓科技工作吧。”

聂荣臻要抓科技工作的消息传开后，有人提醒他说：“知识分子工作复杂，做起来很麻烦。”

聂荣臻回答说，“建设社会主义离不开科学技术，离不开知识分子。过去，想用科学技术改变国家的贫穷面貌没有条件；现在有了条件，为什么不抓？为了祖国的富强，我就是要抓科技工作，我不怕麻烦！”

11月16日，聂荣臻出任国务院副总理。

(2)

1956年4月，聂荣臻继陈毅之后主持制定了我国科学技术发展十二年规划。

7月，成立国防部五局，主要职责是组织导弹的研究、设计、试制、生产、试验以及部队的组建。为此，聂荣臻亲自向中央军委、华北军区要了三个疗养院，作为基地。

经过一段紧张的筹备，10月8日，国防部第五研究院正式宣告成立。在成立大会上，聂荣臻发表了讲话，提出以“自力更生为主，力争外援为辅，充分利用资本主义国家已有的科学技术成果”为建院方针。

年底，苏联卖给中国一枚 P-1 火箭，同时告知说，以后只能接受点留学生，其他东西再不给了。这个消息传出去后，一些本来主张搞导弹的人说，还是搞飞机吧，苏联卖给飞机，又有专家帮助，何必搞导弹呢？于是“飞机乎，导弹乎”的争论开始了。

要导弹下马的风刮起来。

但是，聂荣臻获知这些争论后坚定地主张上马，说：“列宁说一支军队不准备掌握敌人已经拥有或可能拥有的一切武器、战争手段和方法，谁都会认为这种行为是愚蠢的甚至是犯罪的。”

针对苏联不卖东西的做法，聂荣臻还说：“技术越发展，其保密性越强，谁也不可能把最先进的卖给别人，别人即使给一些东西，也只能是性能比较落后的。唯一的出路只能是走自己研制的道路。这一点应该作为我们思考的出发点，成为我们制订国防科研方针、政策、任务的依据。”

排除干扰后，聂荣臻将五局同五院合并，并趁着空军与防空兵合并之机将防空军一些技术人员和干部调来，组建了十个研究室，去研究和发展地地、地空导弹和无人驾驶飞机。

(3)

工作起步之后，聂荣臻一面派人到外面购买地空导弹，一面向苏联交涉争取买一些样品，以便借鉴。

结果，购买地空导弹的买卖没做成。

1957 年秋，毛泽东出访苏联，于是与苏联的导弹样品的谈判取得了成效，苏联答应卖给中国六种导弹，并派专家帮助建设和仿制。10 月 15 日，聂荣臻代表中国同苏联签订了协议。

这时参与导弹研制的人员来自四面八方，许多人刚刚接触科研、生产工作，对学习和独创的关系不太理解。有人由于受“大跃进”思想影响，一看到样品就说：“这玩意儿简单，用不了几天我给你敲一个。”

结果，东西敲出来了，但不是导弹，只是个空壳子。于是，有人又说：“干什么非要仿制，直接搞自行设计就可以！”

还有的人提出“三年打到太平洋，五年放个小月亮”。有的人不习惯科研、生产计划安排工作，想以“五一”、“七一”、“八一”、“十一”献礼的方法，代替科研、生产计划。

针对这些情况，聂荣臻告诫说：“要学会走路，然后再学跑步，像爬楼梯一样，爬完了第一层，才能爬第二层。仿制的目的是为了独创，但必须在仿制中把技术吃透，才能够独创。”①

聂荣臻的话使一些人的头脑清醒下来了。

随后，专家们和大批科技人员纷纷下厂，与工人们一起处理生产技术问题，特别是材料、元件的超差代料问题。对超差代料的处理，实行下厂设计人员签字制度。这就要求下厂人员不仅对仿制型号的设计思想、设计技术要掌握，还要对所有材料、元件的技术性能有所了解。通过这种创造，将仿制型号的材料、元件立足于国内，就可以不受制于人了。到 1965 年，这些材料元件大约 95%以上已能在国内制造了。

根据中苏协定，苏联派来地地、地空两个导弹营，帮助中国掌握武器系统的使用。在对口学习中，官兵们发现有不少可改进之处。可向苏联专家提出时，他们不是一言不发，就说武器很先进，在技术上采取保守政策。于是，有人建议说：“既然我们看出了问题，就应当进行改进的研究工作。”

聂荣臻说：“科研单位没有预先研究、没有技术储备是不行的，应当按照预先研究、型号研制、批量生产三步棋安排工作。”

因此，国防部五院党委决定，在抓紧仿制的同时，抓紧改进的研究工作。结果，这项工作使我们在苏联撤退专家后很快就把改进的导弹搞出来，而且对中远程地地导弹的研制成功，也起了重要作用。

导弹武器是现代科学技术的综合技术，是集无数科学部门劳动之大成的产物。它涉及冶金、石油、化工、机械、电子等许多部门。中国应该主攻哪个方面？聂荣臻说：“对地地、地空、海防导弹的安排，应以地地导弹为主，地地导弹则以中远程为主，在确保地地导弹及其配套设备的前提下，再按空军、海军装备的顺序安排科研任务。”

按照他提出的这个目标，国防部五院党委广泛发动领导干部、科技人员、工人进行讨论。经过反复、多次讨论修改后，国防部又请有关工业部门、军事部门听取规划设想，并对规划提出意见，终于制定出一个既先进又切实可行的规划。此后，组成十六个专业组，按照这个规划一

---

①王道力：《聂总教导我们怎样组织科技队伍》，原载《聂荣臻诞辰百年纪念文集》，第 377 页。

步步地走下去。

(4)

1959 年 9 月 26 日，聂荣臻担任中央军委副主席。

1960 年，苏联撕毁合同，8 月 14 日，苏方在华专家全部撤离，并断绝设备和材料供应。

次日，空军第一副司令员兼国防部第五研究院第一副院长王秉璋向聂荣臻汇报。

聂荣臻说："中国人民是很聪明的，并不比别的民族笨，要依靠我们自己的专家好工人，搞出自己的导弹。"

党中央、国务院决定集中力量加速国防部五院建设，调来 4000 多名大学生，8000 多名中技生、高中生。

随后，聂荣臻亲自召见五院的专家和中年科技人员中的代表，勉励他们树雄心，立壮志，奋发图强，为国争先，为党争气。8 月 29 日，国防部五院党委召开党委扩大会议，制订了五条指导思想，第一条就是自力更生，奋发图强，急起直追，为国争光，努力发展火箭导弹技术事业。然后，科技人员、工人、干部日夜兼程往前赶，在苏联专家撤退后第 82 天，即 1960 年 11 月 5 日，就成功地把"争气弹"送上天。

当晚，聂荣臻向参与发射的全体人员祝酒说："在祖国的地平线上，第一次飞起了我国自己制造的导弹，这是毛泽东思想的胜利，是工人、技术人员、干部以及解放军指战员辛勤劳动的结果，这也是我国军事装备史上一个重要的转折点。"①

(5)

1966 年，我国远程导弹的攻关项目相继过关，决定在本土进行"两弹"结合试验。聂荣臻再次亲临发射场。

这一天，兰新铁路停运，西北航空线关闭，新疆、兰州军区数十万官

① 王道力：《聂总教导我们怎样组织科技队伍》，原载《聂荣臻诞辰百年纪念文集》，第 388 页。

兵进入戒备，数以万计的居民疏散隐蔽起来了。67 岁的聂荣臻身着绿色军大衣，在发射场仔细听取发射前的工作汇报，然后接见七名“敢死队”成员，与他们一一握手。当 20 岁的操纵员徐虹说：“我不是党员，感谢党对我的信任，如果我牺牲了，组织上追认为我党员，我的全部津贴就作为党费交了……”聂荣臻禁不住热泪盈眶，频频点头，一句话也说不出来。

在导弹加注前，临时党委考虑到聂荣臻的安全，请他进防护掩体。可注时间到了，他还在外边察看。发射团长着急了，请示道：“是否加注？”

实验分队队长孙学中说：“聂帅不撤至安全区，我们就不加注。”

过了一会儿，基地司令员把他喊去，要他去请聂荣臻回到安全区去。孙学中说：“这该你司令来办，我去算什么？”

司令员说：“聂帅尊重专家，你去嘛。”

孙学中只好奉命行事，先给聂帅敬个礼，然后说：“该加注了，您在这里，我们只好中止；您离开这里，我们就可以加注了。”

聂荣臻问：“这是谁说的？”

“是党委定的。”

聂荣臻没有再说什么，又细心察看了下，才走向安全区。

发射的时间一到，一声令下，导弹顺利抵起飞了，后面拖着一条长长的白烟。很快落区报告：“弹头精确击中目标，并成功地实施核爆炸。”

这时，聂荣臻高兴地鼓掌，拿起电话，激动地向周恩来总理报告：“总理，成功了！”

第二天，戈壁艳阳高照，发射中心群情振奋，聂荣臻和官兵们一同庆祝胜利。他大声地说：“你们在祖国的大西北，在戈壁滩上艰苦奋斗，克服了重重困难，完成了党和国家交给你们的大量试验任务。”

官兵们鼓掌，高呼着口号，手拍红了，嗓子哑了，仍表达不尽激动的心情。

若干年之后，聂荣臻被人们称为“导弹司令”。回忆起当初发展导弹的那些事情，聂荣臻说：“搞导弹、原子弹很不容易，当初反对的人不少，毛主席支持我们搞。陈毅同志也讲，有了导弹、原子弹，我们这个外交部长就好当了。这不仅仅是个科学技术问题，而且是国威军威问题。我们中国人并不笨，外国人有的我们为什么不能有？我们就是要靠自力更生，尖端科学技术是买不来的，四个现代化是买不来的。”①

9.“聂荣臻是个厚道人”

(1)

1967 年,毛泽东在研究出席“八一”建军节招待会人员名单时说:“聂荣臻是个厚道人。”②

1985 年,著名作家魏巍在写给聂荣臻的祝寿诗中说:“一生厚道人称赞,千秋风流一元戎。”③

聂荣臻的“厚道”是公认的。

1992 年初,聂荣臻与外孙女谈心,教育她待人要厚道,要懂得如何尊重别人,诚恳待人,并且说:“只有待人以诚,人家才能与你以诚相见。这就是相互尊重,就是谦虚谨慎。”

他还说,要善于与人共事,不要什么事都以自己想法为标准而去与人相争。真正原则性的分歧,必须讨论清楚,是与非要明白。工作上的意见分歧,有时也可争辩,但要心平气和,不可盛气凌人。至于个人之间一般性的分歧,最好采取“和为贵”的态度。因为谁是谁非很难说清,大多是由于个人经历、性格、爱好等等不同造成的。朋友间的这类差异产生的分歧,只能互谅互让,互相尊重,以“和为贵”的态度来解决。

---

①钱学森:《聂帅,我国高科技现代化管理的开拓者》,原载《聂荣臻诞辰百年纪念文集》,第 414—415 页。

②聂荣臻同志办公室工作人员:《聂帅风范永存》,原载《聂荣臻诞辰百年纪念文集》,第 98 页;傅志义:《忆聂荣臻元帅的关怀与教诲》,原载《聂荣臻诞辰百年纪念文集》,第 290 页。

③魏巍:《聂帅颂》,原载《聂荣臻诞辰百年纪念文集》,第 635 页。

后人评价说：“聂帅这一语重心长的谈话，就是一位厚道人的写照。”

(2)

聂荣臻 1918 年离开四川老家，投入火热的革命生涯。此后，只在 1956 年因军工企业建设回了江津一趟。

当时地委在江津。他回到县城，看了一看，住在地委。随后，他提出要到曾经学习过的江津中学去看一看。

结果，他去学校的时候，当地政府把学校里的教员、学生通通都赶跑了。几十年之后，聂荣臻提起这事儿说：“我只去看个空房子。我来看什么？把师生们通通都赶跑了，莫名其妙……”

有人解释说：“为了安全，地委按照保卫工作的要求这样办的。”

聂荣臻说：“都解放了，又不是白区，解放了嘛，去看一看同学嘛，我也是那所学校的校友嘛。结果，看的是空房子，真是大失所望。”

(3)

1976 年 9 月，毛泽东逝世后，在组织悼念活动中，有中央首长守灵的安排。轮到聂荣臻守灵时，恰巧他的心脏病发了，不能参加，便让秘书代他写请假报告。

由于江青是毛泽东的夫人，秘书起草请假报告时最后加了一句话：“望江青同志节哀多保重。”聂荣臻看了，马上让秘书把这句话勾掉，并且说：“我就是向中央请假，不要写那么多。”①

(4)

1992 年初，聂荣臻吩咐身边的工作人员放大一张毛主席像片挂在

---

①聂荣臻同志办公室工作人员：《聂帅风范永存》，原载《聂荣臻诞辰百年纪念文集》，第 97—98 页。

自己的办公室。秘书们选了两张供他挑选，一张是毛泽东办公照，一张是他同聂荣臻等几位元帅观看空军飞行表演照。聂荣臻看了后，选了前一张，说："后一张，毛主席和我们并排站着，还是侧身像，没有突出毛主席。"

有人解释说："这是在机场看飞行表演，你正向毛主席汇报情况，旁边还有贺老总、罗帅，很自然嘛。"

聂荣臻强调在他的办公室只能挂突出毛主席的照片，不能同时突出他，并且说："这是原则问题，不能忽略。"①

(5)

因为年久失修，聂荣臻在四川老家的旧居已经快垮完了。当地县委、县政府为了表达对老帅的崇敬之情，想对旧居进行修复，并请了一些老人回忆旧居的样子画了一个草图，送到北京请聂荣臻审阅。

聂荣臻看了旧居的草图后，对来人说："我只是说这个草图基本符合原来的样子，并不是要按照那个样子重新修，你一定要给我把好关，不要劳民伤财，造成不好影响。这方面的问题，中央有规定，要严格按照规定办。"

接着，他的夫人张瑞华又把来人叫到一边，再三叮嘱要从严要求。

来人回去后把聂荣臻的意见转告了县委，对其旧居又重新作了修改。②

(6)

1992 年 2 月 29 日，病中住院的聂荣臻想起了老战友彭真，不知他身体最近恢复得怎样，便让秘书电话问候，并转告彭真几条自己的意

---

①董保存、陈克勤：《共和国最后一位去世的元帅》，原载《聂荣臻百年诞辰纪念文集》，第 152 页。

②聂荣贵：《敬爱的聂帅，家乡人们永远怀念您》，原载《聂荣臻百年诞辰纪念文集》，第 76 页。

见：

一、大革命时期还健在的领导人只有四五个人了，请多保重。不能走时不要勉强走，可坐车让人推着走。

二、自己的心脏病有好转，但肠胃消化不好，谢谢彭真同志的关心。

三、自己已 93 岁，入党 70 年，仍想争取多活几天，看看社会主义祖国的发展。

四、我一生，生而无憾，死而无恨。

五、现在出版东西太多，说长论短任人评说。①

(7)

1992 年 3 月以后，年迈的聂荣臻病情不断加重。

4 月 12 日，他自感情况严重，把秘书叫到身边说：“我的心力衰竭，恐怕很难度过这一关了。”

“别激动，专家们会有办法的。”秘书们劝慰他说。

聂荣臻说：“即使医生想挽救，也很难挽救过来。因此趁头脑还清醒，写几句话，就叫做临别遗言吧。”

于是，两位秘书准备好录音机。聂荣臻开始了说话：“我已经 93 岁了，寿命也算是很长的。我入党已 70 年，从未脱离过党的岗位，始终为党和人民的事业奋斗终生。我虽然对党没做过多大的贡献，但党交给我的任务都是坚决完成的。我坚信党的改革开放政策，坚信走有中国特色的社会主义道路是十分正确的。我非常赞同邓小平同志视察南方时的重要谈话。我很想多看一看几十年为之奋斗的社会主义事业兴旺发达的喜人形势，也很想多听一听祖国科技事业振奋人心的好消息。现在行将归去，临别依依，好像有许多话还言犹未尽。总之，我衷心希望全党同志在以江泽民同志为核心的党中央领导下，同心协力，群策群力，为建设繁荣昌盛的社会主义祖国而共同奋斗；同时也希望全军同志在中央军委的领导下，进一步巩固国防，保卫和平；我希望海峡两

---

①董保存、陈克勤：《共和国最后一位去世的元帅》，原载《聂荣臻百年诞辰纪念文集》，第 160—161 页。

岸尽快统一。我希望全国科技工作者牢记科技兴国的重任，努力攀登世界高科技的崇山峻岭，为国争光，为人类进步多做贡献。”①

5 月 14 日，聂荣臻和往常一样很早就醒过来了。

上午，他照例听秘书读报，先听了《人民日报》的新闻，又听《参考消息》上的国际新闻，没有什么异常。

晚上，两位秘书照例要到他的床前看看。聂荣臻问了问他的军事文选的编辑、出版工作的进展。到晚 9 点半钟的时候，他对秘书说：“你们去休息吧！”

随后，他又催促老伴和女儿都去休息。10 点钟，他按时睡眠。谁知入睡不久，他就发生呼吸困难，严重心力衰竭。医生立即进行抢救，但正像他本人所料，未能抢救过来。

聂荣臻是十大元帅中最后去世的，终年 93 岁。

---

①董保存、陈克勤：《共和国最后一位去世的元帅》，原载《聂荣臻百年诞辰纪念文集》，第 161 页。

第九章

「智帅」——叶剑英

1.两次“造校长的反”

叶剑英，原名叶宜伟，字沧白，广东省梅县人，1897 年 4 月 28 日出生于梅县偏僻山村雁洋堡一个小商人家庭里。

叶剑英的父亲叫叶钻祥，虽然练得一身不错武功，曾在梅县考取武秀才，但无官可做。结果，武秀才只得做酿酒、磨豆腐的小本生意，每逢圩日去镇上摆摊叫卖。有时，还帮别人杀猪、打鱼，甚至去做帮人运货的水客。

叶剑英的母亲没读过书，嫁到叶家后除了操持家务外，还经常给人打短工，赚些收入贴补家用。叶剑英是长子。5 岁时，父母省吃俭用，送他去雁洋私塾念书，以后转入新学堂读书。

叶剑英念完私塾，这时家境也稍为好转些，1912 年 1 月，15 岁的他考入了梅县务本中学。但是，没多久，军阀政府责令务本中学由私立改为官办，改为梅州中学，并派来官方的新校长。为了反对官派校长，叶剑英与部分师生离开务本中学，造了官派校长的反。

脱离官办学校后，叶剑英和同学们先在叶家祠上课，后搬到东山书院，之后另建新校东山中学。不久，东山中学成立学生自治会，叶剑英又被选为会长。

1915 年，东山中学第一届学生就要毕业了。省教育司通知梅县各中学举办学生成绩展览会。叶剑英作为学生自治会会长，主张大张旗鼓地参加展览，展示东山中学的成绩，但是校长叶菊年不同意，阻止说：“办展览用太多人力，会影响毕业考试。”

其实，叶菊年主要是怕在展览会上自己的私办学校超过官办学校惹麻烦。

叶剑英和丘宏铨等同学不知叶菊年的苦衷，找到校长说：“我们东山中学在梅城一向受压，这次我们为何不把成绩拿出来，叫他们看一看呢？”

“你们年轻不懂事，我们的成绩压倒别人，人家就会借口找岔子，说这个不符合章程，那个违反了制度，学校就办不下去了。”

年轻气盛的叶剑英仍不示弱地说：“校长如果觉得不便，就由我们学生自治会出面好了。”

叶菊年不高兴地说：“这个学校是你们当家，还是我当家？”

叶剑英说：“现在民主共和了，办好学校，大家都有份！”

“放肆！”校长说，“赶快回去，规规矩矩上课，谁再闹事，就以开除论处，休想拿到毕业文凭！”

但是，叶剑英等人还是没有接受叶菊年的意见，在展览会上热热闹闹地搞起来了。结果，叶菊年大发雷霆，叶剑英闻讯，激动地写下诗句：“大好园林堪种菊，风流花卉独称王。”

事后，叶菊年要求叶剑英等人写出反省检查后才发毕业文凭。叶剑英一气之下，卷起铺盖回了家。

最后，叶菊年将叶剑英开除。

叶剑英离校之后，师生们议论纷纷。叶菊年也觉得不妥，托人给叶剑英捎去一封信，劝他回校领取文凭，但信中仍不乏责备之意，希望他“认错”。叶剑英读罢来函，认为应该承认错误的是校长，而不是自己，当即回信拒绝返校，并在信末尾写道：“自古英雄多出自草莽，大丈夫何患乎文凭！”①

随后，19 岁的他去了与雁洋堡相邻的横山新群小学当教员。

尽管叶剑英离开东山中学时没有得到文凭，但他对这所学校还是感情很深。离开学校后，他与学校的情缘一生都没有断绝过。1939 年 10 月，叶剑英不顾政务繁忙，亲笔为学校题词：“为培养后进而准备以毕生精力以赴之”。新中国成立后，1952 年东山中学被定为省重点中学，叶剑英先后于 1953 年、1971 年、1980 年三次回校视察。1971 年 1 月，他来校视察时，很动感情地说要在母校住上一晚。他对东山中学之情，可见一斑。

---

①中共广东省梅县市委员会：《敬爱的叶剑英同志您永远活在我们心中》，原载《梅县报》1986 年 10 月 31 日。

2."文"与"武"两佳话

(1)

叶剑英的祖父以挑担叫卖为生,五个儿子子承父业,后来四人相继出走南洋谋生。叶钻祥虽然在家做小本生意,也时时往返雁洋和南洋之间当水客。叶剑英被学校开除后,陷入苦闷和彷徨之中,一边在小学任教,一边写信给在马来西亚的堂兄叶宜桐,决定到南洋去闯一闯,找一条谋生的路。

然而,当他来到马来西亚,见到几个伯父后,才知他们自己都生活不下去。结果,他到处找工作,总是碰钉子,后经亲友介绍到明德小学当了一名国文教师。

正是这时,云南督军唐继尧派人到南洋招收华侨子弟到云南讲武堂学习。叶剑英毅然报名,结果被录取了。

1917 年夏,叶剑英离开马来西亚,乘船回到香港,经越南海防、河内,取道滇越铁路,抵达云南昆明,跨进了云南讲武堂的大门,被编入第 12 期炮科。

在学生登记时,叶剑英把自己的名字由"宜伟"改为"剑英",意为"剑胆英武"。

(2)

云南讲武堂是清朝末年设立的,光绪年间叫过武备学堂、新操学堂、陆军速成学堂、陆军小学堂等名字,宣统元年正式改叫云南讲武堂。叶剑英进入讲武堂时,校长蔡锷已经去世。这时,独揽云南省军政大权的是军阀唐继尧。为了严密控制讲武堂,他让亲弟唐继虞当校长,打击拥护孙中山的军官和师生,在讲武堂内封锁外界消息,禁止谈论政治问题。但是,唐继尧自称是王阳明的信徒,经常到讲武堂来讲王阳明的学说,并要求学生读习王阳明的著作。

叶剑英在图书馆借了一套王阳明的《王文成公全书》,认真进行了阅读。

一天,唐继尧又到讲武堂来讲王阳明的“知行合一”说,讲着讲着,突然问学生:“阳明先生的学说深如瀚海,敝人略说一二,不知诸君领会没有?如有不明者,可以发问。”

学生们相互看着,谁也不吭声。突然,叶剑英站起来说:“报告,学生有不明之处,想请教都督。”

唐继尧看了看叶剑英,问道:“你叫什么名字?是哪一科的?”

叶剑英说:“报告都督,我叫叶剑英,是炮科的。”

唐继尧点点头:“好,好,你说吧。”

“知和行的关系,是哲学的一大问题,自古以来中国的学问家们争论不休。孔夫子说:‘生而知之’、‘学而知之’。孟夫子说:‘人之所不学能者,其良能也;所不虑而知者,其良知也。’墨经上说:‘知,材也,接也。知以目见,而目以火见,而火不见,惟以吾路知。’诸子百家对这个问题各持所见,不尽相同。”叶剑英说,“请问都督,王阳明先生的‘知行合一’,是知先于行,还是行先于知?”

唐继尧自称为阳明信徒,大讲阳明学说,但知与行就如鸡生蛋还是蛋生鸡一般,哪里弄得清这个问题,眼看众目睽睽之下回答不出来要出洋相了,突然急中生智反问道:“你认为呢?”

叶剑英回答说:“谨遵都督教诲,学生以为王阳明的‘知行合一’学说,是以知为行,以知代行,知源于行。”

“何以见得?”唐继尧问。

“因为王老夫子说过:‘一念发动处,便是行了。可见,凡是思念之萌,情感之动,意志之决,在他看来都是行。”

唐继尧点点头,马上说道:“阳明学说后继有人了。你还有什么不明之处?”

“还有一事请教都督大人。”

“说吧。”

“请都督大人示教,王阳明先生的‘知行合一’与孙中山先生的‘知难行易’有何异同?”

唐继尧早已背离了孙中山学说,对这个问题不感兴趣,但又不好明显表示出来,便挥挥手说:“孙中山不能和王阳明比,他们的主张也不尽相同,敝人所说的是阳明学说,诸君要细心领会。今天就到此为止吧。”

唐继尧不高兴了,学生们都为叶剑英捏一把汗。但因为第一个问题回答得好，唐继尧并没像对待其他学生那样给叶剑英过不去，事后什么事情都没有发生。

（3）

由于蔡锷、唐继尧及大部分教官都毕业于日本士官学校，云南讲武堂采用日本士官学校那一套，为培养学生的尚武精神，还开设了剑术课程。

学校重金聘请了众多日本教官。其中，一位长得矮墩墩的中尉教官出身日本武士世家，好勇斗狠，加上精擅劈刺术，经常与人比试功夫，并且不用竹剑劈刺，要用真刀比试。好几位中国教官败在他的刀下，为此他自称“全校无敌”。

日本教官不可一世的态度激怒了血气方刚的叶剑英。他决心去杀杀这位骄横武士的傲气，把这个想法悄悄地告诉同宿舍的朝鲜同学金至顺。金至顺也早盼着教训这位狂妄的日本人，没等叶剑英说完，便连声说：“好！好！你说怎么干，我就怎么干！”

从此，两人每天天不亮就来到操场，摆开阵势，进行对劈对刺练习，一练就是数百个回合。半年之后，他们的剑术水平日臻精纯。叶剑英胸有成竹了，于是找到那位日本教官提出了比武要求。

早已寻衅惯了的日本教官没料到有人主动上门挑战，大为惊讶，盯着叶剑英操着生硬的中国话问：“你的，哪里的干活？”

“炮科 12 期学生叶剑英。”

“噢！”他点了点头。

其实，他早就听教官们议论说炮科有位苦练剑术的中国学生叫叶剑英，但对叶剑英是只闻其名，不识其人。

“叶君，你的，要试试的，我的，厉害吗？”

叶剑英回答说：“教官，明天就比，怎么样？”

“明天？哟西！哟西！”

叶剑英便告辞，走了十几步远，日本教官又追着喊道：“叶君，你是真的比试，还是假的比试？”

“当然是真的！”

“那好，你的，勇敢大大的！我们比试劈刀吧！”

叶剑英答道：“劈刀就劈刀，一言为定。”

第二天清晨，日本教官践诺而至。

叶剑英要和日本教官比武的消息已经传遍全校，操场上围满了观战的教官和学生。两人穿戴好防护服。在一位教官的裁判下，比武开始。

这位日本教官的功夫果然好，一边“呀、呀”地大叫，一边双手舞刀，寒光闪闪，气势汹汹地猛扑过来，对准叶剑英的头、胸、腰三处要害猛劈。叶剑英闪转腾挪，左格右挡，两人走马灯似的战在一起。围观的人鸦雀无声，只听得钢刀叮当作响的撞击声。

20 分钟过去，两人斗了数十回合。日本教官使出浑身解数，想速战速决，但是久战不决，结果越战心中就不免焦躁起来，正在他后悔小瞧了对手时，一分神，脚先乱了，攻势也弱下来。叶剑英见状，迅速转守为攻，连劈带刺，一招猛似一招，直逼教官，把对方逼得连连后退，只有招架之功。正当日本教官虚晃一刀，企图脱身之际，叶剑英一个箭步疾跃上前，大喝一声“着”，举刀凌空劈下，教官慌忙举刀抵挡。叶剑英顺势将他的刀按在下面，狠劲向下压去，教官拼命向上顶着，对峙起来，谁知叶剑英的手劲奇大，顶了才两分钟，日本教官的脸涨成了猪肝色，突然双脚一软，“咕咚”，一屁股摔坐在地上，嘴巴脱口而出：“我的，认输认输！”

“好！”观战的人们齐声喝彩。

这场酣斗使得日本教官对叶剑英的劈刀术心悦诚服。按照武士道的习惯，他从地上慢慢爬起来，立正，向前走几步，向叶剑英深深鞠一躬，然后将自己亮锃锃的战刀赠给了叶剑英，以示钦佩。多年以后，这把战刀还被叶剑英保存，没舍得丢掉。[①]

1920 年 1 月 30 日，叶剑英从云南讲武堂毕业。毕业时，他被云南督军公署授予陆军炮兵少尉军衔，待军政府补授实官。他在讲武堂两年半时间，留下了一文一武两个佳话。

不久，云南方面派他返回南洋宣抚特使，招收新学员。叶剑英不愿从命，回了广东老家，随后前往福建漳州，投奔孙中山领导的援闽粤军，被参谋长邓铿留在司令部当上士参谋，后他改任总司令部见习参谋、支队见习教官等职。

---

①《叶剑英传》，第 24 页。

3. 三次历险

(1)

1921 年 5 月,孙中山在广州组成中华民国政府,宣誓就任非常大总统。之后,经过几个月的战争,粤军打败桂军陆荣廷,统一两广。孙中山决定乘胜北上,讨伐北洋军阀。10 月,叶剑英被同乡吴铁城、陈策等人荐举为大总统随员,随孙中山出巡广西,参加北伐的准备工作。不久,他改任军官教导团教官,接着调任江防舰队护航第 2 营营长。

次年 4 月,叶剑英率部护送孙中山由桂林沿西江到达梧州,随后出任海军陆战队营长。

6 月 16 日, 粤军将领陈炯明叛变孙中山, 炮轰总统府。叶剑英闻讯, 立即与海军将领陈策等人率部接应孙中山, 护送他登上停泊在海上的宝璧舰,然后转登永丰舰,继而率部跟随孙中山挺进白鹅潭,与叛军作战。但是,在敌人的瓦解之下,陆战队集体叛变,孙中山不得不出走香港。

10 月,叶剑英在香港得知孙中山组建讨贼军的消息,立即赶赴福州,又被委任为东路讨贼军总部参谋,后改任第 2 军第 8 旅参谋长。随后, 他与旅长张民达率部参加孙中山发动的讨陈战争, 言岭关大捷使他名震一时。

(2)

1924 年 1 月,时任第 8 旅参谋长的叶剑英调到黄埔军校,担任教授部副主任。

这一年夏,建国粤军成立,孙中山决定将苏联援助的一批枪支弹药拨给第 2 师(第 8 旅改编),专门成立一个独立营,配合黄埔军校培养一批以改造旧式军队为主的骨干,训练营地设在香洲。不久,这个营又扩充为新编团,叶剑英先后兼任营长、团长。全团 8 个连,900 多名官兵。这一支装备精良的队伍引起一些人的嫉视。

1925 年 4 月 25 日,第 2 师师长张民达在潮州溺水殉难,叶剑英东征未归。一些人趁机煽动在香洲的新编团官兵发动兵变，在深夜突然吹起号音,制造混乱。部分坏分子趁乱杀害了独立营 25 位官兵,另 2 人身负重伤，最后医治无效也不幸身亡。暴乱分子还把刚运到的军饷劫走了。

这就是震惊远近的“香洲兵变”。

叶剑英闻讯香洲发生兵变,第二天就积极赶回广州,带着江固号、广贞号两艘军舰赶回香洲，抚集余众，整理队伍，一方面收殓烈士遗体，安定人心；另一方面派人将行凶后逃往澳门的十余名坏分子全部缉拿归案,引渡回香洲,就地正法。

由于叶剑英临变不惧,指挥若定,使这次兵变的坏分子无一漏网。此举及时打击了反革命的嚣张气焰。

(3)

此时革命队伍情况很复杂。粤军第 2 师虽是孙中山的中坚力量,但也是鱼目混杂。宋绍殷即是一个野心勃勃的人。他原是土生华侨组织联义社的一名头目,化名“黑鬼宋”,在第 8 旅当过机枪营长等职。张民达兼任大本营两广盐务缉私处主任时,曾以他为副主任。

但是,这位宋绍殷凶狠成性,自恃在第 2 师资格老,骄横跋扈,常以缉私为名,进行走私。1925 年 2 月,张民达率部东征,他觊觎缉私处主任一职，但张民达却把它交给了缉私处舰长兼第 2 师后方主任侯山代理。

侯山是与张民达一起从南洋回国的老战友，参加过华侨护国军讨伐袁世凯的死党粤督龙济光的讨龙决死队,曾以自制炸弹,击龙未中,一向为张民达信任和器重,视之为左右手。在镇压广州杨(震寰)、刘(希闵)叛乱时,大本营任命侯山兼暂编舰队副指挥。

在张民达去世后,叶剑英和侯山密切合作,在第 2 师形成一股日益壮大的革命力量。

宋绍殷感到在第 2 师已不能为所欲为,深为不满。张民达健在时,他有所顾忌,不敢乱动。现在张民达殉职了,他时时蠢动,认为叶剑英就是他的死对头,必欲除之而后快,经常派人对叶剑英进行盯梢,伺机下手,想除之而后快。

但是,叶剑英防备严密,平时深居简出,宋绍殷无隙可乘。见刺杀叶剑英不成,他便转而刺杀侯山。1925 年 6 月下旬,侯山被人枪杀于广州万福路寓所。叶剑英闻讯赶来时,侯山已中弹倒地,断了呼吸。叶剑英抱着他的遗体悲痛万分。

随后,大本营任命叶剑英兼代侯山遗职。叶剑英亲为侯山请恤,缉凶。7 月,广州国民政府追赠侯山为陆军上校,优予抚恤。不久,在叶剑英的领导下,终于把杀人凶手的幕后主使宋绍殷查出来,除掉了。

(4)

1925 年 9 月底,叶剑英率第 2 师部分官兵参加第二次东征。

10 月初,进占淡水后,叶剑英奉国民政府令率部改编为党军第一支队,任支队司令,奉命返回广州。于是,他雇了一艘火轮,率第 2 师部分官兵从广州出发,转博罗、惠州一带布防。

翌日, 船行至仍属中国领海的外海时, 港英当局和叛军陈炯明勾结,派出两艘小舰,借口侵犯其领海,要将船截回长洲海关。

叶剑英认为事出蹊跷,来者不善,决定走为上。恰好附近有一艘卖水果的小艇,立即把小艇叫过来,顺着艇上伸出来钩着战舰的锚钩,一跃而至艇上,然后对小艇的船工说:“划到附近登岸。”①

上岸后,叶剑英从香港绕道澳门,再回到广州,逃离了虎口。

4. 蒋介石气得开除叶剑英党籍

(1)

1926 年 7 月 1 日,广州国民政府发表北伐宣言,兵分三路向湖南、湖北,江西,福建、浙江出发北伐。叶剑英时任第 1 军第 20 师副师长。

---

①郭翘然、侯达:《大智大勇,绿险不惊》,原载《萦思录》编辑小组:《萦思录——怀念叶剑英》,人民出版社 1987 年版,第 82 页。

不久，原黄埔军校教授部主任王柏龄被任命为第 1 军总预备队指挥部总指挥。他把叶剑英要去了当参谋长。

叶剑英与王柏龄指挥总预备队,从湖南郴州、衡阳、长沙,一路高歌到达岳州。随后,开赴在武汉城下,与其他部队与敌激战,先后攻克汉阳、汉口,围攻武昌城。由于北洋军阀孙传芳集中 10 万余人在南昌准备与北伐军决战,王柏龄、叶剑英奉命率总预备队第 1 师,前往南昌增援。

北伐军第一次攻击南昌城很顺利,进入了城内,但孙传芳随即又将南昌夺回去,两军在牛行车站附近争夺,伤亡惨重。

北伐军总司令蒋介石和苏联顾问加伦将军赶到前线后，提议休整再战。叶剑英表示同意,力劝王柏龄暂时休整。但是,王柏龄为了挽回坐失南昌的面子,在蒋介石前表现自己,下令部队反攻,结果造成孤军突进,反被敌军分割包围。王柏龄见势不妙,丢下部队不管,临阵逃脱。叶剑英只好组织部队仓促突围,损失惨重。

蒋介石亲自来指挥,也没把南昌攻下来。

10 月上旬，北伐军第三次攻打南昌城。第 1 师代师长王俊不听协助指挥的叶剑英的建议,又打了一个消耗战,熬到下旬,战局仍然进展不大。蒋介石便调李宗仁第 7 军与李济深第 4 军、程潜第 6 军协同作战,并出动飞机大炮。11 月上旬,终于占领了南昌,蒋介石也将自己的总司令部移住了南昌城。

王柏龄逃避仍然未归队，叶剑英便率总预备部队指挥部随第 1 师进入了南昌城。

进城后,蒋介石把王柏龄、王俊等人叫去痛骂了一顿,说他们根本不是带兵人才，盛怒之下还撤销了王柏龄的总指挥和王俊的第 1 师师长之职。

接着,他单独召见参谋长叶剑英。

叶剑英接到蒋介石的召见通知后,早饭也没来得及吃,急匆匆地赶到蒋介石总司令部，并做好了挨骂的准备。谁知蒋介石见着他却十分客气,开口就说:“我们是老交情了。”

在黄埔军校时,叶剑英虽然在教授部当副主任,但与校长蒋介石并无太多交集。尽管叶剑英知道蒋介石,但蒋介石对叶剑英并不熟悉。两人平时也无私人交往。叶剑英摸不着头脑时,蒋介石说道:“两次东征,你在军事上很有见地,由于你的参谋,张民达师多有战绩。”

叶剑英回答说:“还是张师长指挥有方。”

“张民达故去后，我调你去教导师，这次又到总预备队指挥部。这一路来茂如(王柏龄)不争气，你辛苦了！”

这话并不假。在几次作战中，王柏龄和王俊确实指挥不得力，全靠叶剑英力挽狂澜。蒋介石正是知道这些情况后才很欣赏叶剑英。但是，叶剑英还是回答：“我只是尽了一点参谋之责，不足挂齿！”

“不。”蒋介石说，“你是个很有用的参谋人才。现在第 1 师没人指挥，你去当师长吧。”

第 1 师是蒋介石的嫡系，只有他的亲信才能当师长。现在他让叶剑英当师长，一想利用叶的才干，二王柏龄是他的亲信，而叶一直是王的副手。王柏龄早就向蒋介石推荐过叶剑英。因此，他也视叶为自己的亲信。但是，叶剑英不愿去当师长，一是与王柏龄、王俊的关系不好处，二是第 1 师的部下不好管束，婉言回绝蒋介石说：“谢谢校长的栽培，我的身体不好，还是继续当参谋长。”

“参谋长另有人选，你还是去当第 1 师师长，就这么定了！”蒋介石不容改变地说。

“这恐怕不合适。”叶剑英说，“我与王茂如有师生之谊，如果彼降我升，于公于私均为不妥。”

王柏龄当过七年云南讲武堂教育长，叶剑英也算是他的学生。叶剑英的这番师生之话为蒋介石所接受。就这样，叶剑英没去第 1 师当师长了。

事后，蒋介石还派来了医官给叶剑英看病。

没过几天，蒋介石下令把俘虏孙传芳的万余士兵，派去数百名军官，组建一支新编军，下令叶剑英为新编第 2 师代理师长。这一次，叶剑英没有拒绝，走马上任了。

随后，叶剑英率第 2 师部队开赴江西吉安。

(2)

这时国共两党的斗争已经日趋激烈。1927 年 1 月，蒋介石在南昌召开军务善后会议，决定国民党中央党部和国民政府暂住南昌，暗中准备公开反共另立蒋记中央。4 月 12 日，他在上海发动反革命政变，屠杀中共党员和革命群众。4 月 17 日，武汉国民政府和国民党中央发表声明，开除蒋介石国民党党籍，免去其本兼职务，委任冯玉祥为北伐军总司令。蒋介石在南京也发表声明，公开反对武汉政府，组建南京国民政府,与武汉方面唱对台戏。

这时对多数像叶剑英这样的军官来说，面临着归向南京还是归向武汉的选择。经过一番思考，叶剑英选择倒向武汉方面，维护孙中山“联俄、联共、扶助农工”的旗帜。

决心已定,叶剑英发表反对蒋介石的通电,然后召开军官会议,宣读反蒋电文,并且说:“以前我拥护蒋介石,他是我们的校长和总司令,主张联合民众,所以我们跟着他革命。可是现在他不革命了,背叛了中山先生的遗嘱,公开反对主张北伐的武汉国民政府,在上海、南京和其他地方屠杀工农民众。他叛变革命,我们就要反对他！我想了又想,几夜没有睡好觉,如今想好了,决定与老蒋分道扬镳！”

然后,他对众军官说:“人各有志,我不勉强,愿意革命的,留下;拥护蒋介石的,请自便！”

第 2 师多数官兵留下来了,少数人走人投向蒋介石。叶剑英与左派军官秘密商议，决定第 2 师举行武装暴动，然后北上投向武汉国民政府。

叶剑英亲自起草并领衔签发反蒋通电,犹如一发重磅炮弹,在全国各地引起巨大震荡。原第 4 军副军长陈可钰报告蒋介石:“叶师长反对我们！”

蒋介石不信,说,“叶师长不会反对我们。”

陈第二次去报告:“叶师长真的反对我们！”

蒋介石偏了偏头,说,“好啦，知道了,你下去吧。”还是将信将疑。

因为蒋介石才任命叶剑英当师长,怎么也不相信叶剑英会反对他。但是,摆在面前的反蒋电文却是白纸黑字,千真万确的。随后,第 2 师部分拥护蒋介石的军官陆续来到南京，找到校长苦诉时，蒋介石才如梦方醒,这才确定是叶剑英的反蒋通电,气得咬牙切齿地说:“这个叶剑英不识好歹,必须要制裁他！”

为了制裁叶剑英,蒋介石密令手下打入吉安,寻机除掉叶剑英。

杀手进入吉安后,暗中勾结第 2 师的右派军官,策划谋害叶剑英。叶剑英正在加紧部署暴动。一切准备就绪后，他带着几个人秘密离开吉安县城,化装赶往武汉。

叶剑英走后,按照他行前的部署,第 2 师左派军官成立临时革命军事委员会,5 月 6 日公开通电讨蒋,并于 5 月 13 日夜举行武装暴动。然而,由于缺乏经验,孤军无援,暴动部队很快便被国民党第五方面军总指挥兼江西省政府主席朱培德所部包围缴械。

蒋介石获悉新编第 2 师暴动的消息，大为恼火，下令国民党中央执行委员会对“倒行逆施，谋叛党国”的叶剑英“永远开除”党籍，并通令各军“严缉惩办”。

（3）

离开吉安后，叶剑英等人昼夜兼程赶赴武汉。此时他还不知道蒋介石已发出了对他的通缉令，仍旧按着预定路线赶路。

这天，他来到九江，在街上恰巧遇上一位云南讲武堂的老同学。老同学大吃一惊，连忙把他拉到僻静无人之处，急着问道：“你是不是还不知道蒋总司令发出了抓你的通缉令？”

“噢？是吗？”叶剑英平静问。

“唉呀，你可要警惕些啊！城里头认识你的人不少，保不准有人会告发你，好去领赏银哩！”老同学望了望四周，接着说：“不要走大路了，拣人少的小路走。”

随后，叶剑英等人改为昼伏夜行，几经周折，终于抵达武汉，摆脱了蒋介石严令缉拿追捕的险境。在武汉，他找到了老相识张发奎。

张刚升任第 4 军军长，雄心勃勃，急欲网罗将才，当即邀请叶到军部工作。随后，叶剑英随第 4 军参加攻打奉系军阀的二次北伐。获胜后，从河南回师武汉，第 4 军扩充为国民革命军第二方面军，张发奎升任总指挥，叶剑英被任命为第 4 军参谋长。

7 月上旬，在大革命进入低潮的时候，在周恩来的介绍下，叶剑英加入了中国共产党。从脱离国民党到加入共产党，叶剑英只用了一个多月。

5. 与老上级张发奎的恩怨

叶剑英与老上级张发奎的关系也是一段传奇。

(1)

为了反抗蒋介石之流的血腥屠杀，党中央决定由周恩来等人领导发动南昌起义。7 月下旬,张发奎突然下令第二方面军东征讨蒋。叶剑英随第 4 军南下进驻江西九江。这时九江城内外除第 4 军外，还有贺龙的第 20 军,叶挺的第 24 师以及朱培德的部队。第 4 军军部和第二方面军总指挥部驻在甘棠湖烟水亭一带。

一天，叶剑英随第 4 军军长黄琪翔来到庐山。原来汪精卫已到庐山，召集黄琪翔和朱培德等人开会，秘密策划以张发奎的名义通知贺龙、叶挺上庐山开会,将贺、叶解除兵权。

叶剑英本与叶挺有密码联系,感到此事非同小可,立即连夜下山,找到叶挺。两人又通知第 20 军军长贺龙、第 4 军政治部主任廖乾吾等到甘棠湖烟水亭附近碰头。

在小划子上,几人决定贺、叶不上庐山,立即率部从牛行车站开往南昌。

由于叶剑英的告密,汪精卫抓捕叶挺、贺龙的阴谋顿成泡影。

叶挺、贺龙等人举行南昌起义后,张发奎召集第二方面军高级军官开会,研究对策。会场气氛紧张,张发奎大发雷霆:“贺龙、叶挺完全不顾私情,我非追着他们的屁股打不可!”

这时候,许多将领主张派兵尾追,捉拿贺、叶问罪。在张发奎正要下令时,叶剑英说:“依我之见,我们还是开往广州不追贺、叶为好。”

接着,他分析战局说:“总指挥早就想南下广东,重举总理义旗,目前正是时机。广东是李济深的天下,我们原想去,他是反对的。现在我们放贺、叶的部队到广东去,李济深招架不住,必然要请我们回广东相助,我们便可打起援师的旗号,直趋广州。这样比跟着贺、叶屁股打,两败俱伤,要胜一筹。如果现在尾追贺、叶,消耗兵力不说,还不一定能追上,即使捉获他们,而我们在广东仍无立足之地,何谈北伐统一大事!”

张发奎一听，觉得很有道理。因为他东征讨蒋也不是出于什么真心,实则想趁机南下重返广东扩充实力。此刻听叶剑英这么一说,他立即放弃尾追贺、叶的企图。但是,他又怕人误解有“通共”之嫌,仍虚张声势派出一些小股兵力摇旗呐喊,追了上去。

然而,汪精卫却不罢休,突然下令要张发奎在第二方面军实行“清共”。叶剑英事先得知消息,秘密通知廖乾吾、高语罕等中共党员迅速离开九江。共产党人一走，张发奎的第二方面军基本上瓦解，大势已去，只好让黄琪翔代理总指挥，率部朝广东南雄开去，自己则意态索然，乘船去了香港。

由于叶剑英的通知，贺龙、叶挺免遭暗害，从而保障了震惊中外的南昌起义得以顺利实现。1979 年，萧克主持编写南昌起义的小册子时，有一种说法，认为贺龙、叶挺、叶剑英的甘棠湖"小划子会议"对起义具有决定性的作用。为此，萧克找到叶剑英核实情况。叶剑英说："'小划子会议'是有的，但参加会议的，除我们三人外，还有廖乾吾和另一人，可能是高语罕。我那时并不知道南昌起义的具体计划。这次见面，应该说是一次左派和共产党员交换意见，它对党中央下起义的决心是有好处的。写历史不要把它拔得太高了。"

接着他又特意重复了一遍："不要拔得太高了。"

(2)

到达广州后，党组织要求叶剑英利用第 4 军参谋长身份，掌握敌军动态，加强对第 4 军军官教导团的控制，为即将举行的广州暴动准备骨干力量。

这个军官教导团本是由黄埔军校武汉分校学员改编的第二方面军军官教导团。南昌起义时，他们由陈毅等人率领到达九江时，被张发奎下令解除武装，并改编为第 4 军军官教导乐团，由叶剑英兼任团长。

但是，要把教导团调入广州，没有张发奎和黄琪翔的同意，是办不到的。自从陈毅等人参加南昌起义后，两个多月以来，张、黄时刻视教导团为"一颗拉了弦的手榴弹"，既想丢出去炸别人，又怕留在手里炸自己。结果，教导团刚到达广东南雄，黄琪翔就下令收缴了教导团的枪，随后又饬令教导团在花县整训，始终不敢把它调入广州。

为了把教导团调进广州，叶剑英一再向张发奎、黄琪翔担保，只要使用得当，调度有方，教导团就不会出乱子。几经周折，张、黄终于被他说动，10 月中旬，教导团被调入了广州城。

教导团进驻广州城后，驻在北郊四标营。随后，叶剑英又劝说黄琪翔，重新把武器发还了官兵们。

叶剑英又与团内的地下党负责人唐维取得联系。为了准备暴动，叶剑英先向张发奎辞去团长，建议由杨澍松代理团长，再安排李云鹏等一批秘密党员接任营、连长职务。于是，教导团加紧了起义的准备。

这时，桂军前敌总指挥黄绍竑部会攻叶挺、贺龙两部起义军，在潮汕地区打散起义军后，凯旋而归。粤系张发奎与桂系李济深之间争夺广东地盘，斗争愈演愈烈。张、黄于是以“护党”为名发动逐桂兵变。

10 月 17 日凌晨，叶剑英下令教导团行动，攻克黄绍竑第八路军总指挥部，接着占领黄埔军校、虎门要塞等地。桂军节节败退，被赶出广州城。黄绍竑幸亏事先得到报信，化装潜入租界，才侥幸逃得一命。事后，他得知是叶剑英亲自坐镇指挥这场兵变，声言：“不报这一箭之仇，我就不叫黄绍竑。”马上派出刺客赶往广州刺杀叶剑英。

10 月下旬的一天，刺客探知叶剑英要出席沙面召开的群众集会，于是乔装扮作工人，混入人群，企图寻机下手。无奈，会场上红旗招展，人山人海，教导团全副武装，戒备森严，他始终无法靠近叶剑英，只好悻悻作罢，垂头丧气地返回了南宁。

黄绍竑不甘心，再次派出两名刺客，要求他们不惜代价除掉叶剑英。一天，叶剑英来到一饭馆与地下党秘密会晤，商量广州起义的准备工作。然后，他让那位同志先走，自己顺手拿起一张报纸读起来。等到那位同志走远，他才站起身走下楼。

刚走到楼梯口，两名刺客突然亮出尖刀，一拥而上。恰在此时，旁边一人跑出来，当即与刺客撞个满怀，三人同时摔倒在地。此人原来是从厨房跑出来的酒保，他一个手托菜盘，吆喝着“来哩”，菜肴汤汁泼了刺客一脸，烫得嗷嗷直叫。等刺客爬起来，追出门外时，只见街上人来人往，哪里还有叶剑英的踪影？①

因为敌人的追杀，在张发奎等人心目中，叶剑英的位置更加重了。

(3)

为了加强广州起义的武装力量，广东省委负责人黄锦辉指示叶剑英扩充第 4 军警卫团。警卫团是在张、黄兵变后改编组建的，下辖两个营。第 1 营由第 4军军部特务营改编，第2 营由原桂系第八路军特务营改编，军官成分复杂，只有少数地下党员。接到省委的指示后，叶剑英

① 黎新、汜生：《叶剑英元帅历险纪实》，中共中央党校出版社 1995 年版，第 59—60 页。

立即求见张发奎，提出广州城防空虚，建议赶快扩编警卫团。

这时黄琪翔已率第4军主力前往广州梧州，张发奎正为广州兵力薄弱而发愁，马上说："你说下去，快说下去！"

叶剑英说："我想在原来的两个营基础上再扩建一个营，成为名副其实的一个团编制。这样警备广州才不缺兵力。除李济深的警察武装不要外，其余愿意吃粮当兵的，有多少我要多少。"

张发奎欣然同意，紧接着问："团长人选有没有考虑？"

叶剑英说："有一个琼州人，北伐时打仗很勇敢，人也能干，不过我忘了叫什么名字。"

张发奎挥挥手说："把他调来当团长好了。"

其实，此人名叫梁秉枢，其实是中共地下党员。

有了张发奎的授权，叶剑英将张诗教、陶剑寒（陶铸）等一批地下党员安排进了警卫团，同时招收了300多名参加过省港罢工的工人，组成了警卫团第3营，由共产党员施恕之任营长。各连的排长和班长也多从教导团抽调进步学员来担任。

11月26日，中共广东省委书记张太雷到达广州，当晚召开省委会议，决定在广州举行暴动。

12月7日，张太雷秘密主持召开工农兵代表大会，正式决定12月12日举行起义。谁知突然发生一个意外。设在小北直街大安米店的武器转运站被敌人侦破，老板被捕后经不住严刑拷问，供出了起义的实情。同时，隐藏在教导团里的孙文主义学会分子也跑去向张发奎告密，说共产党把"教导团自营长以至兵士通通都赤化，就要暴动"。

张太雷获悉这些情况后，决定把起义时间提前到12月11日。但他听信其他人的话，担心走漏消息竟没将起义变更的具体时间通知叶剑英。

12月11日凌晨3时，震惊中外的广州起义开始了。教导团兵分三路出发，直扑预定目标。随后，警卫团部分官兵与黄埔军校特务营，连同各路工人赤卫队，一起对市内各敌人据点发起攻击。

起义前一天夜里，叶剑英住在远离市区的西关家中。听到枪声，他立即起身到外面，问怎么回事。有人告诉他说："满街巷都是'红带友'。"他马上意识到可能是起义开始了，急忙沿着乱哄哄的街道向城内走去。几番周折，终于在天亮时找到了设在公安局的总指挥部。

一上楼，叶剑英正巧遇到张太雷。他非常兴奋，又有点疑惑，问道："太雷同志，暴动计划我是知道的，事先准备了武装力量，但是具体行动时间为什么不通知我？”

张太雷说：“你和他们（指国民党）相处时间长，我们相处时间短，请你原谅！”

叶剑英似有所悟地：“啊，我是新党员。”

张太雷赶忙又解释说：“起义时间虽然没有通知你，但党组织对你还是信任的，请不要见怪！组织上已决定你担任副总指挥。”说罢，让叶剑英去找总指挥叶挺，共同负责军事指挥。

叶剑英见到叶挺，激动地说：“老叶，别人不了解我，难道连你也不认识我吗？最后起义时间为什么不通知我？”

叶挺解释说：“真是天大的误会！我也是起义前的几个小时在香港接到通知，连夜赶过来的，哪里晓得没有告诉你！”

“如果通知我，还可以多调动一些部队参加起义。你知道，我还准备了好多张牌呢！”

说到这里，两人懊悔莫及。

这时起义队伍继续向纵深发展，扩大战果。中午，起义军控制了广州市的大部地区，但战斗仍在继续。叶剑英便离开总指挥部，到第一线指挥战斗，激战中，张发奎、黄琪翔等人逃到珠江南岸，匆忙登上一艘军舰，跑去肇庆和江门等地调部队，然后进行反扑。

12 日早上，叶剑英得知长堤吃紧，冒着枪林弹雨，亲临长堤火线巡视布防，指挥战斗。

下午，敌人从江门、韶关、石龙等地赶来，并逐渐对广州形成合围之势，陆续攻入了广州市区，起义形势急剧逆转。黄昏时分，张太雷等人下达撤出广州的紧急命令。然而，由于市区道路已被敌军隔断，叶剑英正在长堤率部浴血奋战，并未接到命令。晚上，他找到司机罗炳，要他开车去东江接彭湃的农军前来增援。罗炳等人驾车冲出市区后，因途中病倒，没有达到目的。

叶剑英眼看弹尽援绝，隔岸的敌人援军源源涌来，当机立断下令部队撤出阵地。当他返回起义总指挥部时，已空无一人。

这时敌人正在四处大搜捕，突围出城已经不可能。叶剑英立即跑到同乡李运全的家里，躲了起来。

但是，满城白色恐怖，退往海陆丰的路已被敌军截断，广九铁路车站、省港轮船码头等交通要地均被占领，交通断绝。叶剑英藏身在李运全家中，处境十分危险。

随后，他与李运全商量，拿着李的证章化装“过关”，走进沙面，混上一条省港航班，到达香港，终于脱险了。

（4）

广州起义爆发，张发奎负有直接责任，第二方面军随之垮台。在国民党派系斗争中，张发奎被迫赴日本，第 4 军也不得不离开广州，向东江转移。由此，张发奎对共产党成见很深。抗日战争结束后，在美国的调停下，国共两党在北平设立军事调处执行部。执行部向广州派出三人执行小组，要求把中共在广东的东江纵队和海南岛的冯白驹纵队调往北方，张发奎拒绝调处，说广东根本没有中共部队。美国总统特使马歇尔认为他破坏调处，便告状到蒋介石那里。张发奎仍然反对调处，拒绝与马歇尔会面，也拒绝见同期同学叶挺。在政治分野之后，张发奎把同乡、同学、同僚甚至上下级等友谊全部化为乌有。

但是叶剑英始终记着张发奎。

全国解放后，叶剑英多次派人做张的工作，希望他回大陆见面叙谈，都没有如愿。

1980 年 3 月，寓居在香港的张发奎去世，叶剑英也已患帕金森氏病。对张发奎去世，叶剑英仍很沉痛，发出唁电：

> 香港
> 张向华（张发奎的字号）将军家属礼鉴：
> 惊悉向华将军逝世，不胜哀悼。乡情旧谊，时所萦怀。
> 特电致唁，尚希节哀。

（5）

广州起义虽然失败，但叶剑英终生难以忘怀，曾专门撰写《大革命失败与广州起义》一文，总结评价这次起义。

1986 年 10 月 22 日，叶剑英逝世。随后，按照他的遗嘱，他的灵骨安放在广州起义烈士陵园，与几十年前并肩奋战的战友们长眠在一起。

6.“参座”称呼的由来

1937 年 7 月,全国抗战爆发,8 月,叶剑英出任国民革命军第八路军(9 月改称第十八集团军)参谋长。

(1)

1939 年 1 月,根据党中央的指示,叶剑英接受国民政府军委会邀请,帮助国民党办游击干部训练班,出任西南游击干部训练班副主任,后改任副教育长。

这个班设在湖南衡山的南岳山上,班主任由蒋介石兼任,周恩来兼总教官,教育长为国民革命军第 31 集团军总司令汤恩伯。

南岳镇有一座佛教大庙叫祝圣寺,叶剑英下山时常到寺里小憩,与众僧谈天。

一次,周恩来参观祝圣寺,住持暮笳请他在纪念册上题字。周恩来挥毫写道:“上马杀贼,下马念佛”。暮笳等人受到启发,着手筹备南岳佛教救国协会。不久,叶剑英来到祝圣寺,从众僧口中得知此事,当场建议把协会名字改为南岳佛道救难协会。南岳是佛、道并存的圣地。叶剑英两字之改,除佛教人士外,也把道教人士也招纳其中,佛、道都可以参与抗日救亡活动。众僧连声称妙。

1939 年 4 月下旬,南岳佛道救难协会成立,叶剑英应邀前往,即席发表了“普渡众生,要向艰难的现实敲门”的讲话。叶剑英着眼现实的讲话,唤醒了南岳宗教界人士。6 月,30 多名青年僧侣组成南岳佛道青年服务团,开赴长沙、湘潭等地宣传抗日救亡。

以后多年,暮笳主持还逢人便讲叶剑英改“佛教”为“佛道”,改“救国”为“救难”的故事。

(2)

在南岳游击干部训练班,叶剑英虽为副教育长,但很注意做统战工作。在他的帮助和影响下,教育长汤恩伯与中共的合作态度比较不错,他对全体学生讲话时,不时还引用毛泽东《论新阶段》的一些话。一次,在谈到军民关系时,他指着身边的叶剑英说:“过去我们和他们打仗,他们屡屡获胜,其中一个主要原因就是他们与民众的关系是鱼水关系。”

话音刚落,全场气氛立即活跃起来。

(3)

1940年年初,蒋介石召开全国军以上参谋长会议。八路军参谋长的叶剑英和新四军参谋长张云逸也应邀出席会议。

这时,叶剑英摔伤了胳膊,正在治疗,为了团结抗日毅然决定赴会。

这时,蒋介石准备发动新的反共高潮。会议开始后,蒋介石说:“去年的冬季攻势打得不好,本次会议的目的,就是要检查作战经过,整顿军纪、军令。”

国民党军素来军纪很差,军令难行。会场上顿时严肃紧张起来。谁知蒋介石接着却说:“本委员长接到很多报告,这次冬季攻势之所以失败,完全是因为第十八集团军游而不击、袭击友军、包庇叛军、破坏抗战,制造磨擦等等行为所造成的。为严肃军纪,要彻查此事!现在就请诸位发言,每人不得超过30分钟。”

原来他借口整肃军纪要对八路军开刀,掀起反共高潮。他的话不是针对纪律很差的国民党军,那些国军军官放下了心,便开始附和蒋介石的讲话,攻击八路军和共产党领导的抗日部队。第十战区副参谋长周学海首先放炮说:“共产党的军队不打敌人打我们。”然后历数捏造的八路军种种“罪状”,说完还加上一句:“忍耐是有限的。”其他人也纷纷攻击八路军,甚至还说到了军纪之外,诸如延安解放区乱印钞票乱发钞票……弄得会场气氛十分紧张。

第十九集团军参谋长曾粤海与叶剑英是云南讲武堂同学,坐在叶旁边,忍不住说:“我看你怎么得了啊,都是攻击你的。”

叶剑英镇静自若地回答:“谎言掩盖不了事实。”

其他人都发言完毕,轮到叶剑英发言了。

他不慌不忙地走上讲台,有条不紊地介绍了八路军、新四军去年冬季作战实况,有事实有数据,言之凿凿,然后得出结论说:“有人说我们十八集团军不打敌人打国军,这真是海外奇谈,完全不是那么回事。”

接着,他针对一些人对八路军编造的种种“罪名”,一一列举真实情况进行驳斥。

“至于解放区乱发钞票么,那是没有根据的。”叶剑英从裤袋里摸出一张角票,举起来说,“你们看,这张角票已经烂成这个样子,两面都贴上了纸,票面不清,已经不能再用了。我们不发一点就地使用,怎么办?大家都知道,角票是辅币,这怎么叫破坏币制呢!”

会场有同情中共的人于是说:“角票是辅币,大后方有的县也在自印角票。”

结果,此言引起不少人对国民党大后方的财政混乱抱怨起来,让在场的蒋介石气也不是,笑也不是,只好默然。

后来,八路军办事处负责人董必武知道了会场上的交锋,高兴地说:“这叫‘叶公(黄山)舌战群儒’。”

(4)

1941 年 2 月,叶剑英回到延安,任中央军委参谋长兼第十八集团军参谋长,大家便热情地称他为“参座”。

叶剑英会写诗,又能歌善舞,还会打扬琴、拉二胡,身上有一股儒将之气,这“参座”的称呼很符合他那儒将的气质。

1928 年,叶剑英在苏联中国劳动者共产主义大学时,就是有名的文艺活跃分子,走到那里,歌声就响到那里。一次刚下课,叶剑英亮开嗓门,唱起了粤剧《霸王别姬》,吸引了很多同学。

他一段唱完,几个同学就大喊:“唱得好!再来一段!”

叶剑英转身想走,同学们拦住不放,他只好又来一段。

由于叶剑英粤剧唱得好,不少同学有空就要求他唱,有的还一句一句跟着学。

在艰苦、紧张的革命生涯中,叶剑英十分重视文化生活。

他在南岳举办游击干部训练班时,著名戏剧家田汉率领抗敌演出八队来到南岳地区演出宣传。在叶剑英的安排下,训练班特地在南濠酒楼举行宴会,为演出队接风洗尘。

酒过三巡,宾主谈笑风生。忽然,一个国民党军官高声叫道:“演出队的女兵,唱个歌子听一听嘛!”

他嬉皮笑脸,语言不恭,带有酒席上吆喝女戏子的味道。演出队十分反感,沉默不言,气氛非常尴尬。

“我来唱一个！”主宾席上一个人突然站了起来。

大家定睛一看，啊，原来是副教育长叶剑英！

这时，他大声说：“你们不是想听陕北民歌吗？我来唱一个《开荒》。”说完，一只脚踏在长板凳上，豪气十足地唱了起来：“开荒呀开荒，前线的战士要军粮……”他嗓音浑厚，唱陕北曲调，又夹杂一点广东尾音，边唱还边用手打着拍子，唱得很有韵味，十分好听，一下子吸引了所有的人。

一曲终了，大家热烈鼓掌，呼喊“再来一个”。叶剑英高兴地说：“这回呀，该轮到你们了，欢迎你们来一个大合唱！”

田汉马上站起来，带头起音，“大刀向鬼子们的头上砍去，全国武装的弟兄们，抗战的一天来到了！……”昂扬激越的歌声在酒楼上响了起来。

叶剑英的临场发挥，打破了尴尬，又巧妙地以歌声宣传了共产党和抗日。

来到延安后，叶剑英住在王家坪，他在业务教大家识谱、弹琴、唱歌，还自己动手做乐器，作示范表演，有时还会来段广东音乐《小桃红》、《雨打芭蕉》或者《双飞燕》、《渔光曲》。王家坪的文娱活动随之活跃起来。

很快，俱乐部成立了乐队、演出队，经常进行露天演出，还举行音乐会。有时候，叶剑英亲自上场，指挥演唱《二月里来》、《黄水谣》、《救亡曲》、《延安颂》。

7. 叶剑英“自作主张”放跑蒋介石

1949年10月21日，叶剑英到达广州，出任中共华南分局第一书记、广东省人民政府主席、广州市市长等职，主持广东省的工作。

这时广州已于10月14日解放，叶剑英指挥向华南进军的同时，开始组织恢复被战争破坏的经济秩序。

为了挽救灭亡的命运，蒋介石组织所谓的“西南保卫战”。11月14日，他自台北飞抵重庆。但是大势已去。29日，蒋介石住所附近都出现枪声，他匆忙逃到成都。接着，成都城内也枪声四起，蒋介石下榻的中央军官学校附近也出现一些"可疑人物"。12 月 10 日，在兵临城下之际，蒋介石和随从在一片恐慌中登上飞机，逃往台湾。

这时解放军第十五兵团接管了广州白云机场，但机场仍留有起义和投诚过来的原国民党空军和地勤人员。蒋介石从成都起飞前，成都机场与白云机场进行联系，了解广州方向的天气情况。由于双方过去是一个系统的，都非常熟悉，问话也比较随意。白云机场问："是谁的飞机呀？"

成都方面回答："是蒋总裁的，下午 2 时从成都起飞，大约 3 时左右到广州上空，直接飞往台北。"

白云机场问："坐什么飞机？"

成都方面回答："三架运输机，总裁在第二架上。"

白云机场获悉这个情况，立即报告解放军第十五兵团副司令员兼参谋长洪学智。军管会白云机场接管负责人随后向洪学智建议采取两个方案：一是用战斗机把蒋介石的座机迫降下来；二是干脆把飞机打下来。洪学智问道："把握性如何？"

"机场有战斗机，而且飞行员也靠得住。飞行员中有一个原来是国民党空军中'四大金刚'之一，飞行技术很好。我们征求过他的意见，他说不成问题，积极要求执行这次特殊任务，争取立功。如果拦截不成，我们就用高射机关炮将它打下来。"军管会机场负责人说。

洪学智问："你们觉得把握大吗？"

"没问题。"

"你们把准备工作做扎实，我去请示叶参座。"

于是，洪学智来到兼任中南军政委员会副主席、广东省军区司令员兼政委叶剑英住的小楼。叶剑英正在与人谈话，洪学智把他叫出来，报告了情况。叶剑英沉吟一会儿，问道："我们有这个能力吗？"

洪学智说："有一个解放过来的飞行员，飞行技术不错。他愿意执行这个任务。"

叶剑英说："这是大事情呀！"

洪学智笑着说："打下老蒋的话，就有点像西安事变。"

"倒是应该让他下来看看。"叶剑英说。

洪学智见叶剑英表态了，马上说："那就这样办吧。"

"我看还得请示党中央。"叶剑英说，"这样吧，你马上报告中央。我们的意见是用战斗机迫降，或者把它打下来。"

洪学智说了一声"好"，立刻回到兵团司令部，然后用军用电报向北京方面请示。可是,电报发过去后,党中央的指示怎么也等不来,眼看飞机要飞过来了。机场不断打电话催问。洪学智也很着急,又飞车跑去与叶剑英商量。

叶剑英问洪学智:“北京还是没有回复?”

洪学智说:“没有呀。”

“没有,我们就不能干。”叶剑英说。

军人出身的洪学智倒是倾向于打,说:“机不可失失不再来。我们干脆先斩后奏,先打下来再说。”

叶剑英说:“没有党中央的指示,不能干。”

“让头号战犯跑掉,太可惜了。”洪学智不甘心地说。

“可惜也好,不可惜也好,反正中央没有回音,我们就不能干。”叶剑英坚定地说。

洪学智叹了一口气说:“我们只把飞机拦截下来,不伤害老蒋,应该可以吧。”

叶剑英还是摇头说:“这也不能干。”

结果,因为没有得到党中央的批准,叶剑英不同意打,洪学智只好放弃了打蒋座机的方案。蒋介石虽然从广东上空飞过,但终于逃了一命。

但是,国民党特务没有放过叶剑英。

叶剑英来到广州全面主持工作后,立即成为了国民党特务亟欲除掉的眼中钉。1950年初,国民党特务当局在香港专门成立了一个特别行动小组,只有一个使命:秘密潜入广州,伺机刺杀中共华南党政军最高负责人叶剑英。孰不知,这个情报马上被广州的公安部门及时侦获了,立即向华南分局和党中央作了汇报。

在北京的毛泽东接到报告后,认为国民党特务的暗杀计划对叶剑英个人安全威胁极大,不可轻视,立即电示叶剑英:“注意安全!不要在公开场合露面,如集会、讲演等等。”同时指示公安部门采取反特措施,破获特务机构。

叶剑英收到毛泽东发来的急电,这才重视起来。在此之前,广州市公安局长曾当面向他汇报过有关情况,但他并没在意,照常在各地奔波、检查工作,与各方面人士谈话,出席各种群众集会。叶剑英深感毛泽东的关怀,当即亲笔起草回电:“我及分局同志,应遵来示,提高警惕,加强保卫,免遭暗算。”同时下令有关部门加强侦察,争取尽快破案,镇压敌之阴谋。

可是,叶剑英还是照样去参加群众大会和报告会,到海珠桥建设工地、黄埔港码头检查工作。警卫员十分担心,再三请求他少在公共场合露面。叶剑英说:“咱们共产党人要相信人民,更要依靠人民,人民的力量才是无敌的。只要群众一起来，敌人的任何阴谋都是要注定失败的！”

此时特务们已经潜入广州,并在潜伏特务配合下,千方百计刺探叶剑英的行踪,伺机下手。一天,在叶剑英经常办公的市政府住地,接连发生两起炸弹扔进院子里爆炸的事件，幸未造成人员伤亡。敌特的活动猖獗起来了。

一天下午,叶剑英在中山五路一个剧场参加民主人士座谈会后,驱车返回东山的住所。按照往常的惯例,叶剑英外出一般是两辆车,他和秘书、两名贴身警卫员,坐在第一辆车,后面跟着一辆车,载着一个全副武装的警卫班。这次因为是与民主人士座谈,叶剑英特意吩咐,只带了一名司机和一名警卫员随行。

当汽车顺着农林路向华南分局所在地东山疾驰而去时,忽然,前排警卫员小李发现前方公路有一辆卡车，车厢严实地围着防雨帆布,正不紧不慢地行驶着。

“奇怪！这条路上很少有卡车路过呀。”小李警觉起来,“这辆卡车有点可疑。”

司机小吴也说:“我也觉得有些不对劲。”

叶剑英镇静地说:“适当采取应急措施,但不要慌,要注意观察,沉着应付。”

为防止意外,小吴减慢了车速。小李也拔出手枪,推弹上膛,两眼紧盯着卡车的举动。前面出现一条岔路,小吴一踩油门,准备出其不意地加速超车过去。突然,卡车后厢上的帆布挑开了,伸出一支黑黝黝的枪口,“哒哒哒！”一串子弹向叶剑英的座车飞来。

“首长,低下头！”早已有准备的小李一边大喊,一边举枪射击。卡车上的特务见对方已有准备,作贼心虚,连忙驾车窜上岔路,向沙河方向逃去。

险情过去,叶剑英用力拍了一下小吴的肩膀说:“赶快离开此地。”

小吴一踩油门,汽车飞一般地跑着,不一会儿便到了住地。警卫部队闻讯,立即出动,往沙河方向追捕凶手。

事后,小吴检查发现只有小车车头部位中了一枪。其他工作人员围拢过来,议论纷纷,说要限制首长今后的公开活动。叶剑英走到车前,用手指指那个弹孔，幽默地说："你们瞧，就凭这枪法，就用不着大惊小怪嘛。应该想法通知毛人凤，再派特务来行刺，非得带上一门美式榴弹炮才行。"逗得大家大笑起来。

经过这次较量，特务们知道刺杀叶剑英不是那么容易的事情，便知难而退，跑回香港了。而叶剑英还是照例出席群众大会，不辞劳苦地深入城镇、海岛、农村调查，南粤大地到处都留下了他的足迹。

8. 推广郭兴福教学方法

1960 年，叶剑英以中央军委常委、军事科学院院长身份兼任军事训练和军事学术研究委员会主任。

这时林彪在全军推行"以四好(四好即：一是政治思想好，二是三八作风好，三是军事训练好，四是生活管理好。)为纲"，"只搞文不搞武"的偏差已见端倪。

叶剑英主持教育训练工作后，召开全军训练工作会议。在会上，他就战争与和平及部队训练等问题作了讲话，提出党委要以训练为中心，全面安排自己的工作，要像过去抓作战一样抓训练；要探索符合毛泽东军事思想以及现代战争要求和我军特点的训练方法。第一把手要亲自抓，要深入下去，一抓二钻，一查二帮，作典型调查，及时总结和推广经验；要把技术训练和战术训练统一和兼顾起来。

1960 年 8 月，解放军将领李德生从高等军事学院学习结业，回到了以前工作的第 12 军，担任军长。

因为 1955 年批判了部队训练中的教条主义，李德生新官上任后思谋如何把部队抓好，认为部队训练如何搞要去另寻找一条新路子。当他在总政《工作通讯》上看到叶剑英在全军训练工作会议的讲话时很受启发。1961 年年初，在年度训练开始时，李德生派出军、师、团联合工作组到某团第 2 连进行蹲点，组织战术训练改革试验。

结果，郭兴福这个典型被发现了。

郭兴福出身于贫寒家庭，12 岁时，为了混一口饭吃，到国民党保安团当了勤务兵。1948 年 9 月，济南解放时，他参加了解放军，被分到华东野战军第十三纵队当战士，先后参加了淮海、渡江、淞沪、漳厦战役，因为作战勇敢,立过三等战功。1951 年 2 月,郭兴福到解放军第十四步兵学校深造。他学习刻苦,毕业成绩被学校定为“上等”,毕业后被分配到南京军区某师军士教导营任排长。在军士教导营工作四年里,他把分队战术和技术训练摸了个透熟,尤其是在单兵和班进攻的战术训练中爱动脑经,采取启发式教学法,战士们练兵热情高,效果显著。

李德生发现这个典型后,经过不断总结提高,形成了郭兴福的教学方法。10 月,总参办的《军训通讯》出了一期增刊,介绍郭兴福的教学法,并加了《既严又活》的评论员文章,将该刊扩大发行至全军连以上单位。

1963 年秋,叶剑英在《军训简报》上看到关于郭兴福教学方法的报道,也引起了关注。

12 月下旬,总参军训部在镇江地区小衣庄召开训练现场会议,推广郭兴福教学方法。

这本是一次业务性的会议,叶剑英乘飞机亲自赶去参加。他冒着严寒,在野外实地仔细地观看郭兴福教的单兵进攻战术作业,观看了郭兴福式教练员教的单兵防御、被复线架设、山地喷火、攀登悬崖、对刺、投弹,捕俘等训练项目。战士叶铁虎冲击动作勇猛,一手能投两枚手榴弹,在一次冲击动作中鞋子被树枝戳穿,流了很多血,但一声未吭,坚持到训练完毕。叶剑英夸奖他:“真像一只小老虎!”

叶剑英还与郭兴福和其他参加演练的战士谈话,座谈讨论,了解情况,总结经验。经过周密的调查,他肯定了郭兴福教学法。为了使它更加系统化和条理化,叶剑英还将其归纳为五个突出特点:一、善于在教学中抓思想,充分调动练兵的积极性;二、把练技术、练战术,练思想、练作风紧密地结合起来,把兵练得个个都像小老虎一样;三、采取由简到繁,由分到合等方法,逐步加深认识,掌握要领;四、把言教与身教、苦练与巧练结合起来;严格要求,一丝不苟,循循善诱,耐心说服;五、这些方法,不仅适合于各部队,而且适合于学校;不仅适合于步兵,而且适合于各军种、兵种。

叶剑英从镇江回来后,向中央军委报告,建议在全军推广郭兴福教学法,掀起军事训练的高潮。这个建议,得到了党中央、中央军委和毛泽东的赞许。毛泽东阅看叶剑英的报告看到“把兵练得一个个都像小老虎一样”时,在下面划了一条杠,写道“这一条我最感兴趣”;报告说“郭兴福教学法继承了我军传统方法”,他指出“这不仅是继承,而且是我军传统练兵方法的发展”。

随即，学习郭兴福教学方法和大练兵的群众运动，在全军轰轰烈烈地展开了。

但是，大练兵与林彪的“四好”背道而驰。正当大练兵运动深入发展时，林彪派叶群带着一个调查小组去了广州，抓住训练中出现的某些个别现象，说“大练兵冲击了政治”，“犯了路线错误”，并发出所谓《关于当前部队工作的指示》，把轰轰烈烈的练兵热潮泼了一盆冷水。

对此，叶剑英很义愤。

在林彪给大练兵扣上“冲击政治”的帽子后不久，在一次会议上，叶剑英驳斥说：“郭兴福教学法，不是郭兴福一个人创造的，是南京军区各级领导干部智慧的表现，是我军几十年训练经验的总结，是毛主席练兵思想的继承和发扬。郭兴福教学方法还是要继续推广，并使它继续向前发展。”①

在“文革”中，造反派把大练兵作为叶剑英的“罪状”。大比武的尖子郭兴福也受到迫害。在绝望之下，他杀死自己三个孩子，自杀未遂，被判处死刑，缓期二年执行，后被改判 20 年有期徒刑。林彪垮台后，叶剑英不止一次地向人气愤地谈起林彪扼杀大练兵运动的事情，并询问郭兴福的情况，说：“郭兴福对军事训练有很大贡献嘛！应该让他工作，继续搞训练。”

在叶剑英和罗瑞卿的关怀下，1979 年，有关部门为郭兴福彻底平了反，并恢复工作，提升他为步校教研室副主任。

1985 年，郭兴福骑车上街买菜，由于出车祸而死。这让许多当事人唏嘘不已。

---

①李德生：《高风亮节，大智大勇》，原载《人民日报》1986 年 12 月 14 日。

9. 大闹京西

1966年1月8日，叶剑英担任中央军委副主席；5月23日，出任中央书记处书记、中央军委副主席兼秘书长，主持中央军委日常工作。

1967年1月19日下午，在京西宾馆第二会议室，中央军委召开碰头会，讨论军队如何开展“文化大革命”运动。参加会议的有“中央文革小组”、中央军委以及各总部、各军区、各军兵种负责人，共40多人。

会议一开始，叶剑英等人便与“中央文革小组”在军队要不要开展“四大”（即大鸣、大放、大字报、大辩论）的问题上发生激烈的争吵，形成了两军对垒之势。

陈伯达、江青说：“军队要开展‘四大’，要扫除‘四旧’！”

叶剑英首先站出来反对，说：“军队是无产阶级专政的柱石，战备任务很重，如果稳不住，敌人入侵，怎么应付？”

“军队不能搞特殊！”康生说。

“军队是军队，不能搞‘四大’！”聂荣臻也支持叶剑英的意见。

姚文元说：“军队和地方‘文化大革命’都是一样的。”

叶剑英继续说：“军队有军队的纪律。三大纪律第一条，就是一切行动听指挥，步调一致才能得胜利。如果开展‘四大’，必然发生无政府主义，什么个人服从组织，下级服从上级，都成了一句空话。军队没有铁的纪律，怎么能保证执行党的路线、方针、政策？怎么能打仗？不服从命令，打起仗来‘放羊’，军队还成其为军队吗？”①

结果，双方各自坚持自己的意见，一时僵持不下。

坐在一旁的叶群见状，马上说：“现在，地方上‘文化大革命’的形势很好！越来越好！可是军队问题很大！总政主任萧华，公然反对林副统帅，执行资产阶级反动路线，破坏军队的‘文化大革命’！”

接着，她列举出了几条萧华反对林彪的“罪状”，并要萧华当晚在军

---

①晓亮、文军主编：《十大元帅之谜》（上），第98—99页。

队院校师生大会上作检查。

叶群说完，陈伯达便接上了话："萧华是一个绅士，不是战士；是洋学生，不是红小鬼。他要把人民解放军变成资产阶级军队！"

江青指着萧华说："萧华！今晚在工人体育场开大会接见红卫兵，你敢不敢去？"

正在萧华遭到围攻的时候，周恩来闻讯打来电话说："没有我的命令，萧华不能去大会做检查！"

这样，江青、叶群等人暂时收敛了一下。当天的会议也告一段落。散会时，全军"文革小组"组长徐向前特意宣布道："今天会议的内容要严格保密，不准外传，这是条纪律。"

但是，会议内容还是被泄露了出去。

当晚，北京军区战友文工团等单位的造反派搞突然袭击，跑到萧华在景山东街的住所，抄家抓人。萧华见状不妙，从后门跑到隔壁的傅钟家，然后坐上车子急忙跑到西山叶剑英的住所，躲了起来。

第二天上午，继续开会。主持人徐向前知道了昨天夜里发生的情况后，首先追问："昨天会议的内容，谁向外透露了？"

查来查去，没有结果。

有人看到萧华没到会，便问："萧华怎么没来开会？"

叶剑英没做声。江青坐在叶剑英身旁，说："堂堂的总政主任失踪了，到哪里去了？"

过了一会儿，萧华来了。江青等人立即诘问他："昨晚跑到哪去了？"

这时叶剑英"呼"地站起身来，大声说道："萧华昨天晚上被抄家，他半夜跑到我那里去了。是我把他收留下来的，如有窝藏之罪，我来承当！"说罢用右手猛击桌面。

盛怒之下，由于用力过猛，他的右手小手指折断了。[①]

江青等人面面相觑，不再质问和再提批萧华了。

叶剑英回到家里后，才告诉说："小手指折了。"于是，工作人员赶紧找医生进行包扎。

---

①李文芳：《优秀品德铭记在心》，原载《萦思录——怀念叶剑英》，第287页。

事后，毛泽东说话，不同意批斗萧华。陈伯达见风头不对，赶紧连夜写了一张纸条，通过中央军委办公厅电话传给叶剑英，解释说：“19日下午开会，吃多了安眠药，神志不清。讲萧华的那些话全部否定，一概收回。”①

1967年2月6日，叶剑英在怀仁堂一次会议上对“理论家”陈伯达冷嘲热讽道：“我不看书，不看报，也不懂得什么巴黎公社的原则，请你解释一下，什么是巴黎公社的原则？革命，能没有党的领导吗？能不要军队吗？”

2月11日，他在怀仁堂又对“中央文革小组”的人说：“请地方同志保护一下我们军队！”

2月14日下午，周恩来在怀仁堂会议室召开主持党政军日常工作的同志和“中央文革小组”成员的碰头会。会上，叶剑英痛斥陈伯达等人说：“你们把党搞乱了，把政府搞乱了，把工厂、农村搞乱了！你们还嫌不够，还一定要把军队搞乱！这样搞，你们想干什么？”他还质问康生、陈伯达：“上海夺权，改名为上海公社，这样大的问题，涉及国家体制，不经过政治局讨论，就擅自改变名称，又想干什么？”

会后，陈毅对叶剑英说：“叶公，你真勇敢！”

叶剑英一马当先，如同发射了一颗“头炮”。

随后，在2月16日召开的怀仁堂碰头会上，李富春、谭震林、李先念、陈毅、徐向前、余秋里等老同志对陈伯达、康生、张春桥、王力、姚文元“中央文革”“大将”猛烈开火。本来是讨论经济问题的会议，开成了对“中央文革”的批判会。这就是后来被人们称之为的“大闹怀仁堂”。

散会后，张春桥、姚文元、王力整理了《2月16日怀仁堂碰头会记录》。当晚，他们来到江青住处，由张春桥向江青报告下午会议情况。江青听完后，定调说：“这是一场新的路线斗争。”

随即，她领着张春桥、姚文元到毛泽东面前汇报。毛泽东被激怒了。2月18日晚，毛泽东严厉地批评了老帅们。陈伯达、江青等人则将“大闹怀仁堂”等事件定性为“二月逆流”。但是，毛泽东对叶剑英还是信任的。

---

①晓亮、文军主编：《十大元帅之谜》（上），第100页。

1969 年 3 月,叶剑英受毛泽东、周恩来委托,与刘伯承、陈毅、徐向前、聂荣臻等共同研究国际形势,讨论珍宝岛自卫反击作战问题,并整理成《从世界的森林看一棵珍宝岛树》的报告。29 日,呈送毛泽东。4 月 1 日至 24 日,叶剑英出席中共九大,并当选为中央委员,随后当选中央政治局委员。经中央政治局会议决定,叶剑英任中央军委副主席。

10. 深为毛泽东所信任

叶剑英一直是毛泽东所信赖的军界高层领导人。也正是因为毛泽东的信任,叶剑英成为林彪后一直主持中央军委日常工作的军委副主席,并且成为党中央副主席。

(1)

1969 年 10 月 18 日,奉林彪之命,解放军总参谋长黄永胜下达"第一号令",宣布全军进入紧急战备状态。随后,在北京的一些党和国家领导人疏散到外地。叶剑英则疏散来到了湖南。

1970 年 3 月 8 日,毛泽东提出召开全国四届人大和修改宪法的意见,同时提出改变国家体制、不设国家主席的建议。但林彪出于个人谋权篡国的考虑,仍然坚持要在宪法中写上"国家主席"一章。7 月 16 日,叶剑英接到中央办公厅的通知:回北京开会。

回到北京后,叶剑英飞抵庐山,参加中共九届二中全会。

在庐山会议上,陈伯达等人首先发言,借口毛泽东是天才,煽动设立国家主席,全会及时揭露了陈伯达等人的政治阴谋,决定对陈伯达进行政治审查。11月,毛泽东、周恩来把调查陈伯达历史和政治的任务交给了叶剑英。

这时,叶剑英已是 73 岁的老人了,愉快地接受了这个重托。

随后,他亲自带领调查小组奔赴福建、广东、广西等地,深入群众进行调查。在福州工作一段时间后,为了调查的方便,12 月初,他从福州市坐汽车来到厦门市,住在鼓浪屿小岛上。

这个地方虽然距离金门岛很近,但是十分安全。

在小岛上,叶剑英天天找人谈话,有时为了搞清一个问题,找这个人谈话后又找那个人谈话,白天时间不够就晚上接着谈,常常谈到深夜一点多钟才休息。他还亲自去陈伯达的老家进行访问,细致地进行调查,掌握第一手材料,并亲自给党中央写工作进展情况报告。

叶剑英在鼓浪屿工作了近一个月,过了 1971 年元旦才离开。

当周恩来总理看到叶剑英的报告后,打电话赞扬他,并且嘱咐叶剑英说:“工作要劳逸结合,注意身体、注意安全。”①

就这样,经过艰苦细致的工作,终于弄清了陈伯达历史的真面目,叶剑英为党中央粉碎林彪与陈伯达等人结成的反党集团做出了重要贡献。

9 月 13 日,林彪外逃后摔死在蒙古温都尔汗,叶剑英闻讯后愤然提笔,写下一首《斥林彪》诗:

铁鸟南飞叛未成,
庐山终古显威灵。
仓皇北窜埋沙碛,
地下应惭汉李陵。

林彪自取灭之以后,原军委办事组负责人黄永胜、吴法宪、李作鹏和邱会作等人手忙脚乱,千方百计销毁参与林彪篡党夺权活动的罪证,并且拒不交代问题。9 月 24 日,党中央命令黄、吴、李、邱四人离职反省。与此同时,决定由军委副主席叶剑英主持军委日常工作。

10 月 3 日,党中央又作出决定,撤销军委办事组,成立由叶剑英主持的军委办公会议,成员有叶剑英、李先念、李德生、谢富治、张春桥、纪登奎、汪东兴、陈士榘、张才千、刘贤权。在中央军委领导下,军委办公会议负责处理军委日常工作。

11 月 14 日,毛泽东在接见参加成都地区座谈会人员时,为“二月逆流”平反。他对大家说:“你们再不要讲他们(指叶剑英等)‘二月逆

---

①张延栋:《非凡的胆识,忘我的工作,亲切的教诲》,原载《萦思录——怀念叶剑英》,第 294 页。

流’了。‘二月逆流’是什么性质？是他们对付林彪、陈伯达、王、关、戚。”①

1973年8月，在党的十届一中全会上，叶剑英当选为中央政治局委员，并被选举为中央委员会副主席。

(2)

1974年1月上旬，南越当局派兵侵占中国西沙群岛的几个岛屿。1月11日，外交部发表声明，重申中国对南沙、西沙、中沙和东沙群岛的领土主权，对南越当局侵占中国西沙、南沙群岛中一些岛屿的非法行径提出严重警告。

叶剑英认为，如果南越当局不顾警告，继续侵占中国的领海和岛屿，有可能发动武装进攻，为此解放军必须进行自卫还击。他便向周恩来报告，并陈述自己对于时局的意见。

但是，南越当局在西沙群岛一带的挑衅活动有增无减，1月17日，叶剑英向总参谋部发出指示：西沙的斗争开始了，要立即组织班子，加强值班，注意掌握情况，准备打仗。同时，他命令：海军部队立即派出舰艇进至永乐海区，监视敌人，保护渔民生产；武装民兵进驻琛航、广金、晋卿三岛。

1月19日凌晨，南越当局突然派兵强行登上琛航、广金两岛，并向中国民兵开炮射击。守岛民兵马上进行自卫还击。叶剑英接到报告后，立即给广州军区打电话，了解详情，然后向周恩来汇报。

周恩来报告毛泽东后，毛泽东指示由叶剑英指挥西沙作战。周恩来于是下令叶剑英：“立即组织领导小组，由你负责，到总参谋部指挥作战！”

早上7点多钟，叶剑英急忙赶到作战指挥室。有关人员向他报告了南沙方面的情况。不一会儿，邓小平、陈锡联等领导小组成员也赶来。大家一起听取汇报，研究敌情，调配兵力，向前线发出一道道命令。

守岛民兵十分英勇，把上岛之敌打得逃回大海。上午10点多钟，敌

①晓亮、文军：《十大元帅之谜》(上)，第100页。

军舰突然向解放军舰艇开火。解放军舰艇立即还击。开战的消息传到北京后,叶剑英下令参战舰队:“狠狠地打,坚决消灭敌人!”

然后,他坐在作战室注视着战斗的进展。

此时,我军参战舰艇比敌舰小得多,装备也不如敌人,要取得战斗的胜利,一时还没把握。但是,一个多小时后,捷报传来了:解放军击沉敌舰一艘,其余敌舰被击伤后狼狈地溃逃了。

根据这一情况,叶剑英同邓小平等人商议后,立即发出命令:我军舰艇立即疏散,防止敌舰进行报复性袭击;一有情况,立即集中,打击敌人。接着,他下令在民兵守卫的岛屿上构筑防御工事。若敌人再来侵犯,坚决回击。

中午,作战室的参谋人员请叶剑英到旁边的房间去休息。叶剑英进去没多久,值班参谋收到一份情报,急需向他报告,可走到门边又犹豫起来,不忍打扰叶剑英的休息。但军情紧急,他还是敲门走了进去。谁知叶剑英根本没有休息,正在给周恩来打电话,汇报战况。他接过参谋手中电话记录,看了一遍,又用电话报告给周恩来。

随后,南海前线未再发生战斗,但军情仍很紧张,战斗随时可能再次爆发。当天下午和晚上,叶剑英一直守候在指挥室,紧张地注视这前线的消息。由于年龄大了,晚餐时,他吃不下饭,只吃了几块点心填肚子。

南海的炮声一响, 支持南越当局的美国政府立即派出一支舰艇编队,从菲律宾附近海域向南海方向驶来。叶剑英请示周恩来后,也立即派出海军一支舰队南下,应付可能发生的意外情况。

尽管美军有可能介入,但叶剑英与邓小平、陈锡联等人经过研究,决心乘胜收复被南越当局侵占的甘泉、珊瑚、金银三岛。这个报告得到了毛泽东批准。

1 月 20 日,叶剑英向前线部队发出了坚决收复甘泉、珊瑚、金银三岛的命令。前线部队立即出动,向岛上的敌人发起攻击。经过战斗,逐次收复了三岛。至此,西沙群岛的永乐群岛全部回到了祖国的怀抱,西沙自卫反击作战取得了重大胜利。

1975 年 1 月,第四届全国人大会议召开,叶剑英被任命为国防部部长。

（3）

1976 年 7 月以后，毛泽东的病情恶化。

9 月 5 日，毛泽东进入病危期，华国锋、王洪文、张春桥、汪东兴等人担任常务看护，轮流守在毛泽东的住处。

9 月 8 日，毛泽东进入弥留状态。政治局委员排着队，走到病榻前，一个个看望老人家。当满面戚容的叶剑英走到毛泽东跟前时，他的眼睛突然微微睁开，想抬起手臂，可力不从心没抬起来。

叶剑英并没察觉到这一细微举动，走出病房后，刚到休息室，护士就跑出来说："首长，主席招呼您去。"

叶剑英立即返回到毛泽东的病床前，急切而又小心地唤道："主席，我来了，您有什么吩咐？"

毛泽东睁开双眼，嘴唇轻轻地翕动，似乎要说什么但又说不出来，只是紧紧地攥着叶剑英的手，不停地晃动。叶剑英泪如雨下。过了一会儿，毛泽东似乎累了，又闭上了眼睛。叶剑英只好缓步退出了病房。

回到休息室后，叶剑英默默地陷入了沉思：主席为什么特意招呼呢？他老人家刚才的神态分明想要说什么，究竟要说什么呢？

9 月 9 日零时 10 分，毛泽东溘然去世。

11. 逮捕"四人帮"

毛泽东逝世后，中央政治局的会议几乎成了争吵会。围绕毛泽东接班人的问题，江青、张春桥等人展开激烈的争夺。这也成为了叶剑英等人关注和下决心要解决的问题。

毛泽东逝世后，江青索要毛泽东的手稿、文件和材料。叶剑英指示有关人员：要顶住，要看好，一份也不给。[①]

---

① 杨成武：《丹心向党，功炳千秋》，原载《光明日报》1986 年 11 月 5 日。

一天,张春桥派人给叶剑英秘书打电话,说要来看叶帅。秘书告诉叶剑英时,叶剑英生气地说:“我没有病,他来看我干什么。”对张春桥不予理睬。①

于是,王洪文搬到叶帅寓所旁边居住。一天,叶剑英对前来看望他的中央军委副秘书长杨成武说:“成武啊,王洪文是专来对付我的,我得搬家。记得以前我对你讲过,得给我准备几个地方,你现在明白了吧?”

当天下午,叶剑英就在杨成武的安排下搬到一处新寓所去了。

9 月 21 日,杨成武去看望老领导聂荣臻。

在谈话中,聂荣臻问起叶剑英的近况,杨成武把叶的情况告诉了他,并谈了“四人帮”的倒行逆施和军队面临的严重形势。聂荣臻郑重地对杨说了一段话,要他立即转报叶剑英,大意是:“四人帮”一伙是反革命,是什么坏事都干得出来的,要有所警惕,防止他们先下手。如果他们把小平同志暗害了,把叶帅软禁了,那就麻烦了。“四人帮”依靠江青的特殊身份,经常在会上耍赖,蛮横不讲理,采用党内斗争的正常途径来解决他们的问题,是无济于事的,只有我们先下手,采取断然措施,才能防止意外。②

杨成武回去后,又立即把聂荣臻的这段话转告叶剑英。

叶剑英胸有成竹地说:“聂帅的想法和我的想法一样。”

以后,每隔二三天,叶剑英和聂荣臻就要杨成武去他们那里去报告情况,并转达自己的意见:这是一场你死我活的斗争。③

一次,沈阳军区司令员李德生从东北来北京参加会议,抽空来看望叶剑英。叶剑英向他谈起了江青等人打击迫害邓小平的事情,沉思片刻后,他打开身边的收音机,问李德生道:“当前全国形势严峻,到底是抓组织重要,还是抓生产重要?”

李德生听不清他说的话,便起身把收音机关了。谁知叶剑英又把收音机打开,压低声音说:“现在斗争很复杂,开着好。”接着自解自答地说:“我看,还是抓组织重要。”④

---

①②③杨成武:《丹心向党,功炳千秋》,原载《光明日报》1986 年11 月 5 日。

④李德生:《高风亮节,大智大勇》。

李德生终于听明白了:他说的“组织”不是别的,而是指“中央”,暗示要对“四人帮”动手了。

接着,杨成武又来汇报工作。叶剑英告诉说:“先念等同志也来过了,我们的意见都一致。”

正是在做了这些工作的基础上,叶剑英和华国锋商讨处理“四人帮”的决策。

华国锋提议召开中央政治局会议来解决。叶剑英认为江青等人已形成了一定的势力,这已经是一场你死我活的斗争了。但是,采取武力也不妥。毛泽东刚刚去世,就动用武力将他的夫人关押起来,似乎让人觉得太不讲情面。随后,叶剑英提出以召开会议的方式,“请”他们到会,宣布对他们实行“隔离审查”。

这个办法得到了华国锋的赞同。

随后,叶剑英又将和华国锋商定的计策告诉了中央警卫局局长汪东兴。汪东兴说:“我坚决拥护华总理和叶副主席,你们怎么领导,我就怎么干。”

10 月 5 日,叶剑英把杨成武找去,要他告诉聂荣臻:“已经商量好了,请他放心。”

接着他问杨成武:“军队怎样?”

“没问题。”

叶剑英叮嘱说:“你们要掌握好三总部,陆空军和海边防,只要军队不出问题就不怕!”

杨成武回答:“军队永远听党的话,请叶帅放心。”①

下午,叶剑英与华国锋、汪东兴磋商后一致决定:先发制人,6 日晚 8 时开始行动!

第二天下午,叶剑英提前吃了晚饭,带上警卫参谋,从玉泉山乘车来到中南海怀仁堂。

这时,华国锋、汪东兴已做好了动手的准备。

晚 8 时,在华国锋、叶剑英的亲自指挥下,王洪文、张春桥、姚文元一走进会议室,就被华国锋宣布隔离审查。江青则在住处,被汪东兴派

---

①杨成武:《丹心向党,功炳千秋》。

人抓了起来。

“四人帮”束手就擒，前后不到一小时。

9 时，叶剑英和华国锋召见耿飚，让他带一个营的兵力去接管被“四人帮”控制的中央广播电台、新华社等新闻机关。

10 时至第二天凌晨 4 时，在叶剑英住的 9 号楼召开政治局会议，宣布“四人帮”被粉碎了。

在粉碎“四人帮”的斗争中，叶剑英起了决定性的作用。一年之后，80 高寿的叶剑英意味深长地说：“后人想问党的这段历史，可以用一句话来回答：‘无限风光在险峰’！”①

12. 趣事

叶剑英能文能武，足智多谋，在和平建设年代留下了许多的佳话。

（1）

1949 年冬，广州解放不久，中共华南分局召开华南区党代表会议。叶剑英在会议上作论述形势与任务的讲话，其中非常重视恢复经济的工作。

有意思的是，他突出地提出要抓墟镇工作，说：“小墟镇是小地方的经济中心，大墟镇是更大地方的经济中心，由大城市到中小城市到大小墟镇，犹如人身的心脏和大小血脉，又如大河流同其各条支流，必须畅通。现在，这些流通的环节堵塞了，必须一节一节地打通它，直通到底。因此要抓墟镇工作，使经济流通，把经济搞活。”

叶剑英还把这工作形象地称之为“做一筒竹工作”，意谓将竹筒子的竹节逐个打通，一通到底。

---

①黎新、汜生：《叶剑英元帅历险纪实》，第 189 页。

与会人员只知道叶剑英长期征战，是一位儒将，但都没想到他还精通经济学，并且把这理论和实际问题讲得如此深入浅出。

随后，中共华南分局政策研究室专门派出人员分头去各地，调查研究墟镇问题，作为专题研究。

这项工作对广东经济的恢复起了重要作用。可惜不久以后，由于各种原因，这个专题研究中断了。搁置了30余年后，在20世纪80年代初才又重被提起和重视。

叶剑英的老部下吴有恒以《旧事重提说墟镇》为题为文，称赞叶剑英的远见时说："墟镇问题，是经济学，又是社会学，在这个问题上，叶帅是个先知先觉者。如果三十余年来，人们一直早就像叶帅那样认识，那样去做，那该多好？！"①

(2)

1964年11月，胡耀邦被党中央派往陕西，担任中共西北局第二书记兼陕西省委第一书记。

这时城乡社会主义教育运动正如火如荼。胡耀邦到陕西后，发现运动过火，打击面宽，抓人太多，认为这造成了干部群众心情紧张，生产形势严峻，与省委研究后决定"三暂停"：捕人暂停，开除党籍及开除公职暂停，面上夺权暂停。随后，他又提出打击投机倒把的群众性运动暂停，对投机倒把分子要复查。次年2月14日，他又提出解放干部的"四个一律"：社教以来处分过重的干部，一律减轻处分；停职和撤销工作尚未处理的干部，一律先放到工作岗位上去，待问题完全查清或经过一段考验后再作结论；过去犯有某些错误已经交代过的干部，不再"洗手洗澡"，只要搞好工作搞好生产，一律既往不咎；从今以后继续干坏事的，不管职务多高，一律从严处理。

但是，胡耀邦的做法受到中共西北局和陕西省委的严厉批判。从1965年2月下旬起，大会小会连续对他进行批判。胡耀邦气得突发大脑蛛网膜炎。医生说有生命危险，才被送进医院。但病情稍有缓和，批判

① 吴有恒：《元帅的侧影》，原载《羊城晚报》1986年11月3日。

又进行。

6 月上旬,省委会议还在批判胡耀邦。

一天,叶剑英偕同张宗逊、张爱萍上将突然从北京乘坐军用专机来到西安视察军事工作。

原来,叶剑英从贺龙处听说胡耀邦因为大力纠“左”、解放干部而遭到批判,陷于困境,于是借视察工作之名前来搭救。

叶剑英等人到达西安后,当晚,中共西北局和陕西省委、省政府举行欢迎宴会。会上,张爱萍高声说:“我们一进潼关,就看到陕西的麦子长势喜人,看来是一个大丰收。耀邦瘦了,陕西肥了,耀邦对陕西是有功的啊!”

他这么一说,西北局和省委的那些人都哑口无言。

宴会结束后,主人们向叶剑英元帅告辞。叶剑英说:“耀邦,你留一下。”

胡耀邦单独留下后,叶剑英问道:“我听贺老总说,这个地方在整人哪。”

胡耀邦说:“您不问我还不敢说呢!我已经做过六次检讨还过不了关。”

叶剑英问:“什么问题?”

胡耀邦介绍了情况。叶剑英说:“老弟啊,你在旧社会少吃几年饭,你斗不过他们哪!在西安说不清楚,回北京去谈嘛。”

胡耀邦说:“我走不脱呀。”

叶剑英说:“我带你走嘛。”

6 月 11 日,胡耀邦在省委常委会议上发表了八条申辩性发言,6 月 18 日向西北局请假回北京治病。西北局知道是叶剑英要带他走,无法阻挠。

6 月 20 日,胡耀邦搭乘叶剑英的军用专机终于回了北京,逃开了这场无休止的批判。

(3)

叶剑英受到过江青反“走后门”运动的冲击。

1968 年,叶剑英的女儿文珊只有 17 岁,被叶剑英送到北京卫戍区当兵。司令员傅崇碧安排她当了一名通讯兵。

这事让江青知道了,把傅崇碧叫去说:“叶剑英的女儿怎么能守总机呢?!在这样的机密部门工作,走漏了消息怎么办?要把她抓起来!”

当晚,傅崇碧打电话给叶剑英,说文珊跟班长吵架了,与人团结不好,让家里速来人把她接回去。

文珊离开卫戍区第三天,就发生所谓的“杨余傅事件”,傅崇碧被抓起来。文珊不能在北京待下去,于是又去福建当兵。叶剑英告诉女儿说:“很可能是傅崇碧救了你。”

几年以后,傅崇碧被释放出来,叶剑英立即让文珊去探望。傅崇碧这才告诉事情的真相说:“你爸爸把你交给了我,我不能让他们把你抓起来,所以制造了一个借口,把你转移出去了。”①这是后话。

文珊来到福建的部队后,不仅当了班长,还进了军校学习。

1974 年 1 月 25 日,迟群、谢静宜又在中央机关批林批孔动员会上,联系实际提出上大学“走后门”的问题。江青插话说:“请同志们好好想一想,现在走后门猖狂到了什么程度。上大学、参军,没有门路根本进不了学校和部队,不给当官的送礼,不走歪路什么事情也干不成。我们的几个老帅、老将,光他们写的条子就够一个营、一个团,把我们的人民子弟兵完全变成了后门兵、后门大学。这样下去,我们的工农群众能答应吗?我主张彻底关闭后门,在这场批林批孔中要当作大事大抓。”

江青突然说:“要叶剑英的女儿响应号召,到下边去劳动改造。”②

这样,文珊不得不中断学习,去福建的一个农场劳动。

临走时,叶剑英很难过,认为是因为他而株连了女儿不能继续学业。

1 月 27 日晚,中央政治局召集军队宣传系统负责人开会。周恩来、叶剑英、康生、张春桥、江青、姚文元、汪东兴等人参加。谈到许多高干子弟以各种借口或当兵,或参加工作,实际上是走后门,致使广大知青不满,人心浮动时,江青看着叶剑英,大声问:“剑英啊,听说你有个儿子在空军,是不是走了后门啊?”③

叶剑英没有答话。

随后,一次政治局会议谈到“走后门”问题,点了叶剑英的名。叶剑

---

①文珊:《无字的枫叶》,原载《萦思录——怀念叶剑英》,第 264 页。

②文珊:《无字的枫叶》,原载《萦思录——怀念叶剑英》,第 266 页。

③张佐良:《周恩来保健医生回忆录》,上海人民出版社,第 365 页。

英写了检讨。

文珊安慰爸爸说:“没什么了不起!”

到农场后,父女俩经常通信,无话不谈。3 月 10 日,叶剑英在一封信中写道:“女儿,收到 3 月 6 日的信,我想应该立刻回封信给你,因为你现在海角天涯,从事庄严的劳动。”在信中,他告诫女儿要正确认识劳动创造世界的意义,一再嘱咐女儿,“望坚持不懈地完成任务。相信你会坚持下去的。”①

(4)

1979 年 6 月,广东省委召开地、市、县委书记会议。

叶剑英正在广州。接见大家时,他要县委书记中的广东人举手,一看占多数,很高兴,认为是可喜的现象,并要省委书记习仲勋和省长杨尚昆继续注意培养地方干部。他说:“这不是地方主义,这是党的事业的需要。”②

(5)

在晚年,由于帕金森氏病所引起的并发症,叶剑英常常发生肺部感染。1982 年后,他的肺部感染的次数越来越频繁,程度一次比一次严重。

根据他的身体条件,党中央尽量减少他的具体工作。可是,他还是每天都要批办文件、听汇报,翻阅当天的报刊,有时工作起来甚至忘记了吃饭和休息。为此,他还写了三句话作为“座右铭”,压在写字台上的玻璃板底下。这三句话是:“抓紧时间工作、挤出时间学习、偷点时间休息。”

据他身边的工作人员说:

> 他“抓紧时间工作”有三个不管:一是,不管是不是规定的

---

①文珊:《无字的枫叶》,原载《萦思录——怀念叶剑英》,第 264—267 页。

②习仲勋:《痛悼敬爱的叶帅》,原载《人民日报》1986 年 10月 31 日。

八小时工作以外的时间；二是，不管是不是吃饭的时间；三是，不管是不是睡觉的时间，只要工作一来就马上去做，今日事今日毕。他的学习也是一样，一天的工作再忙也要“挤出时间学习”，经常在吃饭和散步的时候，听秘书根据有关资料汇报一周的国内外形势，经常在工作间隙的时候，读书看报，自学外语，主要是英语。有时上厕所的一点时间也要利用上，看一看当天的报纸或刊物。这样一来，他的休息时间就更少了，只好“偷点时间休息”。他有时工作累了，就坐在那里闭上眼睛休息一会儿，五分钟、十分钟就可以了。①

这时叶剑英已是 85 岁的老人了。

1983 年年初，他辞去全国人大常委会委员长之职。

(6)

1985 年 9 月，叶剑英辞去在党中央和中央军委的所有领导职务。

1986 年 10 月，叶剑英的病情开始恶化，10 月 22 日 1 时去世，享年 89 岁。

叶剑英去世前一周，共和国元帅刘伯承去世。他们的去世让许多老战友感到悲伤不已。萧克含泪作诗云：

今年晚秋，则令人悲叹，刘帅过世，余悲未泯，叶帅又去世了。为此我感赋一首古风，来作为我对叶帅的深切悼念吧：

追悼老帅刘，为时才一周。
又闻新噩耗，叶帅亦仙游。
文经而武纬，羽纶展宏猷。
西山红叶红，丙寅悲三秋。

---

①张延栋：《非凡的胆识，忘我的工作，亲切的教诲》，原载《萦思录——怀念叶剑英》，第 296 页。

第十章

「红与黑」——林彪

1. 林家大湾的富户

（1）

林彪，原名林育蓉，1907 年 12 月 5 日出生在湖北省黄州约 60 多里的林家大湾。

林父叫林明卿，这时已生有一男一女，林彪为老三，按照辈分“育”字，起名为“林育蓉”。

祖父林时朗由于全家 30 余口，矛盾甚多，便分家立户，林明卿为其四子，分得水田 2.25 亩，房屋 3 间，菜园地一块。分家后第三天，林彪便出生。

据说林彪出生这天，大湾后白羊山的树林飞来许多喜鹊。遇上这样的怪事，大湾的人啧啧称奇，纷纷说喜鸟是冲着林明卿的儿子来的。

满月之日，林时朗亲自出面举办酒席，大宴宾客。在满月酒席上，又来了一位会相面的人。他见到林彪，当着众宾客和林时朗说：“今日育蓉，他日淮阴也。”淮阴乃汉高祖刘邦手下的大臣，以智慧闻名千古的韩信。林时朗喜得合不拢嘴，当场叫儿子林明卿拿来酒杯，与这位相面之士喝了三杯水酒。

此时无人领会个中真意。然而，几十年后林彪折戟成沙，魂弃异域，当地的老年人才记起这句话，纷纷感叹相面之人话的灵验。

（2）

分家之后，林明卿脱离了原来的大家庭，近三亩农田得自己耕种。但是，他小时读书，成人后织布、做店员、当过帐房先生，根本没务过农，生在农村却不会种田。很快到了农忙季节，别人起早摸黑忙得不得了，他却在路上晃悠悠，于是湾里的人和他开玩笑，要他下田插秧。他仗着在外闯荡了几年，硬作出与湾里人不一般的样子，穿着长褂，只在田埂上走，却不下田。与他同一辈的人跟他开玩笑，故意将他往水田里拉。但是，扯到水田里，他也不干，只直挺挺地站着。最后，弄得一身泥巴，还是离开水田上岸了。

直到他老了，村里还有人开玩笑问他：“四爹，你什么时候学会插秧呢？”

他笑着捋着胡须，回答说：“湾里几十户人家，还真就你四爹一辈子没插过田呢。”

林明卿不会耕作，便把水田交给别人种，自己外出打工。1911 年，他在沙和图镇租下一栋空房，开办精益布厂。

沙和图镇尽管人口不多，却甚为热闹，有“小汉口”之称。精益布厂办起来后，效益很不错，林明卿很快富裕起来。不久，他在武昌开布行，渐渐成了林家大湾里最富裕的大户。

(3)

林彪小时候很聪明，也调皮贪玩，9 岁时入私塾，在学堂倒是循规蹈矩，很得私塾先生的喜爱。

私塾旁边有一座寺庙，名叫兴隆寺。学生们时常跑到庙里玩耍。

寺庙香火不是很旺，冷冷静静，学生们进庙玩耍也不阻拦，和尚们乐得热闹点。一次，林彪看见庙里有一个同他一般大的光头小和尚，眉头一皱，开口问老和尚：“他是你同尼姑生的儿子吗？”

佛家三嗔，淫是第一大罪。老和尚一听气得发抖，破口大骂：“你这个怪伢！”

林彪不怕他，又说：“生了小子还不老实。”

他话音一落，惹得同龄孩子们满堂大笑。

老和尚规规矩矩修炼了大半辈子，哪受得了一个小孩子家这般取笑？当晚就上林明卿家里告状，说林家有养没教，要求林明卿和妻子陈氏对林彪管教。

虽然林明卿家境富裕，但是平时家教很严格。林明卿夫妇经常到庙里烧香磕头，对庙里的和尚很尊重，一听说儿子在庙里胡言乱语，很生气，说着好话赔着不是。和尚一走，林明卿就把林彪叫出来用竹子狠狠抽了一顿。

林彪挨了打，在父母面前不敢反抗。但是，他暗地里对告恶状的老和尚恨死了。第二天，他对同伴说："这庙里的和尚吃用的柴、米、油、盐，你们知道是哪来的吗？"

"都是前湾后湾的人送的。"小伙伴们说。

"如果没有这些菩萨，保险没人给他们送东西吃。"林彪说。

"不会吧！"伙伴们不相信。

"那我们把这些泥菩萨砸掉试试看吧！"林彪建议说。

小伙伴们同意了。

放学后，林彪偷偷跑到庙里，恰巧和尚们上白羊山拾柴火去了。见和尚们都不在，他跑出来拿上锄头，然后领着小伙伴们冲进庙里，一口气将几个大菩萨打得稀烂，然后又将小菩萨抱出来，扔进门前的水塘里。寺庙里菩萨要么成了歪嘴跛腿的残废，要么断手无头，横倒在地上；水塘里的小菩萨全沉入了水底。这一仗速战速决，全过程不到 20 分钟。砸完菩萨后，林彪和小伙伴们立即悄悄溜走了。

结果，和尚回庙后不见菩萨，千手观音一只手都不见了，大吃一惊，立即分头追查是谁干的。

谁知一查，又是林彪的主谋。

林明卿知道后，气得七窍生烟，将林彪捆在长板凳上，拿着抽布纱的牛皮鞭子打。兄弟叔伯都来保驾，林明卿置之不理，林彪被打得哭爹叫娘。

这一回暴打，林彪的屁股都被打烂了。

事后，林明卿又掏钱给兴隆寺重塑菩萨，并与陈氏带着供品到兴隆寺，一面给菩萨烧香磕头，请求恕罪；一面找和尚赔不是，并且保证林彪以后再不做这样的事。老和尚才把此事丢下，说："菩萨也是善人，育蓉还是个娃娃，不会怪罪你们的！"

林彪砸菩萨的风波平息了。

林明卿织布赚了钱后，又置地买田，扩充家业，结果，在林家大湾，他的田地最多。大湾里有 48 户人家，24 户做过他的佃户，61 人当过他家的长短工。

2. 林氏兄弟

林家大湾的人都姓林，共一个祖宗。林彪与同村的林育南同祖父，两人又与林育英共曾祖父。三人同辈分，为堂兄弟。其中，林育英是老大，但家里很穷；林育南为老二，家里比较富裕。林彪最小，家里最富裕。有意思的是，后来这三兄弟都成为中共著名的人物。

（1）

林氏兄弟中的领头雁，是林育南。

1915 年秋，林育南考入武昌中华大学中学部。

武汉，作为辛亥革命的发源地，是风云激荡的政治中心，各种思想十分活跃。在这里，林育南先结识了沈光耀、刘仁静等人，不久又结识比自己大三岁的本科生恽代英。随后，林育南与恽代英等人一起组织进步社团，参加五四运动，还集资创办了利群书社和利群毛巾厂，成为湖北传播新思想的先锋性人物。

1921 年 8 月，林彪与弟弟林育黎、林春枝等人来到了武汉利群毛巾厂。

在 7 月份的时候，林育南等人成立了共存社。与此同时，陈独秀、毛泽东和刘仁静等人在上海召开中国共产党第一次全国代表大会，成立了中国共产党。刘仁静回到武汉后，林育南就加入了党组织。为了培养一批有志革命青年，林育南写信给林彪等堂弟们，动员他们到武汉共进中学读书。

共进中学是湖北进步人士创办的私立中学，教学方法和内容较为先进。林彪几个小学还未毕业，因为林育南的关系学校才破例让他们入校。

在中学期间，在堂兄的影响下，林彪的思想进步很快。1922 年夏，他与几名同学捐款购进一批进步书籍，成立了共进图书社，由学生轮流值班，借书给本校学生看。继图书社后，林彪又联络几名同学成立了共进贩卖部，经营课本、纸张、文具、糖果之类的小商品，很受全校师生的欢迎。他们还组织了进步小团体自治新村。还用共进贩卖部的钱办了一个《共进学生》半月刊，但只出一期就夭折了。

通过这些活动，林彪学到了不少的新东西，思想上也急剧地向林育南等人靠拢。

然而，好景不长。1922 年秋，林明卿的布厂因为受洋布的冲击，陷入困境，负债累累，连供林彪上学的钱都拿不出来。林明卿便托人带信叫儿子回家种田。经过反复考虑，林彪决定休学，待打工赚钱后再回来读书。

他的想法得到了林育南的支持。随后，林育南介绍他到武昌草席门外的铁路工人子弟学校当代课教师。

这样，1923 年春，共进中学开学时，林彪又复读了。

中国共产党成立后，革命浪潮风起云涌。在林育南的引导下，林育英也离开林家大湾来到了武汉，1922 年 2 月由恽代英、林育南介绍加入中国共产党。在两位堂兄的影响下，林彪对国家大事、民族的前途十分关心，并且参加了武汉许多学生运动。在每次运动中，他都冲在前头，表现得很出色，受到学生们拥戴。1923 年，16 岁的林彪加入了中国社会主义青年团，并被共青团武昌地委指定为共进中学团支部书记。

6 月，林育南受武汉党组织派遣，与陈潭秋、项英奔赴广州，出席党的三大。会后，他出席中国社会主义青年团第二次全国代表大会，当选为团中央委员，随后被任命为《中国青年》杂志主编、共青团中央书记。

(2)

1925 年夏，林彪从共进中学毕业，随后当选湖北省学生代表，出席在上海举行的全国学联第七次代表大会。

这时林彪已 18 岁了。

在林彪毕业前，林明卿有心让儿子回家当私塾老师，写了一封长信给林彪。林彪收到信后，对父亲叫他回老家当私塾老师很生气，认为父亲观念陈旧，指的路子不是一个新青年应该走的。结果，他连给父亲回信都没回。

这一年冬，林彪在林育南介绍下加入中国共产党。

年底，根据陈独秀、毛泽东的提议，党中央对各地党组织发出通知，要求各省迅速选派共产党员、青年团员或进步青年投考广州黄埔军校，为党培养军事人才。林彪正在武汉寻找人生出路，得到这个消息，欣喜万分，便把自己的想法写信告诉在上海的林育南。

林育南收到信后，与在上海的林育英商量。两人一致赞同林彪报考黄埔军校。林育南便给林彪回信说：“你这个考虑很对，每个人的一生都有很关键的一两步，这个步子如迈对了，可说受用无穷，如迈错了，就会跌入深谷。武力缺少正义是暴政，正义没有武力是无能，中国的革命，最终要靠军事斗争来解决问题，共产主义事业需要大批军事人才。”

收到堂兄的信后，林彪给父亲写了一封信，告诉他孙中山创办的黄埔军校正在招生，自己准备到上海去应考当一名军人，为国家而献身。林明卿收到信后非常吃惊。本来他要儿子去教书，去从文，万万没想到林彪不仅不从文反而要去从武，心急如焚，当晚辗转反侧不能入眠，鸡叫五更，就收拾行囊，踏着露水，步行 20 里山路赶到团风镇，然后乘船赶往武汉。

林明卿突然来到武汉，让林彪感到十分意外。

林明卿见面就说：“你娃咋这么傻！好男不当兵，这条路，万万走不得！”

林彪说：“我已报了名，正在复习。”

林明卿武断地说：“报了名也不要去了，我在黄州已给你找了职业。”

“你要我做什么？”

“回黄州去当先生，以教书为业，吃穿不愁。过一段时间把媳妇娶过来，好好过日子。”

林彪马上沉下脸说：“我不去教私塾做先生，任何人也不能阻挡我想干的事。”

“你……”林明卿气得说不出话。

“现在的青年都有远大的志向，你这样会害我一辈子的。”林彪耐心地对父亲解释。

“那你要做什么呢？”林明卿口气软了下来。

林彪毫不犹豫地说：“我要报考黄埔军校。”

林明卿见还是不能说服儿子，悲愤地说：“你现在长大了，翅膀硬了，连老子的话也不听！”大发其火，然而林彪还是不答应，决意要去报考黄埔军校。

林明卿在汉口住了一天,无可奈何,只得乘船回到老家。

1925 年年底,林育蓉正式改名为林彪,在汉口码头登上去上海的轮船,到达上海后找到了林育南。

林彪上过正规中学,考试的内容都学过,结果考得很好,没费什么周折就被录取。离开上海去广州前,林彪给父母写了一封长信,告知他们已考上黄埔军校,马上就要去广州了,请父母不要担心。

几天后,林彪启程来到了广州,如愿地进入了黄埔军校。

3.来复枪走火事件和差点被人走火打死的态度

林彪进入黄埔军校后,为第四期,先在学生总队,后分在步科第 2 团第 3 连。

黄埔军校自从1924 年 5 月招生后已办了三期,第四期招了 500 多名学员,与林彪同一连的有后来成为台湾“国防部长”的高魁元,四期成了著名将领还有谢晋元、张灵甫、胡琏、刘志丹、袁国平、李弥、文强、唐生明、阙汉骞等。但是,在黄埔军校,林彪虽然是少数公开身份的中共党员,并且是 3 连党支部书记,但是学习上比较平庸,政治上也不活跃。① 可是,林彪喜欢坐在沙盘、地图前研究军事,一坐就是半天,有时甚至忘了吃饭。然而,貌不惊人的他一次晚上弄枪走火,险些出了人命,却“一鸣惊人”。

一次军事训练打完靶后,林彪的枪没有上交。每次打靶完后,学员们都要把枪和子弹交上去,林彪却没上交。大家洗完澡,吃完晚饭,就躺在床上开始休息了。林彪睡下铺,在床上滚来滚去睡不着,好像有什么事情似的。

原来,他打靶没打好,心里不舒服,在床上辗转难眠,琢磨如何提高射击水平,做到百发百中。

---

①聂荣臻:《聂荣臻回忆录》,第 56 页。

一会儿,他到枕头后面去拿枪,坐在床上做瞄准动作。然而,此刻他犯了一个大错误,忘记枪膛里还有一粒子弹,结果一扣动扳机,"啪"子弹射了出去。

忽然"啪"地响了一枪!

值星官拿着手电立即跑进来了,问班长文强:"文强,你是班长,你看见什么了?是谁在打枪?"

文强赶紧说:"我没看见谁睡觉的时候打枪,我没看到。就是看到林彪有点神情不安,睡得不好,看见他的手老在枕头后面去摸。枪架在枕头后面。"再没敢往下说。

值星官跑过去,把林彪的那只来复枪拿来一闻,火药味道还没散尽,他再用手电一照地下,子弹壳还在那里呢。

"林彪,枪是你打的,你是怎么回事啊,怎么不讲话呢?"值星官很生气地问。

林彪知道自己错了,如实地回答说:"我下操的时候急急忙忙没有检查,我就睡不着觉,老惦记有这回事,我一摸枪呵,就打了这一枪。"

"噢,你自己承认了?我要让你坐禁闭,一个错误是你没上交枪和子弹,第二个错误是晚上你又打了一枪,两个罪加在一起,坐禁闭!"

其他学员也闻声,赶过来了,一看,真玄!子弹从下铺打上去,把上铺的枕头打了一个大洞,再往上铺一摸,人也不见了。上铺的同学叫林伟俦(解放天津时,林伟俦是国民党守天津的军长,是个中将)。值星官说:"哎,这个位置不是林伟俦吗?人到哪里去了?"

大家正在喊着林伟俦的名字的时候,林伟俦拿个杯子跑来了,值星官问:"你干什么去了?"

他说:"我喝水去了!"

值星官说:"你命大,你要是睡在床上,这一枪就把你打死啦!好好好,大家睡觉,林彪明天执行禁闭。"

值星官一走,林彪火就来了,捏起一个拳头,喊着说:"文强,你这个家伙怎么落井下石呀?你这个湖南骡子。"

文强一听,大声地说:"林彪,不要骂人。我怎么落井下石了?我也没说是你打的枪,我只是说你睡得不好嘛,怎么是落井下石呢?"

林彪说:"你还要说?我揍你!"激动地跑到文强的床铺面前。

文强说:"林彪呵,你要是跟我打架呢,我估计你仨打不了我,来打吧!"林彪一巴掌打上来,打得文强的火也冒出来了,"啪"地一下把林彪打到铺上去了。林彪不服,还要打。

这时，其他学员都帮文强说话：“这个九头鸟，好厉害，敢打班长。”①

随后，有人把林彪弄枪走火的事情报告了校长蒋介石。蒋介石听说有学生夜间走火险些伤了人，立即把校长办公室主任姚琮叫来：“你立即组织人去调查一下。”

姚琮已知道这事儿，但不知详情，回答说：“我立即派人去。”

姚琮走后，蒋介石又叫来校军械处处长戴任。戴任已经64岁了，是个兵器专家。蒋介石问他：“为什么没把用于教学、训练的枪支收进军械库？”

戴任回答：“工作疏忽了，甘心接受校长的任何处罚。”

蒋介石见戴任年纪大人又老实，平时工作也不错，责备几句就挥挥手，让他回去了。

第二天，姚琮派来调查的人员来到了步科第2团。林彪与第3连连长关麟征、第2营营长徐宝鼎、第2团团长张与仁等人关系不错。加上黄埔军校中的中共党员，如政治教官恽代英，政治教官、中共特别支部书记杨其纲等人均为林彪说话。调查人员听了团、营、连干部的汇报，又到林彪的宿舍看了一下，最后的结论是：林彪学习、训练刻苦，晚上因琢磨、总结、反思白天的训练情况不慎走火，不是故意违纪。

蒋介石听了调查报告，认为这与一般事故不同，便说：“对林彪同学免于处罚。但要吸取教训，防止再发生此类事情。”

这样，林彪与文强的一场冲突及深夜枪械走火风波被平息。但是，事后林彪就不再理睬班长文强了。

1997年7月，有人采访文强时，文强谈及此事说：

“人不可貌相，也不能量将来。黄埔军校时期的林彪，尽管已是共产党员，却看不出他有什么特别的地方。他的个性是不大说话，也不开玩笑，无论是上课、还是训练，给人的感觉是有头脑，心思深，学习比较认真，也肯动脑筋。

如果说他给人印象深一点的，就是他的城府比较深，什么事情都藏

---

①文强口述，刘延民执笔：《文强口述自传》，中国社会科学出版社2003年版，第46页。

在心里，不外露，从面部看不出他有什么想法。我从黄埔军校毕业后，长期在国民党阵营，他在共产党一方带兵，而且成为一名战将，国民党的很多名将败在他的手下，这是我原来没有料到的。

我获特赦后，曾参加全国政协文史资料委员会的工作，到过东北，考察过当年的东北战场。从我们听到、见到的看，国民党在东北战场败得那么快，那么多精锐部队被他领导的部队所消灭，对他指挥打仗的本领还是很佩服的……”

林彪走火差点伤人，有意思的是，他后来居然又差点被人走火打死。

这是 1929 年 10 月间的事情。

10 月 24 日，红 4 军第一纵队司令员林彪和党代表彭祐率部队到达粤北蕉岭。他们刚刚住下，当地党组织就派一人来联络，介绍当地的社会情况。林彪在文书欧阳毅住的房间里接待来客。房内没什么家具，有一张床。林彪、彭祐和来客坐在床铺的一边谈话，文书欧阳毅坐在床铺的另一边负责记录。欧阳毅把自己的手枪放在枕头下面。那位来客一面同林彪、彭祐谈话，一面顺手从枕头下拿出欧阳毅的手枪，好奇地摆弄。谈完话，那位来客还坐在床上玩了一会儿枪才走。欧阳毅忙着整理谈话记录，对来客的动作并没有在意。

送走客人后，欧阳毅把整理好的谈话记录交给林彪和彭祐看。林彪正低头看记录，欧阳毅发现自己的手枪挪了地方，便拿起手枪来检查。他万万没想到来客不知什么时候竟然把子弹鼓捣上了膛，无意中扣了一下扳机。只听“啪”的一声，枪走了火，子弹出膛，从正在看记录的林彪的耳旁擦过。

林彪吓了一跳，站起来捂着耳朵说：“好响哟！”

欧阳毅更是吓了一跳，立即凑过去一看，林彪的耳朵被烫红了。如果子弹再往里偏一偏，后果不堪设想。彭祐有点后怕地说：“真玄啊，差一点又死一个司令！”

他指的是 24 日在闽粤边界的石下坝战斗中牺牲的二纵队司令员刘安恭。

听到枪声，政治部主任谢汉之跑进屋，一看有惊无险，不禁对欧阳毅开玩笑说：“多危险啊！差一点死两个司令。一个是敌人打死的，一个是你打死的。你还不得坐班房！”

可是，林彪没有吭气。

欧阳毅见枪走火了，也是害怕得不得了，准备挨批评，但见林彪一句话也没说,心里才踏实下来。①

若干年后,有人谈及欧阳毅走火事件时林彪的态度时,说:“也许是他想起了初进黄埔军校时的往事,便对吓坏了的文书不再计较了吧!”

4. 崭露头角

在黄埔军校中,林彪接受正规军事训练,掌握了初级指挥员必备的知识和技能,这为他以后的军事生涯打下了基础。

(1)

1926 年 5 月,因时局变化,林彪还未毕业,就被编入国民革命军第 4 军独立团 2 营 7 连任见习排长,参加北伐战争。

第 4 军号称“铁军”,是北伐军的精锐之师,独立团是第 4 军中最优秀的部队, 由英勇善战的叶挺当团长, 士兵大多数是黄埔军校中优秀的学生,作战勇敢,勤于动脑。独立团是在北伐中打头阵的雄狮式的王牌劲旅。

北伐战争开始后,独立团从广东出发,一路凯歌行进,经过醴陵、岳州、汀泗桥、贺胜桥战役,一路所向披靡,9 月,打到武汉城下,攻占汉阳、汉口,最后担任围攻武昌城的任务。武昌由北洋军阀吴佩孚的主力防守,工事坚固,叶挺独立团很不易攻下。叶挺决定采用挖地下坑道办法进城,派人找了一列火车拖到武昌南湖附近,再用钢片、沙包包装起来,开到城门附近,掩护工人挖掘攻城的通道。然而,这个行动很快被吴军发现。吴佩孚集结 1000 余人发起猛攻,破坏独立团的坑道作业。

为了打退敌军的进攻,林彪所在的第 2 营受命迎战吴军。

2 营全体官兵击退吴军多次进攻后,由于吴军连年征战,很有战斗

---

①欧阳毅:《欧阳毅回忆录》,中共党史出版社 1998 年版,第 101—102 页。

经验，最后抵抗不住。叶挺亲自率主力激战武昌城下，伤亡十分惨重，许多连排级军官献出了宝贵的生命。武昌城下，尸堆如山，血流成河。为了减少伤亡，部队暂且撤退到武汉郊区整训。

在整训中，林彪经常给连长出一些点子，想办法。但是，士兵们天天对着木板靶子练射击，时间久了，便枯燥无味，对射击训练失去兴趣。为了提高士气，提高训练质量，林彪提出了一个办法：用洋铁桶作为靶子。

他打制了一个小铁桶，里面装满石灰。士兵射中了，铁桶被打破，桶子马上喷出一股白灰。采用这个办法后，射击训练多了不少的趣味，改变了以往枯燥无味的状况，士兵们射击训练的质量大大提高。

解放战争中，各部队在训练中为了增加训练的趣味性，在沙袋上画着蒋介石的头像，据说也是林彪的主意。

在兵临武昌城下的隆隆炮声中，林育南和李立三从上海赶到武汉，领导湖北工人运动。9 月 17 日，中华全国总工会建立了汉口办事处，负责领导湖北、安徽、四川和河南等省的工人运动。9 月 20 日，武汉各工会代表召开会议，决定筹备湖北全省总工会。林彪与堂兄见了面，对革命高涨的形势倍受鼓舞。

9 月底，经过短暂的休整后，北伐军决定再次攻城，拿下武昌，以庆贺辛亥革命。

10 月 10 日，这一天刚好是辛亥革命 15 周年纪念日。凌晨，以叶挺独立团为主力的北伐军与北洋军阀干将刘玉春、陈嘉谟所指挥的军队，在武昌城下展开短兵相接的激烈搏斗。这时，在汉口，工人敲锣打鼓，喜气洋洋，齐集汉口公会堂举行湖北全省总工会成立盛典。李立三坐在主席台上，刚刚宣布大会开始，武昌解放的喜讯就传来了：“叶挺独立团攻克了武昌城！”整个会场沸腾起来。湖北全省总工会在欢呼声中诞生，李立三担任主任，刘少奇担任秘书长，林育南担任宣传部副主任。

12 月，国民政府由广州迁到武汉。武汉成为中国革命政治激流的中心。叶挺独立团也改编为第 4 军 25 师 73 团。没几天，林育英夫妇也从上海调到武汉，林育英被任命为国民政府军委会副官兼特务队队长，负责维持治安，打击敌特，警卫武汉的工作。

林氏三兄弟再次在武汉相聚了。

(2)

1927 年春节前夕，林彪收到父亲林明卿写来的家信。信中说："父已年老，近年来更是一天不如一天。特别近月来，父已病入膏肓，至今再也不能下床行走了。望吾儿能在繁忙中抽空回家一趟，看一眼你这可怜的父亲……"林彪心中一沉，立即请假，赶往黄冈奔家里去。

他踏进家门时，正是除夕之夜。可是，一进屋就怔住了：全家人围在火炉旁，父亲毫无病态，与大家谈笑风生。

这是怎么回事呢？

原来，林明卿骗林彪回家要为他成亲。1914 年林彪 8 岁的时候，林明卿就为林彪找了一个媳妇，作童养媳。姑娘是本镇汪家二小姐，叫汪静宜，比林彪大三岁。汪家也是小康人家，有两家商号，还有几十亩土地。汪静宜也长得不错，秀丽端庄。这门亲事也算得上是"门当户对"。但林彪还是个孩子，不懂得男情女爱，参加革命后更是将父母给他娶的童养媳忘到脑后去了。可他好几年都不回家，就把汪姑娘给害苦了：她已是 23 岁的大姑娘了，等着要完婚，而林彪却不知人在何处！这次林明卿从武汉回林家大湾的林育英夫妇那里获知林彪在武昌，又知儿子对汪静宜并无情意，便一边暗中准备婚事，一边写信谎称自己重病，把林彪骗回家以让他们完婚，了了自己的一桩心事。

可是，这时林彪已接受了新思想，根本不同意这桩没有感情基础的娃娃亲。得知事情真相后，他对林明卿说："爹，娘，我不想结婚。这个婚事是我不懂事时你们给我说的，你们为我退掉吧！"

林明卿一听就急了："这怎么行？人家汪家小姐等你十几年了，现在变卦，你叫我们林家如何面对她？"

"我没有假期，必须回部队了！"林彪立即说。

"明日就完婚！"

但是，林彪还是死活不同意。

林明卿夫妇苦苦哀求林彪。林彪见两人老泪纵横，无奈之下只好硬着头皮答应下来。

第二日尽管是大年初一，但林明卿还是为林彪和汪静宜举行婚礼。林汪两家都是殷实之家，婚礼安排得很排场。林彪脱下军装，换上绸缎长袍，在亲友们的祝贺声中与汪静宜举行婚礼。

然而，作为新郎倌的林彪却闷闷不乐。

好歹婚礼折腾一天结束了。到了晚上，洞房花烛夜，林彪心里却并无甜蜜的感觉，相反充满了无奈和反抗之心。夜深了，汪静宜进入梦乡，林彪毫无睡意，终于他决定马上走人，于是，悄悄起身，走出房门，站在院内对着父母房间深深拜了一拜，然后快步走去，急急赶回武汉。

林彪不辞而别回到部队后，给父母和汪静宜写了一封信。大意是：我已投身革命，不知何时都会身首异处，前途实在未卜，请汪静宜不要耽误自己的青春年华，另寻个好人家，原谅我不仁不义，请父母原谅我不孝。当林明卿收到儿子的这封信后，气得破口大骂，可又无可奈何。

汪静宜在林家哭了好几天，然后当众发誓：“此生不再嫁，生是林家人，死是林家鬼！”以后，任凭父母、亲友怎么劝说，她对别人的提亲一概拒绝，终身不再结婚，在林家侍奉老少。全国解放后，全家人都找林彪“享福”去了，汪静宜不愿做不速之客，搬回娘家，独守空房，以做鞋为生。

可是，林彪也没忘记痴情的她。1959 年秋，林彪在武汉参加中央工作会议。会议结束后，他突然提出回家乡看看。于是，一辆警车开道，林彪坐在中间的黑色轿车里，后面几辆小轿车紧随其后，开进林家大湾。

来到林家大湾后，林彪看了看自己住过的房子，踌躇半晌，向陪同的公社书记问起了汪氏：

“她现在到了哪里？生活得还可以吗？”

公社书记早就听老人说起过林彪逃婚的事，也去看望过汪氏几次。他见林彪回乡内心自然关注林彪对汪氏的态度，所以当林彪问起“她”时，马上明白是指谁，于是回答说：“你是说汪家奶奶吧，她今年 56 岁了，身子骨倒还挺硬朗。她家里已没什么人了，现在靠做鞋卖鞋为生，生活一般。”

林彪没有说话。

公社书记轻轻地问道：“是不是叫她来见见面？”

林彪摇了摇头，然后说：“不必了。”随即让秘书拿出 3000 元钱，让公社书记转交给汪静宜，并交代说：“如果她问谁给的钱，就说是党给的吧！”

林彪走后，公社书记来到汪静宜的住处，把 3000 元钱放在她手上，说：“汪奶奶，这是政府给你的生活补助费。”

面对这厚厚的大叠钱，汪静宜大吃一惊，这相当于她不知多少年卖鞋的收入，便警觉地问道：“这钱到底是谁给我的，为什么给我？”

公社书记告诉她说：“汪奶奶，这钱就是政府给你的，补助生活用的。”

哪有这么大数字金钱的生活补助？汪静宜不相信，并且她也听说林彪回乡的事情，有些怀疑了，因此态度坚决地说：“你若不说实话，这钱我就不收。”

公社书记就犯难了，说实话吧，林彪已经有了交代；不说吧，她又不要钱，最后想了一个办法说：“你发誓答应不向外人讲，我才能告诉你这钱的来历。”

汪静宜答应了。于是，公社书记凑在她的耳朵边，说出了这钱的来历。汪静宜听了，昏花的老眼突然滚出了泪花，嘴里喃喃地说道：“真是吗？真是他，他还没忘了我？”说罢，从内衣上撕下一块红衣襟，把钱包了又包，揣在了怀里。

公社书记走后，她把这些钱锁进了自己屋角落的箱底。

以后，汪静宜依然靠做鞋为生，不过鞋子再也不愁卖不出去了，也不用去赶集叫卖。因为供销社每十天会上门来收购一次，有多少要多少，价格比市场价格还略微高一些。不久，她还获得政府颁发的“光荣革命老人卡”，凭此卡每月能享受政府给予的固定生活补助费。

1967 年，汪静宜因病去世。在清理遗物时，人们从箱底发现包得严严实实的 3000 元钱，分文未动。

这是后话。

(3)

1927 年上半年，中国政治风云急剧变化，4 月中旬，蒋介石发动四一二反革命政变。于是，武汉国民政府决定举行二次北伐，然后东征讨蒋。林彪随军开往了北伐前线。

5 月，国民革命军与奉系军阀在河南展开激战。双方伤亡惨重，战争反复拉锯。林彪所在的 73 团在前线打头阵。

在一次争夺战中，第 25 师 3 连击溃奉军，追到了渭河边。溃军潮水般逃过桥梁退至北岸，突然连长命令：“停止追击。”

“为什么吹停顿号？”林彪气呼呼地跑过来问。

“上级交待不可穷追，以免孤军深入，受敌夹击，要等友邻部队到齐后，再行追击。”连长说。

“战机瞬息万变，指挥官应该独断机行。如果奉军炸毁桥梁，或者在北岸设防，我们再追就来不及了。”林彪建议说，“我们应该继续追击。”

连长还在犹豫。林彪大喊一声“冲啊”，率领他指挥的一个排冲向北岸，其他各排尾随其后，正在北岸布防的奉军立脚未稳，彻底溃散，纷纷缴械投降。

这一仗3连200多人竟然俘虏了奉军800多名俘虏。林彪因机智、果断，善于因势制变，受到嘉奖，战后被提升为第25师73团1营7连连长。

5. 差点当了逃兵

（1）

1927年7月底，在团长周士第率领下，第73团驻扎在江西九江马回岭地区。8月1日下午，按照原来的约定，周恩来从南昌发来一列火车，鸣笛开到回马岭。

这是第73团起义的信号。周士第立即借故走出师部，骑上快马奔回团部，然后与聂荣臻率领第73团和第75团三个营、第74团机枪连，赶去南昌参加反抗国民党反动派的武装起义。

林彪和他的这个连也随第73团在其中。

第25师3000多人到达南昌时，周恩来对周士第高兴地说：“你们的行动很成功！我们原来没想到这样顺利，把第25师大部分都拉出来了。”

起义成功后，第25师稍加补充后，编成一个完整的师，周士第任师长。敌73团团长为黄浩声，团指导员为陈毅，林彪仍任7连连长。

8月3日，起义军撤出南昌，取道经江西临川、广昌向南转移。到达会昌的时候，与广州卫戍司令钱大钧部打了一个遭遇战，7连一进入阵地，林彪发现面对的敌军正面的火力很强，两侧较弱，下令一个排沿着一条干水沟从敌人侧翼进攻，敌军招架不住后撤。

这时林彪的老班长文强已是第20军第3师的少校连长兼党支部组织委员，也在攻城部队之中。敌军开始溃退时，他坐在路边到处看，心想：“上面怎么还没有命令，要我们去追击呀？”

这时，有人对他说：“你看路边，林彪在那里，你看到没有？”

在黄埔军校集训三个月后，入伍生第三团举行甄别考试，凡经过甄别考试及格的，一律升为军官生。文强通过甄别考试后被分派到政治科政治大队第二队学习。林彪则去了步科，两人从此分手。此刻文强听说林彪在路边，立即说："咦，林彪在那里？他好久不理我了，我见见他。"跑了过去。

他来到林彪的背后，林彪没有发现文强来到了他的身后，有认识文强的人指着背后对林彪说："你看你后面是什么人呀？"

林彪回过身来一看，是文强。

文强见他还有点不高兴的样子，跑到他跟前，拉了拉他的手，说："老林哪，你是湖北佬，我是湖南佬，我们有两年不见面了，大敌当前，不要再闹小孩子脾气了。"

林彪望着文强笑一笑，立即举起手敬礼："哎！"

文强说："你这个人还很近人情，还给我敬礼呀。"

林彪笑了，说："我不是给你敬礼，我是给你的官阶敬礼，我是个上尉，你已经是个少校了，我给你的官阶敬礼。"

文强说："不管是什么官阶，也好，我看见你有笑脸了！"

林彪也哈哈地笑起来了。

文强后来回忆这个情景感慨地说：林彪"小孩子脾气不闹了"。[①]

这时追击敌军的命令来了。文强和林彪立即分手，各自带领部队朝敌军追去，他们一直追击进会昌城。他们当初黄埔军校的老师钱大钧，吓得警卫都不要，扔下轿子只身骑马逃走了。

(2)

南昌起义军到达赣南瑞金时，遇上李宗仁的桂系部队，一场恶战下来，损失惨重，随后向会昌方向退却。

按照原定计划，起义军的战略目标是占领广东，靠近沿海，凭借交通方便，以图苏联的支援。然而，从江西撤至广东，路途遥远，沿途敌军一路围、追、堵、截，起义部队每到一个地方，喘息未定，敌人又打上来了，起义军只得马不停蹄地再转移，部队究竟要退到何处，大家心中无数。

---

①《文强口述自传》，第 57 页。

一路上,起义军遭受着挫折,负伤的,牺牲的,因病减员的,逃跑的,比比皆是,部队战斗力急剧下降。由于减员逃跑,林彪的连队也很快只剩下仅百十个人。正在这时,一场事故差点使得林彪的脑袋搬家。

这天,林彪奉命带领 7 连打前站。进至石径岭宿营后,他下令以班为单位去购买粮食、棉衣和医药。

“钱呢?”班长们找他问道。

林彪一愣,马上派人找军需官。可是,7 连和剩下来的百十号人都在,唯独就不见了军需官。有士兵报告说:“好像军需官行军途中就不见了,是不是开溜了?”

一听这话,林彪的额头沁出了一层冷汗。军需官正是他的表弟,一旦逃跑,他本人也罪责难逃。正在他又气又急时,后续部队陆续来到了宿营地。大家又累又饿,听说军饷被拐走,群情激愤,军中大哗。林彪见势不妙,急忙跑去团部,见着团长黄浩声,立即说:“报告团长,我们连 120 块毫洋的伙食钱给勤务员背跑了,我连的伙食钱发不出去。”

黄浩声闻讯大怒,呵斥林彪:“你怎么搞的?自己为什么不背伙食钱,现在经费这么困难!”

林彪回答说:“这个勤务员是我的表弟,以为可以相信,不料却拐款逃跑。”

黄浩声训斥林彪的时候,团指导员陈毅闻讯赶来,参谋长余增生便问陈毅道:“指导员,这件事情你的意见怎样处理?”

陈毅见状,只好说:“他已经把钱都丢掉了,现在要准备打仗,只好由公家给他补发算了。不然,他这个连长到哪儿去搞钱呢?一连人总得吃饭啊!”

黄浩声听了,便对余增生说:“那好,叫辎重队补发他 120 块毫洋。”

陈毅于是问林彪:“你叫什么名字?”

“我叫林彪,是 7 连连长。”

陈毅批评他说:“你既然当连长,以后无论如何要自己背伙食钱,你自己不背,让人再拐跑了怎么办?”

林彪见陈毅批评他,什么话也没说,就走了。①

---

①张明金:《陈毅元帅:井冈山时期的林彪》,《党史博览》2003 年第 10 期。

这是陈毅和林彪的第一次见面,因此发生这样的事情,对他的印象并不太好。不久,陈毅到林彪的连队去,又看到他和几个人在一起谈私话、打鸡子、吃吃喝喝,就又批评过他。陈毅后来说:“那个时候,他对我这个团指导员是很讨厌的。当然,对林彪这个人,我也有了一个初步的印象。”①

南昌起义部队进入了广东后,决定以大部队攻克潮汕;第 25 师及第 9 军教导团则留守三河坝地区,由第 9 军副军长朱德指挥。林彪的连队也留在三河坝。

(3)

1927 年 10 月 4 日,敌军再次多路渡河登陆,朱德指挥起义军久战不敌,撤出三河坝地区,向潮汕地区的主力靠拢。当他们行到饶平县时,先后遇见潮汕撤出的部分人员和在揭阳、汤坑失败跑回的零散人员,才知道主力部队攻打潮汕失败,主力部队被打散。结果,2 万多人的南昌起义部队只剩下朱德率领的 2000 余人。

10 月 7 日,朱德率领余部向闽赣边界转移,一边作战,一边前进。队伍里湖南人最多,闹着要回湖南去。朱德、陈毅不得不暂停下来,整理部队。

这时,林彪和几个黄埔四期毕业的连长来找团指导员陈毅,要求离开队伍。他们甚至还劝陈毅说:“队伍不行了。你是个知识分子,没有打过仗,没有搞过队伍,我们是搞过队伍的,与其当俘虏,不如穿便衣走,到上海另外去搞。”

陈毅说:“我不走,现在我拿着枪,可以杀土豪劣绅,我一离开队伍,土豪劣绅就要杀我。所以,我还要看一看,不能走。”

听了陈毅这一席话,林彪又留下来,不走了。

部队继续经武平、安远、寻乌、信丰一线向大庾方向走。进入江西后,情况更糟,悲观失望情绪严重动摇着部队的斗志。此时,起义军与上级党及地方党失去了联系,前途茫茫。时值深秋,官兵们还穿着南昌

---

①张明金:《陈毅元帅:井冈山时期的林彪》。

起义时的单衣单裤，露宿山林。可是，山区人烟稀少，几乎搞不到粮食，饥饿又加剧疾病的发生，病了没有药品，每天还得长途行军，掉队、离队的人日渐增多。由于追兵重重，到达安远县天心圩时，大家才得以短暂休整。傍晚，朱德和陈毅在一个草坪里召开了一次军人大会。

经过整顿，许多人心中又燃起了希望之火。部队继续西进，但实际困难丝毫没有减轻，反而更加严重。饥寒、疲劳、疾病、贫困，把部队折磨得筋疲力尽。正在这时，一日凌晨，林彪和几人把枪留下，不辞而别，悄悄地离开了队伍。

谁知没多久，中午时分，他们又追着部队跑回来了。

原来，走到梅关时，林彪看见地主挨户团在到处搜查、抢夺、打人、杀人，心想："这样送了命太不值，不如回去。"转身就往回走。

林彪回到部队后，立即来到团部，对陈毅检讨说："现在外面对老百姓收腰包打人，有时还要杀人，我还是回队伍里来吧。"

因为朱德和陈毅在天心圩大会上宣布过"要革命的，跟我走！不革命的，可以回家，不勉强"的政策，陈毅便对林彪说："你现在不走就好，回来我欢迎，还是把你的 7 连抓好吧。"①

林彪当逃兵之事，除陈毅有过回忆外，粟裕后来也回忆说："就在大多数同志对革命的信心加强起来的时候，动摇已久的林彪还是开了小差。当部队离开大庾县城的那天，他伙同几个动摇分子脱离部队，向梅关方向跑去。只是因为地主挨户团在关口上把守的紧，碰到行迹可疑的人，轻则搜去财物痛打一顿，重则抓起来杀头，林彪感到走投无路，才又被迫于当夜返回部队。"②

古往今来，开小差，是军人最忌讳的事情。林彪这位曾经开过小差的连长，后来居然成为统兵百万的大军统帅，这恐怕连他自己也未料到。1945 年年底，林彪已是东北人民自治军司令员。针对部队发生的逃亡现象，他致电罗荣桓、黎玉、萧华并转中央军委时说："在中央新战略方针下，十余万大军进行北上，转移时，防止逃亡，应视为一个重大问题，提议各部须为此召开会议，要认真研究动员的内容与方式，及各种

---

①张明金：《陈毅元帅：井冈山时期的林彪》。

②粟裕：《激流归大海》，原载《回忆朱德》，第 161 页。

具体的保证方法，并互相通报，交流经验……”在东北解放战争时期，逃亡始终是造成部队减员的一个重要原因。1948 年 9 月 7日，林彪在给毛泽东电报中说：“据不完全统计，野战军 4、5、6 三个月内逃亡 8000 余人。”11 月 11 日，他给东北局并报中央军委的电报中不但道出了逃跑现象，而且还分析了逃跑的原因：“东北解放后，部队中议论纷纷，不少东北战士甚至有某些干部怕入关作战，怕走路太远，怕离开家乡，土地分配后感到个人还没有享受过安稳生活，以至最近开始增加逃亡……”

6. 林彪如何当上团长的？

朱德率领的南昌起义余部到达湘南后，队伍的状态就开始好转了。湖南人好当兵，只要在街上插个旗子写上“招兵”，就有人跑过来参军。

打下宜章后，朱德和陈毅宣布成立工农革命军第 1 师，朱德为师长，陈毅为师党代表，王尔琢为师参谋长，把原 73 团编为第 1 营，74 团编为第 2 营，朱德的教导团和叶挺、贺龙余部编为第 3 营，以周子昆、袁崇全、萧劲光分别为第 1、第 2、第 3 营营长。林彪任第 1 营第 2 连连长。

陈毅后来说：“因为林彪开过小差，不重视政治工作和政治机构，平时搞私人小圈子——因此，在湘南暴动提营长时没有林彪”。① 在成立工农革命军第 1 师时，师党委也没有提拔他。林彪很不高兴，总是对陈毅等人说当连长太久了。

1928 年 4 月底，朱毛红军在井冈山会师。会师后，两支部队合编为红 4 军。不久，部队又进行整编，红 4 军下分别为第 28、第 29、第 31、第 32 团。林彪升任第 28 团第 1 营营长。

在毛泽东的领导下，以井冈山为中心的第一块农村革命根据地建

---

①张明金：《陈毅元帅：井冈山时期的林彪》。

立起来了。1928 年夏,中共湖南省委代表杜修经来到井冈山,要求只留 200 支枪守卫井冈山,红 4 军主力去攻打湘南的郴州城。毛泽东不同意,说:“200 支枪怎么能守井冈山呢?”否定了湖南省委意见。

红 29 团官兵大部分来自湖南,家乡观念浓厚,杜修经打郴州的意见符合他们的思想。7 月中旬,杜修经趁毛泽东不在,带着 28团和 29 团向湘南进发,前去攻打郴州。后来陈毅说:“我在那时犯了一个大错误,因为我那时是军委书记,如果我不发令,湖南省委代表就没有办法。但是我同意了进军湘南。”①

进入湘南后,7 月 24 日,红 4 军主力乘敌不意对郴州城发起突袭。红 29 团首攻未克,败退下来。王尔琢率领红 28 团再次强攻。上午 9 时,林彪率领第 1营破关夺旗,率先登城。城内之敌仓皇撤至郴州城外北郊山下。

红 28 团、29 团开进郴州城后,王尔琢命令红 28 团 2 营营长袁崇全负责警戒任务,其余部队就地休整。

时值正午,烈日炎炎。袁崇全疏忽大意,以为敌军刚败退,不会马上进攻,放松了警戒,坐在城墙上,先打起瞌睡来。结果,北郊山之敌突然发起猛烈的反攻。袁崇全一觉醒来,城外枪声大作,士兵们都在打盹。他赶紧大喊:“敌人来了!敌人来了!”

2 营战士睁眼一看,敌人已到了眼皮底下,赶紧抓枪还击。

驻扎在城内的红 28 团、29 团其他部队,听到枪声后,马上集合,奔向城墙。可已经来不及了,敌军以强大的兵力压进城内,红 29 团奋勇抵抗,保护红 28 团撤出城区,结果红 29 团被敌军拦截在城里,无一人生还。

林彪在突围中肩部也中了一枪,几个战士把他背了出去。

郴州一战损失惨重,朱德不敢恋战,下令部队向井冈山撤退。8 月 18 日,红 28 团攻克桂东县城。林彪带伤参加了战斗。

毛泽东得知红军在郴州打了败仗,赶紧派红 30 团 3 营赶到桂东,迎接红 28 团等部队回井冈山。

在回井冈山途中,2 营营长袁崇全害怕被追究失职责任,突然改变

---

①张明金:《陈毅元帅:井冈山时期的林彪》。

行军战线，企图向敌刘士毅部投降，畏罪叛逃。

袁崇全带着部队叛逃消息传出，朱德大怒，立即派林彪率 1 营追踪搜索，将袁崇全捉拿归案。但是，林彪还没出发，团长王尔琢担心林彪一时卤莽，误伤了自己人，当即骑上战马，独自一人去追赶袁崇全，想把他劝回来。林彪怕团长有所闪失，马上率部疾追，很快便追上了王尔琢。旋即，他们一起追上了 2 营，并包围了 2 营驻地。

双方马上就要进行一场血战。在这紧急关头，王尔琢决定一个人进村喊话，把部队争取过来，于是边走边喊："不要打枪！我是团长王尔琢，带你们回去。"

2 营战士一听是团长的声音，马上停止了射击。

袁崇全正在庙里打麻将，听到喊话，立即跑出来。其实，他只带走了 4 个连，实力远不及林彪的 1 营，但他见已铸成大错，即使回到井冈山也性命难保，便要和 1 营拼个鱼死网破。谁知他一冲出来，就碰见王尔琢，二话不说，提起两支驳壳枪，对准王尔琢就是一梭子。王尔琢猝不及防，当即被打中胸部，倒在血泊里。

2 营的一个战士见袁崇全杀害团长，才知受了蒙骗，乘袁崇全不注意，端起步枪就对他开枪，但是子弹打偏了，袁崇全负伤，还是趁乱逃走了。直到 9 月 13 日，红 4 军攻克遂川县城，才生擒了袁崇全，红 28 团召开公审大会，处决了这个可耻的叛徒。

林彪收编了 2 营 4 个连，派人用担架将王尔琢的遗体抬回了井冈山。

王尔琢的死，是红 4 军的一个重大损失。王尔琢牺牲，第 28 团团长位置空缺。第 28 团是叶挺独立团的老底子，经过南昌起义、湘南起义的严峻考验，全团 1900 多人，战斗力最强，是红 4 军中有名的"钢铁团"。于是，团长一职由朱德暂兼。陈毅后来说："部队退出郴州后到了资兴，后来发生 28 团第 2 营营长袁崇全等人的叛变，把 28 团团长王尔琢打死了。这时就准备将林彪提起来当 28 团团长。如果王尔琢在，是不可能提林彪当团长。"①

毛泽东带着红 30 团 3 营来接朱德、陈毅等人的部队。但是，一部分

---

①张明金：《陈毅元帅：井冈山时期的林彪》。

人不想回井冈山，打算在桂东、沙田一带打游击。陈毅说：“无论如何要回井冈山，回井冈山我作检讨，因为我是党代表，我负责任，甚至处罚都可以。湘南失败的教训说明，部队脱离了根据地很危险，还是井冈山可靠。”①

这时红 31 团还住在桂东城内。第二天下午，敌人突然发起袭击。林彪率部住城外，与攻城之敌打了一场恶仗。陈毅后来说：“林彪在这个战斗中是起了作用的，如果他不打这个仗，31 团可能退不出来——结果，31 团安全撤出。”②

毛泽东在桂东城外等候陈毅等人。林彪从战场上退下来时，恰好遇上毛泽东。毛泽东对林彪不熟悉。林彪立即走过来，向毛泽东报告说：“敌人已被打退了。这一仗打得很艰苦，如果不打，31 团就退不出来，非打这一仗不可。”

毛泽东说：“你做得对。”

这时陈毅赶过来了，毛泽东问陈毅道：“这是哪一个？”

陈毅说：“这是林彪，现在准备提升当 28 团团长。”

下山前，毛泽东曾交代红 30 团官兵说：“我们同 28 团第二次会师，不要去讲他们的缺点，他们在郴州战斗失利没有什么关系的，我们对他们要采取团结和欢迎的态度。”于是，两支部队在桂东会合时，30 团对陈毅的部队非常亲热。

毛泽东见到陈毅后，对他说：“我这次来是同 30 团做了工作的，不会讲 28 团的缺点，你放心。”

陈毅说：“我自己犯了很大的错误，没有执行你的指示，这次失败我要负责任。”

毛泽东说：“打仗就如下棋，下错一招棋子，马上就得输，取得教训就行了。”

于是，陈毅率部跟随毛泽东再次回到了井冈山。随后，林彪就被正式任命为红 28 团团长。

---

①②张明金：《陈毅元帅：井冈山时期的林彪》。

7. 反对与支持毛泽东的少数派

(1)

1929年3月，蒋桂战争爆发后，红4军在闽西有了大发展。

一天，毛泽东从报纸上看到方志敏游击队在赣东有了新发展，在于都与彭德怀会合，知道彭德怀率部突围损失并不大。这时，湘鄂赣也有党领导的游击队，鄂南、阳信、大冶也有，在赣南10个县以上都有党的组织和游击队。赣西好几个县也有游击队和党组织。

在前委会上，毛泽东说："江西的革命条件成熟了，我们准备一年之内实行争取江西的计划。"

然后，他说："井冈山的时候，就有人讲红旗能不能打得很久，我们回答红旗可以长久打下去，现在证明了这个，我们红旗打到了现在，井冈山经过三次'围剿'，现在井冈山又恢复了，我们现在在赣南、闽西发展了大的地区，证明红旗不仅打得久，而且证明革命高潮——中国革命的高潮就快要到来了。我们现在要用红军和地方武装来促进革命高潮的到来。有些同志对形势估计不足，应该教育这些同志，批判这些同志。现在不是革命高潮有到来之可能，而现在是不久就要来了。我们要迎接这个革命高潮，我们要去推动这个革命高潮，现在就要克服军队里面这种失败情绪。井冈山突围后，三个月很困苦，失败情绪很厉害，要克服这个情绪，迎接革命高潮，推动革命高潮。"

毛泽东还讲了红色政权为什么可以存在的原因。

可是，林彪见毛泽东反复说中国革命高潮快要到来，忍不住站起来，反对说："你这个估计不正确，我根本不同意一年争取江西的计划。湖南你再说不行，湖南人他愿意当兵，我们这个队伍到湖南就扩大了队伍；我们队伍一到江西，没有老百姓愿意当兵；我们到福建，福建当然有苏区，但是也没有人愿意当红军。红军根本就不能扩大，怎么还说要夺取江西一省？不能作这个估计，我们有什么办法去打南昌？敌人有一个旅、两个旅尾追，我们就要避免作战，搞得我们马不停蹄，我们还要夺取南昌，夺取江西？这是高调，我不同意。我的主张还是要把队伍分散了去打游击,看一个时候,看一个很长的时候,看有没有希望。可以到全国各地去打游击,争取群众,扩大声势,以后再说。”

毛泽东耐心地劝说林彪,他还是不服。陈毅于是说:“我是赞成老毛的主张的。方志敏跟闽西、赣南、赣西连成一片,总共有四五千里这么大一个区域。分配土地以后,根据地的老百姓积极当红军参战,开展了轰轰烈烈的扩红运动,怎么能说老百姓不当兵?我是支持这个计划。”

最后,毛泽东还是用前委名义作出了“一年之内争取江西”的计划。

尽管陈毅在会上批驳了林彪,可是,以后在一起时,林彪还是经常对陈毅说:“争取江西的计划是危险的,不能兑现的。”

后来陈毅回忆此事说:“这个争论是在 1929 年 4 月。我记得到 1931 年 1 月活捉张辉瓒,开始打破第一次‘围剿’,全国两个政权对立的斗争开始了。江西地区成为一个中心苏区的建立, 就是在1930 年底和 1931 年初之间,证明了毛主席的计划完全实现了,打了张辉瓒以后就过年了。所以说毛主席一年争取江西的计划, 重点是在江西发展革命战争,建立根据地,成为全国中心以推动中国革命的主张是正确的。林彪当时主张分散到全国去打游击,扩大声势,不主张建立政权,主要是惧怕敌人,对中国革命的前途丧失信心。”①

(2)

在瑞金会议后,红 4 军又来到闽西。一场大的争论又爆发,主要是从对时局的估计, 即革命高潮能不能很快到来、能不能建立巩固的根据地、能不能建立大的苏维埃政权、能不能发展红军主力和发展地方武装等问题, 同时还牵涉红军政治部跟司令部工作权限、分工问题以及谁领导谁的问题,等等。

红军的军事工作,主要是管作战和军事训练;政治工作是党的政权机关的代表,负责党的领导和掌握政策,包括关于城市政策、大小商店政策、没收土地的政策和处决罪犯和逃兵政策等问题。

另外,还有不少的想离开部队,到地方党部去,这样就可以穿便衣,

---

①张明金:《陈毅元帅:井冈山时期的林彪》。

不用随部队一天走七八十里路。因此，反对离队观念，反对盲动主义，反对流寇主义，也成为红军中的当务之急。

但是，对于这些问题，红 4 军内部不同的人有不同的看法。

在这些争论中，林彪是单纯的军事观点，对政治工作历来看不起，排斥政工人员，另外还主张“吃掉”地方武装，不愿从主力拿出武装、派干部去加强地方武装。

这时，1929 年 4 月 30 日，党中央派刘安恭来到红 4 军，旋即被任命为军政治部主任。

这个刘安恭与朱德陈毅都是老熟人。1926 年，川军杨森派秘书去北京找李大钊，想通过他获得第三国际的支持，要求李大钊派人到他那里去。李大钊派彭泽湘(以后脱党了)去了杨森那里，双方谈得比较投机，彭回到北京后，汇报说杨森希望派一个中共党员长驻在他那里以便联系。李大钊选中了陈毅。

陈毅来到杨森处时，党中央另派朱德到杨森处策动其响应北伐。陈毅便认识了朱德，通过朱德又认识了刘安恭。刘安恭与朱德在德留学时认识。当时刘是杨森手下一个吃闲饭的参谋，天天跑到朱德那里闲谈。1927 年后，他不知怎么加入了中国共产党又去了苏联。1929 年初，苏联方面说他有托派嫌疑，把他送回国，结果来到了红 4 军。

刘安恭一到红 4 军，就以“中央代表”自居，号房子也写上“中央代表住”的字样。

陈毅到乡下搞调查去了，回来时听说有中央代表来了，跑去一看竟然是刘安恭，便半开玩笑说：“这不是那个刘高参谋吗？怎么当了中央代表了？”

刘安恭不好意思地说：“我不是中央代表，是你们给我安上的。”①

陈毅对刘安恭是比较了解的，便批评说：“几年前你还是杨森的一个参谋，怎么能一来就当第二纵队司令(应为政治部主任)，这是不对的，我是不同意的。你真正愿意干，你就在连队里当个副连长，顶多当个副营长，好好地学习学习。”

刘安恭根本不了解红 4 军的情况，一来就以中央代表自居来反对

①张明金：《陈毅元帅：井冈山时期的林彪》。

毛泽东,散布红军的“取消主义”。他的介入使得红 4 军内原来的争论复杂化。

一次,毛泽东在会上明确表态,主张党管一切,在连队一切归支部,实行党的绝对领导。朱德也站出来表态:主张军管一切,还说前委管得太多,权力太集中。①

刘安恭则顺着朱德的话说:有人主张“集权制”,其实这是“家长制”,是“书记专政”。

参加会议的林彪认为刘安恭不怀好意,便同他争吵起来,提出截然对立的建议说:“应该废除军委职能,由前委代行军委职能。”

陈毅后来说:“林彪在这场斗争中,实际上是站在错误路线一边的,林彪的态度一变,我很奇怪,怎么变得这么快呀?他的这一突然转变,使他取得了后来的政治资本。当然,……在当时无论如何,他这个政治表态那还是对的。”②

这次会议争论没有结果,但形成了两派,一派是以林彪为代表的拥毛派,一派是以刘安恭为首的拥朱派。③

6 月 8 日,红 4 军在上杭县白沙召开前委会议,继续讨论这个问题。

41 人参加。会上,刘安恭与林彪再次唇枪舌剑,气氛十分紧张。刘安恭发言说:“朱德是拥护中央指示的,毛泽东总是自创原则,拒绝中央命令,现在,是有一个留毛还是留朱的问题。”

林彪马上站了起来,即席发言,批驳刘安恭的意见,甚至在会上骂起娘来了。

白沙会议召开前,林彪给毛泽东写了一封长信,表示拥护毛泽东,坚定地站在前委一边。陈毅后来说:“那时,毛主席感觉到很孤立,林彪表示支持毛主席,所以从今天来说,在当时的情况,他写这封信还是对的。”④

在前委会议上,毛泽东见讨论问题弄成这样的对骂情况,十分痛心,奋笔疾书,写了一份书面意见放在桌上,然后说:“在机构设置上,军委不仅是与前委重复,而且是同前委分权,更为重要的是动摇了党

---

①②③④张明金:《陈毅元帅:井冈山时期的林彪》。

领导一切的最高原则。因此,我不愿在前委工作。我提出辞职。”

毛泽东的举动,出乎全体与会人员的意料。他在红军中的威望是无可比拟的，这样表态使多数与会者对军委及刘安恭的做法很不满意。于是,在投票表决中,会议以 36 票赞成,5 票反对的压倒多数,决定撤销军委。这样，刘安恭的军委书记一职不复存在，便改任第二纵队司令。

虽然 6 月 8 日召开的白沙会议撤销了军委,但是,红军领导层中的争论仍然存在。

6 月 14 日,毛泽东给林彪写了一封很长的复信。在信中,毛泽东认为，争论的焦点是要不要设军委，其实原则是要不要实行党的集权制的问题。末尾写道:“至于我之请求离开前委,并不是消极,不参加斗争”,而是因为“对于党内错误思想的斗争,两年以来已经竭尽全力了,现在我又把问题的内容提出以后，使多数同志们作不断的奋斗才能得到最后的胜利”。

6 月 15 日,朱德写了《答林彪同志谈前委党内争论的信》,也陈述了自己的理由。

6 月中旬,朱毛两封信都在红 4 军的刊物上公开发表,争论也进入公开化。

在这样的形势下,红 4 军召开第七次党的代表会议,研究红军当前的一系列问题,准备把这一系列有争论的问题摊开来进行辩论。

会上,大家推举陈毅来做报告。

毛泽东是红 4 军前委书记，在开会前对陈毅说:“这次斗争是无产阶级路线跟资产阶级路线之间的斗争，你如果要作报告，你就根据这样一个路线斗争来作报告就行。”

但是,陈毅想表明自己是有独立的见解,并没听他的话。结果,陈毅的报告走的是调和路线。后来陈毅说:“我在‘七大’会议上,主要是把以毛主席为首的正确路线和另外一些同志的错误路线混同起来，不分是非,各打五十大板,实际上是削弱了毛主席的正确路线,助长了错误路线,这个错误主要在我。”①

①张明金:《陈毅元帅:井冈山时期的林彪》。

由于毛泽东的正确路线得到削弱，红 4 军中再次引起更大的争执。在争执中，毛泽东说：“据我们实际斗争经验，加强政治领导，加强党对红军的领导。军队应该严格地在党的领导之下，军队要做政治工作，要打仗，要筹款，要讲三大纪律八项注意，要按这个来做。至于陈毅同志对我个人有许多批评，我现在不辩，如果对我有好处，我会考虑的；不正确的，将来自然会证明是不正确。”

会议开了一天就结束了。随后，毛泽东因患重伤风感冒，到蛟洋去养病，实际上是愤而辞职。

毛泽东走后，红 4 军前委书记由陈毅代理。

但是，毛泽东才走，陈毅就感到七大开错了。这时闽西特委、福建省委转来了上海的党中央的通知，说是中央要开军事会议，希望红 4 军能派一个代表去，陈毅便想借机到中央报告红 4 军的情况，便跑到蛟洋毛泽东那里，商量说：“中央要人去，我准备去，你看可不可以？”

毛泽东说：“你可以去，我赞成你去。你把 4 军的详细情况向中央反映一下有好处。”

“你是不是能够回前委主持前委的工作？”

毛泽东说：“你们七次大会那个做法，我不能同意，我不能随随便便就回去！”

毛泽东不愿回去，陈毅没办法，离开蛟洋后就去上海了。

10 月 3 日，陈毅带着中央九月来信回来了。他一回到梅县，就看到群众满山遍野往南边跑。交通员告诉他说：“朱毛红军来了，有好几万人。”

两人躲在一个古庙里，晚上红军来了。陈毅一出来就碰到一个哨兵，哨兵一看是陈毅，立即带他来到林彪的司令部。

林彪从连队回来后，陈毅问他部队的情况。林彪说：“哎呀，现在队伍有了很大的发展，那些‘政治小鬼’都打下去了。你回来很好，我们来大干一场。”

陈毅说：“中央要我们欢迎毛主席回来主持 4 军的工作。我这次走了差不多三个月，我回来就是这个任务。你讲什么‘政治小鬼’，我也是个‘政治小鬼’，我不同意你这个看法。我已不是一个‘小鬼’了，我是个‘大鬼’了。”

林彪却说：“你这个话讲得不对。”然后派人把陈毅带到军部，去见朱德，商量把毛泽东请回红 4 军。

毛泽东回到红 4 军后，召开了红 4 军党的第九次代表大会。在大会上，林彪没有发表什么意见，没有表示站在哪一边，拥护哪一边。会后就是新年了。春节期间，林彪写了一封信给毛泽东，也写了一封信给陈毅，说九次大会开得很好，趁过年之机，大家进行一些自我批评，举行一次会议，对我个人有点什么意见，希望提些批评。

随后，毛泽东给林彪写了一封信，即以后叫《星星之火，可以燎原》的文章。

陈毅也给林彪回了一封信，写得比较简单，指出林彪的主要问题是想要离开队伍，要分兵，对革命前途悲观失望，“你要警惕”。

陈毅后来说：“毛主席在信中把全部的马列主义理论展开了。后来，在全国解放前夕，中央在西柏坡时，准备出两卷本的毛选，原先是有给林彪这封信的，以后正式出版时却没有了。我就问胡乔木，他说林彪讲没有见过这封信，毛主席就把这封信撤销了。我说这就奇怪，林彪怎么会没有看过这封信。当时是印成油印单子普遍散发的，我们还学习过，怎么他会没有看过？毛主席在信中耐心对他进行教育，同时又照顾到他的情绪，而他是想否认这一历史事实。看来那时他就想赖掉这封信。”①

(3)

红 4 军九大结束后，毛泽东带领二纵队在大相寺、古田这一带。林彪、伍中豪等人率领第一、三、四纵队在朋口、新泉。结果，又发生林彪等人丢弃毛泽东和前委的逃跑的事情。

“(1930 年)1 月 28 日，突然发现敌人要来进攻，他们拉起队伍就往江西跑，林彪在这中间起很大作用。后来打白水，打广昌，然后到东韶才会合了。”②

随后，陈毅对林彪等人提出批评：“未经前委、毛主席的同意，拉起队伍就向江西跑，这是不对的，要走也应一起走，我们不来找，都不知你们队伍跑到哪儿去了。”

林彪却不同意陈毅的批评，说：“打仗这个事应紧急处置，敌人进攻，我们不能打，当然可以机动。”

---

①②张明金：《陈毅元帅：井冈山时期的林彪》。

“你把前委丢掉,你对苏区没法交代啊!”陈毅说。

但是,林彪还是坚持自己的分兵打游击没有错。这时,毛泽东说:“九次大会刚开过,我们是团结的,我们强调了这个团结,现在党内没有两条路线。如果有两条路线,利用这个那个来行动是危险的,陈毅同志的批评还是有道理的。如果有两条路线,有人会利用这个分裂红军,那是危险的。现在还没有这个危险,但应吸取这个教训。”①

2 月 7 日,红 4 军领导再次召开会议,研究红军的行动和领导人员的分工。陈毅离开第一纵队,去了红 6 军,罗荣桓接任第二纵队党代表。陈毅与林彪两人之间的直接共事结束了。

1930 年 6 月,根据党中央的决定,成立了红一军团,朱德任军团长,毛泽东任军团政委,林彪担任红 4 军军长。

8. 扮演蒋介石入戏太深

在人们的印象中,林彪不爱说话。

1932 年 3 月,粉碎敌人第三次“围剿”后,中央苏区上下一片欢腾。根据毛泽东的意见,红一军团和红五军团的 15 军组成东路军,林彪任红一军团军团长。

为了庆祝胜利,红 4 军政治宣传部李卓然等人编写了一出话剧《庐山雪》,描写红军打进了南昌,杀上了庐山活捉了蒋介石。《庐山雪》预示着蒋介石的统治就像庐山上春天的残雪,很快消融瓦解。为了体现官兵同乐,在政治部主任罗荣桓的支持下,保卫局局长罗瑞卿是文艺活跃分子,决定将军团主要干部都动员上了台表演,并每个人按实际担任的职务扮演各自的角色。

林彪听说要让自己演自己,便说:“好,演就演,但是有个条件。”

罗瑞卿问:“什么条件?”

林彪说:“你们看我这个军团长在台上同哪个打仗呢?”

---

①张明金:《陈毅元帅:井冈山时期的林彪》。

“同王金钰！”王金钰是国民党的一个军长。

“他算老几？我不跟他打。”林彪摇了摇头。

“何应钦怎么样？改打何应钦！”——何应钦是国民党“围剿”军的总司令。

“何应钦？”林彪沉思一下，还是嫌小，但没说出口。政委聂荣臻知道林彪的脾气，见林彪不说话就说道：“罗局长，你干脆改成蒋介石，林军团长打败蒋介石！”

林彪点头说：“嗯，好！咱们跟蒋介石对仗要得！”

罗瑞卿刚要走，林彪叫住他问道：“罗局长，打算叫哪个演蒋介石？”

罗瑞卿回答说：“打算让宣传队负责人藩振武来演。”谁知林彪对藩却不中意，说：“还是你来演嘛！保卫局长演蒋介石，更能抓住敌人的本质特点。”

林彪为什么要罗瑞卿来演蒋介石呢？也算是因才适用。罗瑞卿平时喜欢开玩笑，在红军打胜仗后他经常模拟蒋介石气急败坏的样子作出各种表演，惟妙惟肖，且引得大家时常捧腹大笑。林彪要在台上和蒋介石对阵，而且还要求对方也还演得像个样子。罗瑞卿答应了去演蒋介石。

之后，罗瑞卿又别出心裁，决定在戏中找一个女角宋美龄，活跃场上的气氛。可是找遍部队所有女同志，都没有合适的。最后抓了一个秘书来男扮女装，充当角色。

这个秘书叫童小明，在罗瑞卿手下干事。童小明只有十六七岁，人也聪明，长得又白，又漂亮，穿上旗袍，包上花头巾，走路扭动几下腰肢，还真像那么回事儿。

林彪对这次演出投入了空前的热情，排练得很认真。他以前没演过戏，而且公认性格古怪，大家担心他在台上过于拘谨、呆板，会出洋相，但是排练起来，在“蒋介石”面前咋咋乎乎，还真有那么一回事儿。

《庐山雪》演出开始了。舞台上，红军已经打下南昌。军团部设在国民党江西省党部大楼。不过，台上只有一张桌子，几把椅子，桌上放着一部电话机，墙上挂了一张军用地图。

林彪大模大样走上台，刚坐下，电话铃响了。他拿起话筒，拖着湖北腔问：“喂，我是军团长，什么事？”

有人憋不住，用手捂住了嘴。

电话里说：“现在我们缴获了大量战利品，请示军团首长，怎么处理？”

按原台词是“统统收下”！可是林彪不遵守台词，顺口说出：“用船装！”

对方一听，不是原调，想了一下，接下去说：“船已经装满了。”

林彪一听，有点不耐烦：“用汽车嘛！”

“报、报告军团长，”对方还在提醒，“汽车也装不下去了。”

“那——”林彪没词了。

扮演蒋介石的罗瑞卿一下把心提到嗓子眼，万一林彪像平时指挥作战时那样一生气发脾气摔了电话机下场去，这场戏就要演砸锅，急忙捅捅那个装着在电话里说话的演员说：“你把那句话说了不就完了吗？”

没想到这个演员也慌，急匆匆地点头，张嘴却还是那句：“汽车也装不了，怎么办？”

罗瑞卿又急又气又无可奈何，场下的观众十分投入，根本不知幕后的人已经急得团团转。这时，编剧李卓然急中生智，代替打电话的演员说了一句：

“报告，军团长，我们都收下了。”

不料，林彪马上对着话筒说：“当然全部收下，还能给蒋介石留下吗？”

大家焦急，谁知林彪却还真入戏了，接着说：“哎呀，这么多东西，怎么搞法么？”突然他又说道，“你莫忙，莫忙，我们开会研究一下，马上告诉你。”

戏完全脱离了剧本，跑题太远了，谁也不知道怎么接下去。这时候，林彪似乎明白过来了，自己演错了，但是还是非常镇静，故作了一个思考状，终于想起了下面的戏，可又不知道怎么衔接下去，于是回声叫道：“罗主任！罗主任。”

这时罗荣桓正坐在后台火盆边烤火，听到林彪叫他，却坐在那里笑，不想出场。不过，罗荣桓在青岛大学就曾组织过戏剧演出，要是衔接一下应该是没有问题的。这时他又患疟疾，浑身软弱无力，根本无心演出。林彪在台上喊了几声：“罗主任呢？”没有回音，便下命令：“通信员，去把罗主任请来开会！”

于是，几个小伙子不由分说，便把罗荣桓推上台去。

戏，终于演下去了。后台的工作人员长长地舒了口气。罗荣桓上来“开完会”，便下去了，戏继续按照剧本进行。

最后，“蒋介石”被押上台来，接受林彪的审问。林彪说：“你就是蒋光头吧！”台下大笑。

“蒋介石”唯唯诺诺道：“是！是！在下正是！”

林彪问道：“你怎么叫我们抓住了？”

“蒋”赶忙说：“我的飞机坏了。”

这些都是台词，可是，往下林彪又开始脱离剧本，随心所欲地跑题乱审乱问，罗瑞卿本来就很活跃，于是“蒋介石”也随机应变，有问有答。

林彪见罗瑞卿高高瘦瘦的，便“审问”道：“你怎么长得这么瘦，像个骷髅？”

“蒋介石”回答：“我整日挖空心思算计怎么坑害人民，怎么卖国求荣，消耗太大。”

林彪忍不住了，又问道：“怎么不吃补药？”

“蒋介石”低着头：“吃了也没用。心肝坏了，肛肠不好，我吃红肉拉白屎，一肚子坏水。”

这么一来，林彪更是把眼前的罗瑞卿当作真“蒋介石”即兴发挥，审问起来了：“你浙江人，怎么满口四川话？”

这样的问话，让扮演蒋介石的罗瑞卿一愣，他当即顺口而出：“我现在有奶便是娘，有房便是家。为了打红军，我连家都不要了，祖宗也不要了。”

台下大笑不止。

《庐山雪》上，林罗二人配合默契，大展风采。台后李卓然听到最后，暗自佩服。这出戏经林彪这么即兴一改动，变得生动多了，台下效果非常好。多少年之后，看过这场戏的人们谈起那场演出，还是津津有味。①

---

①耿飚：《耿飚回忆录》，江苏人民出版社 1998 年版，第 163 页。

9. 要求撤换毛泽东风波

红军长征突破湘江后，继续西进。1935 年 1 月 7 日，红一军团智取贵州重镇遵义。15 日至 17 日，中央政治局在遵义召开扩大会议。

会议开了三天，主要是总结第五次反“围剿”以来的军事错误。在会上，毛泽东当选为政治局常委，成为党和红军的实际领导者。

林彪出席了这次会议，但没发什么言。①

红 1 师师长李聚奎后来回忆说林彪对遵义会议“态度暧昧”，迟迟没有在红一军团传达会议精神。李聚奎说：“可是为什么 1 师领导迟至十多天后才听到遵义会议精神呢？一则红一军团在开遵义会议前，已进到离遵义 50 公里以外的桐梓、松坎地区；二则，遵义会议一结束，1 师奉命作为先头部队向赤水方向前进，军情紧急，来不及向 1 师传达；三则，政委聂荣臻出席遵义会议后，因脚打泡化脓，坐担架随军委纵队行军，没有回到前方部队，无法向他们传达；四则，那时任红一军团团长的林彪对遵义会议态度暧昧。他是李德‘短促突击’战术的积极鼓吹者和追随者，会议上批评李德错误军事指挥时，他也没有发什么言。遵义会议后，林彪同意李德随一军团行动‘体验生活’。上述情况是林彪出席遵义会议后虽回到部队，但没积极地及时地向师领导干部传达的原因。”②

土城之战后，毛泽东在猿猴渡口等待渡河，见红 1 师也在渡口等待渡河，立即派总司令部一位参谋到渡口找到师长李聚奎、政委黄苏、政治部主任谭政到他那去，告诉他们党中央召开了遵义会议，他们才知道此事。

遵义会议后，为了摆脱敌军的前堵后追，毛泽东采取大迂回、大穿插的办法，将追敌拖得昏头转向，疲惫不堪，红军渐渐开始摆脱险境。2

---

①聂荣臻：《聂荣臻回忆录》，第 248 页。

②李聚奎：《李聚奎回忆录》，解放军出版社 1986 年版，第 217 页。

月中旬,毛泽东决定调兵渡过赤水,迂回穿插到云南,再找机会渡过金沙江,然后北上去建立川西根据地。可是,一个多月来,红军大迂回,大穿插,忙于奔跑,林彪有些吃不消了,接到又要渡赤水的消息大发牢骚。

张闻天知道后觉得不正常,便告诉毛泽东。毛泽东生气地说,“林彪年轻不懂事。兵无常势,水无常形。在强敌的包围圈中,我们与蒋军正面硬打,岂不吃亏?面对几倍于我们的蒋军,必须高度机动灵活,在机动中寻找战机,寻找出路。能打赢就打,打不赢就走。在这种情况下,必须要多跑很多路。这有什么意见呢?林彪这种思想,有一定的代表性。我建议在适当的时候开个会,统一大家的认识。”

张闻天点头,赞同毛泽东的意见。

3 月 21 日,朱德以中革军委主席的名义,向各军团作了四渡赤水的部署。

在向金沙江进军途中,林彪接到毛泽东以中革军委名义发来的紧急电报,要他和聂荣臻率领红一军团抓紧在云南元得、龙街口渡江。5 月 6 日,林彪、聂荣臻等人来到龙街渡口。林彪站在石头上一看,只见水流湍急的江面又宽又险,很难架桥,为难地说:“这个毛泽东也是的,这个地方怎么过得去呢?”

林彪一筹莫展时,通讯员送来朱德的电报,说军委纵队 5 日已在皎平渡夺得一只船,红一军团务必在 7 日赶到皎平渡,8 日黄昏前在皎平渡渡江。

十万火急。

部队正准备埋锅造饭,林彪命令收锅熄火,立即出发。于是,战士们连饭都没来得及吃,就匆匆向皎平渡进发。一夜急行军,部队走了 120 公里,林彪牢骚满腹,到达皎平渡口时,毛泽东亲自上前迎接。林彪阴沉着脸,一言不发。

5 月初,红军到达会理。红一军团奉命在此休整两天。

休整期间,林彪认为红军总是走弓背路,这样下去就要被拖垮,应该走弓弦,走捷径,便不与聂荣臻商量,给彭德怀挂电话,说:“现在的领导不行了,再这样下去,我们又要失败。”

彭德怀大吃一惊:“你说什么呀?”

“毛泽东指挥不行!你出来指挥吧,我服从你的领导。你下命令,我就跟你走。”林彪说。

彭德怀听完林彪的话,非常震惊。对毛泽东的军事能力,他是深有体会、坚信不疑的，拒绝了林彪的要求：“遵义会议才改变领导，现在提出改变指挥是不恰当的。至于我，则更不适当。”

林彪放下电话后，政委聂荣臻批评他说：“你是什么地位？你怎么提定别人撤换统帅？你有意见向中央提嘛！不能胡来。”

“林彪同志，”聂荣臻警告说，“如果你擅自下令部队行动，我也可以以政治委员的名义命令部队不执行！”

林彪愤然离去，当天又给中央三人小组写了一封信：“……这段时间以来，部队在云贵川边东奔西拐，行军太多，而且走了许多不必要的弓背路。部队弄得精疲力竭。这样下去，部队会拖垮。毛泽东指挥部队不合适，建议换一个人指挥，以改变目前的困境。毛泽东、周恩来、朱德几个军委负责人不要直接指挥军队，前线指挥最好叫彭德怀负责。”

林彪把信给聂荣臻说：“我给中央三人小组写了一封信，要求撤换领导。你看看，如果没有意见，你也在上面签个名吧。”

聂荣臻接过信后，严肃地说：“这个名我不能签，建议你也不要写这封信。”

林彪拿着信，然后叫人送给了张闻天。

毛泽东看到这封信后，对张闻天说：“看来，对四渡赤水的认识还有问题，部队的思想还未统一。林彪的思想是有一定代表性的。”

随后，他建议再开一次政治局扩大会议，专门解决思想认识问题。

5 月 12 日上午，政治局扩大会议召开。除政治局委员外，参加会议的还有彭德怀、聂荣臻、杨尚昆和林彪等人。

讲到军队问题时，毛泽东话锋一转，严肃地说：“近几个月来，特别是第二次东渡赤水以来，我们运用大迂回、大穿插的战略，不但摆脱了数十万敌军的围追堵截，而把他们弄得昏头转向，精疲力竭。当然，我们自己也很疲劳。现在，蒋军不但打不着我们，而且连我们的去向都不知道。如果我们不在赤水上渡来渡去，机动地变换作战方向，忽东忽西，迂回穿插在敌重兵之间，我们能够主动摆脱几十万国民党军队的追堵吗？能打垮侯之垣的 8 个团、吴奇伟的 2 个师吗？现在，我们有些干部对这次迂回穿插有意见，说怪话，还有的写信给中央总书记，要求改变军事指挥，这是短见，是错误的。大敌当前，这种思想非常有害，应该丢弃。要相信现在的中央领导是正确的。对于这一点，不能丝毫的动摇。”

毛泽东虽然未点林彪的名，林彪听出味道了，一言不发。

从井冈山以来，毛泽东对同志要求严厉，但是，对于林彪，他一直关爱有加。他比林彪大14岁,在他的眼中,林彪只是个会打仗、但需要不断指导的娃娃。这次风波,林彪给毛泽东留下了很深的印象,然而,他仍把他当作一个稚嫩的“娃娃”看待。

在会上,张闻天、周恩来也发言批评了林彪。

就这样,林彪造成的撤换毛泽东风波平息了。

10. 第一次恋爱、第一次负伤和再次结婚

(1)

1936年,红军长征胜利到达陕北。为了培养大批军事政治人才,党中央决定建立红军大学,毛泽东亲任政委,林彪为校长。

次年1月,红军大学从保安迁往延安,并更名为抗日军政大学,毛泽东只任教育委员会主席,林彪成为抗大的实际领导人。

这时,延安作为革命圣地,聚集了从全国各地来的优秀青年,不少人安排进了抗大学习。他们在紧张学习之余,参加生产劳动,进行文体活动。年轻人汇集的地方,青春洋溢,最容易焕发爱情。那些从大城市来投奔革命的女大学生们,充满革命热情,也充满对爱情的幻想,而林彪年轻又有为,立刻成了众多姑娘梦中的“周郎”。

林彪已经29岁,到了成家的年龄。论长相,他个头不高,也谈不上魁梧,但并不难看,面庞清秀,穿着军装更添几分英武。更重要的是,他已是名声在外的“常胜将军”,是红军部队中年轻的鹰。然而,他性格内向,沉默寡言,面对姑娘们热烈的目光,对那些爱情呼唤大多无动于衷。

终于,有消息说:林彪谈恋爱,并坠入了情网。

这位女孩是谁呢?

她不是从上海、北平等大城市来的清高、骄傲的女大学生,也不是能歌善舞的女演员,而是陕北米脂县的姑娘张梅。

张梅的真名叫刘新民。米脂县虽穷,但水土好,自古就有“米脂的婆姨绥德的汉”的民谚,盛产美女。张梅确实出类拔萃,人称“陕北一枝花”。此时,她正在抗大学习。

林彪为什么从众人中偏偏看上张梅呢?

原来,打动林彪的,并不是张梅俊俏的外貌,而是她开朗活泼的性格。张梅是抗大的活跃分子,爱笑爱唱,性格与林彪的阴沉、孤僻完全相反,充满朝气和活力。两人刚好互补。林彪深知自己性格上的弱点,所以对张梅非常倾心,对张梅便展开了“林式追击”。

张梅是一个上进心强的姑娘,崇拜英雄,对林彪十分仰慕。林彪虽不擅长在姑娘面前献殷勤,但恋爱起来也有几板斧,经过一段时间的交往,就把张梅给“捕获”了。

当年,两人在延安的窑洞里结了婚。

(2)

1937 年 7 月,全国抗战爆发。8 月 22 日,林彪告别新婚的妻子张梅,从延安赴洛川,参加中央政治局扩大会议,并就统一战线和抗日战争策略问题做了发言,会上当选为中央军委委员。

8 月 25 日,红军改编为八路军,林彪为 115 师师长,林育英任 129 师政训处主任(10 月 1 日后改称政委)。

在八路军三个主力师中,林氏兄弟一个任师长,一个任师政委,都是重要职务。据说发布改编命令时,毛泽东同周恩来、朱德开玩笑说:“假如林育南(1931年 2 月 7 日在上海龙华被国民党杀害)还在,干脆八路军这三个师全由林家兄弟包了。”

当然这只是一个玩笑而已。

这时 115 师已由罗荣桓率领开赴晋西北。会议结束后,林彪冒雨骑马赶往西安,然后乘车赶上了部队。

9 月 14 日,115 师陆续到达山西东北部的平型关,向上寨、下关集结。林彪立即去了解敌情,查看地形。

平型关是古长城上的重要隘口,地势险要。从平型关山口至灵丘县东河南镇,是一条由西南向东北延伸的狭窄谷道。谷道中有一条公路,蜿蜒于群山之间,通向灵丘、涞源,自古是晋冀两省的重要通道。其中,关沟至东河南镇约 13 公里的地段,沟深道窄,极为险要,两侧高地便于隐蔽兵力。这一带是伏击歼敌的好战场。

林彪决定在此打一场伏击战,率领 343 旅到平型关至上寨一带待机,然后把作战的想法详细电告延安的毛泽东和彭德怀,并获得了同意。

9 月 23 日下午,林彪在上寨小学召开连以上干部的战斗动员会。

在会上,林彪介绍了敌情,提出平型关伏击来犯之敌。他说:“我们要在日军进犯平型关时利用这一带有利地形, 从侧后击以重拳, 打一个大胜仗,给敌人一个打击,给友军一个配合,给人民一个振奋。”然后宣布具体作战部署:343 旅两个团在平型关担任主攻;344 旅 687 团在北面断敌退路,688 团作为师预备队;独立团和骑兵营在灵丘、涞源、广灵一带阻敌援兵。

24 日,从前方阎锡山阻击日军断断续续的炮声中,林彪获悉,日军明日将有向平型关大举进攻的迹象;同时,阎锡山部送来一封信,说他们将从内长城一线向进攻日军出击。林彪于是下达了伏击命令,115 师各部冒着瓢泼大雨,踏着崎岖的山路,在夜幕中于 25 日 1 时进入预伏阵地。

天刚亮,大雨初歇,山沟里一片寂静。不一会儿,山沟里传来了隐隐约约的马达声,号称“陆军之花”的日军第 5 师团第 21 旅团 4000 余人及大批辎重,大摇大摆地沿着灵丘至平型关的狭长公路西进。

由于山道狭窄,雨后山道泥泞,日军车马拥挤,行动缓慢,马达声和马蹄声在山沟间回响。但是, 他们进入中国后尚未碰到敌手, 趾高气扬,不知不觉进入伏击圈后,对两边山地连警戒也没有派。待日军全部进入伏击圈后,林彪一声令下:“打! ”

于是,打头的 685 团,打尾的 687 团,担任主攻的 686 团,同时发起攻击。顿时,机枪、步枪、山炮居高临下一起向日军倾泻。自踏上中国土地以来还没受过打击的日军想不到在这条小山沟里遭到伏击, 阴沟里翻了船,一时间汽车撞汽车,人挤人,乱成一团。但是,经过一阵慌乱后,日军纷纷跳下车,以汽车、马车为依托进行顽抗。

林彪站在东侧的山坡上, 注视着战场。一会儿, 他对参谋说:“把 686 团团长李天佑叫来。”

李天佑跑过来后,林彪对他交代说:“沉着一些。敌人比较多,也比较强,战斗不会马上结束。”然后指着战场:“看到了吗?你们冲下公路,把敌人切成几段。用一个营,去占领老爷庙,居高临下,把敌人消灭在山沟里。”

李天佑望了望:“有几个鬼子正在往老爷庙爬呢。”

“赶快行动,你们动作要迅速,慢了不行! ”

李天佑立即赶回阵地,几个团干部分别下到连队带队冲锋,其中 3 营负责占领老爷庙。

3营冲下山后,在山谷里与日军肉搏了半个小时,冲过山谷,冲到老爷庙,消灭老爷庙里的日兵,然后朝山谷扔一顿手榴弹,敌人炸得血肉横飞。日军指挥官挥舞着东洋刀哇哇大叫,指挥士兵向老爷庙上冲。双方再次发生激战。

686团给日军一阵猛烈的手榴弹,鬼子们像滚西瓜一样滚下去。日军吃了亏,派飞机来助战。林彪站在山坡上,见敌机飞来了,下令:“靠近敌人,飞机就不管用了!”

于是,战士们迅速接近日军,投入肉搏,连续冲锋,日军炮不敢放,飞机来了炸弹不敢丢,而115师拼刺刀却是长项,于是日军大遭其殃。

这场残酷的战斗一直进行到下午1时,才胜利结束。

这一仗歼灭日军坂垣师团21旅团1000余人,击毁日军汽车100余辆,大车200辆,缴获摩托车、九二式野炮炮弹、轻重机枪、步枪、掷弹筒及战马、日币等大批军用物资。同时,担任阻援任务的独立团在腰站打退敌援兵多次冲击,歼敌300余人。

平型关大捷是华北战场上共产党军队首次主动出击取得的大胜利,打破了日本“皇军”不可战胜的神话。平型关大捷的消息传出后举国欢腾。毛泽东致电朱德、彭德怀:“庆祝我军的第一个胜利。盛赞115师为中国人民打了一个争气仗。”蒋介石拍电嘉奖说:“捷报南来,良深嘉慰。”在一片“恐日症”之中,平型关大捷打出了八路军的威名,大振了中国人的信心。一夜之间,林彪的名字家喻户晓,成为抗战英雄、民族英雄。

(3)

1938年3月2日,林彪率领115师师部从阎锡山的晋军防区隰县以北的千客庄路过。

在过路前,115师前卫部队通知了阎军班哨。但是,阎军的班哨没来得及向连哨通报。林彪就骑着快马,到了连哨跟前。连哨王潞生以为是日军,“啪”地一声就开了枪。结果,林彪从马上仆倒在地。子弹从他的背部射入,穿过肺叶,击断一根肋骨,从前胸透出。作战科长王秉璋立即下马,上前扶起林彪,鲜血染红了他的衣服。卫生所长彭芸生跑过来,一检查,林彪受的是贯穿伤,子弹穿透了身体,没留在体内,因此不需要做大手术,只需要止血、消毒和包扎伤口,于是立即为林彪进行裹伤。

115 师卫生部长谷广善闻讯也急急赶过来。这时，彭芸生已为林彪裹完了伤。林彪躺在担架上，神智清醒。政治部主任罗荣桓和一大堆人围着林彪。谷广善在现场看了看，从一摊血迹中拾到一截半寸长的肋骨，将肋骨包好后立即返回卫生部，拿了一些药品和医疗器械赶过来。林彪躺在担架上，见谷广善这么晚才露面，很不满地说："同志，关心一点嘛！"①

按照预定计划，师部要继续前进，罗荣桓对谷广善说："组织上决定由你护送林师长回延安。"

谷广善见林彪伤势很重，怕路上发生意外，便要求保卫部长朱涤新一同护送。罗荣桓同意了。于是，朱涤新带着一个警卫连，谷广善带着两名护士人员和一名勤务兵当日离开师部，护送林彪西行。

当夜，谷广善与林彪同宿一室。林睡在炕上，谷搭了一个草铺。林彪半夜醒来，看到谷与他睡在一起，问道："我负伤了吗？"

谷广善回答说："是的，还伤得很重。"

林问："我怎么不觉得疼？"

谷说："我给你打了吗啡。"

这时候林彪想坐起来，谷广善连忙制止说："你的伤口没有愈合，你坐起来会引起伤口出血。"

林彪对此话不大相信。第二天，他还是坐起来了，结果引出伤口喷血。谷广善为他止完血后，再次劝告他不要乱动。经过上次的教训，林彪对谷广善的话听从多了。②

一天，师部管理科长石新安送来了一些狗皮膏药。

林彪问道："从哪里弄来的？"

石新安说："买的。"

林彪一听就笑了，说："我以为'卖狗皮膏药'是骂人的话，没想到还真有卖狗皮膏药的！"

谷广善说："狗皮膏药对治你的伤很有效。"然后取出两张膏药在火上烤了烤，敷在林彪的前胸和后背两处伤口上。

---

①魏碧海：《前 115 师卫生部长谈林彪负伤经过》，原载《人民政协报·春秋周刊》2001 年 4 月 13 日。

②魏碧海：《前 115 师卫生部长谈林彪负伤经过》，原载《党史博览》2008 年第 11 期。

在西行途中，林彪躺在铺上回忆起受伤时的情景，对谷广善等人说：“子弹是从右前方射来的，击中了胸部。”

谷广善纠正说：“子弹是从背部射进去的，穿过肺部，再从前胸冒出来的。”

林彪坚持说：“子弹不可能从后背打进去。”

谷广善解释说：“贯穿伤入口比出口小，这是规律，你背部的伤口比胸部的伤口要小。”

林彪还是不相信，于是谷广善取出当初从现场拾到的那截半寸长的肋骨，说：“如果子弹是从胸部打进去的，这截肋骨就会掉进内脏，可要动大手术了，幸好是掉出体外，说明子弹是从背后打进去的。”①

林彪看到血糊糊的肋骨非常吃惊，但仍对背部受伤之说将信将疑。谷广善于是摆出了第三条理由：“看一下你的棉衣上弹孔丝绵的朝向就清楚了。”

林彪当时穿的灰色军大衣在裹伤时被人顺手牵羊拿走了，谷广善怕林彪生气，不敢提这件事，就帮林彪把穿在身上的棉衣脱了下来。林彪仔细查看了背部弹孔的丝绵，果然是朝里，只好说：“你说的没错，真是从背后打进去的。”

在护送林彪回延安的途中，晋军军长王靖国的参谋长赶过来了，当面向林彪道歉并表示慰问，并表示回去要枪毙开枪的士兵。林彪说：“士兵也不是故意的。”保住了这个士兵的脑袋。②

林彪负伤六七天后，背部的伤口就已经愈合，身体恢复得很快。一次，他躺在担架上，对谷广善说：“我想试一下，看能不能站起来，你看行吗？”

谷说：“那就试试看吧。”

林彪从担架上坐起，谷广善扶他站了起来。林彪见果然没事，于是进一步说：“我想走两步试试，行不行？”

谷广善点头应允。林彪便真的往前走了好几步，然后长舒一口气，说：“谢天谢地，真的没事！我悬了好几天的心总算放下了。”③

---

①魏碧海：《前115师卫生部长谈林彪负伤经过》。

②陈士榘：《一生跟随毛泽东》，人民出版社2007年版，第208页。

③魏碧海：《前115师卫生部长谈林彪负伤经过》。

这一天,林彪一行人终于来到了黄河边。谷广善等人正准备护送林彪过河,恰遇延安派来接林彪的医疗专家江一真。谷广善便将林彪交给江一真后,返回师部。

这次谷广善对林彪也算是有过救命之恩。他与林彪在黄河边这一别,12年后才见面。

林彪受伤后再也没能返回抗日前线,谷广善回去后则一直在部队中。解放战争时期,谷广善虽是林彪的部下,但直到四野大军南下到了武汉,他们才见面。谷广善时任四野运输部部长。一次他草拟了一份电报,想以司令部名义向三野借调一批油桶。他找到参谋长萧克审批。萧克说:"这个电报得林总签署才能发出,你找林总去吧!"

谷广善只好去找林彪。林彪一见到他就说:"你怎么不来看我?"

谷回答道:"我知道你忙得很,不想打搅,加上我这个运输部长也忙得不得了,实在没得空闲。"

林彪说:"那你现在怎么来了?"

谷广善拿出电文,说:"萧参谋长要我找你签字。"

林彪看完电文,签上名,说:"看来你是无事不登三宝殿,以后你有空就来走走。"①

解放后,谷广善任空军后勤部长,林彪的秘书多次打电话让他有空去走走,但他都没有去。因为谷广善不喜欢跟领导过往甚密。

1971 九一三事件之后,有人抄了谷广善的家,查找他"上贼船"的证据,结果什么也没找到,有人责问谷广善说:"你当初为林彪治伤,干嘛不整死他?"

谷广善回答说:"他那时候是八路军的师长,我整死了他不就成反革命分子了,当时保卫部长就在旁边,他可是办案子的。"

因为没什么证据证明谷广善与林彪有关系,事后谷广善也没受到什么牵连。

(4)

林彪回到延安后,延安的医疗条件太差,不利于林彪养伤。1938 年

---

①魏碧海:《前 115 师卫生部长谈·林彪负伤经过》。

冬,经党中央批准,林彪由妻子张梅陪同,赴苏联去养伤。

在苏联,林彪夫妇受到热情接待,被安排在莫斯科郊区一幢舒适的房子里。

然而,就在这种安宁的生活中,林彪和张梅的感情却出现了裂痕。

林彪性格孤僻,内向,沉默寡言,除研究军事外没别的业余爱好。而张梅性情活泼好动,个性强。这种性格气质上的反差,在两人相识之初,是一种神秘的吸引力,但随着两人走向婚姻,组建家庭后,原来的激情被平静的生活代替,它就成为了矛盾。

在苏联,林彪不爱出门,不喜欢热闹的社交活动,也不许张梅与外界接触,不让她参加政治、文化活动。张梅整天待在屋子里,陪着少言寡语的林彪,简直就像坐牢,结果,林彪越不让她出去,她就越要出去,甚至星期天也不和林彪在一起。

两人越闹越僵。

1942 年,林彪从莫斯科只身返回延安时,张梅留在了苏联。两人的婚姻名存实亡。

(5)

1942 年 2 月中旬,从苏联回国的林彪乘坐八路军驻西安办事处的汽车回到延安。毛泽东听说林彪回来,非常高兴。时任中央书记处办公室主任师哲后来在回忆录《在历史巨人身边》说:

> 这天一早我从窑洞出来,和主席不期而遇,他正向山下走,边走边说:“林彪回来了,我去接他。”
>
> 我听后心里一震,心想朱总司令从前线回来,恩来、弼时从苏联回来,主席都没有这样迎接。恩来 1940 年回到延安的前一天,在甘泉和他通电话。第二天八九点钟他仍在睡觉,只有李富春前去迎接,而且主要还是接他的夫人蔡畅。过了几天才在杨家岭山下的河滩上开了个欢迎会,还是由中组部主持的。而今天他竟亲自迎接比朱总、恩来、弼时地位低得多的青年林彪。
>
> 我们在院子里等了一会儿,大卡车才到。林彪一下车,主席迎上去和他握手。林彪转身看见我,把另一支手伸过来,握着我的手。主席很奇怪:“怎么,你们也相识?”主席握着林的手

回到窑洞去，这等于斯大林拉着一位将军的手一样了不起。主席亲自吩咐伙房为林彪搞饭吃，让林住在杨家岭，靠近他。①

回到了久别的延安，顿然没有了家，林彪心里空空的，想重新组建家庭。在莫斯科时，他追求过一位叫孙维世的女子，但没有成功。回到延安后，林彪听说女子大学有位叫叶群的女孩很漂亮，便有心去结识。

叶群是延安比较活跃的单身女子。

她原名叫叶宜敬，1919 年生于福建福州市，父亲叶琦是国民党少将，娶有三房老婆。第三房小老婆聪明伶俐，会察颜观色，颇得叶琦宠爱。叶群便是三房的女儿。她从小就聪明伶俐，见什么人说什么话。小学毕业后，十四五岁的她来到北平上中学。中学毕业后，考取国民党中统组织控制的电台，担任广播员，并在中统组织办的演讲比赛中获得过第一名。在抗日救亡运动中，她和一些进步青年千里迢迢来到延安，并改名为叶群。

在延安，她被分配在女子大学工作。校长是赫赫有名的人物——王明，教务处长是女红军出身的张琴秋，叶群在教务处下担任组教科科长。

叶群个头不高，但五官端正，身材苗条，未曾说话人先笑，说出来的话甜滋滋的。在延安这个弹丸之地，有人戏谑地把几个活跃漂亮的女人称做“延安八美”，叶群也是“八美”之一。

林彪和叶群结婚后，1944 年便生了一个女儿，起名叫林立衡，小名豆豆。

1945 年，他们又生了一个男孩子，即林立果。

1946 年，罗荣桓赴苏联治病时，林彪给他写了一封信，托罗荣桓夫妇捎给在苏联的张梅。信中的内容大致是说他已经另外成家，并有了一子一女，劝张梅另行择偶。不久，张梅在苏联另行择偶，两人的关系就此划上了句号。

---

①师哲：《在历史巨人身边》，九州出版社 2015 年版，第 211 页。

11. 东北三年

在伟大而又壮烈的八年全民族抗战中，林彪指挥作战并不多。1945年8月抗战胜利后，蒋介石下山摘桃子，抢占胜利果实，林彪受命前往东北，指挥与国民党军作战，步入了他个人另一个军事辉煌的时期。

(1)

在长征中，四渡赤水后，林彪埋怨毛泽东尽走“弓背路”，要把部队拖垮了，甚至要求撤换毛泽东。但是，1945年末，林彪来到东北后，他本人多住在双城，却不断地向各个纵队发出一封封电报，命令他们与敌军周旋，部队日夜行军，行踪不定。然而，和当年林彪一样，对这种大迂回、高强度行军的运动战，很多官兵不理解，纷纷抱怨说：“兔子没抓着，把鹰累死了。”

部队确实走了不少的冤枉路。有时快到目的地了，又接到林彪一个电报，调头往回跑。

但是，林彪说：“不要怕疲劳而累死人，因为疲劳而累死人总比慢了而受伤损失小得多。冬季作战向巨流河前进时累死了人，但不要怕，要忍一口气，咬紧牙关赶路，这时吃一点亏是有很大代价的，怕吃苦，怕走路，反会牺牲更大”。

这个时期，林彪最喜欢那些走路不要命的部队，时常发去一个表扬信。

但是，经过一段时间的“跑”，部队渐渐走出了被动，变得主动了，作战就打胜仗，于是，官兵们再走就痛快了，有劲了，纷纷说：“流汗总比流血好。”

(2)

1946年春夏之交，林彪指挥的四平战役以失败告终，部队伤亡8000多人，且多是经过抗战的老骨干，元气大伤，许多部队暂时失去战斗力。攻城部队退到了吉林舒兰一带。

一次,部队宿营后,东北民主联军前方总部参谋处处长李作鹏与司令部其他几人一起聚餐喝酒。结果,被林彪碰见了,大怒:“现在什么时候,你们还在醉生梦死!”说罢,一把掀翻了酒桌。

林彪发火,其实并不是针对他们喝酒,而是肚子里有气。

因为司令部还发生了一件恼火的事情:作战科副科长王继芳叛变投敌了。司令部从梨树撤退时,王继芳就不见了人。起初,大家并没当回事,以为他干什么去了,还等了他一会儿,最后他还是没来,司令部只好开赴出发了。可是两天后,林彪就觉出不对劲了:这敌人怎么总跟着屁股追,而且这么大胆、放肆呢?问题就出在王继芳身上。

林彪一查,得知王继芳跑了,马上脱口而出:“改密码。”

原来王继芳投敌时带去了敌军求之不得的密码和情报,因此敌军才可以凭借精良的美械装备,放肆地对民主联军进行追击。而王继芳也不是一般人。他14岁就参加了红四方面军,参加过长征,长征途中因病被大家轮流背着过雪山草地;抗战爆发后,他随罗荣桓去了山东,抗战中期又被送回延安抗大学习,毕业后曾任抗大教官。抗战胜利后,他又跟随林彪来到东北,并担任作战科副科长。

他年轻,为人精干,有点文化,人缘也不错,但是司令部进驻吉林梨树县梨树屯后,他却与镇上国民党三青团一个女区队长——地主房东的女儿,相识了,并很快坠入爱河。结果,他没有策反女区队长,却被对方策反,趁着部队开拔时与女恋人逃跑投敌了。

王继芳叛变后,还写出招降的自述书,被敌机空投到舒兰一带,这让林彪更是窝火。现在司令部又出现松懈的情况,林彪很生气,李作鹏因为酗酒被撤职,调离总部,下放到一纵任副司令兼参谋长,刘亚楼接替他的职务。

因为王继芳叛变一事,林彪对身边的人就多了一份戒备。据苏静说,后来打吉林省磐石市靠山屯,王继芳的后任——作战科副科长阎仲川奉命去调查总结经验,由于敌情突变,他没有赶上部队,过了一天都没有赶回来。林彪听说后坐不住了。苏静说:“他一定会回来的。”

林彪瞪着眼睛:“你敢保证吗?”

苏静肯定地说:“没问题。”

第二天早上,阎仲川果然回来了,林彪心里的一块石头才落地了。

(3)

因为黄埔军校的关系，林彪可以说也是蒋介石的学生。有意思的是，两人指挥作战，有一个共同的特点，就是越级指挥，有时候命令直接下到下面低好几级的指挥员，命令他们如何如何办。

林彪打仗，经常直接指挥到师。特别是打运动战。重要战斗，重要方向，有时还直接指挥到团。

当年“东总”和四野的秘书、参谋人员都说，林彪的电报，一般都是先师后纵队(军)再兵团的顺序发出去。署名“林罗刘”、“林罗刘谭”、“林罗赵”，经常是电报发走了，再送给“罗刘”，“罗刘谭”，“罗赵”看。衡宝战役后期，林彪病了，倒在床上指挥，电报记录完了，秘书代“林罗赵”签上名就发走了。

打下锦州后回师打廖耀湘兵团，有的师在哪儿，纵队不知道，林彪知道。有时兵团正在执行第一封电报指示，师里已经按照变更命令的第二封电报行动了。

……据说，大将风度的四兵团司令兼政委陈赓，曾风趣地说：在“林总”指挥下打运动战，兵团司令是“空军司令”，可以睡大觉。[①]

本来，越级指挥是军中大忌。但是，林彪的部下对他的越级指挥不仅没意见，而且很佩服。同样是越级指挥，可是，蒋介石也这么干，效果却完全相反。他坐在南京指挥部下们作战，一个个电报发出去，直接指挥战场上的师团，越级指挥常常以打败仗而告终，却惹得天怒人怨。

这是为什么？

原来林彪与蒋介石的越级指挥，几乎无共同之处。蒋介石的越级指挥，是在情况不明的状态下进行，一个电报发过去，与实际情况不仅不符，甚至相差十万八千里，结果把前线指挥官搞得无所适从，便乱了局。林彪的越级指挥，则事先做了充分的调查研究，对战局和战场情况

①晓亮、文军主编：《十大元帅之谜》(下)，第243页。

十分了解，这样越级指挥不过是统一了战争的部署和时间，使部队形成更有战斗力的拳头，打出去，便成了大胜仗。

（4）

林彪不吸烟，不喝酒，也不太讲究吃，吃饭时什么饭菜都可以，不会发脾气。

但是，他有一个爱好，就是喜欢吃黄豆，炒黄豆，炸黄豆，或煮盐豆，甚至豆腐，都喜欢吃。有时还叫炊事员炒一些黄豆当零食拿着吃。来了客人，他也叫人把那些炒熟的黄豆拿出来，招待他们，好像谁都和他一样爱吃炒黄豆。

一次，师长梁兴初从前线回到哈尔滨，找林彪汇报工作，想找林总打牙祭，结果，也是被他的炒黄豆招待了一顿。[1]

（5）

林彪没什么个人爱好，不少人说他的生活枯燥乏味，觉得他像个苦行僧。

其实，也不尽然。

一有空闲时间，林彪就爱看书，一是军事方面的，二是哲学方面的，都是马列和毛泽东著作，并且看得认真，看过的书都有红蓝铅笔划的不少的记号。凡是他读过的书，就单独保存，甚至叶群都不能随意翻动。[2]

在东北有一段时间，林彪在看地图之外突然迷上了医书，便叫秘书找来了一本中医书籍，一个人看得津津有味。看了书，他就活学活用，便自己给自己开药方治病。许多人对他这种做法很担心，林彪却不以为然。

---

①任桂兰：《统领万岁军：梁兴初将军的戎马生涯》，中国青年出版社 2004 年版，第 115—116 页。

②李德口述，舒云整理：《林彪读书数月提出“四个第一”》，原载《老人报》2012 年 4 月 27 日。

一次,林彪让秘书去买砒霜。秘书吃了一惊:“这东西有毒,不能吃啊。”

林彪说:“你不懂,我这种病吃点砒霜好。”

结果,药买来了,林彪吃下去,药方子开的砒霜量重了,发生药物中毒。半夜三更,林彪不行了,爬起来,双手扶墙哆哆嗦嗦开灯,然后把隔壁的秘书唤醒。

秘书来扶他,吓得脸色大变。他说:“没关系,有点不舒服。”

这次砒霜中毒事件发生后, 罗荣桓规定: 凡是林彪自己开的药方子,必须送医生检查后,才可去药店抓药。①

对此,林彪没有异议,虽然还是自己开方子治病,却经过医生审查后方才去取药。

并且,他的这本医书一直没有丢掉。他的司机楚成瑞后来回忆说:“一本医书,他从东北带到关内,又从关内带到华中,最后从华中带回北京,都让他给翻烂了。”②

(6)

林彪爱看地图,连罗荣桓夫人林月琴也这么说,这是他出了名的一个癖好。

林彪带兵,只管打仗,对别的事情不管不问,谁军容风纪不整了,谁喝醉了,谁吵架了,都好像看不见、听不见,不过问。这些工作多是由政委罗荣桓和参谋长刘亚楼去管。他只是看地图、考虑如何作战的“大事情”。

四平保卫战期间,司令部一位警卫员坐在炕上擦枪,走火了,一梭子子弹穿过窗户从屋檐下射出去。

在场的人吓得脸色全白了。

这时林彪正在屋外窗前踱步。枪声一响,他停一下,“嗯”了一声,继续踱步,好像什么事情都没发生。

---

①林月琴:《东北解放战争中的罗荣桓》,原载《回忆罗荣桓》,第 500 页。

②蒋霞:《我给林彪治“怪病”——访离休老战士楚成瑞》,原载《南方周末》2000 年 11 月 23 日。

还一次在哈尔滨，他的一个警卫员大白天上街，结果，枪被人给抢了，衣服也被扒得只剩一条裤头，窝窝囊囊地哭着回到了司令部。

大家见状，又气又恨，说："你算什么军人，男子汉哪，让几个毛头弄成这副模样？！"

林彪正在踱步，停下脚步，瞅瞅那个警卫员，又瞅瞅大家，那目光好像说："这有什么值得大惊小怪的呢？"

尽管大家吵吵闹闹地议论不休，他还是一句话也没有说。[1]

大概正是因为这份专心，到了辽沈战役时，林彪指挥作战，对军情十分了解，很少看地图，要做的一件事就是睡觉。因为他已经不需要看地图了，地图的内容完全印在脑海中。林彪的秘书后来讲，林彪的记忆已经将地图精确到了东北每一个镇。

(7)

1947 年，一天傍晚，某独立师副师长带领一个团行军至一村庄，突然与国民党军遭遇，双方随即展开了一场激战。

由于天已渐黑，情况不明，敌军在村内，我军在村外，部队也没及时展开，造成了一些伤亡。激战至半夜，敌军撤退而去。

第二天上午，部队休整，点验伤亡和损失情况时，忽然林彪坐着吉普车来了。副师长很紧张，因为仗没打好（天亮后得知敌军只有一个营），估计要挨批。林彪听完汇报后，没说什么批评的话，只是说："一起出去转转。"

众人随他来到村外，林彪边走边讲解部队行军时如何安排尖兵的位置，遭遇战时应如何展开部队以及应如何利用地形，等等。

副师长一直是搞政治工作的，在军事上不甚了了，林彪的一堂课让他获益匪浅。后来，本以为要挨批的副师长感叹地说："林彪对部下真不错啊。"

---

①晓亮、文军主编：《十大元帅之谜》（下），第 247—248 页。

（8）

林彪在军事上自有一套见解。

在锦州攻城前，林彪在二纵干部讲话时，提出了攻城战术要点说：“在突破口被打开后，攻击部队要尽可能的全力涌入，像散大戏一样，使部队尽量多的进入城内，这样敌人的反击部队就难以把我军的突击部队反击出来，使我攻城突击部队不但能牢牢控制突破口，而且还有能力向纵深发展，迅速形成真正的突破。”

这个“像散大戏一样”涌进去，是有道理的。

以前，在东北野战军中不少部队曾犯这样的错误：在突破口被打开后，进去人数不够，突击部队一般只是一个连或一个营，守城之敌一面用火力阻止，一面调集预备部队反击，往往使得攻入城内的突击部队遭到重大损失，甚至被全歼，导致攻城失败。随后，再对突破口进行反复争夺，则造成过大的伤亡，进展很慢。

林彪正是看到以往战术的缺点，提出突破后的第一时间，即在敌人还没反应过来组织炮火反击时，我军一次性投入尽量多的部队，越多越好，不要怕拥挤。突破城垣后，部队要立即向纵深猛进，先吃肉后啃骨头，前面部队拣容易的敌人打，比较难打的堡垒留给后续部队攻打。先头部队主要任务是穿插迂回，不顾敌侧面火力，向纵深猛进，直接打击敌指挥机关。他还要求炮兵的第一颗炮弹要打到敌人的指挥部(实际上就是“斩首行动”)，同时分割敌防御阵地，打乱敌人的防御体系。这种打法常使敌首脑机关在我攻城不久即迅速遭到打击，难以对部队进行有效指挥，加上敌防御体系被打乱，阵地被分割，很快就形成崩溃。

林彪的这些战术，虽然不见于正式的战术著作，但是四野部队非常有效而实用战术。在解放战争后期，四野部队的攻坚威力，敌军无法抵抗，有人认为这要归功于林彪总结的攻坚经验。

12. 是否借口有病拒绝出征朝鲜？

全国解放后，有人说林彪长期称病，“装病”不去朝鲜，他到底有没有病？其实他是有病的，但又是否借口有病拒绝出征朝鲜战争呢？

(1)

从 1948 年 9 月到 1949 年 1 月，在短短四个半月内，林彪指挥打了两个大仗——辽沈战役和平津战役，歼灭和改编国民党军近百万。1949 年 3 月 31 日，毛泽东在北平亲自接见四野师以上干部。

不久，林彪率四野大军南下。开始，进军比较顺利，很快就解放河南，打到了武汉。但要消灭有“小诸葛”之称的桂军白崇禧可不容易。白崇禧非常狡猾，林彪三次想抓住他，打个大仗，歼灭他，都让他跑掉了。白崇禧的兵也善于跑，他们穿着轻便，装备轻便，善于走田埂儿小路、水网洼地。有时四野的战士们刚发现他们，一眨眼的工夫，对方就像兔子似的，三蹦两蹿跑没影了。敌军追不上，抓不着，林彪着急得很，就更睡不好觉了。直到衡宝战役消灭白崇禧的精锐部队后，林彪才松了一口气。

然而，随着战事顺利发展，条件也好起来，林彪的身体却坏下来。在南下途中，他先是长期失眠，接着发展到头痛，后来头痛越来越厉害，痛起来，头直晃，他用一条小毛巾捂在头上使劲揉，揉一揉才好些，于是，有时他边走路，边用手捂着小毛巾揉着头。① 每到这时，他的司机楚成瑞便说：“我给你揉一揉吧。”林彪也不让。

来到汉口后，一次，林彪吃了两个桃子，弄得又开始拉肚子。从此，他对水果就避之三舍了。

(2)

1950 年初，为了恢复健康，林彪抓紧了身体锻炼。

他先在汉口住的院子里练习骑自行车。警卫员要来扶着，他不让，只好跟着他跑。可林彪骑得很快，警卫员给撂下了。

---

①蒋霞：《我给林彪治“怪病”——访离休老战士楚成瑞》，原载《南方周末》2000 年 11 月 23 日。

后来,警卫员们想了一招,在林彪骑车的院子四角各站一个人,他骑到哪边,都有人护着,一见到他的车要歪倒,就跑上去扶一把。但是,这么个锻炼法,效果并不明显。最后,林彪只好放弃了。①

为了放松紧张的心情,林彪身边的人劝他去打野鸭子。林彪同意了。

打野鸭子的地点,选择在武昌东湖。

司机楚成瑞先给林彪开车,到了东湖,便给他提枪,再给他装子弹。林彪枪法不错,每次都有不少收获。

打了野鸭子,回来后,林彪也不吃,说:“都给大伙房了。”

可是,他打了几次野鸭,身体也没好多少,随后也没兴趣,不打了。

林彪病情还是不断加重。

(3)

1950 年 3 月,毛泽东便决定林彪离开华南前线的工作,返回北京治疗。

13 日,林彪从汉口返回北京,然后住在南操场。

在北京,因为身体越来越不好,林彪基本上不外出。有时出去一下,也是去毛泽东住的中南海丰泽园。毛泽东对林彪也很不错,每次谈完话,都一直把他送到门外。②

林彪的病,本来主要是怕冷和消化不好,后来发展到连走路也感到困难了。这时北京还是春天,天气还挺冷的,林彪的车也没有暖气。车上有一支湿度计。林彪就是从此时开始注意温度。为了提高车里的温度,司机想了一些办法,如林彪要出车,四五个警卫员就先到车里挤一会儿,司机开着车上街转几圈。警卫员都是从基层来的小伙子,挤进首长的车里感到很新鲜,都很高兴,人一多,车里的温度也提高了。第一次这样做了后,林彪上车就问:“今天车里暖和了,怎么回事?”

司机如实招来。他听后说:“是啊,人也是锅炉啊。”

因为身体太虚弱,林彪坐进车后一时暖和了,但还是解决不了根本

---

①②蒋霞:《我给林彪治“怪病”——访离休老战士楚成瑞》。

问题。一次,他到毛泽东那里去,回来从车里下来,只走了十几米远,就没劲了,走不到堂屋里去。结果,警卫员只好把他背到屋里。

(4)

1950 年 6 月,朝鲜战争爆发,形势紧张起来。九十月的时候,林彪身边的工作人员接到通知:准备到朝鲜去。

很快,大家都换了新军装,但没有标志,毛巾、水壶上都没有字样。林彪也做了准备,换了住处,还调换了一些不宜出国的内勤人员。

但是,10 月 2 日,毛泽东考虑由谁挂帅出征的问题。林彪最终还是没有去朝鲜。

10 月 4 日, 在西安的彭德怀接到通知, 紧急到北京参加中央政治局扩大会议,讨论出兵援朝问题。10 月 8 日,他被任命为志愿军司令员兼政委。

同一日早上, 楚成瑞开车把林彪和叶群送到中南海,"汽车在毛主席院子的南门停下。林彪和叶群下了车,走进了院子,然后和周恩来去机场,飞往苏联,之后周恩来回国,林彪留在苏联治病"。①

全国解放后,林彪有病,这一点是确实无疑的。但是,有人以林彪于10 月 8日去了苏联而说他没病借口有病不去朝鲜。这样的"推理"其实站不住脚。

13. 怪病:一个他战胜不了的"敌人"

之所以不少人认为林彪是拒绝出征朝鲜, 是因为在 1950 年的时候,林彪的病还不是十分严重。然而,到后来他的病却严重得超过了人们的想象。他的司机兼内勤员楚成瑞说:"林彪能让日本鬼子人仰马翻,让国民党闻风丧胆,但他也有一个战胜不了的'敌人',就是他自己

---

①蒋霞:《我给林彪治"怪病"——访离休老战士楚成瑞》。

身上的病。”①

（1）

林彪去苏联治病和疗养了一年，1951 年 10 月回国。之后，他虽然担任了不少军政职务，但主要还是在北京养病、疗养，没有担负实际的工作。

1953 年春，林彪的身体突然出现变化，旧病没好，又添了新病。这次居然成为他自 1938 年 3 月负伤后病得最厉害的一次。他怕冷、怕热、腰痛、头痛、失眠，弄得吃饭、拉尿都在床上，一天到晚安静不下来，需要不断地活动，到了晚上更厉害，完全不睡觉。他烦燥，折腾，内勤人员也不能睡觉，每天至少要 20 个小时照顾他，把几拨服务人员都给累垮了。②

由于嫌城里吵闹，6 月，林彪决定搬到颐和园的翠云轩去住。

林彪的病很严重，颐和园的路不好走，车开不进去，他身边的工作人员只好把他用担架抬进了翠云轩。

林彪病了，不能外出，不用车了，本来负责开车的司机楚成瑞就没事情干了。一天，领导找到他说：“你别开车了，现在几个内勤都累得实在不行，看来只有让你上了。”于是，楚成瑞改行做了内勤。后来楚成瑞回忆：

> 我那时年轻，身体好，对林彪也有感情，做内勤尽心尽力，一天二十几小时我都守着躺在床上的林彪。那时的林彪已病到极点了。他脸色惨白，瘦得皮包骨，连说话的劲也没有。一天到晚只能躺着，那个痛苦的样子，我看着也难受。他也特想动一动，可是又不能坐又不能走，咋办呢？我抖他的手，抖他的胳膊，他就舒服些。③

林彪平时沉默寡言，很少说话，病了说话就更少了，有时一天也不说一句话，睡不着觉时也怔怔地睁着眼睛，好像在想问题。他心情好时，也偶尔与身边的人说几句话，比如，问问他们家里的情况等等。相

①②③蒋霞：《我给林彪治“怪病”——访离休老战士楚成瑞》。

互熟悉了,楚成瑞有时也问他一些事情。一次,楚成瑞问他:“你打仗时几天几夜不睡,累不累?”

林彪说:“不累。”

接下来,他就没话可说了。

林彪在颐和园住的房子是一间老房子,隔墙是用木料做的,上面有雕画和漆画。但是,因为是樟木做的,有一种异香味,林彪闻着受不了,于是,工作人员只好把这些木隔墙拆掉。

林彪的怪病,有几怕。一是怕光,工作人员只好在他的房间里挂了三层窗帘。结果,外人进来,就像进了山洞,眼睛好一阵都难适应。因为怕光,林彪的房间里没有灯,只有一个看体温表用的台灯。灯上面还盖了好几层布,只留一道缝。白天,工作人员进去办事不得不打手电筒。林彪见了,嫌手电筒的光太强,结果,只好给手电筒用布蒙上。房间里老不见阳光,又不通风,床铺就很潮,工作人员先弄了两套被褥,每天给他晒一套,用一套。后来增加到三套,轮着晒,每天换。如果遇上阴天,就放在炉子上烤。

林彪还怕冷。房子大了更显得冷,因为是木料的房屋,不能烧火炉。内勤人员只好在房里加了一个电热棍,用一根瓷棍上缠上一根电热丝,通电后就红,散点热。

林彪怕冷,也怕热,为此还不能热。为了保持温度平衡,林彪晚上睡觉,内勤人员要为他换三次被子。开始睡的时候,只盖被罩;半夜时,换毛巾被;早晨五六点,换毛毯。换的时候,又不能冻着了他,内勤人员先把要换的东西卷成卷,放在他的脖子下,然后,一点一点往下撤盖在身上的东西,撤一点,放一点,直到撤下原来的,放上新换的。

林彪不仅怕光、怕冷、怕热,还怕水、怕风。为了这个“风”,楚成瑞挨过两次批。一次,林彪对楚成瑞说:“以后你离我远一点。”

楚成瑞问:“我怎么了?”

“你走得太快,你有风。”

后来,楚成瑞又忘了这事儿,林彪又说:“你又走得这么急!”

之后,楚成瑞就很注意这事儿了。这样一来,林彪对楚成瑞说:“小胖,还是你好。”

这时,林彪的女儿豆豆正在上小学,一次来看他。林彪在黑屋里见不到光,没有一点生气,豆豆来看他了,林彪很高兴,拉着豆豆的手直喊:“豆豆,豆豆。”

豆豆说:“我要给爸爸跳个藏族舞蹈。”

林彪很高兴，表示要看看。

但是，因为他怕风，随后，在工作人员的安排下，豆豆只好隔着窗户，在门外为林彪表演了一回。①

(2)

为了给林彪治病，除了组织专家会诊外，党中央还为他成立了一个医疗小组，由北京医院的周院长担任组长。

对林彪的病，林彪后来的秘书关光烈在若干年后有过这样的描述：

> （林彪）当然有病。最早的病是1938年被国民党晋军误击的枪伤，以后的怪病则主要来自衡宝战役。1947年我在东北见过林彪一面，那时候看他身体还是不错的。1949年南下作战，总是抓不到白崇禧部队的主力，49军又在青树坪吃了一点小亏，他很着急。他打仗不胡来，整天思考，不断调整部署，几天几夜睡不着觉。衡宝战役一结束，白崇禧最精锐的部队被消灭了，他也支持不住了，不得不回武汉治疗。以后他又到北京，总后卫生部副部长傅连暲决定给他注射“苯巴比妥”，也叫“鲁米那”，是一种有助于睡眠的镇静药。林彪出事之后，有人说他吸鸦片、扎吗啡，其实就是这种药。我到林彪那里工作以后，他仍天天打这种针。给他打针的是一个男卫生员——林彪身边没有女工作人员，叶群说这是为了照顾首长的影响。林彪一般晚11点钟睡觉，睡前打针，打过针后一般就不能再干扰他。第二天起床之后，林彪经常会向打针的战士讲他昨夜的感受，不断总结经验。林彪的怪病，主要是神经过度兴奋。他怕光，怕水，怕风，说拉肚子就拉肚子，说感冒就感冒。他患感冒也和别人不同，光出汗，不打喷嚏。感冒了，他也不躺，端坐在沙发上。很多医生看不透他的病。林彪身上还有一颗子弹头，卡在骨头缝里，因为手术有危险，一直也没有取。若说林彪没病也可以，他

① 蒋霞：《我给林彪治“怪病”——访离休老战士楚成瑞》。

的大部分内脏是好的。[1]

由于给林彪吃的药大都是稳定神经的药物，渐渐地，林彪也变得有些神经兮兮。

因为他的体温总是比常人要高一些，总是在 37 摄氏度以上，林彪对自己的体温很在意，每次试表都要问，一旦知道体温仍然未降，就显得不安。周院长给他解释说："这不是毛病。"但是，这个解释不管用。

楚成瑞便对他说："你这么老躺着，心急火燎，哪能不燥？肯定比别人要高点儿嘛！"

林彪还是对体温高耿耿不能释怀，诚惶诚恐。

一天，楚成瑞突然想出了一个应付的办法，找到周院长说："有个好办法了。"

周院长问："什么办法？"

"他相信我，我就用两个表，一个表是死的，就定它个 36 摄氏度，另一个表是真的。在试表时，我一边看表一边把真表换成假表，不给他看真表，骗他。"

周院长怀疑地说："这能行嘛？"

"试试吧，他要求那么高，一定要把体温降到 36 度，谁也没这个本事，反正屋里面黑洞洞的，他自己也看不清。"楚成瑞说。

于是，楚成瑞把一只体温表定在 36.6 摄氏度，按照真假两只表的做法，结果还真的成功地把林彪给骗住了。但是，精明的林彪还是有一些纳闷，一个劲地问："怎么降得这么快？"

楚成瑞一听，坏了，"降"得太快他受不了。第二天，再把假表的温度改成了 36.8 摄氏度。

这样一直骗了林彪一个多月，还真管用。因为把体温看得比命重，一旦体温"降"了下来，林彪也轻松多了，精神也好多了。[2]

一天，林彪对楚成瑞说："小胖，我想起来坐坐。"

楚成瑞扶他起来，结果吓了一跳：林彪躺着的时候，由于屋子里太

---

①迟泽厚采访、整理：《关光烈谈林彪》，原载《南方周末》2012 年 2 月 16 日。

②蒋霞：《我给林彪治"怪病"——访离休老战士楚成瑞》。

黑，胡子看不出有多长，一坐起来，胡子一搭拉竟有半尺多长。林彪见楚成瑞发怔，就问：“怎么了？”

“你的胡子……要不要把它刮了。”

林彪摸了摸，说：“不行，刮了太凉。”

楚成瑞说：“那就铰一铰吧。”

林彪答应了。于是，楚成瑞把他的长胡子用剪刀铰了铰。

(3)

由于楚成瑞对林彪隐瞒病情，让他精神好多了。周院长也挺高兴的，说：“小胖，你真行。”

谁知他们一次还是这么去照葫芦画瓢，结果，弄巧成拙，反弄得林彪很生气。

这次林彪是真的发病了，发烧、腰痛，痛得在床上打滚。叶群见状急得不行，赶紧去叫医生。医生们赶过来后，抽取血液什么的，做了化验，然后，告诉林彪和叶群说：“化验结果看，没有问题。”

可这次林彪是真的病了，不比平常体温高一点低一点那样没啥问题，所以对医生“没有问题”的话不相信。

叶群也不信，便找医生交谈。结果，她发现医生开着的上衣口袋里有一张单子，抓过来一看，正是林彪的化验单，上面结果写的却是有问题。

随后，林彪知道了这件事，很生气。

这是怎么一回事呢？其实是医生想像楚成瑞那样一样向林彪隐瞒病情，免得他大惊小怪，紧张兮兮，可是没有处理好，所以出事了。有意思的是，医生从楚成瑞那里学到的“方法”，之后又被叶群学去了。若干年后，楚成瑞与人谈起此事时颇有些悔意地说：“据说，后来叶群经常骗林彪，希望不是从我这儿学去的。”①

---

①蒋霞：《我给林彪治“怪病”——访离休老战士楚成瑞》。

(4)

在林彪生病的时候,毛泽东和党中央一直对他很关心,来看望林彪的人也很多,其中,来得最勤的,要数周恩来。[1]

在各方的治疗下,林彪的身体终于有了一些好转。一次周恩来又来了。楚成瑞向总理汇报了自己让林彪避免怕光怕水怕风等的一些作法。周恩来笑眯眯地表扬说:“小胖,想的办法很好啊!”

楚成瑞趁机向周恩来建议说:“能不能在首长的房间外搭个棚子,让首长出来晒晒太阳?”

周恩来当场表态说:“行啊。”

很快,周恩来就安排人来了,按照楚成瑞的要求在林彪在住处外搭了一个小棚子。

棚子是封闭的,但三面的帘子都是活的,可以随时卷起来或者放下。于是,楚成瑞便开始动员林彪出来见见阳光。在这之前,他已慢慢把盖台灯布的缝隙开大,再又把灯罩上的布拿掉,后把门也开了个缝,让林彪慢慢适应。然后,他试着对林彪说:“人总不能永远不见光吧。”

林彪听说要出门,坚决不同意。

楚成瑞说:“我先背你出去,你试试。”

林彪勉强答应了。

楚成瑞先在棚子放了一把藤椅,再把林彪背出来,坐了一会儿,又把他背回去。慢慢地,林彪就适应了,也不让背了,让人扶着就走出来了。

由于活动多了,林彪的身体机能慢慢得到恢复,其他方面也逐渐好起来,不久就能吃肉末和菜做的小丸子了。

(5)

林彪的身体好起来了,让大家都很高兴。但是,他还有一个毛病怎么治也治不好,就是总要让人抖他的手、胳膊。

---

①蒋霞:《我给林彪治“怪病”——访离休老战士楚成瑞》。

这个毛病让楚成瑞很发愁。后来,他回忆说:

> 我跟他多年,对他的生活习性很熟悉。据我长期观察,打仗时,他一坐车,精神头就来了。而且,别看他在床上睡不好,在车上有时他睡得还挺香。有一次,他难受得又让我抖他的手。抖了他的手,又抖胳膊,还不行。硬让我抖他的肩,我不敢,他还不高兴。逼得我又想了一个办法,弄个车,颠他!他不是要震动吗?全身震不更好吗?
>
> 现在有人说,是林彪让人开车颠他,那是后来,当时“颠车”是我先“发明”的,也是逼出来的。[①]

由于颐和园实在潮湿得不行,林彪搬到了离香山不远的遗光寺居住。

楚成瑞有了“颠车”的想法后,先弄来了一个中型卡车,然后在后面做了个帆布棚子,两边各开一个小窗户,车屁股再开两扇门,像后来的北京吉普车那一样。秘书们看着楚成瑞这么折腾,便问道:“小胖,你想干什么?”

楚成瑞说:“首长不是要震动吗?外边的路不平,开车颠他。”

秘书说:“这能行吗?”

结果,叶群也来问,楚成瑞解释了一下,她说:“你看着办吧。”

弄好了,楚成瑞就去动员林彪,说:“出去颠颠,可能舒服些。”

可是林彪不干,坚决不坐。楚成瑞说:“你先坐坐试试,不行咱就不坐了。”

这些日子来,林彪很听楚成瑞的,最后还是让楚成瑞给说通了:“好吧,试试,就交给你了。”

楚成瑞便让警卫员搬去一把藤椅,扶着林彪坐好,再让警卫员弄个凳子坐着扶着林彪。

一切安排好了,楚成瑞开着大卡车从厢红旗跑到了香山,再开回来。从厢红旗到香山都是石子路,路面坑坑洼洼的,卡车在这样的路面跑着,就跟摇煤球似的,这么来回跑上一趟,林彪感觉还真不错。于是,

---

①蒋霞:《我给林彪治“怪病”——访离休老战士楚成瑞》。

第二天又颠,之后,每天要颠一趟。这么颠还真的颠出奇迹了:“一直颠了不少日子,他的精神真的好了不少,后来竟能够自己在院子里面慢慢转圈了。”①

(6)

林彪生病后,除了周恩来外,罗荣桓、彭德怀和黄克诚也常来看望他。周恩来一般一个月来一两次,彭德怀来的次数也较多。黄克诚来的时间不定,但来了以后问得很详细,还出一些主意。②

林彪身体稍好一些后,一天黄克诚又来看林彪,看完以后,问内勤员楚成瑞:“怎么样,能不能出去转转。”

他说出去转转,是指到外地去疗养一段时间。楚成瑞回答说:“我得问问叶主任。”

当他把要林彪外出疗养的事告诉叶群时,叶群说:“我也作不了主,还是得问首长本人。”

楚成瑞没有直接去问林彪,而是先把林立果叫来,让他拉爸爸到外地去。林立果还小,也不懂事,让他干什么就干什么。他跑去,缠着林彪要到外地去,结果,一下子就被林彪给训回来了。

等到下一次黄克诚来的时候,楚成瑞就告诉他说:“我这一招不行。”

黄克诚说:“我来试试。”

结果,他去一说还真成了,林彪答应外出转转,但提出一条件,不能搞专列,只跟老百姓的客车一块走。

不久,上级也批准了林彪的行动。

但是,林彪这样的高级干部外出,为了安全起见还是得安排专列。为了不让他生疑,工作人员和铁道部商量,让专列先跟客车停在一起,等林彪上了专列,让客车先走。这样,林彪在车厢里也就啥都不知道了。

谁知,这一招又弄巧成拙。客车开走时,林彪没有发现。当专列启动

---

①②蒋霞:《我给林彪治“怪病”——访离休老战士楚成瑞》。

时，他还是蒙在鼓里。哪知走了一段后，林彪自己掀开窗帘一看，发现不对了，没有客车只有专列，便马上发火，坚决要停车不走了，同时他也不坐了，把楚成瑞叫过来，很严厉地问：“这是谁的主意？”

楚成瑞装傻说：“我不知道哦。”

林彪又把随行的郭秘书叫来问，郭秘书也装傻说不清楚。问不出是谁的主意，林彪还是坚决要停车。楚成瑞便劝他说：“你说要停，就停得了吗？要是真停了，全铁路线的列车都得停，损失不小了，你说怎么办吧？”①

林彪这下子不说话了。

于是，专列只好继续前行，先到南京，接着又去杭州。然后，林彪就在杭州继续养病。

(7)

在杭州，过了一段时间后，林彪的身体逐渐好转。但是，他总想“颠车”，说身体不颠就难受。

杭州可不比北京，上哪儿去找那样的卡车？就是有了卡车，也找不到北方的那种满是石子路。这给工作人员出了一个大难题。

但是，杭州招待所的人员很快就想出了一个办法，提出为林彪设计一个电动颠床，并且还请来了一个工程师。

当秘书把要求向工程师提出来后，工程师怎么也听不明白，最后不得不叫来楚成瑞。楚成瑞告诉他说：“弄个床，一开电门，人在上面就像骑马一样地颠。”

对方这才明白是怎么一回事儿，但还是说：“我从没设计过这种东西，还要请别人研究一下。”然后，他又是与人商量，又是画图，搞得很认真，最后真造出来了，运到林彪的住处，足有几吨重，安装起来，占据了屋子的一大半，并且很现代化，又是电动机，又是齿轮，又是皮带，半圆形，一开马达就轰隆隆响起来，上面装的铁床开始震动。“大铁床”装好后，大家就请林彪来震。

①蒋霞：《我给林彪治“怪病”——访离休老战士楚成瑞》。

结果，林彪只震了一次，还不到三分钟，就再也不来了。

原来，这种电动震法，跟军用卡车在路上猛颠的感觉不是一回事。有意思的是，在若干年后，江浙人最早弄出所谓的按摩椅，其实也不过就是这个"大铁床"的改进版。

经过长期的治疗和养病，到了 50 年代末，林彪的身体终于好起来了。

14. 与秘书吵架

自 20 世纪 50 年代中期后，林彪几乎每年冬天都要到广州过冬，一住就是一两个月，甚至两个月以上。为此，有关部门还给叶群在广州市政府安排了个副局长之职，林立衡、林立果姐弟则在军区大院对面的八一小学随读。

1958 年 12 月，林彪全家南下。林彪夫妇在广州住了几天后，去了海南岛的榆林要塞区大院内的元帅府。新年过后，他们从海南岛回到广州，住在白云山军区鸡颈坑招待所一号楼。

这时林彪是党中央副主席，在党内位列第六。但由于还在养病，党中央对他并无明确分工，所以只配了一名秘书。林彪后来的秘书关光烈回忆说：

> 这位秘书姓 W，来自上海警备区，主要负责收收文件，管管林彪的日常生活，基本是个行政秘书。1958 年在彭德怀元帅主持召开军委扩大会议期间，我曾同他打过一次交道，印象一般。林彪身边没有年轻的女工作人员，但有人向林彪反映，在海南时，这位 W 秘书同招待所的女工作人员有些轻佻表现。①

---

①迟泽厚采访、整理：《关光烈谈林彪》，原载《南方周末》2012 年 2 月 16 日。

林彪历来除了军事外，对其他事情不太过问，秘书的事情都是由叶群管。但这次他不知怎么来了兴致，把W秘书叫进屋来，提示他说：“听说你最近有些轻浮的苗头，希望多加检点。”

林彪的说话还是很有分寸的：只用“轻浮”而没用“轻佻”，并且问题的性质淡化了不少；只说是“苗头”，即还未成为事实，只要注意、“检点”些就可以了。不料，这位秘书的反应却令人震惊。他忽然高声对林彪喊道：“你诬蔑！”

林彪完全没料到一个小秘书会如此顶撞，愣了一下，接着便也火上来了，大声申斥他：“你，你还不接受教育，你走吧，不要在我这里工作了！”

哪知这位秘书又回敬他一句：“你不是国防部长，你没有这个权力！”①

林彪完全被气昏了。几十年来，哪里有过谁敢对他如此放肆?!他再也说不出话来了，只是手指着W秘书：“你，你，你快走！”

林彪和W秘书的高声争吵，惊动了一号楼所有人员。大家纷纷跑过来。军区政治部保卫部临时派来的保卫干部陈维纲立即把W秘书拉出楼外，批评了他，然后赶紧向上汇报。

叶群安慰气得发昏的林彪后，也马上向广州军区通报情况。

此时，广州军区司令员黄永胜正在高等军事学院学习，主持军区日常工作的是政委刘兴元。叶群向刘兴元简要通报情况后，便提出要广州军区为林彪另外选调一位秘书。

刘兴元不敢怠慢，指示军区政治部干部部把几个最拔尖的秘书档案，给叶群送去，供她挑选。

其中，有一个叫关光烈的，辽宁法库人，1945年在鞍山满洲国高上学时参军，参加过东北解放战争，并随四野南下，时任广州军区组织部干事。他一表人才，面目和善，精明干练，知识面广，既有机关工作经验，又当过连指导员，熟悉基层情况；最关键的是他来自127师这支英雄部队。这个127师的前身是叶挺独立团，也是林彪当年率领过的老部队。因此，他的档案一下子被叶群看中。

---

①迟泽厚采访、整理：《关光烈谈林彪》，原载《南方周末》2012年2月16日。

面试时,林彪、叶群对关光烈都很满意。

就这样,那位W秘书走人了,关光烈接任林彪的秘书。

15. 两次要求不当国防部长

林彪正式在政治上复出,是在1959年在庐山会议和随后的中共八届八中全会上。

1959年7月,彭德怀在庐山中央政治局扩大会议上上万言书,质疑"大跃进"是"小资产阶级的狂热病",林彪被紧急召到庐山参加八届八中全会。会上彭德怀挨批,并被罢免了职务。党中央决定让林彪接任国防部长。

一天,八届八中全会休会,秘书关光烈被林彪叫到了房子。林彪说:"你给总理打个电话,说我身体不好,不宜当国防部长。"①

关光烈认为,林彪是想请周恩来向毛泽东转告他不当国防部长的思想。

叶群也在房子里,但没讲话。关秘书转身出了门,往山下走去,准备去打电话,可走了不远,叶群就急急忙忙地从屋里追出来,把关光烈叫住说:"先别打这个电话,这个事儿我还要和首长商量一下。"

结果,她这么去一商量,林彪不当国防部部长的事便没下文了,于是在八届八中全会上林彪被任命国防部部长,接替了彭德怀。

这是林彪第一次辞当国防部长。但是,由于叶群的阻止,没真正去付诸行动。

然而,林彪似乎对国防部长始终兴趣不大。

1962年3月一天,林彪患了感冒。叶群坐着林彪的吉斯汽车去了王府井百货大楼买东西。林彪又叫来了秘书关光烈,要他给毛泽东写个报告,说身体实在不行,请求辞去国防部长职务。

关光烈当场拟写了一个辞职稿子,念给林彪听。林彪听后说:"可以

---

①迟泽厚采访、整理:《关光烈谈林彪》。

了。”关光烈便去了办公室誊抄。

他誊清后封好，准备等林彪的那辆吉斯小汽车回来后送出去。因为林彪只有一辆小汽车，也只有这辆吉斯车才能进入中南海。叶群回来后一见关光烈，就问：“出去后有什么事？”

关光烈便把林彪叫自己写辞职信的事说了。叶群马上紧张地问：“发走了没有？”

“还没有发。”

叶群长长地松了口气，吩咐关光烈说：“压下，压下！等我的消息。”

之后，她再三交代关光烈等秘书们：“以后只要我不在家，林总交办的事，不管多么紧急，都要等我回来以后再作处理。”

结果，林彪给毛泽东写辞职报告的事情，又作罢了。至于叶群对林彪讲了些什么，不得而知。

林彪垮台后，关光烈认为叶群这个女人有野心，也有手段：“从表面看，叶群还是怕林彪，顺从林彪，讨好林彪，但是，她有一套对付林彪的办法，她对林彪也有不小影响。叶群干的很多事情，林彪是蒙在鼓里的。”①

16.“大海航行靠舵手”不是林彪的发明

在“文化大革命”中，有一支曾被无数人传唱的歌曲，唱遍五大洲一百多个国家，那就是《大海航行靠舵手》。这首歌曲的爆红，很大程度上是因为林彪“大海航行靠舵手，干革命靠毛泽东思想”的题词。

然而，这两句话却并不是林彪的发明，而是一个名叫李郁文的人。

李郁文是黑龙江省尚志县人。1947 年，他挟着一把二胡在哈尔滨考入东北军政大学吉林分校，后来分配在军大政治部宣传队，拉二胡、京胡、吹长号，有时也在剧里演个小角色。因为他有点文化底子，酷爱文艺创作，后来进入沈阳军区前进歌舞团，后来经过几番变动，在 60 年代进入哈尔滨歌剧院工作。

---

①迟泽厚采访、整理：《关光烈谈林彪》。

1964 年春，举国上下掀起学习毛主席著作的热潮。一天上午，剧院的作曲家荣乃林邀李郁文创作一首歌颂毛泽东思想的歌词，并要求只写四句。

李郁文说："是否有点太短了，可不可以写八句？"

荣乃林说："行。"

就这样，李郁文在短时间里一气呵成写出了这首歌词。

荣乃林看后非常高兴，跳起来喊："太好了！太好了！"

然后，荣乃林把它谱成了一首合唱歌曲。最初的歌名是《干革命靠的是毛主席思想》。李郁文对曲子很满意，认为旋律流畅，曲调明快，琅琅上口，并且唱出了大海的形象，给人以汹涌奔腾的感觉。

哈尔滨歌剧院演员队队长王双印看到这首歌后，也很喜欢，于是又把它谱成独唱歌曲，并由他本人在演出时独唱。

6 月，周恩来陪同朝鲜民主主义人民共和国委员长崔庸健到哈尔滨访问。在迎宾文艺晚会上，王双印演唱了新创作的《干革命靠的是毛主席思想》。

在他满怀激情演唱这首歌时，周恩来边听边打着节拍跟着哼唱。演出结束后，他特地把王双印叫进贵宾室，接见他，并且说："这首歌唱得好，曲调明快，歌词形象生动。若把'毛主席思想'改为'毛泽东思想'，就更为准确了，因为中国革命的胜利，是集体领导的智慧嘛！"①

然后，他还就个别音符是否可改用切分音提出了建议。

王双印按照周总理提出的修改意见，对歌词和曲谱进行了改写。7 月，第二届哈尔滨之夏音乐会在哈尔滨市文化宫举行。王双印再次演唱了这首新创作的歌曲，再次引起轰动，观众反响强烈。

这首歌曲马上开始传播。不久，北京电视台（即今中央电视台）文艺部副主任王敬芝建议王双印把歌曲名称由《干革命靠的是毛泽东思想》改为《大海航行靠舵手》。

1965 年初，最具有权威性的《红旗》杂志发表《大唱十首革命歌曲》的重要社论，《大海航行靠舵手》名列榜首，随即，在全国范围内掀起了大唱革命歌曲的热潮。

---

①李振盛：《追忆瞬间》，江苏美术出版社 2002 年版，第 121 页。

1967 年 11 月 29 日，林彪为海军首次学习毛主席著作积极分子代表大会题词:“大海航行靠舵手,干革命靠毛泽东思想。”

12 月 26 日,邮电部以林彪手书题词为题材,发行“文八”邮票一套一枚,面值八分。该邮票将题词烫金,背衬大红底色。

林彪题写“大海航行靠舵手,干革命靠毛泽东思想”的题词后,自然会被李郁文、王双印等当事人看见。当王双印看到报纸上刊登的林彪题的手迹时,脱口而出:“林副统帅这不是在照抄我和李郁文创作的那首歌吗?”

他语惊四座,令在场的人们哑口无语。

过了一会儿,有的人说:“就是那么回事,也别这么说了呀!”

又有人说:“这是林副主席为这首革命歌曲赋予了新的政治生命。”

这首歌被罩上一层神圣的政治面纱后，演唱这首歌曲的王双印随着《大海航行靠舵手》的广泛传唱而名扬大江南北。1969 年,他作为劳动模范代表进京参加国庆 20 周年观礼，在中南海接受中央领导接见。周恩来一眼就认出了他,握着他的手,鼓励说:“你应该把歌声送到珍宝岛前线去……”

随后,王双印遵照周恩来的指示,参加慰问团到珍宝岛的阵地和哨所演唱,历时两个多月。

随着《大海航行靠舵手》的爆红,王双印的命运也随之拉出一条上升的红线,先后被选为全国人大代表,当选中共黑龙江省委委员,担任省革命样板戏剧团的负责人,后又被提升为省文化局副局长。

而李郁文则一直在哈尔滨歌剧院工作。

一直以来，在多数人眼中,“大海航行靠舵手，干革命靠毛泽东思想”是林彪的发明,其实并非如此。这首歌曲并不是“文化大革命”的产物。2007 年,已经 82 岁的李郁文与记者聊起《大海航行靠舵手》时说:“这首歌,功劳不应归于个人,创作人员不过是一个代言者,应该属于那个时代,属于人民群众,歌词是人民群众心里想的嘴上要说的话。我只是深入了生活,捕捉到了人们那种朴素的感情火花而已。”①

①苗雨泽:《李郁文与〈大海航行靠舵手〉》,原载《光明日报》2007 年 5 月 11 日。

17. 林彪那些事儿

(1)

据说,全国解放后,林彪很少看战争影片,在家中,从不穿军装,也不让身边工作人员穿军装。

对于身上有五处枪伤的共和国元帅来说,这真是有些不可思议。

据说,林彪目睹了第二个女儿来到这个世界的情景后,就对战争的理解和观念和过去不大一样了。林彪很喜欢孩子。见到孩子,他那张冰冷的脸上就会现出笑意,抱一抱,亲一亲,逗一逗。他患病后,常把幼儿园的孩子接到家里,听他们唱歌,看他们跳舞,和他们说话。

(2)

林彪无论在什么地方,夏天是不挂蚊帐的,嫌憋得慌。

可是,50 年代他在颐和园养病的时候,那里到处都是水和草,睡觉不挂蚊帐是过不了。工作人员没有办法,只能给他打蚊子。可是,打蚊子又不能带风,内勤员楚成瑞于是就想了一个办法,在长竹竿上用毛巾捆个团子,用它把蚊子一个个捅死在墙上。①

(3)

20 世纪 50 年代,林彪生病的时候,叶群虽说是林彪的夫人,但想见林彪也不容易。林彪对谁态度都好,就是对叶群厉害。有时叶群在林彪那里挨训,林彪大吼:“滚出去!”

---

①蒋霞:《我给林彪治“怪病”——访离休老战士楚成瑞》。

叶群怕林彪,去他房间不多。

但林彪的治疗和行动,叶群都了解,也参与意见。[①]

(4)

20 世纪 50 年代,林彪在北戴河疗养时,一次突然要吃西瓜,叶群吩咐将西瓜去皮去籽切成不大不小的块,放在大碗里加糖用开水冲,浸泡五分钟,再请林彪吃。一切办理停当,林彪坐在客厅外面的亭子里刚吃了一口,就喷了出来,连连咳嗽两声,说了一句:“太凉,太凉……”然后将西瓜碗一推,掉到地上摔碎了。

为此,叶群向工作人员发了一顿脾气。

秘书吴欣峰和具体办理此事的内勤,忙不迭地检讨,立即重新为林彪做开水泡西瓜。[②]

(5)

1958 年,在党的八大二次会议上,林彪当选为党中央副主席。他坐在毛泽东旁边,当毛泽东讲话提到秦始皇时,林彪插了一句:“秦始皇焚书坑儒……”毛泽东对此作了解释,林彪感到不对口味,身上开始出汗。散会后回到毛家湾住宅,他立即让内勤换衣服和准备洗澡。晚上,内勤对秘书吴欣峰说:“首长今天真是出了一身大汗,咱们可得小心点!”[③]

(6)

在读书时,林彪还有一个习惯,书桌上平时只摆一部书,其他书刊统统不能放。这部书读完,再换另外一部。他引用一位古人说过的话:“心中书不可少,案头书不可多”,认为这样才能专心致志做学问。[④]

---

①蒋霞:《我给林彪治“怪病”——访离休老战士楚成瑞》。

②③吴欣峰:《林彪轶事》,原载《同舟共济》1994 年第 7 期。

④李德口述,舒云整理:《林彪读书数月提出“四个第一”》,原载《老人报》2012 年 4 月 27 日。

(7)

林彪经常让秘书们给他讲书。一次，吴欣峰讲到历代兴替和名将时，叶群插话说："吴秘书，称说三国时最著名将领是谁？"

吴秘书说了一些。叶群说："要把东吴的陆逊排在第一，那是文武双全的儒将。"说完，她用眼睛瞧瞧林彪。

林彪不以为然地说："哼，陆逊算什么！"

吴秘书在讲到当代军事家，提到外电对刘伯承元帅评价很高时，叶群抢着说："比刘伯承强的还有！"意指林彪。

林彪则说："拿着黄金当铜卖！"①

(8)

1962 年，林彪将在北京全面负责工程兵工作的某副司令员召去汇报工作，问及华北地区工程兵的作战预案。副司令员汇报后。林彪指示："在华北平原地区机械化作战，工程兵还能做什么，你们去搞一个试点——垒山。"

林彪发了指示，副司令员哪敢不执行？于是很快一支工程兵小部队在华北某地——反愚公之道而行之，垒山不止。

但是，林彪再也没有过问过此事。

1971 年九一三事件后，"垒山工程"才停止。副司令员说："真不知道林彪是怎么想的。"

(9)

林彪是个喜怒不形于色的人，但在他身边工作多年的秘书关光烈说，他从没听见林彪在私下谈论过彭德怀。②

---

①吴欣峰：《林彪轶事》。

②迟泽厚采访、整理：《关光烈谈林彪》。

(10)

林彪性格孤僻内向，不爱交际应酬，从不串门。他和罗荣桓是几十年的战友，在工作上应该说关系不错，却没有私交。但是，1963 年 12 月，他获悉罗荣桓去世消息时，不顾刚下过大雪，行车不便，叫秘书立即备车，陪他一起去医院，单独与罗荣桓遗体告别。①

(11)

在众多高级军事领导人中，林彪最器重的是粟裕。他曾叫秘书关光烈代表他专门去医院看望粟裕。对此，粟裕也很坦然，从不说感激之类的话。②

(12)

林彪尽管不愿与人交往，但对上门的客人都能以礼相待。他曾指示“林办”：凡是政治局委员一级的领导人，可以随来随见。此外，他还特别交代：刘亚楼、陶铸、黄永胜、韩先楚这四个老部下要来见他，也不必请示。③

(13)

林彪的工资收入在全国是最高的，比毛泽东还多。他是元帅基本工资加军龄补贴，还有病号补助，每月 800 多元。

叶群在军队时担任过中南军区编外的翻译科副科长，准团级。在她转业前被提升为正团，转到地方前，又借林彪名义通过有关机关高套三级，享受地方十一级，以后又回军队当林办主任时，享受正师级。

---

①②③迟泽厚采访、整理：《关光烈谈林彪》。

林彪夫妇月收入超过千元；只有极少数党外名演员能达到这个数目。①

（14）

秘书给林彪读文件时，只要其中有毛泽东的指示，他都要把文件留下，然后一遍两遍地认真阅读，圈圈点点，画杠杠，琢磨指示的真正意思，考虑如何去贯彻、迎合。

但是，他的秘书关光烈后来说："要说林彪对毛有多么深厚的感情，我看未必。"②

（15）

1966年"文化大革命"开始不久，八届十一中全会选举林彪为副统帅，要当接班人了。有人对他的身体提出疑问。林彪、叶群再三说明当年阎军那一枪"对身体没有影响，身体挺好"。③

（16）

林彪戎马一生，身上共有五处枪伤。1969年九大期间，林彪接见许世友等人时说："班子要有老的带。我在北伐的时候年轻，没经验，老受伤，也是要老兵带的。"④

18."如果林彪不跑，我们也不会杀他。"

20世纪60年代，林彪在政治舞台上极其活跃。他利用自己的职

①③④吴欣峰：《林彪轶事》。

②迟泽厚采访、整理，《关光烈谈林彪》。

务，通过军队，制造种种形式的个人崇拜，掀起“造神”运动。

1970 年 8 月，九届二中全会在庐山召开。在会议期间，林彪等人不顾毛泽东的多次反对，散布天才论，坚持要设立国家主席职位。陈伯达等人发言，支持林彪的方案。

这场斗争使毛泽东对林彪的信任产生了动摇。

在闭幕式上，毛泽东说：“庐山是炸不平的，地球还是照样转。极而言之，无非是有那个味道。我说你把庐山炸平了，我也不听你的。你就代表人民？我是十几年以前就不代表了。因为他们认为，代表的标志就要当国家主席，我在十几年以前就不当了嘛，岂不是十几年以来就不代表人民了吗？我说谁想代表人民，你去当嘛，我是不干。你把庐山炸平了，我也不干，你有啥办法呀？”

毛泽东只挖出陈伯达，对林彪采取了保护。

但是，林彪并没有就此罢休。于是，毛泽东打破了长时间的沉默，一而再、再而三地表示对个人崇拜的不满。

12 月，毛泽东与老朋友、美国记者埃德加·斯诺在中南海的家中作了长达 5个小时的谈话。谈到林彪“创造”的“四个伟大”（即“伟大的导师、伟大的领袖、伟大的统帅、伟大的舵手”）时，毛泽东说：“那时（指1965 年）确有其事，今天情况不同了。所谓‘四个伟大’讨嫌，总有一天要统统去掉，只剩下‘teacher’这个词，这是教员，我历来是当教员的，现在还是教员，其他称号一概辞去。”

斯诺问：“那些拥护毛主席口号最响的、挥动旗子最起劲的人，是不是在打着红旗反红旗？”

毛泽东点点头说：“这种人分三种，一种是真心实意的；第二种随大流的——因为别人喊‘万岁’，他们也就跟着喊；第三种是伪君子，你没有受这一套骗是对的。”

林彪等人听到这些话后，大为恐慌，便阴谋发动武装政变，杀害毛泽东，篡党夺权。随着林彪篡权野心的逐渐暴露，1971 年 8月，毛泽东开始南巡，在党内高层中揭露林彪。

9 月 8 日，关光烈正在第 43 军军部参加党的代表大会，突然接到林立果从北京打来的电话，说林彪有事找他，要他马上到北京去。

关光烈在林彪处当了七年秘书，1965 年，要求下去部队工作。林彪、叶群批准了。于是，他仍回到了广州军区，被分配到 43 军 127 师任副政委，三年后升任政委。1969 年底，127 师所在的 43 军奉命移驻河南洛阳地区，改隶武汉军区。关光烈从离开林办后，就没与林彪联系了。

现在林立果这样召见他，不合程序，但叫去干什么，他不能去问，只好报告了军政委王文德。

王文德虽然也感到事情有些蹊跷，但林彪召见不能不去，便说："你去吧。"

关光烈一到北京，就发现林立果打着林彪的旗号要干坏事。见面后，林立果向关光烈交了部分"底"，提出不少的冒险要求，如要从127师调喷火器，调40火箭筒，要弄100套陆军制服，等等。但是，关光烈都一一拒绝了。[①]

过了两天，林立果见关光烈仍然不配合，万般无奈，只好叫人给他买了一张软卧火车票把他送上火车，放他回广州去了。

关光烈一回到部队，九一三事件便发生了。林彪暗杀毛泽东不成，与叶群、林立果等人从山海关机场强行登上一架"三叉戟"飞机叛国外逃。9月13日夜，周恩来向毛泽东汇报林彪外逃的情况，毛泽东回答："天要下雨，娘要嫁人，由他去吧。"

谁知林彪等人乘坐的飞机在蒙古，机毁人亡命丧黄泉。

林彪的叛逃，对毛泽东的打击最大。1971年底，毛泽东在一场感冒之后，身体急速变坏，从此进入卧床阶段。四年后，毛泽东谈到林彪叛逃时说："如果林彪不跑，我们也不会杀他。"[②]

---

①迟泽厚采访、整理：《关光烈谈林彪》。

②安建设编：《周恩来的最后岁月》，中央文献出版社1995年版，第160页。